中国精益经理人协会

China Association for Professional Managers

全国职业经理人培
中国职业经理人协

职业经理人

PROFESSIONAL MANAGER

培养教程

第二册

中国职业经理人协会　编写

主　编：周景勤
副主编：王若军　陈红军

经济管理出版社

ECONOMY & MANAGEMENT PUBLISHING HOUSE

图书在版编目（CIP）数据

职业经理人培养教程/中国职业经理人协会编 . —北京：经济管理出版社，2023. 11
ISBN 978-7-5096-9432-9

Ⅰ. ①职…　Ⅱ. ①中…　Ⅲ. ①企业领导学—教材　Ⅳ. ①F292. 91

中国国家版本馆 CIP 数据核字（2023）第 223623 号

责任编辑：张莉琼
助理编辑：杜羽茜　王虹茜　杜奕彤
责任印制：黄章平
责任校对：张晓燕

出版发行：经济管理出版社
　　　　　（北京市海淀区北蜂窝 8 号中雅大厦 A 座 11 层　100038）
网　　　址：www. E-mp. com. cn
电　　　话：（010）51915602
印　　　刷：唐山昊达印刷有限公司
经　　　销：新华书店
开　　　本：787mm×1092mm/16
印　　　张：157. 25
字　　　数：3291 千字
版　　　次：2024 年 1 月第 1 版　　2024 年 1 月第 1 次印刷
书　　　号：ISBN 978-7-5096-9432-9
定　　　价：668. 00 元（全五册）

编审委员会

支持单位：中国社会科学院工业经济研究所

北京经济管理职业学院（原北京市经济管理干部学院）

浙江量子教育科技股份有限公司

北京天问管理咨询有限公司

出版资助：XIMA希玛｜民银国际｜DEEP MIND

民银国际控股集团有限公司

序

文海英

党的二十大报告明确以中国式现代化全面推进中华民族伟大复兴，强调要统筹教育、科技、人才发展，深入实施人才强国战略，加快建设规模宏大、结构合理、素质优良的人才队伍。推进中国式现代化，实现高质量发展，关键要依靠创新驱动，充分发挥人才引领、人才支撑作用。二十届中央财经委员会第一次会议提出"加快建设以实体经济为支撑的现代化产业体系"，这是党中央从全局上统筹经济社会发展，推进中国式现代化建设的新要求。

企业是实体经济的主体，也是现代产业的基础，企业兴则经济兴，企业强则国家强，企业要实现创新发展、可持续发展，关键在人才。职业经理人是人才队伍的重要组成部分，是企业经营管理人才中的中高端人才，担负着企业经营管理和创新发展的重要使命，既是企业经营战略的制定者、组织者，也是企业创新活动的推动者、引领者，在某种程度上决定着企业的成败兴衰。

中国职业经理人协会作为唯一以"职业经理人"命名的国家级人力资源行业协会，自成立以来，一直致力于推动建立中国职业经理人制度、推进建设中国特色职业经理人才队伍、推行建造中国职业经理人才市场服务体系。协会研究提出了中国特色职业经理人才理论体系框架，发布了职业经理人才职业资质社会培养、评价、认定、服务"四个工作指引"和《关于职业经理人认知的概述》；会同有关单位组织编写了企业管理通用能力培训、景区职业经理人资质评价与认定、健康服务业职业经理人专业能力培训等教材；探索建立了职业经理人线上线下相结合的人才培养新模式，围绕社会、行业、企业需要，开展了多种类型的职业经理人和职业化人才的培训工作，为各行各业培养了数以万计的人才。

培养造就中国式现代化需要的高素质职业经理人才，是中国职业经理人协会的使命和任务。为建立科学的职业经理人才资质评价体系和完善的教育培养体系，强化和提高我国职业经理人才自主培养能力，逐步形成统一规范的全国职业经理人才培养工作新格局，中国职业经理人协会组织编写了全国职业经理人培养规划教材《职业经理人培养教程》。这部教材力求突出系统性、针对性、指导性、实践性，重点围绕职业经理人才的职业化、专业化、市场化和国际化，总结和吸收了国内外有关职业经理人的理论研究和实践应用成果，以充分体现职业资质培养的新思维、新观念、新方法。希望本教程的出版发行能够更好地规范职业经理人才资质培养与评价工作，切实帮助职业经理人提升能力素质。

祝贺《职业经理人培养教程》在党的二十大后开局之年出版。

是为序。

2023 年 5 月 11 日于北京

前　言

当前，我国社会主义建设进入了一个新时代，世界政治经济也正面临一个前所未有的变局，中国的企业面临着划时代的变革。如何提高企业经营管理水平，如何实现企业的高质量发展，企业经营管理人才是关键因素之一。据统计，目前我国有 8000 多万家企业，需要职业化和专业化完备与具有优良职业资质的职业经理人才从事经营管理工作，有 1.7 亿多个市场主体在从事各类市场经营管理业务活动，需要提升经营管理业务学习能力。每年有数以千万计的人要进入经营管理工作领域，这些人都需要系统化的学习经验和管理知识，进行经营管理能力的提升和职业素质的训练。

职业经理人是长期从事企业经理社会职业的企业经理人，其核心工作是经营管理企业，必然要具备相应的从业资历和条件，即职业资质。因此，企业经理岗位或职位由具备职业经理人职业资质的人来担任，是企业经营管理与企业发展的必然要求，也是企业提高经营管理水平的必然要求。中国职业经理人协会《职业经理人才职业资质社会评价工作指引（2018 年）》对职业经理人才职业资质评价设定了六个维度，即职业素养、职业能力与技能、职业知识及技术、职业经历、职业业绩、职位适配度。该指引规定了职业经理人才职业资质的组成结构和内容体系。

中国职业经理人协会《职业经理人才职业资质社会培养工作指引（2018 年）》提出了职业经理人才社会培养工作的任务是推动建立以职业资质培养为核心的社会培养体系，提高职业经理人才队伍的职业资质水平和经营管理能力。职业经理人才社会培养的内容包括：①基础性培养，即对从事企业经理职业的人的基础性和普遍性培养；②个性化培养，是在基础性培养的基础上，针对职业发展和工作需要对职业经理人进行的补短板、强弱项的培养；③企业特殊需要的培养，即针对企业的特殊要求进行的培养；④行业特殊需要的培养，即针对企业所在行业的特殊要求进行的培养。

本教程是为中国职业经理人职业资质社会培养而编写的。

一、职业经理人“工作内容”与教材结构相结合

教程设计了企业概论、企业经营管理工作和企业发展管理工作实务模块，让学习

者能够通过学习对企业的层次和结构、企业经营管理和发展管理的工作拥有基本的了解，对自己的职业工作内容和"怎么干"拥有基本的认识和把握。此外，教程还设置了职业素养、职业能力与技能、职业知识模块，学习者能够通过学习本书掌握从事企业经理工作所需的能力、方法、技能和知识。

二、基础性、全面性、台阶性、开放性相结合

教程兼顾企业经理工作和职位岗位的层次，设计编写基础性的内容。力求初级职业经理人通过对本书的学习，为从事经营管理工作打好理论基础，并根据自身能力进行台阶式的学习。初学者可以根据基础的差异选择不同的学习起点，本教程兼顾了不同层次职业经理人的学习需要。同时，教程设计了职业经理人培养的基本框架，学习者可以根据知识更新和能力提升的需要，在相应模块里增设对应的学习内容。

三、专业性和应用性相结合

教程在每一个相关内容安排上力求做到理论、方法论、具体方法、发展趋势及案例、阅读资料的配套协调，使学习者通过学习阅读能够学到理论要点，掌握工作内容和方法，并通过案例学习掌握实践经验，也可以通过阅读专栏了解理论渊源与发展脉络，提高自身的工作适应能力。

四、系统性和发展性相结合

教程对职业经理人从事经营管理工作应当具备的职业素养、职业能力、职业知识进行了系统化的设计和论述，并从工作岗位与职位层级方面进行发展性设计。针对企业经营管理工作的基层、中层和高层管理者设计和选取知识提升、视野拓展和能力进阶等方面的学习培养内容和项目。在层次与岗位上，本教程将职业经理人职业化发展和专业化培养有机融合，为职业经理人才的培养制定了较为完整的专业学习训练体系。

五、纲要性和引示性相结合

职业经理人职业资质社会化培养，包括专业化教育和"干中学"锻炼两个基本层面。专业化教育主要是对职业知识、职业素养、职业能力、职业技能的系统化学习培养，体现为院校培养和社会培养。其中，对职业知识的学习主要在院校完成，对职业素养、职业能力、职业技能的学习主要在社会培养中完成。"干中学"锻炼主要在职业岗位上进行，其包括历练、职业业绩积累和职位适配的调适等培养锻炼内容。本教程为专业化培养提供了一个纲要，为职业经理人职业资质培养提供了训练框架。

本教程的编辑出版，可以为那些以经营管理企业为主要职业选择的人士提供系统化专业学习的内容体系框架；可以为正在企业经营管理岗位上工作的人士提供职业资质进阶的学习资料；可以为从事职业经理人培养和企业经营管理培训的职业工作者提供课程和项目开发参考。本教程对院校的经济管理人才培养改革也会有所裨益。

本教程为全国职业经理人培养规划教材，由中国职业经理人协会组织编写。中国职业经理人协会对有关职业经理人理论进行了系统研究，特别是在对职业经理人资质社会培养、评价、认定列出专项课题项目进行研究的基础上，制定了职业经理人资质社会培养教程编写方案。北京经济管理职业学院（原北京市经济管理干部学院）骨干教师承担了具体的编写任务，他们怀着不断完善职业经理人资质社会培养知识体系的情怀，在积极吸收有关工商管理培训教程、职业经理人培训相关教材和培训经验的基础上，结合新时代职业经理人社会培养的新要求，进行了相关的职业经理人素养、知识、能力体系的创新性整理和开发。中国社会科学院工业经济研究所提供了系统的学术支持。北京天问管理咨询有限公司提供了大量的咨询服务。经济管理出版社，特别是承担编辑校对工作的同志，付出了大量辛劳。民银国际控股集团有限公司提供倾力资助，使本教程得以顺利出版。浙江量子教育科技有限公司非常关注本教程的编写出版，提供了有力支持。在此，向他们表示诚挚的敬意和谢意！

在教程编写过程中，许多专家学者和从事职业经理人工作的同仁提出了诚恳的意见和建议，教程吸收采纳了国内外许多专家学者的学术和研究成果，恕不一一列出他们的名字，在此，一并表示衷心的感谢。

我们期待本教程的出版为我国职业经理人事业的发展，特别是为中国职业经理人资质培养与评价工作做出应有的贡献，期待为职业经理人才成长发展做出贡献，更期待广大读者的批评指正和宝贵意见。

周景勤

2023 年 5 月

本册目录

第二部分　企业职能管理业务实务

第五章　企业方针管理 ·················· 269

第一节　企业方针管理 ·················· 269

一、什么是企业方针 ·················· 269

二、企业方针的内涵 ·················· 270

三、企业方针的形式 ·················· 271

四、企业方针管理的特点 ·················· 272

第二节　企业方针的制定 ·················· 273

一、企业方针制定的原则 ·················· 273

二、企业方针的制定流程 ·················· 274

第三节　企业方针的实施 ·················· 279

一、企业方针实施的原则 ·················· 279

二、企业方针实施的基本步骤 ·················· 279

第四节　企业方针总结 ·················· 294

一、企业方针总结的主体 ·················· 294

二、企业方针总结的主要流程 ·················· 295

第六章　企业决策管理 ·················· 304

第一节　决策概述 ·················· 304

一、决策的内涵 ·················· 304

二、决策的特点 ·················· 307

三、决策的原则 ·················· 307

四、决策的类型 ·················· 308

五、决策的方法 ⋯⋯⋯⋯⋯⋯⋯⋯⋯⋯⋯⋯⋯⋯ 310

六、决策科学化 ⋯⋯⋯⋯⋯⋯⋯⋯⋯⋯⋯⋯⋯⋯⋯ 318

第二节 企业决策方案的制定 ⋯⋯⋯⋯⋯⋯⋯⋯⋯⋯⋯ 318

一、提出决策问题 ⋯⋯⋯⋯⋯⋯⋯⋯⋯⋯⋯⋯⋯⋯ 318

二、确定决策目标 ⋯⋯⋯⋯⋯⋯⋯⋯⋯⋯⋯⋯⋯⋯ 320

三、拟定决策方案 ⋯⋯⋯⋯⋯⋯⋯⋯⋯⋯⋯⋯⋯⋯ 320

四、决策方案评价 ⋯⋯⋯⋯⋯⋯⋯⋯⋯⋯⋯⋯⋯⋯ 321

五、遴选确定决策方案 ⋯⋯⋯⋯⋯⋯⋯⋯⋯⋯⋯⋯ 321

第三节 企业决策实施与控制 ⋯⋯⋯⋯⋯⋯⋯⋯⋯⋯⋯ 321

一、制定决策实施方案 ⋯⋯⋯⋯⋯⋯⋯⋯⋯⋯⋯⋯ 321

二、决策颁布与宣传 ⋯⋯⋯⋯⋯⋯⋯⋯⋯⋯⋯⋯⋯ 322

三、决策执行 ⋯⋯⋯⋯⋯⋯⋯⋯⋯⋯⋯⋯⋯⋯⋯⋯ 322

四、决策实施的监督和控制 ⋯⋯⋯⋯⋯⋯⋯⋯⋯⋯ 322

五、决策实施总结 ⋯⋯⋯⋯⋯⋯⋯⋯⋯⋯⋯⋯⋯⋯ 322

第七章 企业人才队伍建设与人力资源管理 ⋯⋯⋯⋯⋯⋯ 323

第一节 企业人才队伍建设 ⋯⋯⋯⋯⋯⋯⋯⋯⋯⋯⋯⋯ 323

一、人才的内涵与特性 ⋯⋯⋯⋯⋯⋯⋯⋯⋯⋯⋯⋯ 323

二、企业人才资源管理 ⋯⋯⋯⋯⋯⋯⋯⋯⋯⋯⋯⋯ 326

三、企业人才队伍的结构及其优化 ⋯⋯⋯⋯⋯⋯⋯ 339

第二节 人力资源管理 ⋯⋯⋯⋯⋯⋯⋯⋯⋯⋯⋯⋯⋯⋯ 349

一、企业人力资源概述 ⋯⋯⋯⋯⋯⋯⋯⋯⋯⋯⋯⋯ 349

二、企业人力资源管理的特征与功能 ⋯⋯⋯⋯⋯⋯ 352

三、企业人力资源管理工作的基本内容 ⋯⋯⋯⋯⋯ 354

四、绩效管理 ⋯⋯⋯⋯⋯⋯⋯⋯⋯⋯⋯⋯⋯⋯⋯⋯ 371

第八章 企业财务、金融、投资管理 ⋯⋯⋯⋯⋯⋯⋯⋯⋯ 411

第一节 企业财务管理 ⋯⋯⋯⋯⋯⋯⋯⋯⋯⋯⋯⋯⋯⋯ 411

一、企业财务管理概述 ⋯⋯⋯⋯⋯⋯⋯⋯⋯⋯⋯⋯ 411

二、财务管理方法 ⋯⋯⋯⋯⋯⋯⋯⋯⋯⋯⋯⋯⋯⋯ 419

三、企业财务管理指标体系与功能 ⋯⋯⋯⋯⋯⋯⋯ 420

四、企业财务报表分析 ⋯⋯⋯⋯⋯⋯⋯⋯⋯⋯⋯⋯ 428

第二节 企业金融管理 ⋯⋯⋯⋯⋯⋯⋯⋯⋯⋯⋯⋯⋯⋯ 445

一、企业金融管理概述 ……………………………………………… 445

二、企业价值及管理 …………………… 452

三、企业金融业务管理实务 ………………………………………… 455

第三节 企业投资管理 …………………………………………………… 471

一、投资管理概述 …………………………………………………… 471

二、企业投资管理实务 ……………………………………………… 474

第九章 市场营销与客户管理 …………………………………………… 482

第一节 市场营销管理 …………………………………………………… 482

一、市场营销管理概述 ……………………………………………… 482

二、企业市场需求分析与预测 ……………………………………… 486

三、企业营销渠道管理 ……………………………………………… 520

四、企业营销组织管理 ……………………………………………… 550

第二节 客户管理 ………………………………………………………… 574

一、客户管理概述 …………………………………………………… 574

二、客户需求分析与预测 …………………………………………… 583

三、客户关系管理 …………………………………………………… 592

第十章 企业产品与工艺技术研发管理 ………………………………… 600

第一节 企业产品与工艺技术研发管理概述 ………………………… 600

一、企业产品及其特征 ……………………………………………… 600

二、企业生产工艺技术 ……………………………………………… 606

三、企业产品与工艺技术研发周期管理 …………………………… 607

四、企业产品与企业生产工艺技术开发战略 ……………………… 619

第二节 企业产品与生产工艺开发竞争力分析 ……………………… 621

一、企业产品竞争力分析 …………………………………………… 621

二、企业生产工艺技术竞争力分析 ………………………………… 626

第三节 企业产品与工艺技术开发组织及流程管理 ………………… 628

一、企业产品开发组织及流程管理 ………………………………… 628

二、企业生产工艺技术开发组织及流程管理 ……………………… 632

第十一章 企业行政后勤管理 …………………………………………… 644

第一节 企业行政后勤概述 …………………………………………… 644

一、企业行政后勤管理理论 ·· 644

二、企业行政后勤管理的方法 ·· 646

三、企业行政后勤管理的工具 ·· 649

第二节 企业行政后勤管理工作内容和流程 ·························· 653

一、财产物资管理 ·· 653

二、印证文书管理 ·· 666

三、会议接待管理 ·· 674

四、考勤与出差管理 ·· 679

五、环境与安全管理 ·· 683

第三节 企业办公系统管理内容与实务 ································ 690

一、企业办公系统管理的意义 ·· 692

二、企业办公系统的基本功能 ·· 693

三、企业办公系统建设模式 ··· 694

四、企业办公系统建设要点 ··· 695

五、企业办公系统日常管理 ··· 696

第四节 员工生活福利管理内容与实务 ································ 697

一、员工食堂管理 ·· 697

二、员工宿舍管理 ·· 699

三、员工医疗保险管理 ··· 701

四、员工心理健康管理 ··· 702

五、员工文娱活动管理 ··· 704

第三部分 企业生产与运营管理实务

第十二章 企业生产与运营管理概述 ···································· 709

第一节 企业生产运营管理系统 ··· 709

一、生产运营管理内涵 ··· 709

二、企业生产运营系统 ··· 711

三、合理组织生产运营过程的基本要求 ····························· 714

四、现代企业生产运营系统的特性 ··································· 717

五、现代企业生产运营管理的新要求和新趋势 ····················· 718

第二节 生产计划与作业计划 ··· 721

一、生产计划的制订 ·· 721

二、生产作业计划的编制 ·· 723

第三节　生产控制 ·· 729

一、生产控制系统和控制活动 ·· 729

二、生产控制的主要内容 ·· 730

第四节　现场管理 ·· 731

一、现场管理概述 ·· 731

二、现场管理的内容 ·· 732

三、现场管理 5S 的实施方法 ·· 733

第十三章　供应链管理 ·· 737

第一节　供应链概述 ·· 737

一、供应链含义 ·· 737

二、供应链结构 ·· 737

三、供应链的流程 ·· 738

四、供应链的基本类型 ·· 738

第二节　供应链管理概述 ·· 739

一、供应链管理含义 ·· 739

二、供应链管理思想 ·· 740

三、供应链管理原理 ·· 740

四、供应链管理机制 ·· 742

第三节　企业供应链开发与管理 ·· 744

一、供应商评估与选择 ·· 744

二、供应商绩效管理 ·· 746

第四节　供应链管理的发展趋势 ·· 749

一、供应链管理绿色化 ·· 749

二、差别化与定制化供应管理 ·· 749

三、面向顾客的价值流管理 ·· 750

四、集成化供应链动态联盟 ·· 750

第五节　企业采购管理 ·· 752

一、采购管理内涵 ·· 752

二、采购计划与采购预算 ·· 753

三、企业采购方式选择 ·· 757

四、采购工作流程 ··· 759

五、采购成本管理 ··· 761

第十四章　企业资源管理 ··· 764

第一节　企业资源管理概述 ··· 764

一、企业资源管理的含义 ··· 764

二、企业资源管理的主要内容 ··· 764

三、企业资源管理的功能 ··· 765

四、企业资源管理的原则 ··· 766

第二节　企业资源类型和结构 ··· 767

一、企业资源类型 ··· 767

二、企业资源结构 ··· 770

第三节　企业资源管理工作实务 ··· 770

一、企业资源分析 ··· 770

二、企业运营与企业资源整合 ··· 772

第十五章　信息与数据管理 ··· 782

第一节　企业信息与数据管理概述 ··· 782

一、信息与信息资源 ··· 782

二、企业信息管理内涵 ··· 785

三、企业数据化管理及其特点 ··· 787

第二节　企业信息分类 ··· 788

一、企业内部信息 ··· 788

二、企业外部信息 ··· 789

第三节　企业信息与数据管理工作实务 ··· 790

一、企业信息管理与企业信息链 ··· 790

二、企业信息管理工作实务流程 ··· 791

第十六章　企业项目化管理 ··· 804

第一节　项目管理概述 ··· 804

一、企业项目管理内涵 ··· 804

二、项目管理过程 ··· 806

三、项目管理方法类型 ··· 807

第二节　项目管理组织及其运行机制 ················· 808

　　一、项目管理机构及其形式 ················· 808

　　二、项目管理人员 ················· 810

　　三、项目管理目标及其责任体系 ················· 810

第三节　项目计划管理 ················· 811

　　一、项目计划管理内涵 ················· 811

　　二、项目计划管理的内容 ················· 811

　　三、网络计划技术方法 ················· 811

第四节　项目实施及控制 ················· 812

　　一、项目资源配置 ················· 812

　　二、指挥协调 ················· 813

　　三、评估与激励 ················· 813

　　四、控制与修正 ················· 813

第五节　企业项目化管理实务 ················· 813

　　一、项目型企业 ················· 814

　　二、企业项目化管理组织建设 ················· 815

　　三、项目进度流程管理 ················· 820

　　四、项目成本管理 ················· 823

第十七章　质量管理 ················· 826

第一节　质量管理概述 ················· 826

　　一、质量定义及含义 ················· 826

　　二、质量管理定义及含义 ················· 829

第二节　企业质量管理的组织体系 ················· 834

　　一、企业质量管理组织机构 ················· 834

　　二、企业质量管理工作体系 ················· 836

第三节　企业质量管理标准体系 ················· 837

　　一、国际质量管理标准体系 ················· 837

　　二、国家质量管理标准体系 ················· 837

　　三、行业和专业质量管理标准体系 ················· 838

　　四、地方质量管理标准体系 ················· 838

　　五、企业质量管理标准体系 ················· 839

第四节　全面质量管理 ················· 839

一、全面质量管理的内涵 ·········· 839

二、全面质量管理的原则 ·········· 841

三、全面质量管理的基本内容 ·········· 842

四、推行全面质量管理的步骤 ·········· 843

第五节 企业质量管理主要方法和工具 ·········· 844

一、PDCA 循环 ·········· 845

二、因果图 ·········· 846

三、排列图 ·········· 849

四、六西格玛（6σ）管理 ·········· 851

第六节 企业质量管理变革与创新 ·········· 855

一、促进质量管理变革与创新的因素 ·········· 855

二、质量管理变革与创新的内容 ·········· 856

第十八章 成本管理 ·········· 858

第一节 企业成本概述 ·········· 858

一、企业成本定义 ·········· 858

二、企业成本分类 ·········· 860

第二节 企业成本管理概述 ·········· 864

一、企业成本管理内涵 ·········· 864

二、企业成本管理的基本内容 ·········· 864

第三节 企业成本管理方法 ·········· 876

一、目标成本法 ·········· 876

二、标准成本法 ·········· 881

三、变动成本法 ·········· 882

四、作业成本法 ·········· 883

第四节 成本控制 ·········· 896

一、成本控制概述 ·········· 896

二、成本控制的主要工作和程序 ·········· 899

第五节 战略成本管理 ·········· 901

一、战略成本管理内涵 ·········· 901

二、战略成本管理的特征 ·········· 903

三、战略成本管理的实施 ·········· 904

第十九章　安全生产管理 ·· 913

第一节　安全生产管理概述 ··· 913

一、企业安全生产管理定义及含义 ····································· 913

二、现代安全生产管理的特点 ··· 915

第二节　安全生产管理原理 ··· 916

一、系统原理 ·· 916

二、科学决策原理 ·· 917

三、目标管理原理 ·· 918

四、预防与控制原理 ··· 920

五、强制性原理 ·· 921

第三节　企业安全生产责任制 ··· 922

一、企业是安全生产管理的主体 ··· 922

二、强化企业安全生产管理主体责任地位 ··························· 923

三、落实安全生产责任制 ··· 925

四、责任人 ··· 925

五、安全生产责任分配 ··· 927

第四节　企业安全生产教育培训 ··· 933

一、安全生产教育培训的种类 ··· 933

二、安全生产教育培训的形式 ··· 934

第五节　安全生产检查 ··· 935

一、安全生产检查的目的 ··· 935

二、安全生产检查的内容 ··· 936

三、安全生产检查的种类 ··· 937

四、安全生产检查的方法 ··· 938

五、安全生产检查的实施 ··· 939

第六节　生产现场安全管理 ··· 941

一、生产过程中的安全管理 ··· 941

二、生产现场安全管理的具体措施 ······································· 945

第七节　企业安全文化建设 ··· 946

一、企业安全文化的概念 ··· 946

二、企业安全文化的体现形式 ··· 946

三、企业安全文化建设模式 ··· 947

四、企业安全文化活动 ·· 948

五、企业安全文化建设手段 ······································· 949

第八节 企业安全生产管理创新 ······························· 951

一、责任制落实创新 ·· 951

二、安全培训创新 ··· 951

三、安全宣传创新 ··· 952

四、安全管理机制创新 ·· 952

参考文献 ·· 954

第二部分

企业职能管理业务实务

第五章　企业方针管理

学习目标

1. 了解企业方针管理的内涵与形式；
2. 熟悉企业方针管理的特点，学会为企业制定方针；
3. 掌握企业方针制定的原则和过程；
4. 把握企业方针实施的原则和基本步骤；
5. 学会企业方针总结的流程及问责要求；
6. 完成实践与案例分析、练习模拟训练。

第一节　企业方针管理

方针管理是一种针对企业整体管理的方法，是职业经理人作为一名从事企业经营管理的职业工作者必须首先掌握的一种综合性管理工具。

一、什么是企业方针

所谓企业方针，是指根据企业战略思想和发展规划，综合研判外部环境与内部条件，针对一定工作时期和一定工作领域，按照一定原则和程序，制定的有关方向、目标、原则、策略的方法指针，是引导企业各项经营管理活动持续、有序、高效运作的行动纲领。企业方针，本质上是面向经营管理实践的针对性的方法，是企业整体经营管理活动的实施依据。

在内涵层面，企业方针是企业战略思想、外部环境、内部条件、企业经营管理的方向和目标，贯彻执行的原则及行动策略等要素相互联系、相互制约、相互促进的产物。

二、企业方针的内涵

（一）企业方针的意义

企业方针必须贯彻企业战略思想。企业战略思想是指导企业经营全局的基本理念，突出强调企业的战略定位，具有相对稳定性和连贯性，同时具有很强的意识和观念形态，企业方针要把企业战略思想具体化，体现和反映企业战略思想。

企业方针必须顺应外部环境的变化趋势。外部环境是影响和制约企业生存和发展的外部因素的总和，既具有长期发展趋势，也有短期波动。企业之于外部环境，往往处于接受和被影响的地位与情境，企业方针要能够认知和顺应长期发展趋势，把握短期波动的冲击，找差距，补短板，寻求企业经营的平衡和协调，实现经营管理的优化和升级。

企业方针必须把握内部条件的动态状况。内部条件是影响和支撑企业发展的内部因素的总和，主要体现在企业资源、企业能力、企业制度和企业文化等方面。企业内部条件相对于企业的发展需求，往往处于有限短缺和不平衡匹配状态，企业方针应该对企业内部条件进行整合，客观评估，充分挖掘和利用内部条件的潜力和优势，提升自身能力。

企业方针必须明确方向和目标。企业方向体现为企业战略层面的预期，企业目标是具有阶段性的预期，体现为具体的成果。方向和目标结合形成的企业方针，要符合企业方向，用目标体系体现各个方面的行动成果。

企业方针必须明确原则和策略。原则是相对稳定的方法，策略是相对权变的方法，两者相辅相成，有所坚持、有所创新，因时制宜、因势制宜、因事制宜、因地制宜，共同形成切实可行、行之有效的企业方针的方法体系。

（二）企业方针管理的环节

1. 方针制定

企业承担决策职能的相关管理主体，针对一定工作时期和一定工作领域，根据企业的战略思想和发展规划，综合研判外部环境与内部条件，经过必要的决策程序，运用科学的决策方法，研究制定方针。一般地，企业的基本方针、总体方针、年度方针及重大专项方针的决策主体为企业董事会，一般的专项方针的决策主体为当事决策团队。承担执行职能的相关管理主体，也称执行主体，为方针的制定提供执行数据和参考意见。

2. 方针实施

各执行主体以方针为指导，结合工作流程和操作实际，坚持执行原则，灵活地，甚至创造性地运用策略，自觉主动地发现、分析并解决问题，以完成经营任务，达成方针要求的方向及目标。决策主体在此环节要发挥领导、组织作用，及时响应执行主体的反馈，采取必要的督导支持和控制调整手段，确保方针得以贯彻执行。

3. 方针总结

决策主体与执行主体共同就方针制定、方针实施的过程与结果以及发展的合理性等，从实际出发，进行全面系统的评估，重点控制检讨式总结，并着手改进，为下一轮方针循环做好必要的准备。

4. 循环递进

在方针总结的基础上，根据外部环境、战略思想、内部条件的变化做出及时响应，积极推动方针管理本身的提高，启动新一轮方针循环。

三、企业方针的形式

企业方针的形式，也称企业方针的外延，主要有下列几种形式。

（一）基本方针

基本方针是对企业存在和发展的意义、途径和目的的理解和诠释，是对企业在经营管理活动中积累、检验、沉淀的企业基本理念和行为的归纳和提炼，通常表述为企业精神、经营哲学和经营宗旨等。

（二）总体方针

总体方针是关于企业推动全局工作或在一定时期内解决企业主要矛盾和重大发展问题的一种方针。比如，有的企业提出"在发展中调整、在调整中发展"的总体方针，就是指面向经营全局，着力强调增量发展，在增量发展中解决存量问题，在发展中解决现实问题，着力强化动态发展，优先解决短板问题和瓶颈问题。

（三）年度方针

年度方针是关于指导企业年度工作的方针。企业计划和部署年度工作，要提出年度工作的方针和年度工作目标，以统一企业上下全体员工的思想，明确年度工作任务和目标。企业的各个部门、各个事业部和直线机构，也要根据企业年度方针和目标，提出自己的方针和目标，同企业年度方针和目标相对接。

（四）专项方针

专项方针是关于一定时期开展专项工作的思路、方法的具体方针。企业要开展一些有关产品、技术、经营、管理的专项工作和项目，必须制定专项方针，统一思想认识，组织人员和各种资源，明确目标任务，进行专项工作或项目的部署和实施。

（五）详述式方针

详述式方针就是将方针的内涵及相关工作部署进行较为系统全面的文字阐述表达的一种方针。这种方针表达，其立意就是通过具体详细的阐述，让企业的各个层面及全体员工能够理解方针的内容，明确自身应当承担的工作任务和要完成的目标及其相互之间的支持协作关系，重点在于进行工作的部署。企业《年度经营纲要》《年度经营计划》等就是详述式方针，对年度的方向、目标、原则、策略以及主要的经营任务和重点工作进行详细的阐述。

（六）简明式方针

简明式方针就是将方针的内涵以较为简明、清晰的词语进行提炼概括的方针表达，通常表现为一组口号。简明式方针主要用于宣传教育，使员工便于理解、学习和掌握企业方针，更好地指导行动。

四、企业方针管理的特点

企业方针管理是以方针的管理为主线，以方针的制定、执行、改进和提高为抓手，开展企业经营及管理工作的过程和活动，具有自身鲜明的特点。

（一）强化沟通

方针管理不是简单的由上级确定方针、下级承接后一级一级落实的管理方式，而是非常注重围绕各当事主体，加强横向与纵向联系，对各种相关要素和问题追根溯源，经过充分的讨论与沟通，在上下级之间、职能部门之间，根据资源的配置方式，在业务的明确范围之内进行沟通，特别是企业主项工作明确后，所有在该主项工作中承担职责的部门，都需要制定具体的措施和目标，以形成合力，有效支撑企业各级方针。方针管理在管理方式上与其他管理方式最大的不同是在设定解决方案的时候就已经掌握了问题的根本所在，它通过各种手段和验证方式，不断地寻找问题的本质，通过验证的结果来确定最终目标达成的可能性。

（二）突出自我责任

方针管理是非常注重自我责任的管理。在方针管理的中心内容中，自我责任的落实与管理是贯穿全部管理过程的主线与衔接点。首先将自我目标设定成具有挑战性的目标，其次将每一项目标通过持续改善的方式进行拉动，最后落实到相关负责人员的职责中。在整个方针管理活动中，每一项管理项目的达成与否，均有相应的责任人员在进行目标的跟踪与落实，并实时监控相关进度，当没能完成相应目标时，责任人会主动进行回顾与分析，从而在这套自我循环的管理方式中形成责任落实机制。这种管理方式的突出特点是，与上一阶段目标相比必须要有提升和改善，设定具有挑战性的目标并逐渐、连续地增加，管理过程中涉及从最高的管理部门、管理人员到普通员工的工作。持续改善的策略是管理部门中最重要的理念，它假设应当经常改进我们的工作的每个方面，所有员工的努力、介入以及自愿改变和沟通成为持续改善推动的主动力。

（三）注重过程和结果

方针管理是关注过程与关注结果相结合的管理方式。方针管理强调的就是有好的过程才有可能会带来好的结果，没有好的过程则最终会导致较差的结果，因此就要更加注重过程管理与结果管理并重的管理方式，从而使管理更加严密。总结方针管理完成效果非常好及非常坏的项目，寻找好的经验与做法，总结失败的教训，以便在以后的工作中实现标准化管理，提升管理水平。

（四）强调目标衡量

方针管理注重目标和实施绩效指标的设计和衡量，要与企业经营各项指标特别是关键业绩指标紧密结合。任何一件事情的结果评价，无论好与坏，都应该有具体的、可量化的指标进行衡量。在方针管理中，任何一个管理项目完成得好与坏，均是通过目标指标的评价进行衡量的，除了需要设定指标对目标进行评价外，还必须对方针管理项目的指标进行设定，从而明确一级对一级指标的支撑，同时明确过程运行好坏与结果的相关性。

（五）注重诊断方法应用

方针管理一个最重要的方法就是诊断，这也是方针管理的重要特点。在制定方针的过程中，对方针方案进行诊断，以判断其与企业整体战略方向的一致性。在方针管理中做好日常过程控制的重要环节就是诊断，在诊断中发现问题，讨论对策，修正方针。诊断的层级也非常明确，根据方针活动计划书的层级，上一级对下一级进行诊断。通过诊断判断下级活动计划中的方针管理项目与目标是否能够支撑上级方针活动计划书中的方针管理项目及目标管理项目的目标值。诊断的形式也非常明确，是一种面对面的沟通与交流，强调的是用数据和图表说话，用数据与图表反映管理过程的好坏及目标达成度，也可以通过诊断落实上下级之间的沟通及横向之间的沟通，实现过程与结果的细致对接，这对方针管理的项目落实与进度监控有着重要意义。

第二节　企业方针的制定

方针制定是方针管理的起点和统领，也是方针管理最为关键的环节。必须遵循科学的制定原则和规范的制定流程，采用科学的制定方法，编制出指导思想明确、主题突出、任务明确、结构合理、内容翔实的文本文件。

一、企业方针制定的原则

（一）综合评估外部环境和内部条件

制定企业方针要对外部政策、客户、行业和市场等环境变化进行密切跟踪和监测，洞察对企业当下和未来发展具有潜在影响的因素，使企业方针具有前瞻性的预测和对策布局。企业方针必须建立在符合自身实际情况和实际需求的基础上，综合考虑自身资源情况和运营能力，使方针措施和目标与自身实际能力相匹配，使方针建立在适应发展趋势且具有"办得到"的能力的基础上。

（二）适应发展与调整需求

制定企业方针，并使其得到贯彻的根本目的，是使企业健康发展。制定企业方针，必然要求其反映和适应企业发展的新需求。在制定企业方针时，要使方针能够指导企业不断地发挥自身的优势，调整或去除不能适应发展的短板、冗余要素和颓势，合理使用"加减法"强化企业的发展能力。

（三）综合兼顾全局与局部

如果把企业比作由一系列零部件组成的机器，那么只有各个零部件发挥其应有职能并协调运转，企业才能获得高效的产出和发展。因此，制定企业方针，需要对经营全局进行综合考虑，需要统筹兼顾企业的各个方面，使方针能够有效地指导和协调各个单元的运营，获取协调利益最大化。

（四）兼顾各方意见

企业方针会涉及与影响各方面人员的行动和利益，因此在企业方针制定阶段，必须集思广益，听取、反映和凝聚各方面的意见和建议，从不同的视角去审视问题，提高方针制定的科学性，保证决策的正确性。

（五）着眼可实施性

企业方针是企业经营管理的行动指针，制定企业方针必须着眼于可实施性。要将方针策略转化为具体的、可操作实施的工作行动，做到对过去企业实践进行提炼和升华，以汲取优秀实践经验，使方针充分发挥指导新实践的作用。

二、企业方针的制定流程

一般情况下，企业首先要制定一个企业方针的工作计划，主要内容包括编制企业方针的指导思想，组建企业方针编制领导小组及其办公室，工作部门分工及其责任人，编制工作任务及其内容，工作阶段划分及其完成时限等。按照工作计划，开展企业方针的制定工作。

企业方针的制定流程一般由信息收集、形势分析、方针确立、方针文本编制以及方针发布与解读学习五个部分组成。

（一）信息收集

信息收集是企业方针制定的基础。要做到全面、充分、及时、适时和有效地收集信息，获取数据，可采取全员参与的信息收集方式，通过企业上下、企业内外收集信息，扩大信息收集覆盖面，实施全方位的信息扫描和大数据分析，为方针决策提供充分的依据。可采用多种形式的信息收集方法，具体如下：

1. 领导调研

领导调研就是围绕企业方针制定，由企业领导层、专业职能层领导牵头组织的调研，以全面了解自身、竞争对手、行业、政府政策和宏观环境为内容的信息收集，以掌握第一手资料，为提出企业方针提供信息支持和现实依据。

2. 专业调查

专业调查主要是针对专项方针的制定实施的专业专项调查，如针对产品开发方针进行的市场需求调查，以及针对技术开发进行的技术调查。

3. 对标研究

对标研究就是针对方针目标制定，关于企业经济技术指标的先进程度针对国内外同行业先进企业进行的调查和针对市场主要竞争对手进行的竞争力研究。通过对标研究，可以获取所需要的方针信息。

4. 建议征集

建议征集就是面向企业全体员工、企业客户和企业供应商等定向征集有关方针制定的意见和建议。企业员工、企业顾客和企业供应商对企业的经营管理、企业存在的问题有最为直接的了解，可以通过建议征集得到方针制定所需的现实信息，从而有效提高方针制定的针对性。

5. 文献资料研究

文献资料研究主要是政府政策文件、专家文献等资料的收集和整理研究，以获取企业方针制定的信息。这类信息可以为企业方针制定提供指导和方向，并起到趋势引领作用。

（二）形势分析

形势分析主要指由企业董事会和有关主要委员会运用多种渠道收集相关信息，运用科学、合理的方法对企业经营的各个环节进行全面分析，综合考虑各种因素对企业运营的影响，把握经济形势发展、行业发展走向以及了解企业自身的真实情况。

对形势的分析可以采用"发散—聚焦法"，即企业董事会和有关主要委员会成员根据方针制定的需要，在收集资料的基础上，经过分析，对形势做出个人的判断意见，然后进行讨论，各抒己见，在充分讨论的基础上，进行分析综合，聚焦形成企业方针。

（三）方针确立

方针确立是企业方针制定过程中最为重要的流程环节。企业董事会将最终审议企业方针并进行表决，从而形成企业方针。企业董事会通过对来自各方的信息进行全面、深入、综合的分析，广泛听取一线工作人员的建议，结合专业委员会的意见，对各种方案进行审慎的评议和讨论，最终确立企业方针。

方针确立中，最重要的是企业方针目标的制定。

1. 企业方针目标制定的总体要求

（1）企业方针目标是由总方针、目标和措施构成的有机整体。企业制定的方针目标应包括总方针、目标和措施三个方面，并使其有机统一起来。

（2）企业方针目标的内容较多，但每一年度方针目标要根据实际情况选择重点、关键项目作为目标。

（3）目标和目标值应具有挑战性，即应略高于现有水平，至少不低于现有水平。

（4）长远目标与当前目标、过程目标要综合平衡，统筹兼顾。

2. 企业方针目标制定的依据

企业方针目标制定的依据主要有以下几个方面：

（1）顾客需求和市场情况。

（2）企业对顾客、公众、社会的承诺。

（3）国家的法律法规与政策。

（4）行业竞争对手情况。

（5）社会经济发展动向和有关部门宏观管理要求。

（6）上一年度或时期目标实现的情况。

3. 企业方针目标制定的程序

（1）宣传教育。组织学习、研讨方针目标管理的理论知识和其他同行企业的先进经验，分析企业形势及资源现状，在初步找出问题点的基础上，提出下一年度方针目标的思路；也可以结合方针目标管理的当年诊断，在总结成绩和问题的基础上，提出下一年度方针目标的基本设想。

（2）收集资料，提出报告。由企业有关部门依照上述要求收集资料，分别提出专题报告。比如，企业经营销售部门提出市场形势和预测的报告，以及竞争对手情况的报告；生产计划部门提出上一年度计划执行情况的报告（应包括存在的问题点），以及上级指令性或指导性计划的估计值。

（3）确定问题点。一般有两类问题点：一类是未实现规定目标、标准的问题点，如上一年度方针目标中未完成的部分，制度标准中未执行的条款；未达到国家法律法规、安全质量监督和行业标准中所规定的事项（如环保、工业卫生等）的要求等。另一类是对照长期规划、发展需要可能出现的问题点，如在如何适应国内外顾客需要，战胜竞争对手，开拓新产品、新市场的过程中可能出现的问题点。

（4）起草建议草案。由企业最高管理者召集专题讨论会，提出下一年度方针目标设想，各专业人员提出具体的目标草案，通过论证、分析和协调，最后由归口管理部门起草方针目标建议草案。

（5）组织评议。组织广大职工对方针目标的建议草案进行评论，广泛听取各方面意见后修改建议草案。

（6）审议通过。按照决策程序，企业的决策机构进行审议后通过并发布。

（四）方针文本编制

1. 企业方针文本编制流程

企业方针通常采用《年度经营纲要》或《年度经营计划》的形式编制和发布。企业董事会秘书处通常是方针文件的起草执笔和协调部门，根据任务和内容，需要一些部门参与和承担一些编制职责和任务。企业方针文本编制流程及分工如表5-1所示。

表 5-1 ×公司年度经营纲要编制流程及分工

编制活动	执行人	职责内容
年度方针	董事会	制定年度经营方针，下发至各级经营层级董事会秘书处，并对年度方针进行阐述
年度工作构思	经营单元	根据对年度方针的理解，结合本单元实际工作，制定年度部门工作构思，提交董事会秘书处
经营纲要（初稿）	董事会秘书处	根据年度方针，结合各单元提交的工作构思，编撰《年度经营纲要初稿》，并发至高级经营层征求意见
征求意见	高级经营层	对董事会秘书处提交的经营纲要初稿中各自所管辖工作板块内容进行审议，并反馈修订意见
经营纲要（复稿）	董事会秘书处	根据高级经营层反馈的建议，对经营纲要初稿酌情修改，提交战略委员会审议，并根据战略委员会的建议进行修订
修订意见	战略委员会	对董事会秘书处提交的经营纲要复稿进行审议，提出修订意见并反馈修改，无修订意见后提交董事会审批
审定	董事会	对战略委员会审议通过的经营纲要进行审定，通过后以公司年度董事会一号文件下发执行

2. 企业方针文本的主要组成

以《年度经营纲要》或《年度经营计划》为主要形式的企业方针文件，主要包括四个方面的结构内容：分析、方针与原则、工作内容及绩效任务。

（1）分析：回顾与当前形势分析。通过对上年度工作的总结，发现并指出工作中存在的问题，总结经验与教训。同时，对本年度企业经营面临的形势进行分析，论述当前外部环境变化趋势，简要预测其对本年度企业经营的影响。通过以上两个方面的综合分析，为经营纲要做出形势前提论断。

（2）方针与原则：指导思想和经营策略。此部分是全篇的指导，要开宗明义地提出本年度经营工作的指导思想，将其作为指导方针，同时，要详细地论述经营策略，使相关工作机构单元能够充分、正确地理解年度方针的内涵。

（3）工作内容：经营任务与重点工作。此部分是将方针转变为具体的年度工作经营任务和重点工作内容，这是经营纲要的重点篇幅。在经营任务与重点工作中明确提出年度企业整体工作目标，将年度经营策略融入各板块工作中，将整体目标分解至各板块工作中，并详细叙述各板块年度工作的基本指导思想和策略。

（4）绩效任务：年度绩效目标责任书。此部分把年度工作任务进行指标化转换，设置可衡量的指标，为绩效管理、考评各绩效完成情况提供原始依据，同时也为预算管理和资源配置提供参考依据。

（五）企业方针发布与解读学习

方针发布与解读学习是方针制定工作的最终环节，主要有两个方面的工作，即方针发布、方针解读学习。

1. 方针发布

方针文本《年度经营纲要》是董事会一年工作总体安排的详细文本，以董事会当年年度一号文件的形式下发到各个主体，使企业方针以规章的形式对外发布并展现，是全企业全年工作的操作指南。方针文本《年度经营纲要》的发布具有三个作用：

（1）《年度经营纲要》确定并详细叙述了方针及其指导下的基本策略和原则，使企业各级组织机构和员工能够充分理解和明确年度工作目标及主要工作方向。

（2）实现方针与绩效管理系统、预算管理系统的对接，将年度工作任务通过绩效管理和预算管理进行分解，并配置资源，以推动年度工作的开展。

（3）方针文本可以为工作总结和核查提供基本依据。方针文本《年度经营纲要》作为工作的指导文件和企业总的任务书为工作的总结与核查提供了最原始的凭证，可以为各个组织机构部门及每一位员工的工作提供对标，便于后续监督和检查。

2. 方针解读学习

方针发布后，要开展方针解读学习活动。

贯彻方针的前提是在全企业进行对方针的解读和学习，在各个层级组织员工学习，深刻领会制定方针的基础和条件，了解方针政策的基本原则，以及方针的目标和指标。解读学习活动可以采用宣讲会、解读答疑、工作对接等方式进行。

（1）宣讲会。由董事会秘书处组织，董事长亲自主持年度方针《年度经营纲要》核心内容的发布与解读。从宏观经营到企业实际，进行全面的形势分析，使各级人员能够充分理解纲要制定的基础和依据，更好地理解纲要涉及的核心内容。宣讲会要求全体管理人员都要到场参加。

（2）解读答疑。董事会秘书处要针对企业各经营单元和工作人员对方针文本《年度经营纲要》中的疑惑之处进行解读答疑，使其能够更加完整、清晰、明确地了解方针的指导思想、工作任务、目标指标及其与本部门乃至本人的关系和影响，同时也可以进一步倾听和了解方针文本的不足或不妥之处，以便在执行过程中修订和完善。

（3）工作对接。通过文本发布和解读学习，由董事会秘书处将方针文本《年度经营纲要》转至绩效管理和预算管理等执行机构，实施工作任务对接，将企业整体目标进行逐级分解，最终落实到每个工作组织机构部门和每位员工身上，进入方针实施阶段。

第三节　企业方针的实施

制定方针的根本目的是指导经营工作的实践，明确经营管理工作的指导思想、内容、指标和目标。企业方针实施，就是将方针转化为经营管理实际的工作活动和工作过程，将方针的设想变为现实，变为经营管理工作的业绩和实际成果。

一、企业方针实施的原则

在方针实施的过程中，必须将有关方针的理论与实践有效结合，在实际工作中将方针的指导思想、策略原则进行转化和细化，将工作任务和重点分解到具体的组织机构和工作内容事项中，促进工作在各个企业运营板块之间协调落实，并采取必要的手段和措施适时进行跟踪观察和研究，进行必要的控制、协调和调整，不断提高执行的效率和水平。为此，必须遵循以下基本原则：

（一）结合原则

结合原则要求把方针的指导思想和原则紧密结合，落实工作的计划安排，将其融入计划的工作内容中，各业务单元和工作部门要遵照方针的思想和原则以及企业的计划制定自身的落实计划，以形成对企业整体工作和目标的保障机制。

（二）落实原则

企业方针的实施，最为关键的是贯彻落实原则，即把方针原则、工作事项、指标和目标落实到能够实施的事项、活动，部门机构和责任人，以及具体的执行人，使其知道做什么事，怎么做事，什么是做成事，让每一个行动都朝向完成任务和目标达成。

（三）协同原则

协同原则要求企业的各个业务单元和组织机构，从企业最高领导者到企业的每一位职工，都明确本部门和本人的职责任务，明确本部门和本人与其相关的部门和个人的联系、支持和协调的事项、机制及其责任，共同完成全企业的方针任务和目标。

二、企业方针实施的基本步骤

企业方针实施的基本步骤包括五个部分：计划、执行、督导、协调和调整。

（一）计划

企业方针实施计划是为实现企业方针即企业经营纲要的分解和细化，制定的相关工作实施方案。一般由企业的经营管理层制定方针实施计划。

1. 制定方针实施计划的原则

一般来讲，方针实施计划的制定要明确计划的目标、实施方式、责任人、完成时限等，为了确保计划能够有效地指导工作，具备良好的可操作性，计划的制定必须贯彻以下基本原则：

（1）一致性原则。一致性原则要求方针实施计划的制定必须牢牢把握方针的指导思想和基本目标、各组织功能价值及其经营策略，进行相关子目标、方案的设定，使各项分解的子目标支持方针基本目标并确保基本方针目标得以实现。

（2）层次性原则。层次性原则要求制定方针实施计划时，要注意把握主要矛盾和矛盾的主要方面，对组织功能价值及其重要性加以区分，抓住工作的重点方面，体现出经营工作的关键环节并采取一定的手段加以控制，确保关键环节的路径畅通。

（3）渐进性原则。渐进性原则要求制定方针实施计划时，要注意使计划的实施保持平稳的节奏和速率，坚持稳步推进，每一步都扎实完成，为下期工作的开展奠定坚实的基础，确保下期工作的开展具有牢固的根基，坚决避免冒进产生的经营风险。

（4）协调性原则。协调性原则要求方针实施计划要配套制定相关协调方案，保持企业与外部、企业内部各组织部门机构之间的信息流动、工作节奏有机协调，统一思想和步骤，确保企业的每个经营通路畅通，资源配置和利用高效合理。

（5）可控性原则。可控性原则要求方针实施计划要做到权责利匹配均衡、明晰，相关部门组织机构对经营工作能够进行适时的监督和控制，并能够及时采取有效的措施纠正偏差，确保方针的实施工作按照设定的方向稳步推进。

2. 企业方针的实施细则

制定企业方针实施的计划，要制定企业方针的实施细则，形成可操作的手册，必须贯彻以下基本原则：

（1）审慎原则。由于企业的各个部门组织机构和业务单元要根据操作手册执行操作流程、实施工作活动，因此其编制过程必须要审慎地分析相关营运工作的内外部环境，能够充分估计可能产生的问题和困难，设计出应对和处理的措施，以进行有效防范。

（2）具体原则。企业方针实施细则，即操作手册，必须明确相关工作所需要完成的内容、时间长度和最终时限、每一步的工作计划，使相关执行责任主体清晰明了地知晓工作的目标、方法及要求。

（3）可达原则。可达原则指在企业方针实施细则中，所确定采取的措施、方法必须是可行的、可控的、能够指导工作实施落实的。

企业方针实施细则编制流程如表5-2所示。

表 5-2 ×公司《经营管理实施细则编制流程表》

编制活动名称	执行人	职责内容
经营纲要	董事会	将经营纲要下发至各经营单元和部门组织机构
工作建议	经营单元、部门组织机构	根据对经营纲要的学习，向分管高层领导提出本经营单元和本部门组织机构的工作建议
所辖领域实施细则	分管高层	根据经营纲要要求，并结合所辖领域各单元和部门组织机构工作建议制定所辖领域纲要实施细则提交董事会审议，根据董事会意见进行修订并完成
审批	董事会	对各分管高层提交的实施细则进行审议，提出修订意见，审议通过后交董事会秘书处进行整合
汇总下发	董事会秘书处	根据董事会审议通过后的实施细则进行整理归总并下发至各经营单元和部门组织机构执行

3. 绩效和预算目标分解

对于负责经营的具体部门和业务单元来说，企业方针目标可能是宏大、笼统的，必须将其转化为下属单元能够理解的、看得见、摸得着的，与自己的工作高度相关的、具体的、可衡量的工作目标。

企业方针《经营纲要实施细则》编制并下发后，企业的绩效管理和预算管理系统将分别对年度工作目标进行逐级分解，使各业务单元、各组织层级机构在实施方针的各个时间点上，能够明确、清晰地了解自己的工作目标。企业的各层级也将根据绩效任务和预算要求，制定相应的工作任务及推进时间表。

阅读专栏 5-1 企业方针目标的转化与分解

利用逐级承接分解法（DOAM 法）对企业目标进行逐级分解（见图 5-1），步骤如下：

1. 明确行动方向（Direction）

清晰刻画战略意图或战略任务；下一级的行动方向（D）是上一级的行动计划（A）。

2. 明确行动目标（Objective）

行动目标是行动方向期望成功状态的表述；下一级的行动目标（O）是上一级对应行动计划（A）的衡量标准（M）。

3. 制定行动计划（Action）

实现行动目标（O）的行动分解，要具体；各行动计划之间不重叠、不交叉；行动计划要有所侧重，有所忽略；明确责任部门与负责人员。

4. 明确衡量标准（Measure）

针对每项行动的具体衡量标准，指标必须可量化、可考核，包括量化的绩效指标 KPI 以及细化的管理指标 KMI。

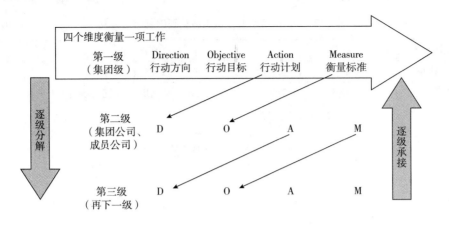

图 5-1　企业方针目标的转化与分解（DOAM 法）

　　将绩效任务和预算目标进行逐级分解，一方面能够使其有效落实，并根据经营变化进行适度调整；另一方面可以更加清晰地了解任务完成情况，有利于及时对工作中出现的问题进行分析和处理，从而推动整个绩效任务和预算管理目标的完成。表 5-3 和表 5-4 分别为×公司经营收入绩效目标任务分解表和预算目标分解表。

表 5-3　×公司经营收入绩效目标任务分解

经营纲要目标	
20××年度药品销售实现收入×亿元	

绩效任务分解	
目标	措施
药品 A×亿元，药品 B×亿元，药品 C×亿元	全面深化品牌战略，坚持以药品 A 为核心定位，努力打造药品 C 新品牌……

表 5-4　×公司预算目标分解

药品 A 销售计划		
时间	目标	措施
第一季度	药品 A×亿元	推动权责下移，开拓三四级市场……
第二季度	……	强化三四级市场建设……
第三季度	……	……
第四季度	……	……

经营纲要目标	
20××年药品销售收入×亿元	

主营业务收入年度预算	

药品 A 销售计划				
产品类别	产品名称	数量	单价	金额
药品 A 类	药品 A 膏剂	××	××	××
	药品 A 栓类	××	××	××
	……	……	……	……
药品 B 类	药品 B 软膏类	……	……	……
……				

主营业务成本年度预算

……

主营业务收入预算季度分解

时间	产品类别	产品名称	数量	单价	金额
第一季度	药品 A 类	药品 A 膏剂	××	××	××
	……				
第二季度	……				
第三季度	……				
第四季度	……				

4. 企业各级部门组织机构工作任务分解

在制定方针实施计划时，各级部门组织机构围绕组织功能和价值创造点，进行工作任务分解，使工作任务围绕组织功能，落实到价值点的工作活动中，实现职能优化和创造价值。具体分解步骤如下：

第一步，围绕部门的组织功能和价值点，将年度目标分解到具体的价值创造工作中，并将所有工作事项逐一罗列，以展现部门工作的全部内容。通过对部门所有价值创造工作的全部罗列，使部门的每位员工能够清晰地知悉部门全部工作和自身承担的工作。

第二步，对部门的所有工作进行属性分类，根据岗位职责和价值创造点，将所有的工作事项分解安排到具体的工作岗位，及时进行调整，避免由于工作疏漏引起的经营失误，同时也有利于所有员工对各岗位工作有直观清晰的了解，有利于相互配合和临时性的补缺。

第三步，各岗位根据工作事项、发生频率、完成时间和重要性进行三级索引归类，对部门工作岗位做到全景展示，使各相关岗位既能够知晓自身工作进展情况，也能够相互了解工作进展，做到工作协调推进。表 5-5 至表 5-7 是×公司信息中心年度工作任务分解表。

表 5-5　×公司信息中心年度工作任务

信息中心组织职能：信息和 IT 支持

序号	价值创造点	年度工作事项
1	情报服务	（1）建立信息情报体系，完成信息情报采集与反馈流程； （2）开展客户需求信息采集分析，提出产品改进与创新建议； ……
2	IT 支持	……
3	数据创新	……
4	信息安全	……
……	……	

表 5-6　×公司信息中心年度工作事项明细

职能模块	工作内容	工作重要性（ABCD）	所花精力	频次	所属岗位	配合单元
1. 信息情报体系建设	制定信息情报管理制度，明确信息采集点及职能职责、采集范畴、采集方式、报送与反馈流程以及信息情报管理模式等	A	×%	每年 1 次	数据采集岗	各信息采集点
2. 客户情报采集分析	开展客户情报的采集、整理、解读与分析，提交专题分析报告	A	×%	至少每周 1 次	数据分析岗	各信息采集点
……	……	……	……	……	……	……

表 5-7　×公司信息中心××岗位年度工作事项明细

所属岗位	岗位职责	岗位工作事项	发生频率	完成时间	工作重要性（ABCD）	配合单元
数据分析岗	1. 开展外部信息情报的采集、整理、解读与分析 2. …… 3. …… ……	日常资讯采集分析	每周 1 次	每周	C	根据需要确定
		客户需求信息采集	每季度至少 1 次	根据业务单元需求	A	信息专员
		……	……	……	……	……
……	……	……	……	……	……	……

（二）执行

执行是对计划的贯彻实施，是企业推行方针目标管理、实现方针目标的根本要求和机制，是企业一切经营活动的基础，是在充分、正确制定和理解执行方案的前提下，相关责任人采取切实有效的行动履行应尽的责任，并同相关部门紧密对接，共同推进整体目标的完成。

企业应从高层到各级直至基层一线工作操作层面，形成执行企业方针的机制，主要包括以下几个方面：

1. 加强方针执行的指导和指引

企业董事会不仅要制定并发布企业方针文件，还要统筹企业方针文件的贯彻执行，就是要配备具有较强指挥力、凝聚力和号召力的相关管理领导团队，充分发挥指导和指引作用，形成对方针执行的强大牵引力和推动力。

2. 合理授权

为了有效地实施企业方针，企业要对具有执行职能的机构和责任人，按照权责对等的原则，赋予责任人充分的决定人、事、物的权力。尤其是在项目管理和专项活动中，如项目立项、项目审核、项目实施以及专项活动实施，根据项目的具体情况，赋予项目团队和专项团队充分的权力，保证项目顺利启动、实施，完成项目预设目标。针对一些特别组织、特别事项可以授予特别权力。

3. 合理匹配资源

要根据实施事项，按照方针实施方案，合理配置资源，做到按事项进度要求、事项结构和功能配置资源，避免资源短缺和资源冗余。

4. 合理控制执行进度和节奏

要根据方针实施要求，控制执行进程和工作节奏，减少和避免工作失误。

5. 有效排除障碍，解决困难

企业方针实施执行过程中，可能会出现障碍，遇到困难，要能够有效排除障碍，化解困难，排除各种干扰，保障方针目标的实现。

（三）督导

企业在贯彻执行企业方针的过程中，由于一些关键环节缺失或关键工作点梗阻，导致整个经营出现停滞，甚至整个企业瘫痪的情况。为避免出现这种情况，或即使出现这种情况也能够进行有效的处置，许多企业建立起了督办工作制度。

督导，是对企业方针实施过程控制的重要手段，包括两个主要方面的督办工作：督促重点工作的如期推进和对影响关键环节的系列问题进行疏导。

督办工作的目的是建立健全督办工作机制，规范督办工作行为，保证督办工作的质量和工作效率，优化企业整体执行力，确保企业方针实施执行体系高效运作。

1. 督办工作主体及其职责

企业成立督办工作小组，确定督办工作承办部门，制定督办工作小组职责。

阅读专栏 5-2 ×公司督办领导工作小组职责

总经理办公室、董事会秘书处、人力资源部、资产运营中心等部门的相关岗位人员组成督办工作小组，总经理办公室主任任组长。督办工作组的职责包括以下内容：

（1）负责拟定完善督办工作流程和督办工作方法。

（2）负责督办工作流程各环节的文秘协调事务，确保督办工作的完整性、真实性、及时性。

（3）负责适时收集督办事项，建立《督办台账》，并准确及时下达给各承办部门执行。

（4）负责及时跟踪督办事项的工作进展，定期催办。

（5）及时向企业领导反馈督办事项的工作进展情况并定期发布《督办通报》。

（6）负责督办工作结果输出并与绩效考核部门对接沟通。

一般而言，督办事项由多个单位或部门共同承办，分为牵头承办和协同承办。牵头承办指由其中一个单位或部门牵头，牵头承办单位或部门组织其他单位或部门主要落实督办工作要求。协同承办指承办单位和部门涉及事项相对独立，可分别落实责任事宜，多方组织协作，共同落实督办工作要求。

2. 督办工作原则

（1）统筹协调原则。统筹协调原则要求根据督办工作的内涵和要求，统筹兼顾督办工作全局和具体督办事项，协调推进具体督办事项。

（2）注重时效原则。注重时效原则要求根据会议决议或报告批示的要求，及时落实督办事项，尽可能在最短时间内高效完成督办事项。

（3）分流承办原则。分流承办原则要求根据督办工作的具体要求，由不同的对口负责单位分别对接不同的督办对象，如由董事会秘书处、人力资源部、资产运营中心和总经理办公室分别对接不同的督办对象，承担相应的督办事项。

（4）全程公开原则。全程公开原则要求根据落实督办事项的工作要求，通过线上线下相结合的方式，多渠道、多方式，公开跟踪督办事项。

3. 督办工作实施流程

督办工作主要由立项、跟踪、调整、结办四个主要环节组成。

（1）立项。包括督办事项的收集、传达以及承办等环节，由总经理办公室负责，通过落实相关环节工作，确保将相关重要专项工作纳入督办事项中。

（2）跟踪。包括督办事项的定期跟进、过程催办以及反馈三个部分，根据具体的工作内容，由督办工作小组的成员分别完成，并提供相应的跟踪反馈情况。

（3）调整。根据督办工作事项的实际情况，对督办工作事项进行调整，调整方式包括补充、延期或退办，以便确保督办工作事项的有效落实。

（4）结办。经跟踪落实的督办事项，对结果予以通报，并在季度和年度绩效考核中进行专项管理。

表5-8和表5-9为×公司督办工作流程节点说明和督办通报。

表5-8 ×公司督办工作流程节点说明

工作环节		执行人	职责内容
立项	收集	总经理办公室	收集督办资料，初步明确督办事项、承办人员、完成时限，与主要承办人员沟通确认后，纳入《督办台账》
	传达		督办事项立项后，由总经理办公室在1个工作日内将督办事项传达给承办人员，并于每月25日前将《督办台账》转给督办工作小组成员，便于督办小组成员开展督办事项跟踪
	承办	承办部门	收到传达的督办事项后，按照要求迅速组织实施，在规定时限内办理完毕
跟踪	定期跟进	督办工作小组	定期跟进了解督办事项的进展情况，并有权要求承办人及时提交督办事项进展情况和相关佐证材料，如有需要，也可同时向多个承办人和相关者核实，以确保核实结果真实有效
	过程催办		对于未及时开展督办工作或进展明显偏缓的，由督办工作小组进行催办，必要时报公司领导处理
	承办反馈	承办部门	按要求及时向督办工作小组反馈督办事项进展情况，并提供相关佐证材料，不得故意敷衍、拖延和隐瞒事实
调整	补充	督办工作小组/承办部门	传达已立项的督办事项的进展指示；传达同一督办事项的最新工作要求
	延期		如因不可抗力、客观情况发生变化、工作难度超过预期等，承办人确实无法在规定时间内完成督办工作的，应于承办时限到期前向公司提交《督办事项延期申请》，说明延期原因和日期，交由督办工作小组受理，总经理办公室代收，督办工作小组评估后，认为确需延期的，提交公司领导审批，公司领导审批同意后，方可延期
	退办		如因不可抗力、客观情况发生变化等，督办事项暂缓实施或取消办理的，由承办人向督办工作小组说明情况，情况属实的，可予以退办，如双方无法就退办事宜达成一致的，由督办工作小组请示公司领导最后确定
结办	结果通报	督办工作小组	经跟踪落实的督办事项，对结果予以通报
	专项考核	绩效管理办公室	督办工作的落实情况应列入各承办人的绩效考核中，并进行专项管理

表5-9 ×公司×年×月督办通报

一、已完成的工作事项

序号	项目来源	项目内容	责任人	完成时限	完成情况
1	例：20××年×月×日××会或董事长、总经理批示（报告名称）	例：根据会议或报告的批示内容提炼后填入此项	例：具体承办人员，遵循一主责部门为主，职级由高到低的原则排列	例：20××年×月×日	例：填写工作事项最终完成情况，为与持续推进的工作事项以示区别，此项内容可以蓝字或绿字标注
……	……	……	……	……	……

二、持续推进的工作事项

序号	项目来源	项目内容	责任人	完成时限	工作进展
1	例：20××年×月×日××会或董事长、总经理批示（报告名称）	例：根据会议或报告的批示内容提炼后填入此项	例：具体承办人员，遵循一主责部门为主，职级由高到低的原则排列	例：20××年×月×日	例：根据各承办部门提报的工作进展情况进行提炼后填入此项，为与已完成工作事项有所区别，此项内容可以黑字标注
……	……	……	……	……	……

三、新布置的工作事项

序号	项目来源	项目内容	责任人	完成时限	……
1	例：20××年×月×日××会或董事长、总经理批示（报告名称）	例：根据会议或报告的批示内容提炼后填入此项	例：具体承办人员，遵循一主责部门为主，职级由高到低的原则排列	例：20××年×月×日	……
……	……	……	……	……	……

（四）协调

企业方针不仅确定了企业各业务单元、企业各目标组织机构的方针目标，而且确定了它们之间的相互关联及工作程序节点。在企业方针实施过程中，只有企业各业务单元、企业各目标组织机构做到良好衔接配合，才能使企业朝着既定的经营目标前进。但是在实施过程中，需要积极促进它们之间的沟通协调，以确保实施程序有序有效。

1. 会议协调

会议是最常用的协调方式和方法。在企业方针实施过程中，经常通过定期、不定期的各种形式和类型的会议，就实施过程中所面临的问题以及需要协作的内容进行相互告知和沟通，提出各自的观点和意见，从而采取一致的行动。

（1）企业中层例会。企业中层例会是在企业方针实施过程中，召开的企业各业务单元、企业各部门各组织机构负责人协调会议。会议的任务和目的是一线管理人员通过定期的会晤，使信息在他们之间水平流动，避免在垂直传输过程中产生的偏差使信息延误和失真，促进各单位有效地协作。

（2）董事长/总经理专题协调会。在企业方针实施过程中，针对一些重大事件和重要问题，在进行充分研究的基础上，由企业董事长/总经理召集相关人员约谈，召开专题会议，对一些重大的、典型的事件进行深入分析、协调，促进各部门高效合作，为后期的相关工作行动做出部署。

董事长/总经理专题协调会，必须精准把握议题，精细分析问题，准确决策问题。

要把握以下原则:

1) 重要性原则。董事长/总经理专题会议是企业经营的关键节点,是企业经营顺畅的重要保证,将对企业工作产生重大影响。

2) 典型性原则。董事长/总经理专题会议讨论的内容需要具备代表意义,可以进行推广和延伸,能对后期工作发挥重要推动、借鉴和参考作用。

3) 指导性原则。对部分方针实施推进不力的重点工作也会在董事长/总经理专题会议中进行讨论和分析研究,深入探讨并制定相关的攻击战术。

专题会议召开前,董事长/总经理将以各种方式深入调研,并根据调研情况进行综合判断,做出是否召开专题会议的决定,并依据相关程序开展工作。表5-10为某公司在方针实施中,召开董事长/总经理专题会议的流程安排。

表5-10　董事长/总经理专题会议流程安排

活动名称	执行人	职责内容
专题报告申请上会	项目单元	项目单元根据工作中出现的问题或董事长对工作的要求撰写专题报告进行论述,并提交董事长申请上会
调研分析	董事长	将根据专题报告内容进行项目调研分析,并根据分析结果要求项目单元对专题报告内容进行修改
补充内容	项目单元	根据董事长对项目调研的意见,提供相关内容的补充材料,做好上会的准备
调研报告	董事会秘书处	根据项目单元所提交的相关材料,对项目进行专项研究,并向董事长提交研究报告,供决策参考
上会讨论	董事长	董事长根据项目单元所提交的材料,参考董事会秘书处的调研报告,决定是否召开专题会议讨论
协调执行/继续调研	项目单元	项目单元根据讨论内容,协调推进项目工作或继续跟进项目研究,等待时机再次进行讨论

董事长/总经理专题会议是针对方针实施建立的约谈机制形式,也可在企业各个层级推行专题会议制度,通过召集有关人员约谈,能够对相关事件本身进行深入和细致的了解,召开相关层面的专题会讨论,能够对大部分事件本身有较为清晰的认识和了解,在协调的同时,也能够帮助执行者开阔思路,提高执行效率。

2. 专项工作协调

专项工作是指对在企业方针实施经营活动中需要重点解决和处理的重点环节、重大事项实施的重点协调工作。

(1) 专项工作特征。专项工作所协调的事项具有三个典型的特征:关键性、紧迫性、合作性。

1) 关键性。关键性是指专项工作涉及的工作内容是经营活动中的关键或重点环节。该事项进展的顺利与否直接关系到与其相关的其他事项的进展,即所谓"卡脖子"

事项。

2）紧迫性。紧迫性是指专项工作涉及的项目对时间具有非常严格的要求，它必须在一定的期限内完成，否则将对整体任务的推进产生巨大的负面影响。

3）合作性。合作性是指专项工作由一个主要部门主导实施完成，但由于工作本身的性质，它需要多个部门协同合作才能完成，因此对相关部门之间的沟通协作提出了很多的需求和很高的要求。

（2）专项工作协调机制。专项工作必须进行更为仔细和明确的确认和部署，因此受到领导的特别重视。

第一，由总经理牵头负责专项工作的督导，由总经理办公室负责专项工作的督导实施。

第二，根据关键路径倒推法，在确定专项工作的具体内容后，将根据完成工作的时间和关键节点的倒推，确定专项工作完成的具体内容和时间。图 5-2 为专项工作计划分解示意图。根据关键路径制定专项工作任务计划表（见表 5-11），对各个部门相关工作进行细化分解，同时对每个节点事项所需资源进行填报，经审核通过后照此执行。

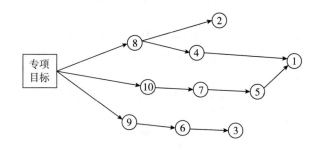

图 5-2　专项工作计划分解示意图

表 5-11　专项工作任务计划

事项	××××				
目标标准					
完成时间					
部门任务	序号	部门	目标标准	完成时间	所需资源
	1				
	2				
	……				
审核结果					

第三，建立专项工作台账。由总经理办公室负责建立专项工作台账（见表 5-12）。

表5-12 专项工作台账

序号	事项	目标标准	完成时间	涉及部门及分工	所需资源
1					
2					
......					

第四，设置专员。由总经理办公室设置专员，对专项工作的进展情况进行适时跟踪和研究，采用督办方式敦促专项工作的实施，会同相关监控内审部门进行监控，按时向总经理提交分析报告。

第五，采用专项推进会方式汇合多方意见，提出合理化建议。

（五）调整

企业处在一个不断变化的环境之中，在方针实施过程中，也需要适应外部环境和内部条件的变化，做出是否需要调整方针和如何调整方针的决策，并采取相应的调整措施。

方针调整，包括年度方针调整和年度目标调整（见图5-3）。

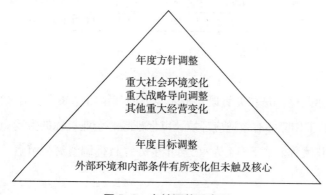

图5-3 方针调整示意图

1. 方针调整原则

作为经营指导的纲领性文件，方针调整应遵循谨慎、求真、务实、效率的原则。

（1）谨慎原则。谨慎原则要求在进行方针调整时，要进行充分的研究和论证，对外部环境和内部条件的变化针对方针进行适应性分析和趋势分析，注重对度的把握，防止盲目采取某种行为导致重大决策失误。

（2）求真原则。求真原则要求调整工作所依据的资料必须真实、可信，避免虚假资料误导决策机构决策，从而造成重大损失。

（3）务实原则。务实原则要求讲究实际，实事求是，要从企业实际出发，立足本身的资源和能力，脚踏实地地开展工作。

（4）效率原则。效率原则要求调整应当及时、高效，既能够快速响应突发事件，又能够做出准确的判断。

2. 年度方针调整

年度方针调整需要有一个重大的触发事件，且触发事件将使企业被迫改变既定的发展方向，并导致重大的战略调整。当这个重大触发事件发生后，企业董事会将根据情况，在最短时间内完成年度方针调整流程。表5-13 为×公司年度方针调整流程。

表5-13 ×公司年度方针调整流程

活动名称	执行人	职责内容
启动修订	董事会	触发事件发生，董事会第一时间发布方针纲要修订通知，启动修订工作
调研建议	高级经营层	在收到修订通知后，应立即在分管领域内开展调研，并提交修订建议
调研建议	经营单元	在收到修订通知后，应立即在经营领域内开展调研，并提出修订建议
调研建议	战略委员会	在收到通知后，应开展全面调研，并参与分析高级经营层与经营单元的调研汇报建议，向董事会提交修订建议
新方针纲要编制	董事会	根据实际经营状况，结合战略委员会的建议，编制新方针经营纲要，并重新分解各高层任务
新绩效责任书签订	高级经营层	高级经营层与董事会就新方针纲要重新分配的绩效任务签订新绩效责任书
分解任务	经营单元	各经营单元对分管高层签订的新绩效责任书进行分解，制订本单元的工作绩效任务和计划
绩效调整	绩效管理系统	根据新方针经营纲要的内容重新调整新绩效责任分解，并督导落实
预算调整	预算管理系统	根据新方针经营纲要的内容重新调整新预算计划，并督导落实

3. 年度目标调整

所谓年度目标调整，是在方针既定的基本方向和策略框架下，对绩效目标进行的局部调整，使当前的工作能够有效适应环境，以保证最终企业目标的实现。图5-4 为×公司年度方针目标调整流程。表5-14 为×公司年度方针目标调整流程节点。

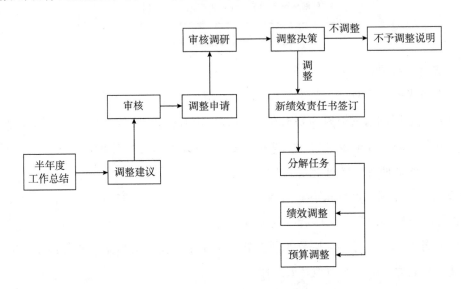

图5-4 ×公司年度方针目标调整流程

表 5-14 ×公司年度方针目标调整流程节点

序号	活动名称	执行人	职责内容
1	半年度工作总结	经营单元	各经营单元对半年工作进行总结，对教育环境进行分析，对全年工作进行基本判断
2	调整建议	经营单元	各经营单元根据半年工作总结的情况，基于对全年工作的认识，提交《任务调整建议》至分管领导
3	审核	分管领导	分管领导对经营单元提交调整的事项进行严格的审核，并约谈相关申请部门，全面真实地了解情况
4	调整申请	分管领导	分管领导通过审核，认为绩效目标确需调整的，则制定调整申请，并提交董事会
5	审核调研	董事会	董事会就分管领导提交申请的事项进行调研，如有必要，董事会将对相关部门进行约谈，并就公司其他环节所反映的情况进行综合考量；同时，董事会将根据实际情况指定开展相关调研或采集相关数据用以支撑决议
6	调整决策	董事会	根据相关调查结果，结合环境的发展，综合考虑未来的趋势，对申请报告进行审议，对同意调整的出具调整意见，对不予调整的要说明否决的理由，并下发高层执行
7	新绩效责任书签订	高级经营层	高级经营层与董事会就新绩效目标重新签订新绩效责任书
8	分解任务	经营单元	各经营单元对分管领导签订的新绩效责任书进行分解，制定本单元的工作绩效任务和计划
9	绩效调整	绩效管理系统	绩效管理系统根据新绩效目标的内容重新调整绩效责任分解，并督导落实
10	预算调整	预算管理系统	预算管理系统根据绩效目标的内容重新调整预算计划，并督导落实

对于企业经营来说，年度方针目标调整往往牵一发而动全身，将对员工士气和全局工作产生重大影响。一般地，如果出现下列情况，董事会需要酌情考虑年度经营方针目标：

（1）外部环境变化使目标达成的可能性大幅度降低，即使通过各种努力也不可能完成。

（2）企业内部条件发生变化，不能满足达成目标所需的条件，短时期无法解决相关问题。

（3）企业出现突发事件，促使企业经营活动有必要对当前目标进行调整。

（4）其他董事会认为必须调整经营目标的事项。

以上是在外部环境和内部条件变化不利于企业经营的情况下考虑调整企业年度方针目标。在现实经营中，也会出现各种利好，有利于企业方针目标的实现，但考虑到企业经营的稳定性和持续性，对企业年度方针目标的调整也必须慎重决策，避免出现"鞭打快牛"的现象，保护员工分享成绩带来的收益，鼓励员工寻求突破，百尺竿头更进一步。

第四节　企业方针总结

企业方针总结的目的在于对方针实施过程进行回顾和反思，找出其中好的思想、好的观念、好的做法，改正和完善工作中的缺点与不足，为下期工作的统筹安排打下良好的基础。

一、企业方针总结的主体

（一）董事会

董事会作为公司经营决策的最高机构，也是企业方针总结的领导主体，一方面承担领导企业方针总结的职责，通过自身的权力推动企业方针总结工作；另一方面也要对自身工作进行自查和反省，总结企业方针实施过程中正反两个方面的经验，为研究和制定下期企业方针形成新的思路和新的框架体系。

董事会作为企业方针总结的领导者，必须清晰、明确、全面地了解各个经营单元，使部门组织机构在工作中对企业方针的贯彻情况，对执行中出现的问题和不足之处的本质原因进行分析研究，找出下一期改进的方向和重点措施。更为重要的是，在总结中，要对自身方针管理的情况进行自我审视和总结。

董事会的自我审视和总结，具有重要的意义和作用：

一是董事会的自我审视有助于下期工作的开展。通过一系列问题的自我审视，可以发现和完善工作中的不足，以提高董事会的决策能力，并形成新的思考和认识。

二是董事会的自我审视有利于从更多的角度看待问题。董事会的自我审视要求董事会成员从不同的角度去看待一个问题，可以更为全面系统地透视研究的问题，从而形成完善的解决方案。

三是董事会的自我审视可以起到模范带头作用。作为企业经营的最高决策领导机构，董事会在总结中深刻认真地反思并找出自身不足和问题，可以为企业的下属单位和人员做出榜样，促使其深入开展总结工作，深挖自身存在的问题和不足并找出本质原因，反映和反馈真实的情况，为下一期的工作提供思路和措施，为企业方针贯彻实施开创新局面。

（二）高级经营层

作为企业高级经营层，总经理全面负责企业方针的贯彻执行，负责企业方针总结工作，全面掌握总结工作的进程和工作动态，促进总结工作扎实有序开展。分管领导负责分管领域方针的贯彻执行，要按照企业董事会的部署，根据分管领域的工作特点，督促检查领域内各单元和部门的总结工作，把握进程动态，对标本领域本部门方针目标，总结完成情况，重点找出存在的问题和不足，提出下一期工作思路及建议，上报董事会。

（三）各业务单元和各部门组织机构

企业各业务单元和各部门组织机构是企业方针的具体过程和活动的实施者，要根据企业董事会和高级经营层的部署，认真组织本单位的方针执行实施工作，对标方针目标，核算指标完成情况，重点找出存在的问题和不足，以提高执行能力，并提出下一期执行落实企业方针的建议和意见，上报企业高层领导。

二、企业方针总结的主要流程

企业方针总结是企业方针管理的一个重要阶段。通过总结企业的实践经验，可以将其概括为四个主要部分：评估验收、反馈优化、总结提升、尽职问责，如图5-5所示。

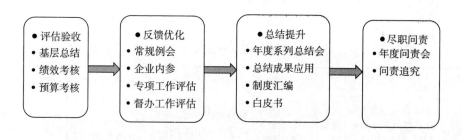

图5-5　企业方针总结流程

（一）评估验收

组织企业各业务单元和各部门组织机构对方针实施期间的工作完成情况进行总结，并提供对应核查材料，由组织方进行评估验收。评估验收主要包括两个方面的内容：一是核查各单元经营工作的真实性；二是核查经营工作的成效，即方针目标的达成率。

1. 评估验收要把握的原则

（1）民主原则。民主原则要求评估验收要做到广泛民主，将自评与他评相结合，领导与普通员工相结合，内部与外部相结合，广泛收集和听取意见和建议，防止主观武断产生的误导。

（2）全面原则。全面原则要求评估验收要做到高层与基层、局部与全局、点与面有效结合。既要对一线执行者进行考察，也要对最高决策层的工作进行评估；既要立足一个单位，也要面对这个企业全局实施工作评估，要能够通过某个点所反映的问题发现相关方面的异常，从而为全面地改进和提高打下良好的基础。

（3）深入原则。深入原则要求评估验收既要对照方针目标评估目标指标完成情况，更要深入分析目标完成和未完成目标背后更深层次的原因，抓住关键问题要素，解决发展瓶颈问题。

（4）准确原则。准确原则要求评估验收各项指标要如实地反映出经营的真实情况，要多方面进行校对与核实，避免数据误导董事会和企业领导对评估工作做出错误的判断。

2. 搞好基层总结

基层总结是全企业检讨工作、总结工作的基础。基层总结以业务单元和部门组织机构为单位展开，依据岗位分类、岗位价值点、岗位关键事项等分条目进行。总结工作根据实际情况，以撰写个人和单位书面总结材料或召开专题总结会的形式进行。

对于撰写书面总结材料，要求总结的员工或单位着重对出现异常的环节进行深入分析，力求能够深入分析问题产生的本质，并从自身工作出发，对企业工作提出合理化的建议。书面材料要填写岗位工作分析表，如表5-15所示。

表5-15　×公司岗位工作分析

岗位名称	岗位价值点	项目目标与内容	计划及完成情况	工作分析	建议
战略研究	通过内外部价值信息洞察研究，精确研判未来，提出战略性建议	年报分析，综合评述各类拟上市公司财务及经营工作情况……	30日内已完成。研究报告在经营工作中有所欠缺……	1. 对比上市公司的跟踪现在维持在……	信息情报的收集需要建立一个更为完整的体系……
	……	……	……	……	……
证券事务	……	……	……	……	……
……	……	……	……	……	……

专题总结会议，就是以会议的形式，将所有成员集合起来，帮助个人和团队从更多角度思考问题，使团队成员对整个团队及其成员个人工作进行面对面的交流，透彻分析，相互评议，提出更好的意见和建议。

（二）反馈优化

反馈优化是对经营工作的过程管控，就是在执行过程中开展的阶段性自我诊断，主动发现影响工作进展的原因，并对出现的疏漏和偏差及时地补充修复和纠偏，保证工作走向正常，并有利于相关领域下一阶段工作的安排和布置。

对于反馈优化，企业通常采取的形式和做法是召开各级常规例会、实施重点工作评估和内部通报等。

1. 常规例会

常规例会主要是企业定期组织中层及以上领导人员参加的述职和工作例会，主要包括月度部门绩效会、季度高层述职会、半年度经济工作会。这些例会，从不同时期、不同侧重，围绕价值创造，对经营工作进行回顾、总结。

各个例会的检讨总结工作以月度各单元和组织机构绩效分析会为基础进行，层层递进，必须以基层的真实情况为基础，注重问题之间的相互联系，举一反三，深挖一系列深层次问题，实现反馈优化。×公司总结例会表如表 5-16 所示。

表 5-16　×公司总结例会

例会	月度部门绩效会	季度高层述职会	半年度经济工作会
参与人员	总经理、各部门负责人	董事长、总经理、各高级管理人员、各部门负责人（年度）	董事长、总经理、主管及以上员工
会议内容	当月工作总结、下月工作计划	当期工作总结、下期工作安排、高层综合素质测评（年度）	半年工作总结、下半年工作安排、董事长专题讲话
会议目的	工作方向问题，协调各部门工作，评价月度工作绩效	总结公司工作，布置落实下期工作的贯彻，评价高层工作绩效	总结半年企业工作，部署落实下半年工作
召集时间	每月底	每季度	半年

2. 重点工作评估

重点工作评估是方针总结环节的重要工作之一，也是重点工作督办的主要方法，主要是针对经营过程中的关键和重点环节进行专项评估反馈，以使企业能够把握并有效控制重点工作。重点工作评估，主要进行及时性、合理性和合作能力三个方面的评估。

一是及时性评估。重点工作的一个重要特点是必须按时间要求推进，确保后续工作的开展不受影响。按计划进度推进重点工作，必须加强对重点工作及时性的评估。

二是合理性评估。重点工作大都处在经营工作的关键环节和节点上，对后续工作的开展会产生巨大的影响，因此，必须对重点工作的布局进行合理性评估，确保重点工作布局合理和进度协调，避免因赶计划留下工作隐患，对后续工作产生不良连锁反应。

三是合作能力评估。重点工作需要执行团队具备高效率的合作能力。因此，要加强对执行团队合作能力的评估，以提高其合作素质和能力，及时发现部门之间、个人之间出现的异常行为并查找原因，采取措施予以调整和纠正，避免再次出现类似事件。

3. 内部通报

内部通报是许多企业建立的一项有关企业方针实施的重要决策、重要新闻、重要事件等信息情况的披露、交流与反馈制度。通常面向企业的中高层管理人员，以《内部参考》形式发布，给中高层管理人员的工作以指导、借鉴和参考。

企业在编辑《内部参考》过程中，应注重真实性、深刻性、前瞻性和参考性。

一是真实性，就是要以事实说话，能够公正、客观、真实、准确地反映实际情况，不进行主观的评论评价。

二是深刻性，就是突出所调查的事件和背景情况，突出典型案例，从而深刻地反映事件的因果，揭示问题的本质。

三是前瞻性，就是所反映的内容要具有一定的前瞻性和预见性，对企业未来发展发挥参谋作用。

四是参考性，就是内容要切实对企业决策起到参考和支持作用。

《内部参考》对反馈企业方针管理情况有重要作用，通过对事件、问题进行专项、深度的分析和评价，使企业经营管理层能够快速掌握内外部动态，及时学习经验教训，可以使企业各级管理人员保持清醒的意识，把握正确的经营方向。

（三）总结提升

通过开展全企业范围内的年度总结活动，对过去一个年度的工作进行回顾，对方针的制定实施情况进行全面的审查，发现其中的疏漏和不足，为下一步方针研讨提供全面、真实、完整的原始资料，并围绕年度方针的经营纲要和绩效要求，对具体经营工作进行部署。总结提升主要有两个方面：年度工作总结和成果提炼与转化。

1. 年度工作总结

年度工作总结是对企业过去一个年度工作的回顾，对下一个年度工作的思考、分析和部署。年度总结工作要做到"四查"，即查目标、查问题、查来源、查举措。

（1）查目标，就是要对照企业年度经营纲要及绩效责任书，总结年度实际目标指标任务完成情况。主要是对年度目标成果进行充分展示和检视，细化落实分品种、分区域、分渠道、分单元模块，以及各管理末梢和经营末梢，形成多层次、多维度的任务完成清单。

（2）查问题，就是要有针对性地剖析过去一个年度工作中存在的问题，认真总结经验和教训，做到主题聚焦、切合实际、把脉精准，能够真实反映本部门和本人工作中的实际问题。同时，要从纷繁复杂的问题中梳理出主要矛盾和矛盾的主要方面，有针对性地反思，找出解决问题的有效方法。

（3）查来源，就是要对上一年度完成方针目标指标的主要支持事项来源和资源投入来源进行梳理，进一步厘清有效事项和资源投入的有效性。针对下一年度方针计划中拟定的思路、目标、措施，重点找出增量事项和资源支持来源，突出针对性和匹配性。落实到岗位责任；权衡估算所需资源投入的类别、分布和来源，为决策提供依据。

（4）查举措，就是要持续强化"举措意识"，摒弃"有思路无举措"的不良工作作风，针对年度目标及与计划制订相匹配的、可执行的实际举措和保障举措，并能对运行效果进行合理预测。通过理清思路、优选路径，确保实施的举措制度上可追溯、流程上可执行、结果上可检验。

年度工作总结，要通过召开一系列的总结会议来实施。表5-17是×公司年度工作总结系列会议安排。

表5-17 ×公司年度工作总结系列会议安排

会议名称	会议内容	参与人员
××业务板块总结会	当年年度工作汇报，××部门点评；下一年度工作要求	总经理、分管高管、业务单元负责人、相关职能部门部室负责人
运营系统总结会	当年年度工作汇报，××部门点评；下一年度工作要求	总经理、分管高管、业务单元负责人、相关职能部门部室负责人
岗位设置与编制委员会会议	审议年度岗位设置与编制议案	岗位设置与编制委员会成员
绩效管理委员会会议	本年度绩效考核结果审议、年度奖励议案；下一年度绩效任务及奖励方案	绩效管理委员会成员
预算管理委员会会议	审议下一年度预算预案	预算管理委员会成员
安全、质量、风控、合规工作年会	下一年度安全、质量、风控、合规工作部署，签订年度授权责任书	总经理、高层，各中心、事业部、职能部室负责人，各子公司总经理，安全、质量、风控、合规工作相关人员
年度总结表彰大会	年度工作总结、下一年度工作安排、先进员工表彰	全体员工
……	……	……

2. 成果提炼与转化

企业方针总结提升，主要目的是提升，即通过对经验、教训的提炼和转化，使其转化为能够常态化指导企业开展日常经营活动的基本规则，有的可以和下期的重点工作相结合，转化为下期重点工作部署，适合长期推行的部分则通过制度修订等方式转化为常态化的经营工作，使其能够有效地发挥作用（见图5-6）。

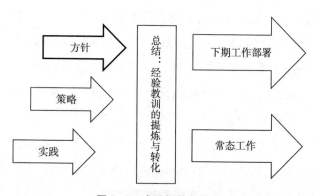

图5-6 成果提炼与转化

（四）尽职问责

尽职问责指通过对企业高级管理人员、部门负责人以及关键项目负责人在分管工作范围内履行职责的情况进行调查质询，对失职渎职行为实施责任追究的问责制度和机制，是企业方针总结的重要环节和内容。其目的是增强企业中高级管理人员的责任感，完善企业制度体系的管理控制，防止管理人员不作为、乱作为，强化各项工作实施过程中的科学性、规范性和严谨性，为企业经营活动和持续发展提供有效的领导保障。

1. 问责的基本原则

尽职问责，是企业方针管理的"杀手锏"，只有实施科学严厉的责任追究，才能构筑起方针实施的保障。尽职问责必须遵循以下几个基本原则：

（1）权责对等。被问责岗位、职务或项目当事人的权力应当与其所承担的责任相适应，不能超出其所应承担的范围。

（2）责任明确。根据权责对等的原则明确划分被问责岗位、职务或项目责任部门和责任人所应当承担的责任的内容。

（3）实事求是。问责内容必须充分、完全地反映事实的真相，不能有任何虚假、隐瞒。

（4）"三公"原则。问责调查和质询，直至最后的问责形式和内容，必须做到公平、公正、公开，切实做到权责对等、责任明确、实事求是、光明磊落，给人以昭示警示，形成良好的工作作风和工作环境。

2. 问责的对象和内容

问责的对象为企业的高级管理人员、部门负责人以及关键项目负责人。问责对象有义务在董事会形成问责议案后积极配合问责的实施，包括提供书面说明材料，参加问责会议，回答问责执行部门和人员提出的各类问题和询问，落实改进意见等工作。

问责的内容是在企业经营活动中已经或可能产生重大影响的项目和事件，且其具有典型代表作用和意义，主要包括以下几个方面：

（1）执行落实不力。在执行落实企业方针方面不力，致使工作严重滞后于方针计划目标或影响企业整体工作部署，未完成所承担的各项目标指标，拖整个企业的后腿，甚至导致企业完不成方针目标任务。比如，对股东大会、董事会、总经理办公会等上级决议拖沓不执行或执行不力，未认真执行企业和上级领导的指示和交办的事项等。

（2）责任意识淡薄，致使企业利益遭受损失或造成不良影响。比如，在经营管理活动中，未采取有效防范措施从而发生重大责任事故；在事关企业利益的重大突发事件中，拖延、懈怠、推诿塞责，未及时采取必要和可能措施进行有效处理；瞒报、虚报、迟报重大突发事件或重要情况、重要数据等。

（3）管理不严，监督不力，造成严重不良影响或其他严重后果。比如，对分管部门职能范围内的工作未能及时掌握和指导，造成不良影响或经济损失；管理不作为或监督管理不力，致使所分管范围发生严重违纪违法行为，或对职责范围内的重大事件知情不报，或谎报、迟报等。

（4）企业董事会或企业领导人认为应该问责的其他情形。

3. 问责程序

企业问责程序包括问责启动、问责实施、问责执行、问责督导四个环节。表5-18是×公司问责实施流程。

表 5-18　×公司问责实施流程

活动名称	执行人	职责内容
经营调查	董事会秘书处	对企业一年来的经营工作进行梳理，对经营工作中出现的重点问题进行分析，寻找影响经营工作的重大因素
提交问责项目提案	董事会秘书处	根据自身研究结果，初步确定可问责项目，并向董事会提交问责建议书
审核确定问责方案	董事会	根据企业全年经营情况，结合董事会秘书处提交的书面报告，对企业工作进行审议，确定年度问责项目，并对项目相关情况进行综合调查，以对企业经营产生影响的程度和具有代表的意义划分，决定问责项目开展的方式
书面陈述	被问责单元	根据董事会通知，提交被问责项目的书面陈述报告至董事会秘书处
初审/出具补充建议	董事会秘书处	根据问责的原则，对提交的材料进行初审，并出具补充意见，要求被问责单元补充回复内容
补充回复	被问责单元	根据董事会秘书处意见，对书面问责材料进行补充和完善
编制书面问责材料	董事会秘书处	汇总回复，编制书面问责材料提交董事会
确认现场问责项目	董事会	根据书面问责材料及问责议案的具体需要，明确现场问责项目，确定问责团成员
问责实施	董事会	对现场问责材料进行审议，并实施问责
	董事会秘书处	组织召开现场问责会议，并开展现场测评
	被问责单元	现场陈述报告，并对现场提出的问题进行回复
问责执行	董事会秘书处	根据问责会议及测评结果形成问责议案评估建议
	董事会	根据评估建议形成问责决定，并对责任团队实施相应奖惩措施，在企业内部通报
问责督导	绩效管理办公室	对问责项目进行事后跟踪督导

（1）问责启动。一般包括两种情况：一是董事会秘书处根据问责内容和问责情形，收集有关信息，查证后向董事会提交问责提案，由董事会决定是否立案实施；二是董事会根据掌握的经营管理情况，或出于了解项目进展情况或职能履行道德目的，可提出问责议案，启动问责工作。

（2）问责实施。一般分为书面问责和现场问责。董事会秘书处根据董事会确定的问责议案，书面通知责任团队接受问责并提交书面陈述报告。董事会根据书面陈述报告及问责议案的具体需要，明确现场问责项目，确定问责团成员。董事会秘书处负责组织召开现场问责会议，并进行现场测评。

（3）问责执行。董事会秘书处根据问责会议及测评结果形成问责议案评估建议。董事会根据评估建议形成问责决定，并对责任团队实施相应奖惩措施，在企业内部通报。

（4）问责督导。加强对问责项目的事后跟踪督导，由绩效管理办公室督导落实。

4. 问责追究

（1）追究方式。董事会将根据问责事项造成的后果以及在问责中相关方面的责任的认定，做出追究处理决定，一般包括：口头警示；书面检讨；给予警告、记过、诫勉谈话、降薪、待岗培训、撤职等处分；给予扣发当年奖金、取消当年评优资格等经济处罚；责令辞职或解除劳动合同；法律法规规定的其他方式。以上追究方式可以单独使用也可以合并使用。

（2）责任划分。在问责的处理中，最为重要和关键的是对责任的划分和认定，要按照方针确定的事项和实施确定的责任进行责任划分。下面是某公司问责制度责任划分的规定，根据问责事项造成的后果可以划分为一般责任、严重责任。

阅读专栏 5-3　×公司问责制度有关责任划分的规定（节选）

（1）对于一般责任的直接责任人、领导责任人，可以单独给予或者合并给予口头警示、书面检讨、通报批评、警告、记过、诫勉约谈、扣罚奖金、取消评优评先资格等处理。

（2）对于严重责任的直接责任人、领导责任人，可以单独或者合并给予扣罚当年奖金，取消当年评优评先资格、降薪、待岗培训、撤职或者责令辞职等处理。

问责制度的实施有利于增强各级负责人和员工的责任心，有利于实现领导人员任用选拔机制的完善，有利于完善公司治理和企业方针的贯彻实施。

推荐阅读

1. 陈平. 方针管理模式［M］. 武汉：武汉大学出版社，2021.
2. 王攀. ×公司方针管理的研究［D］. 西南交通大学，2012.

思考题

1. 企业方针的内涵与形式有哪些？

2. 企业方针管理的特点有哪些?

3. 企业方针制定的原则有哪些?

4. 企业方针实施的原则有哪些?

5. 企业方针总结的流程包括哪些环节?

第六章　企业决策管理

学习目标

1. 了解决策的要素和特点；

2. 熟悉决策的原则和类型；

3. 掌握决策的方法与决策科学化的要求；

4. 学会制定企业决策方案并付诸实施。

第一节　决策概述

一、决策的内涵

一般来讲，决策就是做出决定或选择。决策是由决策主体、决策客体、决策信息、决策理论与方法以及决策结果等要素构成的一个有机整体。

（一）决策主体

决策主体是指参与决策的领导者、参谋者及决策的执行者。决策主体可以是个人，也可以是一个组织，即决策机构。决策主体是决策系统的灵魂和核心，决策能否成功，取决于决策主体的素质。

（二）决策客体

决策客体指决策对象和决策环境。决策对象是指决策主体能影响和控制的客体事物，如某项业务的经营目标、经营规划，以及某项产品的研究开发等。决策环境则指制约决策对象按照一定规律发展变化的条件。决策对象与决策环境的特点、性质决定着决策活动的内容及其复杂程度。

（三）决策信息

决策信息指决策主体进行决策所拥有或可以获得的并据此做出决定的相关信息。

决策主体只有掌握充分准确的相关信息才有可能做出正确决策。

（四）决策理论与方法

决策理论与方法指人们对决策问题或决策规律研究总结阐述的理论体系，以及实施决策活动和过程的应用方法。决策离不开理论和方法。决策理论与方法的功能在于将现代科学技术成果运用于决策过程，从整体上提高决策活动的科学性，减少和避免决策结果的偏差与失误。比如，遵循科学的决策程序，采用适宜的决策方法，把定性和定量分析相结合等。

（五）决策结果

决策结果指决策主体实施决策行为，最终形成的决策方案或事项。决策的目的是为了得到正确的决策结果。没有决策结果的决策不算是决策，任何决策都要得到决策结果，因此，决策结果是决策的构成要素。

阅读专栏 6-1　决策理论

决策理论是把第二次世界大战以后发展起来的系统理论、运筹学、计算机科学等综合运用于管理决策问题，形成的一套有关决策过程、准则、类型及方法的较完整的理论体系。

决策理论已形成了以诺贝尔经济学奖得主赫伯特·西蒙（Herbert Simon）为代表人物的决策理论学派。决策理论是有关决策概念、原理、学说等的总称。"决策"一词通常指从多种可能中做出选择和决定。行政决策理论是用以指导和阐释行政决策的理论依据。

决策理论是在系统理论的基础上，吸收了行为科学、运筹学和计算机科学等研究成果而发展起来的。主要代表人物是美国行政学家赫伯特·西蒙，其代表作有《管理行为》《组织》《经济学与行为科学的决策理论》《管理决策新科学》等。西蒙因其在决策理论研究、决策应用等方面做出的开创性研究，而获得 1978 年诺贝尔经济学奖。决策理论的观点主要表现在三个方面：

（1）突出决策在管理中的地位。决策管理理论认为，管理的实质是决策，决策贯穿于管理的全过程，决定了整个管理活动的成败。如果决策失误，组织的资源再丰富、技术再先进，也是无济于事的。

（2）系统阐述了决策原理。西蒙对于决策的程序、准则、类型及其决策技术等作了科学的分析，并提出用"满意原则"代替传统决策理论的"最优原则"，研究了决策过程中冲突的解决方法。

（3）强调了决策者的作用。决策管理理论认为组织是决策者个人所组成的系统，因此，强调不仅要注意在决策中应用定量方法、计算技术等新的科学方法，而且要重视心理因素、人际关系等社会因素在决策中的作用。

代表性的决策理论包括以下几种：

1. 完全理性决策论

完全理性决策论又称客观理性决策论。代表人物有英国经济学家杰里米·边沁、美国管理学家弗雷德里克·温斯洛·泰勒等。他们认为人是坚持寻求最大价值的经济人。经济人具有最大限度的理性，能为实现组织和个人目标做出最优的选择。其在决策上的表现是：决策前能全盘考虑一切行动，以及这些行动所产生的影响；决策者根据自身的价值标准，选择最大价值的行动作为对策。这种理论只是假设人在完全理性下决策，而不是在实际决策中的状态。

2. 连续有限比较决策论

该理论的代表人物是西蒙。他认为人的实际行动不可能合于完全理性，决策者是具有有限理性的行政人，不可能预见一切结果，只能在供选择的方案中选出一个"满意的"方案。"行政人"对行政环境的看法简化，往往不能抓住决策环境中的各种复杂因素，而只能看到有限的几个方案及其部分结果。事实上，理性程度对决策者有很大影响，但不应忽视组织因素对决策的作用。主要内容包括：决策贯穿于管理的全过程，管理就是决策；决策是一个过程，包括情报活动、设计活动、抉择活动和审查活动；决策应采用"有限度的理性"准则或标准；决策可分为定型化和非定型化决策，且决策技术不同；决策和组织机构、集权与分权以及信息联系的关系。

3. 理性、组织决策论

该理论的代表人物是美国组织学者詹姆斯·马奇。他承认个人理性的存在，并认为由于人的理性受个人智慧与能力所限，必须借助组织的作用。通过组织分工，每个决策者可以明确自己的工作，了解较多的行动方案和行动结果。组织为个人提供一定的引导，使决策有明确的方向。组织运用权力和沟通的方法，使决策者便于选择有利的行动方案，进而增加决策的理性。而衡量决策者理性的根据，是组织目标而不是个人目标。

4. 现实渐进决策论

该理论的代表人物是美国的政治经济学者查尔斯·E. 林德布洛姆。他的理论基点不是人的理性，而是人所面临的现实，并对现实进行的渐进的改变。他认为决策者不可能拥有人类的全部智慧和有关决策的全部信息，决策的时间、费用又有限，故决策者只能采用应付局面的办法，在"有偏袒的相互调整中"做出决策。该理论要求决策程序简化，决策实用、可行并符合利益集团的要求，力求解决现实问题。这种理论强调现实和渐进改变，受到了行政决策者的重视。

5. 非理性决策论

该理论的代表人物有奥地利心理学家西格蒙德·弗洛伊德和意大利社会学家维尔弗雷多·帕累托等。该理论的基点既不是人的理性，也不是人所面临的现实，而是人的情欲。他们认为人的行为在很大程度上受潜意识的支配，许多决策行为往往表现出不自觉、不理性的情欲，表现为决策者在处理问题时常常感情用事，从而做出不明智的安排。

二、决策的特点

决策是人们在政治、经济、技术和日常生活中普遍存在的一种行为；它是为了实现特定的目标，根据客观的可能性，在占有一定信息和经验的基础上，借助一定的工具、技巧和方法，对影响目标实现的诸因素进行分析、计算和判断选优后，对未来行动作出决定。决策具有以下基本特点：

（一）决策要有明确的目标

决策是为了解决某一问题，或是为了达到一定目标。确定目标是决策的第一步。决策所要解决的问题必须十分明确，所要达到的目标必须十分具体。没有明确的目标，决策将是盲目的，科学正确的决策也就无从谈起。

（二）决策要有两个或两个以上备选方案

决策实质上是选择行动方案的过程。如果只有一个备选方案，就不存在决策的问题。因此，至少要有两个或两个以上的方案，人们才能从中进行比较、选择，最后选择一个满意方案作为行动方案。

（三）选择后的行动方案必须付诸实施

决策不仅是一个认识的过程，也是一个行动的过程，因此，决策必须是可以而且是必须实施的。如果将选择后的方案束之高阁，这样就等于没有决策。

三、决策的原则

决策必须遵循的原则主要包括以下几个方面：

（一）可行性原则

可行性原则是指决策目标和决策方案要有实现的可能性，决策目标要合理、符合实际，决策方案要能够实施。因此，在确定决策目标，选择决策行动方案时，要充分进行可行性研究，要仔细考虑主客观条件是否成熟，要考虑是否具备实现决策目标的人力、物力、财力。

（二）系统性原则

系统性原则是指把决策对象视为一个系统，从系统整体出发，对问题进行全面的比较分析，在此基础上做出决策，防止决策的片面性。贯彻系统性原则，要认真考虑决策涉及的整个系统及相关因素等，要统筹兼顾局部利益和整体利益、眼前利益和长远利益，不能顾此失彼。

（三）优化原则

优化原则是指决策的行动方案必须是最优方案或者是满意方案。决策是要从两个或两个以上不同的备选方案中经过分析对比，选出最佳方案。如果只有一个方案，那就不存在决策了；如果没有对比，也就无法辨别优劣。因此，对比选优是决策的主要环节，是从比较到决断的过程，对比不仅是把各种不同的方案进行比较，更重要的是把各种方案同客观实际再做一次认真的比较。要比较各种方案带来的影响和后果，考虑各方案所需的人力、物力、资金等各种必要条件，通过比较选出最优方案。

（四）民主化原则

民主化原则是指决策者必须充分发扬民主，善于集中和依靠集体的智慧和力量进行决策，据以弥补决策者个人在知识、能力方面的不足，避免主观武断、独断专行可能造成的决策失误，以保证决策的正确性和有效性。贯彻决策的民主化原则：①要合理划分管理层次的决策权限和决策范围，调动各级决策者和各类人员参与的积极性和主动性；②要悉心听取广大群众的意见和建议，在群众的参与或监督下完成决策工作；③要重视发挥智囊参谋人员的作用，借助他们做好调查研究、咨询论证，尤其是重大问题决策，要听取各有关方面专家的意见和建议。

（五）效益原则

效益原则指决策形成的方案要有明显的经济效益、社会效益、生态效益，尽可能地实现三者的平衡，同时要实现决策的成本—收益最大化。

四、决策的类型

（一）按决策主体的层次和决策的影响程度分类，可以划分为战略决策、管理决策和业务决策

1. 战略决策

战略决策是指有关企业全局性、长远性及其有关发展方向的决策。企业战略决策由企业的董事会和高层管理人员做出，是企业战略管理中极为重要的环节。

2. 管理决策

一般地，管理决策是指由企业高级管理者执行落实企业战略决策的决策，以及由企业的中层管理者为保证企业总体战略目标的实现，解决本单位或局部问题而做出的决策，旨在提高组织的管理效能，实现组织内部各关键生产经营、技术经济活动的高度协调以及资源的合理配置与利用。

3. 业务决策

业务决策是指基层管理人员为解决日常工作和作业任务中的问题做出的决策，属于局部性、短期性、业务性的决策。

（二）按决策发挥作用的时限划分，可以划分为长期决策、中期决策和短期决策

1. 长期决策

长期决策一般指 5 年以上的决策，它是为制定长期规划服务的，是涉及长远性、全局性的重大决策。这种决策着重于研究市场要素的长期发展趋势，为确定组织的长期发展方向提供决策依据。

2. 中期决策

中期决策是指企业根据 1~5 年的发展方向做出的决策，主要用于生产周期较长的产品设备及原材料采购，为产品、生产工程车间、工序的管理提供的决策，以及为企业近期内生产经营措施做出的决策等。

3. 短期决策

短期决策是指企业为有效地组织当年、当季、当月或当时的生产经营活动进行的决策，或是为调整中期决策，纠正生产经营活动偏差所进行的决策。短期决策一般涉及面小，投入资金不大，行动的确定性较大，目标比较直接。

（三）按照参与决策主体数量划分，可以划分为个人决策和集体决策

1. 个人决策

个人决策是指由企业领导者凭借个人的智慧、经验及所掌握的信息进行的决策。其特点是决策速度快、效率高，适用于常规事务及紧迫性问题的决策。个人决策的最大缺点是带有主观性和片面性，因此，对全局性重大问题则不宜采用。

2. 集体决策

集体决策是指由权力机构组成成员共同做出的决策。集体决策的优点是能充分发挥集体智慧，集思广益，决策慎重，从而保证决策的正确性、有效性；缺点是决策过程较复杂，耗费时间较多。它适宜于制定长远规划、全局性的决策。

（四）按照是否用数量化模型分析决策问题、表征决策方案，可以划分为定量决策和定性决策

1. 定量决策

定量决策是指应用数学模型和公式来进行数量化分析和运算，求解决策问题，并用数量关系和数量指标描述决策方案。定量决策可以说明决策变量之间的相互动态变化导致的决策结果状态，提高决策的时效性和精准度。

2. 定性决策

定性决策是指直接利用决策者本人或有关专家的智慧、经验和掌握的有关情况进

行决策的方法。定性决策不能用数学模型对决策目标和决策要素进行分析，只能依靠决策者的经验和判断力进行决策。

（五）按照决策所依据的条件，可以划分为确定性决策、不确定性决策和风险性决策

1. 确定性决策

确定性决策是指在影响决策的各种因素和数据均为已知的情况下，可以采用最优化、动态规划等方法解决，决策的结果完全由决策者所采取的行动决定的决策。确定性决策是最基本的决策方法，方法也比较简单、成熟，约束条件明确，系统的各种变量及其相互关系可以计量，可以求解最佳方案。

2. 不确定性决策

不确定性决策是指决策时不可控的因素很多且不稳定，一个方案所出现的结果也是不确定的，无法计算出概率，决策者只能凭经验和判断做出决策。

3. 风险性决策

风险性决策是指决策者对决策对象的自然状态和客观条件比较清楚，也有比较明确的决策目标，但是实现目标必须冒一定的风险。在决策中，每一种备选方案都会遇到几种不同的情况，每一种情况发生的概率都可以预测，不论选择哪一种方案，都存在一定的风险。决策者需要对风险做出自己的判断，以确定决策方案。

（六）按决策重复的程度，可以划分为程序化决策和非程序化决策

1. 程序化决策

程序化决策是指决策的问题是经常出现的问题，已经有了处理的经验、程序、规则，可以按常规办法来解决，因此程序化决策也称常规决策。例如，企业生产的产品质量不合格如何处理，商店销售过期的食品如何解决，就属于程序化决策。

2. 非程序化决策

非程序化决策是指决策的问题是不常出现的，没有固定的模式、经验，要靠决策者做出新的判断来解决，因此非程序化决策也称非常规决策。例如，企业开辟新的销售市场、调整商品流通渠道、选择新的促销方式等属于非常规决策。

五、决策的方法

（一）定性决策法

定性决策法又称主观决策法，是指在决策中主要依靠决策者或有关专家的智慧来进行决策的方法。定性决策法侧重于确定决策的方向，也被称为"决策软技术"，能够充分发挥管理者的潜在能力和创造力。常用的定性决策法有以下几种：

1. 头脑风暴法

所谓头脑风暴（Brain-Storming），最早是精神病理学上的用语，现在，"头脑风暴"

则成为无限制的自由联想和讨论的代名词，其目的在于产生新观念或激发创新设想。

头脑风暴法是比较常用的集体决策方法。采用头脑风暴法组织群体决策时，要集中有关专家召开专题会议，主持者以明确的方式向所有参与者阐明问题，说明会议的规则，尽力创造融洽轻松的会议气氛。主持者一般不发表意见，以免影响会议的自由气氛，由专家们"自由"提出尽可能多的方案。

头脑风暴法由美国创造学家 A.F. 奥斯本提出，根据实践和理论的研究，可以以不同形式激发人们的创新思维。

第一，联想反应。联想是产生新观念的基本过程。在集体讨论问题的过程中，每提出一个新的观念，都能引发他人的联想，相继产生一连串的新观念，产生连锁反应，形成新观念，为创造性地解决问题提供了更多的可能性。

第二，热情感染。在不受任何限制的情况下，集体讨论问题能激发人的热情。人人自由发言、相互影响、相互感染，能形成热潮，突破固有观念的束缚，最大限度地发挥创造性的思维能力。

第三，竞争意识。在有竞争意识的情况下，人人争先恐后，竞相发言，不断地开动思维机器，力求有独到见解，新奇观念。心理学的原理告诉我们，人类有争强好胜心理，在有竞争意识的情况下，人的心理活动效率可提高50%或更多。

第四，个人欲望。在集体讨论解决问题的过程中，个人的欲望自由不受任何干扰和控制，是非常重要的。头脑风暴法有一条原则，即不得批评仓促的发言，甚至不许有任何怀疑的表情、动作、神色。这就能使每个人畅所欲言，提出大量的新观念。

头脑风暴法通常以会议形式进行，因此，要对会议进行必要的筹备，遴选好参会人员，组织好会议议程。

阅读专栏 6-2　头脑风暴法会议

1. 组织形式

参加人数一般为 5~10 人，最好由不同专业或不同岗位者组成，头脑风暴法专家小组应由下列人员组成：

·方法论学者——专家会议的主持者；

·设想产生者——专业领域的专家；

·分析者——专业领域的高级专家；

·演绎者——具有较高逻辑思维能力的专家。

会议时间控制在 1 小时左右。

设主持人一名，主持人只主持会议，对设想不作评论。设记录员 1~2 人，要求认真将与会者每一设想不论好坏都完整地记录下来。

2. 会议类型

设想开发型：这是为获取大量的设想、为课题寻找多种解题思路而召开的会议，要求参与者要善于想象，语言表达能力要强。

设想论证型：这是为将众多设想归纳转换成实用型方案召开的会议，要求与会者善于归纳、善于分析判断。

3. 会前准备工作

会议要明确主题。将会议主题提前通报给与会人员，让与会者有一定准备。

选好主持人。主持人要熟悉并掌握该技法的要点和操作要素，摸清主题现状和发展趋势。

参与者要有一定的训练基础，懂得该会议提倡的原则和方法。

会前可进行柔化训练，即对缺乏创新的锻炼者进行打破常规思考、转变思维角度的训练活动，以减少思维惯性，从单调的紧张工作环境中解放出来，以饱满的创造热情投入激励设想活动。

4. 会议原则

为使与会者畅所欲言，互相启发和激励，达到较高效率，必须严格遵守下列原则：

——禁止批评和评论，也不要自谦。对别人提出的任何想法都不能批判、不得阻拦。即使自己认为是幼稚的、错误的，甚至是荒诞离奇的设想，亦不得予以驳斥；同时也不允许自我批判，在心理上调动每一位与会者的积极性，彻底防止出现一些"扼杀性语句"和"自我扼杀语句"。诸如"这根本行不通""你这想法太陈旧了""这是不可能的""这不符合某某定律"，以及"我提一个不成熟的看法""我有一个不一定行得通的想法"等语句，禁止在会议上出现。只有这样，与会者才可能在充分放松的心情下，在别人设想的激励下，集中全部精力开拓自己的思路。

——目标集中，追求设想数量，越多越好。在智力激励法实施会上，只强制大家提设想，越多越好。会议以谋取设想的数量为目标。

——鼓励巧妙地利用和改善他人的设想。这是激励的关键所在。每个与会者都要从他人的设想中激励自己，从中得到启示，或补充他人的设想，或将他人的若干设想综合起来提出新的设想等。

——与会人员一律平等，将各种设想全部记录下来。与会人员，不论是该方面的专家、员工，还是其他领域的学者，以及该领域的外行，一律平等；各种设想，不论大小，甚至是最荒诞的设想，记录人员也要认真地将其完整地记录下来。

——主张独立思考，不允许私下交谈，以免干扰别人的思维。

——提倡自由发言，畅所欲言，任意思考。会议提倡自由奔放、随便思考、任意想象、尽量发挥，主意越新、越怪越好，因为它能启发人推导出好的观念。

——不强调个人的成绩，应以小组的整体利益为重，注意和理解别人的贡献，人人创造民主环境，不以多数人的意见阻碍个人新的观点的产生，激发个人追求更多更好的主意。

5. 会议实施步骤

会前准备：参与人、主持人和课题任务三落实，必要时可进行柔性训练。

设想开发：由主持人公布会议主题并介绍与主题相关的参考情况；突破思维惯性，大胆进行联想；主持人控制好时间，力争在有限的时间内获得尽可能多的创意性设想。

设想的分类与整理：一般分为实用型和幻想型两类。前者是指目前的技术工艺可以实现的设想，后者是指目前的技术工艺还不能实现的设想。

完善实用型设想：对于实用型设想，再用脑力激荡法进行论证、二次开发，进一步扩大设想的实现范围。

幻想型设想再开发：对于幻想型设想，再用脑力激荡法进行开发，通过进一步开发，就有可能将创意的萌芽转化为成熟的实用型设想。这是脑力激荡法的一个关键步骤，也是该方法质量高低的明显标志。

6. 主持人技巧

主持人应懂得各种创造思维和技法，会前要向与会者重申会议应严守的原则和纪律，善于激发成员思考，使场面轻松活跃而又不失脑力激荡的规则。

可轮流发言，每轮每人简明扼要地说清楚一个创意设想，避免形成辩论会和发言不均。

要以赏识激励的词句语气和微笑点头的行为语言，鼓励与会者多出设想，例如："对，就是这样！""太棒了！""好主意！这一点对开阔思路很有好处！"，等等。

禁止使用下面的话语："这点别人已经说过了！""实际情况会怎样呢？""请解释一下你的意思""就这一点有用""我不赞赏那种观点"，等等。

经常强调设想的数量，比如平均 3 分钟内要发表 10 个设想。

遇到人人皆才穷智短工作暂时出现停滞时，可采取一些措施，如休息几分钟，自选休息方法，散步、唱歌、喝水等，再进行几轮脑力激荡，或发给每人一张与问题无关的图画，要求讲出从图画中所获得的灵感。

根据课题和实际情况需要，引导大家掀起一次又一次脑力激荡的"激波"。比如，课题是某产品的进一步开发，可以将产品改进配方思考作为第一激波，将降低成本思考作为第二激波，将扩大销售思考作为第三激波等。又如，对某一问题解决方案的讨论，引导大家掀起"设想开发"的激波，及时抓住"拐点"，适时引导进入"设想论证"的激波。

要掌握好时间，会议持续 1 小时左右，形成的设想应不少于 100 种。但最好的设想往往是会议即将结束时提出的，因此，预定结束的时间到了可以根据情况再延长 5 分钟，这是人们最容易提出好的设想的时候。在 1 分钟的时间里再没有新主意、新观点出现时，智力激励会议可宣布结束或告一段落。

2. 德尔菲法

德尔菲法是 20 世纪 40 年代由美国学者赫尔姆和达尔克首创，经过戈尔登和兰德公司进一步发展而成的。德尔菲法又称专家意见法，是依据系统的程序，采用匿名发表意见的方式，即团队成员之间不得互相讨论，不发生横向联系，只能与调查人员发生关系，以反复地填写问卷来集结问卷填写人的共识及收集各方意见，建立起团队沟通流程的一种应对复杂任务和难题的管理技术。

德尔菲法的具体实施步骤如下：

（1）组成专家小组。按照课题所需要的知识范围确定专家。专家人数的多少，可根据预测课题的大小或涉及面的宽窄而定，一般不超过 20 人。

（2）向所有专家提出所要预测的问题及有关要求，并附上有关这个问题的所有背景材料，同时请专家提出还需要什么材料，由专家做书面答复。

（3）各个专家根据他们所收到的材料提出自己的预测意见，并说明自己是怎样利用这些材料算出预测值的。

（4）将各位专家第一次的意见和判断汇总，列成图表，进行对比，再分发给各位专家，让专家比较自己同他人的不同意见，进而修改自己的意见和判断。也可以把各位专家的意见加以整理，或请级别更高的专家加以评论，然后把这些意见再分送给各位专家，以便他们参考后修改自己的意见。

（5）将所有专家的修改意见收集起来，汇总，再次分发给各位专家，以便进行第二次修改。逐轮收集意见并为专家反馈信息是德尔菲法的主要环节。收集意见和信息反馈一般要经过三四轮。在向专家进行反馈的时候，只给出各种意见，但并不说明发表各种意见的专家的具体姓名。这一过程重复进行，直到每位专家都不再改变自己的意见为止。

（6）对专家的意见进行综合处理。

利用德尔菲法进行预测时需要注意以下两点：第一，并不是所有被预测的事件都要经过四轮，可能有的事件在第二轮就达到统一，不必在第三轮中出现；第二，第四轮结束后，专家对各事件的预测也不一定都能达到统一，不统一也可以用中位数和上下四分点来做结论。事实上，总会有许多事件的预测结果不统一。

3. 电子会议法

电子会议法是将名义群体法与尖端计算机技术结合的一种最新的群体决策方法。它要求数量较多的人（可多达 50 人）围坐在一张马蹄形的桌子旁。这张桌子上除了一系列的计算机终端外别无他物。主办者将问题展示给决策参与者，决策参与者把自己的回答输入到计算机显示器上。个人评论和票数统计都投影在会议室内的屏幕上。

电子会议法的主要优点是匿名、诚实和快速，而且能够超越空间的限制。决策参与者能不透露姓名地输出自己所要表达的任何信息。它可使人们充分地表达他们的想法而不会受到惩罚，消除了闲聊和讨论偏题。

（二）定量决策法

定量决策法一般分为确定型决策法、风险型决策法和不确定型决策法三类。

1. 确定型决策法

确定型决策法是指各个备选方案都只有一种确定的结果的决策。常用的确定型决策法有线性规划法和盈亏平衡分析法。

（1）线性规划法。线性规划法是在一些线性等式或不等式的约束条件下，求解线性目标函数的最大值或最小值的方法。运用线性规划法建立数学模型的基本步骤如下：①确定影响目标大小的变量，列出目标函数；②找出实现目标的约束条件；③找出使目标函数达到最优的可行解，即线性规划的最优解。

（2）盈亏平衡分析法。盈亏平衡分析法又称保本分析法或量本利分析法，是通过对产品的业务量（产量或销量）、成本、利润之间的相互关系的综合分析来预测利润、控制成本、判断经营状况的一种数学分析方法。

阅读专栏 6-3　量本利分析的基本公式

量本利分析是以成本性态分析和变动成本法为基础的，其基本公式是变动成本法下计算利润的公式，该公式反映了价格、成本、业务量和利润各因素之间的相互关系。即：

税前利润＝销售收入－总成本＝销售单价×销售量－（变动成本＋固定成本）

　　　　＝销售单价×销售量－单位变动成本×销售量－固定成本

即：$P = px - bx - a = (p-b)x - a$

式中，P 为税前利润，p 为销售单价，b 为单位变动成本，a 为固定成本，x 为销售量。

该公式是量本利分析的基本出发点，以后的所有量本利分析可以说都是在该公式基础上进行的。

2. 风险型决策法

风险型决策也称统计型决策、随机型决策，是指已知决策方案所需的条件，但每个方案的执行都有可能出现不同后果，后果的出现有一定的概率，即存在着风险。

决策树法是一种应用广泛、效果最为显著的风险型决策法。决策树法是指借助树形分析图，根据各种自然状态出现的概率及方案预期损益，计算与比较各方案的期望值，从而抉择最优方案的方法。

阅读专栏6-4　决策树

一、决策树的构成要素

如图6-1所示，决策树一般由方块结点、圆形结点、方案枝、概率枝组成。方块结点称为决策结点，由结点引出若干条细支，每条细支代表一个方案，称为方案枝；圆形结点称为状态结点，由状态结点引出若干条细支，表示不同的自然状态，称为概率枝。每条概率枝代表一种自然状态。在每条细枝上标明客观状态的内容和其出现概率。在概率枝的最末梢标明该方案在该自然状态下所达到的结果（收益值或损失值）。这样树形图由左向右，由简到繁展开，组成一个树状网络图。

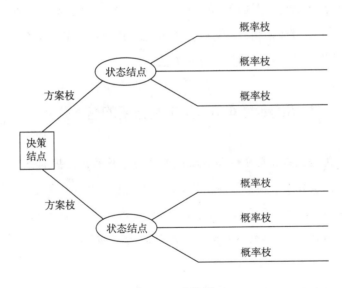

图6-1　决策树

绘制方法：

（1）先画一个方框作为出发点，这个方框又称为决策结点。

（2）从决策结点向右引出若干根直线或折线，每根直线或折线代表一个方案，这些直线或折线称为方案枝。

（3）在每个方案枝的末端画个圆圈，这个圆圈称为概率分叉点，也称为状态结点。

（4）从状态结点引出若干根直线或折线代表各自然状态的分枝，这些直线或折线称为概率枝。

（5）在概率枝的末梢标明各自然状态的损益值。

决策树分析最佳方案的过程就是比较各方案的损益值，哪个方案的期望值最大则该方案为最佳方案。

二、决策树法的决策程序

（1）分析决策问题，确定有哪些方案可供选择，各方案又面临哪几种自然状态，从左向右画出树形图。

（2）将方案序号、自然状态及概率、损益值分别写入状态结点及概率枝和结果点上。

（3）计算损益期望值。把从每个状态结点引入的各概率枝的损益期望值之和标在状态结点上，选择最大值（亏损则选最小值），标在决策结点上。

（4）剪枝决策。凡是状态结点上的损益期望值小于决策结点上数值的方案枝一律剪掉，剪枝用"//"表示，最后剩下的方案枝就是要选择的决策方案。

3. 不确定型决策法

不确定型决策是在对未来自然状态完全不能确定的情况下进行的，由于决策主要依靠决策者的经验、智慧和风格，便会产生不同的评选标准，因而形成了多种具体的决策方法。

（1）乐观法。乐观法又称大中取大法。如果决策者比较乐观，认为未来会出现好的自然状态，并且不论采用何种方案均可能取得该方案的最好效果，那么在决策时就应以各方案在各种状态下的最大损益值为标准（假定各方案最有利的状态发生），选取各方案的最大损益值中最大者所对应的方案。

（2）悲观法。悲观法又称小中取大法。与乐观法相反，如果决策者对于未来比较悲观，在决策时就会以规避最差结果为准则。因此，决策者在进行方案取舍时以每个方案在各种状态下的最小损益值为标准（假定各方案最不利的状态发生），选取各方案的最小损益值中最大者所对应的方法。

（3）折中法。折中法是乐观法和悲观法的结合。其基本观点是：乐观法过于冒进，悲观法过于保守，所以可以考虑将两者进行折中。其基本方法是：根据决策者的判断，给最好的自然状态以一个乐观系数，给最差的自然状态以一个悲观系数，两者之和为1，然后用各方案在最好状态下的效果值与乐观系数相乘所得的积，加上各方案在最差自然状态下的效果值与悲观系数的乘积，得出各方案的期望收益值，再利用最大期望值原则比较各方案，做出最终选择。

（4）等概率法。等概率法是由法国数学家拉普拉斯提出的。他认为，在无法确定各种自然状态发生的概率时，可以假定每个自然状态具有相等的概率，并以此计算各方案的期望值，然后进行方案选择。

（5）后悔值法。决策者在决策并组织实施后，如果遇到的自然状态表明采用另外的方案会取得更好的效果，那么决策者将为此而感到后悔。因此，可以用减少后悔，即力求使后悔值最小作为决策准则。所谓后悔值，是指在某种自然状态下因选择某一方案而未选取该状态下的最好结果而少得的收益。这种方法是先从各自然状态下找出最大收益值，再用该最大收益值减去当前自然状态下的收益值，求得各方案的后悔值。然后，从各方案后悔值中找出每个方案的最大后悔值。最后，从中选择最大后悔值最小的方案为决策方案。

六、决策科学化

决策科学化就是要求决策者在做出决策时，必须以科学的资料为依据，按照一定的科学程序和方法，排除个人的猜测、偏见或武断。

实现决策科学化的要求是建立完善的决策系统，提高决策参与人员的素质，按照科学决策的原则进行决策。

（1）建立健全组织决策系统。现代化的组织决策系统是由以决断子系统为核心，以信息、参谋、监控子系统为支持而组成的有机整体。建立健全决策系统，应做到合理设置各子系统，充实参谋咨询机构和信息工作机构。

（2）遵循科学决策的原则。主要包括信息原则、预测原则、程序原则、可行性原则、民主集中制原则。

（3）提高决策者和参与者的素质。决策人员素质的高低决定了决策的水平，提高决策人员的素质是决策系统改进的重要内容之一。要加强决策者集体的班子建设，提高参谋咨询人员的业务素质，提高信息人员的素质。

第二节　企业决策方案的制定

一项决策事项，可以划分为两个组成部分，即决策方案的制定和决策方案的实施。

决策方案的制定一般包括六个阶段：提出决策问题、确定决策目标、调研与预测、拟定决策方案、决策方案评价、决策方案选择与确定。

一、提出决策问题

所谓提出决策问题，就是根据企业经营与发展的实际，提出需要决策的问题，确定决策议题。一般地，决策问题的提出可以从以下四个方面确定：

（一）问题导向，确定决策问题

问题导向就是从企业生产经营管理的实际流程和活动中，寻找和发现干扰或妨碍企业生产经营流程，进而使其不能实现生产经营目标的问题，围绕如何解决这些问题，达成企业生产经营目标，形成决策方案。在这里，决策问题是由实际状态、期望状态和差距三个要素组成的。实际状态是指现有的客观状态，有时也包括可预测、可预计的未来状态。它有时是一些比较简单的事实现象，有时则是一些比较复杂的事实现象总体。因此，要在企业经营管理的现实中寻找和确定需要决策解决的问题，并制定解决问题的方法、步骤、阶段，并采取行动解决问题。

（二）目标导向，确定决策问题

目标导向，确定决策问题，可以划分为两类：一是根据国家经济和社会发展目标，围绕企业发展战略提出的战略目标，提出实现企业战略目标所面临的决策问题，对照企业战略目标，确定决策问题，制定决策方案，以保证企业战略目标的实现。二是根据工作的目标，就实现工作目标需要做的工作事项，确定决策问题，制定决策方案并付诸行动，达成工作目标。

（三）趋势导向，确定决策问题

就是要根据经济、科技、社会等发展趋势，与企业经营管理和发展相结合，确定决策问题。这种决策问题的确定，主要适应于世界经济发展趋势、国家重大政策调整、重大科学发现、重要技术突破以及社会变革等对企业可能产生的影响，确定企业战略决策问题，以及重要新产品研发、投资领域和投资项目决策等；尤其是确定企业未来发展方向的决策，要顺应时代发展趋势，如企业有关数字化转型、碳达峰与碳中和的适应性决策等。

（四）事件导向，确定决策问题

就是企业发展过程中和国家乃至国际上发生的重要事件，可能会对企业生产经营和持续发展产生重要的影响，需要企业根据事件的影响，寻找和确定决策问题。比如"一带一路"倡议、美国对中国征收超额关税、俄乌冲突等一些重要事件，还有一些突发事件，如地震、疫情等，都可能会对企业生产经营和发展产生不同程度的影响，企业应该根据具体情况，确定相应的决策问题，利用事件的正面效应，防范负面影响。

在确定了决策问题之后，要针对决策问题进行调查研究，摸清有关问题的信息和数据、事项要素等。在调查的基础上，对未来的情况进行估计和预测，在预测的基础上对决策问题深入分析，确定决策问题的性质，提出决策目标。

按其性质可以将决策问题划分为结构化问题、半结构化问题和非结构化问题。

一是结构化问题。结构化问题相对比较简单、直接，其决策过程和决策方法有固定的规律可以遵循，能用明确的语言和模型加以描述，并可以依据一定的通用模型和决策规则实现其决策过程的基本自动化。

二是半结构化问题。半结构化问题的决策过程和决策方法有一定规律可以遵循，但又不能完全确定，即有所了解但不全面，有所分析但不确切，有所估计但不确定。

三是非结构化问题。非结构化问题是指那些决策过程复杂，决策过程和决策方法没有固定的规律可以遵循，没有固定的决策规则和通用模型可依，决策者的主观行为对各阶段的决策效果有相当影响的问题。

二、确定决策目标

要在调研和预测的基础上，分析和确定决策目标。

一是决策目标要明确具体。一般来说，近期目标要尽可能地明确具体，远期目标允许有一定的模糊性。

二是确定目标要切合实际。就是要注意把握住所要解决问题的要害，确定目标水平。一般来说，目标要有激励性，就是要使目标能够激励人们的奋斗热情，能够挖掘资源潜力，调动各种积极要素，为实现目标而努力。同时，目标要具有可达性。就是经过人们的努力，目标是可以实现的，让人们在目标实现中，获得利益并增加自豪感。

三是要注重目标之间的协调。就是在决策需要实现多个目标的情况下，要分清目标的主次，尽可能地突出主题目标，减少从属性目标，剔除冲突和冗余目标。

三、拟定决策方案

问题和目标明确之后，就应考虑如何解决问题和实现目标，也就是说要拟定可行方案，即寻找实现目标的途径。

在决策过程中，拟定多个备选方案是一个非常重要的阶段，它直接决定了决策的质量。这些备选方案必须具备以下特征：①可行性，即方案能够实施，能够达成决策目标；②完备性，即方案在实施措施与实现目标之间匹配性较好，具有适用性；③方案间的互斥性，方案之间不能相互包容，应当具备可替代性。拟定决策方案可分为以下步骤：

第一步，要在调查研究和预测目标的基础上，根据组织宗旨、使命和任务，提出初步设想。

第二步，对各种设想进行集中、整理和归类，汇总内容较为具体的各种备选方案。

第三步，对各种初步方案进行筛选、修改、补充，预计可能的目标结果，形成可替代的方案，提出提交选择决策的几个方案。

四、决策方案评价

决策方案评价，就是对决策备选方案的评价。主要工作是制定评价标准、确定评价内容和实施评价活动。评价的主要内容有下列几个方面：

（1）方案实施所需要的条件是否具备？

（2）方案实施需要的成本如何？

（3）方案实施能引起组织的何种变化？

（4）方案实施能给组织带来的长期利益和短期利益如何？

（5）方案实施过程中可能遇到的风险及应对措施如何？

通过对这些问题的分析，对各个备选方案进行打分和排序。

五、遴选确定决策方案

在对决策备选方案进行评价的基础上，要对决策备选方案进行选择确定。就是要根据对备选方案评价的打分和排序情况，根据可行性、满意度和效益预期达成程度进行综合考量，最终选出一个决策方案。在选择时，要特别注重反对意见，利用反对意见补充完善决策方案。同时，最终决策者要在充分听取各种意见的基础上，根据自己的职责和职权，以及对形势和组织条件的判断，最终选定决策方案，颁布实施。

第三节　企业决策实施与控制

决策的实施，即决策的执行和落实。决策实施的主要工作包括：制定实施的方案，包括宣布决策、解释决策；决策实施的任务分工、资源配置；决策实施的控制和监督；决策实施的评估等。决策实施的步骤和要点包括以下几个方面：

一、制定决策实施方案

决策实施方案的主要结构和内容包括：

（1）决策实施方案的指导思想；

（2）决策实施的总体任务和目标；

（3）决策实施的领导机构和工作机构；

（4）决策实施的部门分工和任务；

（5）决策实施的资源配置；

（6）决策实施的监督与控制；

（7）决策实施的评估与验收；

（8）决策实施总结。

二、决策颁布与宣传

要以企业文件的形式颁布决策方案和决策实施方案，举办决策实施培训班。把决策的目标、价值标准以及整个方案向下属交底，动员组织全部人员为实现目标而共同努力。

三、决策执行

把决策任务目标层层分解，落实到每一个执行单位和个人；各决策实施部门和个人根据决策分工任务、时间和进度安排执行决策。

四、决策实施的监督和控制

建立决策实施工作报告制度，按照决策实施阶段，定期进行决策实施检查评估，即在实施过程中的自我检查和评估，随时纠正偏差，减少偏离目标的震荡。

五、决策实施总结

对决策实施进行总结，评比表彰。

推荐阅读

1. 宋锦洲．决策管理：概念、模式与实例［M］．上海：东华大学出版社，2014.
2. 刘建荣．企业决策数字技术应用研究——以 S 公司为例［D］．对外经济贸易大学，2022.

思考题

1. 决策的要素和特点各包括哪些？
2. 决策的原则和类型各包括哪些方面？
3. 决策的方法有哪些？决策科学化应注意什么？
4. 企业制定决策方案的环节包括哪些？
5. 企业决策方案的实施包括哪些步骤？

第七章　企业人才队伍建设与人力资源管理

学习目标

1. 了解人才的内涵与特性；
2. 熟悉企业人才的选拔、培养、评价与使用；
3. 掌握企业人才优化的一般要求；
4. 懂得企业领军人才、复合型人才管理的要求；
5. 理解人力资源、人力资源管理的特点；
6. 学会编制企业人力资源管理方案。
7. 掌握企业绩效管理的内容与方法。

第一节　企业人才队伍建设

一、人才的内涵与特性

（一）人才的含义

人才，泛指各行各业中的领军人物，是指具有一定的专业知识或专门技能，进行创造性劳动并对社会做出贡献的人，是人力资源中能力和素质较高的劳动者。人才是我国经济社会发展的第一资源。

"人才"一词出自《易经》的"三才之道"，即《易传》中讲："《易》之为书也，广大悉备。有天道焉，有人道焉，有地道焉。兼三才而两之，故六。六者非它也，三才之道也。"

具体到企业中，人才指具有一定的专业知识或专门技能，能够胜任岗位能力要求，进行创造性劳动并对企业发展做出贡献的人，是人力资源中能力和素质较高的员工。

（二）人才的内涵

1. 人才是最具能动性的生产力要素

生产力是社会发展的根本动力。生产力要素包括劳动者、劳动资料、劳动对象。通常把前者称作生产力人的因素，后两者统称为生产力物的因素。劳动力是具有一定生产经验和劳动技能，并能在社会生产中从事劳动的劳动者。劳动者是生产力中起主导作用的要素，是物质要素的创造者和使用者，物质要素只有被人掌握，只有和劳动者结合起来，才形成现实的生产力。

2. 人才的重要作用

在生产过程中，劳动者凭借他们的生产经验、劳动技能和文化科学知识，不断改进劳动资料，创造新材料，推动技术革命不断向前发展。人才是劳动者中最具能动性的劳动要素。

（1）人才是知识的创造者。社会生产力的历史发展进程，是有关自然知识和社会知识的发现和创造，并将其运用到生产过程中，使包括劳动工具和劳动技术在内的劳动资料被不断发明和应用，劳动资料和劳动对象不断地知识化和技术化，直到现在生产劳动过程的自动化、信息化和智能化（包括劳动者的知识化和技术化）。正是人才，这个劳动者中的特殊群体，他们凭借自身的智慧，通过观察和思考，创造了知识，揭开了自然界的奥秘和人类的特性，知识引致了生产力革命。

（2）人才是劳动技术和劳动手段的发明者。人才不仅创造了知识，而且将知识运用于生产过程，创造出生产的技术原理和劳动工具，运用知识改造自然，将自然力转变成生产动力，运用技术使劳动对象发生变革，使劳动产品不断多样化和丰富化。

（3）人才是劳动过程的组合者和管理者。人才在发明生产技术的基础上，将生产技术、生产资料及生产对象进行组合，创造出了生产组织，并对组织进行经营管理，极大地提高了生产效率和生产效益。

（三）人才的本质特性

1. 人才的本质特征

人才的本质属性是指人才的根本性质，即人才特有的本质，是人才与其他人相互区别的根本属性。与非人才相比，人才的本质特性主要体现在以下三个方面：

（1）人才具有特殊智慧和技能。与非人才相比，人才具有知识和能力的结构优势，能够积累更多的人力资本。人才具有观念、思维和眼光等智慧综合能力，能够将知识进行融合，把握前沿知识突破和知识发展趋势，并具有寻求突破限制条件，找到促进事物发展转化的技术和方法，使存在的问题得到解决，催发新事物的诞生。

（2）人才具有创造性。创造性是人才本质特征的主要体现，是指人才具有强烈的创造动机和创新意识，敢于大胆地质疑事物和关系，能够独立思考，依靠自己的想法做出决定，不盲从，不轻附众议，不受习惯力量的限制和约束，并且不屈从于权威意见；具有强烈的冒险精神，不畏惧失败，孜孜以求创造新事物、新方法、新路径，寻求事业的突破和成功。

（3）人才具有贡献性，即人才能够做出较大的贡献。这也是人才区别于非人才的显著本质特征。人才具有超常的智慧和技能，敢于和善于创造，通过人才的智慧劳动，往往能够不断突破各种事物发展的限制，促进新事物的诞生，推动企业发展，甚至推动社会变革，做出较大的贡献。实际上，人们和社会常常会以人才的贡献来评价人才，褒扬人才，促进人才的不断发展成长。

2. 人才是第一资源

资源指的是一切可被人类开发和利用的物质、能量和信息的总称，它广泛地存在于自然界和人类社会中，是一种自然存在物或能够给人类带来财富的财富。资源可以或分为自然资源、人力资源和加工资源。经济学和管理学研究的资源是不同于地理资源（非经济资源）的经济资源，它具有使用价值，可以为人类开发和利用。

人才是人力资源中素质层次较高的那一部分人。人才资源是指人才自身所拥有的才能，即人才拥有的知识和能力。

企业的人才资源指的是企业中那些体现在企业员工身上的所有才能，包括企业员工的专业技能、创造力、解决问题的能力、管理者的管理能力，在某些情况下，甚至还包括企业员工的心理能力，因为企业员工的心理素质在很大程度上将影响其才能的发挥。

人才是第一资源，主要表现在以下几个方面：

（1）人才资源是人力资源中管理水平高、技术能力强、有智慧、有能力、思想解放、勇于创新、可使效益最大化的人才，是经济和社会发展的动力源泉，是一种特殊的、具有创造力的资源。

（2）人才资源的开发是其他一切资源开发的决定因素，是经济社会可持续发展的最终基础，人才资源具有其他资源生产要素所不具有的无限开发性。

（3）人才资源开发程度是衡量社会进步的重要标志，人才资源开发不仅可以直接促进社会生产力的进步，而且有助于从根本上提高其他生产要素的利用与配置效率，带动整个社会的文明进步。

（4）人才资源是独特的资本性资源，具有自我增值的巨大潜力，相对于其他的物质资源而言，人才资源对社会的贡献及其收益具有依次递增的趋势，即人才资源是具有高增值性的资源。

（5）把人才作为第一资源，提出科教兴国，体现了国家经济和社会发展的基本方针和基本政策，促进从国家到各个企事业单位建立起获取人才、培养人才、合理使用人才、科学管理人才、有效开发人才的制度和机制，铸牢建设社会主义现代化国家、实现中华民族伟大复兴的中国梦的人才强国的基础。

二、企业人才资源管理

企业人才资源管理是企业对人才的获取、培养、评价、使用、发展等一系列管理活动的总称。其主要目的在于科学、合理地使用人才，充分发挥人才的作用，促使企业不断提高经营效率和经济效益，奠定企业可持续发展的基础。

（一）企业人才选拔

人才选拔是指企业根据经营管理和企业发展的需要，从企业内部和外部选拔和招聘各类适用人才的人才资源管理活动。

1. 企业人才选拔的原则

企业人才选拔必须遵循以下主要原则：

（1）领导重视原则。企业的主要领导者和人才主管领导者要把人才问题当成一种战略来考虑，建立企业人才选拔制度和机制，组建人才选拔专业机构，制定人才选拔标准，规范人才选拔程序，采用科学合理的选拔方法，实施人才选拔活动。

（2）适用原则。要紧密结合企业经营管理和持续发展的需要，搞清楚企业各岗位人员的现状、需求状况和具体要求，针对岗位特点和工作性质，有针对性地选拔适合企业的人才。

（3）德才兼备与一技之长相结合的原则。人才的选拔必须把素养、能力作为总体标准，着眼于人才发展，特别是要注意聚焦专业，选拔具有一技之长的人才，从大局出发，把握细节，选拔和培养德才兼备的人才。

（4）坚持多渠道选拔人才的原则。信息时代的到来为企业人才的选拔提供了更为广阔的空间，企业的人才资源管理部门可以按照自己的实际需要，通过人才市场、报刊广告、互联网、猎头公司、熟人介绍等多种有效的人才招聘渠道，招聘到自己需要的人才。

（5）坚持运用科学测评手段选拔人才的原则。科学技术的进步推动了人才资源管理的科学性，通过运用科学的测评手段，如专门测评软件、面试、笔试、辩论等，了解人员的素质结构、能力特征和职业适应性，为选拔人才的公正性提供事实依据，不拘一格选拔人才。

2. 企业人才选拔的程序

（1）编制企业人才选拔的职位说明书。在选拔人才之前，要弄清楚获取的人才主要做哪些工作，在企业中的位置，以及具备什么素质的人才能够胜任这样的工作，所有这些问题都是通过职务分析形成职务说明书加以解决的，可以说职务说明书提供了人才选拔的依据以及与应聘者进行有效沟通所需的信息。

阅读专栏 7-1　职务说明书的主要内容

职务说明书在企业管理中具有重要的作用，它不仅可以帮助任职人员了解其工作、明确其责任范围，还可以为管理者的决策提供参考依据。一般来说，职务说明书的编写并无固定的模式，需要根据职务分析的特点、目的与具体要求确定编写的条目，但一般来说，职务说明书包括以下几项内容：

（1）工作标识：包括工作的名称、部门编号、工作所属部门、工作地位等。

（2）工作目标：从事该职位所要完成或达到的工作目标。

（3）工作内容：这是最重要的内容，此项详细描述该职位所从事的具体工作，应全面、详尽地写出完成工作目标所要做的每一项工作，包括每项工作的综述、活动过程、工作联系等。

（4）工作条件和物理环境：罗列有关的工作条件，包括工作地点的湿度、温度、光线、噪声水平、安全条件、地理位置等。

（5）社会环境：包括工作群体中的人数、完成工作所要求的人际交往的数量和程度、各部门之间的关系、工作的内外文化设施、社会习俗等。

（6）工作权限：包括工作人员决策的权限、对其他人员实施监督的权限以及经费预算的权限等。

（7）聘用条件：包括工作时数、工资结构、支付工资的方法、福利待遇、该工作在企业中的正式位置、晋升的机会、工作的季节性、进修的机会等。

（8）工作规范：主要说明担任此职务的人员应具备的基本资格和条件：一般要求，包括年龄、性别、学历、工作经验；生理要求，包括健康状况、运动的灵活性、感觉器官的灵敏度；心理要求，包括学习能力、解决问题的能力、语言表达能力、人际交往能力、兴趣爱好等。

（2）制定人才选拔实施方案。企业要在人才需求计划的基础上，制定人才选拔实施方案。主要内容包括指导思想，选拔领导组织和工作组织，选拔职位或岗位职责与工作内容，资质或资格条件、报名条件，人选数量与确定方法，薪酬与福利待遇，以及考试、考核、考察方法，试用期说明，报名地点，联系人与联系方式，时间时限等内容。

（3）确定选拔渠道。选拔渠道对于人才的选拔具有非常重要的影响，企业的选拔渠道有两种：一种是外部招聘；另一种是内部招聘。对企业来说，这两种渠道各有利弊。因此企业在确定选拔渠道时，往往需要综合考虑利弊，视企业的实际情况而定。

（4）确定选拔方法。人才的选拔方法有很多种，常用的选拔方法有简历筛选、推荐信核查、笔试（能力测验、人格测验）、面试、评价中心技术等。

使用人才选拔技术，目的是找到最合适的人，"最合适"的判断标准是人才到企业后能否为企业创造价值，能否有较高的工作绩效。对各种人才选拔技术进行评价的方法，主要是比较人才选拔时的成绩与以后的工作绩效。在所有选拔方式中，准确率最高的是评价中心技术。

阅读专栏7-2　评价中心技术

1. 评价中心技术概述

评价中心技术由基于多种信息来源的标准化行为评价组成，在评价中心中使用多个经过训练的评价者和多种测量技术进行评价，主要是在专门建立起来的测量情境中对行为进行评定。评价者们将各自的评定结果集中在一起进行讨论以达成一致或者用统计的方法对评价结果进行整合。通过整合，得到对应聘者行为表现的综合评价。

2. 评价中心技术的主要工具

（1）文件筐测验。这是一个模拟管理者文件处理工作的活动，是评价中心中运用得最多也是最重要的测量方法之一。在模拟活动中，文件筐中装有各种文件和手稿：电话记录、留言条、办公室的备忘录、公司正式文件、客户的投诉信、上级的指示、人事方面的信息等。这样的资料一般有10~25条，有来自上级的也有来自下级的，有组织内部的也有组织外部的，有日常的琐事也有重大的紧急事件。应试者在规定的时间内做出决策。

这个测验不仅可以较好地反映被评价者在管理方面的组织、计划、协调、领导等能力，而且还可以反映被评价者对环境的敏感性以及对信息的收集和利用的能力。

（2）无领导小组讨论。无领导小组讨论是指数名被评价者集中在一起就某一个问题进行讨论，事前并不指定讨论会的主持人，评价者在一旁观察评价对象的行为表现并对被试者做出评价的一种方法。主考人员不参与应聘者的讨论，他们的工作只是观察和记录应聘者的行为表现。讨论小组的成员之间是平等、合作的，他们自己来决定和组织整个讨论的过程。

无领导小组讨论的目的主要是考察被评价者的组织协调能力、领导能力、人际交往能力、想象能力、对资料的利用能力、辩论说服能力等。同时也考察被评价者的自信心、进取心、责任感、灵活性以及团队精神等个性方面的特点和风格。

（3）案例分析。这是书面测量方法，实施案例分析时，通常让应聘者阅读一些关于组织中有关问题的材料，然后要求其针对材料提出一系列建议，汇报给高层管理人员。一般情况下，主考人员会要求应聘者设想自己已经被选拔到或提升到某个职位，然后从那个角度去思考问题、提出建议。

这种测量方法着重于考察应聘者的计划组织能力、分析问题的能力、决断能力等。

作为一个相对独立的评价系统，评价中心操作比较复杂，由于成本和技术力量的问题，在企业建立和实施一个非常严谨的评价中心系统不太现实，但可以把评价中心流程作为人才选拔和考核的最后一个阶段：在选拔的前期运用简历筛选、专业知识测试和技能测试、心理测验、结构化面试等方法，考察基本的工作要求和能力要求，筛除明显不合格的人选，让较少的应聘者进入评价中心流程，评价他们在某些特定维度上的表现，衡量他们是否具有某些关键的潜质。这样既能节约人员选拔的成本，又可以保证在不同的层次上把握应聘者的各方面关键特质。

（二）企业人才培养

人才培养指对人才进行教育、培训的过程。被选拔的人才一般都需经过培养训练，才能成为各种职业和岗位要求的专门人才。对于企业来说，人才培养是多类型、多层次的。从类型来说，包括专业技术人才、技能型人才和经营管理人才的培养。从层次来说，包括高层次专业技术人才、技能型人才和经营管理人才的培养，中级专业技术人才、中级技能人才和中级经营管理人才的培养，以及初级专业技术人才、初级技能型人才和基层经营管理人才的培养，等等。

1. 企业人才培养的内容

（1）职业资质的培养内容。要对选拔录用的人才普遍进行有关职业素养、职业能力和职业知识的培训，并结合任职岗位进行实践培养。

（2）个性化培养内容。针对人才个性和特殊工作岗位需要的能力和素质进行个性化、针对性的培养，如对高管进行创新能力和科技能力培训。

（3）特殊需要的培训内容。针对未来企业发展和当前特殊工作需要实施的培养，如对领导岗位后备人选的任职培养，对企业进入新的产业领域的人才进行的预备性知识和科学技术的培养，以及企业进行国际化经营的培训内容等。

（4）人才职业生涯发展需要的内容。针对人才的职业生涯发展需要实施的培养，主要是针对岗位转换、工作性质变化，如由专业技术岗位转向领导管理岗位的培养等。

2. 企业人才的培养方式和培养方法

企业人才的培养方式包括人才自我学习锻炼方式和外在组织培养方式，主要包括下列几种培养方法：

（1）知识学习。根据工作岗位和职业生涯发展需要，进行知识深化和知识面拓展的学习。

（2）实验。通过对工作过程中各种工作岗位的项目和实验过程进行了解和学习，增加工作感受和经验经历，并将其应用于工作过程之中。

（3）现场模拟演练。在没有进入实际工作过程或项目内容之前，对工作过程或项目内容进行现实设计模拟，在模拟中学习掌握工作过程或项目内容。模拟是培养技术人才和高技能人才的有效方法，特别是对于一些结果不可逆转，不能用实际工作过程进行试错的工作，通过现场模拟可以使人才掌握工作原理，加深对工作过程的了解，对实际工作过程有心理准备和处理能力。

（4）试用任职。对人才将来准备任职的职位和岗位，进行任职任命，赋予相应的权利和义务。通过任职，一方面可以使人才体验真实的任职职位和岗位，另一方面可以考察人才所具备的素质和能力是否与任职职位和岗位工作需要的素质和能力匹配。实际工作中，对拟提拔的人才，组织往往会采用任职试用的方式进行人才培养。试用期通常为一年，或一个工作历练周期。

（5）挂职锻炼。就是将人才安排到企业或企业外部的单位，安排一定的工作职位和岗位，对人才进行锻炼培养。一般地，有平级挂职锻炼、上级挂职锻炼、下派挂职锻炼、同类职能挂职锻炼、不同职能挂职锻炼等方式。通过挂职锻炼，可以增加人才实际任职的经历和经验，也可以弥补其工作经历的短板弱项。企业可以通过挂职锻炼培养发现人才的特点和适用的职位并进行岗位安排。

（6）岗位交流。就是将人才实行多岗位安排，一般是同级岗位交流。岗位交流的目的是让人才亲身体验上下游工作岗位的需求和工作过程，以便从心理上和能力上更好地适应工作流程的衔接对接。岗位交流可以使人才对企业全局性工作或相关工作有全面的经历和感受，提高人才的服务意识，增强人才的协调能力。

3. 企业人才评价

人才评价是运用先进的科学技术和手段，对各类人才的知识水平、能力及其倾向、工作技能、发展潜力实施测量评价。人才评价结果使得企业对于人才的能力素质与绩效有更深刻全面的认识，使企业能够合理配置人力资源，实现人员使用的最优化。人才评价过程十分复杂，需要综合考虑各方面的因素，要运用综合全面的方法。人才测评是企业人才评价的主要活动和主要内容。

阅读专栏 7-3　人才测评

人才测评是指通过一系列科学的手段和方法对人的基本素质及其绩效进行测量和评定的活动。人才测评的具体对象不是抽象的人，而是作为个体存在的人的内在素质及其表现出的绩效。人才测评的主要工作是通过各种方法对被测试者加以了解，从而为企业组织的人力资源管理决策提供参考和依据。

一、人才测评的类型

人才测评按照目的不同可以分为以下五种主要类型：

1. 选拔性测评

选拔性测评的目的是区分和选拔优秀人才，这是人力资源管理中最常用到的一种测评，这种测评特别强调区分功能，要求过程客观，结果明确。我们从小熟悉的学校考试比较接近这种测评，考试成绩一定程度上反映了学习效果的好坏。

2. 配置性测评

配置性测评是以合理的人职匹配为目的，人尽其才。实践证明，当任职者的能力、兴趣和价值观刚好吻合职位的要求时，可以达到最佳的人力资源使用效果。配置性测评最大的特点是必须结合职业要求，不同职位的测评标准明显不同，并且不能因为人员的原因降低标准，强调宁缺毋滥。

3. 开发性测评

开发性测评是以开发人员潜能为目的，因此这种测评的报告并不强调好坏之分，而是强调通过测评来勘探个人的优势和劣势，尤其是其潜在的发展可能。开发性测评也经常结合明确的开发目的进行，如希望通过测评提升团队的沟通效率和质量。

4. 诊断性测评

诊断性测评以了解素质现状或组织诊断为目的。诊断测评的特点是比较全面和细致，希望通过寻根问底的测评，探究问题产生的根源，这种测评不一定公开结果，主要供管理人员参考。

5. 考核性测评

考核性测评又称鉴定性测评，目的是鉴定和验证被测评者是否具备某种素质，或者具备的程度和水平。鉴定性测评经常穿插在选拔性测评和配置性测评之中，主要是对被测试者素质结构与水平的鉴定，要求测评结果具有较高的信度和效度。

二、人才测评的功能

1. 鉴定功能

鉴定功能是人才测评最直接的功能，鉴定是指对人的心理素质、能力素质、道德品质和工作绩效等做出鉴别和评定。由于人才测评综合采用了多种科学方法和技术，它能依据人才测评的目的和要求对被测试者进行更为客观和准确的鉴定，并将鉴定的结构以定量或定性的方式表示出来。人才测评的鉴定功能的实现有赖于人才测评工具的科学性，人才测评实施过程的规范性以及鉴定标准的适当性，这三者是实现人才测评的鉴定功能的必要条件。

2. 预测功能

人才测评主要是为受测者在实际工作岗位和业绩上所能达到的程度的预测提供丰富而客观准确的有关个体（或群体）当前发展水平的信息。心理学是人才测评的重要理论基础，而有关人的发展规律是心理学研究的重要领域，在进行人才测评的工具——量表设计时就已经考虑到人的发展规律了，更为重要的是用于人才测评的量表在编制过程中，非常注重对其效度的研究，即探索人才测评的结果与某一段时间后的工作行为（或实绩）之间的关系。在目前的人才测评中，因内容全面、系统，方法科学，提供的有关测评对象当前发展水平的信息丰富、客观，故其预测在现实中是有很大的准确性和可行性的。

3. 诊断功能

当组织或个人发展到一定阶段后，就会出现发展缓慢或停滞不前，甚至出现后退的现象。这时候，人才测评的诊断功能就是指采用一定的人才测评技术和方法对被测评者相应要素进行客观评价，使组织和个人能够进行反省和自我检查，找出存在的问题、缺陷和不足，以便采取针对性的措施加以改善，如优化组织结构、改善思维方式、更新知识和观念等，使组织和个人清除前进中的障碍，实现可持续发展。

4. 导向功能

所有人才测评都是有目的的，无论是主测者还是受测者，都不是为测评而测评，而是要根据测评结果做出决策，如是否录用、是否晋升、是否给予奖励等，也即人才测评的结果总是与人们的某种利益或个人的成长发展相关。因此，好的人才测评的结果总是人们所希望的，为了获得优良的结果，被测评者往往要针对测评的内容、标准，进行各种学习、训练，汲取了新的知识，提高了能力和技能，增强了自身的素质和修养。人才测评的导向功能体现在测评的内容和评价标准反映了社会对人才的需求标准，如果被测评者均以测评的内容和标准为导航，自觉地用他们所认可的测评要素以及其标准来调整自己的行为，强化自己的基础和实际技能，则社会人才寻求和供给的差距就会大大缩小。正是从这个意义上看，人才测评具有导向功能。

5. 激励功能

激励功能是指人才测评能够激励人们进取向上的愿望与动机，使人们自觉自愿地努力学习和工作，从而不断地提高每一个人的素质和工作能力。每个人都有自尊和进取的需要，希望自己在人才测评中取得好成绩、好结果，这就迫使人们发奋努力、不断进取。从行为修正激励理论观点看，获得肯定性评价的行为将会趋于高频率出现，而获得否定性评价的行为将会趋于低频率出现。因此，人才测评是促使个体素质的培养与修养行为向着社会所需要的方向发展的强化手段。

三、常用的人才测评方法

1. 履历分析

个人履历档案分析是根据履历或档案中记载的事实，了解一个人的成长历程和工作业绩，从而对其背景有一定的了解。近年来这一方式越来越受到人力资源管理部门的重视，被广泛地用于人员选拔等人力资源管理活动中。使用个人履历资料，既可以用于初审个人简历，迅速排除明显不合格的人员，也可以根据与工作要求相关性的高低，事先确定履历中各项内容的权重，把申请人各项得分相加得总分，根据总分确定选择决策。

研究结果表明，履历分析对申请人今后的工作表现有一定的预测效果，个体的过去总是能从某种程度上表明其未来。这种方法用于人员测评的优点是较为客观，而且成本较低，但也存在一些问题，比如，履历填写的真实性问题；履历分析的预测效度随着时间的推进会越来越低；履历项目分数的设计是纯实证性的，除了统计数字外，缺乏合乎逻辑的解释原理。

2. 纸笔考试

纸笔考试主要用于测量人的基本知识、专业知识、管理知识、相关知识以及综合分析能力、文字表达能力等素质及能力要素。它是一种最古老、而又最基本的人员测评方法，至今仍是企业组织经常采用的选拔人才的重要方法。

纸笔考试在测定知识面和思维分析能力方面效度较高，而且成本较低，可以大规模地进行，成绩评定比较客观，往往作为人员选拔录用程序中的初期筛选工具。

3. 心理测验

心理测验是通过观察人的具有代表性的行为，对于贯穿在人的行为活动中的心理特征，依据确定的原则进行推论和数量化分析的一种科学手段。心理测验是对胜任职务所需要的个性特点能够最好地描述并测量的工具，被广泛用于人事测评工作中。

（1）标准化测验。标准化的心理测验一般有事前确定好的测验题目和答卷，详细的答题说明，客观的计分系统、解释系统，良好的常模，以及测验的信度、效度和项目分析数据等相关的资料。用于人事测评的心理测验主要包括：智力测验、能力倾向测验、人格测验，以及其他心理素质测验，如兴趣测验、价值观测验、态度测评等。标准化的心理测验同样具有使用方便、经济、客观等特点。

（2）投射测验。投射测验主要用于对人格、动机等内容的测量，它要求被测试者对一些模棱两可或模糊不清、结构不明确的刺激做出描述或反应，通过对这些反应的分析推断被测试者的内在心理特点。它基于这样一种假设：人们对外在事物的看法实际上反映出其内在的真实状态或特征。投射测验可以使被测试者不愿表现的个性特征、内在冲突和态度更容易地表达出来，因而在对人格结构、内容的深度分析上有独特的功能。但投射测验在计分和解释上相对缺乏客观标准，对测验结果的评价带有浓重的主观色彩，对主试和评分者的要求很高，一般的人事管理人员无法直接使用。

4. 面试

面试是通过测试者与被测试者双方面对面的观察、交谈，收集有关信息，从而了解被测试者的素质状况、能力特征以及动机的一种人事测量方法。可以说，面试是人事管理领域应用最普遍的一种测量形式，企业组织在招聘中几乎都会用到面试。面试按其形式的不同可以分为结构化面试和非结构化面试。

（1）结构化面试。所谓结构化面试就是根据对职位的分析，确定面试的测评要素，在每一个测评的维度上预先编制好面试题目并制定相应的评分标准，对被测试者的表现进行量化分析。不同的被测试者使用相同的评价尺度，对应聘同一岗位的不同被测试者使用相同的题目、提问方式、计分和评价标准，以保证评价的公平合理。

（2）非结构化面试。非结构化面试没有固定的面谈程序，评价者提问的内容和顺序都取决于被测试者的兴趣和现场回答，不同的被测试者所回答的问题可能不同。

面试的特点是灵活，获得的信息丰富、完整和深入，但是同时也具有主观性强、成本高、效率低等缺点。

5. 情景模拟

情景模拟是通过设置一种逼真的管理系统或工作场景，让被测试者参与其中，按测试者提出的要求，完成一个或一系列任务，在这个过程中，测试者根据被测试者的表现或通过模拟提交的报告、总结材料为其打分，以此来预测被测试者在拟聘岗位上的实际工作能力和水平。情景模拟测验主要适用于管理人员和某些专业人员。常用的情景模拟测验包括：

（1）文件筐作业。将实际工作中可能会遇到的各类信件、便笺、指令等放在一个文件筐中，要求被测试者在一定时间内处理这些文件，相应地做出决定、撰写回信和报告、制订计划、组织和安排工作。考察被测试者的敏感性、工作独立性、组织与规划能力、合作精神、控制能力、分析能力、判断力和决策能力等。

（2）无领导小组讨论。安排一组互不相识的被测试者（通常为6~8人）组成一个临时任务小组，并不指定任务负责人，请大家就给定的任务进行自由讨论，并拿出小组决策意见。测试者对每个被测试者在讨论中的表现进行观察，考察其在自信心、口头表达、组织协调、洞察力、说服力、责任心、灵活性、情绪控制、处理人际关系、团队精神等方面的能力和特点。

（3）管理游戏。以游戏或共同完成某种任务的方式，考察小组内每个被测试者在管理技巧、合作能力、团队精神等方面的素质。

（4）角色扮演。测试者设置一系列尖锐的人际矛盾和人际冲突，要求被测试者扮演某一角色，模拟实际工作情境中的一些活动，去处理各种问题和矛盾。

情景模拟测验能够获得关于被测试者更加全面的信息，对将来的工作表现有更好的预测效果，其缺点是对于被测试者的观察和评价比较困难，且较为费时。

6. 评价中心技术

评价中心技术在二战后迅速发展起来，它是现代人事测评的一种主要形式，被认为是一种针对高级管理人员的最有效的测评方法。一次完整的评价中心通常需要两三天的时间，对个人的评价是在团体中进行的。被测试者组成一个小组，由一组测试者（通常测试者与被测试者的数量比为 1:2）对其进行包括心理测验、面试、多项情景模拟测验在内的一系列测评，测评结果是在多个测试者系统观察的基础上综合得到的。

严格来讲评价中心是一种程序而不是一种具体的方法，是组织选拔管理人员的一项人事评价过程，不是空间场所、地点。它由多个评价人员，针对特定的目的与标准，使用多种主客观人事评价方法，对被测试者的各种能力进行评价，为组织选拔、提升、鉴别、发展和训练个人服务。评价中心的最大特点是注重情景模拟，在一次评价中心中包含多个情景模拟测验，可以说评价中心既源于情景模拟，但又不同于简单情景模拟，是多种测评方法的有机结合。

评价中心具有较高的信度和效度，得出的结论质量较高，但与其他测评方法比较，评价中心需投入很大的人力、物力，且时间较长，操作难度大，对测试者的要求很高。

4. 企业人才的使用

企业人才的使用是企业发展的关键。企业人才的使用，是人才的配置、人才的激励、人才制度、企业文化和环境建设、调整与淘汰等一系列活动和过程的综合。

（1）人才的配置。要合理使用人才，要用其所长，发挥其最佳才能。应做到两个匹配，一是人—岗匹配，即人才所具备的素质和能力要与工作岗位要求的素质和能力相匹配；二是能级匹配，即人才所具备的素质和能力要与工作岗位的职位级别相匹配，即做到人尽其才，才配其位。企业具有经营管理、技术研发应用、技能操作等不同类别和层次的岗位，需要各类和不同层次的人才与之匹配，才能保证企业生产经营管理活动和程序的正常运行。因此，企业需要对人才进行分类分层，与企业的各类岗位和层级对应配置。特别地，要注重优秀人才、重点人才、关键人才、急需人才和领军人才的选拔和配置，充分发挥这些人才的引领和骨干作用。

（2）人才的激励。企业人才的使用，就是发挥人才在生产经营管理中的功能，人才的功能不仅取决于人才所掌握的知识和所具备的能力，而且取决于人才的活力，即积极性的调动和发挥。人才的激励就是对人才活力的激发，让人才的活力充分迸发出来。

1）权力激励。权力是获取资源、履行职责、完成任务、实现目标的重要条件，权力激励，就是赋予人才与所在岗位和职位相匹配的权力，使其有职有权，能够调动和配置包括人力资源在内的各种资源，为人才施展才华奠定基础。

2）薪酬激励。就是要针对人才的性质和特点，建立适合人才的薪酬激励制度，包括业绩薪酬、股权激励、奖金、津贴等多种形式的薪酬激励。

3）生活激励。就是为人才提供较为优越的社会条件和环境。许多企业在户口安置、住房、医疗、家属安置、子女教育等方面对人才予以特殊安排，就属于生活激励，为人才解除生活方面的后顾之忧。

4）荣誉激励。就是对人才授予荣誉称号，在评先评优等方面给予优先安排，从精神方面予以激励。

（3）优化工作条件和文化氛围。就是为人才履职和工作活动提供良好的工作条件，包括办公室及办公条件、实验设备设施配备等方面。在文化氛围上，尊重人才，创造宽容的氛围，建立良好的人际关系，使人才能够去掉各种思想束缚，不惧怕失败，大胆地投入工作。要建立公平竞争的机制，使人才通过竞争，打通上升通道和跨界通道，发现人才，挖掘人才潜力，使人才脱颖而出。

（4）考核。要建立人才使用的考核机制，就是要对人才的履职建立起工作考核和目标责任制，对工作建立起监督反馈机制、项目考核验收机制、目标达标考核机制。根据实施工作进度考核和任期与项目结项考核情况实施奖惩。

（5）调整与淘汰。调整与淘汰机制，是人才使用的重要机制。通过考核，对在素质和能力方面不能适应所配置职位和岗位的人才，要进行适当的职位和岗位调整，对不能完成职位和岗位任务和目标，经过调整仍不能胜任调整职位和岗位的人员，要进行淘汰，实行辞职辞岗，流动调离，不再享受本企业人才的各项待遇。

5. 企业人才发展

企业要建立人才发展机制，包括人才发展动力体系、人才发展能力体系、人才发展机会体系和人才发展环境机制。

（1）人才发展动力体系。人才发展动力体系，就是能够激发人才工作主动性、积极性和创造性的体系，主要包括以下几个方面：

1）薪酬激励体系。要建立与人才身份和人才工作性质相适应的薪酬体系，体现人才的贡献价值，人才凭借自身的知识和能力，可以获取更高级别的薪酬，通过企业绩效薪酬机制，人才通过提高工作绩效，从而获取更多的薪酬，增强人才的获得感，给人才以获得动力。

2）绩效评价机制。企业人才承担的工作，一般具有技术含量高、创新探索性强、管理引领影响大等特点，同时也具有责任大、风险高、投入大等特点。要适应人才工作的性质，建立绩效评价机制，充分反映人才工作的贡献及其对企业整体生产经营的影响或对解决企业关键问题的价值，给人才以贡献价值动力。

3）目标激励机制。要结合人才应具备的思想观念意识，以及其掌握的知识和具备的能力，确定人才的价值贡献目标和工作任务目标，给人才以目标引领动力。

4）责任危机激励机制。要结合人才的职位、岗位和特有身份对其所承担的工作和任务对企业经营与发展的责任及其结果产生的影响，结合失误、失败可能造成的损失和后果，促使人才提高责任感、使命感、危机感，给人才以责任和危机约束激励。

（2）人才发展能力体系。企业人才发展能力体系，是指提高人才知识、能力的人才人力资本增值的机制。

1）培训培养机制。现代企业要想在市场竞争中立于不败之地，需要不断地进行技术创新，开发新产品，运用新技术，采用新的管理方法和手段经营管理企业。企业人才必须不断地学习和运用现代科技知识，不断地应用新知识提升自己的职业能力；同时，为了成为技术和管理融合的复合型人才，人才也必然需要拓展知识和技能。

企业人才培训培养机制包括以下几个方面：

第一，增强补短培训。就是针对当前人才队伍现状，对标企业发展阶段对人才的需要，对人才进行培训培养。

第二，工作任务培训。就是针对工作任务，结合工作项目，对从事工作任务项目的人才实施的专项培训，以期人才能够胜任项目工作的要求。

第三，因人制宜，定制培养。就是根据企业人才发展规划，针对人才的未来需求，实施的定制化培训培养，许多企业针对高层次专业技术人才、高级经营管理人才实施的培训培养，就属于此类培训。

第四，动态管理，持续培养。就是根据人才素质和能力，紧密结合人才职业生涯进行的培养培训。

2）团队建设机制。在企业中，由技术、管理等领军人才牵头组建团队，就企业技术产品开发、生产经营管理等重大问题实施攻关，有针对性地对团队进行团队精神、团队业务及其目标与流程培训，这是人才发展的重要机制，许多重要的领导人才、骨干人才和关键人才均可以通过团队建设实施培训培养。

（3）人才发展机会体系。就是在人才发展中，为人才提供各种知识更新、能力训练的机会，为人才发展创造条件。

1）职业发展通道。为了充分发挥人才的特长和作用，企业为人才设置双岗位晋升和转换通道与机制，即管理岗位和专业技术岗位。人才可以根据自己的特长和能力，在管理岗位和技术岗位之间进行转换，以充分发挥人才的积极性，促进其成长。

2）岗位轮换机制。企业在培养领导人才和专业综合管理人才时，通常会针对未来

技能人才主要包括取得技工、技师及其他相应水平或拥有各种技能的人员。其中，技师分高级技师和技师两类；技工分高级工、中级工、初级工三类。

2021 年 7 月，人力资源和社会保障部印发《"技能中国行动"实施方案》，明确提出通过实施技能中国行动，"十四五"期间，实现新增技能人才 4000 万人以上，技能人才占就业人员比例达到 30%，东部省份高技能人才占技能人才比例达到 35%，中西部省份高技能人才占技能人才比例在现有基础上提高 2~3 个百分点。

（2）专业技术人才。专业技术人才是指从事产品研究开发、生产技术工艺研发与应用，以及从事技术管理的专业技术人才。根据企业行业技术不同，这类人才掌握特定行业的科学原理和工程技术，根据科学原理开发产品和生产设备及其生产工艺技术，是企业产品开发及生产技术工艺开发的技术骨干，也是企业竞争力的核心力量。

企业的专业技术人才，分布在企业科学研究、技术研发、产品开发、产品营销服务、设备管理、动力管理、能源管理等各个生产、技术和管理系统。他们都有各自技术领域的专业特长和知识体系，开发和拥有专业技术人才，是企业人才管理的重点。

（3）经营管理人才。经营管理人才是指在企业中从事经营管理工作的优秀人才。

1）按管理工作的性质划分，可以把企业经营管理人才划分为企业领导决策人才、企业管理执行人才。领导决策人才，是处于企业领导层级的人才，他们要对关系企业全局、长远和重大影响的问题和事项实施决策，并进行决策部署，监督考核。企业管理执行人才，是处于企业执行层级的管理人才，他们负责企业决策的执行、贯彻和落实，经常要对企业的决策进行细化，对目标和职责进行分解，并组织实施。

企业领导决策人才，担负着企业高层领导职务，承担着企业经营管理和持续发展的领导和决策职责，决定企业经营与发展的统筹布局和发展方向，决定着企业经营与发展的成败，因此企业的董事会和领导层都十分重视企业领导决策人才的配置和培养使用。

2）按企业经营管理的职能划分，可以把企业经营管理人才划分为各企业职能管理执行人才，如生产经营管理人才、战略管理人才、财务管理人才、营销管理人才、人力资源管理人才、技术创新人才、产品开发人才、党务政工管理人才等。

企业职能管理执行人才，承担着企业生产经营业务和职能管理的重要责任，将企业的战略决策和工作部署转化为具体的生产经营和管理流程与活动，他们的素质和能力，将直接决定并影响着企业经营管理的效率和目标的实现。职业职能管理人才的培养、开发和配置是企业人才管理的关键。

3）按企业管理层级划分，可以把企业经营管理人才划分为高层经营管理人才、中层管理人才和基层管理人才。企业根据管理层级培养和配置经营管理人才，建立管理人才培养和使用的层级递进机制和制度，不断提升企业生产经营管理各层级人才的管理素质和能力，培养生产经营管理的骨干队伍，做到有人可用、有人能用，这是企业经营管理人才管理的主要任务。

（二）企业人才结构优化

企业人才结构优化是指根据企业发展战略和企业经营管理的需要，对企业人才队伍的类型、结构、素质、能力及其使用机制的调整配置，以促进人才健康成长，充分发挥人才作用的管理活动和过程。

1. 企业人才结构优化的目标

（1）实现人—岗匹配。人才结构优化的一个很直接的目的就是实现人—岗匹配。人—岗匹配在本质上表明了岗位和人才之间的对应关系，它构成了企业分配内部人才的原则。企业在设置和分配岗位人才时，都需要保证人才和岗位的高契合度。人—岗匹配具体有以下两种含义：第一，针对不同的岗位配置适合的人才，确保各岗位的各项日常工作及相关职责都能得到满足；第二，企业内部各类人才都应当适应所在岗位，确保人才能够发挥最大的效用。

（2）实现人才价值最大化。人才资源是企业的第一资源，人才结构优化就是要使人才的素质和能力得到优化，为人才提供施展才华的舞台，搭建攀登的阶梯，使人才不屈才、不窝才，让人才在企业经营管理和专业技术工作中最大限度地发挥聪明才智，人尽其才，并不断成长，使人才价值最大化，让人才的才华得到充分展现。

（3）为企业持续发展提供不竭动力。企业人才结构优化，着眼于企业的持续发展，通过人才结构的优化调整，将人才管理的目标与企业的发展目标相结合，把人才的积极性和创造性转化为实际的生产力。第一，发挥人力资本优势，企业尽可能从外部招聘优秀人才，充实企业当前的人力资源，为企业发展提供动力，尽可能保留与企业生产能力相适应的人才。第二，根据企业的特点，不断调整人才管理策略，建立系统的选拔、激励机制，确保人才有平等的发展机会。人才职业发展设计可以依据每位人才的能力特点，设定不同的发展路线，有利于留住优秀人才。人才绩效考核可以为新的工作周期提供指标依据，从而制定合理的业绩目标和改进策略。人才薪酬管理可以增强核心人才的凝聚力和向心力，为企业的战略发展提供中坚力量，从而为企业持续发展提供不竭的动力。

2. 人才结构优化的内容

（1）层次结构优化。人才的层次结构主要包括学历层次结构、职务层次结构、管理层次结构等。其中，学历层次结构分为学士、硕士、博士等，职务层次结构包括技术员、助理工程师、工程师、高级工程师等，管理层次结构主要分为执行管理者、基层管理者、中层管理者、高层管理者等。整个人才团体的各个层次应该合理组合搭配，各个层次人才各司其职，各建其功，各负其责，各得其利，形成合理有效的合作秩序。而各个层次人才应如何合理有效地搭配，则应当依据各个组织的不同目标、不同层次的功能，以及不同岗位的特殊需要确定。在一个优秀的人才团体组织中，优秀的领导者是不可或缺的，因为领袖的个人导向作用在实现组织目标的过程中扮演着极其重要的角色。

（2）年龄结构优化。不同年龄的人才在知识、体力、经历、能力及经验各个方面都有巨大的区别。人才群体要想发挥整体组合效能，就需要让全体员工在年龄上合理分配，形成老、中、青的层次结构，发挥各个年龄的优势，从而实现互补。对于老年人才，要充分发挥他们的指导作用，对于中年人才，要充分发挥他们承上启下的作用，使他们成为整个团体的中流砥柱，而青年人才则是整个团队的希望和未来，一定要大力地培养他们，让他们茁壮成长。

（3）主要结构优化。如今，跨领域的分工协作早已成为整个生产、发展的大趋势。一个全面的人才团体组织，常常有着几十个甚至成百上千个专业的组合搭配，因此，每个组合都面临着如何进行专业结构优化的问题。一个优秀的人才团体组织中，不仅拥有实现组织目标而必需的各种专业人才，而且各种专业人才的比例还应当尽可能地合理，形成合理的搭配。因此，我们必须确定好整个团体的主体专业，并充分发挥主体专业人才的作用，协调好其他专业的人才，一起为组织目标努力。

（4）智能结构优化。人才团体组织的组织结构必须合理，要考虑让不同智能的人才在工作能力上互补。有些工作需要创造型的人才，如策划和研发等，而有些工作则需要重复型的人才，如工艺和会计等，但是任何一个组织都不可能仅仅由一种智能结构的人才组成。因此，由高水平的创造型人才组成的队伍一定是一个优秀的队伍的说法具有片面性。许多研发机构由于缺乏重复型人才，许多成果无法生产或者无法推广。因此，一个人才团体组织应当是由互补的智能类型、不同层次智能水平的人才搭配而成的。

（5）职能结构优化。人才除了在年龄、层次、专业、智能方面存在差异，还由于从事的工作性质不同而存在职能差异。例如，在一个生产型企业中，技工操作设备，工艺人员负责程序，设计人员设计产品，还需要各种经营和管理人才。根据职能的不同，可以把管理人员分为财务管理者、生产管理者、销售管理者、人力资源管理者等。一个组织内部各职能人才之间比例的确定以及不同职能之间关系的确立取决于整个组织的核心目标。根据组织的实际情况，必须有的一定要有，不应该有的就要取消，薄弱的环节就应该加强。职能结构优化的最终原则就是高效、协调、精干。因事设职，因职选人，而不应因人设岗，不然就会导致人浮于事，影响整个组织的氛围。

（6）气质结构优化。一个人才团体组织理想的气质结构应当是不同气质类型的人才的相互协调、相互补充，特别是领导团队，如果一个领导团队都是由急躁冒进的人才组成的，团队就非常容易急功近利，进而可能造成灾难性的后果。而如果一个领导团队都是由稳健踏实的人才组成的，由于缺少激情与活力，也很难开创局面。只有将不同气质类型的人才合理组织起来，才能克服各自的弱点，保证团队向组织目标前进。

气质结构优化常常被忽略，但其也是结构优化中的一个重要内容。

（三）领军人才管理

1. 企业关键人才、领军人才特质

企业关键人才是那些拥有专门技术、掌握企业核心业务、控制关键资源、对企业的生存与发展会产生深远影响的员工。他们的工作岗位要求经过较长时间的教育和培训，必须有较高的专业技术和技能，或者要有本行业的丰富的从业经验及杰出的经营管理才能。

领军人才是企业关键人才中，在某一专业技术或管理领域抑或是一个团队中，具有雄厚的专业知识，熟悉专业技术领域技术发展趋势和发展前沿，具有丰富的管理经验，突出的业绩，能够引领专业领域创新发展，专业技术或管理贡献突出的人才。领军人才对企业发展有前瞻、引领、带动的重要作用。有的企业领军人才，在业界和社会领域拥有较高的地位和影响力。

领军人物要有专业才能、崇高的价值追求、优秀的科学素养、卓越的领导才能、独特的人格魅力、坚韧的拼搏毅力、强大的团队凝聚力和广泛的社会影响力。

领军人物的基本特点有：

（1）"策划人""设计师"和"谋略家"。领军人物在同等条件下比别人看得深远，能在复杂的环境里透视方向，掌控大局，发掘机会并成功利用。他们从幕后工作中得到的回报来自使他人有力量和能力做好工作，以及身处一个能让大家创造真正想要的结果的组织所带来的满足感。

（2）"塑造者"和"传道士"。领军人物最大的作用是培育或传播一种文化或精神，让整个团队有一个共同理念、共同目标、共同行为准则。

（3）永葆勇气和激情。领军人物面对困境、绝境，也不轻言放弃。成功的领军人物，除了以专业能力服人，更懂得创造共同的愿景，激励团队成员士气。

（4）站在团队后面。领军人物通过"领军力"和团队能力发挥自己的作用，表面上他是一个代表人物，其实是一个团队的力量在起作用，是通过许多岗位的工作和许多层次的领导者来完成目标。

阅读专栏7-4 领军人才领导方式

领军人物有各种权力基础、不同的领导风格和方式，影响着团队各个过程。国外使用 Kouzes 和 Posner 编制的"团队领导行为量表"（Team Leadership Practices Inventory, Team LPI）进行研究。当领军人物发挥出最大领导效能时，可表现出五个关键的领导实践行为：挑战陈规（Challenging the Process）、达成共识（Inspiring a Shared Vision）、调动成员（Enabling Others to Act）、模范表率（Modeling the Way）以及激发热情（Encouraging the Heart）。在 LPI 五个成分上，有效领导者的得分显著高于低效领导者。

有效的领军人物应遵循以下原则：

（1）力求使团队的目标、目的和方式有意义，使成员达成共识，帮助团队澄清目标与价值观，并确保成员的行为过程不发生偏离。

（2）建立成员及整个团队的认同和信任。抓住机会展示团队是如何积极行动的，鼓励成员评价和尊重他人的能力和技术，在成员为目标努力时表示感激。帮助、鼓励个人与团队行动保持一致，建立起责任感和信心。

（3）对团队的技术保持警惕。加强团队内各种技术的组合，提高各种技术水平，如果在团队所需的各种技术和实际具备的技术之间存在着严重的"技术缺口"，没有一个团队能成功。领军人物要对成员具有哪些能力进行评估，找机会提高其能力。仅在团队刚建立起来时对技术进行评估是不够的，团队行为总是处于变动之中，团队技术也必须随之相应地发展。

（4）处理好与团队外部人员的关系，清除发展道路上的障碍。即使某一责任该由团队承担，外部人员也会认为理应由领军人物负责。领军人物的一个重要任务就是为团队发展铺平道路，使团队能够畅通无阻地完成任务。

（5）为别人创造机会。领军人物应将团队置于自我之上，不要占住所有最好的机会和荣誉。通过"靠后站"让其他成员负起责任或学会如何执行任务，为每一位成员创造发展机会，使成员树立起对团队承担义务的意识。

（6）做实际工作。领军人物区别于一般组织的领导，领军人物参与团队的实际工作，与其他成员一起分担任务。他们确保团队中的每一个人，包括自己，对团队具有大致相同的贡献。他们不将困难或别人厌恶的工作推给他人，而是自己承担，表现出对团队负责的态度，用行动显示并证明他们相信团队，并准备为工作尽最大努力，这也使其他成员想少干变得非常困难。

2. 企业领军人才的标杆作用

应从职业道德、专业贡献、团队效应、引领作用四个方面突出企业领军人才的标杆作用。

（1）职业道德高尚。领军人才应以德为基础，热爱祖国，拥护社会主义，遵纪守法，作风正派，具有高尚的职业道德，在业内具有较高声望。

（2）专业贡献重大。领军人才应有扎实的专业知识和宽广的视野，有在本学科、本领域的前沿研究经历和实践经验。同时在企业取得的业绩、成果突出，并得到本领域同行专家的认可，在同行中具有明显优势。

（3）团队效应突出。何为"领"？领军人才应具有较强的领导、组织管理及协调能力，善于发现人才、培养人才和凝聚人才，所带领的团队有较强的攻关能力，能通过创造性的工作实现自身和团队的价值，并保证企业可持续发展。

（4）引领作用显著。领军人才应具有战略眼光，能够紧跟国际学科和技术发展趋势，善于创新，在团队建设和项目攻关中发挥引领作用。

3. 企业领军人才管理

（1）科学严谨的选聘方法。遵循宁缺毋滥的原则，严格遵照"初选、答辩、面谈、公示"一整套科学严谨的工作程序，组建以企业高层管理人员以及高层技术人员为主的人才工作小组，并聘请行业知名专家学者参与，从领军人才的专业能力、心态、个人职业规划等方面全面掌握其基本情况并从严选拔。

（2）资源高度倾斜的培养手段。企业应将优质资源高度集中，并向领军人才重点倾斜，以保持领军人才的领先优势。每年按照经营利润的一定比例设立"领军人才培养基金"，有计划、有重点地选送人才到高端研究机构、知名高校、百强企业研修深造并开展科研合作等活动，确保其每年有不少于两个月的时间到高端机构学习，每年参加两次国内外行业学术交流并享有不低于 15 天的学术休假。企业为领军人才创造与其他国内外行业领军人才之间的沟通和交流机会，达到拓宽视野的目的，从而培养领军人才充分发挥其自主性及与时俱进开拓创新的能力。

（3）动态管理的考核模式。企业应实施项目管理并构建"创新能力、业绩贡献、研发成本控制及团队建设"的 KPI 考核体系，同时企业应建立领军人才管理信息库和考核档案，及时跟踪了解入选人才的基本情况、业务进展和现实表现，实行动态管理。结合年度考核情况，及时调整培养计划，采取年年有评估，三年一滚动的方法，确保做到人才有进有出，不断激发人才的竞争意识与活力。

（4）建立完善的奖惩机制。

1）关注物质精神需求，建立生活平台。除满足领军人才的物质需求——发放津贴以及购房补助以外，还应根据领军人才精神需求高的特点，给予其全方位的人性化关怀，与企业高级别领导建立"一对一"的紧密联系，定期交流沟通，为领军人才开辟解决户口档案的绿色通道，解决子女夫妻上学就业等问题，帮助其解决生活中遇到的实际困难和问题，解除其后顾之忧。

2）大力引进和扶持科研团队，完善工作平台。以领军人才自组创建的创新科研团队为主体，以项目为载体，企业提供一定的资金扶持。企业应设立"领军人才突出贡献奖"和"爱才重才奖"，每年评选一次。有条件的企业还可以成立人才俱乐部（或者引智基地），充分调动领军人才的积极性，完善工作平台的建设。

3）鼓励个人及团队创新创业，搭建事业平台。对于领军人才带领的团队获得的专利给予一次性酬金奖励；对实施交易的发明专利技术，鼓励以技术参股方式实施内部创业开办有限责任公司。凡获国家级、省级、市级科技进步奖的项目，企业根据不同的奖励等级，给予个人及团队一定比例的奖励。对于做出突出贡献的个人给予股权或者期权奖励，让领军人才逐步进入企业的经营决策层，想方设法为领军人才搭建各种途径的事业平台。

（四）复合型人才培养

如今，越来越多的企业开始意识到优秀的人才已成为未来市场中的稀缺资源。现代社会经济的多元化运作模式，以及企业多元化的战略发展平台建设，对员工提出了"一职多能"的要求，即复合型人才。所谓复合型人才就是指可以适用于多种工作岗位的全面发展型人才。

1. 复合型人才的基本素质和能力

（1）具有较强的专业能力。在其所从事的业务或管理工作中，必须是专才，能够独当一面。

（2）对知识有较为广泛的涉猎，并较深入地了解一两个专业。

（3）具备较强的营销能力。在全员营销的大背景下，企业复合型人才应具备一定的营销能力。

（4）具有一定的沟通能力、管理能力，能够与人轻松沟通，让复杂的事情简单化、规范化。

（5）具有一定的法律知识。现代社会是法制社会，不懂基本的法律知识将寸步难行。

（6）具备较强的分析能力、判断能力，能透过现象看本质。

（7）具备一定的计算机知识和较强的文字处理能力，能够利用计算机熟练应对日常工作。

（8）具有较强的学习能力和风险识别能力。

2. 企业培养复合型人才的途径和机制

（1）围绕企业战略目标，构建复合型人才培养机制。依照企业的战略目标要求，对战略目标进行分解细化，按照不同的事项类别对相关工作进行深入分析，并结合企业的内外部环境条件，构建完整的全面的复合型人才培养机制。

（2）优化培训体系，进一步完善复合型人才培训。企业内部从高层领导到基层员工，都要充分认识到复合型人才培训的重要性，持续增加复合型人才培训的力度。

（3）加强复合型人才的激励机制和约束机制建设。企业内部健全复合型人才的福利待遇等级标准和个人价值提升渠道，从加薪、奖金、职位晋升、荣誉等方面激励复合型人才。注重他们的职业道德和职业操守的培养，制定相应的约束机制，建立完善的绩效考核机制、淘汰机制、退出机制，使其有动力也有压力，同时保证复合型人才评价的准确性、公平性和科学性。

（4）优化内部资源配置，建设复合型人才团队。团队建设是培养复合型人才的有效机制，要充分利用团队人员配置机制，以培养复合型人才。

（5）岗位轮换。要充分运用岗位轮换机制，培养复合型人才。要让人才有不同岗位的工作经历，增加不同的工作能力。

（6）加强复合型人才的综合考核。建立完善的绩效考核体系，发挥考核的重要作用，通过综合考核引导人才朝着培养目标前进，切实提升复合型人才培养质量。

阅读专栏 7-5 企业复合型管理人才培养体系

一、构建企业复合型管理人才培养体系的基本原则

构建企业复合型管理人才培养体系，对于企业的发展具有重要的意义，但是要想通过该体系的构建，有效提升企业复合型管理人才的培养效果，在该体系的构建过程中应遵从以下基本原则：

（1）在复合型人才培养体系的构建过程中，首先要制定明确的复合型管理人才培养目标，只有以详细的培养目标作为指导，才能为后续的培养体系的构建提供良好的依据，保证培养体系构建工作的顺利进行。

（2）做好复合型管理人才培养体系构建工作的需求分析，确定复合型管理人才培养体系构建过程中的核心对象，在选择培养对象时要根据企业的需求及员工的素质进行合理的选取。

（3）选择合适的培养方法。复合型管理人才的培养应该是一个长期的过程，并且对管理人才的培养是具有较高要求的，这就需要在培养体系的构建过程中选择科学、合理的培养方式，提高培养效果。

二、构建企业复合型管理人才培养体系的基本方法

1. 制定完善的保障制度

建立良好的企业复合型管理人才培养体系需要有完善的制度作为最基本的保证，只有严格地执行相关的流程制度，才能保证复合型管理人才培养工作的顺利完成。完善的保障制度应该包含这几个方面的内容：①明确各部门在复合型管理人才体系构建过程中的职责。②制定详细的复合型管理人才培养工作的短期及长期目标，以作为企业复合型管理人才培养体系构建工作的工作成果的监督依据。③对企业复合型管理人才培养体系构建过程中的项目预算进行详细的审核、规划，保证体系构建过程中的资

金支持使管理人才培养体系的构建工作能够顺利地进行。④制定明确的奖惩制度，对体系构建工作的工作进度进行严格控制，对于体系构建工作中不遵守相关制度的行为要进行相应的处罚，而对于表现优异的行为要给予适当的奖励，奖惩分明的工作制度对于人才培养体系构建工作的推进有积极的作用。

2. 构建规范化的选拔体系

企业复合型管理人才培养体系构建的主要目标是为了提升企业管理人员的能力，促进企业的战略性发展，因此在企业复合型人才培养体系的构建过程中，首先要构建规范化的人才选拔体系，对参与培养的管理人员的个人特点及综合能力进行详细考察，按照规范化的选拔流程进行复合型管理人才的选拔工作。所选择的参与复合型管理人才培养计划的管理人员必须具有能够为企业发展做出贡献的各方面潜能。此外，既然是复合型管理人才培养，所选择的管理人员不仅需要具有较强的管理能力，还需要符合复合型的特点。

3. 构建规范化的评价体系

良好的企业复合型管理人才培养体系必须具有规范化的评价体系，这也是人才培养体系的重要组成部分。按照复合型管理人才的级别及工作内容的不同，需要制定针对性的评价方案，因此建议使用分层级式的评价体系，该种模式下的评价体系有利于对各个层级的复合型管理人才进行有效的评价。为了保证评价结果的准确性，要求在对每个层级的复合型管理人才进行评价时，严格按照相关的评价标准及评价流程开展复合型管理人才的评价工作，保证评价结果的公平公正及准确性。

4. 构建合理的发展体系

构建企业复合型管理人才培养体系是一个长期的、动态管理的过程，这就要求在人才培养体系的构建过程中，注重发展体系的构建工作，按照参与培养的复合型管理人才的个人能力、综合素质及工作级别的不同，对参与培养的管理人才进行分层次的培养，为每个层次的管理人员制定出针对性的培养计划。在培养内容的确定上，要根据整体的培养目标，对整体的培养内容进行分类，按照培养内容从简到难的各个阶段，对复合型管理人才进行阶段性的培养，并做好各个阶段的评价工作。在培养方式的选择上，要根据各个管理人员的学习特点及工作空余时间的特点，选择合适的培养方式，在不影响其正常工作的前提下，实现复合型管理人才各方面的提升。

5. 构建合理的管理体系

构建合理的复合型管理人才培养管理体系是提升复合型管理人才培养成果的重要手段，通过有效的管理，能够使参与培养的管理人员清楚地认识到参与培养的目的及发展前景，能够有效地提升复合型管理人才参与培养的积极性，这有利于复合型管理人才培养效果的提升，有助于复合型管理人才为企业的发展做出更大的贡献。

第二节　人力资源管理

一、企业人力资源概述

（一）人力资源的含义

一般认为，资源是指一个国家或地区内拥有的物力、财力、人力等各种物质要素的总称，人力资源是指一个国家或地区人口总体所拥有的劳动能力的总和。从资源的属性看，人力资源既具有经济性，又具有社会性。它既是经济活动创造价值的经济要素，又是社会发展中起主导作用的社会资源。因此，人力资源是我国经济与社会发展的第一资源，是最为重要的战略资源。

人口资源是指将一个国家或地区作为一种资源看待的人口总体。劳动力资源是指一个国家或地区在一定时期内，全社会拥有的在劳动年龄范围内、具有劳动能力的人口总数。人才资源是指一个国家或地区具有较好职业素养、较强工作能力及技能、较高专业知识及技术，在创造价值过程中起关键或重要作用的那部分人所拥有的人力资源的总和。

人力是与人相对应的一种人力资源；劳动力是与劳动者相对应的一种人力资源；人才是与人才队伍成员相对应的一种人力资源；企业经营管理人才是与企业经营管理人才队伍成员相对应的一种人力资源；企业经理人才是与企业经理人才队伍成员相对应的一种人力资源；职业经理人才是与职业经理人才队伍成员相对应的一种人力资源。它们之间的数量关系、包含关系如图7-1、图7-2所示。

图7-1　人口资源、人力资源、劳动力资源、人才资源、企业经营管理人才资源、企业经理人才资源、职业经理人才资源之间的数量关系

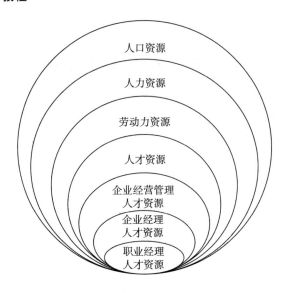

图7-2 人口资源、人力资源、劳动力资源、人才资源、企业经营管理人才资源、企业经理人才资源、职业经理人才资源之间的包含关系

（二）人力资源的禀赋

凡是资源都有数量与质量之分，人力资源自然也有数量与质量之分。一般地，自然资源的质量称为品质，人力资源的质量称为资质。人力资源是只有在劳动过程中才能释放出的资源，那么，在未释放时如何评价它的资质呢？这就需要评价人力资源过去已经呈现出的资质，及其未来可能具有的潜在资质。

人力资源的资质包括劳动者资历和劳动者素质两个方面。劳动者资历反映的是劳动者过去发挥的作用和取得的成效；劳动者素质反映的是劳动者今后可能发挥的作用和取得的成效。人力资源的资质也可以称为人力资源的禀赋。

职业从业人员身上承载的人力资源的资质，称为从业人员的职业资质。职业经理人身上承载的人力资源，称为职业经理人才，这种人才的资质，称为职业经理人才资质。对职业经理人才资质的评价就是对职业经理人才禀赋的评价。

（三）人力资源的特点

人力资源具有很多与其他资源不同的特点。

1. 人力资源是依托在人身上的一种资源

（1）人力资源属于个人所有，由个人独立支配。

（2）人力资源只在有生命力的个人体内存在。

（3）只有达到法定劳动年龄的人力资源，社会方可使用。

（4）人力资源只能在劳动过程中释放。

（5）人力资源不能遗传，不可继承。

2. 人力资源有别于物力资源

（1）人力资源是无形资源，是一种不易被直观感受到的具有活性的资源，称为活劳动。

（2）人力资源平时是一种隐性资源，只有通过其参与的劳动成果才能显现出来。

（3）人力资源的资质禀赋难以直观评价与比较，没有任何两个人的资质禀赋是相同的。

（4）人力资源的释放因时而异。人力资源受劳动者的意识、心态、身心状况及工作环境等因素影响较大，其释放程度在不同的劳动循环过程中差异较大。

（5）人力资源的运用效果因地而异。人力资源受用人单位的劳动环境、劳动方式、劳动条件、劳动组织结构和劳动内在机制等因素制约，其运用效果差异较大。

3. 人力资源是发展变化的

（1）人力资源的形成在一定程度上会受到先天因素的影响，但主要的影响因素是人后天形成的。

（2）人力资源随着人的成长，主要依靠劳动准备和劳动实践活动培育而形成。

（3）人力资源的资质禀赋不是一成不变的，在人的成长过程中，它是不断发展变化的。

（4）人力资源发展变化的形式主要有增长、完善、更新、衰减和消失。

（5）人力资源发展变化轨迹既与人的年龄、阅历和健康状态有关，又与其对人力资源的认知和运用态度有关。

（四）人力资源的流动、交换和作用

1. 人力资源的流动

因为人力资源不能脱离人独立存在，所以人力资源的流动是依托人的流动实现的。人的流动方式主要有以下几个方面：一是工作单位的变更；二是工作岗位的转变；三是工作职务、职位、身份的变换；四是其他方式。

2. 人力资源的交换

人力资源是在劳动过程中才能释放出来的资源，人力资源只能在释放出来之后才能进行交换。在生产过程中，人力资源与生产资料相结合，实现了人力资源的交换，创造了新的劳动价值；在社会服务过程中，人力资源与服务活动相结合，实现了人力资源的交换，提供了新的社会服务，创造了服务的价值。人力资源实现交换后，应该按照市场定价的原则，或者交易双方协商定价的原则，由消费人力资源的一方向付出人力资源的劳动者支付合理的报酬，这是人力资源交换的价值实现。

3. 人力资源的作用

人力资源只有在社会劳动过程中才能释放，因此，人力资源的作用只能在劳动过程完成后，才能完整地体现出来。人力资源的作用主要有以下几个方面：

（1）人力资源是社会财富形成的关键要素，是构成社会经济运动的基本前提。人力资源是推动和促进各种资源实现优化配置的特殊资源，它不仅同物力资源一起构成了财富的源泉，而且在财富的形成过程中发挥着关键作用。因此，人力资源是最重要的经济资源和社会资源，是支配其他资源的资源。

（2）人力资源是推动社会发展的主要力量。社会发展是围绕着人的发展进行的，社会的进步体现为人类文明的进步。人类文明的进步意味着人口资源的发展，特别是其中的人力资源禀赋的发展。随着科学技术的不断发展，知识技能的不断提高，人力资源对社会进步的贡献越来越大，社会发展对人力资源的依赖程度也越来越高。因此，人力资源是最主要和最宝贵的社会资源。

（3）人力资源中的人才资源是国家竞争力的第一资源。21世纪是知识经济时代，是高新技术迅速发展的时代，也是推动构建人类命运共同体的时代。当今世界正经历百年未有之大变局，正处于大发展、大变革、大调整时期。世界充满希望，也充满挑战，人才资源起着至关重要的作用。在中华民族伟大复兴事业中，实现"两个一百年"奋斗目标，人才资源是不可或缺和难以替代的第一资源。

人力资源同时也是企业生存和发展的首要资源。在现代社会中，企业是社会的细胞，是最基本的经济活动单位，是创造经济价值的主要组织形式。企业要想正常运转，就必须投入各种资源，而在企业投入的各种资源中，人力资源是第一位的，是首要的资源；人力资源的存在和有效利用能够充分激活其他物力资源，从而实现企业的目标。著名管理大师彼得·德鲁克指出，"企业只有一项真正的资源——人"。可见，人力资源在企业中的重要性。

企业人力资源的作用主要反映在企业的劳动效果、劳动效率和劳动效益中。劳动效果是劳动成果与劳动结果的比值。劳动效率分为企业劳动效率和个人劳动效率，企业劳动效率是企业劳动效果与企业劳动力投入的比值；个人劳动效率是个人劳动效果与个人劳动时间的比值，它们反映的都是一定量劳动投入所得的有效成果数量。劳动效益是企业劳动消耗与企业劳动所得实际收益之间的比值。而劳动效果、劳动效率与劳动效益都需要通过测评与计算后才能得出。

二、企业人力资源管理的特征与功能

（一）人力资源管理的特征

人力资源管理指的是为了有效完成企业设置的总体目标和企业管理工作，对于会影响到员工行为、态度、绩效等方面的企业管理制度、工作、实践安排的总称。人力资源管理这一概念涵盖了在企业管理工作中与人相关的管理实践的总和。具体来说，人力资源管理包含从员工进入组织（人员甄选）、组织内员工管理（薪酬、绩效、评估、员工关系、争议处理、纪律），到员工从组织内离开（退休、辞职、辞退）等一系列整体的人员管理系统。

人力资源管理具有很强的实践性，有人曾说过，对人的管理与其说是一门科学，不如说是一门艺术，它的管理对象是千变万化的人。但作为一个日臻完善的知识体系，人力资源管理引进了经济学、管理学、组织行为学、心理学、社会学等诸多社会科学的理论和方法，并借鉴了统计学、现代计算机和信息网络技术、应用数学的定量分析方法和先进管理手段，日益呈现丰富多彩的内容，并具有自身独有的特点。

1. 复杂且多变

企业人力资源管理的对象可以划分为若干个群体，如领导群体、技术群体、管理群体、技能群体等，但每一个人都是单一的个体，具有强烈的自我需求，有抱负、信仰和理想，但也有恐惧、烦恼和委屈，这种人类的情绪必然会显著地影响每一个人的观念和想法。每一位员工都有不同的成长环境、出身背景、文化教育水平、人生哲学、宗教信仰，对待同一件事情，会产生不同的感受，即使是有相同经历的人，对同一件事情的观感和结论也会不同。人与事情内涵的不确定性，使人力资源管理不能简单地对待每一件事情，还要看到事情的多面性。人的多面性和事情的多面性，使得人力资源管理复杂且多变。职业经理人和管理者不仅要看到事情的表面，而且要看到引发事情的前因后果，看到一件事情与其他事情的联系。

2. 科学与经验结合

人力资源开发与管理是一部从经验到科学的发展史，科学的方法和理论能够反映人力资源管理的规律性和必然性。在人力资源管理领域，对于那些规律性强、内在联系比较固定、重复出现、必经阶段的问题，尤其是总的发展方向的问题都适用于使用科学的方法。而对于那些不经常出现的、很细微的、感性的、独特性强的问题，就需要管理者使用经验妥善处理。因此，企业的人力资源管理必须将科学和经验相结合。

3. 全员参与

人力资源管理是企业中重要的管理活动，需要所有员工共同参与，人力资源管理者所具备的专业技能优势，使得他们承担了将时间转化为最优化制度和流程的工作。人力资源管理活动中的多项工作，如员工招聘、甄选、培训、绩效等，都要求员工直接参与。在管理中，对人的管理可以说是最复杂且涉及面最广泛的管理活动，因此，人力资源管理过程如果想要确保有效性、合规性和公平公正，就需要具备专业技术、接受过专业训练的管理人员开展活动。

（二）人力资源管理的功能

1. 获取

根据企业目标确定所需员工的条件，通过规划、招聘、考试、测评、选拔获取企业所需人员。

2. 整合

通过企业文化、信息沟通、人际关系的调和、矛盾冲突的化解等有效整合，使企业内部的个体、群体的目标、行为、态度趋向企业的要求和理念，使之形成高度的合作与协调，发挥集体优势，提高企业的生产力和效益。

3. 保持

通过薪酬、考核、晋升等一系列管理活动，保持员工的积极性、主动性、创造性，维护劳动者的合法权益，为员工营造安全、健康、舒适的工作环境，以增进员工的满意度，使之安心满意地工作。

保持职能包括以下两个方面：一是保持员工的工作积极性，如公平的报酬、有效的沟通与参与、融洽的劳资关系等；二是保持健康安全的工作环境。

4. 评价

对员工的工作成果、劳动态度、技能水平以及其他方面进行全面考核、鉴定和评价，为做出相应的奖惩、升降、去留等决策提供依据。

评价职能包括工作评价、绩效考核、满意度调查等。其中绩效考核是核心，它是奖惩、晋升等人力资源管理及其决策的依据。

5. 发展

通过员工培训、工作丰富化、职业生涯规划与开发，促进员工知识、技巧和其他方面素质的提高，使其劳动能力得到增强和发挥，最大限度地实现其个人价值和对企业的贡献，达到员工个人和企业共同发展的目的。

三、企业人力资源管理工作的基本内容

（一）制定企业人力资源发展规划

人力资源规划是指组织根据自身战略需要，采用科学的手段预测组织未来可能会面临的人力资源需求和供给状况，进而制定必要的人力资源获取、利用、保留和开发计划，满足组织对于人力资源数量和质量的需求，帮助组织实现战略目标，同时确保组织在人力资源的使用方面达到合理和高效。

1. 企业人力资源发展规划制定的主要工作

（1）分析企业战略对人力资源规划的影响。企业战略确定谁是企业的顾客？企业面临着什么样的竞争？企业这场竞争中取得成功的关键因素是什么？人力资源规划就是要根据企业战略分析企业人力资源需求的外部因素和内部因素。企业人力资源规划与企业战略的关系如图7-3所示。

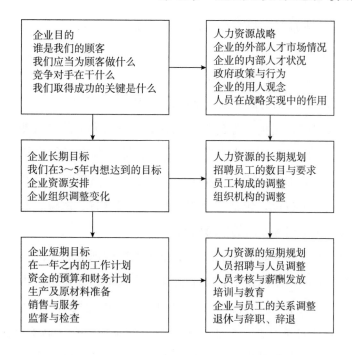

图7-3　企业人力资源规划与企业战略的关系

（2）企业人力资源分析与预测。

1）影响企业人力资源供给与需求的因素分析。影响企业人力资源供给与需求的因素包括外部因素和内部因素。

影响企业人力资源供给与需求的外部因素包括以下几个方面：

第一，宏观经济情况。宏观经济情况的走势直接影响到市场的波动与盛衰，在经济繁荣的情况下，企业需要的人员多，招聘的相对竞争程度较高；反之，在经济衰退的情况下，企业纷纷裁员，求职者要求降低，招聘的难度较小。

第二，企业所在行业的状况。在人才需求大，而人员供应增长相对缓慢的行业，人员供不应求，企业的人员选择余地小；反之，企业外部的人员供给基本持平或供大于求，企业人力资源供应就比较充足。

第三，产品的市场竞争状况。产品市场竞争激烈，归根结底是企业与产品有关的人才的竞争加剧，企业的人才招聘压力较大；反之，企业的人才招聘压力相对较小。

第四，劳动力的供求状况。劳动力的供求状况，主要是指适龄劳动力供给数量和劳动力供给结构，以及企业所在区域劳动力供求状况。总体上，我国从事简单劳动的供应相对充足，但高层次、高能力、高水平的人才供应则比较紧张。随着人才市场化程度的提升，发达地区的企业对人才的吸引力在不断提升，而相对欠发达地区的企业对高层次人才的招聘难度则较高。

第五，政府政策和行为。企业制定人力资源规划和措施，必须充分考虑政府的法律、法规和政策。企业应及时研究分析政府的政策。有时候，企业所在地的政府直接出台并实施人力资源政策，吸引人才到所在地企业工作，企业应当充分利用相关法律、法规和政策，结合企业实际，制定企业人力资源规划。

影响企业人力资源供给与需求的内部因素包括以下几个方面：

第一，企业人力资源现状。对企业内现有的各种人力资源进行测算，包括人员的年龄、性别、工作简历和教育、技能等；目前本企业内各个工作岗位所需要的知识和技能以及各个时期人员变动的情况；雇员的潜力、个人发展目标以及工作兴趣爱好等方面的情况；有关职工技能，包括其技术、知识、受教育、经验、发明、创造以及发表的学术论文或所获专利等方面的信息资料。

分析企业内人力资源流动的情况。一个企业组织中现有职工的流动可能有以下几种情况：①留在原来的工作岗位上；②平行岗位的流动；③在组织内的提升或降职更动；④辞职或被开除出本组织（流出）；⑤退休、工伤或病故。

第二，企业本身的吸引力。企业提供给员工的工作机会、薪酬待遇、福利设施、工作环境等条件构成了企业对应聘者的吸引力，要分析这种吸引力对企业招聘人力资源的影响。

第三，企业人员的流动率。企业人员的离职和流动率越高，企业招聘需求就越大；反之，招聘需求就越小。

第四，企业用人观念。企业空缺岗位和企业发展所需人员的招聘来源和方法受企业管理层领导人员的观念影响。如果用人标准和用人观念符合企业的实际情况，企业就容易招聘到合适的人选；反之，如果企业的用人标准偏离了企业的实际和自身实力，就可能陷入频繁换人、频繁招人的不良循环。

2）企业人力资源需求预测。在对影响企业人力资源供给与需求的因素分析的基础上，要依据企业的战略目标预测企业未来某一时期对各种人力资源的需求，对人力资源需求的预测和规划可以根据时间的跨度相应地采用不同的预测方法。

阅读专栏 7-6 人力资源需求预测方法

一、定性方法

1. 现状规划法

人力资源现状规划法是一种最简单的预测方法，较易操作。它假定企业保持原有的生产和生产技术不变，则企业的人力资源也应处于相对稳定状态，即企业各种人员的配备比例和人员的总数将完全能适应预测规划期内人力资源的需要。在此预测方法中，人力资源规划人员所要做的工作是测算出在规划期内有哪些岗位上的人员将得到晋升、降职、退休或调出本组织，再准备调动人员去弥补。

2. 经验预测法

经验预测法就是企业根据以往的经验对人力资源进行预测的方法，简便易行。采用经验预测法是根据以往的经验进行预测，预测的效果受经验的影响较大。企业在有人员流动的情况下，如晋升、降职、退休或调出等，可以采用与人力资源现状规划法结合的方法来制定规划。

3. 分合性预测法

分合性预测法是一种常用的预测方法，它采取先分后合的形式。这种方法的第一步是企业组织要求下属各个部门、单位根据各自的生产任务、技术设备等变化的情况对本单位将来对各种人员的需求进行综合预测，在此基础上，把下属各部门的预测数进行综合平衡，从中预测出整个组织将来某一时期内对各种人员的需求总数。这种方法要求在人事部门或专职人力资源规划人员的指导下进行，下属各级管理人员能充分发挥在人力资源预测规划中的作用。

4. 德尔菲法（Delphi）

德尔菲法又名专家会议预测法，是20世纪40年代末在美国兰德公司的"思想库"中发展出来的一种主观预测方法。德尔菲法分几轮进行，第一轮要求专家以书面形式提出各自对企业人力资源需求的预测结果。在预测过程中，专家之间不能互相讨论或交换意见。第二轮将专家的预测结果进行综合，再将综合的结果通知各位专家，以进行下一轮的预测。反复几次直至得出大家都认可的结果。通过这种方法得出的是专家们对某一问题的看法达成一致的结果。

德尔菲法的特点是：第一，吸取和综合了众多专家的意见，避免了个人预测的片面性；第二，采取匿名的方式进行，避免了从众的行为；第三，采取多轮预测的方式，准确性较高。

采用德尔菲法的步骤：第一，整理相关的背景资料并设计调查问卷，明确列出需要专家们回答的问题。第二，将背景资料和问卷发给专家，由专家对这些问题进行判断和预测，并说明自己的理由。第三，由中间人回收问卷，统计汇总专家们预测的结果和意见，将这些结果和意见反馈给专家们，进行第二轮预测。第四，再由中间人回收问卷，将第二轮预测的结果和意见进行统计汇总，接着进行下一轮预测。第五，经过多轮预测之后，当专家们的意见基本一致时就可以结束调查，将预测的结果用文字或图形加以表述。

采用德尔菲法时需要注意以下几个问题：第一，专家人数一般不少于30人，问卷回收率应不低于60%，以保证调查的权威性和广泛性。第二，提高问卷质量，问题应该符合预测的目的并且表达明确，保证专家都从同一个角度去理解问题，避免造成误解和歧义。第三，要给专家提供充分的资料和信息，使他们能够进行判断和预测；同时结果不要求十分精确，专家们只要给出粗略的数字即可。第四，要取得参与专家们的支持，确保他们能够认真进行每一次预测，同时也要向公司高层说明预测的意义和作用，取得高层的支持。

5. 描述法

描述法是人力资源规划人员可以通过对本企业组织在未来某一时期的有关因素的变化进行描述或假设，并从描述、假设、分析和综合中对将来人力资源的需求进行预测规划。由于这是假定性的描述，因此人力资源需求就有几种备选方案，目的是适应和应对环境因素的变化。

6. 回归预测法

回归预测法是指根据数学中的回归原理对人力资源需求进行预测。

由于人力资源的需求总是受到某些因素的影响，回归预测的基本思路就是找出那些与人力资源需求密切相关的因素，并依据过去的相关资料确定出它们之间的数量关系，建立回归方程；然后根据历史数据，计算出方程系数，确定回归方程；这时，只要得到了相关因素的数值，就可以对人力资源的需求量做出预测。

使用回归预测法的关键就是找出那些与人力资源需求高度相关的变量，这样建立起来的回归方程的预测效果才会比较好。

实践中通常采用线性回归来进行预测。

7. 比率预测法

这是基于对员工个人生产效率的分析来进行的一种预测方法。

进行预测时，首先要计算出人均的生产效率，然后再根据企业未来的业务量预测出人力资源的需求，即：

所需的人力资源＝未来的业务量/人均的生产效率

例如，对于一个学校来说，一名老师能够承担40名学生的工作量，如果这一学年学校准备使在校生达到4000人，就需要100名老师。

使用这种方法进行预测时，需要对未来的业务量、人均生产效率及其变化做出准确的估计，这样对人力资源需求的预测才会比较符合实际，而这往往是比较难做到的。

二、定量方法

1. 趋势预测法

趋势预测法是利用企业的历史资料，根据某些因素的变化趋势，预测相应的某段时期人力资源的需求。趋势预测法在使用时一般都要假设其他的一切因素都保持不变或者变化的幅度保持一致，往往忽略了循环波动、季节波动和随机波动等因素。一般常用的方法如下：

（1）散点图分析法。该方法首先收集企业在过去几年内人员数量的数据，并根据这些数据画出散点图，把企业经济活动中某种变量与人数间的关系和变化趋势表示出来，如果两者之间存在相关关系，则可以根据企业未来业务活动量的估计值来预测相关的人员需求量，同时，可以用数学方法对其进行修正，使其成为一条平滑的曲线，从该曲线可以估计出未来的变化趋势。

（2）幂函数预测模型。该模型主要考虑人员变动与时间之间的关系，其具体公式为：$R(t) = at^b$，其中，$R(t)$ 为 t 年的员工人数，a、b 为模型参数。a、b 的值由员工人数历史数据确定，用非线性最小二乘法拟合幂函数曲线模型算出。

2. 统计预测法

统计预测法是指根据过去的情况和资料建立数学模型，并由此对未来的趋势做出预测的一种定量的预测方法。

（1）比例趋势预测法。这种方法通过研究历史统计资料中的各种比例关系，如部门管理人员与该部门工人之间的比例关系，员工数量与机器设备数量的比率，考虑未来情况的变动，估计预测期内的比例关系，进而预测未来各类员工的需求量。这种方法简单易行，关键在于历史资料的准确性和对未来情况变动的估计。

（2）一元线性回归预测法。需要运用多元线性回归预测法；如果其中的某一影响因素与人力资源需求量之间的关系不是直线相关的线性关系，那么，就需要采用非线性回归法来预测。

（3）经济计量模型预测法。这种方法首先用数学模型表示出企业的职工需求量与影响企业员工需求量的主要因素之间的关系，然后依据该模型和主要的影响因素变量来预测企业的员工需求量。这种方法比较烦琐、复杂，一般只在管理基础比较好的大型企业里才会采用。

3. 工作负荷预测法

工作负荷预测法，是指按照历史数据、工作分析的结果，先计算出某一特定工作每单位时间（如一天）每人的工作负荷（如产量），然后再根据未来的生产量目标（或者劳务目标）计算出所需要完成的总工作量，然后依前一标准折算出所需要的人力资源数量。这种方法的考虑对象是企业工作总量和完成工作所需要的人力资源数量之间的关系，考虑的是每位员工的工作负荷和企业总体工作量之间的比率。可用公式表示为：

未来每年所需员工数＝未来每年工作总量/每年每位员工所能完成的工作量

＝未来每年的总工作时数/每年每位员工工作时数

因此，工作负荷预测法的关键部分是准确预测出企业总的工作量和员工的工作负荷。当企业所处的环境、劳动生产率增长比较稳定的时候，这种预测方法就比较方便，预测效果也比较好。

4. 劳动定额预测法

劳动定额，是对劳动者在单位时间内应完成的工作量的规定。在已知企业的计划任务总量，以及科学合理的劳动定额的基础上，运用劳动定额预测法能够比较准确地预测企业人力资源需求量。该方法可以运用公式：$N = W/q(1+R)$ 进行计算。其中，N 为企业人力资源需求量，W 为计划期任务总量，q 为企业制定的劳动定额，R 为部门计划期内生产率变动系数。$R = R1+R2+R3$，其中，$R1$ 为企业技术进步引起的劳动生产率提高系数，$R2$ 为由经验积累导致的劳动生产率提高系数，$R3$ 为由与员工年龄增大以及某些社会因素导致的劳动生产率下降系数。

（3）与人力资源发展规划配套的人力资源计划的内容。企业人力资源计划的内容包括：员工招聘计划、员工考核规划、员工培训规划、报酬激励计划、劳动关系计划、退休解聘计划。

阅读专栏7-7　企业人力资源计划的内容

1. 员工招聘计划

根据企业发展的需要，针对企业将要空缺的职位和企业发展需要的职位，找到企业需要的人员。主要是拟定企业主要考虑的内容，如招聘的岗位、数量和资金预算。主要内容有：

（1）招聘的岗位要求和人数。主要包括什么样的职位空缺，职位要求是什么，招聘的时间，以及员工到位的具体时间和期限。

（2）招聘岗位人员条件及要求。根据企业的职位说明书的要求，招聘岗位对人的要求有哪些，以及岗位的关键资历、素质和能力要求等。

（3）招聘渠道。采用何种方式公布企业需要用人的消息，费用预算是多少。

（4）招聘方法。招聘将采用什么方法，分几个阶段进行，每个招聘的主要考核点在哪里，是否需要借助外界力量，费用是多少。

（5）劳动合同。针对招聘岗位的特点，在劳动合同中有无特殊的要求和说明。

（6）总的资金预算。前几项招聘工作的费用加上招聘过程所需的人员的差旅费和工作办公费用及其补助费用等。

2. 员工考核规划

员工考核规划是指对企业全体员工进行绩效考核的组织、考核、改进、检查等一系列工作的安排。主要内容有：

（1）从企业对岗位的要求出发分析考核的目的、时间、范围。企业考核的目的是什么，每次考核的时间需要多长，考核对象的范围是什么。

（2）考核的内容与考核标准。考核标准的衡量尺度，需要对考核者进行怎样的培训以及培训的时间安排，明确对企业不同职位考核的目的。

（3）考核谈话。考核结束后安排考核面谈的时间，对面谈出现的问题的设定、解决渠道、专题负责人。

3. 员工培训规划

从企业方针的需要出发，拟定企业的培训工作安排，注重培训工作的效果。主要内容有：

（1）培训目标和培训内容。根据企业的发展战略确定培训要达到的效果、培训的时间安排，以及培训的主要课程和重点项目。

（2）培训方式与对象。根据培训内容和目标确定培训方式、培训师资，安排企业中哪些员工参加培训。

（3）培训效果与资金预算。对培训工作实施考核，对培训效果进行追踪分析。根据预计培训资金需要，分配培训费用。

4. 报酬激励计划

根据企业经营规划和战略规划，制定企业报酬激励计划，主要内容有：

（1）报酬结构。员工收入的构成比例、方法时间。

（2）报酬水平。工资总额支出预算、报酬发放方式。

（3）奖励计划。包括企业的奖金计划，以及选拔奖励人员的条件、奖励人员的数量、奖励的方式、奖励的金额等。

（4）其他奖励计划。分红、津贴、股票、旅游度假等。

（5）福利与补贴。福利项目、福利的管理方式、新建福利设施、福利预算、健康医疗等，预计发放的各类补贴项目、金额及发放对象等。

5. 劳动关系计划

制订劳动关系计划旨在降低企业人才的外流，保证良好的劳资关系，减少或避免劳动人事纠纷。主要内容有：

（1）交流沟通。企业管理者同员工之间相互交流的具体方式、方法，以及企业信息传递渠道和保障措施。

（2）民主管理。选择依法依规且与企业实际相结合的适用的民主管理方式，让员工参与企业民主管理的内容和步骤的制定，民主管理措施的维护与维持，以及民主管理中出现问题的解决等。

6. 退休解聘计划

对于企业到龄的退休人员根据国家有关制度和企业的规定，安排好退休工资，如果企业内有因各种情况不得不解雇的人员，要做好解聘的各项准备工作，主要内容有：

（1）退休安置。退休人员的数目、名单、退休事宜安排。

（2）解聘。确定解聘标准、安排解聘的工作程序、解聘费用等。

（4）制定企业人力资源规划执行落实的保障措施。企业人力资源规划实施的保障措施主要包括以下几个方面：

1）组织保障措施。首先，企业要加强对人力资源规划实施工作的领导，成立人力资源规划实施领导组织，企业的总经理或分管企业人力资源工作的领导人员担任企业人力资源规划实施领导小组的负责人。其次，企业人力资源部门是企业人力资源规划实施的主要责任部门，负责人力资源规划实施的统筹工作，其人员必须具备科学先进的人力资源管理理念，能够熟练运用现代企业人力资源管理方法，完成由人力资源的管理者向服务者角色的转变，成为部门人力资源工作的服务者、员工职业生涯规划的设计者和促进者；更要提倡信息资源的共享和团队的协作。再次，企业的其他各个部门更要重视人力资源规划工作，尤其是部门的领导者，因为他们会不时地履行员工的招募、选择、培训、开发、考核、团队建设等人力资源管理职能。最后，在人力资源管理部门、使用部门和员工之间建立良好顺畅的信息沟通渠道，保证人力资源规划对企业发展战略的动态支持，从组织领导上保障人力资源规划的有效实施。

2）制度和机制保障措施。人力资源规划方案的具体落实，必须建立与完善与之适应的人力资源管理制度，包括人力资源配置与培训开发、激励机制、绩效评价、薪酬福利等一系列人力资源管理制度，并且予以机制上的支持保障。

3）政策保障措施。要保证人力资源规划方案的具体实施，企业必须制定和完善政策配套措施。主要包括招聘政策、培训政策、激励政策、福利政策以及特殊人才优惠政策等诸方面的政策。

4）人力资源管理信息系统保障措施。在知识和信息经济中，信息技术和信息系统变得十分重要。信息技术已深入组织的基本活动中，成为企业经营管理的必要条件。企业人力资源规划实施，必须建立健全信息保障系统，使企业内部人力资源管理所需的人力资源状况、人员配置、开发培训、薪酬福利等数据库及统计、分析应用软件，能够适应和满足内部人力资源管理的需要。

2. 企业人力资源规划文本的编制

企业人力资源规划文本编制工作一般要经过建立规划编制领导小组和编制办公室、信息收集与分析、平衡协调、文本起草、征询意见、决策定稿等阶段。

（1）建立规划编制领导小组和编制办公室。企业要成立人力资源规划编制领导小组，由企业总经理或分管人力资源工作的副总经理担任负责人，领导小组的职能和任务主要是：确定企业人力资源工作的指导思想和人力资源规划编制的指导思想，确定规划期限、编制工作的阶段及完成期限等。企业还要组建规划编制办公室，一般设在企业人力资源部门，吸收企业有关职能部门和生产经营机构的负责人员成立办公室，具体实施规划的编制工作。

（2）信息收集与分析。信息收集与分析是人力资源规划的基础工作。主要信息包括与企业有关的战略和总体计划；企业内部的人员情况；企业外部分类资源供应状况；企业的有关人事政策；国家的相关法律和法规；企业的有关资料等。

（3）平衡协调。企业人力资源规划要做好综合平衡协调，主要包括：与企业总体规划的平衡，与企业其他相关部门的平衡。平衡协调的对象包括：长期计划与中短期计划的平衡；各个部门之间的平衡；内部需要与内外部供给的平衡；目标实现与企业可供资源之间的平衡等。

（4）文本起草。在信息收集和平衡协调的基础上进行文本的起草工作。文本的基本结构可以参照下列安排：

前言

第一部分：前一个企业人力资源规划期的情况总结

第二部分：新的规划内容

　　一、指导思想

　　二、基本原则

　　三、目标和任务（包括规划期长度）

第三部分：规划的实施措施

第四部分：结语

（5）征询意见。文本草稿起草完毕后，经过领导小组讨论进行初步修改，形成文字草案。在一定范围内对草案征询意见，可以采用网上征询意见、召开座谈会征求意见等多种方式征求意见。

（6）决策定稿。在征询意见的基础上，吸纳有关意见和建议，对草案进行修改完善，形成决策讨论稿，提交企业董事会或经理办公会讨论，最终形成决策意见，以企业名义颁布实施。

3. 规划实施

企业人力资源规划颁布后，即进入实施阶段。可以根据企业实际实施要求，制定相关实施细则，明确企业各机构和部门的职责任务、实施阶段、反馈修正、检查考核、评估验收、奖惩兑现等。

（二）岗位分析与人员甄选

企业的生产经营及其管理，由一系列流程和活动组成，即所谓"事"。企业的人员被配置到具体的工作岗位上，担负具体的职务和职位，即所谓"岗"。从事具体的工作流程和活动，在岗位上履行职责，完成任务，即所谓"做事"。能不能把"事"做好，也就是有没有把"事"做好的本领，要求对"事"进行分析，对做好"事"的本领进行分析，即所谓岗位分析和人员甄选，做到人—岗匹配。让员工明确该岗位的工作内容，认识到工作的意义，体会岗位工作的职责，看到工作的成果和收获。

1. 企业岗位分析的含义与内容

（1）岗位分析的含义。岗位分析也叫工作分析、职位分析，是对企业各个组织中的工作岗位的工作内容、工作权责、绩效标准、考核标准、人员资质配备和工作条件等进行的信息获取、综合分析和处理的过程。岗位分析是企业人力资源管理工作的基础，其分析质量对其他人力资源管理工作具有举足轻重的影响。

（2）岗位分析的主要内容。

1）岗位基本信息：包括岗位名称、岗位编号、岗位在企业组织中的位置。

2）岗位工作内容：包括岗位工作任务、工作流程定位（本岗位工作流程、上下游工作对接流程）、工作活动。

3）绩效标准：本岗位工作应实现的工作成果的数量和质量水平，要实现的经济、技术目标。

4）考核标准：对本岗位工作实施考核的手段、办法和标准。

5）岗位工作人员任职资质（资格）：岗位工作人员应具备的知识、能力、技能、素养、体力等方面的基本条件要求。

6）岗位工作条件：本岗位所使用的设备、技术及管理文件，以及工作场所与工作环境等。

2. 岗位分析的实施

岗位分析是对岗位工作进行全面评价的过程，这个过程可以分为准备阶段、调查阶段、分析阶段和总结及完成阶段四个阶段。

（1）准备阶段。准备阶段的任务是了解有关情况，建立与各种信息渠道的联系，设计全盘的调查方案，确定调查的范围、对象与方法。

1）确定岗位分析的意义、目的、方法与步骤。

2）组成由岗位分析专家、岗位在职人员、上级主管参加的工作小组，以精简、高效为原则。

3）确定调查和分析对象的样本，同时考虑样本的代表性。

4）根据岗位分析的任务、程序，将岗位分析分解成若干工作单元和环节，以便逐项完成。

5）做好其他必要的准备工作。在进行岗位分析之前，应由管理者向有关人员介绍并解释，使有关人员对分析人员消除不必要的误解和恐惧心理，帮助两者建立起相互信任的关系。

（2）调查阶段。在这一阶段，主要是对工作过程、工作环境、工作内容和工作人员等进行全面的调查。具体工作如下：

1）编制各种调查问卷和提纲。

2）在调查中，灵活运用面谈法、问卷法、观察法、参与法、实验法、关键事件法等不同的调查方法。

3）根据岗位分析的目的，有针对性地收集有关工作的特征及所需要的各种数据。

4）重点收集工作人员必要的特征信息。

5）要求被调查人员对各种工作特征和人员特征的问题发生频率和重要性做出等级评定。

（3）分析阶段。分析阶段是对调查阶段所获得的信息进行分类、分析、整理和综合的过程，也是整个分析活动的核心阶段。具体工作如下：

1）整理分析资料。将有关工作性质与功能调查所得资料，进行加工整理分析，分门别类，编入工作说明书与工作规范的项目内。

2）创造性地分析、揭示各岗位的主要成分和关键因素。

3）归纳、总结出岗位分析的必需材料和要素等。

（4）总结及完成阶段。总结及完成阶段是岗位分析的最后阶段。这一阶段的主要任务是在深入分析和总结的基础上，编制岗位说明书和工作规范。

3. 编写岗位说明书

（1）岗位说明书的概念和作用。在岗位分析的基础上，对岗位的内涵和外延进行书面描述，形成规范性的文件，即岗位说明书。岗位说明书是对岗位人员所规定的工作要求和任职条件，是对不同岗位人员应具有素质的综合要求，是衡量职工是否具备上岗任职资格的依据，也是衡量员工工作绩效的基本依据。同时，岗位说明书也是企业开展各项人力资源管理活动的基本依据。

（2）岗位说明书的内容和结构。一般地，企业岗位说明书包含以下六个方面的内容：

1）岗位基本信息。①岗位标识，指岗位或职位名称、所在部门、岗位编号、岗位说明书制定日期与版本信息。②岗位概要，指关于该岗位的主要目标与工作内容的概要陈述。③岗位联系，指岗位在组织结构中的位置、直接上级岗位名称、直接下级岗位名称、联系频繁的横向岗位名称等。

2）工作内容与职责。该岗位的工作任务、工作流程、工作活动、工作目标、岗位权限及范围、责任划分。

3）绩效标准。主要包括岗位工作绩效性质规定和内容、工作绩效指标数量及水平层次；核心绩效指标、辅助绩效指标，配合工作指标等业绩指标及其衡量标准。

4）考核标准。主要包括岗位考核办法、考核主体、考核周期、考核评估与考核兑现等内容。

5）岗位资质。主要指获取该岗位、履行岗位职责和完成岗位任务的人员应当具备的资质，包括年龄、身体要求、思想意识、知识、能力、技能及经验、经历等方面的内容。

6）工作条件和工作环境。主要包括履行岗位工作使用的工作场所、工具设备设施、工作环境、工作时间、职业防护与保护等。

4. 人员甄选

所谓人员甄选，就是根据企业各个组织部门对人员的需求，根据岗位说明书的要求，选择符合条件的人员，配置到相应工作岗位上，履行岗位职责，完成岗位任务的人力资源管理活动。

企业人员甄选的程序，包括以下几个步骤：

（1）组织中出现职位空缺，由此提出人员增补需求，人员招募甄选工作开始。

（2）确定招募甄选负责部门，制定招募甄选计划。一般由人力资源管理部门负责人员的招募甄选，也可由业务部门负责实施计划，包括招募人数、招募标准、招募对象、招募经费预算、参与人员等。

（3）确定招募方式。

（4）对应聘人员进行考试、面试等甄选工作。一般由人力资源部会同用人部门共同完成。应根据具体职位的工作规范对应聘人员进行各种形式的知识、技能、能力考试和心理测验，从应聘人员的基本素质、心理特点、能力特长上进行甄选，合格者参加面试。

（5）确定使用人员并进行任职培训。通过多种形式的任职培训使试用人员充分了解组织和工作职位的状况，掌握工作所需的有关技能、知识。

（6）试用人员上岗使用。试用期为 2 个月至 1 年不等。

（7）试用期满后，对试用人员的工作绩效和适应性进行考核，合格者正式录用为组织人员，双方签订劳动合同等。

（三）员工开发与培训

1. 员工开发与培训的含义与意义

所谓员工开发与培训，是指企业根据企业发展战略和经营与管理对员工队伍素质与能力的现实和未来的需要，结合企业员工队伍的现状，通过各种方式对员工实施的现在或将来工作所需要的素养、知识、技能的培养和训练，以期培养员工良好的工作态度，树立员工正确的价值观，改善员工在现在或将来职位上的工作绩效，实现员工与组织同步成长的一种计划性和连续性的过程和活动。

员工开发与培训的作用和目的主要体现在以下三个方面：

一是改善和提高企业绩效。企业的各项经营与管理工作，是由员工来执行和完成的，企业的绩效和目标是通过员工的努力工作来达成的，企业要提高绩效，必然要使员工所具备的"做工作"的素质和能力与"提高绩效"所应有的素质和能力相匹配。企业对员工素质和能力的开发培训，直接目的就在于提高企业绩效。

二是实现员工的自我成长和发展。企业员工在企业工作，必然要在企业的平台上追求自我成长、自我发展、自我实现。企业通过员工开发与培训，可以丰富和完善知识结构，提高职业化和专业化能力，掌握自己工作和生活需要的"本领"，促进自身成长和发展，实现自己的职业规划和职业理想。

三是增强企业凝聚力。企业对员工开展的开发与培训，不仅培训工作知识和技能，而且也必然进行企业思想、文化和价值观以及企业使命的熏陶，培养团队精神，使每一位员工能够了解自身工作和企业价值的关系，增强使命感和自豪感，从而提高企业凝聚力。

2. 员工开发与培训的主要工作

员工开发与培训可以划分为员工开发与培训计划的制订和员工开发与培训计划的实施。

（1）员工开发与培训计划的制定。

1）员工开发与培训需求分析。为了制定员工开发与培训计划，首先要进行员工开发与培训需求分析，掌握需要开发什么，需要培训什么。在进行员工培训与开发需求分析时，应从三个层次进行需求分析：组织分析、任务分析和人员分析。

第一，组织分析。组织分析是指组织的长期目标、经营战略、经营计划对员工提出新知识和技能需求而员工素质相对不足时的一种培训需求分析，主要包括企业经营战略分析、人力资源需求分析、企业效率分析。必须从组织的培训需求着手考虑组织的战略以及其在长期和中短期所能达到的目标，保证员工在相关内容和主题上得到足够的培训，从而为组织战略的实现打下良好的基础。

第二，任务分析。任务分析的主要目的是明确员工需要完成哪些方面的任务。为了帮助员工完成这些任务，在培训过程中注重强化他们在这方面的知识技能以及行为。在实践中，许多企业会借助胜任素质模型来进行培训需求分析，因为胜任素质模型本身就是根据组织的战略和文化导向、员工实际、承担的工作任务的要求等构建的。因此，对照员工本人的实际，胜任素质水平和理想中的胜任素质要求，可以帮助组织确定员工个人需要接受哪些方面的培训，进而达成更优的绩效。

第三，人员分析。通过对员工实际工作绩效及工作能力的分析，找到员工的差距，提炼培训需求，判断员工接受培训的意愿。因此，人员分析的主要任务之一就是判断员工的绩效不佳，到底是因为知识能力或水平的不足，还是由于工作动力不足，或者职位设计本身有问题等。人员分析另外的重要作用是确认哪些员工需要得到培训，以及这些员工是否做好了培训的准备，要确保员工具备参加培训所需要的一些基本的技能，最重要的是要有语言理解能力、数字能力和逻辑推理能力等基本的认知能力，以及必要的阅读及书写能力。此外，管理人员还必须通过绩效反馈等方式与员工进行沟通，使他们意识到自己在哪些方面有培训的需求。

2）培训计划文件的编制。在进行培训需求分析后，组织可以明确几个方面的问题，即谁需要接受培训，需要接受什么样的培训，培训形式如何等。在这种情况下，组织需要制定一个较完备的培训计划，从培训的时间跨度上来看，可以分为中长期培训计划、年度培训计划和短期的单项培训计划等。中长期培训计划相对宏观，需要阐明组织未来的战略发展方向。年度培训计划则是针对组织在一年当中的总体培训安排所做的计划，这种计划主要决定了组织当年的培训活动安排和开支。短期的单项培训计划主要是针对某个主题或某次培训活动所做的规划，操作性强，基本上是一套培训活动指南。

培训计划通常需要包含这样几项因素，即培训目标、培训对象、培训时间、培训地点、培训师和培训预算等。在针对某次具体的培训活动的计划中，可能还会包括培训中各种活动的时间安排、先后顺序、管理细节等。

第一，培训目标。培训目标是指培训工作需要达到的一个总体的效果，目的越清晰，目标越明确，对于培训效果评估工作的开展就越有利。有些组织会直接在培训计划中罗列出培训要达成的一个可量化的效果。培训方法的选择也很重要，有针对性的、正确的培训方法，不仅有助于受训者掌握培训内容，而且有助于培训成果的转化，甚至能够节约培训成本。

第二，培训对象。培训计划需要确定的另一个重要内容就是培训对象是谁，在培训需求阶段我们已经有所涉及，但是依然需要明确，有些培训计划是专门针对新员工设计的，有些就必须非常谨慎地选择受训人员。一般地，有下列培训对象：

A. 新入职员工：熟悉环境，掌握岗位要求，消除紧张情绪，加快融入角色。

B. 需要改进目前工作的人：对于存在绩效差距的员工。

C. 新晋升人员或岗位轮换人员：满足新岗位或职务提出的各项要求。

D. 有潜力的人员：安排到更重要、更复杂或更高层的位置上去，承担更大的责任。

第三，培训时间。培训时间主要取决于企业的经营活动特点和其他的具体情况。

比如有些企业会选择在生产淡季实施培训计划，有些企业则选择集中定期的方式进行培训。如果某些组织亟须技术更新或者升级换代，培训可能必须马上跟上。

第四，培训地点。培训地点的选择主要根据培训的目的和方法确定。有些组织会选择一些远离工作场所的郊区或会议中心，以避免对培训可能造成的干扰。但是如果某些培训需要使用公司的机械设备，则培训必须在公司现场举行。

第五，培训师。培训计划的成功取决于是否能够找到正确执行培训计划的人，因此培训师是一个非常重要的选择依据。为了确保培训的有效性，培训师必须在培训主题方面具有足够的知识、丰富的培训经验和培训技巧，同时培训者也必须具有良好的个人品格、出色的协调和沟通能力，以及口头表达能力。另外，虽然一些正规的培训通常都是由职业培训师来完成，但是很多情况下，组织内部各种业务的主管人员可能是最好的培训师。

第六，培训预算。培训计划最后往往需要罗列培训项目所需的经费预算，主要是培训过程中产生的费用，包括食宿、租用培训场地、学习材料、培训师服务费等与培训有关的直接开支项目。做好培训预算，可以确保培训活动的有效性，同时可以将培训经费的开支控制在组织能够承受的范围之内。

（2）员工开发与培训计划的实施。

员工开发与培训计划的意义和重点在于可以实施。

1）员工开发与培训方法的选择。

第一，课堂讲授法。课堂讲授法是最为常用的培训方法，是由培训师面向一批受训者进行的面对面的课堂授课培训。在课堂讲授的过程中，培训师常常会通过穿插提问或者案例研究等形式，达到培训的目的。课堂讲授法能够以相对较低的成本，一次性的面授，为一定规模的受训人群提供培训。如果培训师在某一领域中有着较为丰富的知识和经验，掌握了良好的授课技巧，在授课的过程中能够较多地引用与受训者工作相关的例子，并且培训师的个人魅力十足，受训者参与的积极性会极大地提升。受训者会掌握培训内容，并且在工作中较好地应用在培训中所学到的东西的可能性也会更大。课堂讲授法的不足是要求培训师和受训者必须在同一时间出现在同一地点，对于一些机构分布在不同地区的组织来说，这种培训方法的交通成本和住宿成本会相对较高。

第二，在职培训法。在职培训就是通过在工作中边干边学来进行培训。员工学习的过程实际上是一个先观察自己的同事或上级如何完成工作，然后对他们的行为进行模仿的过程。这一方法比较适用于新员工培训或者引进新技术，需要提高原有员工的技能水平，以及刚刚调动工作或得到晋升的员工，以帮助他们快速适应新的工作岗位。在职培训包括自我指导学习和学徒制两种形式。自我指导学习，要求员工自己承担学习各方面的责任，自己决定什么时候学习以及让谁来帮助自己学习。这种方法的优点是受训者可以按照自己的节奏学习，能够降低费用，并且使在多种不同的场合进行培训变为现实。其缺点是受训者必须是愿意学习且高度自律的人。学徒制是现在比较新型的一种培训方法，其最大的优点就是学习者在学习的同时还可以获得劳动报酬，随着受训者技能的提升，报酬还会随之提高。

第三，角色扮演法。角色扮演法是一种综合运用案例法和行为态度开发计划的培训方式。每位参与者都要扮演某一个情景下的一个角色，并根据其他角色扮演者的行为来做出适当的反应。通常参与者会得到一份简要的模拟实际工作的剧本，了解事情的发生背景以及各个人物的背景及相互的关系。角色扮演法通常会在人物成员较少的团队中运用。这种方法能否成功，主要取决于参与者是否有能力逼真地扮演分配给自己的角色。在对管理人员进行训练时，如果整个过程完成得较好，角色扮演法能够使管理人员在面对他人时更加敏锐，更善于了解别人的感受。

第四，情景模拟法。情景模拟法是一种让受训者在模拟现实的场景和环境中进行决策的培训方法。受训者在这种情景中做出的决定，能够真实地反映其在实际工作中遇到同样情况时可能做出的决策。这种培训方法可以使受训者看到他们的决策在一种相同的环境中可能会产生怎样的影响。不过这种方法对于环境的要求比较高，因为模拟环境必须具有与实际工作环境相同的构成要素，同时模拟环境还必须像在实际工作中的特定条件下一样，对受训者发出指令，因此这一方法对于模拟环境的成本要求较高，一旦工作环境出现变化，还需要对模拟的环境进行改进。

第五，拓展训练法。拓展训练法有时也称为探险学习法。它是一种运用结构化的室外活动来开发受训者的协调能力和领导能力的培训方法。拓展训练最适合开发与群体有效性有关的能力。在拓展训练中通常需要耗费大量的体力，比如爬墙、过绳索、信任跳等。为了使拓展训练能够获得成功，必须将练习中包含的内容与希望受训者开发的技能结合在一起。同时，在练习项目完成之后，还要有一位经验丰富的指导者来组织大家讨论在练习中发生的事情，大家都学到了哪些东西，在练习中发生的这些事情与实际工作场景存在怎样的联系，以及为了将练习中所学到的内容应用到实际工作中，应该如何制定目标等。虽然拓展训练的参加者都认为参加拓展训练后对自己以及同事之间的交往有了更为深刻的理解，但是拓展训练对员工的生产力和工作绩效的影响程度如何，到目前为止还未得到严格的评价。

2）员工开发与培训计划的实施。

第一，落实培训场所与设施。场所：教室、车间、培训中心、培训基地、会议室、旅游胜地、室外空地等。选择室内培训场所时需要考虑：人数、空间、灯光、噪声、服务设施（休息室、卫生间）、其他（音响设备、通风、空调、交通、资料储藏间）。

培训设施主要有桌、椅、黑板、麦克风、笔记本、投影仪、教材、模型、幻灯机、笔等。

第二，备齐培训资料。培训资料包括培训教材、培训授课计划表、培训须知、培训考核办法、培训师简介、学员名册等，应在正式实施培训前印发给学员和培训师。培训教材可以是培训师的讲义，也可以是公司自编的教材、改编别人的教材，或者直接利用培训机构开发的教材等。如果培训的地点选择在酒店或室外培训基地，人力资源部还应该备齐一些风险防范手册或相关行为规范等。

第三，签订培训协议。与培训师或培训机构签订相应的协议，明确双方的责任、权利和义务。为防止出现受训者跳槽的现象，也可与受训者签订相应的协议。可能还涉及与提供租赁场地、租借设备的酒店或机构签署相关的租费协议。

第四，制定相应的培训与开发制度。培训与开发的实施需要相应的制度来保证，包括奖惩制度、培训员工管理制度、培训师管理制度、培训质量跟踪监控、培训档案管理制度、预算审批制度、培训效果评估制度等。

第五，做好培训介绍。往往有开班仪式或开幕式，负责人或组织者会对本次培训与开发的项目进行介绍。培训介绍是正式实施培训活动的重要步骤，包括目的介绍、内容介绍、培训师介绍或培训机构介绍、相关管理规则介绍以及学员需要注意的其他事项等。为活跃培训气氛，可能还包括学员彼此之间的介绍等。

第六，学习和行为效果评估。学习评估主要评估受训人员对培训课程和培训项目的原理、事实、技术和技能的掌握程度。学习评估的方法包括笔试、考核、总结报告、论文撰写、技能操练和工作模拟等。培训组织者可以通过笔试、绩效考核等方法来了解受训人员在培训前后知识以及技能的掌握方面有多大程度的提高。要强调对学习效果的评价，增强受训人员的学习动机。

行为效果评估往往发生在培训结束后的一段时间，由上级、同事或客户观察受训人员的行为在培训前后是否有差别，他们是否在工作中运用了培训中学到的知识。这个层次的评估包括受训人员的主观感觉、下属和同事对其培训前后行为变化的对比，以及受训人员本人的自评。这种评价方法要求人力资源部门与职能部门建立良好的关系，以便不断获得员工的行为信息。培训的目的，就是要改变员工工作中的不正确操作或提高他们的工作效果，因此，如果培训的结果是员工的行为并没有发生太大的变化，则说明该培训是无效的。

四、绩效管理

（一）从绩效考核到绩效管理

1. 绩效管理的概念和特点

绩效是指组织、团队或个人在某一时期内任务完成的数量、质量、效率及效益。

绩效包括组织绩效、团队绩效和个人绩效，三者既相互区别又密切联系。其区别在于绩效的单位不同，侧重点不同，组织绩效的单位是特定的组织，侧重于组织的行为和产出；团队绩效的单位是特定的团队，侧重于团队的行为和产出；个人绩效针对的是个人，如企业的员工，侧重于个人的行为和产出。三者之间的联系是，在组织运行过程中，一方面个人绩效直接影响团队绩效和组织绩效，团队绩效直接影响组织绩效；另一方面，组织运行机制的合理与否也会促进或阻碍个人绩效的发挥，同样地，组织、团队运行机制的合理与否也会促进或阻碍个人绩效的发挥。

企业绩效管理是一个完整的系统管理过程，在这个系统管理过程中，组织、经理和员工全部参与进来，经理和员工通过沟通的方式，将企业的战略、经理的职责、管理的方式和手段，以及员工的绩效目标等管理的基本内容确定下来，在持续不断的沟通中，经理帮助员工清除工作过程中的障碍，提供必要的支持、指导和帮助，与员工一起共同完成绩效目标，从而实现组织的远景规划和战略目标。

由此可见，绩效管理具有以下特点：

一是系统性。绩效管理是一个完整的系统，不是一个简单的步骤。无论是在理论阐述还是管理实践中，都会陷入这样一个误区：绩效管理＝绩效考核，做绩效管理就是做绩效考核表。因此，许多企业在操作绩效管理时，往往断章取义地认为绩效管理就是绩效考核，企业做了绩效考核表，量化了考核指标，实施了年终考核，就是做了绩效管理。

这种误区使得许多企业在操作绩效管理时忽略了极为重要的目标制定、沟通管理等过程，忽略了绩效管理中需要掌握和使用的技巧与技能，在实施绩效管理时遇到了很多困难和障碍，企业的绩效管理水平也必然在低层次徘徊。

二是目标性。目标管理的最大优势是使员工明白自己努力的方向，经理明确如何更好地通过员工的目标对员工进行有效管理，并为其提供支持帮助。同样地，绩效管理也强调目标管理，"目标+沟通"的绩效管理模式被广泛提倡和使用。

只有明确了绩效管理的目标，经理和员工的努力才会有方向，才会更加团结，共同致力于绩效目标的实现，共同提高绩效能力，更好地服务于企业的战略规划和远景目标。

三是强调沟通。沟通在绩效管理中起着决定性的作用。制定绩效目标要沟通，帮助员工实现目标要沟通，年终评估要沟通，分析原因寻求进步也要沟通，总之，绩效管理的过程就是员工和经理持续不断沟通的过程。离开了沟通，企业的绩效管理将流于形式。

许多管理活动失败的原因都是沟通出现了问题，绩效管理就是要致力于管理沟通的改善，全面提高管理者的沟通意识，提高管理的沟通技巧，进而改善企业的管理水平和管理者的管理素质。

2. 绩效管理与绩效考核的区别

一谈到管理，人们就会自然而然地想到考核。毋庸置疑，考核是衡量管理水平高低的一种手段，通过考核，确实也能起到提高管理水平的作用，但如果将绩效管理与绩效考核混为一谈，则会走入误区。绩效管理和绩效考核是两个不同的概念，其主要区别如下：

（1）绩效管理是一个管理过程，而绩效考核只是绩效管理其中的一个环节。绩效管理首先是管理，它涵盖了管理的所有职能：计划、组织、领导、协调、控制。绩效管理的一般程序包括计划（目标）、实施（辅导）、考核（检查）、反馈（回报）。绩效考核关注的是考核这一行为，而绩效管理强调的是一种过程管理，绩效考核只是绩效管理中的一个环节。如果只谈绩效考核而不谈绩效管理，那就是管中窥豹。

（2）绩效管理特别强调持续不断的沟通，而绩效考核偏重于自上而下的考核。绩效管理是一个持续不断的沟通过程，该过程是由员工和他们的管理者之间达成的协议来保证完成的。沟通贯穿于绩效管理的整个循环，而绩效考核的沟通环节是单一的，沟通常常是很不充分的。脱离绩效管理体系的考核之所以难以发挥其应有的功能，甚至被考核双方私下说成是"浪费时间""走形式""做样子"，主要原因就在于缺少员工的参与，缺少考核双方持续动态的沟通。绩效管理的实质在于通过持续动态的沟通达到提高绩效、实现部门或企业目标的目的，同时促进员工的个人发展。

（3）绩效管理重视行为过程，而绩效考核只面对行为结果。绩效管理不仅强调工作结果，而且重视达成目标的过程。绩效管理是一个循环过程，不仅关注结果，更强调目标、辅导、评价和反馈。而绩效考核主要对行为结果进行衡量，忽视导致行为结果的过程。

（4）绩效管理更强调未来绩效的提升，而绩效考核只反映过去的绩效结果。绩效管理过程的目的不仅是反映过去的绩效结果，更重要的是通过管理不断提升绩效水平。而绩效考核反映的是过去的绩效，而不是未来的绩效。例如，对一个员工进行绩效考核，考核不达标就可以对其进行处罚，通过对其工作结果的考核促使其工作。而绩效管理，则是从工作任务一开始分解时就进行了，从计划的分解到工作实施、工作考核、考评反馈，管理者都与员工在一起，帮助、监督、指导其任务的完成，帮助、促进员工工作水平的提高。因此，绩效管理更注重的是以后的工作该怎么办，怎样不断地从低目标向高目标挑战，怎样促进员工绩效水平的提高。通过员工个人绩效的不断实现，保证部门整体绩效的实现，通过部门的绩效实现保证组织的绩效实现。

由"绩效考核"到"绩效管理"，虽仅有两字之差，却蕴涵着管理理念的深刻变革。从绩效考核转变为绩效管理，标志着现代绩效管理体系的建立。

3. 绩效管理在企业中的地位及作用

（1）绩效管理的战略地位。绩效管理在企业中的战略地位，实际上是绩效管理的定位问题，也是绩效管理的目标与方向问题。做好绩效管理，必须首先明确绩效的目标，使绩效管理定好位，使绩效管理一开始就走在正确的道路上。

一家企业能否做出正确的战略选择，以及能否正确地实施战略是十分重要的。战略目标的实施必然通过组织体系落实到每个人，通过发挥组织中人的作用来实现目标。职位说明书、岗位职责、任职标准等只规定了岗位的职责、资格等内容，它不能说明不同时期每一岗位的具体任务和目标。如果仅按岗位说明去履行责任，员工就会找不到工作方向，而绩效管理就像一条线一样，把每个职位串联起来，赋予每一位员工战略任务。通过制定每一位员工的绩效目标，使企业战略、岗位、员工合为一体。

因此，绩效管理是企业战略目标实现的一种重要手段和有力保证，通过有效的目标分解和逐步逐层的落实帮助企业实现预定的战略。在此基础上，理顺企业的管理流程，规范管理手段，提升管理者的管理水平，提高员工的自我管理能力。

（2）绩效管理的作用。

1）提升计划管理的有效性。有的企业搞管理缺乏一定的计划性，管理的随意性较大，企业经营处于不可控状态，而绩效管理则可以弥补这一缺陷。这是因为绩效管理强调：设定合理的目标，通过绩效考核这一制度性要求，使组织上下认真分析每一月度、季度的工作目标，并在月末、季度末对目标完成情况进行评价，从而加强各级部门和员工工作的计划性，提高企业经营的可控性。

有很多人往往是为了工作而工作，没有或很少考虑到自身对组织目标的直接贡献。绩效管理则提醒管理人员，保持工作的忙碌与完成组织的目标并不是一回事。绩效管理通过对组织最终目标的关注，促使组织成员的努力方向从单纯的忙碌转向有效的方向。绩效管理就是要告诉你，该忙些什么，什么该忙，什么不该忙，不要瞎忙，有些忙是不必要的，而有些"忙"不但起不到好作用，甚至会起坏作用。

2）提高管理者的管理水平。有些管理人员沉迷于具体的业务工作，不知道该如何管人，如何发挥团队优势和员工优势，绩效管理的制度性则要求部门主管必须制定工作计划目标，必须对员工做出评价，必须与下属充分讨论工作，并帮助下属提高绩效。这一系列的工作本来是每一位管理者应做的事情，但大多数企业对此没有明确，淡化了管理者管理企业的责任。绩效管理就是要设计一套制度化的办法来规范每一位管理者的行为，因此绩效成为提高管理者管理水平的一个有效方法。

3）发现企业管理的问题。绩效管理是企业中运用最普遍的管理方法，也是遇到问题最多的管理主题。企业在实施绩效管理时，会遇到许多问题与矛盾，人们会产生一些怀疑或疑问。但仔细想一想，这些问题一直潜伏在内部，只是没有暴露而已。绩效管理过程中必然使一些问题暴露出来，而问题的暴露也会使企业找到其管理的方向。

4）促使员工参与管理。实行绩效管理，需要员工的参与和承诺。心理学认为，人对某件事的坚持态度和改变态度的可能性有两个重要因素：事先对这件事的参与程度和对这件事是否进行了承诺。因此，开展绩效管理必须让员工亲自参与，让员工从心里接受它，身体力行地执行它，才能达到预期效果。员工的参与和承诺，势必调动起员工的积极性，对发挥员工的主动性和创造性起到良好的作用，从而有利于企业目标的实现。

5）全面提高企业人力资源管理水平。企业的人力资源管理的最终目的就是提高企业员工的绩效水平和企业管理员工绩效的能力。绩效管理涉及人力资源管理的各个方面，在人力资源管理中居于核心地位，是整合企业人力资源管理的有效手段和方式。努力推动在企业中实施绩效管理，有效利用绩效管理整合企业人力资源管理的方法和手段，可以极大地提升企业人力资源的核心竞争力。

（二）绩效管理过程系统

绩效管理是一个完整的过程系统，该过程系统一般包括绩效计划、绩效沟通、绩效评价、绩效诊断与辅导四个部分。

1. 绩效计划

绩效计划即主管经理与员工合作，就员工下一年应该履行的工作职责、各项任务的重要性等级和授权水平、绩效的衡量、经理提供的帮助、可能遇到的障碍及解决的方法等一系列问题进行探讨并达成共识的过程。

按照绩效管理的观念，绩效管理体系中最重要的环节不是绩效考核，而是绩效计划。绩效计划是绩效管理的开始，是整个绩效管理体系中最重要的环节。孤立的绩效考核是在绩效完成后进行评价和总结，具有滞后性；绩效计划的作用在于帮助员工找准路线，认清目标，具有前瞻性。

在这个阶段，管理者和员工通过沟通主要明确以下内容：员工的主要工作任务是什么；如何衡量员工的工作（标准）；每项工作的时间期限；员工的权限；员工需要的支持帮助；经理如何帮助员工实现目标；其他相关的问题，包括技能、知识、培训、职业发展等。

以上是制定绩效管理目标的过程，最终结果是形成经理和员工共同签字的文字记录，我们称之为绩效管理目标。

通常，有效的绩效管理目标必须具备以下几个条件：服务于公司的战略规划和远景目标；以员工的岗位（职务）说明书为基础；目标具有一定的挑战性，具有激励作用；目标符合 SMART 原则，即明确的（Specific）、可衡量的（Measurable）、可达到的（Attainable）、相关的（Relevant）、设定期限的（Time-bound）。

2. 绩效沟通

绩效沟通即经理与员工双方在绩效计划实施的整个过程中随时保持联系，全程追踪计划进展情况，及时排除遇到的障碍，必要时修订计划。动态、持续的绩效沟通是绩效管理体系的灵魂与核心。

（1）绩效沟通的原则。一般地，绩效沟通应符合以下几个原则：

1）沟通应该真诚。一切沟通都是以真诚为前提的，都是为预防问题和解决问题而进行的。真诚的沟通才能尽可能地从员工那里获得信息，进而帮助员工解决问题，提供帮助，因此要不断提高经理的沟通技能和沟通效率。

2）沟通应该及时。绩效管理具有前瞻性，在问题出现时或之前就通过沟通将之消灭于无形或及时解决，因此及时性是绩效沟通的又一个重要的原则。

3）沟通应该具体。沟通应该具有针对性，具体事情具体对待，不能泛泛而谈。泛泛的沟通既无效果，也无效率。因此管理者必须珍惜沟通的机会，关注于具体问题的探讨和解决。

4）沟通应该定期。经理和员工要约定好沟通的时间和间隔，保持沟通的连续性。

5）沟通应该具有建设性。沟通的结果应该是具有建设性的，为员工未来绩效的改善和提高提供建设性的建议，帮助员工提高绩效水平。

（2）绩效沟通技术。不懂沟通的经理不可能打造一个高绩效的团队，再完美的考核制度都无法弥补经理和员工缺乏沟通带来的消极影响。良好的绩效沟通能够及时排除障碍，最大限度地提高绩效。绩效沟通的方法可分为正式沟通与非正式沟通两类。正式沟通是事先计划和安排的，如定期的书面报告、面谈，以及定期的小组或团队会等。非正式沟通的形式多种多样，如闲聊、走动式交谈等。

在实际应用时最好同时灵活运用多种沟通方式。无论采用何种沟通方式，以下沟通技术都将有助于改善绩效沟通：①呈现恰当而肯定的面部表情；②避免出现隐含消极情绪的动作；③呈现出自然开放的姿态；④不要随意打断下属；⑤多问少讲；⑥反馈应具体；⑦对事不对人，尽量描述事实而不是妄加评价；⑧应侧重思想、经验的分享，而不是一味地训导。

3. 绩效评价

绩效评价一般在月末、季度末或年底进行。绩效目标最终要通过绩效评估进行衡量，员工绩效目标完成得怎么样，企业绩效管理的效果如何，通过绩效评价可以一目了然。绩效评估也是一个总结提高的过程，总结过去的结果，分析问题出现的原因，制定相应的对策，便于企业绩效管理的提高和发展。同时，绩效评估的结果也是企业薪酬分配、职务晋升、培训发展等管理活动的重要依据。

做好绩效评价的前提是进行有关绩效信息资料的收集。有关绩效的信息资料要形成文档，使绩效评价有据可查，更加公平、公正。要注意观察员工的行为表现，做好记录，同时要注意保留与员工沟通的结果记录，必要时，请员工签字确认，避免在考评时出现分歧。

绩效管理体系的绩效评价和考核应该而且完全可以在融洽和谐的氛围中进行。具体原因如下：一是在充分参与绩效计划和绩效沟通的基础上，员工们能亲身感受和体验到绩效管理不是在针对他们，而是为了齐心协力提高绩效，他们因此会少些戒备，多些坦率。二是考核不会出乎意料，因为在平时动态、持续的沟通中，员工们已就自己的业绩情况和经理基本达成共识，此次绩效考核只是对平时讨论的一个复核和总结。此时，经理已从"考核者"转变为"帮助者"和"伙伴"。考核面谈的目的是鼓励员工进行自我评价，并运用数据、事实来证明。经理同样也可以用数据、事实来证明自己的观点。如果认真执行了绩效计划和绩效沟通，则考核时产生严重分歧的可能性很小。

需注意的是，若采用等级评定考核法，则应对各等级的含义定出操作性的解释后再开始评价，否则只会制造矛盾、浪费时间。另外，不必在数字上斤斤计较，因为真正有助于提高绩效的不是绩效考核，而是绩效管理过程中沟通的质量和水平。

4. 绩效诊断与辅导

任何绩效管理体系都需要不断改善和提高。因此，在绩效评价结束后，全面审视企业绩效管理的政策、方法、手段及其他细节，有利于不断改进和提高企业的绩效管理水平。

一旦发现绩效低下，最重要的就是找出原因。导致绩效不佳的因素可以分成两类：一类是个体因素，如能力与努力不够等；另一类是组织或系统因素，如工作流程不合理、官僚主义严重等。绩效诊断应当先找出组织或系统因素，再考虑个体因素。员工是查找原因的重要渠道，但要努力创造一个以解决问题为中心的接纳环境，必须确保员工不会因为吐露实情而遭受惩罚。一旦查出原因，经理和员工就需要齐心协力排除障碍，此时，经理充当了导师、帮助者的角色，称之为辅导。

（三）绩效管理的方法体系

绩效管理的理论方法体系主要有三个，按产生时间先后顺序依次排列，分别为：目标管理（Management by Objectives，MBO）、关键绩效指标（Key Performance Indicators，KPI）、平衡计分卡（Balance Score Card，BSC）。目前世界范围内被广泛谈论和应用的绩效管理的理论方法体系主要是后两个，但应该看到，不仅目标管理本身仍具有很强的实用价值，而且无论是关键绩效指标还是平衡计分卡，其指导思想和实际应用都与目标管理密切相关。

1. 以目标管理为导向的绩效管理

（1）目标管理的概念和特点。目标管理（MBO）是 20 世纪 50 年代中期出现于美国，以泰罗的科学管理和行为科学理论（特别是其中的参与管理）为基础形成的一套管理制度。凭借这种制度，可以使组织的成员亲自参加工作目标的制定，实现"自我控制"，并努力完成工作目标。而对于员工的工作成果，由于有明确的目标作为考核标准，从而使对员工的评价和奖励更客观、更合理，因而可以大大激励员工为完成组织目标而努力。一般公认为彼得·F. 德鲁克对目标管理的发展和使之成为一个体系做出了首要贡献。继德鲁克提出目标管理的思想后，许多学者对其具体运作提出了具体的观点。在实践中，目标管理从一种管理哲学、一种评价工具、一种激励手段、一种计划和控制的方法，发展为一种全面的管理系统。如今，这种管理制度早已在世界各国企业中广泛应用，由于其特别适用于对主管人员的管理，因此又被称为"管理中的管理"。

目标管理是一个全面管理系统。它用系统的方法，使许多关键管理活动结合起来，高效率地实现个人目标和企业目标。具体而言，目标管理是一种通过科学地制定目标、实施目标、考核目标、依据目标进行考核评价的管理方法。

目标管理的基本特点，是通过目标体系的建立与对职工的充分授权，来保证一家企业拥有自我管理的工作环境。它通过激励职工去发现工作的兴趣和价值，在工作中自我发展、自我控制，在获得个人成就感的同时，保证企业的高效率，既实现个人目标又实现企业目标。

（2）目标管理的基本过程。由于各个组织活动的性质不同，目标管理的具体步骤可以不完全一样，但都离不开 PDS 目标周期循环，即目标设定（Plan）、目标实施（Do）、成果评价（See）。

1）目标设定（P）。实行目标管理，首先要建立一套完整的目标体系。这项工作总是从企业的最高主管部门开始的，然后由上而下地逐级确定目标。上下级的目标之间通常是一种"目标—手段"的关系；某一级的目标，需要用一定的手段来实现，这些手段就成为下一级的次目标，按照层级顺序推下去，直到作业层的作业目标，从而构成一种锁链式的目标体系。

制定目标的工作如同所有其他计划工作一样，需要事先拟定和宣传前提条件。这是一些指导方针，如果指导方针不明确，就不可能期望下级主管人员能够制定出合理的目标。此外，制定目标应当采取协商的方式，应当鼓励下级主管人员根据基本方针拟定自己的目标，然后由上级批准。正确地理解目标是至关重要的。企业目标是在分析企业外部环境和内部条件的基础上确定的企业各项活动的发展方向和奋斗目标，是企业经营思想或宗旨的具体化。企业目标为企业决策指明了方向，是企业计划的重要内容，也是衡量企业经营成效的标准。在每一个管理领域中，只要工作绩效和工作成果与企业的生存和兴衰有利害关系，就需要制定出目标。目标的内容既包括经济指标，也包括管理指标；既包括绝对指标，也包括相对指标；既包括可量化的指标，也包括陈述性的指标；既包括有形价值的指标，也包括无形价值的指标。

德鲁克指出，企业的性质本身需要多重目标，有八个领域必须制定出绩效和成果目标，即市场地位、创新、生产率、物质和财政资源、可赢利性、管理人员的业绩和培养、工人的工作态度和福利、社会责任心。后三个领域虽然不易量化，但却很重要，直接影响着前面各个领域目标的实现。

2）目标实施（D）。确定目标后，主管人员就应该放手把权力交给下级成员，自己去抓重点的综合性管理。完成目标主要靠执行者的自我控制。如果在明确目标之后，上级主管人员还像从前那样事必躬亲，便违背了目标管理的主旨，不能获得目标管理的效果。当然，这并不是说，上级主管人员在确定目标后就可以放手不管了。上级主管人员的管理应主要表现在指导、协助、提出问题、提供情报以及创造良好的工作环境方面。

为保证企业目标的顺利实现，管理者必须进行目标控制，随时了解目标实施情况，及时发现问题并协助解决。必要时，也可以根据环境变化对目标进行一定的修正。积极的自我控制与有力的领导控制相结合是实现目标动态控制的关键。

3）成果评价（S）。对各级目标的完成情况，要事先规定出期限，定期进行检查。检查的方法包括自检、互检和责成专门的部门进行检查。检查的依据就是事先确定的目标。目标管理注重结果，对部门及个人目标的完成情况必须进行自我评定、群众评议、领导评审。通过评价活动，肯定成绩、发现问题，及时总结目标执行过程中的成绩与不足，并根据评价结果进行奖罚。经过评价，目标管理进入下一轮循环。每经过一轮循环，目标管理应得到进一步完善。

（3）目标管理的优点和局限性。

1）目标管理的优点。

第一，能有效地提高管理效率。目标管理对目标的强调，一方面是为了保证企业所有管理活动都围绕着企业的经营宗旨和任务展开，保证各层次管理人员权责明确，各司其职，增加了管理的规范性；另一方面是通过职工的广泛参与，保证了管理的有效性。

第二，有助于组织结构的改革。目标管理下的组织结构是按所期望的目标成果设置的。美国霍尼韦尔公司有这样一个基本信条：为使公司运转，需要分权管理；要使分权管理运转，则需要目标管理。

第三，能有效地激励职工完成企业目标。职工参与提出的目标，通过授权由职工完成。职工不是只听从命令的被动的作业者，而是在一定范围内自我控制、勇于承担责任的积极的作业者。目标管理"成果第一"的人事考核与评价体系，使职工的努力能够得到客观的评价，从而保证权责利的有效统一，产生强大的激励作用。

第四，能实现有效的监督和控制。自我控制与上级控制相结合的目标控制体系，保证了目标在执行过程中能够及时发现并纠正偏差，减少无效劳动。

第五，有助于提高员工的团队意识，分目标的完成需要相关部门及个人的配合协作。同时，一个部门、单位、个人也必须更好地配合其他部门及个人的工作，才能实现总目标。此外，由于科学的目标是由科学组织来完成的，完成目标则自然形成了团队。

2）目标管理的局限性。尽管目标管理方法有很多优点，但它也有若干弱点和缺点。有的缺点是方法本身存在的，另外一些则是在运用中引起的。

第一，目标制定的困难和灵活性的限制。目标管理的有效实施要以目标的准确设定为前提。在市场经济条件下，企业的活动受外部环境影响较大，要把企业的目标具体化在技术上有一定的困难。目标管理要取得成效，就必须保持其明确性和肯定性，如果目标经常改变，就难以说明它是经过深思熟虑和周密计划的结果，这样的目标是没有意义的。但是，计划是面向未来的，而未来存在许多不确定因素，这又使人们必须根据已经变化了的工作前提对目标进行修正。修订一个目标体系与制定一个目标体系所花费的精力相差无几，结果可能迫使主管人员不得不中途停止目标管理的过程。

第二，职工参与费时、费力。在目标商定过程中进行双向沟通，对下属提出的目标要进行修正，去除本位主义的因素，并说服下属将个人目标与组织目标相结合。比较而言，目标管理比单向的行政命令式管理费时、费力，如果协调不好，将直接影响目标自我控制的积极性。

第三，目标一般是短期的。几乎在所有实行目标管理的组织中，所确定的目标都是短期的，很少超过一年。强调短期目标的弊病是显而易见的，因此，为防止短期目标导致的短期行为，上级主管人员必须从长期目标的角度提出总目标和制定目标的指导方针。

第四，目标成果评价与奖惩难以完全一致。由于目标设定中对不同部门目标的完成难度很难做出精确判断，在评价、考核、制定奖惩方案时，上级领导会根据实际情况调整方案，或为了回避矛盾不将目标成果与奖惩挂钩。在实际运作中，经常发生某一目标制定得偏低，按照完成情况进行奖励引起其他部门的不满；或目标中途变动，引起矛盾。

第五，职工素质差异影响实施效果。目标管理的哲学假设是企业可以形成自觉、自愿、愉快的工作环境，职工乐于发挥潜力，承担责任，实现自我管理，获得工作成就感，而且认为成就感比金钱更重要。但实践中并不完全如此。目标管理看起来简单，但要真正将其实施好，需要职工对其有很好的领会和了解，保证目标的科学性与严肃性，对管理人员的内在素质要求较高。制定目标很难做到因人而异，但在完成目标时人又是第一因素，职工素质的差异往往直接影响到目标管理的实施效果。

（4）以目标管理为导向的绩效管理过程。以目标管理为导向的绩效管理通过对实现企业目标关键性指标的选择，将考评过程与管理过程相统一，在对关键环节实施管理和控制的基础上，利用绩效管理机制充分调动员工的积极性和创造力，激发组织的经营活力，从而实现组织内管理和经营的统一。

计划、指导、考评和激励是以目标管理为导向的绩效管理彼此紧密联系的四个阶段，分别与目标管理的目标设定、目标实施、成果评价三个阶段相结合，不断地激励组织成员向实现企业目标的方向上努力，促进个人能力的成长，并使过程中的管理更多地成为促进目标实现的手段，而不仅仅是控制手段。

1）计划阶段。计划阶段是以目标管理为导向的绩效管理的第一个环节，是以目标管理的目标设定阶段为基础的目标分解过程。目标的分解要求在保证企业目标实现的前提下层层分解，并在分解过程中上下沟通，达成共识。

分解到各个部门、每位员工的工作计划指标即为当月的考核指标。这样将企业总目标层层分解，并以当月的分解目标作为考核指标，可以牵引员工在完成目标的方向上努力，从而将每位员工的目标与整个企业的目标相统一。

目标分解在沟通中完成后，就可以进行考核指标的设计了。考核指标的选择要符合分层分类考核的要求。分层考核可以通过对同一指标设定不同评分标准来体现，因为对不同层次的人员有不同的要求，层次越高，要求越高；分类考核是指对不同性质的职位选取不同的考核指标。

2）指导阶段。目标分解仅仅是以目标管理为导向的绩效管理的开始，在实现目标的过程中，适时跟踪进展情况，并进行适当的指导是保证企业目标实现的重要环节。

首先是目标分解过程中的指导。在将目标任务层层分解的同时，上下级之间需要对目标完成的路径和方案进行探讨，充分估计可能出现的问题。通过对问题的分析，上级能够进行针对性的指导，帮助员工抓住关键，增强信心。

其次是在计划执行过程中，对关键环节要加强控制和指导，随时发现问题并加以纠正，以保证目标的实现。关键环节的控制和指导可以通过每日、每周的例会定期进行，也可以根据对特殊事件的重点跟踪进行。

指导是以目标管理为导向的绩效管理的重要一环。对于员工来说，对关键环节的跟踪和指导，能够帮助其实现个人目标，并使个人在这一过程中成长；对于企业来说，对关键环节的跟踪和指导，可以实现有效的管理和控制，及时发现问题并予以纠正，避免因小失大，从而真正实现组织的有效管理和控制与提高企业经营业绩的统一。

3）考评和激励阶段。考评环节不是仅仅对照考核表进行打分的过程，应结合月度计划会议、述职会议，对各项考核结果进行讨论，总结经验与不足，并提出推广和改进措施。考评结果应完全公开，以在员工之间形成充分而公开的信息交流。

考评指标尽量采用量化指标，对不能量化的指标的考评应尽量吸纳相关部门的意见，采用360度考核的方式，力求考评的客观公正性。

考评结果可以直接与员工经济激励措施，如工资、奖金、福利津贴等挂钩，以实现经济激励的目的；也可以直接与非经济激励措施如荣誉、工作条件的改善、提供发展机会等相联系。

总之，以目标管理为导向的绩效管理是将绩效考评与目标管理过程融为一体的一种绩效管理方式，在目标管理的目标设定、目标实施、成果评价中进行绩效管理的计划、指导、考评和激励过程，并形成一个闭环。

（5）以目标管理为导向的绩效管理成功实施的基础。以目标管理为导向的绩效管理的成功实施，需要企业从理念、制度、组织环境的营造到员工努力各方面的保障。

首先，企业需要在价值评价上得到全员认同，员工有为实现企业目标做贡献的意愿，在此基础上建立制度性的规范和程序，从政策上保证以目标管理为导向的绩效管理制度的连续性和规范性，并在此基础上不断优化。另外，考核指标的设置要根据具体情况客观、灵活地选择，如在销售人员的考核中，对销售业绩采用固定性指标，对特殊阶段或特殊市场采用临时的促销活动、客户开发等评价指标；对不同性质、不同层次的职位要有不同的考核指标并选择不同的权重，使绩效管理具备客观、公正和针对性。

其次，要营造积极的组织环境，创造良好的工作氛围，提倡充分而公开的信息交流，让员工了解考核的结果，使员工明确什么是被组织承认的和如何努力才能得到组织承认。以目标管理为导向的绩效管理鼓励通过团队的努力实现目标，注重在目标牵引下个人能力的提高，但绝不提倡个人英雄主义。

最后，员工队伍的素质是以目标管理为导向的绩效管理成功的基础保证，员工在认同企业价值观和企业目标的前提下，是否具备较高的个人素质、学习能力和良好的团队工作意识，决定着以目标管理为导向的绩效管理实施的效果。

2. 以关键绩效指标为核心的绩效管理

（1）关键绩效指标的概念和意义。关键绩效指标（KPI）是指企业战略目标决策经过层层分解产生的可操作性的战术目标，是企业战略决策执行效果的监测指针。

通常情况下，用KPI反映策略执行的效果。其目的是建立一种机制，将企业战略转化为内部过程和活动，以不断增强企业的核心竞争力和持续地取得高效益，使考核体系不仅成为员工行为的激励约束手段，更成为战略实施工具。通过使员工的个人行为目标与企业战略相结合，发挥战略导向的牵引作用。

KPI的精髓，或者说对绩效管理的最大贡献，是指出企业绩效指标的设置必须与企业的战略挂钩，其"关键"两字的含义即是指在某一阶段一家企业战略上要解决的最主要的问题。例如，处于超常增长状态的企业，业务迅速增长带来企业的组织结构迅速膨胀、员工队伍极力扩充、管理及技能短缺，流程及规范不健全成为制约企业有效应对高增长的主要问题。解决这些问题便成为该阶段对企业具有战略意义的关键所在，绩效管理体系则相应地必须针对这些问题的解决设计管理指标。

战略导向的 KPI 体系与传统绩效考核体系的区别如表 7-1 所示。

表 7-1　战略导向的 KPI 体系与传统绩效考核体系的区别

比较项目	战略导向的 KPI 体系	传统绩效考核体系
假设前提	假定人们会采取一切必要的行动以实现事先确定的目标	假定人们不会主动采取行动以实现目标；假定人们不清楚应采取什么行动以实现目标；假定制定和实施战略与一般员工无关
考核目的	以战略为中心，指标体系的设计和运用都是为战略服务的	以控制为中心，指标体系的设计和运用都是为了更有效地控制个人行为服务的
指标产生	在组织内部自上而下对战略目标进行层层分解产生	通常是自下而上根据个人以往的绩效与目标产生
指标来源	组织的战略目标和竞争的需要	特定的程序，即对过去行为与绩效的修正
指标构成	财务与非财务指标相结合，短期效益与长远发展相结合，不仅传达结果，而且传达产生结果的过程	以财务指标为主，非财务指标为辅，注重对过去绩效的评价，绩效改进行动与战略脱钩
收入分配	与 KPI 的值、权重相搭配，有助于组织战略的实施	与个人绩效的好坏密切相关，但与组织战略的相关程度不高

（2）建立 KPI 体系的方法。要建立 KPI 体系，必须首先明确所建立的 KPI 体系的导向是什么。为此，需要首先回答下列问题：企业的战略是什么？成功的关键因素是什么？什么是关键绩效？怎样处理好绩效考核的基本矛盾？如何协调扩张与控制、收益增长与潜力增长、突出重点与均衡发展、定量评价与定性评价的关系？是考核结果还是考核过程？应当建立一个什么样的运营机制？

回答了上述问题后，就要开始 KPI 的分解。一般有两条分解主线：一条是按组织结构分解，即目标—手段法；另一条是按主要流程分解，即目标—责任法。

基于这两条分解主线，通常有三种方式建立企业的 KPI 体系：依据部门承担的责任的不同建立 KPI 体系、依据职类职种工作性质的不同建立 KPI 体系、依据平衡计分卡建立 KPI 体系。

1）依据部门承担的责任的不同建立 KPI 体系。强调各个部门从自身承担的责任的角度，对企业的目标进行分解，进而形成评价指标体系。这种方式的优势在于突出了部门的参与，有利于明确部门的责任，但是有可能导致战略稀释现象的发生，指标可能更多的是对于部门管理责任的体现，而忽视了对于流程责任的体现。

2）依据职类职种工作性质的不同建立 KPI 体系。各个专业职类职种按照组织的每一项目标，提出专业的响应措施，进而形成评价指标体系。这种方式的优势在于突出了对组织具体策略目标的响应，无疑会增加部门的管理难度，有可能出现忽视部门职责的现象。而且依据职类职种工作性质的不同建立的 KPI 体系更多的是结果性指标，缺乏驱动性指标对过程的描述。

3）依据平衡计分卡建立 KPI 体系。平衡计分卡的核心思想是通过财务、顾客、内部业务过程、创新与成长四个方面的指标之间相互驱动的因果关系实现绩效考核——绩效改进与战略实施——战略修正的目标。一方面通过财务指标保持对组织短期业绩的关注；另一方面通过员工学习、信息技术的运用以及产品和服务的创新提高顾客满意度，共同驱动组织未来的财务绩效，展示组织的战略轨迹。这种方式的优势在于指标体系完整，兼顾了对结果和过程的关注，但是基于战略分解产生的全面的 KPI 体系还要同本年度指标的精细筛选相结合。

（3）选择 KPI 的方法。KPI 体系建立以后，我们会发现指标非常多，指标涵盖的范围也比较广。如果直接以这些指标进行监控，由于指标太多，势必分散监控的注意力。因此，需要对 KPI 体系进行进一步的分析和选择，以确定企业当期需要重点关注的关键业绩指标。通常用三种方式选择 KPI：标杆基准法、成功关键要点分析法和策略目标分解法。

1）标杆基准法。标杆基准法是一种外部导向法，它通过选择业界最佳企业或流程作为基准，来牵引本企业的业绩的提升。具体来说，是将自身的关键业绩行为与最强的竞争企业或那些在行业中领先的、最有名望的企业的关键业绩行为相比较，分析这些基准企业的绩效形成的原因，在此基础上建立本企业可持续发展的关键业绩标准改进的最优策略。

标杆基准法的实施步骤为：

第一步，详细了解企业关键业务流程与管理策略，从构成这些流程的关键节点切入，找出企业运营的瓶颈。

第二步，选择与研究行业中几家领先企业的业绩，剖析行业领先者的共性特征，构建行业标杆的基本框架。

第三步，深入分析标杆企业的经营模式，系统剖析与归纳其竞争优势的来源，总结其成功的关键要素。

第四步，将标杆企业的业绩与本企业的业绩进行比较与分析，找出存在的问题和差距，借鉴其成功经验，确定适合本企业的、能够赶上甚至超越标杆企业的关键业绩指标。

标杆基准法成功的关键在于寻找业界最佳业绩标准作为参照的基准数据（如顾客满意度、市场占有率、劳动生产率、资金周转率等），确定最优绩效标准后，企业需要以最优绩效标准为牵引，确定企业成功的关键领域，通过各部门及员工持续不断的学习与绩效改进，缩小与最优绩效基准之间的差距。

2）成功关键要点分析法。成功关键要点分析，就是要找到一个企业成功的关键要点是什么，并对成功的关键要点进行重点监控。通过分析企业获得成功或取得市场领先地位的关键因素，提炼出导致成功的关键业绩模块（又称"KPI 维度"），再把业绩模块层层分解为关键要素，为了便于对这些要素进行量化考核和分析，需将这些要素细分为各项指标，从而选择出 KPI。

具体步骤如下：

第一步，进行 KPI 维度分析。一般通过鱼刺图，列举和选择企业成功的关键要素，即确定企业 KPI 维度，也就是明确要获得优秀的业绩所必需的条件和要实现的目标。

寻找企业成功的关键要素，需要回答和分析以下三个问题：其一，企业历史上的成功主要靠哪些要素？其二，在过去那些成功要素中，哪些要素能够使企业持续成功？哪些要素已经成为企业持续成功的障碍？其三，根据企业的战略规划，企业未来追求的目标是什么？未来成功的关键是什么？

第二步，进行 KPI 要素分解。KPI 维度确立之后，也就是成功的关键要素确定以后，需要将 KPI 维度进行进一步解析和细化，即确定 KPI 要素。KPI 要素提供了一种"描述性"的工作要求，是对 KPI 维度目标的细化。

KPI 要素的解析过程，主要是解决以下几个问题：每个维度的内容是什么？如何保证这些维度的目标能够实现？每个维度目标实现的关键措施和手段是什么？维度目标实现的标准是什么？

第三步，选择确定 KPI。对于一个要素，可能有众多用于反映其特征的指标，但根据 KPI 考核方法的要求，以及为了便于考核人员的实际操作，需要对众多指标进行筛选，以最终确定 KPI。

指标筛选应遵循三个原则：其一，有效性。就是要求所设计的指标能够客观地、最为集中地反映要素的要求。其二，可量化。所设计的指标应该尽量量化，以便于评价，尽量减少凭感觉靠主观判断的影响。其三，易测量。衡量指标可能有若干项，应选择考核、测算的数据资料比较容易获得且计算过程比较简单容易的指标来进行衡量。

3）策略目标分解法。这种方法通过战略目标的分解、构建策略与战略目标的因果关系，建立包括财务指标和非财务指标的综合指标体系形成 KPI，进而实现对企业绩效水平的监控。

运用这种方法一般要经过以下三个步骤：

第一步，确定企业战略。企业各级目标的来源必须是企业的战略目标，只有通过企业战略的层层分解，才能保证所有部门和员工的努力方向与企业保持一致。企业战略目标是根据企业发展状况和环境的变化不断调整的，在不同时期有着不同的战略。

第二步，进行业务价值树分析。业务价值树是对企业重点业务以价值标准进行分解，形成的树状结构图。战略目标确定后，就要通过业务价值树分析，对战略方案和计划进行评估，并按照它们对企业价值创造的贡献大小进行排序，分别建立企业的价值体系，并以此找出企业中数目有限的关键战略价值驱动因素，进而确定关键的岗位和部门。

第三步，进行关键驱动因素分析。关键驱动因素分析主要进行两项工作：其一，进行关键驱动因素的敏感性分析，选择出对企业整体价值最有影响的几个财务指标；其二，将后置的财务价值驱动因素与前置的非财务价值驱动因素连接起来。一般情况下，可以借用平衡计分卡的思想，通过策略目标分解来建立这种联系。

第四步，一级KPI、二级KPI的确定。通过对企业战略目标的分解，最终形成企业的一级KPI。企业一级KPI体系建立后，还应继续分解为部门的二级KPI体系。部门的二级KPI一方面要落实企业的一级KPI，另一方面要结合部门策略目标分解来确定。

（4）KPI的局限性。KPI指标共同指向了组织成功的关键要点，并能够发挥指标本身的责任成果导向作用，对于绩效考核来说是一种十分有效的方法。但KPI也存在一些不足，主要不足包括以下几个方面：

1）指标之间缺乏明确的内在联系。考核还是太多地定位在部门及其内部个体绩效的结果，而忽视了部门绩效之间的内在逻辑与组织战略实施之间的关系，因此这种考核仍没能跨越其职能障碍。

2）虽然它正确地强调了战略的成功实施必须有一套与战略实施紧密相关的关键业绩指标来保证，但却没有能进一步将绩效目标分解到企业的基层管理及操作人员。与平衡计分卡相比，绩效考核的落实层面没有得到战略管理意义的深化。

3）没能提供一套完整的对操作具有具体指导意义的指标框架体系。

3. 以平衡计分卡为基础的绩效管理

（1）平衡计分卡的主要内容。平衡计分卡（BSC）是由美国哈佛商学院的罗伯特·S. 卡普兰（Robert S. Kaplan）教授和复兴全球战略集团总裁大卫·P. 诺顿（David P. Norton）在总结了12家大型企业的业绩评价体系的成功经验的基础上，于1992年提出的具有划时代意义的战略管理业绩评价工具。平衡计分卡是一种以信息为基础的管理工具，运用这种工具分析哪些是完成企业使命的关键成功因素以及评价这些关键成功因素的项目，并不断检查审核这一过程，以把握绩效评价促使企业完成目标。

平衡计分卡为企业管理人员提供了一个全面的框架。它把企业的使命和战略转变为目标和衡量方法，这些目标和衡量方法分为四个方面：财务、顾客、内部业务、创新与学习（如图7-4所示）。平衡计分卡提供一个框架、一种语言，以传播使命和战略。

它利用衡量结构把驱动当前和未来成功的因素告诉员工。通过阐明组织想要获得的结果和这些结果的使然因素，企业管理者能够汇集全组织的员工的能力本领和具体知识来实现企业长期的目标。计分卡的四个方面使一种平衡得以建立，这就是兼顾短期和长期目标、理想的结果和结果的绩效驱动因素、较硬的客观目标和较软的主观目标。

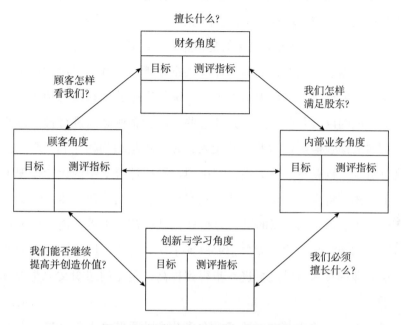

图7-4　平衡计分卡内容与各部分关系

平衡计分卡的四个方面分述如下：

1）财务角度。经营单位财务方面的评价虽然具有局限性但已经很成熟。平衡计分卡保留了财务方面的指标，它能显示已经采取行动的容易计量的结果。财务绩效衡量方法显示企业的战略及其实施和执行是否正在为最终经营结果的改善做出贡献。常见的指标包括：资产负债率、流动比率、速动比率、应收账款周转率、存货周转率、资本金利润率、销售利税率等。

2）顾客角度。在平衡计分卡的顾客方面，管理者们确认了其经营单位将竞争的顾客和市场部分，以及这些目标部分中对本单位绩效的衡量方法。这些衡量包括客户的满意程度、对客户的挽留、获取新的客户、获利能力和在目标市场上所占的份额等。

3）内部业务角度。内部业务过程衡量重视的是对客户满意程度和实现组织财务目标影响最大的那些内部过程。通常说来，企业内部的业务包括以下三个方面：革新过程、运营过程和售后服务过程。企业因资源有限，为有效地运用和发挥内部资源及使过程有效，首先需要以顾客的需求和股东的偏好为依据，重视价值链的每个环节，设法分析企业的优势在哪里，向哪个方向发展，如此才能创造全面和长期的竞争优势。

传统方法试图监督和改进现有的经营过程，它们所重视的仍然是改善现有过程。平衡计分卡法把革新过程引入内部经营过程之中，为获得长期的财务成功，可能要求企业创造全新的产品和服务，以满足现有和未来目标客户的需求。这些过程能够创造未来企业的价值，推动未来企业的财务绩效。对于许多企业来说，管理好现有的产品开发过程或者挖掘潜力，以招徕全新的客户类型，这种能力对于未来的经济业绩来说，同高效、一贯和敏锐地管理好现有的经营过程相比，可能更为重要。

4）创新与学习角度。这方面关注的是企业为了达到愿景，应如何维持改变和改进的能力。组织的创新、学习和成长有三个主要的来源：人才、系统和组织程序。平衡计分卡前三个方面的目标一般会揭示人才、系统与程序的现有能力和实现突破性绩效所必需的能力之间的巨大差距。为了弥补这些差距，企业必须进行投入以使员工获得新的技能，同时需加强信息技术及系统投入，并理顺组织的程序和日常工作。这些目标将在平衡计分卡的创新与学习方面得到阐明。平衡计分卡中的设计体现了以创新和学习为核心的思想，将企业的员工、技术和组织文化作为决定因素，分别衡量员工保持率、员工生产力、员工满意度的增长等指标，以考核员工的才能、技术结构和企业组织文化等方面的现状与变化。如果企业改善了这些方面，则员工的潜能就可能得以充分发挥，而企业的技术结果就会进一步得到提高，企业的组织文化氛围就会向着更好的方向发展。

（2）平衡计分卡与企业战略。平衡计分卡应全面反映企业的战略。它应该确认和阐明对评价结果和这些结果的绩效使然因素之间的因果关系。被选中列入平衡计分卡业绩评价体系的每一项评价都应当是因果关系链的组成部分。该链条把经营单位的战略含义传达给企业各级组织。平衡计分卡还应是衡量结果和绩效使然因素的结合。只有衡量结果而没有绩效使然因素，则无法说明怎样才能取得结果，这些结果还不能及时显示战略是否正在成功地实施。如果只有绩效使然因素，虽然可能会使经营单位实现短期操作上的改进，但是却不能显示这些改进是否已被转化为对现有和新客户业务的扩大，并最终转化为财务绩效的提高，即达到既定的目标。出色的平衡计分卡应该把经营单位战略的结果（滞后指标）和绩效使然因素（先行指标）适当地结合起来。

平衡计分卡通过因果关系提供了把战略转化成可操作内容的一个框架。根据因果关系，对企业的战略目标进行划分，可以分解出实现企业战略目标的几个子目标，这些子目标是各个部门的目标，同样各部门的目标或者评价指标可以根据因果关系继续细分直至最终形成可以指导个人行动的绩效指标和目标。例如，资本回报率是财务方面的一项计分卡衡量项目，其使然因素可能是现有客户重复购买和购买量的增加，而这又是由于客户青睐程度高。因此，客户满意度被纳入平衡计分卡的客户方面，因为预计它将对资本回报率产生很大影响。但是，组织如何才能获得客户的青睐呢？对客户偏好的分析结果可能会显示，客户很重视产品按时交付和产品的质量。因此，准时交付率和质量的提高预计将导致客户青睐度的上升，准时交付率和质量指标被纳入平衡计分卡的内部业务过程方面。而要提高准时交付率，则需要在企业内部经营过程方面进行一系列的改善，包括对于各种流程的重组与优化、采用计算机信息系统等。要提高产品质量需要加强全面质量管理，而要从根本上提高准时交付率和产品质量，则需要通过组织和员工的学习来实现，只有把提高产品质量和准时交付率的各种方法作为一种制度或者形成员工自发的行为时，才可以说这个企业是有生命力的，企业的长远活力才有保障。

（3）平衡计分卡中的平衡关系和指标分类。平衡计分卡在以下几个方面发挥了传统方法起不到的平衡作用：

1）外部衡量和内部衡量之间的平衡。平衡计分卡将评价的视线范围由传统上的只注重企业内部评价，扩大到企业外部，包括股东、顾客。同时以全新的眼光重新认识企业内部，将以往只看内部结果，扩展到既看结果又注意企业内部流程及企业的创新和学习这种企业的无形资产。平衡计分卡还把企业管理层和员工的学习成长视为将知识转化为发展动力的一个必要渠道。

2）所要求的成果和产生这些成果的动因之间的平衡。企业应当清楚其所追求的成果（如利润、市场占有率）和产生这些成果的原因，即动因（如新产品开发投资、员工训练、信息更新）。只有正确地找到这些动因，企业才可能有效地获得所要的成果。平衡计分卡正是按照因果关系构建的，同时考虑了指标间的相关性。

3）定量衡量指标和定性衡量指标之间的平衡。定量衡量指标具有的特点是比较准确，具有内在的客观性，这也正是其在传统业绩评价中得以应用的一个主要原因。但定量数据多基于过去的事件而产生，与它直接相联系的是过去。因此，定量数据的分析需要以"可预测趋式"为前提条件。但目前企业所面临的未来越来越具有不确定性，导致基于过去对未来所做的预测其实际意义趋于递减。而定性衡量指标由于其具有相当的主观性，甚至具有外部性，如顾客满意程度是在企业内部无法获得的，往往不具有准确性，有时还不容易获得，因而在应用中受到的重视不如定量衡量指标。但这并不影响定性指标的相关性、可靠性，而这两个性质正是业绩评价所需要的。平衡计分卡引入定性衡量指标以弥补定量衡量指标的缺陷，使评价体系更具有实际应用价值。

4）短期目标和长期目标之间的平衡。一个骑自行车的人，他的眼睛只需要看前方10米处就可以了，而一个驾驶汽车的人，他的眼睛要看到前方100米处，一个飞行员，则需要盯住前方1000米的地方甚至更远一些。这说明随着速度的加快，所需要观察的范围越来越大。只有如此，才能在发现异常情况时有充足的时间处理。同样的道理也适用于企业。在信息社会和知识经济时代，企业发展的速度越来越快，现实已经使企业不仅要注意短期目标（如利润），而且还必须将未来看得更远些，以制定出长期目标（如顾客满意度、员工训练成本与次数），相应地则需要有一套监督企业在向未来目标前进的过程中的位置和方向的指标。平衡计分卡正是根据这一情况而设计的，它能够使企业了解自己在未来发展的全方位的情况。

平衡计分卡是按照上述关系原则构建指标体系的。通常情况下，平衡计分卡将关键性衡量指标按下列方法分类：结果性衡量指标和驱动性衡量指标；财务衡量指标和非财务衡量指标；内部衡量指标和外部衡量指标。

结果性衡量指标说明了组织执行战略的实际成果，如质量提升、收入增长、利润增加等，是衡量组织有效执行战略的程度的体现，因此是"滞后指标"。相反地，驱动性衡量指标则是"领先指标"，它显示了过程中的改变并最终影响了产出。尽管结果性衡量指标仍是平衡计分卡中的重要部分，平衡计分卡还是更注重于驱动性衡量指标，因为驱动性衡量指标可以衡量即将产出的结果。

在过去，财务指标是被最广泛运用的一项绩效衡量指标，最典型的例子就是资产回报率（ROE）、利润率等。企业已经开发出非常复杂的系统用来衡量企业的财务表现，而重要性越来越高的非财务指标，却不能用这套系统来衡量。在整个20世纪70年代，一些大型企业多使用财务衡量指标体系，并且都取得了出色的经营业绩。但是到了20世纪80年代，这些企业中的一部分在各自行业中领先者的地位都被取代了。非财务指标如质量、顾客满意度和创新等已变得越来越重要，竞争者看到了这一点并逐渐重视这一点。

内部指标与外部指标也可以在平衡计分卡中使用。企业必须保持其内外部的平衡，如外部顾客满意度与内部员工满意度是密切相关的。企业在制定战略时必须同时考虑其内部及外部指标。有可能企业内部指标表明企业运作良好，而外部指标的表现却恰恰相反。

（4）建立平衡计分卡的步骤。建立平衡计分卡通常包括以下步骤：

1）建立企业的愿景与战略。建立平衡计分卡的关键在于企业内部就战略问题达成共识，并弄清楚如何把一个部门的使命和战略转换成经营目标和评估手段。平衡计分卡的制定始于企业战略，因此它反映的是企业高级主管班子的集体智慧和能力。如果没有高级主管的积极参与，就不应该制定平衡计分卡。企业的愿景与战略要简单明了，并对每一部门均具有意义，使每一部门可以采用一些业绩衡量指标去完成企业的远景与战略。

2）成立推进组织，建立目标。在企业高层明确了平衡计分卡的主要意图并在认识上达成一致后，一般应成立平衡计分卡小组或委员会，企业高层应该确定一个能够担当起平衡计分卡总体设计重任的人选。平衡计分卡小组或委员会去解释企业的远景和战略，并建立财务、顾客、内部业务、学习与成长四类具体目标。

3）建立衡量指标。主要工作包括：为四类具体目标找出最具有意义的业绩衡量指标；对于每个目标的设计能够实现和传达这种目标意图的最佳评估手段；对于每一种评估手段，找到必要的信息源和为获得这种信息而采取必要的行动；对于每一目标的评价体系之间的相互影响以及与其他目标的评价体系的影响进行评估。

4）推进平衡计分卡的实施。主要包括如下工作：

第一，制定实施计划。以实施平衡计分卡目标部门的下属部门为单位，成立实施小组。各实施小组确定平衡计分卡的目标并制定实施计划。

第二，进行企业内部沟通与教育。利用各种不同沟通渠道，如定期或不定期的刊物、信件、公告栏、标语、会议等让各层管理人员了解企业的远景、战略、目标与业绩衡量指标。

第三，确定每年、每季、每月的业绩衡量指标的具体数字，并与企业的计划和预算相结合。注意各类指标间的因果关系、驱动关系与连接关系。

5）形成平衡计分卡管理制度。经过平衡计分卡的实施推进，将每年的报酬奖励制度与平衡计分卡挂钩，采纳员工意见修正平衡计分卡衡量指标并改进企业战略，逐渐把平衡计分卡融入企业的管理制度并发挥作用。

制定平衡计分卡一般持续 3 个月的时间。在制定过程之中，主管人员可以有充分的时间考虑平衡计分卡和战略、信息制度以及最重要的管理过程之间关系的形成和演变。制定平衡计分卡的过程，也就是企业目标在组织中进行传播的过程。如果能够让企业的各级员工参与平衡计分卡的制定，将有助于战略目标的推广和得到员工的认同。

（5）平衡计分卡的优点和不足。传统的绩效管理，在帮助企业管理员工方面的确起到较大的作用。因为它强调了下列四个原则：评估什么，就得到什么结果；告知员工，企业重视什么；让员工知道企业鼓励何种行为；不再仅强调员工做哪些事，更强调要做到何种程度。

但是，在信息社会和知识经济时代，传统的绩效管理暴露出明显的缺陷：传统的绩效考核制度，似乎与企业的竞争优势无关；传统的绩效考核制度，似乎无法满足客户需求；传统的绩效考核制度，似乎并未鼓励员工学习与创新；传统的绩效考核制度，似乎都注重短期绩效，忽略企业长期需要；传统的绩效考核制度，似乎只报告上期的事，无法告知经理人下期要如何改善。

平衡计分卡克服了传统绩效管理的弊端，它将目标管理、关键成功要素和关键业绩指标等热门业绩测量概念结构化。该结构的优点主要在于：

第一，确保日常业务运作与企业管理高层所确定的经营战略保持一致。平衡计分卡通过解决财务、顾客、业务流程和内部学习的目标，帮助管理层对所有具有战略重要性的领域进行全方位的思考。平衡计分卡的每一个衡量指标都用来衡量企业战略的某个方面，它是一组关键性衡量指标的组合。平衡计分卡的价值在于将组织的战略目标与一组衡量指标有机地结合起来。过去的绩效衡量体系并没有体现出员工的绩效表现与组织的战略目标到底有多大的关联，而平衡计分卡却可以做到这一点。因为平衡计分卡的设计思路就是企业应明晰员工的日常绩效表现与组织战略目标的关联程度。

第二，既强调了绩效管理与企业战略之间的紧密关系，又提出了一套具体的指标框架体系。平衡计分卡在整个企业中兼顾四个方面的衡量因素，确保企业不偏不倚地追求企业目标，不至于严重失衡，过于偏重财务标准或客户主动性等。不仅具有很强的操作指导意义，同时又通过对四个构成方面深层的内在关系的表述阐明了该体系的深层哲学含义。它使人们走出过分迷信和依赖财务衡量的误区，强调指标的确定必须包含财务性和非财务性，强调对非财务性指标的管理，财务性指标是结果性指标，而那些非财务性指标是决定结果性指标的驱动指标。

由于平衡计分卡具有深厚的理论基础和便于操作的特点，20世纪90年代初一经提出，便迅速在美国以及整个发达国家的企业和政府中应用。今天当人们谈及绩效管理时，基本都是以平衡计分卡为主的体系。以美国为例，有关统计数字显示，截至2000年，在《财富》杂志公布的世界前500强企业中已有60%左右、前1000位企业中有40%左右已经采用平衡计分卡系统实施绩效管理，而在银行、保险公司等财务服务行业，这一比例则更高。这与美国企业在20世纪90年代整体的优秀表现不能说毫无关系。根据Gartner Group对美国214家企业的调查发现，88%的企业提出平衡计分卡对于员工报酬方案的设计与实施是有帮助的，并且平衡计分卡所揭示的非财务的考核方法在这些企业中被广泛运用于员工奖金计划的设计与实施。再来看政府方面，BSC在20世纪90年代初提出，到了1993年美国政府就通过了《政府绩效与结果法案》。如今，美国联邦政府的几乎所有部门、各兵种及大部分州政府都已建立和实施了绩效管理，目前的重心已转入在城市及县一级的政府推行绩效管理。目前，平衡计分卡应用与推广的热潮正从国外袭入国内。

然而，平衡计分卡不是万能的，应用时也要注意它的以下不足：

第一，确定衡量指标比较难。平衡计分卡中有一些条目是很难解释清楚或者衡量出来的。财务指标当然不是问题，而非财务指标往往很难建立。确定绩效的衡量指标往往比想象中更难。

第二，在实现企业目标过程中主要起衡量作用。企业管理者应当专注于战略中的因果关系，从而将战略与其衡量指标有机结合起来。尽管管理者通常明白客户满意度、员工满意度与财务表现之间的联系，平衡计分卡却不能指导管理者怎样才能提高绩效，从而实现预期的战略目标。

平衡计分卡并不能在以下两个重要方面在推动企业进步中产生作用：其一，它不适用于战略制定。运用这一方法的前提是企业应当已经确立了一致认同的战略。其二，它并非流程改进的方法。类似于体育运动计分卡，平衡计分卡并不告诉你如何去做，它只是以定量的方式告诉你做得怎样。

如果没有明确且取得上下共识的战略，如果还没有评估和改进将用于实现战略的流程，平衡计分卡将会清楚地告诉你为什么失败。

第三，投入大，耗时长，执行难。企业必须先有明确的经营策略及竞争优势，再将其转化成为可以衡量的绩效指标，最后还要详细展开并连接到员工的绩效指标。这些过程说来简单，执行起来恐怕不甚容易，必须全体动员（包括最高主管），耗费几个月（甚至历经几年的修正），甚至要聘请外界顾问来协助，以免闭门造车。一份典型的平衡计分卡需要5~6个月的时间执行，另外再需几个月去调整结构，使其规则化，因而总的开发时间经常需要一年或者更长的时间。衡量指标有可能很难量化，而衡量方法却又会产生太多的绩效衡量指标。

当组织战略或结构变更时，平衡计分卡也应当随之重新调整。这时负面影响也会随之而来。因为保持平衡计分卡随时更新与有效需要耗费大量的时间和资源。

这样的过程不但复杂，还要投入大量资源，又无法在短期内看到成果，若非有强烈的动机及坚定的意志，恐怕多数企业都难以坚持到底。平衡计分卡需要整个企业的全面投入和辛勤努力才能成功。

（6）最适合实行平衡计分卡的企业特征。从实践经验看，平衡计分卡主要适用于具有以下特征的企业：

1）竞争压力较大的企业且这一压力为企业所感知。经济全球化的一个直接影响就是使所有企业面临着不断加剧的竞争。竞争能够促使企业不断地进行改变。竞争的压力是企业谋求发展的内在动力，这正好是平衡计分卡得以实施的内在原因。但采取行动必须以竞争被企业所感知为前提条件。如果竞争压力较大，但企业尚未感知，这种竞争也是不会成为发展动力的。对于这样的企业，如果为了赶时髦而引入平衡计分卡，则如同给牛车安上飞机用的轮胎，不会起到应有的积极作用。

2）以目标、战略作为导向的企业。当企业确立了长远的发展目标之后，战略的作用就是为解决"如何才能达到这个目标"的问题提供思路。平衡计分卡的成功之处就是将企业战略置于管理的中心，所以企业要应用平衡计分卡，需以战略作为企业的导向。即使企业还没有制定出有效的战略，引入平衡计分卡也可以帮助企业重新认识和制定企业的战略。

3）具有协商式或民主式领导体制的企业，或准备将集权式的领导体制转变为协商式、民主式体制的企业。在激烈的竞争中，采用平衡计分卡要求企业必须将员工的积极参与和管理者的管理相结合。唯有这样，才能使企业机动灵活、反应迅速地运行于市场经济之中。平衡计分卡必须在民主式管理风格的企业平台上运行，使员工能够充分参与企业战略的制定与实施。如果一家企业尚不是民主式管理风格，则在实施平衡计分卡的过程中，随着员工参与度的提高，可以将其转变为民主式的管理风格。从这一意义上来说，平衡计分卡不仅具有业绩评价功能，还具有改变企业文化的作用。

4）成本管理水平较高的企业。平衡计分卡要求衡量出一位顾客给企业带来的利润是多少，这个要求在传统的成本管理方法下是不能实现的。只有引入新的成本管理方法——作业成本法，才能真正发现每一位顾客能给企业带来的利润情况。当然，除了成本之外，企业还需要注重产品的质量及其他一些影响顾客的因素。

（四）绩效管理中管理者的角色

尽管一些管理者深知绩效管理的作用，但在实践中又常常觉得无所适从，甚至对绩效管理采取回避甚至是厌烦的态度。究其原因，除了在方法上不得要领外，一个很大的原因就是没有正确地认识自己在绩效管理中所扮演的角色，没有能够处理好管理与绩效管理的关系，导致了执行不力，使得绩效管理的体系、政策、方案、流程不能很好地贯彻和体现。管理者尤其是直线管理者是绩效管理实施的主体，起着桥梁的作用，上对公司的绩效管理体系负责，下对下属员工的绩效提高负责。如果管理者不能转变观念，不能很好地理解和执行，再好的绩效体系，再好的绩效政策都只能是水中月、镜中花。

绩效管理中，管理者主要应该扮演以下四种角色：合作伙伴、辅导员、记录员、公证员。

1. 合作伙伴

管理者与员工的绩效合作伙伴的关系是绩效管理的一个创新，它将管理者与员工的关系统一到绩效上来。在绩效问题上，管理者与员工的目标是一致的，管理者的工作通过员工完成，管理者的绩效则通过员工的绩效体现。因此，员工绩效的提高即是管理者绩效的提高，员工的进步即是管理者的进步。绩效使管理者与员工真正站到了同一条船上，风险共担、利益共享，共同进步、共同发展。

鉴于这个前提，管理者就有责任、有义务与员工就工作任务、绩效目标等前瞻性问题进行提前沟通，在双方充分理解和认同企业远景规划与战略目标的基础上，对企业的年度经营目标进行分解，结合员工的职务说明书与自身特点，共同制定员工的年度绩效目标。在这里，帮助员工，与员工一起为其制定绩效目标已不再是一份额外的负担，也不是浪费时间的活动，而是管理者自愿的，因为管理者与员工是绩效合作伙伴，为员工制定绩效目标就是管理者为自己制定绩效目标，对员工负责就是管理者对自己负责。

2. 辅导员

绩效目标制定以后，管理者要做的就是如何帮助员工实现目标。在员工实现目标的过程中，管理者应做好辅导员，与员工保持及时、真诚的沟通，持续不断地辅导员工提升业绩。业绩辅导的过程就是管理者管理的过程，在这个过程中，沟通至关重要。

绩效目标往往略高于员工的实际能力，员工需要跳一跳才能够得着，难免在实现的过程中出现困难、障碍和挫折。另外，由于市场环境的千变万化，企业的经营方针、经营策略也会出现不可预料的调整，随之变化的是员工绩效目标的调整。所有这些都需要管理者与员工共同努力，管理者帮助员工改进业绩，提升水平。这时，管理者就要发挥自己的作用和影响力，努力帮助员工排除障碍，为员工提供帮助，不断辅导员工改进和提高业绩，帮助员工获得完成工作所必需的知识、经验和技能，使绩效目标朝积极的方向发展。

沟通包括正面的沟通和负面的沟通。在员工表现优秀时给予及时的表扬和鼓励，以扩大正面行为所带来的积极影响，强化员工的积极表现。当员工表现不佳，没有完成工作时，也应及时真诚地予以指出，以提醒员工改正和调整。这个时候，管理者不能假设员工自己知道而一味姑息，一味不管不问，不管不问的最终结果只能是害了员工，于自己绩效的提高和职业生涯的发展也无益。

需要注意的是，沟通不仅仅是在开始，也不仅仅是在结束，而是贯穿于绩效管理的整个始终，需要持续不断地进行。因此，业绩的辅导也要贯穿于整个绩效目标达成的始终。这对管理者来说，可能是一个挑战，可能不太愿意做。但习惯成自然，贵在坚持。帮助下属改进业绩应是现代管理者的修养和职业道德，更是一种责任。

3. 记录员

绩效管理的一个很重要的原则就是没有意外，即在年终考核时，管理者与员工不应该对一些问题的看法和判断出现意外，一切都应是顺理成章的，管理者与员工对绩效考核的结果的看法应该是一致的。

争吵是令管理者比较头疼的一个问题，也是许多的管理者回避绩效管理、回避考核与反馈的一个重要原因。出现争吵往往是因为缺乏有说服力的真凭实据。为了避免这种情况的出现，为了使绩效管理变得更加自然和谐，管理者有必要花点儿时间和心思，认真当好记录员，记录下有关员工绩效表现的细节，形成绩效管理的文档，以作为年终考核的依据，确保绩效考核有理有据，公平公正，没有意外发生。

做好记录最好的办法就是走出办公室，到能够观察到员工工作的地方进行观察记录。当然，观察以不影响员工的工作为佳。记录的文档一定是切身观察所得，不能是道听途说，道听途说只能引起更大的争论。通过适时的记录，管理者可以掌握员工的实际情况，与员工沟通就可以做到有理有据，考核也更加公平、公正。

4. 公证员

绩效管理的一个较为重要也是备受员工关注的环节就是绩效考核。绩效考核是一段时间（通常是一年）绩效管理的一个总结，总结绩效管理中员工的表现，包括好的方面和需要改进的地方，管理者需要综合各方面情况对员工的绩效表现做出评价。同时，绩效考核也是企业薪酬管理、培训发展的一个重要依据。因此，公平、公正显得至关重要。

绩效管理中的绩效考核不应该也没有必要暗箱操作。管理者不仅仅是考官，更应该站在第三者的角度看待员工的考核，作为公证员公证对员工的考核。

管理者之所以可以作为公证员来进行考核，主要是前面三种角色铺垫的结果。在前面工作的基础上，员工的考核已不需要管理者费心，可以说是员工自己决定了自己的考核结果。员工工作做得怎么样，在绩效目标、平时的沟通、管理者的记录里都得到了很好的体现，员工的绩效考核评价的高低由这些因素决定，而非由管理者决定，管理者只需保证其公平与公正即可。

（五）我国企业绩效管理存在的主要误区

目前我国企业绩效管理主要存在以下误区：

1. 将绩效评价等同于绩效管理

这是一种比较普遍的误区，企业的管理者没有真正理解绩效管理系统的真实含义，没有将之视为系统，而是简单地认为绩效评价就是绩效管理。

只注重绩效评价的管理者认为绩效评价的形式特别重要，总想设计出既省力又有效的绩效评价表格，希望能够找到万能的评价表，以实现绩效管理。因此，他们在寻找绩效评价工作的方法上花费了大量的时间和精力，却终不得其法，始终找不到能够解决一切问题、适合所有员工的评价形式。遗憾的是，他们始终走不出这种误区，钻牛角尖，因此绩效管理没有真正得到实施，实际上从源头上就产生了错误的认识。这与有些管理者的错误观念有关，管理者的观念不转变，或者说始终没有真正地花时间去研究绩效管理的原理，而想当然地认为绩效管理就是工作考评，认为只要改进方法就行。这种观念不转变，企业实施绩效管理只能停留在书面和口头，不可能有任何的改变。

绩效管理的概念告诉我们，它是经理和员工持续双向沟通的一个过程，在这个过程中，经理和员工就绩效目标达成协议，并以此为导向，进行持续的双向沟通，帮助员工不断提高工作绩效，完成工作目标。如果简单地认为绩效评价就是绩效管理，就忽略了绩效沟通，缺乏沟通和共识的绩效管理肯定会在经理和员工之间设置一些障碍，阻碍绩效管理的良性循环，造成员工和经理之间认识的分歧。这样，员工反对、经理逃避就在所难免了。

如前所述，绩效评价其实只是绩效管理的一个环节，只是对绩效管理的前期工作的总结和评价，远非绩效管理的全部，如果让员工只把眼光盯在绩效评价上面，必然要偏离实施绩效管理的初衷，依然避免不了职责不清、绩效低下、管理混乱的情况，甚至有越做越糟的可能。

2. 角色分配上的错误

一些企业认为人力资源管理是人力资源部的事情，绩效管理是人力资源管理的一部分，当然应该由人力资源部来做。这些企业的经理只做一些关于实施绩效管理的指示，剩下的工作全部交给人力资源部，做得不好就是人力资源部的责任。

人力资源部无疑对绩效管理的有效实施负有责任，但绝不是完全的责任。人力资源部在绩效管理实施中主要扮演工作的组织者、流程或程序的制定者、工作表格的提供者和咨询顾问的角色，至于拍板推行则与人力资源部无关，人力资源部也做不了这样的工作。推行的责任在各级直线管理者身上，尤其要取得高层的支持和鼓励，离开了高层的努力，人力资源部的一切工作都是徒劳。高层的努力不仅是开始的动员那么简单，而是要贯穿整个始终，直到绩效管理完全实施最高管理层都不能撒手，因为后续还有绩效管理系统的完善和更新。实际上，绩效管理的每一步都离不开最高管理者的关心支持。

角色分配上的错误是绩效管理得不到有效实施的一个非常重要的原因，因此那些认为绩效管理完全就是人力资源部的事情的高层管理者们应该转变观念，亲力亲为，积极当人力资源部的宣传者、鼓舞者和支持者，帮助人力资源部将这项重要的工作推行下去。

3. 过于追求形式上的完美

管理者在绩效管理的形式上表现出了极大的关注，绩效管理方案改了又改，绩效考核表设计了一个又一个，却总是找不到感觉，总是没有满意的，使得人力资源部疲于应付，费力费神。

这种认识和做法不仅造成了人力资源部大量的工作浪费，影响了人力资源部人员的工作热情和创造性，而且会使企业的绩效管理走入歧途。其实，只要做好了绩效计划和持续的沟通，其他形式的东西都是次要的。绩效管理绝不是简单解决考核一个问题，考核也不是绩效管理的核心，绩效管理更多地体现在转变管理者的管理方式和员工的工作方式上，提醒大家关注绩效，经理和员工共同就绩效努力并取得成果。没有完美的绩效管理，更没有完美的考核形式和考核表，过分地注重形式，就会陷入形式主义的泥潭，而失去绩效管理的根本。

4. 忽视员工的参与

这种认识和做法也与落后的观念有关，没有跳出以前绩效考核的误区。管理者仍按照过去的思维方式，认为只要管理者知道绩效管理就可以了，员工知不知道无所谓，更为严重的是除了人力资源部和总经理之外，没有人知道绩效管理是怎么回事。这也是绩效管理得不到推行的一个重要原因。

造成这种局面的另一个原因可能是管理者认为考核是比较敏感的，因为考核是对每一位员工的工作表现进行评价，势必有人出现不合格的评价结果，如果企业有强制比例划分、末位淘汰的话，更是与员工的利益关系密切。如果将评价办法、评价过程都公开的话，可能导致管理者与被管理者的矛盾冲突，不利于工作的开展。

实际上，无论什么东西，必须要理解了才行，完全不理解的东西，硬丢给经理和员工，结果是没人会用，没人愿意用。直线经理不明白，他们就没法认真执行，更谈不上融会贯通，员工不明白，就对考核产生恐惧心理，使员工对绩效考核敬而远之。

这种认识和做法与绩效管理的目的是背道而驰的。绩效管理的目的在于员工绩效的不断提升和技能的不断提高。绩效管理是指导管理者和员工通过承诺，共同提升绩效的管理工具。管理者必须真正承担起对员工的发展和提高的责任，引导员工在绩效计划、绩效辅导以及绩效评价和反馈中全程参与。只有员工积极地参与到绩效管理活动中，才能使绩效管理得以顺利实施，并最终达到目的。

为实现员工的参与，必要的培训不可缺少。通过培训，让员工明白绩效管理对他们的好处，这样他们才乐意接受，才会配合经理做好绩效计划、绩效沟通和绩效评价工作；让各级管理者明白绩效管理对自己的好处，他们才愿意接受、参与和推动。

5. 绩效管理与战略实施脱节

一些企业出现了这样的怪现象：每年绩效评价时，各个部门的绩效目标都完成得非常好，但整个企业的整体绩效却较差，企业发展令人担忧。

产生这个问题的主要原因是部门的责任目标没有体现出企业的战略要求，与企业的战略目标脱节。问题可能出在制定企业总的目标时，没有体现出战略的要求；或者企业总的目标体现了战略要求，但向部门分解时发生了扭曲，而企业在审核部门提出目标时也没有考虑企业的战略，只是针对部门的工作讨论部门的目标，最终导致"战略稀释"现象的发生。在这种情况下，部门努力做的某些工作可能对于企业的整体战略目标的实现来说是没有价值的，甚至是有负面影响的。

必须明确的是，企业的一切工作都是为了实现企业的总体目标，绩效管理也不例外，离开企业战略的绩效管理毫无意义，而没有绩效管理的保证，企业战略也难以实施。绩效管理是战略实施的工具，企业的战略目标要通过绩效管理层层分解到各个部门和每位员工，促使每位员工能够为企业战略目标的实现承担责任。绩效管理与战略实施应紧密结合，不断驱使所有员工的行为趋于企业的目标。

6. 绩效管理指标没有重点

在实践中，一些企业追求指标体系的全面性、完整性，绩效考核指标包括安全、质量、生产、设备、政工等诸多方面，不同的专业管理线独立管理着一套指标，指标可谓做到了面面俱到，几乎所有的活动都规定了具体的考核指标。

这样的指标体系产生的后果是：员工常常弄不清考核指标和考核标准，顾此失彼；员工每天都小心翼翼，如履薄冰，想的不是如何把工作做得更好，如何提高本人的工作绩效和工作技能，而是在考虑如何不犯规，怎样避免触到扣罚线，甚至在工作允许的情况下能少干一点儿就少干一点儿，以降低被扣罚的可能性。

这种结果是企业管理者不愿看到的。事实上，绩效管理应该抓住关键业绩指标，而指标之间是相关的，通过抓住关键业绩指标将员工的行为引向组织的目标方向。太多和太复杂的指标只能增加管理的难度和降低员工的满意度。在指标的考核上，则应进一步减少与考核挂钩的指标，而且奖罚应该对称，以正面激励为主。

7. 忽视长期绩效

很多企业进行绩效考核时完全以结果论英雄，而且考核指标主要是财务指标。管理者关注的也是财务指标的完成情况，员工的薪酬待遇等都与财务指标的完成情况直接挂钩。至于这些财务指标通过何种方式实现，员工在实现财务指标过程中的行为是否合理，以及这些行为给企业长期经营带来什么后果却没有人关心。

单纯采用财务指标作为绩效考核有以下明显的弊端：只能反映企业的短期绩效，不能反映企业的长期绩效；只能反映最终结果，不能反映导致结果产生的关键过程；只从财务角度度量绩效，而没有从客户角度度量绩效；过分强调股东的价值取向，而没有反映出企业战略的要求。其结果必然是单一的行为导向，使管理者和员工的行为短期化。

要克服这些弊端，就必须引入新的绩效指标体系，如采用平衡计分卡的原则建立起包括财务指标、客户指标、内部运营指标和员工发展指标在内的综合绩效指标体系。通过这四个指标之间相互驱动的因果关系实现绩效考核与绩效改进以及战略实施与战略修正的目标，从而将企业的长期绩效与短期绩效协调在一起。

8. 绩效管理只是奖金分配的手段

一些企业制定了详细的奖金分配办法，并进行严格考核，却没有一套完整的绩效管理制度，每个月末，也没有员工考核表格。员工只有在拿到奖金以后，根据奖金数额的变化判断领导对自己本月工作的评价。当员工当月没有被奖励或者惩罚时，员工根本无法判断自己的绩效，在企业中处于什么位置，应该在哪些方面注意改进。

在这种情况下，绩效管理只是奖金的分配手段。毋庸置疑，绩效考核的结果与奖金挂钩才能发挥直接的激励作用，但绩效管理绝不能只是奖金分配的手段。首先，如前所述，绩效考核只是绩效管理的其中一个环节，而且往往不是最重要的环节；其次，绩效管理的核心目的是引导员工提升绩效水平，增加创造的价值，而这个目的仅靠奖金分配是达不到的；最后，通过绩效考核对于员工的贡献进行评价和区分，并进行价值的分配，这种分配包含物质激励、培训、晋升等，绩效考核结果用于物质激励，仅仅是绩效评价结果应用的一个方面，并不是绩效考核结果应用的全部。

阅读专栏7-8 绩效的特点与改进

一、绩效的特点

在企业中，员工的绩效具体表现为员工完成工作的数量、质量、成本费用以及其为企业做出的其他贡献等。员工的绩效表现为员工一系列工作过程和活动结果，绩效具有以下特点：

一是多因性。多因性是指一个人绩效的优劣取决于多个因素的影响，包括外部的环境、机遇，个人的智商、情商和其所拥有的技能与知识结构，以及企业的激励因素。

二是多维性。多维性是指一个人绩效的优劣应从多个方面、多个角度去分析，才能取得比较合理的、客观的、易接受的结果。

三是动态性。动态性即一个人的绩效随着时间、职位情况的变化而变化。

绩效考核指标是进行绩效考核的基本要素，制定有效的绩效考核指标，是绩效考核取得成功的保证，因此成为建立绩效考核体系的中心环节，也成为企业主管们最关注的问题。如何确定绩效考核指标，应从以下思路进行考虑：

一是岗位分析。根据考核的目的，对被考核对象的岗位的工作内容性质以及完成这些工作所具备的条件等进行研究和分析，从而了解被考核者在该岗位工作应达到的目标、采取的工作方式等，初步确定绩效考核的各项要素。

二是工作流程分析。绩效考核指标必须从流程中根据被考核对象在流程中扮演的角色和责任，以及与下级的关系来确定其衡量工作的绩效指标。此外，如果流程存在问题，还应对流程进行优化或重组。

三是绩效特征分析。可以使用图标标出各指标要素的绩效特征，按需要考核程度分档，如可以按照非考核不可、非常需要考核、需要考核、考核程度低、几乎不需要考核五档对指标进行评估，然后根据少而精的原则按照不同的权重进行选取。

四是理论验证。根据绩效考核的基本原理原则，对所设计的绩效考核要素指标进行验证，保证其能有效可靠地反映被考核对象的绩效特征和考核目的。

五是要素调查，确定指标。根据上述步骤初步确定的要素，可以运用多种灵活的方法进行要素调查，最后确定绩效考核指标体系，在进行要素调查和指标体系的确定时，往往将几种方法结合使用，使指标体系更加准确、完善、可靠。

六是修订。为了使确定好的指标更加合理，还应对其修订。修订分为两种，一种是考核前修订。通过专家调查，将所确定的考核指标提交领导专家会议，征求意见补充修改完善体系。另一种是考核后修订。根据考核及考核结果应用之后的效果等情况进行修订，使考核指标体系更加理想和完善。

二、绩效改进

1. 员工绩效改进计划制定

（1）SWOT 分析法。

Strengths：优势

Weaknesses：劣势

Opportunities：机会

Threats：威胁

SWOT 分析法，可以清晰地把握全局，分析自己在资源方面的优势与劣势，把握环境提供的机会，防范可能存在的风险与危险，对成功具有非常重要的意义。

（2）PDCA 循环法则。

Plan：制定目标与计划

Do：任务展开，组织实施

Check：对过程中的关键点和最终结果进行检查

Action：纠正偏差，对成果进行标准化，并确定新的目标，制定下一轮计划

每一项工作都是一个 PDCA 循环，都需要通过计划、实施、检查结果并进行改进，同时进入下一个循环。只有在日积月累的渐进改变中，才可能有质的飞跃，才能完成每一项工作。

（3）6W2H 法。

What：工作的内容和达成的目标

Why：做这项工作的原因

Who：参加这项工作的具体人员以及负责人

When：在什么时间、什么时间段进行工作

Where：工作发生的地点

Which：哪一种方法或途径

How：用什么方法进行

How much：需要多少成本

做任何工作都应该用 6W2H 来思考，有助于使思路条理化，杜绝盲目性。

（4）SMART 原则。

Specific：具体的

Measurable：可测量的

Attainable：可达到的

Relevant：相关的

Time-bound：设定期限的

SMART 原则，使人们在制定工作目标或任务目标时，考虑一下目标与计划是不是可以 SMART 化，只有可以 SMART 化的计划才是良好且可行的，也能保证计划得以实施。

（5）任务分解法（WBS）。任务分解，即 Work Breakdown Structure，简称 WBS。如何进行 WBS 分解？可以将任务分成目标、任务、工作、活动四个阶段，通过将主体目标逐步细化分解，最底层的任务活动可以直接分派给某个人去完成，每个任务原则上要求分解到不能再细分为止。通过这种自上而下与自下而上的充分沟通，一对一的交流小组讨论，使得分解后的活动结构清晰，逻辑上形成一个大的活动，集成了所有的关键因素，包含临时的关键节点，所有活动全部定义清楚。学会任务分解法，将任务分解得足够细，才能做到心中有数，有条不紊地工作。

（6）二八原则。二八原则是指总结果的 80% 是由总消耗时间中的 20% 所完成的，按事情的重要程度编排事务优先次序的准则，是建立在"重要的少数与琐碎的多数"的原理基础上的。二八原则启示我们在工作中要善于抓主要矛盾，善于从纷繁复杂的工作中理出头绪，把资源用在最重要、最紧迫的事情上。

2. 把握绩效考核的要点

在实施绩效考核之前，应当对企业的管理层做一个调整与考核，考核分工作态度、工作技能、工作效率、工作成绩、团队意识、沟通能力、配合能力、员工印象等几个方面。只有先对管理层考核进行调整，并考核到位，员工才会相信绩效考核体制，才会配合工作，也才会再次调动积极性。

企业需要根据自己企业的特点建立有效的绩效考核体系，但最重要的一点是将绩效考核建立在量化的基础上，而不是模糊的主观评价。如果企业是销售性质的，则可以根据员工的销售额和销售利润来建立量化的考核体系；如果企业是生产型的，则需要根据不同的岗位所承担的不同生产任务和合格率等设计考核体系。通常情况下标准评分体系的效果并不理想，即使建立了标准评分表格，最终仍然通过人来评分，因此应当根据工作性质分成较小的小组，由领导部门对不同的小组进行评估，以此为基础，由组长对小组成员进行评分。领导部门对组长充分放权，让更了解每一位小组成员的组长承担更多的责任。一项好的考核制度一定希望达到这样的目标：被考核的人员觉得是可接受的，考核人觉得是可操作的，企业觉得是可以鼓励员工努力工作的。实际上，同时达到上述目标很难，最常见的是谁都不满意，所以绩效考核做不好还不如不做。

完善的绩效考核体系至少应包含以下几个方面：①详尽的岗位职责描述及对职工工作的合理培训。②尽量将工作量化。③人员岗位的合理安排。④考核内容的分类。⑤企业文化的建立，如何让人才成为"财"而非"材"是考核前需要考虑的重要问题。⑥明确工作目标。⑦明确工作职责。⑧从工作态度（主动性、合作、团队、敬业等）、工作成果、工作效率等几个方面进行评价。⑨给每项内容细化出一些具体的档次，每个档次对应一个分数，每个档次要给予文字描述以统一标准。⑩给员工申诉的机会。

3. 员工绩效改进计划实施

很多人力资源经理都明白反馈的重要性，可是在实际工作中很少能有效地执行。问其原因，很多人会说棘手的问题太多，很难知道怎么办才好。由此，工作常常业绩不彰。很多时候我们不知道如何将评估结果有效反馈给员工，因为员工在反馈过程中很容易产生自我防卫的反抗情绪，甚至会与上司争辩，不仅预期中的目标不能达到，反而影响两者的关系，从而导致绩效评估工作仅能够发挥监督业绩达成程度的控制机能，而培育个人成长和发挥的反馈机能往往被有意无意地忽略了。造成有绩效评估而无反馈困境的原因，既有反馈的管理方法不科学、不完善方面的问题，也有被评估者在接受反馈信息的过程中的反应不能得到有效控制的问题。

评估结果的反馈是绩效评估中的最后一个环节，也是能否取得预期效果的关键环节。由于被评估者的性格特征、文化背景、成长经历、智力水平、自我防卫机制、认知的需求和式样，以及成长背景的不同，会导致同样的方式反馈同样的评估结果出现不同的反应。因此，为了达到积极的效果，在进行反馈执行之前，需要对员工进行研究，针对不同的研究，确定不同的反馈方式。

对员工的研究包含以下五个方面：

（1）观察员工。人力资源部或主管要加强对员工的观察，通过对其行为举止、工作表现以与其他员工之间的交往来确定其性格特征。

（2）与员工交流。在日常工作中，人力资源部经常会与员工接触，有深入了解员工的机会。通过这种直接的交流，能够更加深入地了解员工、认识员工。

（3）间接了解。由于员工的一些性格细节不易被人力资源部门掌握，可以通过对反馈对象熟悉的员工来进一步了解。

（4）性格类型测试。现在有许多比较科学规范的测试方法和量表，能够让企业较科学地掌握员工的性格特征。

（5）资料收集和汇总。通过收集的资料，结合员工的个人成长背景、成长环境，可以深入了解员工，知道他们可以接受什么样的反馈方式，用什么样的反馈方式不能接受。

反馈的过程实际上也是一个沟通的过程，因此在反馈时可以用正式反馈，也可以用非正式反馈。

正式反馈包括面谈式反馈和讨论式反馈，其中以面谈式反馈为主。要使面谈有效果，评估者和被评估者都必须做好充分的准备。首先要明确5W1H，即为什么要面谈（Why），面谈什么（What），选择什么样的地方（Where），什么时间（When），面谈对象（Who），怎样进行面谈（How）。这些准备活动都要依据对评估人员的评估结果来进行。然后根据员工的特点、性格特征等因素，有选择地采取几种方式：一是实事求是并有的放矢；二是肯定成绩且指出缺点；三是积极参与并共同讨论。讨论式反馈是指将绩效评估结果放到一定群体中进行讨论，可以纠正一些主观错误，或者由于评估者因素而产生的误差，也可以明确某些考核指标对员工的重要性，以便在日后的工作中加以改正。群体讨论中要注意以下几点：一是选择合适的群体进行讨论；二是讨论的主题选择，以及鼓励和控制；三是创造一个轻松融洽的气氛；四是努力达成结果；五是对结果进行存档。

对于一些特殊岗位的员工或特殊的员工，如果通过正式反馈方法很难达到既定的目的，这就要求采用一些非正式的反馈方法，即在一些非正式的场合采用非正式的方法，通过同事的关心、领导的关怀，使员工容易接受，两者也能够心平气和地沟通。反馈过程是一个管理的过程，同时也是一个控制的过程，控制的目的是为了实现工作目标，避免决策和执行运作过程中的偏差，发现决策和执行运作过程中的不足，完善、纠正以及实现目标，并不断提高和超过预期的目标。

4. 薪酬管理

薪酬一词在英文中的直接对应词汇为compensation，这个词本身具有弥补或补偿之意，因此薪酬在本质上是组织为获得员工所提供的劳动而提供的一种回报和报酬，但是在英文中不同的使用者在使用这一词汇时也会做出不同的界定。目前较为常见的一种薪酬定义是员工因为雇佣关系的存在，而从雇主那里获得的所有各种形式的经济收入，以及有形服务和福利，这种薪酬的概念包含直接经济报酬和间接经济报酬。此外，在实践中我们会把薪酬与福利两部分之和称为总薪酬，并且将薪酬称为直接薪酬，而将福利称为间接薪酬，同时也会把直接薪酬划分为基本薪酬和可变薪酬两大部分。因此薪酬会代表薪酬和福利，比如薪酬管理一词，实际上往往包括薪酬和福利两部分内容的管理。

所谓薪酬管理是指一个组织针对所有员工所提供的服务，来确定他们应当得到的薪酬总额、薪酬结构以及薪酬形式的过程。在这一过程中，组织必须就薪酬形式、薪酬体系、构成水平结构等做出相应的决策。同时，作为一种持续的组织过程，还需要不断地通过制定薪酬计划，拟定薪酬预算，就薪酬管理问题与员工进行沟通，同时对薪酬系统本身的有效性做出评价，而后不断予以完善。

薪酬管理是人力资源管理系统中一个重要的组成部分，与其他人力资源管理的职能共同构成了公司使命、愿景以及目标实现的重要基础。薪酬管理对于组织人员薪酬管理的作用主要体现在以下几个方面：

一是薪酬管理可以有效地支持组织战略的实现，提升组织经营绩效。薪酬对于员工的工作行为态度以及效率有着直接的影响。薪酬不仅可以决定组织能够招募到的员工的数量和质量，同时也可以决定组织中的人力资源存量以及员工受到激励的现状，这对他们的工作效率和缺勤率及组织承诺等都有着重要的影响，从而直接影响到组织的绩效。薪酬实际上就是组织向员工传递的一种强烈的信号，通过这个信号，组织可以让员工了解哪种行为态度以及工作效率是受到鼓励的，是对组织有贡献的。

二是塑造和强化组织文化。薪酬会对员工的工作行为和工作态度产生很强的引导作用，因此合理的、富有激励性的薪酬制度，有助于组织塑造良好的组织文化，或者对已有的组织文化起到积极作用。但是如果薪酬政策与组织文化和价值观之间存在着冲突，那么其会对组织文化和组织的价值观产生消极影响。

三是薪酬可有效地支持组织变革。薪酬可以通过作用于员工个人或团体和整体来创造与组织变革相适应的氛围，从而有效地推动组织变革。因为组织的薪酬政策和薪酬制度与组织的变革之间是存在着内部联系的，作为一种强有力的激励工具和手段，如果薪酬能够得到有效运用，可以起到沟通和强化新的行为价值观的作用，同时还可以直接成为对新绩效目标的达成提供报酬的一种重要的工具。

四是薪酬可以帮助组织有效地控制经营成本。由于组织所支付的薪酬水平会直接影响到组织在劳动力市场上的竞争能力，因此保持一种相对稳定的薪酬水平，对于组织吸引和保留员工来说无疑是有利的。但是较高的薪酬水平会对组织产生成本压力，会对组织在产品市场中的竞争产生不利影响。因此，一方面组织为了获得和保留不可或缺的人力资源，不得不付出一定代价，另一方面组织出于竞争压力，又必须注意控制成本。

5. 员工关系与福利管理

人力资源管理的最终目的是通过实现企业和员工之间的需求匹配，在满足员工的正当需求的前提下，吸引留住以及激励和激发员工来帮助组织实现战略目标，赢得竞争优势。人力资源管理部门或者人力资源管理者在本质上是企业和资方的代表，因此并不是介于企业和员工之间的中立的第三方。因此，人力资源管理职能是从企业的角度出发，代表企业来处理企业和员工之间的关系，这种企业和员工之间的关系简称为员工关系，员工关系存在的基础是雇佣关系，没有雇佣关系的存在就不会产生员工关系。

员工关系的概念同样有广义与狭义之分，狭义的员工关系不涉及企业与工会之间的关系，只涉及企业与员工之间的内部关系及雇主与员工的关系。既不涉及工会，也不涉及政府，是企业与员工在一定的法律框架内形成的契约的总和。广义的员工关系概念则与广义的劳资关系概念一致，涉及与雇佣关系有关的所有方面的内容，不仅涵盖企业和员工之间的内部关系，而且涵盖企业和代表部分或全部员工的工会之间的关系，既包含员工与工会会员之间的雇佣关系，也包含与非工会会员之间的雇佣关系。尽管员工关系实际上是经济关系、管理关系、法律关系等几种不同性质的关系的总和，但员工关系在本质上仍以雇佣关系为基础。

员工关系管理就是对员工关系进行的管理，这种管理更多的是从企业的角度出发，在遵守国家相关法律法规的基础上，为实现企业自身目标以及确保对员工的公平对待，所依据的基本理念和实施的具体规章制度政策以及管理实践的总和。员工关系管理既包含劳动关系的管理，也包含员工流动管理、惩戒与隐私、组织文化、员工安全与健康等方面的内容。

企业在进行员工关系管理时，最主要的目的有两个：一是确保人力资源管理政策的合法性；二是确保人力资源管理政策与管理实践对员工的公平性。合法性和公平性是一家企业吸引员工的基础，它能够为企业战略目标的实现，以及日常经营活动的开展营造和谐的组织氛围。

确保员工管理政策和管理实践的合法性。企业实施员工管理的一个最基本目的是确保本企业实施的各项人力资源管理政策合乎法律要求。企业无论是在与员工个人打交道时，还是在与代表员工的工会打交道时，都必须做到依法办事，不能违背法律法规的要求。我国劳动法规法律也非常全面。目前正在实施的法律大多是在实行市场经济之后进行过重新修订或新颁布的，其中企业和员工关系最为密切，规定比较全面的，当属1995年正式实施的《劳动法》。此外2008年正式实施的《劳动合同法》《劳动争议调解仲裁法》《就业促进法》等，也是我国劳动保障法律体系的重要组成部分。

企业对这些法律法规的内容必须非常清楚，并且能够将这些法律法规中的内容全面准确地运用到企业制度和政策制定以及日常管理实践中，避免出现违法行为。为了保证企业的人力资源管理体系达到合法性的标准，一些企业还会进行专项人力资源审计，这种审计有时会成为合规性审计，即将组织的各种人力资源管理职能以及管理活动，可能涉及的法律问题一一列举出来。对照相关法律法规的相关要求，逐条对企业人力资源管理政策是否符合国家的法律法规要求进行评估，从而避免企业出现违法风险。

确保员工管理政策和管理实践的公平性，合法性无疑是企业实施员工管理的一个最重要的要求。但是除了需要确保组织的人力资源管理体系和管理实践是合法的，企业通常还需要实践一些具体的项目和计划，与员工进行广泛顺畅的沟通，以及在管理决策和执行中尽可能地体现公平性，使员工产生公平感。要想确保公平性，首先必须理解员工是怎样得出公平或不公平的结论的。

从理论上来说，员工对于组织管理政策和管理实践公平性的感知是根据企业的管理系统产生的结果，因此公平性可以区分为结果公平、程序公平以及人际公平三种类型。首先人们对结果公平的认知是基于对员工的管理政策产生的结果是公正的。其次人们对程序公平的认知是基于组织运用公平的方法来决定员工应当承受的后果这种判断。最后人们对人际公平的认知是依据组织在采取行动时能够考虑到员工的感受，这种判断涉及管理者与员工之间的互动方式，那么管理人员如何提高员工的公平感知呢？一项研究指出，以下三种行为会提高员工对公平的感知：一是让员工参与对他们有切实影响的各种决策的制定过程，征求他们的意见，并允许他们对他人的观点和假设提出反驳。二是确保决策的影响对象或涉及的每个人都能理解制定决策的原因，以及在这些决策背后隐含的基础。三是确保让每个人都能提前知道决策者是依据什么标准对他们做出评价的。此外，提供双向沟通的机会，对于提高员工的公平感也具有非常重要的作用。

阅读专栏7-9　人力资源管理方式

1. "抽屉式"管理

在现代管理中，它也叫做"职务分析"。当今许多国家的大中型企业，都非常重视"抽屉式"管理和职位分类，并且都在"抽屉式"管理的基础上，不同程度地建立了职位分类制度。据调查统计：泰国在1981年采用"抽屉式"管理的企业为50%，在1985年为75%，而在1999年为95%以上。最近几年，中国香港的大中型企业也普遍实行"抽屉式"管理。

"抽屉式"管理是一种通俗形象的管理术语，它形容在每个管理人员办公桌的抽屉里，都有一个明确的职务工作规范，在管理工作中，既不能有职无权，也不能有责无权，更不能有权无责，必须职、责、权、利相互结合。

2. "一分钟"管理

目前，西方许多企业纷纷采用"一分钟"管理法则，并取得了显著的成效。具体内容为一分钟目标、一分钟赞美及一分钟惩罚。

一分钟目标，就是企业中的每个人都将自己的主要目标和职责明确地记在一张纸上。

每一个目标及其检验标准，应该在250个字内表达清楚，一个人在一分钟内能读完。这样，便于每个人明确认识自己为何而干，如何去干，并且据此定期检查自己的工作。

一分钟赞美，就是人力资源激励。具体做法是企业的经理经常花费不长的时间，在职员所做的事情中，挑出正确的部分加以赞美。这样可以促使每位职员明确自己所做的事情，更加努力地工作，使自己的行为不断向完美的方向发展。

一分钟惩罚，是指某件事应该做好，但却没有做好，对有关的人员首先进行及时批评，指出其错误，然后提醒他，你是如何器重他，不满的是他此时此地的工作。这样，可使做错事的人乐于接受批评，感到愧疚，并注意避免同样错误的发生。

"一分钟"管理法则妙就妙在它大大缩短了管理过程，有立竿见影的效果。一分钟目标，便于每位员工明确自己的工作职责，努力实现自己的工作目标；一分钟赞美可使每位员工更加努力地工作，使自己的行为趋向完善；一分钟惩罚可使做错事的人乐意接受批评，促使他今后工作更加认真。

3. "破格式"管理

在企业诸多管理中，最终都是通过对人事的管理达到变革创新的目的。因此，世界发达企业都根据企业内部竞争形势的变化，积极实行人事管理制度变革，以激发员工的创造性。

在日本和韩国企业里，过去一直采用以工作年限作为晋升职员级别和提高工资标准的"年功制度"，这种制度适应了企业快速膨胀时期对用工用人的要求，提供了劳动力就业与发展的机会。进入20世纪80年代以来，这些发达企业进入低增长和相对稳定阶段，"年功制度"已不能满足职员的晋升欲望，使企业组织人事的活力下降。自20世纪90年代初起，日本、韩国的发达企业着手改革人事制度，大力推行根据工作能力和成果决定升降员工职务的"破格式"的新人事制度，收到了明显成效。世界大企业人事制度的变革，集中反映出对人的潜力的充分挖掘，以搞活人事制度来搞活企业组织结构，注意培养和形成企业内部的"强人"机制，形成竞争、奋发、进取、开拓的新气象。

4. "和拢式"管理

"和拢"表示管理必须强调个人和整体的配合，创造整体和个体的高度和谐。在管理中，欧美企业主要强调个人奋斗，促使不同的管理相互融洽借鉴。

它的具体特点是：

（1）既有整体性，又有个体性。企业每位成员对公司产生使命感，"我就是公司"是"和拢式"管理中的一句响亮口号。

（2）自我组织性。放手让下属做决策，自己管理自己。

（3）波动性。现代管理必须实行灵活经营战略，在波动中进步和革新。

（4）相辅相成。要促使不同的看法、做法相互补充交流，使一种情况下的缺点变成另一种情况下的优点。

（5）个体分散与整体协调性。一个组织中单位、小组、个人都是整体中的个体，个体都有分散性、独创性，通过协调形成整体的形象。

（6）韵律性。企业与个人之间形成一种融洽和谐充满活力的气氛，激发人们的内驱力和自豪感。

5. "走动式"管理

这是世界上流行的一种创新管理方式，它主要是指企业主管体察民意，了解实情，与部属打成一片，共创业绩。这种管理风格，已显示出其优越性，具体如下：

（1）主管动部属也跟着动。日本经济团体联合会名誉会长土光敏夫采用"身先士卒"的做法，一举成为日本享有盛名的企业家，在他接管日本东芝电器公司前，东芝已不再享有"电器业摇篮"的美称，生产每况愈下。土光敏夫上任后，每天巡视工厂，遍访了东芝设在日本的工厂和企业，与员工一起吃饭，闲话家常。清晨，他总比别人早到半个钟头，站在厂门口，向工人问好，率先示范。员工受此气氛的感染，促进了相互间的沟通，士气大振。不久，东芝的生产恢复正常，并有很大发展。

（2）投资小，收益大。走动管理并不需要太多的资金和技术，就可能提高企业的生产力。

（3）看得见的管理。就是说最高主管能够到达生产第一线，与工人见面、交谈，希望员工能够对他提意见，能够认识他，甚至与他争辩是非。

（4）现场管理。主管每天马不停蹄地到现场走动，部属也只好舍命陪君子了！

（5）"得人心者昌"。优秀的企业领导要常到职位比他低几层的员工中去体察民意，了解实情，多听一些"不对"，而不是只听"好"的。不仅要关心员工的工作，叫得出他们的名字，而且要关心他们的衣食住行。这样，员工觉得主管重视他们，工作自然十分卖力。一家企业有了员工的支持和努力，自然就会昌盛。

推荐阅读

伍双双. 人力资源开发与管理［M］. 北京：北京大学出版社，2010.

思考题

1. 人才的内涵与特性主要包含哪些方面？
2. 企业人才的选拔、培养、评价与使用主要注意哪些方面？
3. 企业人才优化的一般要求有哪些？
4. 企业领军人才、复合型人才管理的要求主要有哪些？

5. 人力资源的特点有哪些，人力资源管理的特点有哪些？

6. 编制企业人力资源管理方案包括哪些环节？

7. 绩效管理的作用和方法体系有哪些？

8. 绩效管理目前存在的误区主要有哪些方面？

第八章　企业财务、金融、投资管理

学习目标

1. 理解财务管理的目标及内容；
2. 能初步认识和了解企业的财务管理情况；
3. 能正确处理企业内外部相关部门的关系；
4. 能确定企业最优资金结构并做出筹资决策；
5. 了解项目投资的概念、类型及项目投资决策的程序；
6. 掌握各种贴现与非贴现指标的含义及计算方法；
7. 掌握项目投资决策评价指标的应用；
8. 能够描述企业证券投资的主要风险并进行投资决策。

第一节　企业财务管理

一、企业财务管理概述

（一）财务管理的含义

财务管理即管理财务，简言之为"理财"。企业财务管理是企业根据财经法规制度，按照财务管理的原则，组织企业财务活动，处理各种财务关系的经济管理活动。财务管理在企业整个经营管理活动中居于核心地位，随着管理的需要而产生，随着生产的发展而发展。

企业财务管理的对象就是以资本运作为重心的资本筹集、资本运用和资本收益分配的财务管理活动。企业的财务管理是基于企业在生产过程中客观存在的财务活动和由此产生的财务关系，因此，财务管理的内容包括财务活动和财务关系两个方面。

1. 财务活动

财务活动是指企业经营过程中发生的涉及资金的收支活动，包括筹资、投资、运营、分配等一系列活动。财务活动作为一种资本经营活动，其实质是一种管理活动。

（1）筹资活动。企业筹集资金，表现为企业资金的流入；企业偿还借款，支付利息、股利以及付出各种筹资费用等，则表现为企业资金的流出。这种因资金筹集而产生的资金收支，便是由企业筹资而引起的财务活动，是企业财务管理的主要内容之一。

（2）投资活动。企业的投资包括对内投资和对外投资，购置流动资产、固定资产、无形资产等属于对内投资，投资股票、债券等属于对外投资。

（3）运营活动。企业在日常生产经营过程中，会发生一系列的资金收付，包括采购材料或商品物资、支付职工薪酬和其他营业费用、缴纳税费等引起的资金支出，以及销售商品或提供劳务产生的资金收入等。这种因企业经营而引起的财务活动，也称为资金运营活动。

（4）分配活动。企业通过投资（或资金运营活动）取得收入，并相应实现资金的增值，分配总是作为投资的结果而出现的，它是对投资成果的分配。

上述财务活动的各个方面不是孤立的，而是相互联系、相互依存的。资金的筹集是资金运动的起点和条件；资金的投放是资金筹集的目的和运用；资金的运营是资金运用的日常控制；资金的分配则反映了企业资金运营的状况及其最终成果。正是上述互相联系又有一定区别的四个方面，构成了完整的企业财务活动。

2. 财务关系

企业财务关系是指企业在组织财务活动过程中与各有关方面发生的经济关系。企业的财务关系可概括为以下几个方面：

（1）企业与投资者之间的财务关系。企业与投资者之间的财务关系主要是指企业的投资者向企业投入资金，企业向其投资者支付投资报酬所形成的经济关系，主要体现为经营权与所有权的关系。

（2）企业与债权人之间的财务关系。企业与债权人之间的财务关系主要是指企业向债权人借入资金，并按合同的规定偿还本金和支付利息所形成的经济关系，主要体现为债务和债权的关系。

（3）企业与受资者之间的财务关系。企业与受资者之间的财务关系主要是指企业以购买股票或直接投资的形式对其他企业投资所形成的经济关系，主要体现为投资和受资的关系。

（4）企业与债务人之间的财务关系。企业与债务人之间的财务关系主要是指企业将其资金以购买债券、提供借款或商业信用等形式出借给其他单位所形成的经济关系，主要体现为债权和债务的关系。

（5）企业与政府之间的财务关系。企业与政府之间的财务关系是指政府作为社会管理者，以提供公共行政管理和收取各种税款而与企业形成的经济关系，主要体现为依法纳税和依法征税的关系。

（6）企业内部各单位之间的财务关系。企业内部各单位之间的财务关系主要是指企业内部各单位之间在生产经营各环节中互相提供产品或劳务所形成的经济关系，主要体现为企业与内部各单位之间的关系。

（7）企业与职工之间的财务关系。企业与职工之间的财务关系主要是指企业向职工支付劳动报酬过程中所形成的经济关系。

阅读专栏 8-1　资金时间价值

1. 资金时间价值的含义

资金的时间价值，是指一定量的资金在经历一段时间的投资或使用后所增加的价值。它是在不考虑通货膨胀和风险条件下的社会平均资金成本，是劳动者创造的剩余价值的一部分。资金的时间价值有两种表示形式：一种是绝对数，另一种是相对数。

2. 有关资金时间价值的基本概念

（1）单利。单利是指只对本金计算利息的一种计息方式。单利制下，只按本金计算利息，不管时间多长，期间利息支付与否，所生利息均不予计算利息，即利不生利。单利的计算公式如下：

$F = P \times (1 + i \times n)$

其中，F 为终值，P 为现值，i 为利率，n 为期数。

【例 8-1】张某将 100 元存入银行，年利率为 4%，采用单利计息，5 年后到期的收益是多少？

解：$F = 100 \times (1 + 4\% \times 5) = 120$（元）。

（2）复利。复利是指经过一定期间，将所生利息加入本金再计利息，逐渐滚算，俗称"利滚利"。复利的计算公式如下：

$F = P \times (1 + i)^n$

其中，F 为终值，P 为现值，i 为利率，n 为期数。

【例 8-2】张某将 100 元存入银行，年利率为 4%，采用复利计息，2 年后到期的收益是多少：

解：$F = 100 \times (1 + 4\%)^2 = 108.16$（元）。

（3）终值。终值也称将来值，是指现在一定量的现金在未来某一时点上的价值，即包括资金时间价值在内的本利和。

（4）现值。现值也称本金，指未来某一时点上的一定量的现金按资金时间价值折合为现在价值。

（5）年金。年金就是在一定期间内连续、等额发生的系列收支，年金有普通年金、预付年金、递延年金和永续年金。它具有连续、等额、定期的特点。

3. 货币时间价值在企业经营中的应用

（1）在企业存货管理中的应用。一方面，企业会由于销售增加引起存货增加而多占用资金；另一方面，企业也会由于存货周转慢而使存货滞销、积压严重，影响资金的周转，降低企业的经济效益。假如经营者要处理积压存货，权衡存货削价的得失时，要从货币的时间价值上考虑以下两个方面：第一，在预计滞销积压存货时，不能按单利计算，而要按复利计算；第二，保管费用的货币支出也应按复利计算其终值。

（2）在企业销货分期付款中的应用。如企业采用分期付款销售方式，这里也有货币时间价值问题。

（3）在企业设备投资中的应用。企业在进行固定资产更新决策时，面临着继续使用旧设备与购置新设备的选择。一般说来，设备更换并不改变企业的生产能力，不增加企业的现金流入。因此，较好的分析方法是比较继续使用和更新的年成本，以年成本较低的作为好方案，这时，就要考虑货币时间价值。

除了上述几个方面外，企业经营活动中的委托代销、应收应付、租赁寄售、股利分红、企业兼并收购、固定资产折旧及对外经济贸易等方面，都应充分考虑货币的时间价值，以使资金在周转过程中发挥最大的经济效益。

（二）财务管理职能

一般来说，企业财务管理职能包括以下职能：

1. 财务预测

财务预测是指根据财务活动的历史资料，考虑现实的要求和条件，对企业未来的财务活动和财务成果做出科学的预计和测算。主要包括以下几个步骤：明确预测目标；收集相关资料；建立预测模型；确定财务预测结果。

2. 财务决策

财务决策是指财务人员按照财务目标的总体要求，利用专门方法对各种备选方案进行比较分析，并从中选出最佳方案的过程。在市场经济条件下，财务管理的核心是财务决策，主要包括以下步骤：确定决策目标；提出备选方案；选择最优方案。

3. 财务计划

财务计划是指运用科学的技术手段和数量方法，对未来财务活动的内容及指标所进行的具体规划。财务计划的编制一般包括以下几个步骤：分析财务环境，确定计划指标；协调财务能力，组织综合平衡；选择预算方法，编制财务预算。

4. 财务控制

财务控制是指在财务管理过程中，利用有关信息和特定手段，对企业财务活动所施加的影响或进行的调节。财务控制一般包括以下步骤：制定控制标准，分解落实责任；实施追踪控制，及时调整误差；分析执行情况，搞好考核奖惩。

5. 财务分析

财务分析是指根据核算资料，运用特定方法，对企业财务活动过程及其结果进行分析和评价的一项工作。财务分析包括以下步骤：占有资料，掌握信息；指标对比，揭露矛盾；分析原因，明确责任；提出措施，改进工作。

（三）财务管理原则

财务管理原则是企业在自觉认识和掌握财务活动规律的基础上，组织财务活动，处理财务关系的行为准则。它是从企业理财实践中概括出来，并体现理财活动规律的行业规范，是对财务管理工作的基本要求。这些原则一般包括以下几个方面：

1. 依法理财原则

市场经济是法治经济，财务管理必须依法办事，贯彻依法理财原则。企业应该建立健全财务管理制度，做好财务管理基础工作；依法合理筹集资金并有效使用资金，严格执行国家规定的各项财务收支范围和标准，做好各项财务收支的计划预测、控制核算和分析考核；正确计算企业经营成果，如实反映企业财务状况，努力提高经济效益；依法计算和缴纳税金；按照规定顺序和要求分配利润，保证投资者的权益不受侵犯。

2. 货币时间价值原则

货币时间价值是客观存在的经济范畴，它是指货币经历一段时间的投资和再投资所增加的价值。从经济学的角度看，即使在没有风险和通货膨胀的情况下，一定数量的货币资金在不同时点上也具有不同的价值。

3. 资金合理配置原则

拥有一定数量的资金，是企业进行生产经营活动的必要条件，但任何企业的资金总是有限的。资金合理配置是指企业在组织和使用资金的过程中，应当使各种资金保持合理的结构和比例关系，保证企业生产经营活动的正常进行，使资金得到充分有效的运用，并从整体上（不一定是每一个局部）获得最大的经济效益。

4. 成本—效益原则

成本—效益原则就是要对企业生产经营活动中的所费与所得进行分析比较，将花费的成本与所取得的效益进行对比，使效益大于成本，产生"净增效益"。成本—效益原则贯穿于企业的全部财务活动中。

5. 风险—报酬均衡原则

在市场经济的激烈竞争中不可避免地要遇到风险。企业要想获得收益，就不能回避风险。风险—报酬均衡原则是指决策者在进行财务决策时，必须对风险和报酬做出科学的权衡，使所冒的风险与所取得的报酬相匹配，达到趋利避害的目的。

6. 利益关系协调原则

企业是由各种利益集团组成的经济联合体。这些经济利益集团主要包括企业的所有者、经营者、债权人、债务人、国家税务机关、消费者、企业内部各部门和职工等。利益关系协调原则要求企业协调、处理好与各利益集团的关系，切实维护各方的合法权益，将按劳分配、按资分配、按知识和技能分配、按绩分配等多种分配要素有机结合起来。只有这样，企业才能营造一个内外和谐、协调的发展环境，充分调动各有关利益集团的积极性，最终实现企业价值最大化的财务管理目标。

（四）财务管理目标

企业财务管理目标是企业财务管理活动所希望实现的结果，它决定着企业财务管理的基本方向，是企业财务管理工作的出发点，直接反映财务管理环境的变化，反映企业利益集团利益关系的均衡，是各种因素相互作用的综合体现。目前，企业财务管理目标有以下几种具有代表性的模式：

1. 利润最大化

利润最大化目标认为，利润代表了企业新创造的财富，利润越多说明企业的财富增加得越多，越接近企业的目标。

企业追求利润最大化，就必须讲求经济核算，加强管理，改进技术，提高劳动生产率降低产品成本，这些措施都有利于企业资源的合理配置，有利于企业整体经济效益的提高。但是，该目标在以下方面有所欠缺：一是没有考虑利润取得的时间价值因素；二是没有考虑所获得利润和投入资本的关系；三是没有考虑所获取的利润和所承担风险的关系；四是可能导致企业短期财务决策倾向，影响企业的长远发展；五是没有明确利润最大化中利润的概念，这就给企业管理当局提供了进行利润操纵的空间。

2. 股东财富最大化

股东财富最大化指通过财务上的合理经营，为股东带来最多的财富。他们是企业的所有者，股东投资的价值在于企业能给所有者带来未来报酬，包括获得股利和出售股权换取现金。与利润最大化相比，该指标有一些改进：一是考虑了资金的时间价值和风险因素，股票的内在价值是按照风险调整折现后的现值计算的。二是在一定程度上能避免企业追求短期行为，因为不仅目前的利润会影响股票价格，预期未来的利润对企业股票价格也会产生重要影响。三是对上市公司而言，股东财富最大化目标比较容易量化，便于考核和奖惩。

3. 企业价值最大化

企业价值最大化是指采用最优的财务结构，充分考虑资金的时间价值以及风险与报酬的关系，使企业价值最大化。企业价值就是企业的市场价值，是企业所能创造的预计未来现金流量的现值。该目标的一个显著特点就是全面地考虑到了企业利益相关者和社会责任对企业财务管理目标的影响。

以企业价值最大化作为财务管理目标也存在一定的问题：一是对于非上市公司，这一目标值不能依靠股票市价做出评判，需通过资产评估方式进行，由于评估标准和评估方式的影响，这种估价不易客观准确。二是企业价值，特别是股票价值并非为企业所控，其价格波动受多方面影响，这对企业实际经营业绩的衡量也会产生一定的影响。

（五）企业财务管理特点

众所周知，企业的正常运营离不开管理，而企业的管理包括方方面面，如生产管理、技术管理、人力资源管理、设备管理、销售管理、财务管理等，财务管理仅是企业管理的一个重要分支，有别于其他管理。财务管理具有以下三个显著特点：

1. 价值管理

财务管理是价值管理，主要是运用价值形式对企业的经营活动进行管理，通过价值形式将企业的人、财、物等物质资源、经营过程和经营成果合理规划和控制，达到提高企业经济效益、增加企业财富的目的。

2. 广泛性

财务管理涉及面广，与企业各方面都有广泛的联系。由于企业的各项经营活动离不开资金的运用，因此财务管理的触角常常伸向企业经营的每一个角落，每个部门都会通过资金的使用与财务部门发生关系，同时各部门也需要财务部门的支持和配合，并在财务部门的监督和指导下合理使用资金，最终实现经营目标。

3. 综合性

财务管理是围绕企业资金运动展开的，而资金运用具有综合性，这就决定了财务管理具有综合性的特点，它是通过财务指标以价值形式综合反映企业的经营能力、成果和状态。企业的决策是否合理、经营是否得当、产销是否顺畅、技术是否先进等，均可在财务指标中迅速得到反映。

（六）财务管理环境

企业财务管理环境，是指对企业财务活动产生影响的企业外部条件。财务管理环境涉及的范围很广，其中最重要的是经济环境、法律环境和金融环境。

1. 经济环境

影响财务管理的经济环境因素十分广泛，主要包括经济体制、经济周期、经济发展水平和经济政策等。

（1）经济体制。经济体制是制约企业财务管理的重要环境因素之一。在计划经济体制下，财务管理活动内容比较单一，财务管理方法比较简单；在市场经济体制下，企业需要"自主经营，自负盈亏"，是一个完全独立的经济实体，必须要根据自身条件和外部环境作出各种财务管理决策并组织实施。

（2）经济周期。经济运行大体上经历了复苏、繁荣、衰退和萧条几个阶段的循环，这种循环被称为经济周期。在不同的经济周期，应该采用不同的财务管理战略。

（3）经济发展水平。企业财务管理工作者必须积极探索与经济发展水平相适应的财务管理模式。财务管理应当以宏观经济发展目标为导向，从业务工作角度保证企业经营目标和经营战略的实现。

（4）经济政策。经济政策是国家进行宏观经济调控的重要手段，包括产业政策、金融政策、财税政策、价格政策等。经济政策对企业财务的影响是非常大的，这就要求企业财务人员必须把握经济政策，更好地为企业的经营理财活动服务。

2. 法律环境

财务管理法律环境是指企业和外部发生经济关系时所应遵守的各种法律、法规和规章等。

（1）企业组织法规。组建不同的企业要依照不同的法规，这些法规主要有《公司法》《全民所有制工业企业法》《外资企业法》《中外合资经营企业法》《中外合作经营企业法》《私营企业条例》《合伙企业法》等。

（2）税务法规。税负是企业的一种费用，会增加企业的现金流出，对企业理财有重要影响。企业都希望在不违反税法的前提下减少税务负担。税负的减少只能靠投资、筹资和利润分配等财务决策的精心安排和筹划，而不允许在纳税行为已经发生时去偷税漏税。因此，精通税法对财务主管人员有重要意义。

（3）财务法规。财务法规是规范企业财务行为的法律规范，包括《会计法》《企业财务通则》和《企业会计制度》等。

3. 金融环境

金融环境是企业主要的环境因素。影响财务管理的主要金融环境因素有金融机构、金融市场和利率等。

（1）金融机构。金融机构主要包括银行和非银行金融机构。银行的主要职能是充当信用中介、充当企业之间的支付中介、提供信用工具、充当投资手段和充当国民经济的宏观调控手段。我国银行主要包括中央银行（中国人民银行）、国有商业银行、国家政策性银行、其他股份制银行。非银行金融机构主要包括信托投资公司、租赁公司和财务公司等。

（2）金融市场。金融市场是指资金供应者和资金需求者双方通过信用工具进行交易而融通资金的市场，即实现货币借贷和资金融通、办理各种票据和进行有价证券交易活动的市场。从企业财务管理的角度来看，金融市场作为资金融通的场所，是企业向社会筹集资金必不可少的条件。

（3）利率。利率也称利息率，是资金的增值额同投入资金价值的比率，是衡量资金增值程度的量化指标。资金作为一种特殊商品，它的供应和需求是影响利率的最基本因素，以利率作为价格标准，其融资实质上是资源通过利率这个价格标准实行分配。因此，利率在资金分配及财务决策中起着重要作用。

二、财务管理方法

一般分为定性预测和定量预测两大类。

（一）定性预测

定性预测法主要通过对各种情况和定性资料的分析判断来确定未来经济活动的发展，并得出定量的估计值的方法。通常用于缺乏定量分析资料，无法采用定量分析技术的情况。常用的方法有以下几个：

1. 个人判断法

个人判断法就是由企业决策者根据各方面的资料和情况分析以及自己的经验，对企业的某项财务活动的发展及结果做出主观的判断。这种方法在缺乏相关数据资料时特别有用。如果企业决策者有较丰富的经验和分析判断能力，并且对各方面的情况比较熟悉，采用该方法就可以获得较好效果。这种方法简单、快速，但有可能由于判断的根据不够充分发生错误。

2. 集合意见法

集合意见法可以克服个人判断法的缺点。这种方法又可分为以下几种：

（1）集体讨论法。集体讨论法就是围绕某一预测课题，召集有关人员一起进行讨论，各抒己见，进行分析，从而综合各方意见得出比较一致的估计，作为预测的结果。这种方法集思广益，弥补了个人知识和经验的不足，从而提高了判断的准确程度。

（2）德尔菲法（专家调查法）。德尔菲法就是通过企业预测机构向有关专家逐次寄送调查表，由有关专家根据自己的业务专长和对预测对象的深入了解，对调查表中提出的问题逐次发表个人意见，经过多次反馈，经整理后推断出预测对象未来一定期间的发展趋势及结果。这种方法避免了预测过程中相互的心理影响，专家回答问题时考虑充分，并且不需要原始资料，预测精度也较高，但预测周期长，一般适用于中长期预测。

3. 市场调查

市场调查法是先通过市场调查，收集有关数据，再按照数理统计的办法预测市场的需求量。

（二）定量预测

定量预测法是运用数学方法，通过预测模型进行计算从而得到预测结果的方法。常用的方法有以下三类：

1. 平均法

平均法是一种最简单的定量预测方法，它一般用于各期预测数据比较平稳、趋势变化不太明显的情况。这种方法可以消除偶然因素变化的影响。常用的方法有简单平均法、移动平均法、加权移动平均法、指数平滑法等。

2. 时间序列法

时间序列法就是根据历年（月）经济活动（预测对象）资料随时间的变化序列，从中找出变化趋势的规律，并把这种趋势规律表达为数学方程式（数学模型），然后用数学方程式进行预测的一种方法。常用的方法有直线趋势外推法、二次抛物线外推法等。

3. 因果分析法

因果分析法也叫相关分析法，它是利用事物之间的内在联系（相关）来进行预测的方法。属于这种预测方法的有引申需求预测法、回归分析法、投入产出法、量本利分析法等。

三、企业财务管理指标体系与功能

（一）企业营运能力指标

营运能力分析是指通过计算企业资金周转的有关指标分析其资产利用的效率，是对企业管理层管理水平和资产运用能力的分析。

1. 应收款项周转率

应收款项周转率也称应收款项周转次数，是一定时期内商品或产品主营业务收入净额与平均应收款项余额的比值，是反映应收款项周转速度的一项指标。其计算公式为：

应收款项周转率（次数）＝主营业务收入净额÷平均应收账款余额

其中：

主营业务收入净额＝主营业务收入−销售折让与折扣

平均应收账款余额＝（应收款项年初数＋应收款项年末数）÷2

应收款项周转天数＝360÷应收账款周转率＝（平均应收账款×360）÷主营业务收入净额

应收账款包括"应收账款净额"和"应收票据"等全部赊销账款。应收账款净额是指扣除坏账准备后的余额，应收票据如果已向银行办理了贴现手续，则不应包括在应收账款余额内。

应收账款周转率反映了企业应收账款变现速度的快慢及管理效率的高低，周转率高表明收账迅速，账龄较短；资产流动性强，短期偿债能力强；可以减少收账费用和坏账损失，从而相对增加企业流动资产的投资收益。同时，借助应收账款周转期与企业信用期限的比较，还可以评价购买单位的信用程度，以及企业原定的信用条件是否适当。在评价一家企业应收款项周转率是否合理时，应与同行业的平均水平相比较而定。

2. 存货周转率

存货周转率也称存货周转次数，是企业一定时期内的主营业务成本与存货平均余额的比率，它是反映企业的存货周转速度和销货能力的一项指标，也是衡量企业生产经营中存货营运效率的一项综合性指标。其计算公式为：

存货周转率（次数）＝主营业务成本÷存货平均余额

存货平均余额＝（存货年初数+存货年末数）÷2

存货周转天数＝360÷存货周转率＝（平均存货×360）÷主营业务成本

存货周转速度的快慢，不仅能反映出企业采购、生产、销售各环节管理工作状况的好坏，而且对企业的偿债能力及获利能力产生决定性的影响。一般来说，存货周转率越高越好，存货周转率越高，表明其变现的速度越快，周转额越大，资金占用水平越低。存货占用水平低，存货积压的风险就越小，企业的变现能力以及资金使用效率就越好。但是存货周转率分析中，应注意剔除存货计价方法不同所产生的影响。

3. 总资产周转率

总资产周转率是企业主营业务收入净额与资产总额的比率。它可以用来反映企业全部资产的利用效率。其计算公式为：

总资产周转率＝主营业务收入净额÷平均资产总额×100%

平均资产总额＝（期初资产总额+期末资产总额）÷2

资产平均占用额应按分析期的不同分别加以确定，并应当与分子的主营业务收入净额在时间上保持一致。

总资产周转率反映了企业全部资产的使用效率。总资产周转率高，说明全部资产的经营效率高，取得的收入多；总资产周转率低，说明全部资产的经营效率低，取得的收入少，最终会影响企业的盈利能力。企业应采取各项措施来提高企业的资产利用程度，如提高销售收入或处理多余的资产。

4. 固定资产周转率

固定资产周转率是指企业年销售收入净额与固定资产平均净值的比率。它是反映企业固定资产周转情况，从而衡量固定资产利用效率的一项指标。其计算公式为：

固定资产周转率＝主营业务收入净额÷固定资产平均净值×100%

固定资产平均净值＝（期初固定资产净值+期末固定资产净值）÷2

固定资产周转率高，不仅表明企业充分利用了固定资产，同时也表明企业固定资产投资得当，固定资产结构合理，能够充分发挥其效率。反之，固定资产周转率低，表明固定资产使用效率不高，提供的生产成果不多，企业的营运能力欠佳。

在实际分析该指标时，应剔除某些因素的影响。一方面，固定资产的净值随着折旧计提而逐渐减少，因固定资产更新，净值会突然增加；另一方面，由于折旧方法不同，固定资产净值缺乏可比性。

（二）盈利能力指标

盈利能力就是企业资金增值的能力，它通常体现为企业收益数额的大小与水平的高低。企业盈利能力的分析可从一般分析和社会贡献能力分析两个方面进行。

可以按照会计基本要素设置销售利润率、成本利润率、资产利润率、自有资金利润率和资本保值增值率等指标，评价企业各要素的盈利能力及资本保值增值情况。

1. 主营业务毛利率

主营业务毛利率是销售毛利与主营业务收入净额之比，其计算公式为：

主营业务毛利率＝销售毛利÷主营业务收入净额×100%

其中，销售毛利＝主营业务收入净额－主营业务成本。

主营业务毛利率指标反映了产品或商品销售的初始获利能力。该指标越高，表示取得同样销售收入的销售成本越低，销售利润越高。

2. 主营业务利润率

主营业务利润率是企业的利润与主营业务收入净额的比率，其计算公式为：

主营业务利润率＝利润÷主营业务收入净额×100%

根据利润表的构成，企业的利润分为主营业务利润、营业利润、利润总额和净利润四种形式。其中利润总额和净利润包含非销售利润因素，所以能够更直接反映销售获利能力的指标是主营业务利润率和营业利润率。通过考察主营业务利润占整个利润总额比重的升降，可以发现企业经营理财状况的稳定性、面临的危险或可能出现的转机。主营业务利润率指标一般要计算主营业务利润率和主营业务净利率。

主营业务利润率指标反映了每元主营业务收入净额给企业带来的利润。该指标越大，说明企业经营活动的盈利水平越高。

主营业务毛利率和主营业务利润指标分析中，应将企业连续几年的利润率加以比较，并对其盈利能力的趋势做出评价。

3. 资产净利率

资产净利率是企业净利润与平均资产总额的比率。它是反映企业资产综合利用效果的指标。其计算公式为：

资产净利率＝净利润÷平均资产总额×100%

平均资产总额为期初资产总额与期末资产总额的平均数。资产净利率越高，表明企业资产利用的效率越好，整个企业盈利能力越强，经营管理水平越高。

4. 净资产收益率

净资产收益率，亦称净值报酬率或权益报酬率，它是指企业一定时期内的净利润与平均净资产的比率。它可以反映投资者投入企业的自有资本获取净收益的能力，即反映投资与报酬的关系，因而是评价企业资本经营效率的核心指标。其计算公式为：

净资产收益率=净利润÷平均净资产×100%

其中，净利润是指企业的税后利润，是未作分配的数额。平均净资产是企业年初所有者权益与年末所有者权益的平均数。

平均净资产=（所有者权益年初数+所有者权益年末数）÷2

净资产收益率是评价企业自有资本及其积累获取报酬水平的最具综合性与代表性的指标，反映企业资本营运的综合效益。该指标通用性强，适用范围广，不受行业局限。在我国上市公司业绩综合排序中，该指标居于首位。通过对该指标的综合对比分析，可以看出企业获利能力在同行业中所处的地位，以及与同类企业的差异水平。一般认为，企业净资产收益率越高，企业自有资本获取收益的能力越强，营运效益越好，对企业投资人、债权人的保障程度越高。

5. 资本保值增值率

资本保值增值率是企业期末所有者权益总额与期初所有者权益总额的比率。资本保值增值率表示企业当年资本在企业自身努力下的实际增减变动情况，是评价企业财务效益状况的辅助指标。其计算公式如下：

资本保值增值率=期末所有者权益总额÷期初所有者权益总额×100%

该指标反映了投资者投入企业资本的保全性和增长性，该指标越高，表明企业的资本保全状况越好，所有者的权益增长越好，债权人的债务越有保障，企业发展后劲越强。一般情况下，资本保值增值率大于1，表明所有者权益增加，企业增值能力较强。但是，在实际分析时应考虑企业利润分配情况及通货膨胀因素对其的影响。

（三）偿债能力分析

偿债能力是指企业偿还到期债务（包括本息）的能力。偿债能力分析包括短期偿债能力分析和长期偿债能力分析。

1. 短期偿债能力分析

短期偿债能力是指企业流动资产对流动负债及时足额偿还的保证程度，是衡量企业当前财务能力，特别是流动资产变现能力的重要标志。

企业短期偿债能力分析主要采用比率分析法，衡量指标主要有流动比率、速动比率和现金流动负债比率。

（1）流动比率。流动比率是流动资产与流动负债的比率，表示企业每元流动负债有多少流动资产作为偿还的保证，反映了企业的流动资产偿还流动负债的能力。其计算公式为：

流动比率＝流动资产÷流动负债

一般情况下，流动比率越高，表明企业短期偿债能力越强，因为该比率越高，不仅表明企业拥有较多的营运资金抵偿短期债务，而且表明企业可以变现的资产数额较大，债权人的风险越小。但是，过高的流动比率并不都是好现象。

从理论上讲，流动比率维持在2∶1是比较合理的。但是，由于行业性质不同，流动比率的实际标准也不同。因此，在分析流动比率时，应将其与同行业平均流动比率、本企业历史流动比率进行比较，才能得出合理的结论。

（2）速动比率。速动比率，是企业速动资产与流动负债的比率。其计算公式为：

速动比率＝速动资产÷流动负债

其中，速动资产＝流动资产－存货，或：速动资产＝流动资产－存货－预付账款－待摊费用。

计算速动比率时，在流动资产中扣除存货，是因为存货在流动资产中变现速度较慢，有些存货可能滞销，无法变现。至于预付账款和待摊费用根本不具有变现能力，只是减少企业未来的现金流出量，所以理论上也应加以剔除，但实务中，由于它们在流动资产中所占的比重较小，计算速动资产时也可以不扣除。

传统经验认为，速动比率维持在1∶1较为正常，它表明企业每1元流动负债就有1元易于变现的流动资产来抵偿，短期偿债能力有可靠的保证。

速动比率过低，企业的短期偿债风险较大，速动比率过高，企业在速动资产上占用资金过多，会增加企业投资的机会成本。但以上评判标准并不是绝对的。

（3）现金流动负债比率。现金流动负债比率是企业一定时期的经营现金净流量与流动负债的比率，它可以从现金流量角度来反映企业当期偿付短期负债的能力。其计算公式为：

现金流动负债比率＝年经营现金净流量÷年末流动负债

其中，年经营现金净流量指一定时期内，由企业经营活动所产生的现金及现金等价物的流入量与流出量的差额。

该指标是从现金流入和流出的动态角度对企业实际偿债能力进行考察。用该指标评价企业偿债能力更为谨慎。该指标较大，表明企业经营活动产生的现金净流量较多，能够保障企业按时偿还到期债务。但该指标也不是越大越好，太大则表示企业流动资金利用不充分，收益能力不强。

2. 长期偿债能力分析

长期偿债能力是指企业偿还长期负债的能力。它的大小是反映企业财务状况稳定与否及安全程度高低的重要标志。其分析指标主要有以下四项：

（1）资产负债率。资产负债率又称负债比率，是企业的负债总额与资产总额的比率。它表示企业资产总额中，债权人提供资金所占的比重，以及企业资产对债权人权益的保障程度。其计算公式为：

资产负债率＝（负债总额÷资产总额）×100%

资产负债率高低对企业的债权人和所有者具有不同的意义。

债权人希望负债比率越低越好，此时，其债权的保障程度就越高。

对所有者而言，最关心的是投入资本的收益率。只要企业的总资产收益率高于借款的利息率，举债越多，即负债比率越大，所有者的投资收益越大。

一般情况下，企业负债经营规模应控制在一个合理的水平，负债比重应掌握在一定的标准内。

（2）产权比率。产权比率是指负债总额与所有者权益总额的比率，是企业财务结构稳健与否的重要标志，也称资本负债率。其计算公式为：

负债与所有者权益比率＝（负债总额÷所有者权益总额）×100%

该比率反映了所有者权益对债权人权益的保障程度，即在企业清算时债权人权益的保障程度。该指标越低，表明企业的长期偿债能力越强，债权人权益的保障程度越高，承担的风险越小，但企业不能充分地发挥负债的财务杠杆效应。

（3）负债与有形净资产比率。负债与有形净资产比率是负债总额与有形净资产的比例关系，表示企业有形净资产对债权人权益的保障程度，其计算公式为：

负债与有形净资产比率＝（负债总额÷有形净资产）×100%

有形净资产＝所有者权益－无形资产－递延资产

企业的无形资产、递延资产等一般难以作为偿债的保证，从净资产中将其剔除，可以更合理地衡量企业清算时对债权人权益的保障程度。该比率越低，表明企业长期偿债能力越强。

（4）利息保障倍数。利息保障倍数又称为已获利息倍数，是企业息税前利润与利息费用的比率，是衡量企业偿付负债利息能力的指标。其计算公式为：

利息保障倍数＝息税前利润÷利息费用

其中，利息费用是指本期发生的全部应付利息，包括流动负债的利息费用，长期负债中进入损益的利息费用以及进入固定资产原价中的资本化利息。

利息保障倍数越高，表明企业支付利息费用的能力越强，该比率越低　表明企业难以保证用经营所得来及时足额地支付负债利息。因此，它是企业是否举债经营，衡量其偿债能力强弱的主要指标。

若要合理地确定企业的利息保障倍数，需将该指标与其他企业，特别是同行业平均水平进行比较。根据稳健原则，应以指标最低年份的数据作为参照物。但是，一般情况下，利息保障倍数不能低于 1。

（四）社会贡献能力指标

在现代经济社会，企业对社会贡献的主要评价指标有两个：

1. 社会贡献率

社会贡献率是企业社会贡献总额与平均资产总额的比值。它反映了企业占用社会经济资源所产生的社会经济效益大小，是社会进行资源有效配置的基本依据。其计算公式为：

社会贡献率＝企业社会贡献总额÷平均资产总额

社会贡献总额包括工资（含奖金、津贴等工资性收入）、劳保退休统筹及其他社会福利支出、利息支出净额，以及应缴或已缴的各项税款、附加及福利等。

2. 社会积累率

社会积累率是企业上缴的各项财政收入与企业社会贡献总额的比值。其计算公式为：

社会积累率＝上交国家财政总额÷企业社会贡献总额

上缴的财政收入总额包括企业依法向财政缴纳的各项税款，如增值税、所得税、产品销售税金及附加、其他税款等。

（五）企业发展能力指标

发展能力是企业在生存的基础上，扩大规模，壮大实力的潜在能力。在分析企业发展能力时，主要考察以下指标：

1. 销售（营业）增长率

销售（营业）增长率是指企业本年销售（营业）收入增长额同上年销售（营业）收入总额的比率。这里，企业销售（营业）收入是指企业的主营业务收入。销售（营业）增长率表示与上年相比，企业销售（营业）收入的增减变化情况，是评价企业成长状况和发展能力的重要指标。其计算公式为：

$$销售（营业）增长率 = \frac{本年销售（营业）增长额}{上年销售（营业）收入总额} \times 100\%$$

该指标是衡量企业经营状况和市场占有能力、预测企业经营业务拓展趋势的重要标志，也是企业扩张增量和存量资本的重要前提。不断增加的销售（营业）收入，是企业生存的基础和发展的条件，"世界 500 强"就主要以销售收入的多少进行排序。该指标若大于零，表示企业本年的销售（营业）收入有所增长，指标值越高，表明增长速度越快，企业市场前景越好；若该指标小于零，则表明企业或是产品不适销对路、质次价高，或是在售后服务等方面存在问题，产品销售不出去，市场份额萎缩。该指标在实际操作时，应结合企业历年的销售（营业）水平、企业市场占有情况、行业未来发展及其他影响企业发展的潜在因素进行前瞻性预测，或者结合企业前三年的销售（营业）收入增长率做出趋势性分析判断。

2. 资本积累率

资本积累率是指企业本年所有者权益增长额同年初所有者权益的比率，它可以表示企业当年资本的积累能力，是评价企业发展潜力的重要指标。其计算公式为：

$$资本积累率 = \frac{本年所有者权益增长额}{年初所有者权益} \times 100\%$$

该指标是企业当年所有者权益总的增长率，反映了企业所有者权益在当年的变动水平。资本积累率体现了企业资本的积累情况，是企业发展强盛的标志，也是企业扩大再生产的源泉，展示了企业的发展活力。资本积累率反映了投资者投入企业资本的保全性和增长性，该指标越高，表明企业的资本积累越多，企业资本保全性越强，持续发展的能力越大。该指标如为负值，表明企业资本受到侵蚀，所有者利益受到损害，应予以充分的重视。

3. 总资产增长率

总资产增长率是企业本年总资产增长额同年初资产总额的比率，它可以衡量企业本期资产规模的增长情况，评价企业经营规模总量上的扩张程度。其计算公式为：

$$总资产增长率 = \frac{本年总资产增长额}{年初资产总额} \times 100\%$$

该指标是从企业资产总量扩张方面衡量企业的发展能力，表明企业规模增长水平对企业发展后劲的影响。该指标越高，表明企业一个经营周期内资产经营规模扩张的速度越快。但实际操作时，应注意资产规模扩张的质与量的关系，以及企业的后续发展能力，避免资产盲目扩张。

4. 固定资产成新率

固定资产成新率是企业当期平均固定资产净值同平均固定资产原值的比率。其计算公式为：

$$固定资产成新率 = \frac{平均固定资产净值}{平均固定资产原值} \times 100\%$$

平均固定资产净值是指企业固定资产净值的年初数同年末数的平均值。平均固定资产原值是指企业固定资产原值的年初数与年末数的平均值。

固定资产成新率反映了企业所拥有的固定资产的新旧程度，体现了企业固定资产更新的快慢和持续发展的能力。该指标高，表明企业固定资产比较新，对扩大再生产的准备比较充足，发展的可能性比较大。运用该指标分析固定资产新旧程度时，应剔除企业应提未提折旧对房屋、机器设备等固定资产真实状况的影响。

5. 三年利润平均增长率

三年利润平均增长率表明企业利润连续三年的增长情况，体现了企业的发展潜力。其计算公式为：

$$三年利润平均增长率=\left(\sqrt[3]{\frac{年末利润总额}{三年前年末利润总额}}-1\right)\times100\%$$

三年前年末利润总额指企业三年前的利润总额数。假如评价企业 2023 年的绩效状况，则三年前年末利润总额是指 2020 年年末利润总额数。

利润是企业积累和发展的基础，该指标越高，表明企业积累越多，可持续发展能力越强，发展的潜力越大。利用三年利润平均增长率指标，能够反映企业的利润增长趋势和效益稳定程度，较好地体现了企业的发展状况和发展能力，避免因少数年份利润不正常增长而对企业发展潜力的错误判断。

6. 三年资本平均增长率

三年资本平均增长率表示企业资本连续三年的积累情况，体现企业的发展水平和发展趋势。其计算公式为：

$$三年资本平均增长率=\left(\sqrt[3]{\frac{年末所有者权益总额}{三年前年末所有者权益总额}}-1\right)\times100\%$$

三年前年末所有者权益指企业三年前的年末所有者权益数。假如评价企业 2023 年的绩效状况，三年前年末所有者权益数是指 2020 年年末所有者权益数。

由于一般增长率指标在分析时具有滞后性，仅反映当期情况，而利用该指标，能够反映企业资本保值增值的历史发展状况，以及企业稳步发展的趋势。该指标越高，表明企业所有者权益得到的保障程度越大，企业可以长期使用的资金越充足，抗风险和保持连续发展的能力越强。

需要强调的是，上述四类指标不是相互独立的，它们相辅相成，有一定的内在联系。企业周转能力好，获利能力就较强，则可以提高企业的偿债能力和发展能力。财务报表是企业经理人员理解企业经营管理过程及其结果的重要手段，但是，作为企业经理人员，与专业的会计人员不同，没有必要埋头于烦琐复杂的具体会计事务，没有必要精通会计的所有细枝末节。他们应该侧重于如何去使用财务报表，而不是如何去编制。

四、企业财务报表分析

（一）企业财务分析

财务分析是指以财务报告和其他相关的资料为依据和起点，采用专门方法，系统分析和评价企业的过去和现在的经营成果、财务状况及其变动的一种方法。财务分析最基本的功能，是将大量的报表数据转换成对特定决策有用的信息，减少决策的不确定性。

财务分析的起点是财务报告，分析使用的数据大部分来源于公开发布的财务报表。因此，财务分析的前提是正确理解财务报表。财务报表是反映企业一定时期财务状况、经营成果和现金流动状况的总结性书面文件，包括财务报表、财务报表附注和财务情况说明书。财务报表体系主要由资产负债表、利润表、现金流量表三张主要报表构成。

（二）财务报表分析的方法

财务报表分析的方法分为定量分析方法和定性分析方法。财务分析的基本方法主要有以下几种：

1. 比较分析法

比较分析，是对两个或几个有关的可比数据进行对比，揭示差异和矛盾。比较是分析的最基本方法，没有比较，分析就无法开始。比较分析的具体方法种类繁多。

（1）按比较对象分类。

1）与本企业历史比，即不同时期（2~10 年）指标相比，也称趋势分析。

2）与同类企业比，即与行业平均数或竞争对手比较，也称横向比较。

3）与计划预算比，即实际执行结果与计划指标比较，也称差异分析。

（2）按比较内容分类。

1）比较会计要素的总量。总量是指报表项目的总金额，如总资产、净资产、净利润等。总量比较主要用于时间序列分析，如研究利润的逐年变化趋势，看其增长潜力。有时也用于同业对比，看企业的相对规模和竞争地位。

2）比较结构百分比。把损益表、资产负债表、现金流量表转换成结构百分比报表，如以收入为 100%，看损益表各项目的比重。结构百分比报表用于发现有显著问题的项目，揭示进一步分析的方向。

3）比较财务比率。财务比率是各会计要素的相互关系，反映其内在联系。比率的比较是最重要的分析。它们是相对数，排除了规模的影响，对不同比较对象建立起可比性。

2. 比率分析法

比率分析法是利用两个指标间的相互关系，通过计算它们的比率来考察评价经营活动业绩优劣的分析方法。

（1）相关比率分析。对同一时期某个项目和其他有关但又不同的项目加以对比，求出比率，以便更加深入地认识某方面的经济活动状况。

（2）趋势比率分析。将几个时期同类指标的数字进行对比求出比率，以判断企业在某方面业务的趋势。

（3）构成比率分析。通过计算某一经济指标各个组成部分占总体的比率，用以观察它的构成内容及其变化，来掌握经济活动的特点和变化趋势。

3. 因素分析法

因素分析法是依据分析指标和影响因素的关系，从数量上确定各因素对指标的影响程度的分析方法。

因素分析的方法具体又分为：

（1）差额分析法。例如固定资产净值变化的原因分析，可分解为原值变化和折旧变化两部分。

（2）指标分解法。例如资产利润率，可分解为资产周转率和销售利润率的乘积。

（3）连环替代法。依次用分析值替代标准值，测定各因素对财务指标的影响。

（4）定基替代法。分别用分析值替代标准值，测定各因素对财务指标的影响。

4. 趋势分析法

趋势分析法又称动态分析法，它是对不同时期的发展趋势做出分析。

（三）企业财务报告体系

企业财务报告体系是对企业财务状况、经营成果和现金流量的结构性表述。财务报告至少应当包括"四表一注"，即资产负债表、利润表、现金流量表、所有者权益（或股东权益）变动表及附注。

（四）资产负债表

1. 资产负债表的性质

资产负债表是企业财务结构的"快照"，它所反映的是企业在某一特定日期的财务状况的会计报表，根据"资产＝负债+所有者权益"的会计等式，按照一定的分类标准和顺序，把企业在一定时期的全部资产、负债和所有者权益项目予以适当排列，按照一定的要求编制而成，是关于一家企业资产结构与资本结构的记录。

一般来说，企业过去的经营、投资和筹资等活动的结果都会反映在资产负债表上，主要内容包括以下几个方面：

（1）企业在一定时期所拥有或控制的存在的经济资源。

（2）企业在一定时期的偿债能力。

（3）企业一定时期所负担的债务和应履行的现有义务。

（4）企业投资者（所有者）在企业中所拥有的权益及其构成。

（5）企业财务变动趋势。

2. 资产负债表的意义

对企业来说，资产负债表是一张基本报表，具有十分重要的作用，表现在以下几个方面：

（1）反映企业的资产总量及其构成状况。企业资产负债表，系统地反映和体现了企业的资产总量和资产构成状况，包括反映了企业所拥有的固定资产、流动资产、长期股权投资，无形资产及其他资产的数量，以及各类资产在总资产中的份额和比重，由此，可以了解企业所拥有或控制的资源结构是否合理，从而为优化资源结构提供重要的依据。

（2）反映企业的资本结构及其相互关系。企业的资本结构包括负债与所有者权益之间的比例，负债中流动负债与长期负债之间的比例，所有者权益中投入资本与留存收益之间的比例关系。一般地，负债与所有者权益比例的大小会影响债权人与投资者所冒风险的大小，负债与资产的比例的高低会影响到企业债权人的权益保障程度，也反映了企业财务结构的特点。资本结构合理与否直接关系到企业财务状况的健康程度。

（3）反映企业的偿债能力。企业的偿债能力包括短期偿债能力和长期偿债能力。企业的短期偿债能力主要通过企业资产的流动性或变现能力来反映。所谓资产的流动性或变现能力是指企业的资产转化为现金或债务的能力，这取决于企业的资本结构和获利能力。资产负债表能比较详细地反映出企业长短期债务的偿还能力，从而可以反映出企业资产与负债结构是否合理，借以判断出贷款等借款的安全程度。

（4）预测企业财务状况的发展趋势。职业经理人等企业经营管理者、企业有关的各部门以及其他报表使用者，可以通过对企业资产负债表的分析，对具体项目的计算和比较，特别是前后两期资产负债表的对比分析，预测企业未来财务状况发展变化的趋势，从而做出投资或借贷决策。

3. 资产负债表的结构

资产负债表的结构，主要有账户式和报告式两种。根据我国《企业会计准则》的规定，企业资产负债表一般采用"账户式结构"，由表首部分、基本内容部分和补充资料部分组成。其格式如表8-1所示。

表8-1 资产负债表

编制单位：　　　　　　　　　年　月　日　　　　　　　　　　会企01表

单位：元

资产	期末余额	年初余额	负责和所有者权益（或股东权益）	期末余额	年初余额
流动资产			流动负债		
货币资金			短期借款		
结算备付金			交易性金融负债		
交易性金融资产			应付票据		
应收票据			应付账款		
应收账款			预收款项		

续表

资产	期末余额	年初余额	负责和所有者权益（或股东权益）	期末余额	年初余额
预付款项			应收手续费及佣金		
应收利息			应付职工薪酬		
其他应收款			应交税费		
买入返售金融资产			应付利息		
存货			其他应付款		
一年内到期的非流动资产			一年内到期的非流动负债		
其他流动资产			其他流动负债		
流动资产合计			流动负债合计		
非流动资产			非流动负债		
可供出售金融资产			长期借款		
持有至到期投资			应付债券		
长期应收款			长期应付款		
长期股权投资			专项应付款		
投资性房地产			预计负债		
固定资产			递延所得税负债		
在建工程			其他非流动负债		
工程物质			非流动负债合计		
固定资产清理			负债合计		
无形资产			所有者权益（或股东权益）		
开发支出			实收资本（或股本）		
商誉			资本公积		
长期待摊费用			减：库存股		
递延所得税资产			盈余公积		
其他非流动资产			未分配利润		
非流动资产合计			外币报表折算差额		
			归属于母公司所有者权益合计		
			少数股东权益		
			所有者权益合计		
资产合计			负债和所有者权益合计		

（1）表首部分。表首部分包括企业的名称、编制日期、货币单位和报表编号。

（2）基本内容部分。基本内容部分是资产负债表的主体和核心，采用"账户式"左右对称格式排列，左方为资产，右方为负债和所有者权益。根据"资产＝负债＋所有者权益"这个会计恒等式，资产负债表左方项目金额总计与右方项目金额总计必须相等，始终保持平衡。

1）资产负债表左方项目。资产负债表左方项目一般按照流动资产和非流动资产进行分类并分项列示。

流动资产项目包括货币资金、交易性金融资产、应收票据、应收账款、预付账款、其他应收款、存货和一年到期的非流动资产等。

非流动资产项目包括可供出售金融资产、持有至到期投资、长期应收款、长期股权投资、投资性房地产、固定资产、在建工程、无形资产、开发支出、商誉、长期待摊费用、递延所得税资产和其他长期资产等。

上述项目是按照资产流动性排列的。所谓资产的流动性是指资产变成现金的速度、劳动速度越快，变现速度就快，反之，变现速度就慢。流动性大的资产，如货币资金、应收票据等排在前面，长期股权投资、固定资产、无形资产及其他资产等长期资产不容易变现，排在后面。

2）资产负债表右方项目。资产负债表右方项目包括负债和所有者权益两大类。

负债类项目。一般按照流动负债和非流动负债进行分类并分项列示。流动负债项目包括短期借款、交易性金融负债、应付票据、应付账款、预收款项、其他应付款、应付职工薪酬、应交税费、其他应付款、一年内到期的非流动负债和其他流动负债等。非流动负债项目包括长期借款、应付债券、长期应付款、预计负债和其他长期负债等。

所有者权益类项目。一般按照实收资本、资本公积、盈余公积、未分配利润等分别列示。

上述项目是按照需要偿还的先后顺序排列的。短期借款等需要在一年内或一个营业周期内偿还的流动负债排在前面；在一年以上或一个营业周期以上才需要偿还的非流动负债排在中间；在企业解散之前不需要偿还的所有者权益排在后面。按需要偿还的先后顺序排列，可以反映企业各种债务需要偿还的时间，联系该表的左方项目则可以看出企业的偿债能力。

（3）补充资料部分。补充资料是资产负债表的重要组成部分，列在资产负债表的下端。补充资料是报表的使用者需要了解但在正表中无法反映或难以单独反映的一些重要资料。

（五）利润表

1. 利润表的性质

利润表又称损益表，它是企业在一定时期（月份或年度）经营成果（利润额或亏损额）的报表，是企业定期报表之一。利润是根据"收入−费用＝利润"的会计平衡公式和收入与费用的配比原则编制的。

企业在生产经营中，会不断地发生各种费用，同时获得各种收入，收入减去费用，剩余部分就是企业的盈利。获得的收入和发生的相关费用的对比情况就是企业的经营成果。企业在经营过程中，如果获得的收入超过发生的各种费用，企业就会获得利润，反之，如果发生的各种费用超过了企业获得的收入，企业就会发生亏损。企业财务部门应定期（一般按月份）核算企业的经营成果，并将核算结果编制成报表，就是利润表。

2. 利润表的作用

企业定期编制的利润表，对内向企业领导人和管理部门报告，同时也向外部的有关部门和人员报告，具有重要的作用，主要表现在以下几个方面：

（1）根据利润表，可以了解和分析企业的经营成果和获利能力。利润表是通过对收入和成本费用情况的反映，提供企业在一定期限内的收益情况、成本费用情况以及资金的投入与产出的比例关系，从而可以使报表的使用者了解企业的经营业绩和财务成果，了解企业获利能力的状况。另外，可以从动态的角度帮助了解企业的偿债能力。因此，利润表提供的经营成果信息，对投资者来说，可预测、评价企业的获利能力，据此做出投资、增加投资、投资多少、投资于哪个方向或者是否收回投资的决策。对企业的债权人来说，可预测、评价企业的偿债能力，据此做出是否维持、增加或收缩对企业的信贷等决策。

（2）利用利润表提供的财务信息，为企业经营管理者进行未来经营决策提供依据。通过比较分析利润表中各项构成因素，并与以前各期相比较，可以看出企业各项收入、费用和利润升降的趋势及其幅度，找出原因所在和经营管理中存在的问题。还可以通过分析利润的形成结构，为企业的经营决策提供依据。

（3）通过利润表提供的财务信息，预测企业未来经营的盈利能力和发展趋势。利润表比较完整地提供了企业在一定时期的营业利润、投资净收益和营业外收支等有关损益情况，是企业进行财务分析的主要参考资料来源，如净资产收益率、成本费用利润、主营业务利润率中的许多数据都与利润表有关。通过分析前后期企业营业利润、投资收益和营业外收支增减变动情况，可以预测企业未来的获利趋势。通过企业利润总额增减变化分析，可以预测和判断企业利润变化的趋势，预测企业未来盈利能力。

（4）利用利润表财务信息，企业经营管理者实施业绩考核。利润表提供的信息，综合地反映了企业生产经营及其管理活动各个方面的情况，通过对企业收入、成本费用和利润的实现与企业生产经营计划的比较，可以考核企业计划完成的情况，对企业管理者的工作业绩做出考核和评价。

3. 利润表的结构

利润表的格式可以分为单步式与多步式两种：

（1）单步式利润表。单步式利润表，是将企业某一会计时期的所有收入与所有费用分别汇总，两者相加减求得本期损益。由于其只有一个相加减的步骤，没有中间指标，故称单步式。此种利润表不便于分析利润，也不利于不同时期各种项目的比较。

（2）多步式利润表。多步式利润表，是将利润表的内容作多项分类，相关收入与相关费用进行配比，分别计算出不同业务的结果，然后上下相加减计算确定本期的利润总额和净利润额。

我国《企业会计准则》规定，我国企业统一采用多步式利润表。利润表由表头和正表两部分组成：①表头。表头包括报表名称、编制单位、报表时间和金额单位。由于利润表是总括反映企业一定时期内经营成果形成情况的动态报表，因此，报表时间填列报告期数。②正表。正表是报表的主体，多步式利润表采用自上而下加减项目的报告形式结构。

多步式利润表具体格式如表8-2所示。

表8-2　多步式利润表

编制单位：　　　　　　　　　　　年　月　日　　　　　　　　　　　会企02表

单位：元

项目	本期金额	上期金额
一、营业收入		
其中：营业收入		
利息收入		
手续费及其佣金收入		
二、营业总成本		
其中：营业成本		
利息支出		
手续费及佣金支出		
营业税金及附加		
销售费用		
管理费用		
财务费用		
资产减值损失		
加：公允价值变动收益（损失以"-"号填列）		
投资收益（损失以"-"号填列）		
其中：对联营企业和合营企业的投资收益		
汇兑收益（损失以"-"号填列）		
三、营业利润（亏损以"-"号填列）		
加：营业外收入		
减：营业外支出		

续表

项目	本期金额	上期金额
其中：非流动性资产处置损失		
四、利润总额（亏损以"-"号填列）		
减：所得税费用		
五、净利润（亏损以"-"号填列）		
归属于母公司所有者的净利润		
少数股东损益		
六、每股收益		
（一）基本每股收益		
（二）稀释每股收益		

在利润表中，企业以收入为起点，计算出当期的利润总额和净利润额。其利润总额和净利润的形成分为以下几个步骤：

第一步，用营业收入减去营业成本、销售费用、管理费用、财务费用、营业税金及附加、资产减值损失加投资收益等。计算营业利润，目的是考核企业主要经营业务的获利能力。其计算公式如下：

营业利润=营业收入-营业成本-销售费用-管理费用-财务费用-营业税金及附加-资产减值损失+投资收益

其中，营业收入=主营业务收入-销售退回-销售折让、销售折扣。

销售退回是指企业售出的商品，由于质量、品种不符合要求等原因而发生的退货。销售折扣分为商业折扣和现金折扣两类。商业折扣是指企业为促进销售而在商品标价上给予的扣除。现金折扣是指债权人为鼓励债务人在规定的期限内付款而向债务人提供的债务扣除。销售折让，是指企业因售出的产品质量不合格等原因而在销售上给予的减让。

第二步，在营业利润的基础上，加上营业外收入，减去营业外支出，计算出当期利润总额，目的是考核企业的综合获利能力。其计算公式如下：

利润总额=营业利润+营业外收入-营业外支出

第三步，在利润总额的基础上，减去企业所得税，计算出当期净利润额，目的是考核企业的最终获利能力。

4. 利润表分析及快速解读

利润表包括两个部分：一部分反映企业的收入费用，说明企业在一定时期内的利润或亏损数额，据此分析企业的经济效益及盈利能力，评价企业的经营与管理业绩；另一部分反映企业财务成果的来源，说明企业的各种利润来源在利润总额的比例以及这些来源之间的相互关系。

（1）利润表分析。对利润表的分析，主要从以下两个方面入手：

1）对收入项目的分析。企业通过销售产品、提供劳务取得各项营业收入，也可以将资源提供给他人使用，获取租金与利息等营业外收入。收入增加意味着企业资产的增加或负债的减少。

记入收入账的包括当期收讫的现金收入，应收票据或应收账款以实际收到的金额或账面价值入账。

2）对费用项目的分析。费用是收入的扣除，费用的确认与扣除正确合理与否直接关系到企业的盈利。因此，分析费用项目时，应首先注意费用包含的内容是否适当，确认费用应贯彻权责发生制、历史成本原则、划分收益性支出与资本性支出的原则等。其次，要对成本费用的结构与变动趋势进行分析。分析各费用占营业收入的百分比，分析费用结构是否合理，对不合理的费用要查明原因。最后，要对费用的各个项目进行分析，看看各个项目的增减变动趋势，以此评判企业的管理水平和财务状况，预测企业的发展前景。看利润表时要与企业的财务状况联系起来。

（2）快速解读利润表。将企业的利润表按照其收益来源划分为经营性利润、投资收益、营业外收入（营业外补贴收入+营业外收入-营业外支出）。通过对收益的划分，我们将企业的利润构成情况大致分为以下六种类型：

1）正常情况。企业的经营性利润、投资收益为正，或者经营性利润、投资收益为正，营业外收入为负，致使当前收益为正，表明企业的盈利能力比较稳定，状况较好。

2）如果经营性利润、投资收益为正，而营业外亏损多，致使当期收益为负数，表明虽然企业的利润为负，但是由企业的营业外收支所导致，构不成企业的经营性利润，因此并不影响企业的盈利能力状况，这种亏损是暂时的。

3）如果经营性利润为正，投资收益、营业外收支为负，致使经营性利润+投资收益为负，当期收益为负，表明企业的盈利状况比较差，投资业务失利导致企业的经营性利润比较差，企业的盈利能力不够稳定。

4）如果经营性利润为负，投资收益、营业外收支为正，致使当期收益为正，表明企业的利润水平依赖于企业的投资业务和营业外收支，其投资项目的好坏直接关系到企业的盈利能力，投资者应该关注其项目收益的稳定性。

5）如果经营性利润、投资收益为负，营业外收支为正，致使企业的当期收益为正，表明企业的盈利状况很差，虽然当年盈利，但是其经营依赖于企业的营业外收支，持续下去会导致企业破产。

6）如果经营性利润、投资收益为负，营业外收支为负，致使企业的当期收益为负，表明企业的盈利状况非常差，企业的财务状况值得担忧。

（六）现金流量表

现金流量表是以现金为基础编制的反映企业在一定期间由于经营、投资、筹资活动所形成的现金流量情况的会计报表。如果我们把现金比喻成企业日常运行的"血液",那么,现金流量表就好比是"验血报告"。企业管理者或投资者就可以通过现金流量表,分析和掌握企业现金流动的动态情况。

1. 现金流量概述

在这里,我们简述有关现金的概念。

(1) 现金。看懂企业现金流量表,首先要了解现金的概念。现金是指企业库存现金以及随时可以用于支付的存款。会计上说的现金通常是指企业库存的现金,而现金流量表中的"现金",不仅包括"现金"账户核算的库存现金,还包括企业"银行存款"账户核算存入金融企业,随时可以用于支付的存款,也包括"其他货币资金"账户核算的外部存款、银行汇票存款、银行本票存款和在途货币资金等其他货币资金。在这里,银行存款和其他货币资金中有些不能随时用于支付的存款,如不能随时支付的定期存款,不应作为现金,而应列为投资。

(2) 现金等价物。现金等价物是指企业持有的期限短、流动性强、易于转换为已知金额现金、价值变动很小的投资。现金等价物不是现金,但其支付能力与现金差别不大,可视为现金。例如,企业为保证支付能力,手持必要的现金,但为了不使现金闲置,可以购买短期债券,在需要现金时,随时可以变现。

一项投资被视为现金等价物必须同时具备四个条件:期限短;流动性强;易于转换为已知金额现金;价值变动风险小。其中,期限短,一般是指从购买日起三个月内到期,如可在证券市场上流通的三个月内到期的短期债券投资。

(3) 现金流量。现金流量是指某一段时期内企业现金和现金等价物的流入量及流出量。

企业的现金流量产生于不同的来源,也有不同的用途,如企业可以通过销售产品、提供劳务、出售固定资产、向银行或其他单位借款等方法取得现金,形成企业的现金流入;通过购买原材料、接受劳务、构建固定资产、对外投资、偿还债务等方法支付现金,形成企业的现金流出。现金净流量是指现金流入与流出的差额,可能是整数,也可能是负数。如果是正数,则为净流入;如果是负数,则为净流出。一般来说,现金流入大于流出表明企业现金流量的积极现象和趋势。现金流量信息能够表明企业经营状况是否良好,资金是否紧缺,企业偿付能力大小,从而为投资者、企业经营管理者等提供非常有用的信息。

(4) 现金流量的分类。《企业会计准则》将现金流量分为以下三类:

1) 经营活动产生的现金流量。经营活动是指企业投资活动和筹资活动以外的所有交易和事项。对于工商企业而言,经营活动主要包括销售活动、提供劳务、购买商品、接受劳务、支付税费等。

各类企业由于行业特点不同,对经营活动的认定存在一定差异,在编制企业现金流量表时，应根据企业的实际情况进行合理的归类。由于金融保险企业比较特殊，《企业会计准则》对其经营活动的认定作了提示。

2）投资活动产生的现金流量。投资活动是指企业长期资产的购建和不包括在现金等价物范围内的投资及其处置活动。其中，长期资产是指固定资产、无形资产、在建工程、其他资产等持有期限在一年或一个营业周期以上的资产。

一般来说，投资活动产生的现金流入项目主要有：收回投资所收到的现金，取得投资收益所收到的现金，处置固定资产、无形资产和其他长期资产所收回的现金净额，收到的其他与投资活动有关的现金；投资活动产生的现金流出项目主要有：购建固定资产、无形资产和其他长期投资所支付的现金，投资所支付的现金，支付的其他与投资活动有关的现金。

3）筹资活动产生的现金流量。筹资活动是指导致企业资本及债务规模和构成发生变化的活动。这里所说的资本，既包括实收资本（股本），也包括资本溢价（股本溢价）；这里所说的债务，是指对外举债，包括向银行借款、发行债券以及偿还债务等。应付账款、应付票据等商业应付款属于经营活动不属于筹资活动。

一般来说，筹资活动产生的现金流入项目主要有：吸收调整所收到的现金、取得借款所收到的现金、收到的其他与筹资活动有关的现金；筹资活动产生的现金流出项目主要有：偿还债务所支付的现金，分配股利、利润或偿付利息所支付的现金，支付的其他与筹资活动有关的现金。

2. 现金流量表的结构

现金流量表的基本结构分为三部分：表首、基本内容和补充资料。

（1）表首。该部分标明企业名称、现金流量的会计期间、货币单位和报表编号。

（2）基本内容。基本内容为上述各种活动的现金流量即净流量。

（3）补充资料。补充资料包括不涉及现金收支的投资和筹资活动，将净利润调节为经营活动现金净流量、现金和现金等价物的净增减情况。

现金流量表及补充资料的具体格式如表8-3、表8-4所示。

表8-3　现金流量表

编制单位：　　　　　　　　　　　年　月　日　　　　　　　　　会企03表

单位：元

项目	本期金额	上期金额
一、经营活动产生的现金流量：		
销售商品、提供劳务收到的现金		
处置交易性金融资产净增加额		

续表

项目	本期金额	上期金额
收取利息、手续费及佣金的现金		
收到的税费返还		
收到其他与经营活动有关的现金		
经营活动现金流入小计		
购买商品、接受劳务支付的现金		
支付利息、手续费及佣金的现金		
支付给员工以及为员工支付的现金		
支付的各项税费		
支付其他与经营活动有关的现金		
经营活动现金流出小计		
经营活动产生的现金流量净额		
二、投资活动产生的现金流量：		
收回投资收到的现金		
取得投资收益收到的现金		
处置固定资产、无形资产和其他长期资产收回的现金净额		
处置子公司及其他营业单位收到的现金净额		
收到其他与投资活动有关的现金净额		
投资活动现金流入小计		
购建固定资产、无形资产和其他长期资产支付的现金		
投资支付的现金		
取得子公司及其他营业单位支付的现金净额		
支付其他与投资活动有关的现金		
投资活动现金流出小计		
投资活动产生的现金流量净额		
三、筹资活动产生的现金流量：		
吸收投资收到的现金		
其中：子公司吸收少数股东投资收到的现金		
取得借款收到的现金		
发行债券收到的现金		
收到其他与筹资活动有关的现金		
筹资活动现金流入小计		
偿还债务支付的现金		
分配股利、利润或偿付利息支付的现金		
其中：子公司支付给少数股东的股利、利润		
支付其他与筹资活动有关的现金		
筹资活动现金流出小计		
筹资活动产生的现金流量净额		

项目	本期金额	上期金额
四、汇率变动对现金及现金等价物的影响		
五、现金及现金等价物净增加额		
加：期初现金及现金等价物余额		
六、期末现金及现金等价物余额		

表 8-4　现金流量表补充资料

补充资料	本期金额	上期金额
1. 将净利润调节为经营活动现金流量：		
净利润		
加：资产减值准备		
固定资产折旧、油气资产折耗、生产性生物资产折旧		
无形资产摊销		
长期待摊费用摊销		
处置固定资产、无形资产和其他长期资产的损失（收益以"-"号填列）		
固定资产报废损失（收益以"-"号填列）		
公允价值变动损失（收益以"-"号填列）		
财务费用（收益以"-"号填列）		
投资损失（收益以"-"号填列）		
递延所得税资产减少（收益以"-"号填列）		
递延所得税负债增加（减少以"-"号填列）		
存货的减少（增加以"-"号填列）		
经营性应收项目的减少（增加以"-"号填列）		
经营性应付项目的增加（减少以"-"号填列）		
其他		
经营活动产生的现金流量净额		
2. 不涉及现金收支的重大投资和筹资活动：		
债务转为资本		
一年内到期的可转换公司债券		
融资租入固定资产		
3. 现金及现金等价物净变动情况		
现金的期末余额		
减：现金的期初余额		
加：现金等价物的期末余额		
减：现金等价物的期初余额		
现金及现金等价物增加额		

企业应当按规定的格式披露当期取得或处置子公司及其他营业单位的有关信息，披露现金及现金等价物的信息。具体格式如表8-5、表8-6所示。

表8-5　取得或处置子公司及其他营业单位的现金流量　　　　单位：元

项目	金额
一、取得子公司及其他营业单位的有关信息：	
1. 取得子公司及其他营业单位的价格	
2. 取得子公司及其他营业单位支付的现金和现金等价物	
减：子公司及其他营业单位持有的现金和现金等价物	
3. 取得子公司及其他营业单位支付的现金净额	
4. 取得子公司的净资产	
流动资产	
非流动资产	
流动负债	
非流动负债	
二、处置子公司及其他营业单位的有关信息：	
1. 处置子公司及其他营业单位的价格	
2. 处置子公司及其他营业单位收到的现金和现金等价物	
减：子公司及其他营业单位持有的现金和现金等价物	
3. 处置子公司及其他营业单位收到的现金净额	
4. 处置子公司的净资产	
流动资产	
非流动资产	
流动负债	
非流动负债	

表8-6　现金和现金等价物　　　　单位：元

项目	本期金额	期末金额
一、现金		
其中：库存现金		
可随时用于支付的银行存款		
可随时用于支付的其他货币资金		
可用于支付的存放中央银行存款项		
存放同业款项		
拆放同业款项		
二、现金等价物		
其中：三个月内到期的债券投资		
三、期末现金及现金等价物余额		
其中：母公司或集团内子公司使用受限制的现金和现金等价物		

3. 现金流量表的快速阅读

现金是企业赖以生存和发展的基础。我们阅读现金流量表，可以根据经营现金净流、投资现金净流、筹资现金净流的状况，来判断分析企业的经营状况。

我们可以把企业的现金流大致分为以下几种类型：

（1）经营现金净流为"＋"，投资现金净流为"＋"，筹资现金净流为"＋"。这类企业主营业务在现金净流方面能自给自足，投资方面收益状况良好，这时如果进行筹资，如果没有新的投资机会，会造成资金浪费或冗余。

（2）经营现金净流为"＋"，投资现金净流为"＋"，筹资现金净流为"－"。这类企业经营和投资良性循环，筹资活动的负数是偿还借款引起的，不足以威胁企业的财务状况。

（3）经营现金净流为"＋"，投资现金净流为"－"，筹资现金净流为"＋"。这类企业经营状况良好，通过筹集资金进行投资，企业往往处于扩张阶段，应当着重分析投资项目的盈利能力。

（4）经营现金净流为"＋"，投资现金净流为"－"，筹资现金净流为"－"。这类企业虽然经营状况良好，但是企业一方面在偿还以前的债务，另一方面要继续投资，所以应当时刻关注经营状况的变化，防止财务状况恶化。

（5）经营现金净流为"－"，投资现金净流为"＋"，筹资现金净流为"＋"。这类企业靠借钱维持生产经营，财务状况可能会恶化，应着重分析投资活动现金净流入是来自投资收益还是收回投资。如果是后者，企业的形势将非常严峻。

（6）经营现金净流为"－"，投资现金净流为"＋"，筹资现金净流为"－"。这类企业的经营活动已经发出危险信号，如果其投资现金流入主要来自收回投资，则企业处于破产边缘，需要高度警惕。

（7）经营现金净流为"－"，投资现金净流为"－"，筹资现金净流为"＋"。这类企业靠借债维持日常经营和生产规模的扩大，财务状况很不稳定，如果是处于投入期的企业，一旦渡过难关，还可能有发展，如果是处于成长期或稳定期的企业，则非常危险。

（8）经营现金净流为"－"，投资现金净流为"－"，筹资现金净流为"－"。这类企业，财务状况危急，必须及时扭转，这样的情况发生在扩张时期，由于市场变化导致经营状况恶化，加上扩张时投入大量资金，企业会陷入进退两难的境地。

阅读专栏 8-2　利润表与现金流量表的关系

利润表反映的是企业一定期间（如一个月或一年）的经营成果，而现金流量表以现金为基础进行编制，体现的是一定期间（如一个月或一年）企业在经营活动、投资活动和筹资活动中，现金流入或流出的状况，体现企业的获利能力。

在企业现实活动中，我们经常会看到，尽管企业账面上显示出丰厚的利润，但却无钱偿还到期债务，甚至有的企业发放职工的工资都出现困难，处于破产的边缘。但是，有些企业账面利润表现并不突出，但因其现金流量较好、支付能力较强得以不断发展。这种情况的出现，是企业财务管理中存在的自相矛盾的现象。其实质是利润不一定等于现金流量。在一种完全理想状态下，企业销售商品或提供劳务完全以现金的形式进行交易，且在不存在任何资产折旧及费用摊销的情况下，利润与现金是完全相同的。但在现实经营活动中，遵循权责发生制核算收入增加并不必然会引起现金的增加，费用的增加也并不一定等于现金的流出。

在企业管理中，经理们因承担企业经营的盈亏责任，常常把对利润表的关注放在首位，因为企业经营的核心目标是实现一定的利润目标。但是利润表对企业真实经营成果的反映是存在局限性的。利润表反映的利润，是由会计人员按照会计规则、程序和方法，将企业一定时期所实现的营业收入及其他收入减去实现这些收入所发生的成本与费用核算得来的。在核算过程中，针对不同的会计项目需要选择各种会计方法和会计估计，由于选择有差异，常常会对利润结果产生不同的影响。而现金流量表，可以通过反映企业经营活动形成的资金数额及其原因来补充利润表，揭示企业资金流入和流出的真正原因。有些资金在核算利润时，被归结为成本支出项目，但并没有流出企业，如固定资产折旧费，如果折旧率提高，就会减少利润数额，但作为折旧的成本，是作为成本项目留存到企业内部的，企业在经营过程中，可以按照规定，使用这类资金。

现金是企业的血液，企业的任何日常经营与管理活动都始于现金、终于现金。企业现金流转的通畅与否对企业的生存与发展具有重大的影响。通过现金流，企业经理们可以知道本企业的现金是通过什么渠道流入，其结构和规模如何，钱是怎么来的；也可以知道现金通过什么渠道流出，钱到哪里去了，从而对企业的财务状况和获利能力有比较准确的把握。更为重要的是，企业经理们更应该关注企业的现金流，应"现金为王"，更准确地将利润表中的信息和现金流量表中的信息，进行综合考量，对利润质量做出科学的评价。

一个基本的方法是，将经营活动的现金净流量与会计利润进行对比，经营活动产生的现金净流量与会计利润之比若大于1或等于1，则说明会计利润收现能力较强；若小于1，则说明会计利润可能受到人为控制或存在大量的应收账款，利润质量较差。

"现金为王"，手中有钱，心中不慌。企业经营管理者，应当重视现金流量表的作用，准确解读利润表，把获取高质量的利润作为企业经营与管理追求的目标。

第二节 企业金融管理

一、企业金融管理概述

（一）企业金融的含义

企业金融是指企业为了企业经营和发展，在资本市场上筹集资本和在生产要素市场上运用资本的财务与经济管理活动。

企业的金融管理是传统财务管理模式的创新，主要包括股票发行、贷款信用管理、贷款利率偿还、经营管理资金管理等内容，企业只有在做好这些金融管理工作的前提下，才能够确保各项经营管理活动及经济活动的有序开展。

资金的筹集和运用是企业金融管理的主要内容，具体表现在以下几个主要方面：

1. 为设立、创建企业筹集资金

任何企业的设立、创建都是以充分的资金准备为基本前提的。首先必须筹集资本金，进行公司的设立、登记，才能开展正常的生产经营活动。我国的公司法对公司设立必须具备的资本金的最低限额做了严格规定。

2. 为企业的生存和发展壮大筹集资金

企业只有不断发展壮大才能求得生存。企业的发展集中表现为扩大收入，扩大收入的根本途径是扩大销售的数量，提高产品的质量，增加新的品种。这就要求不断扩大生产经营规模，不断更新设备和进行技术改造，合理调整企业的生产经营结构，并不断提高各种人员的素质。而无论是扩大生产经营规模，还是进行技术改造，都需要进行资金筹集。

3. 为偿还企业债务筹集资金

企业为了获得杠杆收益往往进行负债经营。当债务到期时，企业必须通过一定的方式筹集资金，以满足偿还到期债务的需要。

4. 调整资本结构需要筹集资金（本）

资本结构是指企业各种资本的构成及其比例关系，它是由企业采用各种筹资方式及其不同的组合而形成的。当企业的资本结构不合理时，可以采用不同的筹资方式筹集资金，人为地调整资本结构使其趋于合理。如当企业发现其负债率偏高时，可发行股票筹集一部分资金偿还债务，或当权益资本比重过小时适当举债，加大分红，从而使资本结构达到企业所期望的目标。

5. 应对外部环境变化、防范和化解企业风险需要筹集资金

企业的生存和发展是以一定的外部环境为条件的；外部环境对企业筹集资金有着

重要的影响。外部环境的每一个变化都会影响到企业的生产和经营。比如，在通货膨胀的情况下，不仅会由于原材料价格上涨造成资金占用量的大量增加，还会引起企业利润虚增而造成企业资金流失等。这些都会增加企业的资金需求，企业必须筹集资金满足这些原因引起的资金需求，以适应外部环境的变化，有效防范和化解外部变化引致的风险。

（二）金融管理的功能

金融管理在企业经营管理中的功能主要体现在以下几个方面：

1. 合理规避企业经营管理风险

企业在资金筹集和运用的过程中，如果不能够科学面对经营资金管理风险，便容易引发资金亏损问题和资金应用效率较低问题。企业通过金融管理提供大量数据支持和参考，制定出更加科学、合理的经营管理战略和策略，降低企业出现经营资金管理风险事件的概率，做到事先预防，避免这些问题对企业经营管理造成更大冲击和更多经济损失，进一步合理规避企业经营管理风险。

2. 为企业经营管理提供基础服务

企业要实现高质高效的经营管理及正常稳定的运行发展，需要以一定的物质资源作为支持，最重要的当属资金资源，企业能够通过金融管理完成筹集资金的目标，同时为企业吸引更多的经营管理资金，确保企业拥有能够满足经营管理需求的发展资金，进而维持企业经营管理所需要的基础动力，提高资金使用效率，确保企业能够在激烈的市场竞争中具有稳定的资金支持保障，进而实现经营管理经济效益最大化。

3. 提高企业经营管理效率和质量

金融管理能够为企业各项运营生产活动的开展提供科学依据和机制创新，帮助企业顺应不断变化的经济市场发展趋势，合理面对经济市场发展带来的挑战，进而提高企业综合发展能力和行业竞争实力。企业经济活动的金融化发展是现代化企业发展的必然趋势，金融管理对企业经营管理日益显现出重要性和机制优势，能够帮助企业提高经营管理水平，保证企业健康、稳定发展。

（三）金融工具

金融工具是资金融通交易的载体，是金融交易者在金融市场上买卖的对象。金融工具按与实际信用的关系可分为基础金融工具和衍生金融工具两类。

1. 基础金融工具

基础金融工具又称原生金融工具或非衍生金融工具，是指在实际信用活动中出具的能证明债权债务关系或所有权关系的合法凭证，主要有商业票据、债券等债权债务凭证和股票、基金等所有权凭证。

2. 衍生金融工具

衍生金融工具又称派生金融工具、金融衍生品等，是由原生金融工具派生出来的，主要有期货、期权、远期、互换合约四种衍生工具以及由此变化、组合、再衍生出来的一些变形体。原生金融工具是金融市场上最广泛使用的工具，是衍生金融工具赖以生存的基础。

为适应经济的发展，市场上不断创新出新的金融工具，金融服务的范围也一再拓展。这样的变革为企业筹资、投资提供极大的便利，但同时也派生出利率风险、汇率风险、表外风险等新的风险，使金融风险进一步加大。合理地利用金融工具在适合的金融市场有效地融资并规避风险将成为企业财务管理面临的最重要课题之一。

（四）企业金融资产

1. 企业金融资产的含义

企业金融资产是指可以在特定市场进行交易、具有现实价格和未来估价的金融工具总称，它是一种以价值形态存在的资产，能够索取实物资产的无形权利。我国《企业会计准则》对企业金融资产的具体种类做了明确规定，主要包括：库存现金、银行存款、应收账款、应收票据、其他应收款项、股权投资、债权投资和衍生金融工具形成的资产。

一般地，可以将企业金融资产进行以下划分：

第一类是交易类金融资产，是指企业持有的在活跃市场上有公开报价的股票、债券、基金、金融衍生产品等。它是上市公司中最常见的一类金融资产，这类资产流动性较强、受资本市场波动较大，具体数据可以通过资产负债表中的交易性金融资产、可供出售金融资产净额、持有至到期投资净额、衍生金融资产等相关科目的期末余额加总得到。

第二类是长期金融股权投资，即企业，特别是上市公司因持有银行、券商、基金和信托等金融机构股权而形成的资产，企业作为投资者获取回报的载体而存在，在我国以间接融资为主导的融资体系中，与银行等金融机构之间建立良好的银企关系有助于实体企业更好地获取外部融资，而通过参股金融机构与其建立正式的股权关系，成为企业降低融资成本、改善融资状况的一种重要渠道。

第三类是委托贷款及理财，主要是指上市公司从事委托贷款、委托理财等金融投资活动所形成的资产，它是近几年发展比较迅速的一类金融投资业务。其中，委托贷款是指商业银行等金融机构将企业提供的资金，按照其确定的贷款对象、规模、利率、期限等条件代为发放，并监督资金使用用途以及协助收回贷款的业务。委托理财则指企业将自有资金委托给专业资产管理机构代为经营和管理，以实现委托资产保值增值的业务。这类资产的具体金额可以通过其他应收款和其他流动资产科目的明细筛选得到。

第四类是投资性房地产，是指企业为赚取租金或资本增值，或两者兼有而持有的房地产，可以将其看作企业持有的一种特殊金融资产，具体数据可通过资产负债表中的投资性房地产科目获得。

企业金融资产具体包含的内容如图 8-1 所示。

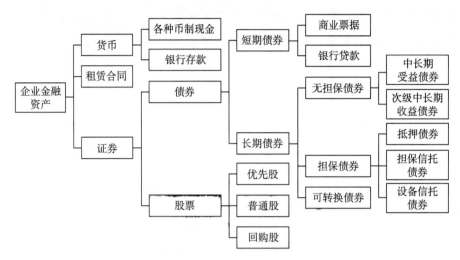

图 8-1　企业金融资产

2. 企业金融资产的特性

（1）货币性。货币性是指企业的金融资产以货币表现出来的特性。

企业金融资产可以划分为货币性项目和货币性资产项目，不论物价如何变动都固定在一定的货币额度。现金、应以现金收回的债权（如应收账款、应收票据）、应付票据、应付薪金、应付利息、应付公司债券等短期和长期债务等货币性负债，都具有一定的货币特性。

（2）可分性。可分性是指金融资产可以以货币最小单位进行划分，分解或组合为若干组成部分。如根据经营、管理或处置的需要，划分为若干等份或不等份，或若干包块等。

（3）可逆性。可逆性是指企业可以投资一项金融资产项目，形成非货币金融资产，也可以通过出售该资产转换为货币金融资产。

（4）期限。期限是指企业或企业金融资产的投资者/拥有者要求金融资产清偿清算的时间长度。

（5）流动性。流动性是指企业的金融资产可以在证券、金融市场上，实施出售变现，或购买实施投资的可行性。

（6）可转换性。可转换性是指企业金融资产可以在不同的资产形式或同一形式不同性质类型之间实施转换，如债权转变为股权、普通股权转变为优先股权。

（7）可预测性。可预测性是指企业金融资产运行的现金流量收益是可以预测的，具有可预测性，可进行计算评估。

（8）复合性。复合性是指企业金融资产可以将两种或两种以上实施组合，即企业金融资产可以实施不同形式的组合，如股权、债券、可变现资产等实施组合。

（9）税负效应。税负效应是指国家有关税法和政府税收政策对企业金融资产产生的调节和引领等影响作用。

（五）企业金融管理理念

企业金融管理受一定的金融管理原理和规律的作用，遵循相应的管理理念，按照有关法律和规则实施。

1. 货币时间价值

货币时间价值是指货币随着时间的推移而发生的增值，也称为资金时间价值，是指当前所持有的一定量货币比未来获得的等量货币具有更高的价值。这是因为，货币用于投资可获得收益，存入银行可获得利息，货币的购买力会因通货膨胀的影响改变。比如，若银行存款年利率为10%，将今天的1元钱存入银行，一年以后就会是1.10元。可见，经过一年时间，这1元钱发生了0.1元的增值，今天的1元钱和一年后的1.10元钱等值。资金时间价值的实质是资金周转使用后的增值额，是资金所有者让渡资金使用权而参与社会财富分配的一种形式。

由于货币时间价值是客观存在的，因此，在企业的各项经营活动中，应充分考虑到货币时间价值。货币如果闲置是不会产生时间价值的，同样地，一家企业在经过一段时间的发展后，肯定会赚比原始投资额要多的资金，但闲置的资金不会增值，而且还可能随着通货膨胀贬值，因此，企业必须好好地利用这笔资金，最好的方法就是找一个好的投资项目将资金投入进去，让它进入生产流通活动中，发生增值。企业的投资需要占用企业的一部分资金，这部分资金是否应被占用，可以被占用多长时间，均是决策者需要运用科学方法确定的问题。

2. 风险与回报权衡

企业进行金融工具型投资具有一定的时间区间，受到资金时间价值、市场、政策、投资合作伙伴的影响。经营管理具有不可预见的风险，必须科学预测和评估计算其风险价值，权衡投资回报与投资风险。

3. 企业资信等级

企业金融管理，包括对企业资信等级的评估和管理。要运用企业资信等级对企业金融运营实施控制管理。

信用等级通常是指基于评估对象的信用、品质、偿债能力以及资本等的指标级别，即信用评级机构用既定的符号来标识主体和债券未来偿还债务能力及偿债意愿可能性的级别结果。

信用等级的设置是指在严密分析的基础上，通过一定的符号，向评级结果使用者提供反映评级对象信用可靠程度而又通俗易懂的信用品质信息。

我国企业信用评估的信用等级采用国际通行的"四等十级制"评级等级，具体等级分为：AAA、AA、A、BBB、BB、B、CCC、CC、C、D。同时也是衡量企业财务能力的重要指标体系。

（1）AAA 级：信用较好。企业的信用程度高、债务风险小。该类企业具有优秀的信用记录，经营状况佳，盈利能力强，发展前景广阔，不确定性因素对其经营与发展的影响极小。

（2）AA 级：信用优良。企业的信用程度较高，债务风险较小。该类企业具有优良的信用记录，经营状况较好，盈利水平较高，发展前景较为广阔，不确定性因素对其经营与发展的影响很小。

（3）A 级：信用较好。企业的信用程度良好，在正常情况下偿还债务没有问题。该类企业具有良好的信用记录，经营处于良性循环状态，但是可能存在一些影响其未来经营与发展的不确定性因素，进而削弱其盈利能力和偿还能力。

（4）BBB 级：信用一般。企业的信用程度一般，偿还债务的能力一般。该类企业的信用记录正常，但其经营状况、盈利水平及未来发展易受不确定性因素的影响，偿债能力有波动。

（5）BB 级：信用欠佳。企业的信用程度较差，偿还能力不足。该类企业有较多不良信用记录，未来前景不明朗，含有投机性因素。

（6）B 级：信用较差。企业的信用程度差，偿债能力较弱。

（7）CCC 级：信用很差。企业的信用很差，几乎没有偿债能力。

（8）CC 级：信用极差。企业的信用极差，没有偿债能力。

（9）C 级：没有信用。企业无信用。

（10）D 级：没有信用。企业已濒临破产。

4. 经营信息披露

经营信息披露是指企业将直接或间接地影响到使用者决策的重要企业经营信息以公开报告的形式提供给信息使用者。经营信息披露是企业金融管理的内在机制。

企业经营信息披露的基本原则主要包括以下几个方面：

（1）真实性、准确性、完整性原则。真实性是信息披露的首要原则，真实性要求企业披露的信息必须是客观真实的，而且披露的信息必须与客观发生的事实相一致，要确保所披露的重要事件和财务会计资料有充分的依据。

准确性原则要求企业披露信息必须准确表达其含义，所引用的财务报告、盈利预测报告应由具有相应专业资格的机构和个人予以审计或审核，引用的数据应当提供资料来源，事实应充分、客观、公正，信息披露文件不得刊载任何有祝贺性、广告性和恭维性的词句。

完整性原则又称充分性原则，要求所披露的信息在数量上和性质上能够保证使用者形成足够的判断。

（2）及时原则。及时原则又称时效性原则，包括两个方面：一是定期报告的法定期间不能超越；二是重要事实的及时报告制度，当原有信息发生实质性变化时，信息披露责任主体应及时更改和补充，使使用者获得当前真实有效的信息。任何信息都存在时效性问题，不同的信息披露遵循不同的时间规则。

（3）风险揭示原则。企业在公开招股说明书、债券募集办法、上市公告书、持续信息披露过程中，对有关部分简要披露发行人及其所属行业、市场竞争和盈利等方面的现状及前景，并向投资者简述相关的风险。

（4）保护商业秘密原则。商业秘密是指不为公众所知悉、能为权利人带来经济利益、具有实用性并经权利人采取保密措施的技术信息和经验信息。商业秘密不受信息披露真实性、准确性、完整性和及时原则的约束。

（六）企业金融管理业务实务

1. 资本筹措业务范畴

企业资本筹措业务范畴如图 8-2 所示。

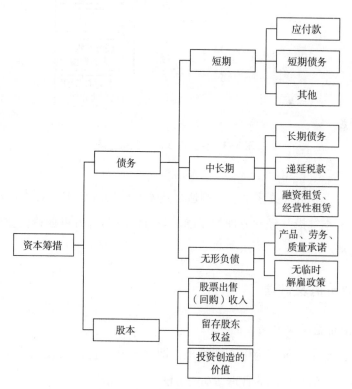

图 8-2 企业资本筹措业务范畴

2. 资本运作

企业资本运作业务范畴如图 8-3 所示。

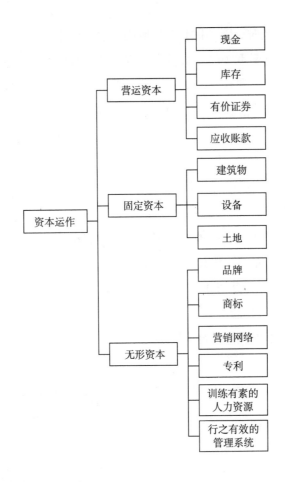

图 8-3　企业资本运作业务范畴

很多传统的企业常常关注生产、制造、技术、营销等属于"资本运作"方面的议题，而忽视"资本筹措"经营方面的议题。只有两者结合方可创造企业价值，为投资者实现股东财富。

二、企业价值及管理

（一）企业价值管理内涵

企业价值管理是以价值为中心的管理，即通过确立价值最大化的理念，企业的管理者以增加企业价值为目标的管理活动与方法。

1. 企业价值是所有收益的总和

企业价值是指通过企业系统内部诸多资源的组合、共生表现出来的被市场所认可的经济实力和社会影响力。

企业价值是股东价值、社会价值、顾客价值、员工价值等利益所得者收益的总和，是兼顾眼前利益和长远利益的集合。企业要生存和发展，要求股东、雇员、债权人、供货商、顾客之间相互协调和共同合作，为这些利益集团创造价值，并得到承认。

2. 企业价值最大化是企业运营的目标

狭义上讲，价值管理要求企业紧紧围绕价值最大化目标，适时地根据环境变化，通过对投资机会的把握，合理配置企业资源，其中包括战略性投资和结构性的战略性调整，采取兼并收购、资本重组等超常方式，提高组织的灵活性和环境的适应性，以增加社会和民众对企业的收益和增长的预期，最终为投资者创造更多财富。

广义上讲，价值管理的宗旨是把企业长期稳定发展放在首位，强调在企业价值增长中正确处理各种利益关系，兼顾企业各利益主体的利益，不断增加企业财富，使企业总价值达到最大化。这一理念要求企业在生产经营过程中，不仅要注重短期利益，还要追求企业长期健康发展；不仅追求企业本身的发展，还要为股东、用户、员工、供应商以及社会等利益相关者创造更多价值。

3. 价值管理是基于价值的管理模式

价值管理体系是从分析企业经济利润指标入手，具体提出如何通过企业内部管理层的管理理念、管理方法、管理行为、管理决策使企业价值最大化的管理机制，是紧紧围绕价值管理的一整套管理体系。

（二）价值管理的特征和原则

价值管理的特征主要包括以下几个方面：第一，价值管理以价值为导向，量化价值，用数据说话；第二，价值管理关注结果，更关注过程；第三，价值管理抓关键少数指标，即KPI；第四，在跨职能管理过程中，价值管理体现业务与业务、财务与业务的结合；第五，价值管理强调思维方式的系统性和管理体系的整合。

总而言之，价值管理要求将各项工作进行价值量化，使公司股东与管理层、公司与外部各利益相关者、公司内部各部门、各项职能、每个人之间都有共同语言，即以价值的计算作为交流沟通的依据，从而使大家明白如何做更能提高企业的价值。

（三）价值管理整体框架

价值管理整体框架包括文化、衡量、管理、激励四个方面，如图8-4所示。

从上述四个方面开展价值管理活动的同时，我们可以从定义价值、发现价值、实现价值、衡量价值、审计价值、激励价值六个方面形成价值管理闭环，如图8-5所示。

（四）成功推行价值管理的关键环节

1. 确立明确的价值理念

清楚地界定企业追求的价值，以此确立企业上下行为的依据，并按照这一标准对企

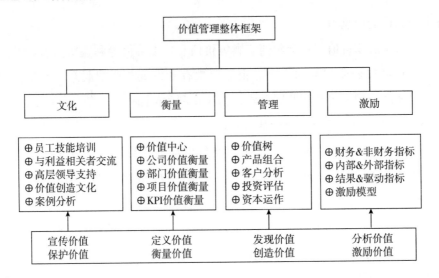

图 8-4　价值管理整体框架

图 8-5　企业价值管理闭环

业经营管理的方方面面认真进行审视，寻找影响价值创造的因素。企业员工与部门就价值和价值创造的活动达成共识，这是企业成功的关键一步。要对价值达成共识必须要清晰定义价值，摒弃过分争取个人或小团体利益的自私行为，防止个人或部门之间失去控制的负面竞争以及破除部门壁垒。因此，必须用一个明确的价值定义引领和规范员工和部门的行为。

2. 把握并有效经营价值驱动要素

价值驱动要素是实现价值创造的具有战略意义的创造性活动，存在于企业的各个领域，包括产品开发、生产、营销以及人力资源的开发和利用等，是价值最大化的有效载体和具体方式。把企业的价值理念外化为价值驱动要素，从战略的高度明确价值驱动要素，并把对价值驱动要素的管理作为基本的经营策略，这是实现价值管理的秘诀。

3. 在经营管理的全过程实施价值管理

价值管理的目的既是为了实现价值最大化，又是为了持续创造价值，不是一次或一段时间完成的任务，而是贯穿于企业经营管理的全过程，并与企业的生存发展相始终的管理工程。它与企业的战略选择、资源分配、内外部竞争、薪酬制度等紧密联系在一起。它要求管理者把以价值创造为前提进行决策的理念融入日常管理和决策的实践中。

4. 价值管理重在沟通过程

领导与员工的价值沟通是进行基于价值的管理的基本保障。基于价值的管理说到底需要通过一系列的行为实现，这就涉及企业的领导者及管理者应该如何与员工在对价值目标的认识上形成共识。因此，企业的领导者、管理者与员工之间的价值沟通是基于价值的管理的重要一环。

三、企业金融业务管理实务

（一）资本筹集管理概述

筹集资金是指企业根据其生产经营、对外投资和调整资本结构等活动对资金的需要，通过筹资渠道和资本市场，并运用筹资方式，经济有效地筹集企业所需资金的财务活动。

企业筹资管理的基本要求是在严格遵守国家法律法规的基础上，分析影响筹资的各种因素，权衡资金的性质、数量、成本和风险，合理选择筹资方式，提高筹资效果。

企业筹集资金，首先要对资金需要量进行预测，即对企业未来组织生产经营活动的资金需要量进行估计、分析和判断，它是企业制订融资计划的基础。目前我国企业的筹资方式主要有以下几种：第一，吸收直接投资，指企业直接吸收国家、法人、个人投入资金，用于企业的生产经营活动。第二，发行股票，指企业在证券市场发行股票，取得权益性资金。第三，发行债券，指企业在证券市场发行债券，筹措债务性资金。第四，商业信用，指由于企业间的业务往来发生的借贷关系，是企业筹措短期资金的主要方式。第五，银行借款，指企业向银行借贷资金。第六，融资租赁，指企业向租赁公司等机构取得固定资产而构成的债务，是区别于经营租赁的一种长期租赁方式。

1. 权益资金的筹集

权益资金筹资方式主要有吸收直接投资、发行普通股票、发行优先股票和利用留存收益。以下主要介绍发行股票。

（1）股票的概念。股票是一种有价证券，是股份公司在筹集资本时向出资人公开或私下发行的、用以证明出资人的股本身份和权利，并根据持有人所持有的股份数享有权益和承担义务的凭证。股票代表着其持有人（股东）对股份公司的所有权。股票具有不可偿还性、参与性、收益性、流通性、价格波动性和风险性等特点。

（2）股票的种类。股票可以根据投资主体的不同分为国家股、法人股、内部职工股和社会公众个人股；按股东权益和风险大小，可以分为普通股、优先股以及普通和优先混合股；按照认购股票投资者身份和上市地点不同，可以分为境内上市内资股、境内上市外资股和境外上市外资股三类，是现在比较流行的分类方法。A 股的正式名称是人民币普通股票。它是由我国境内的公司发行，供境内机构、组织或个人（不含港、澳、台投资者）以人民币认购和交易的普通股股票。B 股也称为人民币特种股票，是指那些在中国内地注册、在中国内地上市的特种股票。以人民币标明面值，只能以外币认购和交易。H 股也称为国企股，是指国有企业在中国香港上市的股票。S 股是指那些主要生产或者经营等核心业务在中国内地而企业的注册地在新加坡或者其他国家和地区，但是在新加坡交易所上市挂牌的企业股票。N 股是指那些在中国内地注册、在美国纽约上市的外资股票。

（3）股票的发行。股份有限公司发行股票的一般程序：①发起人认购股份、缴付股资；②提出公开募集股份申请；③公告招股说明书；④招认股份；⑤召开创立大会，选举董事会、监事会；⑥办理公司设立登记，交割股票。

（4）股票上市交易。

1）股票上市的条件。我国《证券法》规定，股份有限公司申请股票上市，应当符合下列条件：①股票经国务院证券监督管理机构核准已公开发行。②公司股本总额不少于人民币 3000 万元。③公开发行的股份达到公司股份总数的 25%以上；公司股本总额超过人民币 4 亿元的，公开发行股份的比例为 10%以上。④公司最近 3 年无重大违法行为，财务会计报告无虚假记载。

2）股票上市的暂停、终止与特别处理。当上市公司出现经营情况恶化、存在重大违法违规行为或其他原因导致不符合上市条件时，就可能被暂停或终止上市。

2. 债务资金的筹集

（1）银行借款。银行等金融机构提供的长期贷款金额高、期限长、风险大，除借款合同的基本条款之外，债权人通常还在借款合同中附加各种保护性条款，以确保企业按要求使用借款和按时足额偿还借款。

银行借款按期限分为短期、中期和长期借款；按有无担保分为信用借款、担保借款以及票据贴现；按偿还方式分为一次性偿还借款和分期偿还借款；按借款的用途分为基本建设借款、专项借款和流动资金借款；按提供贷款的机构分为政策性银行贷款和商业银行贷款。银行借款的优点在于筹资速度快、筹资成本低、借款弹性好。银行借款的缺点在于财务风险大、限制条款多、筹资数量有限。

银行借款的信用条件：

1）信贷额度（贷款限额）。信用额度是指借款人与银行签订协议，规定的借入款项的最高限额。

2）周转信贷协定。周转信贷协定是一种正式的信用额度，经常为大公司使用。

3）补偿性余额。补偿性余额指银行要求借款人在银行中保留借款限额或实际借用额的一定百分比计算的最低存款余额。

4）借款抵押。除信用借款以外，银行向财务风险大、信誉不好的企业发放贷款，往往需要抵押贷款，即企业以抵押品作为贷款的担保，以降低自己蒙受损失的风险。

5）偿还条件。无论何种贷款，一般都会规定还款的期限。

6）以实际交易为贷款条件。当企业发生经营性临时资金需求时，企业可以向银行贷款以求解决，银行根据企业的实际交易为贷款基础，单独立项、单独审批，最后作出决定并确定贷款的相应条件和信用保证。

（2）发行债券。债券是政府、金融机构、工商企业等直接向社会借债筹措资金时，向投资者发行，承诺按一定利率支付利息并按约定条件偿还本金的债权债务凭证。

债券按有无抵押担保分为抵押债券、信用债券和担保债券；按发行方式分为记名债券和不记名债券；按偿还方式分为定期偿还债券和不定期偿还债券；按有无利息分为有息债券和无息债券；按计息标准分为固定利率债券和浮动利率债券；按可否转换分为可转换债券和不可转换债券。债券筹资的优点在于资本成本较低、可利用财务杠杆、保障公司的控制权。债券筹资的缺点为财务风险较高、限制条件多、筹资规模受制约。

发行债券的信用条件：①发行债券的资格：股份有限公司、国有独资公司和两个以上的国有企业或两个以上的国有投资主体投资设立的有限责任公司，有权发行债券。②发行债券的条件：股份公司净资产不低于3000万元，有限责任公司不低于6000万元；累计债券总额不超过公司净资产的40%；最近三年平均可分配利润足以支付公司债券一年利息；筹集的资金投入符合国家产业政策；债券的利率不超过国务院规定的水平；国务院规定的其他条件。

公司债券发行价格是发行公司（或其承销机构）发行债券时的价格，即投资者向发行公司认购其所发行债券时实际支付的价格。决定债券发行价格的因素如下：债券面额（最基本因素）；票面利率（票面利率越高，发行价格越高）；市场利率（市场利率越高，发行价格越低）；债券期限（债券期限越长，价格越高）。

（3）融资租赁。融资租赁又称财务租赁，是指租赁公司按照承租企业的要求出资购买设备，并在契约或合同规定的较长期限内提供给承租企业使用的信用性业务。融资租赁的形式有直接租赁、售后租回和杠杆租赁三种形式。

直接租赁是指出租人根据承租人的请求，向承租人指定出卖人，按承租人同意的条件，购买承租人指定的资产货物，并以承租人支付租金为条件，将该资本货物的占有、使用和收益权转让给承租人。

售后租回是指承租人将自有物件出卖给出租人，同时与出租人签订一份租赁合同，再将该物件从出租人处租回的租赁形式，简称"回租"。

杠杆租赁是指在一项租赁交易中，出租人只需投资租赁物件购置款项20%~40%的金额，即可以此作为财务杠杆，带动其他债权人对该项目60%~80%的款项提供无追索权的贷款，但需出租人以租赁物件作抵押，以转让租赁合同和收取租金的权利做担保的一种租赁交易。

融资租赁筹资的优点在于能帮助企业解决资金短缺和想要扩大生产的问题，并且容易获得；可以减少资产折旧的风险；实现"融资"与"融物"的统一。缺点是资本成本较高，且租期长，一般不可撤销。

在我国融资租赁业务中，租金的计算方法通常采用等额年金法，即将一项租赁资产在未来各租赁期内的租金按一定的利率换算成现值，使其现值总和等于租赁资产成本的租金计算方法。按租金支付的时间不同分为后付租金和先付租金。

1）后付租金的计算。后付等额租金即普通年金，根据普通年金现值的计算公式，可推导后付租金方式下每年年末支付租金数额的计算公式：

$$A = p / (p/A, i, n)$$

2）先付租金的计算。承租企业也有可能与租赁公司商定采用在期初即先付等额租金的方式支付租金。根据先付年金的现值公式，可得到先付租金的计算公式：

$$A = p / [(p/A, i, n-1) + 1]$$

（4）商业信用。商业信用是指商品交易中以延期付款或预收货款进行购销活动而形成的借贷关系，它是企业之间的一种直接信用行为。商业信用的形式有应付账款、应付票据、预收货款等形式。

应付账款是企业赊购货物形成的短期债务。应付票据是在应付账款的基础上发展起来的，是企业进行延期付款商品交易时开具的反映债权债务关系的票据。预收货款指卖方按照购销合同或协议的规定，在发出商品之前向买方预收部分或全部货款的行为。一般用于生产周期长、资金需要量大的货物销售。

商业信用筹资的优点是筹资成本低，限制条件少，筹资方便及时。商业信用筹资的缺点在于规模、方向、期限以及授信对象的局限性。

商业信用条件是销货企业要求赊购客户支付货款的条件，包括信用期限、折扣期限和现金折扣。

（二）营运资金管理

营运资金管理是企业对内投资管理的重要内容。在通常情况下，企业的财务经理有约 60% 的时间用于营运资金管理，企业的营运资金在全部资金中占有相当大的比重，而且周期短、形态易变，因此是财务管理工作的一项重要内容。

1. 营运资金的概念及特点

营运资金是指在企业生产经营活动中占用在流动资产上的资本。营运资金有广义和狭义之分，广义的营运资金又称为毛营运资金，就是企业的流动资产总额；狭义的营运资金又称为净营运资金，是指企业的流动资产总额减去各类流动负债后的余额。营运资金的管理既包括流动资产的管理，也包括流动负债的管理。

营运资金具有以下特点：①营运资金的周转具有短期性；②营运资金的实物形态具有易变现性；③营运资金的数量具有波动性；④营运资金的实物形态具有动态性；⑤营运资金的来源具有灵活多样性。

2. 现金的管理

现金管理的基本目标为如何使企业在持有的现金满足现金需求的条件下成本最低。

（1）现金持有的动机。

1）交易动机，即企业为了维持日常周转及正常商业活动所需持有的现金额。

2）预防动机，即企业为应付意外事件而持有现金。

3）投机动机，即企业为了把握市场投资机会，获得较大收益而持有现金，在证券市场价格剧烈波动时，从事投机活动，从中获取收益。

除以上三种主要原因外，企业也会基于其他原因而持有现金，如为在银行维持补偿性余额而持有现金。

（2）现金的成本。

1）机会成本。机会成本是指企业因保留一定的现金余额而丧失的再投资收益。

2）转换成本。转换成本是指企业无论是用现金购入有价证券还是转让有价证券换取现金时需要付出一定的交易费用，如委托买卖佣金、委托手续费、证券过户费、实物交割手续等。

3）管理成本。管理成本主要是由于对该项现金余额进行管理而增加的费用支出，如管理人员的工资及必要的安全措施费用等。

4）短缺成本。短缺成本即在现金持有量不足，又无法及时变现有价证券加以补充的情况下，企业遭受的损失。

（3）最佳现金持有量。最佳现金持有量就是企业在正常的生产经营情况下所保持现金的最低余额，使持有现金发生的总成本最少的一个现金持有量，即持有成本、机会成本、管理成本、短缺成本保持最低组合水平的现金持有量。

（4）现金的日常管理。

1）现金收入的管理。可采取以下方法：①折扣、折让激励法；②邮政信箱法；③银行业务集中法；④大额款项专人处理法；⑤其他方法。

2）企业延期支付账款的管理。可采取以下方法：①推迟支付应付账款法；②汇票付款法；③合理利用现金"浮游量"；④分期付款法；⑤改进工资支付方式；⑥外包加工节现法。

3）闲置现金投资管理。可将闲置现金投入流动性高、风险性低、交易期限短，且变现及时的投资上，以获取更多的利益。

如果企业能尽量使它的现金流入与现金流出发生的时间趋于一致，就可以使其所持有的交易性现金余额降到最低水平，这就是所谓的现金流量同步。

（三）应收账款的管理

1. 应收账款的管理目标

应收账款管理的基本目标是：在发挥应收账款强化竞争、扩大销售功能的同时，尽可能降低投资的机会成本、坏账成本与管理成本，最大限度地提高应收账款投资的效益。

2. 应收账款的成本

（1）机会成本。应收账款的机会成本是指将资金投资于应收账款，不能进行其他投资而丧失的投资收益。其计算公式为：

应收账款投资机会成本 = 应收账款平均占用额 × 投资机会成本

（2）管理成本。应收账款的管理成本是指企业对应收账款进行管理而耗费的开支。它是应收账款成本的重要组成部分。主要包括：对顾客信用情况调查的费用、收集各种信息的费用、催收账款的费用、账簿的记录费用等。

（3）坏账成本。应收账款的坏账成本是指由于某种原因应收账款不能收回而给企业造成的损失。

3. 信用政策的决策

信用政策又称为应收账款政策，信用政策是企业对应收账款进行规划与管理而制定的基本原则和行为规范，一般由信用标准、信用条件和收账政策三部分组成。

（1）信用标准。信用标准是企业同意向客户提供商业信用而要求对方必须具备的最低条件，常以坏账损失率表示。

1）确定信用标准的定性分析。企业在制定或选择信用标准时，应考虑三个基本因素：第一，同行业竞争对手的情况；第二，企业承担违约风险的能力；第三，客户的资信程度。企业在制定信用标准时，必须对客户的资信程度进行调查、分析，然后在此基础上，判断客户的信用等级并决定是否给予客户信用优惠。客户资信程度的高低通常取决于六个方面，即客户的信用品质、偿付能力、资本、抵押品、经济状况和持续性。

2）确立信用标准的定量分析。确定信用标准的定量分析，主要解决两个问题：一是确定客户拒付账款的风险，即坏账损失率；二是具体确定客户的信用等级，作为制定信用标准的依据。这主要通过以下三个步骤来完成：第一步，确定信用等级的评价标准。第二步，利用客户的财务报告资料，计算各自的指标值并与信用等级评价标准比较。第三步，进行风险排队，并确定客户的信用等级。根据上述计算的预计坏账损失率，由小到大进行排序。然后，结合企业承受违约风险的能力及市场竞争的需要，划分客户信用等级，对不同信用等级的客户，分别采用不同的信用标准。

（2）信用条件。信用条件是指企业接受客户信用订单时所提出的付款要求，主要包括信用期限、折扣期限及现金折扣率等。信用标准、信用条件的改变，必然会对收益与成本两个方面产生影响，因此决策的基本思路就是通过比较信用标准、信用条件调整前后收益与成本的变动，遵循边际收入大于边际成本的原则，做出方案的选择。确定信用条件的具体操作步骤是：第一步，确定方案的决策相关成本，这些成本项目包括：应收账款占用机会成本、坏账损失等。第二步，确定每一个方案的决策相关收益，包括扩大销售所取得的增加的收益。第三步，对每一个方案进行成本效益分析比较，选择净收益增加最多的决策方案。

（3）收账政策。收账政策又称收账方针，是指当客户违反信用条件，拖欠甚至拒付账款时，企业所采取的收账策略与措施。企业在制定收账政策时，就是要在增加收账费用与减少坏账损失、减少应收账款机会成本之间进行权衡，若前者小于后者，则说明制定的收账政策是可取的。

4. 应收账款的日常管理

应收账款日常管理的主要措施包括应收账款的追踪分析、账龄分析、收现保证率分析，以及根据有关会计法规建立应收账款坏账准备金制度。

（1）应收账款的追踪分析。赊销企业有必要在收账之前，对应收账款进行跟踪分析，企业应该将主要精力集中在对那些交易金额大、交易次数频繁或信用品质有疑问的客户进行重点追踪调查，根据客户的信用品质以及现金持有量与调剂程度判断其能否严格履行信用条件。

（2）应收账款的账龄分析。应收账款的账龄是指未收回的应收账款所拖欠的时间。进行应收账款账龄分析，可从应收账款账龄结构分析入手。首先，应分析产生这种情况的原因，如果属于企业信用政策的问题，应立即进行信用政策的调整；其次，应具体分析拖欠客户的情况，搞清这些客户发生拖欠的原因是什么、拖欠的时间有多长、拖欠的金额有多少；最后，针对不同的情况采取不同的收账方法，制订出经济可行的收账方案。

同时，对尚未过期的应收账款也不应放松管理和账龄分析，防止发生新的逾期拖欠。

（3）应收账款收现保证率分析。应收账款收现保证率是指一定时期内必须收现的应收账款占全部应收账款的比重。

（4）建立应收账款坏账准备金制度。按照权责发生制和谨慎性原则的要求，必须对坏账发生的可能性预先进行估计，并计提相应的坏账准备金。

（四）存货的管理

1. 存货管理的目标

存货管理的目标就是要在充分发挥存货作用的前提下，不断降低存货成本，以最低的存货成本保障企业生产经营的顺利进行。

2. 存货的成本

（1）取得成本。所谓取得成本，是指企业取得存货时的成本费用支出。它主要包括存货的订货成本和采购成本两个方面。

（2）储存成本。所谓储存成本，是指企业为持有存货而发生的成本费用支出。它主要包括存货资金占用的机会成本、仓储费用、保险费用、存货库存损耗等。

（3）缺货成本。所谓缺货成本，是指存货不足给企业造成的损失。它主要包括由于原材料供应中断造成的停工待料损失、产品供应中断导致延误发货的信誉损失以及丧失市场机会的有形与无形损失等。

3. 存货的经济批量

存货的经济批量是指按照存货管理的目的，通过合理的进货批量和进货时间，能够使一定时期存货的总成本达到最低的采购数量。经济进货批量模式有基本模式、享受数量折扣条件下的经济进货批量模式以及允许缺货时的经济进货批量模式。

（1）经济进货批量的基本模式。经济进货批量的基本模式以如下假设为前提：一是企业一定时期的进货总量可以较为准确地予以预测；二是存货的耗用或者销售比较均衡；三是存货的价格稳定，且不存在数量折扣，进货日期完全由企业自行决定，并且每当存货量降为零时，下一批存货均能马上一次到位；四是仓储条件及所需现金不受限制；五是不允许出现缺货情形；六是所需存货市场供应充足，不会因买不到所需存货而影响其他方面。此时，经济进货批量的基本模型的计算公式为：

经济进货批量：$Q^* = \sqrt{\dfrac{2KD}{K_c}}$

经济进货批量的存货相关总成本：$TC(Q^*) = \sqrt{2KDK_c}$

经济进货批量平均占用资金：$I^* = \dfrac{Q^*}{2} \times U$

年度最佳进货批次：$N^* = \dfrac{D}{Q^*} = \sqrt{\dfrac{DK_c}{2K}}$

最佳订货周期：$t^* = \dfrac{1}{N^*} \times 360$

其中，D 为存货年需要量；Q 为每次进货批量；K 为每次订货的变动成本；K_c 为存货的单位储存变动成本；U 为单位购置成本。

（2）存在数量折扣的经济进货批量模式。为了鼓励客户购买更多的商品，销售企业通常会给予不同程度的价格优惠，即实行商业折扣或称价格折扣。购买越多，所获得的价格优惠越大。此时，进货企业对经济进货批量的确定，除了考虑进货费用与储存成本外，还应考虑存货的进价成本，因为此时的存货进价成本已经与进货数量的大小有了直接的联系，属于决策的相关成本。在经济进货批量基本模式其他各种假设条件均具备的前提下，存在数量折扣时的存货相关总成本可按下式计算：

存货相关总成本＝采购成本＋订货成本＋相关存储成本

实行数量折扣的经济进货批量具体确定步骤如下：

第一步，按价格分成若干个购货数量区间。

第二步，按照基本经济进货批量模式确定经济进货批量 Q^*。

第三步，就每一个购货数量区间，依据 Q^* 值分别确定各个购货数量间的最优批量；其原则是同一区间内距 Q^* 值最近的数量为该区间的最优批量。

第四步，计算按数量折扣的最优批量进货时的存货相关总成本。

第五步，比较各区间最优批量的存货相关总成本，选择最小值，其批量即为最终的最优批量。

（3）允许缺货时的经济进货批量模式。在允许缺货的情况下，企业对经济进货批量的确定，就不仅要考虑进货费用与储存费用，而且还必须对可能的缺货成本加以考虑，即能够使三项成本总和最低的批量便是经济进货批量。

（4）确定再订货点、订货提前期和保险储备。

1）再订货点。一般情况下，企业不能等存货用光再去订货，而需要在没有用完时提前订货。在提前订货的情况下，企业发出订货单时，尚有存货的库存量为再订货点，即再订货点是指发出订货指令时尚存的原材料数量。其计算公式为：

R＝L×d

其中，R 为再订货点（不考虑保险储备的再订货点）；L 为原材料的在途时间；d 为原材料平均日需求量。

2）订货提前期。一般情况下，企业的存货不可能做到随用随时补充，因此需要企业在没有用完时提前订货。提前订货时，当企业发出订货单时，提前期是指从发出订单到货物验收完毕所用的时间。其计算公式为：

订货提前期＝预计交货期内原材料的使用量÷原材料使用率

3）保险储备。建立保险储备，可以使企业避免由于存货或供应中断造成的损失，但同时也会使储备成本升高。因此，要找出一个合理的保险储备量，使缺货或供应中断损失和储备成本之和最小。可以先计算出各不同保险储备量的总成本，然后再对总成本进行比较，选定其中最低的。确定保险储备的操作步骤为：第一步，计算不同保险储备的总成本；第二步，比较不同保险储备的总成本，以低者为佳。

4. 存货的日常管理

（1）存货储存期管理控制。企业因储存存货发生的费用，按照其与储存时间的关系可以分为固定储存费用和变动储存费用两类。根据本量利平衡关系可以推导出下列公式：

$$存货保本储存期 = \frac{毛利 - 固定储存费用 - 销售税金及附加}{每日变动费用}$$

$$存货保利储存期 = \frac{毛利 - 固定储存费用 - 销售税金及附加 - 目标利润}{每日变动费用}$$

（2）存货 ABC 分类管理控制。存货 ABC 分类管理就是将存货按照一定的标准分成 A、B、C 三类，然后按照各类存货的重要程度分别采取不同的方法进行管理。这样，企业就可以分清主次，突出管理重点，提高存货管理的整体效率。存货的划分标准主要有两个：一是存货的金额；二是存货的品种数量，以存货的金额为主。其中，A 类存货标准是存货金额很大，存货的品种数量很少；B 类存货标准是存货金额较大，存货的品种数量较多；C 类存货标准是存货金额较小，存货的品种数量繁多。

阅读专栏 8-3　互联网金融

一、互联网金融的含义

互联网金融泛指以计算机或电子设备终端为基础，以网络通信为媒介，借助云计算、大数据、移动互联等现代信息技术，秉承"开放、平等、协作、分享"的互联网精神，实现资金融通、支付清算、信息处理等金融功能的新兴金融服务模式。互联网金融是互联网与金融的相互融合，既包括金融机构通过互联网开展的金融业务，也包括非金融机构企业利用互联网技术所从事的金融业务。为便于区分和表述互联网金融的不同业态，我们对前者仍采用互联网金融的概念，后者则称为狭义的互联网金融。

二、互联网金融的特点

1. 基于信息技术运用的虚拟化

互联网金融在本质上仍是金融，但它不同于以往以物理形态存在的传统金融。互联网金融主要存在于电子空间，形态虚拟化，运作方式网络化，以大数据、云计算、社交网络、搜索引擎、移动互联等现代信息技术为基础，挖掘客户信息并管理信用风险。互联网金融通过网络生成和传播信息，运用搜索引擎对信息进行组织、排序和检索，通过云计算进行处理，从而有针对性地满足用户在信息挖掘和信用风险管理上的要求。在现代计算机信息技术的支撑下，互联网金融的运营场所、运营方式、金融服务呈现出明显的虚拟化特征。

2. 基于高效方便快捷的经济性

互联网金融业务主要通过计算机联网处理，突破了时间和空间的限制，实现了随时（Anytime）、随地（Anywhere）、随渠道（Anyhow）的"3A"式金融服务，具有更好的灵活性和流动性。在互联网金融模式下，交易双方通过网络平台自行完成信息分析、市场匹配、结算清算、交易转账等业务，操作流程标准简单，交易成本显著降低，金融服务的便捷性进一步拓展，大大提高了服务效率。尤其是随着平板电脑、智能手机等移动终端的普及，其随时上网、携带方便、易于操作的特点，使客户可以随时随地享用互联网金融提供的金融服务，无需排队等候，甚至不需要亲自前往，业务处理速度更快，用户体验更好。

3. 基于直接、小额、分散的普惠性

互联网金融既不同于传统商业银行的间接融资，也不同于资本市场的直接融资，而是以点对点直接交易为基础进行的金融资源配置。资金和金融产品的供需信息在互联网上发布并匹配，供需双方可以直接联系和达成交易，交易环境更加透明。互联网金融模式下，客户能够突破时间和地域的约束，在互联网上寻找需要的金融资源，金融服务更直接，客户基础更广泛，实现了为社会各阶层（包括小微企业、社区居民、农村农民等）提供金融服务的可能性，因而具有普惠性金融的特征。

4. 基于金融本质和网络技术的风险性

互联网金融的金融本质使其不可避免地存在着常规的金融风险（如信用风险、操作风险、流动性风险、市场风险、法律风险等），同时还存在着一定的网络技术风险（如技术甄别风险和网络安全风险等）。因此，在互联网金融模式下，风险控制和金融监管已成为必不可少的环节，否则就会爆发金融风险。

三、互联网金融的种类

1. 按照互联网金融发起的主体划分

从广义层面来看，互联网金融按照发起主体可分为由金融机构开展的互联网金融活动和非金融机构（尤其是电商和IT企业）开展的互联网金融活动。前者往往又被称为金融互联网，主要包括网络银行、网络保险、网络证券等；后者往往被称为新兴的或狭义的互联网金融，主要包括第三方支付、网络借贷、股权众筹、互联网金融门户等。

2. 按照互联网金融发挥的功能划分

从当前互联网金融发挥的功能来看，主要可概括为支付清算、资源配置和信息处理三项，相应地，互联网金融业可分为网络支付和网络货币、网络融资、网络理财、网络信息服务等形式。

网络支付主要包括网络银行支付系统和第三方支付等，它与网络货币密不可分。网络货币又称数字货币，是通过采用一系列经过加密的数字在互联网上进行传输的可以脱离银行实体而进行的数字化交易媒介物，目前存在的形态主要包括电子钱包、电子支票、电子信用卡、智能IC卡、在线货币（如比特币、莱特币）等。网络融资主要包括网络银行贷款、P2P网络借贷平台、非P2P网络小额借贷平台、众筹等。网络理财是指通过网络购买包括基金、保险、信托等各种理财产品，主要包括网络银行、网络保险、网络证券提供的理财服务以及互联网金融门户网站提供的综合理财平台（如阿里巴巴旗下蚂蚁金服推出的余额宝、东方财富旗下的天天基金网等）。网络信息服务主要是指互联网金融门户网站在云计算海量信息高速处理能力的保障下，资金供需双方信息通过社交网络得以揭示和传播，经搜索引擎对信息的组织、排序、检索，最终形成时间连续、动态变化的信息序列，社交网络、搜索引擎、云计算是互联网金融信息服务的三个重要组成部分。

3. 按照互联网金融的典型业态划分

业态一词来源于日本，大约出现在20世纪60年代，往往用来描述经营活动的具体形态。它是针对特定消费者的特定需求，按照一定的战略目标，有选择地运用商品经营结构、经营场所、价格政策、服务方式等经营手段，提供销售和服务的类型化服务形态。简而言之，业态是为满足不同的消费需求进行相应的要素组合而形成的不同经营形态。

目前互联网金融的典型业态主要包括以下七种模式：信息化金融机构、第三方支付、P2P网贷、众筹、大数据金融、互联网金融门户和数字货币。

（1）信息化金融机构。信息化金融机构是指通过广泛采用互联网信息技术，对传统运营流程进行改造或重构，实现经营、管理全面电子化的银行、证券和保险等金融机构，其主要运营模式可分为三种：传统金融业务的电子化模式（如网上银行、手机银行、网上保险、网上证券等）、基于互联网的创新金融服务模式（如直销银行等）、金融电商模式（如建设银行"善融商务"、中国人寿电子商务、银行证券网上商城等）。

（2）第三方支付。第三方支付主要指具备一定实力和信誉保证的非银行机构，借助计算机通信和信息安全技术，采用与各大银行签约的方式，在用户与银行支付结算系统间建立连接的电子支付模式。根据2015年12月中国人民银行发布的《非银行支付机构网络支付业务管理办法》（中国人民银行公告〔2015〕第43号）规定，非银行支付机构是指依法取得《支付业务许可证》，获准办理互联网支付、移动电话支付、固定电话支付、数字电视支付等网络支付业务的非银行机构。其主要运营模式包括独立的第三方支付平台（如快钱、汇付天下、拉卡拉等）和辅助的第三方支付平台（如支付宝、财富通等）两种。

（3）P2P网贷。P2P来自英文的"peer to peer"，即点对点，P2P网贷是指通过P2P公司搭建的第三方互联网平台为资金借贷双方提供服务的直接借贷模式。目前已经出现的运营模式主要有纯线上的模式（如拍拍贷、人人贷等）和线上线下结合的模式（即O2O，如翼龙贷等）。此外，还有一种受到较多质疑的债权转让模式（如宜信等）。

（4）众筹。众筹译自英文crowdfunding，意为大众筹资或群众筹资，指用"团购+预购"的形式通过互联网向大众募集项目资金的融资模式。众筹平台的运作通常是资金需求者将项目策划交给众筹平台，经过平台的相关审核后，便可在平台网站上建立属于自己的网页，用来向公众推介项目并募集资金。众筹有一定的规则：一是每个项目必须设定筹资时间（如天数）和目标金额。二是在设定时间内，达到或者超过目标金额，项目即可获得资金；项目筹资失败的话，已获资金要全部退还给支持者。三是众筹不是捐款，支持者的所有支持一定要设有相应的回报，众筹平台从成功项目中抽取一定比例的服务费用。

（5）大数据金融。大数据金融是指集合海量非结构化数据，通过对其进行实时分析，为互联网金融机构提供客户全方位信息，通过分析和挖掘客户的交易和消费信息掌握客户的消费习惯，并准确预测客户行为，使金融机构和金融服务平台在营销和风控方面有的放矢。基于大数据的金融服务平台主要指拥有海量数据的电子商务企业开展的金融服务。目前，大数据服务平台的运营模式可分为以阿里小额信贷为代表的平台模式和以京东、苏宁为代表的供应链金融模式。

（6）互联网金融门户。互联网金融门户是指利用互联网进行金融产品的销售以及为金融产品销售提供第三方服务的平台。它的核心就是"搜索+比价"的模式，采用金融产品垂直比价的方式，将各家金融机构的产品放在平台上，用户通过对比挑选合适的金融产品。互联网金融门户多元化创新发展，形成了提供高端理财投资服务和理财产品的第三方理财机构，提供保险产品咨询、比价、购买服务的保险门户网站等。这种模式不存在太多政策风险，因为其平台既不负责金融产品的实际销售，也不承担任何不良风险，同时资金也完全不通过中间平台。目前比较具有代表性的互联网金融门户有 91 金融超市、融 360、"海贷网"、银率网、网贷之家等。

（7）数字货币。数字货币也就是前文所提的网络货币，但又不完全等同于电子货币和虚拟货币。广义的数字货币不仅包括银行系统的电子货币，还包括网络游戏货币、门户网站的专用货币（如腾讯的 Q 币）以及非官方发行的去中心化的虚拟货币（如比特币）。

4. 按照互联网金融的业务模式划分

（1）传统金融的互联网化。传统金融的互联网化主要阐述了互联网技术对以银行、保险和券商为代表的传统金融体系的变革。在过去的 20 年中，互联网银行迅速发展，已经实现了从 1.0 到 2.0 的转变。据统计，全球共有 116 家互联网银行，以英国、美国、德国发展尤为突出，其中，美国以 34 家的数量优势位居榜首。20 世纪 90 年代，互联网券商以其便利性和经济性在全球范围内兴起。随着技术的创新，互联网券商也从最初占主导地位的折扣型券商不断演化出社交型券商和众筹型券商。保险行业的互联网化主要分为三大模式：传统保险互联网化、互联网保险经济与代理以及互联网保险公司。据《全球互联网金融商业模式报告（2015）》显示，截至 2015 年 6 月，开展互联网保险销售业务的传统保险公司共计 99 家，比上年增加了 11 家，占同年全部财险和寿险公司总数的 65%，较上年增长了 8%。

（2）基于互联网平台开展的金融业务。该业务主要分为四个子类，即互联网基金销售、互联网资产管理、互联网小额商业贷款以及互联网消费金融。在大多数国家，互联网基金销售并非主流，投资者更倾向于专业财务机构的线下销售。相比之下，互联网资产管理则越来越多地受到用户的偏爱。通过对用户需求的了解，为用户提供定制化产品，不仅降低了费率，投资门槛也同样降低。目前，国内外的线上资产管理主要集中在四类模式：被动型智能理财平台、主动型组合投资平台、O2O 资产管理平台以及面向投资顾问的账户智能管理平台。互联网小额商业贷款则弥补了银行贷款的不足，通过分析互联网数据弥补了审查成本过高或信用不足的缺陷，从而快速高效满足小企业贷款需求。近年来，中国的小额贷款业务发展迅速，贷款余额达 0.94 万亿元。国内基于互联网的小额商业贷款公司除部分 P2P 以外，大部分为电商平台同小贷公司的结合体以及商业银行自建平台。互联网消费金融领域，美国、英国仍处在领先地位，中国处于快速发展阶段，其他欠发达地区仍主要依靠线下消费。

（3）全新的互联网金融模式。全新的互联网金融模式包括在国内外十分火爆的 P2P 和众筹。从 2005 年起，P2P 以其无抵押担保、撮合速度快、借款利率低的特点在全球范围内兴起，以美、中、英三国发展最为迅猛，其中，中国地区 2013 年同比增长 300%，发展最为迅速。目前，在中国 P2P 行业发展中，行业演化完全来自资产端，模式迅速转向 P2B。P2P 从广义上可以理解为债券众筹，此外，众筹还包括捐赠型众筹、产品型众筹、股权型众筹和房地产众筹等重要类型。截至 2015 年底，中国共有 6 家捐赠型众筹，股权型众筹发展处于初期阶段，房地产众筹处于萌芽阶段。

（4）互联网金融信息服务。互联网金融信息服务主要侧重研究在线社交投资、金融产品搜索、个人财务管理、在线金融教育以及个人信用管理。在线社交投资以社交平台为载体，将广大投资者网络化，以达到优化信息流动和投资决策效率的目的。金融产品搜索则通过聚合产品、需求匹配以及提供增值服务等方式帮助消费者降低信息收集成本，为消费者做出明智决策提供了极大方便。随着世界经济的发展、居民财富的不断积累和金融产品的日渐丰富，广大居民亟须经历一个普及金融知识、改善金融行为、提高金融素养的过程，在线金融教育平台的发展正是这个漫长过程中不可或缺的一环。个人信用管理则是互联网金融信息服务中至关重要的分支，主要涵盖信用查询服务、信用管理服务和金融产品对接服务。我国目前正在推动个人征信体系建设，对发达国家个人信用管理模式的研究具有重大的启发意义。

四、互联网金融的意义

从整体上来说，互联网金融的出现不仅填补了以银行为代表的传统金融机构服务的空白，提高了社会资金的使用效率，更为关键的是将金融通过互联网普及化、大众化，不仅大幅度降低了融资成本，而且更加贴近百姓和以人为本。它对金融业的影响不仅仅是将信息技术嫁接到金融服务上，推动金融业务格局和服务理念的变化，更重要的是完善了整个社会的金融功能。

1. 有助于发展普惠金融，以弥补传统金融服务的不足

互联网金融模式下，金融服务边界（包括客群及场景）均得以大幅度拓展。其中，金融服务客群的拓展，既有地域的拓展，也有客户群的下沉，真正下沉到那些广泛存在却长期被忽视的普通大众家庭。互联网金融的市场定位主要在"小微"层面，具有"海量交易笔数，小微单笔金额"的特征，这种小额、快捷、便利的特征，具有普惠金融的特点和促进包容性增长的功能，在小微金融领域具有突出的优势，一定程度上填补了传统金融覆盖面的空白。因此，互联网金融和传统金融相互促进、共同发展，既有竞争又有合作，两者都是我国多层次金融体系的有机组成部分。

2. 有利于发挥民间资本作用，引导民间金融走向规范化

我国民间借贷资本数额庞大，长期以来缺乏高效、合理的投资方式和渠道，游离于正规金融监管体系之外。民间金融融入互联网、推动金融改革是中国民间金融走向规范化、阳光化的又一动力。随着互联网在金融领域应用的快速发展，民间金融的网络化也在不断深入。民间金融面临的很大一部分问题来源于其对风险的控制能力较弱。而互联网所提供的数据分析和挖掘技术，能对用户信息进行有效处理，基于此建立的

信用评估体系，能够为民间金融的风险控制提供有力支撑。互联网金融为民间金融的阳光化、规范化提供了新途径。基于大数据和云计算的互联网金融产品，较好地实现了流动性和收益性，给社会带来了福利。规范运作的 P2P 借贷和众筹模式，可以引导民间资本投资于国家鼓励的领域和项目，遏制高利贷，盘活民间资金存量，使民间资本更好地服务实体经济。股权众筹的融资方式也体现了多层次资本市场的客观要求。民间金融的互联网化可以使其具备更高的透明度，未来有可能实现技术和制度的双重红利。

在逆周期的金融宏观审慎管理制度框架内，将金融改革延伸到民间金融体制与资产管理体制改革之中，开辟多元化民间投资渠道，构建多层次融资服务体系。建立健全系统性民间金融风险预警机制、危机处置机制、金融监管机制是规范发展民间金融的基本保障，也是金融改革的内在要求。

3. 有助于满足电子商务需求，有效扩大社会消费

近年来，我国电子商务发展迅猛，不仅创造了新的消费需求，引发了新的投资热潮，开辟了就业增收新渠道，而且电子商务正加速与制造业融合，推动服务业转型升级，催生新兴业态，成为提供公共产品、公共服务的新力量，成为经济发展新的原动力。数据显示，在 2010 年，仅有 3% 的私人消费来自线上；2015 年，中国网络购物者总数达到 4.1 亿人，近乎翻了 3 倍，线上渠道的消费总额已占私人消费的 15%。

电子商务的发展有赖于一定的支撑环境，如发达的网络通信设施，包括有关标准和规范的建立；规则的设定，包括有关的法律、法规、规定等的制定或修改；网络信任关系的建立或安全性保障，即要建立安全的认证体系；传统支付系统的强大后台支持，以满足电子商务网上支付的需要；真正实际的需求以创造所需的利润。电子商务对支付方便、快捷、安全性的要求，推动了互联网支付特别是移动支付的发展；电子商务所需的创业融资需求、周转融资需求和客户的消费融资需求，促进了网络小贷、众筹融资、P2P 网贷等互联网金融业态的发展。电子商务的发展催生了金融服务方式的变革，互联网金融也推动了电子商务的发展。

4. 有助于降低成本，提升资金配置效率和金融服务质量

互联网金融利用电子商务、第三方支付、社交网络形成的庞大的数据库和数据挖掘技术，可以消除和减少信息不对称，让资本供应者和需求者更充分地连接，降低金融服务的成本，提升金融服务的效率。互联网金融企业不需要设立众多分支机构、雇用大量人员，大幅降低了经营成本。互联网金融提供了有别于传统银行和证券市场的新融资渠道，以及全天候、全方位、一站式的金融服务，提升了资金配置效率和服务质量。

5. 有助于促进金融产品创新，满足客户的多样化需求

互联网金融的快速发展和理念创新，不断推动传统金融机构改变业务模式和服务方式，也加强了与传统金融之间的合作。互联网金融企业依靠大数据和云计算技术，能够动态了解客户的多样化需求，计量客户的资信状况，有助于改进传统金融的信息不对称问题，提升风险控制能力，推出个性化金融产品。

第三节　企业投资管理

一、投资管理概述

（一）投资的概念及特点

投资即资金的投放，是指企业投入一定量的资金从事某项经营活动，以期望在未来获取收益或达到其他目的的一种经济行为。从投资的定义可以看出，投资具有以下特点：

1. 目的性

从静态的角度说，投资是现在垫支一定量的资金；从动态的角度说，投资则是为了获得未来的报酬而采取的经济行为。

2. 时间性

投资具有时间性，即投入的价值或牺牲的消费是现在的，而获得的价值或消费是将来的，因而，从现在支出到将来获得报酬，在时间上总要经过一定的间隔。

3. 收益性

投资的目的在于获得报酬（即收益）。投资活动是以牺牲现在的价值为手段，以赚取未来的价值为目标。未来的价值超过现在的价值，投资者方能得到报酬。此报酬可以是各种形式的收入，如利息、股息，可以是价格变动的资本利得，也可以是本金的增值，还可以是各种财富的保值或权利的获得。

4. 风险性

投资具有风险性，即不稳定性。现在投入的价值是确定的，而未来可能获得的收益是不确定的。

（二）投资的类型

1. 按投资的性质和内容分为项目投资和有价证券投资

项目投资，也称生产经营性资产投资，是企业把资金直接投放于生产经营性资产，并利用其组织生产经营活动。

有价证券投资，又称为金融性资产投资，是指把资金投放于有价证券等金融资产，取得其他企业的股权或债权。

2. 按投资回收期的长短分为短期投资和长期投资

短期投资，是指能够并准备在一年内收回的投资；长期投资，是指在一年以上才能收回的投资。

3. 按投资的方向分为对内投资和对外投资

对内投资，是指把资金投放在企业内部，购置各种生产要素，组织生产的投资。

对外投资，是指企业以现金、实物和无形资产等方式或者以购买股票、债券等有价证券的方式向其他单位进行投资。

4. 按项目投资的类型分为新建项目投资和更新改造项目投资

新建项目投资包括单纯固定资产投资和完整工业投资两种，其中，单纯固定资产投资项目仅涉及固定资产资金的投入，是投资最基本的形式，目的是新增生产能力，任何项目投资均包括固定资产投资；完整工业投资项目不仅包括固定资产投资，还包括无形资产投资、流动资金和开办费等其他投资。

更新改造项目投资是指以新换旧或者以旧的固定资产为基础进行改扩建的投资项目，其目的是恢复或改善生产能力。以旧换新或者对旧的固定资产进行改扩建，虽然需要增加新的资金，但也会带来现金流入的增加，而现金流入的增加是否会大于新增的投资是是否需要进行更新改造的关键。

（三）企业投资的原则

企业之所以要进行投资活动，是因为要不断扩大其经营规模，提高现有生产水平，增加市场占有份额，抓住机遇获取收益，提高资金的使用效率。企业能否达到这一投资目标，关键还要看企业能否在风云变幻的市场环境下，抓住瞬息万变的投资机会，做出合理的投资决策。为此，企业在投资时必须坚持以下原则：

1. 正确处理宏观环境和微观条件之间的关系

企业的生存与发展离不开客观经济环境。企业必须认真分析投资环境，才能保证投资决策正确有效。企业要了解环境、把握机会，必须进行宏观环境分析。宏观环境分析是指对影响企业成长与发展的政治、经济、文化、法律、技术环境的分析。分析宏观环境的目的主要是综览目前的经济形势，把握未来的经济发展方向，合理选择投资机会。

企业能否把握投资机会和投资场所，关键还在于企业对自身条件和经营实力的了解程度。在复杂多变的市场经济环境下，企业虽不能改变环境，但可以研究环境，利用环境，根据环境的发展和要求选择适合企业生存和发展的机会和空间。企业要了解自己，也必须进行微观条件分析。企业的微观条件分析包括自身条件分析和投资对象条件分析两项内容。

企业自身条件分析内容包括财务实力分析、管理素质分析、企业经营周期分析等。分析的目的是正确评估企业的投资实力。投资对象分析的内容因投资的形式不同而有所区别。如果是直接投资，应该分析投资项目能否增加自己的竞争力，扩大市场占有份额、提高企业的生产能力，以及分析产品的经济寿命周期等。如果是从证券市场上购入有价证券所进行的间接投资，则应分析证券发行者的资信水平、管理状况、盈利能力、资产实力、发展前景等，以便评价投资风险。对微观条件分析的目的主要是根据企业自身条件选择合适的投资项目。

企业投资时的微观条件和宏观环境并不总是完全一致的，有时宏观上存在着很好的投资机会，但微观上企业可能受财务实力、管理者素质、企业经营方向等诸多方面的限制而不能进行投资；相反地，有时企业可能有较大的财力，但受国家产业政策、金融政策、税收政策、价格政策等的影响而一时没有找到合适的投资场所。因此，当宏观环境与微观条件不一致时，企业要认真分析环境，创造投资机会，分析财务实力，选择适合企业条件的投资项目。

2. 正确处理内部投资与外部投资的关系

企业内部投资和外部投资的范围不同，投资目的也有较大差异。正确处理两者关系对企业的稳定与发展、投资收益的提高是非常重要的。

从内部投资的对象及目的可以看出，内部投资是企业生存和发展的关键，也是外部投资赖以存在的基础。企业内部投资项目的选择是否合理，能否取得效益，不仅影响企业的整体效益，对企业的信誉、积累能力、筹资能力及对外投资能力都会产生一定影响；而对外投资对企业内部投资也有着重要影响，因为对外投资不仅可以提高企业的收益水平，而且还可以为企业内部投资创造更好的条件。从总体上看，企业外部投资与内部投资的根本目标是一致的，但就具体目标来说，又有一定差异。因此，企业在投资时，必须认真协调内部投资和外部投资的关系。

（四）企业投资效益与风险分析

1. 投资风险

风险产生的原因主要有两个：一是缺乏信息。在决策时，有许多情况决策人并不掌握。有时是因为取得这些信息的成本过高，有时是因为根本无法取得这些情报，所以投资方案中会含有很大的不确定性。二是决策者不能控制事物的未来进程，如政府政策的改变，顾客要求的变化，供应单位和购买单位违约等。这些都会使投资活动达不到预期的收益目标。由此可以看出，对于一家企业来说，其任何投资活动都会处于或大或小的风险之中。为了将投资决策分析工作建立在科学的基础之上，我们必须对投资风险加以研究，以便将其对企业投资活动坏的影响降低到最小程度。

2. 风险与收益的关系

收益是指某项投资在未来一定时期内所能得到的总报酬。在一般情况下，投资者肯定倾向于选择预期收益率较高的投资方案，但如果这种预期收益存在着风险，投资者就不一定会做出同样的选择了。每个投资方案的风险也大小不一，投资于高技术企业比传统加工业风险要大；投资于石油开采比食品加工业风险要大；投资于股票比债券风险要大；即使是同一项投资，在不同的国家和不同的时期，其风险也是不一样的。如果两个投资方案的预期收益率相同，而一个风险小一些，另一个风险更大一些，投资者肯定更愿意选择前者。这种现象我们称之为"风险反感"。

由于存在风险反感，促使投资者选择高风险项目的基本条件是它必须有足够高的预期收益率。风险程度越大，要求的报酬率也越高。如果此种情况无法维持，则投资者会在市场中采取行动使它发生。也就是说，要使投资者愿意承担一份风险，必须给予一定收益作为补偿，风险越大，补偿越高。所以，风险必须以收益为补偿，它们成正比例地相互交换。因此，在结合风险进行的投资决策中，必须考虑以下三个问题：①投资方案的预期收益率如何？②风险程度如何？③预期收益率是否可以补偿所要承担的风险？如果预期收益较高，足以抵补所承担的风险，则方案"通过"，否则不可轻举妄动。

二、企业投资管理实务

（一）企业投资行业选择

1. 行业宏观因素

了解影响行业的政治、经济还有外在技术等因素，了解宏观经济，明确这个行业处于一个什么样的发展阶段，是萌芽期、成长期、成熟期，还是衰落期。

其中政治、经济等因素，需要平时多关注行业资讯，相关企业的公司公告、新闻等，这就需要有基本的信息收集能力和筛选能力。建议使用一些整合了各处资讯并能分门别类呈现出来的平台。这些平台将宏观和产经新闻与企业公告整合在一起，按行业或特征进行分类，能够直接锁定自己真正想阅读的内容，可以提高效率。

2. 深度的行业研究报告

了解整体行业的脉络，哪些因素在周期性地影响这个行业，知道市场对于行业的需求是否旺盛，需求决定行业存在的价值；行业所处的不同阶段，也是由于市场对这个行业不同的需求引起的。同时还要关注行业前沿方向等。

3. 行业的产业链

知道行业的上游行业是什么，下游行业是什么，以及本行业在经济体系中的位置。

（二）项目投资决策

1. 投资决策的内涵

投资决策是经济决策的重要组成部分，是选择和决定投资行动方案的过程。

投资决策分为宏观投资决策和微观投资决策两部分。宏观投资决策是指在一定时期内，国家对投资总规模、投资资金使用方向、投资比例结构、投资布局等问题进行论证评价，做出判断和决定。微观投资决策是指对拟建项目的必要性和可行性进行技术经济论证，对不同建设方案进行比较选择以及对拟建项目的技术经济问题做出判断和决定的过程。本章所讲的投资决策是站在企业角度进行的，因此属于微观投资决策的范畴。

2. 投资决策的基本原则

投资决策是一个对复杂的多因素进行逻辑分析和综合判断的动态过程，它包括对拟建项目的必要性和可行性进行研究论证，也包括对项目投资方案的制定和选择，还包括对投资方案的评估和审批。因此，为了保证投资决策的成功，在决策的过程中，决策者必须遵循一定的原则。

（1）科学化原则。科学化原则是指在投资决策过程中必须尊重客观规律，按照一定的科学决策程序，运用科学的决策技术，对预定目标做出行动的决定。

（2）民主化原则。投资是一项重要的经济活动，涉及自然科学、社会科学的许多方面，十分复杂，而且影响深远巨大。因此，在进行投资决策的过程中，单凭个人或经验决策很难做出全面正确的判断和决定。这就需要运用民主化原则，充分调动各有关方面的积极性，广泛征求经济、技术和管理等各方面专家的意见和观点，在反复论证的基础上，由领导集体做出决断。民主化是科学化的前提和基础。

（3）系统性原则。影响投资项目建设的各种因素是相互联系、彼此制约的，因此在做出投资决策时，首先要深入调查和收集各方面的投资信息，并对其进行科学的分析和研究。投资信息主要包括需求信息、生产信息、技术信息、供给信息、政策信息、自然资源与条件信息等。同时还必须考虑项目的相关建设和同步建设，项目建设对原有产业、结构的影响，项目产品在国内外市场上的竞争能力和今后的发展趋势等一系列问题。系统性原则就是要全面地考虑与投资项目有关的各个方面。

（4）效益性原则。企业在进行投资项目决策时，必须讲求总体效益最优化，即在达到同样投资目的的前提下，选择单位投资最节约的方案。这里有两层含义：一是投入的活劳动和物化劳动最少；二是资金利用效果好，即重视资金的时间价值，确保资金的流动性。此外，还必须坚持微观经济效益与宏观经济效益的统一以及近期经济效益与远期经济效益的统一。

3. 投资决策的要素

自觉的、有组织的、有目标的投资决策，必须首先掌握并科学运用决策要素，这些要素包括以下四个方面：

（1）科学预测，选择可行目标。目标选择对决策者来说是至关重要的，若目标选择不明确、不可行，势必导致决策失误或承担较大风险损失。目标选择一般要具有五个条件：一是要选择有价值的目标，要明确"做什么"；二是要进行目标分解，确定实现目标的顺序，明确"先做什么"；三是要选择目标具体化，要有明确的数据和质量指标，明确"做多少"；四是要确定目标的方向和涉及的幅度，明确"如何做"；五是要确定实现目标的时限，明确"何时以前完成"。

（2）客观分析并掌握约束条件。约束是指实现投资目标所面临的限制条件或不利因素。在分析约束条件时，重要的是目标和约束条件的统一，否则目标无法实现。在投资决策中，实现目标往往要受多种因素制约，其中有确定性因素，也有不确定性因素；有静态的，也有动态的，在实际工作中要对诸多约束条件予以排序，以便区别轻重缓急，掌握主动权。

（3）方案设计和多方案比较择优。根据目标和约束条件，分析矛盾，制定多种方案是提供决策选择的基础。方案就是实现目标的策略及其方法、途径。可供选择的方案越多，决策的环境越好。选择性是科学决策的一个重要特点。

（4）及时、准确、全面的信息情报。投资信息是指与投资活动相关联并对其产生影响制约作用的经济、自然和社会现象变化及特征的信息。它一般具有综合性、时效性、传递性和共享性等特点，是投资决策的基础。我们不但要善于开发信息源，引导决策行为，而且在决策实施中还要及时、准确、全面地获取新的信息情报，并适时做出追踪决策。这是对投资活动全过程施行有效控制的重要手段。

4. 投资决策的必要性

在投资项目建设之前，之所以要进行投资决策，是由投资项目建设的客观规律以及各种制约因素决定的。概括起来说，大致有以下三个方面的原因：

（1）投资建设所需的资金和资源的有限性。进行投资项目建设，需要投入一定的资金和资源，而在一定时期内，任何一家企业所拥有的资金和资源都是十分有限的。而且投资通常需要一笔较大的支出，会对企业在较长时间里持续地发生影响，因此为了统筹安排有限的资金和资源，使其得到合理有效的利用，避免浪费和使用不当，就要求我们在项目投资建设之前，进行科学的投资决策分析，慎重严肃地优选投资目标，确定建设项目，制定合理的项目施工方案，以期达到预期的投资目的。

（2）投资建设所需资金的不等价替代性。一家企业的资金和资源不仅是有限的，而且有限的资金和资源有着各种不同的组合和配置方式。这种组合和配置方式的变化，对满足企业需要的程度会产生不同的结果，取得的经济效益也会发生很大差异，这就是资金和资源的不等价的替代性。因此，为了使企业的资金和资源得到最佳组合和合理配置，使其发挥最大的使用效益，必须在投资项目建设前认真做好投资项目的科学决策。

（3）投资项目建设的技术复杂性和投资经济效益的不确定性。现代化投资项目技术结构复杂，涉及面广，影响投资建设的因素繁多，这就要求在投资项目确定之前，要全面研究投资建设中的各个有关环节，认真分析投资建设过程中相关的有利与不利的各种因素，经过技术经济论证，选择最佳的投资方案。这是关系到投资建设项目成败的关键。另外，不同的投资行动方案，将会产生不同的投资经济效益，企业为了追求最大的投资效益，就需要对各个不同的投资备选方案进行比较选优，以找出最佳的投资方案。由此可见，投资决策是决定一项投资成败的关键所在。

5. 项目投资的决策程序

项目投资的决策程序是指企业投资主体在市场调研的基础上，根据企业发展战略，提出项目投资方案，并对项目投资方案进行可行性研究、决策分析、财务分析的过程和步骤。企业项目投资的决策程序主要包括以下步骤：

第一步，根据企业的发展战略和当前的投资机会，提出投资领域和投资对象。

第二步，通过对投资决策中应考虑因素的分析，运用一定的技术方法，评价项目投资的财务可行性。

第三步，在财务可行性评价的基础上，对多个具有可行性的方案进行选择。而判断某个投资方案是否可行的标准是某个方案所带来的收益是否不低于投资者所要求的收益。

第四步，对已经决策的投资项目，企业管理部门要编制资金预算，并进行控制和监督，使之按期保质完成。

第五步，在项目投入生产后，要实施经营过程控制和考核，保证预期目标的实现。

第六步，了解项目投资的经济效益，进行财务分析明确投资责任中心的责任和经营业绩，并进行相应的考核。

6. 项目投资决策评价指标

项目投资决策评价指标是衡量和比较投资项目可行性并据此进行方案决策的定量化标准与尺度，它由一系列综合反映投资效益、投入产出关系的量化指标构成。

（1）项目投资决策评价指标。

1）按照是否考虑资金时间价值。在长期投资决策中，分析和评价备选方案优劣的专门方法有很多，根据是否考虑资金的时间价值，项目投资决策评价指标可分为以下两大类：

一类是考虑货币时间价值来决定方案取舍的方法，叫"贴现方法"，也称"动态评价方法"。它是将各期现金流入量和现金流出量通过换算，统一在相同的时间基础上进行比较，以决定备选方案取舍或优劣的方法。主要包括净现值法、现值指数法、内含报酬率法。

另一类是决定方案取舍时不考虑货币时间价值的方法，叫"非贴现方法"，也称"静态评价方法"。这类方法的特点是把不同时期的现金流量看作等效的。主要包括静态投资回收期法、年均报酬率法等。

2）按指标性质不同。评价指标按其性质不同，可分为在一定范围内越大越好的正指标和越小越好的反指标两大类。投资利润率、净现值、净现值率、获利指数、内部收益率属于正指标，静态投资回收期属于反指标。

3）按指标数量特征。评价指标按其数量特征不同，可分为绝对量指标和相对量指标。前者包括静态投资回收期和净现值指标；后者包括获利指数、净现值率、内部收益率和投资利润率指标。

4）按指标重要性。评价指标按其在决策中所处的地位，可分为主要指标、次要指标和辅助指标。净现值、内部收益率等为主要指标；静态投资回收期为次要指标；投资利润率为辅助指标。

（2）项目投资指标方法。

1）回收期法。回收期（Packback Period，PP）是指投资项目回收该项目的原投资额所需要的时间，一般以年为单位。回收期法就是以回收期的长短来判断方案是否可行的方法。回收期越短，说明这项投资所冒风险越小，并使投入的资金得以较快地周转。

2）平均投资报酬率法。平均投资报酬率（Average Rate of Return，ARR）是指投资项目平均净利润额与原始投资报酬的比率，平均投资报酬率法是用年平均投资报酬率来评价投资方案的决策分析方法。

平均投资报酬率（ARR）＝年均净利润额/项目总投资额

可将计算出来的平均投资报酬率与预期要求达到的投资报酬率进行比较，如前者大于后者，说明投资项目可行；如前者小于后者，则该方案不可行。平均投资报酬率越高，说明项目的经济效益越好；反之，平均投资报酬率越低，则说明其经济效益越差。

3）净现值法。净现值（Net Present Value，NPV）是指项目投产后各年现金净流量的现值之和与投资额现值之间的差额。净现值法就是用净现值指标作为评价长期投资方案优劣标准的方法。若净现值是正数，说明该方案的现金流入量现值大于原投资额，该方案可行；反之，净现值为负数，则该方案不可行。净现值越大，说明项目的经济效益越好；反之，则说明项目的经济效益越差。

净现值（NPV）＝未来报酬的总现值-投资额的总现值

4）现值指数法。现值指数（Present Value Index，PVI）是指任何一项投资方案的未来报酬按资金成本折算的现值与原始投资额的现值之比，亦称"获利能力指数"。它反映每1元原始投资（成本）所带来的按资金成本折现后的收入。

现值指数（PVI）＝未来报酬的现值/原始投资的现值

在进行投资决策分析时，如果现值指数大于1，可接受该方案；如果现值指数小于1，则应拒绝该方案；若同时有数个方案，它们的现值指数大于1，应选择现值指数较大的投资方案为最优方案。

5）内含报酬率法。内含报酬率（Internal Rate of Return，IRR）是指一项长期投资方案在其寿命周期内按现值计算的实际可能达到的投资报酬率，也可称为"内部收益率"。

内含报酬率的基本原理就是根据这个报酬率对投资方案的全部现金流量进行折现，使未来报酬的总现值正好等于该方案原投资额的现值。其实质就是一种能使投资方案的净现值等于零的折现率。

在净现值等于零的状态下，内含报酬率与资金成本对比，如果内含报酬率大于资金成本，方案可行；反之，方案就不可行。若干个方案比较，以内含报酬率最大的投资方案为最优方案。

（三）企业投资项目风险防范

1. 企业生产性投资风险与防范

（1）风险调整贴现率法。风险调整贴现率法是在不考虑通货膨胀的情况下，将无风险报酬率调整为包括风险因素的投资报酬率（即风险调整贴现率），然后根据风险调整贴现率来计算净现值并据此选择投资方案的决策方法。对于高风险的项目需要采用高的贴现率，对于低风险的项目需要采用低的贴现率。

（2）肯定当量法。肯定当量法就是按照一定的系数（即肯定当量系数）把有风险的现金净流量调整为无风险的现金净流量，然后根据无风险的报酬率计算净现值等指标，并据以评价风险投资项目的决策方法。

2. 企业证券性投资风险与防范

（1）非系统性风险的防范。

1）通过考核证券的信用评级来选定投资对象。证券信用评级就是对证券发行者的信誉及其所发行的特定证券的质量进行评估的综合表述。从本质上说，信用评级评估计量了信用风险，即发生不利事件的可能性。由于证券市场的各个投资者所掌握的信息有限，他们不可能对为数众多的各种证券的风险做出正确的估计，因此只有通过比较各种证券的信用评级，才能保证投资和交易的质量，降低投资风险。

应该指出，证券评级并不是向证券市场的投资者推荐购买、销售或持有一种证券，因为它并不是对证券的市场价格或者对某种证券是否适合于某位投资者进行评论。它是证券评级机构根据证券发行者提供的资料或从它认为可靠的其他途径获得的资料做出的客观评价。证券信用评级需要考察众多的经济因素，而这些因素是在不断发展变化的，因此投资者应动态地看待某证券的信用评级。另外，由于证券的评级并非以证券的市场价格为基础，因此即使是 AAA 级的证券也并不一定就是最佳的投资对象，因为其市场价格除受自身质量的影响外，还要受证券市场供求关系和许多其他因素的影响。

2）利用证券组合控制投资风险。由于各个发行企业情况不同，各种证券的风险收益情况也是有差异的。投资者可以将投资资金适时地按不同比例，投资于若干种类不同、风险程度不同的证券，建立合理的资产组合。一方面可以利用预期收益较高的证券提高投资报酬率；另一方面则可以利用各种证券风险因素的相互抵销来降低投资的风险。这就是所谓的"不要将所有鸡蛋放在一个篮子里"的投资策略。

（2）系统性风险的防范。

1）市场风险的防范。在证券市场上，引起空头和多头市场交替的重要的决定性因素是经济周期，它是整个国民经济活动的一种波动。多头市场一般是从萧条开始，经复苏到高涨，而空头市场则是从高涨开始，经衰退到萧条。因此，为避免市场风险，应认真考察经济运转周期，选择出的投资时期应该是这样的：恰好在证券市场价格于多头市场上升前买进，恰好在证券市场价格于空头市场降低前卖出，即买低卖高。

2）通货膨胀风险的防范。通货膨胀风险不同于利率风险和市场风险。因为当投资者遭受利率风险和市场风险时，一般表现为其所持有证券的价格降低，而通货膨胀风险却会使投资者在其持有的证券价格持续上升的情况下受到损失。这样，许多投资者会由于这种货币幻觉而忽视了通货膨胀风险。因此，要想防范通货膨胀风险，就必须十分清楚地计算出证券的名义投资收益率和实际投资收益率。前者是未经通货膨胀调整过的投资收益率，而后者却是经过通货膨胀调整的投资收益率。一般来说，它们之间的关系可以用下式表示：

$$实际投资收益率 = \frac{1+名义投资收益率}{1+通货膨胀率} - 1$$

投资者只有把注意力集中于实际收益率而非名义收益率，才能正确判断出应投资于何种证券方能免受通货膨胀风险。当投资者预测到通货膨胀率将上升时，应卖出固定利率债券，购入股票；当投资者预测到通货膨胀率将下降时，可以购入债券。

3）利率风险的防范。为使利率风险趋利避害，投资者要做好利率预测。如果投资者预测利率上升，就应卖出长期债券，买进短期债券，等到将来利率上升后再购进长期债券。反之，如果投资者预测利率将下跌，则应买进长期债券，以便在将来利率下跌后卖出以赚取差价。

（3）投资者应量力而行，避免用借入资金投资。为了避免因主观失误造成损失，投资者在做投资决策之前必须衡量自己承担风险的能力，确定投资的最大可承受风险目标，以免造成过度损失，甚至破产。

倘若投资者量力而行，从自己的资金实力出发来买进和卖出证券，虽然不能获取暴利，但也能避免惨重的损失。反之，若投资者采取信用交易方式，借入资金买入或借入股票卖出，以扩大自己的操作规模，并企图获取暴利，则他们所承担的风险就会大大提高。

因此，若投资者的证券全部是以自有资金买入，一旦证券行市下跌时，投资者可以继续持有证券以待回升。而当股市上升时，只要自认合算即可卖出，而不必操心卖出后证券价格是否继续上升。然而，利用融通资金进行证券买卖，则在股价涨跌一定幅度后，可能不得不被迫卖出或买入，以便兑现并归还借款或补入并归还股票，这会给投资人造成重大损失。

因此，为了避免遇到过大的投资风险，使投资者血本无归，投资时应量力而行，尽量避免用借入的资产购入证券。

推荐阅读

1. 赵国忠. 财务报告分析（第三版）［M］. 北京：北京大学出版社，2004.

2. 刘姝雯. 企业金融化对企业高质量发展的影响研究［D］. 湖南大学，2021.

3. 陈小军. 不确定条件下企业投资［D］. 华中科技大学，2007.

思考题

1. 财务管理的目标及内容有哪些？

2. 确定企业最优资金结构并做出的筹资决策包括哪些？

3. 项目投资的概念、类型及项目投资决策的程序包括哪些？

4. 贴现与非贴现指标的含义及计算方法有哪些？

5. 项目投资决策评价指标包括哪些方面？

6. 企业证券投资的主要风险有哪些？进行投资决策应注意什么？

第九章　市场营销与客户管理

学习目标

1. 掌握 STP 营销战略和 4P 营销组合策略；

2. 懂得客户满意度和客户忠诚的衡量指标；

3. 了解市场需求预测方法和营销渠道管理内容；

4. 会用营销环境方法分析营销环境；

5. 会用金字塔分级模型对客户进行分级；

6. 完成实践与案例分析、练习模拟训练。

第一节　市场营销管理

一、市场营销管理概述

（一）市场的含义

在这里，我们从企业进行产品或服务出售与顾客和消费者购买商品的交换视角来讨论市场。市场起源于古时人类对于固定时段或地点进行交易的场所的称呼，狭义上的市场是买卖双方进行商品交换的场所。因此，市场是指某种产品的现实购买者和潜在购买者需求的总和。在这里，市场专指买方，而不包括卖方；专指需求，而不包括供给。站在卖方营销的立场上，同行供给者即其他卖方都是竞争者，而不是市场。卖方构成行业，买方构成市场，也称之为微观市场。

微观市场的构成要素可以用以下等式来描述：

市场＝人口＋购买力＋购买欲望

其中，人口是构成市场的最基本要素，消费者人口的多少，决定着市场的规模和容量的大小，而人口的构成及其变化则影响着市场需求的构成和变化。因此，人口是市场三要素中最基本的要素。购买力是指消费者支付货币以购买商品或服务的能力，是构成现实市场的物质基础。一定时期内，消费者的可支配收入水平决定了购买力水平的高低。购买力是市场三要素中最物质的要素。购买欲望是指消费者购买商品或服务的动机、愿望和要求，是由消费者的心理需求和生理需求引发的。产生购买欲望是消费者将潜在购买力转化为现实购买力的必要条件。

市场的这三个因素是相互制约、缺一不可的，只有三者结合起来才能构成现实的市场，才能决定市场的规模和容量。市场营销研究的正是这种微观市场的消费需求。例如，一个国家或地区虽然人口众多，但收入很低，购买力有限，则不能构成容量很大的市场；购买力虽然很强，但人口很少，也不能构成很大的市场。只有人口多，购买力强，才能构成一个有潜力的大市场。但是，如果产品不符合需要，不能引起人们的购买欲望，对销售者来说，仍然不能构成现实的市场，因此，市场是上述三个要素的统一。

（二）市场营销的内涵

世界著名管理学大师彼得·德鲁克说，由于企业的目的是创造顾客，任何企业都有两项职能，也仅有这两项基本职能——营销和创新。

关于什么是市场营销，随着企业市场营销实践的发展和变化，人们从不同的角度给出了定义和解释。综合地讲，市场营销是企业、组织或个人通过对人们的需要进行预测、分析，在一定的环境条件下，设计产品或各类载体，运用各种通道和方法，同顾客和消费者进行交流与价值交换，满足顾客和消费者需求并实现其目标的过程。

市场营销是一个系统的管理过程，包括市场营销研究，社会需求预测，新产品开发、定价、分销、物流、广告，人员推销，销售促进，售后服务等，不仅局限于生产与消费之间的流通领域，而且还渗透到生产领域和消费领域之中，成为企业经营管理的中心环节。

1. 满足人们的各种需要是市场营销的出发点

人们在社会生活中存在着各种需要，并通过需要的满足，实现其愿望和目的。市场营销把满足人们的各种需要作为出发点，同传统的销售和推销有着根本的区别，后者以企业或生产者为出发点，其始点是按照企业的利益组织产品生产，终点是消费者的购买消费，把产品卖给消费者，其活动方式处处体现着企业的意志，其目的是满足企业生产者的需要。市场营销其始点是消费者的需要，企业则根据消费者的需要，千方百计满足消费者的需要，并将其出售给消费者，其活动方式体现着消费者的意志，消费者利益和企业利益最大化地达成一致。

2. 营销是一个不断满足人们需要的过程

从营销的形式上看，企业或商家将产品或服务出售给消费者，人们通过购买得到产品或服务。但消费者的目的并不是购买产品或服务，他们是把产品或服务作为中介载体，通过对产品或服务的消费与使用，来实现自己的目标。例如，人们购买电视机，并不是购买电视机这个产品本身，而是通过电视机观看到美丽的画面和精彩的节目；人们购买计算机也不是为了得到计算机这个产品，而是购买计算机所能提供的文字处理、技术设计、网上交易、信息交流等功能；人们购买钻机，是想通过钻机钻出合格的孔。因此，营销产品或服务，首先要弄清楚人们对产品或服务的期待是什么，以及如何满足这种期待；其次是通过营销使人们达到目的。在营销中，产品或服务的差别和特性就体现在对人们期待和需要不同程度的满足上。人们的需要和满足的各种形态，同时也是一个过程。因此，营销是一个不断满足人们需要的过程。

3. 营销必须有一个承载主体

在营销中，企业、商家、顾客、消费者、竞争者始终围绕产品或服务展开活动，产品或服务始终伴随着整个营销的全过程，离开了产品或服务，就谈不上营销。产品或服务是营销的承载主体。在现代企业经营和营销中，人们对产品或服务的内涵有了更为深刻的挖掘或认识，产品是用以满足人类需要和欲望的东西，人们也赋予产品或服务以各种含义和功能。通常一个产品或服务由三个基本因素组成：物质实体、功能过程和文化蕴意。物质实体是产品的有形表现或服务项目的运行表现。例如，计算机产品由显示屏、键盘、硬盘、内存、显卡等组成；汉堡由面包、肉饼等制成；旅游服务包括景点观看、交通运输、酒店服务等。功能过程是指产品或服务消费过程中表现出来的对人们的有益性。例如，计算机可以快速地处理文件、进行图纸设计、网上交易、天气监控、辅助决策等；汉堡可以充饥，也可以有味觉感受；旅游景点可以使人愉悦等。文化蕴意是产品或服务功能的提升与延伸。例如，计算机改变了人们的交往方式，可以在计算机上实现商品买卖，网上聊天解决人们的寂寞等；汉堡可以节约人们就餐的等待时间；旅游可以陶冶情操、促进交流、聆听传说、了解历史等。在现代营销中，各种营销方式和思想不断被创造出来，如营销是卖思想、营销是维持关系等，产品或服务作为承载主体，地位是基础，只不过在产品或服务组成要素的开发上，新的表现形式被不断创造出来。

4. 营销是一个价值评估和实现过程

在营销中，企业、组织、消费者、竞争者都紧紧围绕营销载体进行价值评估，并以此为基础实现销售和购买。企业或组织首先要对营销载体进行价值评估，主要是对产品组成要素、价格、营销方式等进行评估，确定其是否有竞争力，是否能够满足消费者的需要，是否能够实现企业或组织的目标。消费者也要对营销载体进行价值评估，主要是对产品或服务的有用性、有效性、时间线和成本等方面进行评估，看是否能够满足其需求。竞争者提高市场竞争对企业或组织的产品或服务的价值产生影响，这一过程是企业或组织同竞争者之间通过比较完成的。因此，企业的产品或服务的组成、价格、营销方式的价值能力是通过竞争者体现出来的。企业的竞争体现为同消费者价值一致性的竞争，企业价值只有同消费者价值最大化一致，才会有价值力，也只有同竞争者比较被消费者认为有较高的价值才会有价值力。企业价值的实现一方面取决于消费者的认同，另一方面取决于同竞争对手的竞争力。

5. 营销是一个互动和竞争的过程

传统的销售观点认为企业、组织同消费者之间是交换关系，现代营销观点认为营销是一种互动关系。现在，企业的生产经营过程始于营销。首先，要考虑谁需要你的产品或服务、需要什么样的产品或服务，在这其中顾客和消费者的意见起着关键作用。其次，营销是一个顾客和消费者高度参与的过程，企业或组织可以根据顾客和消费者的意见组织营销，包括改进产品或服务功能，实行个性化定制等；同时，还可以让顾客和消费者自主完成一部分营销，这种企业同顾客和消费者之间的互动，可以使营销更加符合顾客和消费者的意愿，提高营销的针对性和有效性。

营销是一个竞争过程，是指企业营销不单纯是买和卖的过程，不只有一个卖家和买家，而是一个众多企业和商家共同参与的过程。有人这样说过，过去是一家企业满足多个顾客和消费者，现在是众多企业和组织来满足一个顾客或消费者，因此营销存在着激烈的竞争，争夺顾客和消费者的竞争。如对电表箱的营销，就是海尔、海信、西门子、容声等众多国内外品牌之间的竞争。在国际上，印度、东南亚地区等国家和地区高铁建设项目投标的竞争，就存在着中国、日本、德国等国家的企业激烈的竞争。在这种竞争中，实现着各个企业、商家同顾客和消费者的互动，展现的是一幅壮观的竞争市场画面。

6. 营销是一家企业全员参与的过程

过去，在企业生产经营体系中，企业的销售部门单独承担企业产品的销售职能，销售表现为整个企业体系中的一个环节。现在的营销观念和职能已经融合到企业生产经营过程的各个环节，企业的生产经营必须以营销为指挥棒。例如，企业必须根据市场需要和顾客意愿设计及开发产品，产品的制造成本必须以营销价格为导向，企业管理的各个环节必须能给顾客和消费者带来方便性和及时性等。营销成为企业生产经营的出发点和落脚点，营销成为企业生产经营的中心环节。

7. 营销决定了一个企业市场活动领域的大小和企业的成长极限

过去，在商品相对短缺的时代，企业外部的市场没有完全饱和，企业之间的竞争表现为对市场份额的争夺，顾客和消费者追逐着商品，企业的功能是不断地通过提升内部效率，扩大生产规模和提升生产能力，向顾客和消费者销售产品。此时，市场的主要矛盾是企业生产能力的有限性不能满足市场需求。现在，由于市场的无障碍，以及企业生产能力的不断增长，商品世界丰富多彩，市场已经饱和，企业追逐着顾客和消费者，一些企业市场份额的增加意味着另一些企业市场份额的减少，市场的矛盾转变为企业生产的无限性和市场的有限性之间的矛盾。于是，市场的争夺成为营销的争夺。营销力决定了企业的市场竞争力，决定了企业的市场空间。

二、企业市场需求分析与预测

（一）营销环境概述

菲利普·科特勒认为："企业的营销环境是指影响企业的市场营销能力，使其能否卓有成效地发展和维持与其目标顾客交易及关系的外在参与者和影响力。"企业的营销活动不可能脱离周围环境而孤立地进行，环境是企业不可控制的因素，营销活动要以环境为依据，企业要主动地去适应环境。但是，企业可以了解和预测环境因素，不仅要主动地适应和利用环境，而且要通过营销努力去影响外部环境，使环境有利于企业的生存和发展，有利于提高企业营销活动的有效性。

市场营销环境可以划分为微观环境和宏观环境。微观环境直接影响与制约企业的营销活动，与企业具有或多或少的经济联系，也称直接营销环境。宏观环境被称为间接营销环境，一般以微观环境为媒介去影响和制约企业的营销活动，在特定场合也可以直接影响企业的营销活动。

1. 微观环境

企业营销微观环境是指与企业紧密相连、直接影响企业营销能力和效率的各种力量和因素的总和，主要包括企业自身、供应商、市场营销中介、顾客、竞争者及公众。这些因素与企业有着双向的运作关系，在一定程度上，企业可以对其进行控制或施加影响（见图9-1）。

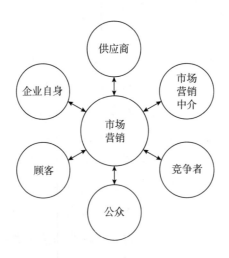

图9-1 企业营销微观环境

（1）企业自身。企业自身包括市场营销管理部门、其他职能部门和最高管理层。企业为开展营销活动，必须依赖于各部门的配合和支持，即必须进行制造、采购、研究与开发、财务、市场营销等业务活动。

（2）供应商。供应商是指向企业及其竞争者提供生产经营所需资源的企业或个人。供应商所提供的资源主要包括原材料、零部件、设备、能源、劳务、资金及其他用品等。供应商对企业的营销活动有着重大的影响。供应商对企业营销活动的影响主要表现在：供货的稳定性与及时性、供货的价格变动、供货的质量水平等。

（3）市场营销中介。市场营销中介是指为企业融通资金、销售产品给最终购买者提供各种有利于营销服务的机构，包括中间商、实体分配公司、营销服务机构（调研公司、广告公司、咨询公司）、金融中介机构（银行、信托公司、保险公司）等。它们是企业进行营销活动不可缺少的中间环节，企业的营销活动需要它们的协助才能顺利进行，如生产集中和消费分散的矛盾需要中间商的分销予以解决，广告策划需要得到广告公司的合作等。

（4）顾客。顾客是企业的目标市场，是企业服务的对象，也是营销活动的出发点和归宿，企业的营销活动都应以满足顾客的需要为核心。按区域可划分为国内市场和国际市场，国内市场按照顾客的购买动机可分为消费者市场、生产者市场、中间商市场、政府市场。

（5）竞争者。竞争者是指企业存在利益争夺关系的其他经济主体，与本企业提供的产品或服务相类似，并且所服务的目标顾客也相似。市场竞争者的状况和经营战略及策略直接影响到企业的营销决策和策略。市场竞争对手的多少、规模大小、优势与劣势等，可能给企业带来机会，但更多的是威胁。企业在制定自己的竞争策略之前，应了解企业自身各方面的情况，同时要通过各种方法去获取竞争对手的信息，并对竞争对手的信息进行分析、处理、监视和预测，明确提出竞争的目标和方法，做出最佳的企业营销战略和策略决策。

（6）公众。公众指对企业实现营销目标的能力有实际或潜在利害关系和影响力的团体或个人。广大公众的态度，会协助或妨碍企业营销活动的正常开展。所有的企业都必须采取积极措施，树立良好的企业形象，力求保持和主要公众之间的良好关系。企业所面临的微观环境公众主要有以下几种：融资公众、媒介公众、政府公众、社团公众、社区公众、一般公众、内部公众。

1）融资公众，指影响企业融资能力的金融机构，如银行、投资公司、证券经纪公司、保险公司等。企业可以通过发布真实且乐观的年度财务报告，回答关于财务问题的询问，稳健地运用资金，在融资公众中树立好的信誉。

2）媒介公众，主要是报纸、杂志、广播电台、电视台和网络等大众传播媒体。企业必须与媒体建立友好关系，争取更多、更好的有利于本企业的新闻、特写乃至社论。

3）政府公众，指负责管理企业营销业务的有关政府机构。企业的发展战略与营销计划，必须和政府的发展计划、产业政策、法律法规保持一致，注意咨询有关产品安全卫生、广告真实性等法律问题，倡导同业者遵纪守法，向有关部门反映行业的实际情况，争取立法有利于产业的发展。

4）社团公众，包括保护消费者权益的环保组织及其他群众团体等。企业营销活动关系到社会各方面的切身利益，必须密切注意来自社团公众的批评和意见。

5）社区公众，指企业所在地邻近的居民和社区组织。企业必须重视保持与当地公众的良好关系，积极支持社区的重大活动，为社区的发展贡献力量，争取社区公众理解和支持企业的营销活动。

6）一般公众，指上述各种关系公众之外的社会公众。一般公众虽未有组织地对企业采取行动，但企业形象会影响他们的惠顾。

7）内部公众，即企业的员工，包括高层管理人员和一般职工。企业的营销计划，需要全体职工的充分理解、支持和具体执行。

2. 宏观环境

企业营销宏观环境指影响企业营销活动的一系列巨大的社会力量和因素，主要包括人口、经济、自然、政治与法律、科学技术、社会文化等因素。

（1）人口环境。人口是构成市场的第一因素。人口的多少直接决定着市场的潜在容量，人口越多，市场规模就越大。而人口的年龄结构、地理分布、婚姻状况、出生率、死亡率、人口密度、人口流动性及其受教育程度等特性都会对市场格局产生深刻影响，并直接影响着企业的市场营销活动。

（2）经济环境。经济环境是指影响企业市场营销方式与规模的经济因素，主要包括收入与支出水平、储蓄与信贷及经济发展水平等因素。

（3）自然环境。营销学上的自然环境，主要是指自然物质环境，即自然界提供给人类的各种形式的物质财富，如矿产资源、森林资源、土地资源、水利资源等。所有这些都会直接或间接地给企业带来威胁或机会。因此，企业必须积极从事研究开发，尽量寻求新的资源或代用品。同时，企业在经营中要有高度的环保责任感，善于抓住环保中出现的机会，推出"绿色产品""绿色营销"，以适应世界环保潮流。

（4）政治与法律环境。政治与法律是影响企业营销活动的重要的宏观环境因素。政治因素像一只有形之手，调节着企业营销活动的方向，法律则规定了企业营销活动及其行为的准则。政治与法律相互联系，共同对企业的市场营销活动发挥影响和作用。

1）政治环境。政治环境是指企业市场营销活动的外部政治形势和状况以及国家的方针和政策。企业对政治环境的分析，主要分析政治环境的变化给企业的市场营销活动带来的或可能带来的影响。

2）法律环境。法律环境是指国家或地方政府颁布的各项法规、法令和条例等。法律环境对市场消费需求的形成和实现具有一定的调节作用。

（5）科学技术环境。科学技术是社会生产力新的且是最活跃的因素，作为市场营销环境的一部分，科学技术环境不仅直接影响着企业内部的生产和经营，同时还与其他环境因素相互依赖、相互作用，尤其与经济环境、文化环境的关系更为紧密，如新技术革命，既给企业的市场营销创造了机会，同时也造成了威胁。

（6）社会文化环境。社会文化环境所蕴含的因素主要有社会阶层、家庭结构、风俗习惯、宗教信仰、价值观念、消费习惯、审美观念等。无论是在国内还是在国际上开展市场营销活动，企业都必须全面了解、认真分析所处的社会文化环境，以利于准确把握消费者的需要、欲望和购买行为，正确决策目标市场，制订切实可行的营销方案。对于进入国际市场和少数民族地区的企业来说，这样做尤为重要。

（二）市场机会

1. 市场机会的定义

所谓市场机会，可以理解为能给企业带来经营业务和利润的市场空间与时间分布的状态。市场空间分布主要体现为企业经营与产品营销的地理区域、顾客群体、产业及其行业领域的现实状态和开发的可能性与可行性趋势。时间分布则主要体现为市场需求与企业供应在时间上的吻合程度。市场的空间和时间分布形成了市场营销环境。分析市场机会的特点，有效识别市场机会，提高利用市场机会的效率和能力，对于利用机会带来的机遇和避免市场机会可能造成的威胁，确定企业的营销战略和方法具有重要的意义。

2. 市场机会的特点

（1）公开性。市场机会是某种客观的、现实存在的或即将发生的营销环境状况，是每个企业都可以发现、开发和利用的，表现出一种公开性和共享性。市场机会的公开性要求企业应善于发现那些潜在的市场机会和发展趋势。为什么企业在面对同样的市场机会时，会有不同的表现呢？关键就在于企业对市场机会的分析和把握的能力不同，而不是市场机会更偏爱某些企业。

（2）可开发性。市场机会的可开发性，是指必须结合企业的具体情况和企业对机会的认知状况，使营销环境为企业所利用，并转化为企业营销方式和策略。特定的营销环境条件对于那些具有相应内部条件和措施准备的企业来说是市场机会。因此，市场机会是具体企业的机会，市场机会分析与识别必须与企业具体条件相结合。也就是说，确定某种条件是不是企业的市场机会，必须考虑企业的具体情况。

（3）时效性。市场机会的时间分布说明，市场机会的产生和发展是有时间限度的。

在市场上，一个机会的到来，往往是最先发现和利用机会的企业能够占据先机，为企业赢得有利的地位和利润，后来的企业也会随之跟进，对机会的竞争性利用越来越激烈，机会带来的价值空间越来越小，这就是市场空间的时效性。对企业来讲，它的市场机会从产生到消失的过程通常也很短暂，有时候稍纵即逝。

（4）利益性。可以为企业带来经济或社会的收益，甚至是超额收益，是市场机会的重要特性。否则，人们不会那么重视市场机会。企业在利用市场机会的这一特性时，必须认真分析和研究市场机会是否能为企业所利用，能给企业带来什么样的利益以及多少利益。如北京市采取更加严格的汽车尾气排放标准，对于那些采用高排放标准的汽车生产厂商进入北京汽车市场或扩大汽车销量，是一个市场机会，并会给其带来良好的经济效益。而那些采用低排放标准的汽车生产厂商，则会被迫退出北京汽车市场。因此，同样的市场机会，对不同的企业，其利益性表现会有很大的不同。

（5）市场机会的关联性。市场机会的关联性是指企业或行业之间对市场机会的利用所带来的相互影响。比如，中共中央、国务院印发关于促进农业农村经济建设、提高农民收入的政策，通过提高农民收入，提高农村和农民对农业生产资料（如农机）的更新购买，对农机制造及其相关联的行业或产业的产品需求也会相应增加，为这些行业提供了市场机会。再如，实施乡村振兴战略，提高了农民的消费购买水平，为家电、汽车、服装、食品等行业提供了市场机会。运用市场机会的关联性特点，可以分析企业的市场机会链，尽早发现有哪些潜在的市场机会。

3. 市场机会的价值

市场机会千变万化，不同的市场机会对企业的作用和影响会有很大的不同。对于同样的市场机会，不同的企业也会有不同的认识和利用。为了发现和利用市场机会，企业必须对市场机会的价值进行分析。

市场机会的价值，表现为对企业的有用性，即对企业的可利用性和开发性，包括以下三个方面的主要内容：

（1）市场机会的吸引力。市场机会的吸引力是指企业利用市场机会可能创造的最大利益。

1）市场需求规模。市场需求规模表明了市场机会所产生或带来的待满足的市场需求总量的大小，通常用产品、服务销售数量或销售金额来表示，如新能源汽车需求量的增加、旅客人数的增加。事实上，由于市场机会的公开性，市场机会提供的总需求量往往由多个同行业企业，包括潜在的进入者所共享，特定的企业只能得到该市场需求的一部分。企业所能得到并且能够实现的销售额，往往与企业的市场竞争力及其营销策略有关。对于竞争力强，能够准确预测市场机会，并在营销方案中充分加以利用和实施的企业，往往可以获得较大的市场份额，并占据强势地位。

2）利润率。利润率是指市场机会所提供的市场需求中单位产品或服务销售金额当期可以为企业带来的最大利润。不同经营状况的企业，其利润率是不一样的。利润率反映了市场机会所提供的市场需求在利益方面的特性，同市场需求规模一起决定了企业当期利用该市场机会可创造的最大利润。

3）发展潜力。发展潜力反映的是市场机会为企业所提供的市场需求规模、利润率的发展趋势，体现的是市场机会对时效性的作用周期。有的市场机会稍纵即逝，对企业发展潜力作用周期短，对企业的吸引力较小。有的市场机会即使所提供的市场需求规模不大，利润率较低，但由于整个生产规模和该企业市场份额及其利润率有迅速增加的趋势并能够持续一定的时间，则该市场机会仍可能对企业有相当大的吸引力。

4）经营结构调整和优化。经营结构调整和优化是指由于企业利用市场需求变化带来的市场机会，通过促进企业产品结构和档次的优化配置，给企业带来利润率的提升和发展空间的拓展。这对企业有相当大的吸引力。实际上，众多企业就是充分利用这种市场机会，实现了产品的升级换代和技术档次的提高，增强了企业的市场竞争力。

5）素质提升。素质提升是指利用市场机会，改进企业的生产与技术布局，调整组织结构，优化人员配备。许多企业往往抓住市场机会带来的外部环境变化机遇，对其自身内部的生产流程和管理流程进行优化和改造，配置各种生产与经营要素，使企业和外部市场实现有机统一，建立起对外部市场的快速反应机制，从而提高企业营销竞争力。

（2）市场机会的可行性。市场机会的可行性是指企业把握市场机会，通过具体行动将其转化为企业利益的可实施性。对企业来说，有吸引力的市场机会对于营销和发展只是一种可能性，并不一定能成为一种实际上的发展良机。市场机会只有在具有可行性的条件下，才会给企业带来高价值，或者说才是对企业有价值的机会。

市场机会的可行性是由企业内部条件和外部环境两个方面决定的。

1）内部条件。企业的内部条件是企业能否把握市场机会的决定性因素。只有内部条件能够适应市场机会时，市场机会才具有可行性。首先，企业的领导人及其高层决策人员、市场营销人员等要有市场机会意识，即要有善于分析、预测、发现市场机会的灵敏思维，一旦市场机会出现，马上采取行动，正所谓机会偏爱有准备和有意识的头脑。其次，市场机会只有同企业经营与发展目标、资源状况相匹配，才能有较大的可行性。再次，市场机会和企业优势，尤其是差异性优势结合，会增强市场机会的可行性。最后，企业可以利用内部条件创造市场机会。许多市场机会是由企业创造出来的。因此，在市场机会面前，企业并不是完全被动的。

2）外部环境。企业的外部环境客观上决定着市场机会对企业可行性的大小，外部环境的变化会使企业市场机会发生很大变化。一方面，外部环境及其变化可以给企业带来许多市场机会。如随着乡村振兴战略的实施，农民购买商品房或改善居住条件，对房屋及其家庭装修的需求会增加，由此带来对装修和装修材料的需求增加，由此决定了装修材料生产厂商生产机会的可行性增加。另一方面，外部环境的变化也会给企业带来许多不利的市场机会。如随着大中城市对环境保护标准的提高，就会增加钢铁、化工、汽车行业生产的环境保护的要求，企业必须改进产品质量标准和功能结构，改进生产工艺流程和生产设备，从而造成企业投资规模和风险的增加。外部环境变化带来的市场机会，对企业而言，既是机遇也是挑战。如何提高企业生产机会的可行性，必须分析市场机会的可行性带来的价值和风险成本，结合市场机会的吸引力，进行综合平衡，决定取舍。

（3）市场机会的价值评估。在确定了市场机会的吸引力和可行性之后，就可以对市场机会进行配合评估。按照吸引力的大小和可行性的强弱组合可构成市场机会的价值评估矩阵，如图9-2所示。

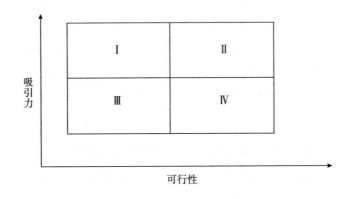

图9-2　价值评估矩阵

区域Ⅰ为吸引力大、可行性弱的市场机会，一般来说，该类市场机会的价值不会很大。除了少数好冒险的企业，一般企业不会将主要精力放在此类市场机会上。

区域Ⅱ为吸引力和可行性都不错的市场机会。该类市场机会的价值最大，是企业营销活动最为理想的区域。但是这类市场机会较少。企业营销人员或者营销策划的一个重要的关注点就是要及时、准确地发现哪些市场机会进入或退出了该区域。

区域Ⅲ为吸引力和可行性都很差的市场机会。通常企业不会关注这类价值最低的市场机会。一般情况下，这类市场机会不可能直接跃升到区域Ⅱ中，通常要经由区域Ⅰ、区域Ⅳ才能向区域Ⅱ转变。当然，在极特殊的情况下，该区域的市场机会的可行性和吸引力可能会同时大幅度增加，如战争的突然爆发，地震、海啸等自然灾害的突然发生，对一些急救药品的需求会在短时间内大幅度增加。企业对这种现象的发生也应有一定的准备。

区域Ⅳ为吸引力小、可行性大的市场机会。这类市场机会的风险性低，获利能力小，通常稳定型企业或实力不强的企业宜将该类社会机会作为常规营销活动的主要目标。对该区域的市场机会，企业应注意其市场需求规模、发展速度、利润等方面的变化情况，以便在该类市场机会进入区域Ⅱ时可以立即采取相应的有效措施。

4. 市场机会的类型

市场机会多种多样，产生并存在于社会生活的各个方面。但对于企业个体而言，众多的市场机会仅有很少一部分具有实际意义。为了发现和利用这部分有利的市场机会，必须了解市场机会的类型。

（1）环境机会与市场机会。随着环境的变化而客观形成的各种需求变化，如新的需求、原来需求的增加和未被满足的需求，对于企业来讲，就是环境机会。其中，符合企业战略要求，有利于企业发挥优势的、可以利用的市场机会，才是企业机会。企业营销策划就是要通过分析和评价环境机会来选出合适的企业机会，并采取相应的对策加以利用。

（2）显现市场机会和潜在市场机会。在市场上，明显没有被满足的现实需求，就是显现市场机会；现有产品种类未能满足或尚未完全被人们意识到的需求，就是潜在市场机会。显现市场机会易于被人们发现和识别，同时利用这类市场机会的企业也比较多，因此难以取得机会效益，即领先效益（先于其他企业进入市场所形成的竞争优势和超额利润）。潜在市场机会不易被人们发现和识别，同时能够抓住和利用这类机会的企业也比较少，因此机会收益比较大。企业应该发现、识别和利用潜在市场机会。

（3）目前市场机会和未来市场机会。在目前的环境变化中，市场上出现的未被满足的需求，称为目前市场机会；在目前的市场上仅仅表现为一部分的消费意向或少数人的需求，但随着环境的变化和时间的推移，在未来的市场上将发展成为大多数人的消费倾向和大量的需求，称为未来市场机会。企业寻求和准确评估未来市场机会，提前开发产品和新的服务业务，并在机会到来之际将其推向市场，易于取得领先地位和竞争优势，机会效益比较大，但本身所隐含的风险也比较大。重视和开发未来市场机会，并不意味着可以轻视目前市场机会，否则企业将可能失去经营的现实基础，而对未来市场机会缺乏预见性和迎接准备，对企业今后的发展准备不足，从而可能失去新的机遇。因此，企业应将目前市场机会和未来市场机会统筹起来。

（4）行业性市场机会和边缘性市场机会。在企业所处的行业或经营领域出现的市场机会，称为行业性市场机会；在不同行业之间的交叉或结合部分出现的市场机会，称为边缘性市场机会。由于受到自身经营条件和经验的限制，企业一般较为重视行业性市场机会，并将其作为寻找和利用的重点。但由于行业内企业之间的竞争，机会利益往往较少甚至丧失，利用行业外部的市场机会，又会受到专业经验等方面的限制，可能会遇到较大的困难和障碍。在这种情况下，一些企业在行业交叉或结合部分寻求市场机会。边缘性市场机会，一方面可以发挥原有行业的部分优势，另一方面可以突破行业限制，因此可以利用这种市场机会获取机会效益。寻求和识别边缘性市场机会难度较大，需要丰富的想象力和创新精神。现在兴起的人工智能、新能源汽车所创造的市场需求和机会，就是电子行业、机械行业、信息产业、通信产业等多个行业创造出的边缘性市场机会，企业要善于利用边缘性市场机会，形成营销优势。

（5）全面市场机会和局部市场机会。在大范围市场上出现的市场需求称为全面市场机会；在小范围市场上出现的市场需求称为局部市场机会。全面市场机会可能体现出市场环境总体的一种变动趋势，而局部市场机会可能体现出市场环境部分的特殊发展态势。例如，在全面建设社会主义现代化国家、实现第二个百年奋斗目标的历史进程中，人们消费水平的提升是一个大的市场机会，是一个总体的大趋势，但是具体到对新能源汽车的消费，对健康提升的新需求，就构成了局部市场机会。区分和界定这两种市场机会，对于企业具体分析和预测市场规模、了解市场特点，从而有针对性地进行营销策划和实施营销活动是必要的。

（6）长期市场机会和短期市场机会。市场上对某类商品或服务呈现长期的需求，称为长期市场机会；对某类产品或服务呈现短期的需求，甚至是转瞬即逝的需求，称为短期市场机会。例如，随着人们收入的提高和生活方式的转变，对汽车产品、旅游服务、健康保健等呈现长期不断增长的需求，表现为长期市场机会；而对于季节性、节日性需求、国内外特殊事件引致的需求，时间一过，便会急剧下降甚至为零，表现为短期市场机会。

（7）周期性市场机会和不复返市场机会。周期性市场机会，是指随着四季轮回、时间的周期性循环出现的市场需求，如人们对一年四季服装的周期性更换，对服装生产的周期性需求。但每一个周期需求也会出现不同的品种和花色，而不是周期性的重复。不复返市场机会是指由突发事件或自然灾害等产生对某些产品或服务的需求，如对救护或救灾产品或服务的急剧增加，从而带来的市场需求。这类市场机会具有爆发性特征，一般不会复返。

（三）市场营销战略

市场营销战略是企业根据战略规划，在综合考虑外部市场机会及内部资源状况等因素的基础上，确定目标市场，选择相应的市场营销策略组合，并予以有效实施和控制的管理过程和管理活动。

市场营销战略作为一种重要战略，其主旨是提高企业营销资源的利用效率，使企业资源的利用效率最大化。市场营销战略包括三个方面的主要内容：一是市场定位；二是目标市场选择；三是制定市场营销策略。由于营销在企业经营与管理的重要地位和突出作用，制定营销战略显得非常迫切和必要。

1．市场定位

（1）市场定位的概念。市场定位是指企业针对潜在顾客的心理进行设计，创立产品品牌或企业在目标顾客心目中的某种形象或个性特征，保留深刻的印象和独特的位置，从而取得竞争优势。

定位是由美国两位广告经理艾尔·里斯和杰克·特劳特于1972年在《广告时代》上发表的系列文章中提出的概念，受到企业界的重视并被广泛应用。

（2）市场定位的步骤。定位的关键是企业要塑造比竞争者更具有竞争优势的特性。竞争优势一般有两种基本类型：一是价格竞争优势，即在同等质量的条件下比竞争品价格更低，这就要求企业降低单位成本；二是偏好竞争优势，即能提供确定的特色来满足顾客的特定偏好，抵消高价格的不利影响。企业市场定位的全过程，可通过以下三个步骤来完成：

1）确认本企业的竞争优势。这一步骤的中心任务是要弄清以下三个问题：一是分析竞争优势，确定主要竞争对手，对现实与潜在竞争者的市场竞争状况以及产品定位做出正确的估计和评价；二是评估目标市场的潜力，即目标顾客欲望满足程度如何、他们还需要什么；三是针对竞争者的市场定位和潜在顾客的利益需求，决定企业应该做些什么，衡量企业的条件和能力是否能够做到。企业通过调研、分析回答了上述三个问题，就可从中把握和确定自己的潜在竞争优势。

2）选择相对竞争优势。相对竞争优势表明企业能够胜过竞争者的能力。这种能力可以是现有的，也可以是潜在的。准确地选择相对竞争优势是一个企业各方面实力与竞争的实力相比较的过程。比较的指标是一个完整的体系，通过分析、比较企业与竞争者在经营管理、技术开发、采购生产、市场营销、财务管理、产品特色等方面的竞争优势与劣势，知己知彼，才能准确地选择相对竞争优势。

3）显示独特的竞争优势。这一步骤的主要任务是企业通过一系列的宣传促销活动，将其独特的竞争优势准确地传播给潜在顾客，并在顾客心中留下深刻印象。为此，企业首先应该使目标顾客了解、知道、熟悉、认同、喜欢和偏爱本企业的市场定位，在顾客心目中，建立与该定位相一致的形象。其次，企业通过一切努力保持对目标顾客的了解，稳定目标顾客的态度并加深目标顾客的感情，以巩固与市场定位相一致的形象。最后，企业应注意目标顾客对其市场定位理解出现的偏差，或由于市场定位宣传上的失误而造成的目标顾客模糊、混乱和误会，及时纠正与市场定位不一致的形象。

（3）市场定位的方法。

1）初次定位。新成立的企业，初入市场，企业新产品投入市场或产品进入新市场时，企业必须从零开始运用所有的市场营销组合，使产品特色符合所选择的目标市场。但是，企业要进入目标市场时，往往是竞争的产品已经露面并形成了一定的市场格局。这时，企业就应该认真研究同一产品竞争对手在目标市场的位置，从而确定本企业产品的有利位置。

2）重新定位。重新定位指企业变更产品特色，改变目标顾客对其原有的印象，使目标顾客对其产品形象有一个重新认识的过程。市场重新定位对于企业适应市场环境、调整市场营销战略是必不可少的。

2. 目标市场选择

目标市场营销包含三个步骤：第一，市场细分，根据消费者的不同需求、特征和行为，将整体市场区分为若干有明显区别的消费者群体；第二，选择目标市场，评估各细分市场的吸引力，选择一个或多个细分市场来进入，然后开发产品或服务来针对这些细分市场；第三，市场定位，使产品处于有竞争力的地位，并设计能更好地满足目标市场需求的营销组合。

（1）市场细分。

1）市场细分的概念和意义。市场细分（Market Segmentation）是指营销者通过市场调研，根据消费者的需要和欲望、购买行为和购买习惯等方面的差异，把某一产品的市场整体划分为若干消费者群的市场分类过程。每一个消费者群就是一个细分市场，每一个细分市场都是具有类似需求倾向的消费者构成的群体。

具体地讲，任何市场都是由具有不同特征的最终消费者与用户构成的，这些消费者或用户是需要不同、动机不同、购买行为与习惯不同的顾客。顾客之间的这种差异的程度，有时显著，有时不显著。当其不显著时，有必要将其更细微地从大市场中划分出来，作为一个分市场。这种做法，就大市场而言，是同中有异，就分市场而言，是异中求同，这就是市场细分。

市场细分是制定市场营销战略的关键环节。制定市场营销战略需要解决的问题是如何将市场总体分为若干细分市场，然后才能从这些细分市场中选定目标市场，采用与企业内部条件和外部环境相适应的市场营销战略，并针对目标市场设计有效的市场营销组合。

进行市场细分，有助于企业开展以下工作：

第一，分析市场机会。在市场细分的基础上，企业可以深入了解各细分市场的不同需求，并根据对各个细分市场购买潜量的分析，研究购买者的满足程度及该市场的竞争状况，通过比较发现有利于企业的营销机会，以便运用本身的有利条件，迅速取得市场的优势地位，避免进入需求强劲且竞争激烈的市场。实行市场细分，有利于企业开拓新的市场。

第二，规划营销方案。在市场细分的基础上，较易认识和掌握顾客的需要，了解消费者对不同的营销措施反应的差异，从而针对各市场的特点，为不同的细分市场提供不同的产品，或采用不同的营销战略。实行市场细分，有利于企业制定最佳营销战略。

第三，选定目标市场。通过市场细分，发掘市场机会，企业可根据主客观条件，正确选择目标市场，并将营销资源（人、财、物等）集中用于该市场。这比平均使用力量于各细分市场能够取得更大的营销效果，更能获得较理想的市场份额。实行市场细分，有利于提高营销活动的经济效益。

第四，满足潜在需要。在市场细分的基础上，企业可增强市场调研的针对性，切实掌握目标市场消费需求的变化情况，分析潜在需要，发展新产品，开拓新市场。

2）消费者市场的细分变量。

第一，地理因素。依照消费者所处的自然地理环境对市场进行细分，对营销力量可能达到的地区，更应细致地按其他因素进行细分，如按照国家和地区、城市规模、人口密度、气候等进行细分。

第二，人口因素。按照人口统计因素细分市场，如年龄、性别、家庭人口、家庭生命周期、收入、职业、教育、宗教等因素。

第三，心理因素。按照消费者的心理特征细分市场，如消费者的生活方式、个性等。

第四，行为因素。按照购买者对产品的了解程度、态度、购买动机以及使用情况、忠诚程度、对产品的态度等细分市场。

3）产业市场的细分变量。产业市场的细分变量如表9-1所示。

表9-1　产业市场的细分变量

主要变量	考虑问题
客户特点	行业：我们应该服务于哪个行业？ 企业规模：我们应该服务于多大规模的企业？ 地点：我们应该服务于哪些地理区域？
经营变量	技术：我们应该把重点放在客户重视的哪些技术上？ 使用者和非使用者的状况：我们应该服务于重度使用者、中度使用者、轻度使用者还是未使用者？ 客户能力：我们应该服务于需要大量服务的还是少量服务的客户？
购买方式	采购职能组织：我们应该服务于拥有高度集中采购组织的企业，还是分散采购的企业？ 权力结构：我们应该服务于工程导向、财务导向还是其他导向的企业？ 现有业务联系的本质：我们应该服务于和我们有牢固关系的企业，还是简单地追求最理想的企业？ 总体采购政策：我们应该服务于喜欢租赁、签订合同、进行系统采购的企业，还是采用投标的企业？ 采购标准：我们应该服务于追求质量、服务还是价格的企业？

主要变量	考虑问题
环境因素	紧急性：我们是否应该服务于需要快速、随时交货或提供服务的企业？ 具体应用：我们是否应该关注我们产品的某一应用而不是所有应用？ 订单规模：我们应该着重于大订单还是小订单？
个人特征	购买与销售的相似性：我们是否应该服务于那些人员和价值观与我们相似的企业？ 对风险的态度：我们应该服务于偏好风险的企业，还是规避风险的企业？ 忠诚度：我们是否应该服务于对其供应商表现出高度忠诚度的企业？

4）市场细分的程序。市场细分作为一个比较、分类、选择的过程，应该按照一定的程序来进行，通常有以下几步：

第一，细分市场的评估。企业在评估细分市场时，必须考虑以下三个因素：

一是细分市场的规模和增长程度。企业必须首先收集并分析各类细分市场的现行销售量、增长率和预期利润量，特别关注有适当规模和增长潜力的市场。然而，适当规模和增长潜力是一个相对量。销售量大、增长率和利润额高的市场固然具有吸引力，但是，这样的细分市场并不是对每一个企业都最合适。一些较小的企业会发现它们缺乏必要的技能和资源来满足较大细分市场的需要，或者这些市场竞争太激烈，因此，这些企业务必要避免犯"众数的错误"，选择那些较小和较逊色的细分市场，可能对它们更有利。

二是细分市场结构的吸引力。细分市场具备理想的规模和增长速度，但是在利润方面可能缺乏吸引力。企业必须掌握几个影响细分市场长期吸引力的重要结构因素。例如，一个细分市场中如果已有许多很强的竞争者，其吸引力就会降低；许多实际或潜在的替代产品会限制细分市场中的价格和可赚取的利润；消费者的相对购买力较低也会影响细分市场的吸引力；如果细分市场中的买方比卖方更能讨价还价，那么买方便会努力压低价格，提出更高的质量和服务要求，制造竞争厂商之间的相互争斗等，这些都会降低卖方的获利能力。如果细分市场中供应商很大、很集中，能够控制价格，能够降低产品或服务的质量，或者减少其数量，或者市场中很少有替代产品，供应商对市场的控制非常有力，也都会影响市场的吸引力。

三是企业目标和资源。即使某个细分市场具有合适的规模和增长速度，也具备结构性吸引力，企业仍需将自身的目标和资源与其所在的细分市场的情况结合在一起考虑。某些细分市场虽然有较大的吸引力，但不符合企业的长远目标，因此不得不被放弃。

第二，正确选择市场范围。企业根据自身的经营条件和经营能力确定进入市场的范围，如进入什么行业，生产什么产品，提供什么服务。

第三，列出市场范围内所有潜在顾客的需求情况。根据细分标准，比较全面地列出潜在顾客的基本需求，作为以后深入研究的基本资料和依据。

第四，分析潜在顾客的不同需求，初步划分市场。企业将所列出的各种需求通过抽样调查进一步搜集有关市场信息与顾客背景资料，然后初步划分出一些差异最大的细分市场，至少从中选出三个细分市场。

第五，筛选。根据有效市场细分的条件，对所有细分市场进行分析研究，剔除不合理要求、无用的细分市场。

第六，为细分市场定名。为便于操作，可结合各细分市场上顾客的特点，用形象化、直观化的方法为细分市场定名，如某旅游市场可分为商人型、舒适型、好奇型、冒险型、享受型、经常外出型等。

第七，复核。进一步对细分后选择的市场进行调查研究，充分认识各细分市场的特点，本企业所开发的细分市场的规模、潜在需求，还需要对哪些特点进行进一步分析研究等。

第八，决定细分。根据市场规模，选定目标市场。

（2）选择目标市场。目标市场是企业决定准备为其服务、满足其需求的顾客群。市场细分与选定目标市场既有联系又有区别。在进行市场细分的基础上，可以进行目标市场的选择，选定目标市场则是企业选择一部分市场作为营销对象的决策。

1）选择目标市场的原则。

第一，有一定的规模和发展潜力。企业进入某一细分市场，是希望能够取得一定的市场份额，做到有利可图。但如果市场规模小，企业进入后发展困难，就应该审慎考虑，不要轻易进入。企业必须全面分析市场规模和发展潜力，避免"多数谬误"，即与竞争者遵循同一思维逻辑，将规模最大、吸引力最强的市场作为目标市场。这样，大家共同争夺同一顾客群，造成过度竞争和社会资源的无端浪费，同时也可能使一些本应满足的消费者需求遭到忽视。如在光伏产业中，许多厂商根据光伏产业在新能源领域市场发展前景良好的趋势判断下，认为发展规模会大幅度扩大，而没有对其细分市场进行规模预测，盲目进入，结果，相当一部分厂商进入光伏产业后遭到惨败。

第二，市场没有被竞争者完全控制。一般情况下，企业应尽量选择竞争对手较少、实力较弱的市场作为目标市场，即要寻求市场空间剩余或缝隙。如果竞争十分激烈，而且竞争对手力量强大，企业进入后就会付出高昂的代价，在没有形成一定的竞争力，缺少后续力量的情况下，企业就有可能被竞争对手所扼杀。

第三，符合企业目标和能力。某些细分市场虽然有较大的吸引力，但不能推动企业实现发展目标，甚至会分散企业精力，使之无法完成既定的目标。这样的市场应该选择放弃。重要的是，企业应考虑自身的资源和能力条件是否适合细分市场的经营条件。只有选择那些企业有条件进入，并能够充分发挥自身资源和能力优势的细分市场作为目标市场，才能立于不败之地。

2）目标市场模式。企业通常选择一个或几个细分市场作为目标市场，但细分市场之间的相互关系并不相同，有些细分市场之间关联要素多一些，有些细分市场之间关联要素则较少；有些细分市场以产品生产技术为纽带，有些细分市场以资源为纽带。

市场之间最主要的关联要素是产品和市场。按产品和市场的关联性构成的细分市场组合方式称为目标市场模式，共有 5 种目标市场模式：密集单一化、产品专业化、市场专业化、选择性覆盖和完全覆盖市场模式，如图 9-3 所示。

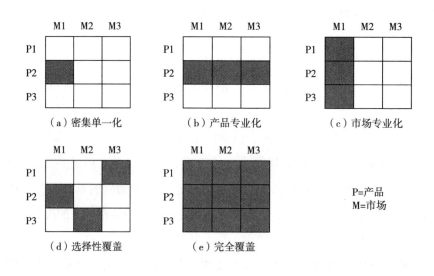

图 9-3　目标市场模式

第一，密集单一化。密集单一化市场模式是指企业只生产一种商品，选择一个细分市场进行集中营销。采用这种模式，企业可以更好地了解细分市场的需求，并树立特别的声誉，在该细分市场上建立牢固的市场定位。另外，通过生产、销售和促销的专业化分工，可以获得相当的经济效益。但是，单一化市场毕竟过于狭小，一般经营风险比其他情况都大，因此尽管这是一种好的进入市场的方式，但也只能是企业长期整体发展战略的一部分。

第二，产品专业化。产品专业化模式是指企业集中生产一种产品，但向不同的顾客分别销售该产品的不同品种和款式。产品专业化模式实施的基础在于企业拥有生产该类产品的专业技术能力，通过这些技术满足不同顾客的需求。产品专业化能使企业比较容易在某一产品领域树立很高的声誉，市场面的扩大使企业摆脱对个别市场的依赖，有利于降低风险。产品专业化模式的主要威胁在于当该产品领域被一种全新的技术所替代，或用于生产该产品的原料缺乏，没有代替原料或者成本过高时，产品产量有大幅下降的危险，甚至危及企业的生存。

第三，市场专业化。市场专业化模式是指企业专门为满足某类顾客群体的各种需求而服务。这种模式有助于发展和利用与顾客之间的关系，降低交易成本，并在这一类顾客中树立良好的形象。当然，一旦这类顾客的购买力下降，企业的收益就会受到较大影响。

第四，选择性覆盖。选择性覆盖模式是指企业同时在若干个经过挑选的有吸引力且符合企业战略目标和能力的细分市场上进行营销活动。各细分市场之间没有关联或关联较少。事实上，选择性覆盖是一种多元化经营模式，主要是为了分散经营风险，即使某个细分市场盈利不佳，企业依然可以继续在其他市细分市场盈利。

第五，完全覆盖。完全覆盖模式是指企业想用各种产品满足各种顾客群体的需求。通常只有大企业才会采用这种市场模式。

3. 制定市场营销策略

从总体上讲，市场营销的基本目标就是满足消费者的需求。但是当代消费者的需求已经发生了深刻的变化，人们已经不满足于物质的享受，更多的是满足精神的需要，这使得企业在制定营销策略时，在思路上必须发生重大转变，即企业开展的一切营销活动都应从顾客的需求出发。通过了解和满足目标顾客的需求，培养一批对企业产品高度忠诚的长期顾客和终身顾客，成为当今市场营销的重要课题。市场营销策略是企业以顾客需求为出发点，根据经验获得顾客需求量以及购买力的信息、商业界的期望值，有计划地组织各项经营活动，为顾客提供满意的产品或服务，从而实现企业的目标。

市场营销策略是一系列营销方法要素的系统组合和协调的机制，主要包括产品营销策略、价格营销策略、品牌营销策略和整合营销策略。

（1）产品营销策略。

1）产品组合策略。产品作为企业提供给市场的、用以满足消费者需求的基本要素，在企业的营销策略中处于核心地位，它是制定营销策略的基础。如果没有一个好的产品，再好的营销策略也不会成功。

日本的花王公司是一家生产洗涤用品的国际知名大公司，该公司特别重视顾客需求的研究，不断开发新产品，开拓新市场。在一次市场调查中，花王公司发现日本人特别钟爱温泉浴，于是推出了一种形状如大号汽水片的沐浴剂。这种沐浴剂只要丢两片在浴缸里，就能享受到与温泉浴同样的洗浴效果。该产品一经推出，即获得成功。

面对业已进入成熟期，竞争激烈的洗浴用品市场，花王公司并没有盲目投入，而是进行市场调查，根据日本人的生活需要和生活习惯，有针对性地开发新产品。一般而言，人们使用沐浴液不外乎是清洁、润肤两种用途。但花王公司对沐浴液这种产品和对顾客的需要有着更深刻的理解，最终取得了成功。花王公司的成功告诉我们：产品在本质上就是顾客需求的体现，有需求就会有产品来满足这种需求。需求是第一位的，产品是第二位的。

作为产品的设计、开发和生产者，企业对产品概念应有一个完整的理解。完整的产品概念包含以下三个层次：

一是核心产品。核心产品是产品最基本的层次，它提出了这样一个问题：消费者真正想买的是什么？每一个产品实际上是为解决人们的问题而提供的。营销人员的任务在于挖掘出各种产品背后所隐藏的各种需要，而不是仅仅出售产品本身。美国露华浓公司很早就认识到了这一点："在工厂，我们生产化妆品；在商店，我们出售希望。"因此，在设计、生产产品时，企业营销人员首先必须确定产品带给消费者的利益核心是什么。

二是有形产品。围绕核心产品制造出来的有形产品，具有五大特征：质量水平、特色、设计、品牌名称以及包装。例如，一架索尼摄像机就是一件有形产品。它的名称、零部件、款式、包装和其他特征，经过精心的组合，形成了它的核心利益，即摄取重要时刻的便捷的、高质量的产品。

三是附加产品。企业必须围绕核心和实际产品，通过附加的消费者服务和利益，建立起附加产品，提高消费者满意度。例如，索尼在出售其摄像机时，还必须提供一揽子服务项目，如免费提供使用摄像机的教学，必要时候的快速修理服务，以及解答疑难问题的专线电话等。

由此可见，产品并不仅是单个的物品，消费者往往还把它看作是能够满足他们需要的复杂利益集合。

在现代社会大生产条件下，大多数企业都生产和销售多种产品。所谓产品组合是指某一企业所生产或销售的全部产品大类、产品项目的组合。产品大类是产品类别中具有密切关系的一组产品，又称产品线；产品项目是指某一品牌或产品大类内由尺码、价格、外观及其他属性来区别的具体产品。

产品组合有一定的宽度、长度、深度和关联性。产品组合的宽度是指一个企业有多少产品大类；产品组合的长度是指一个企业的产品组合中所包含的产品项目的总数；产品组合的深度是指产品大类中每种产品有多少花色、品种和规格；产品组合的关联性是指一个企业的各个产品大类在最终使用、生产条件、分销渠道等方面的密切关联程度。

企业在调整和优化产品组合时，根据情况不同，可选择如下策略：

第一，扩大产品组合，包括拓展产品组合的宽度和加强产品组合的深度。当企业预测现有产品大类的销售额和利润额在未来一段时间内有可能下降时，就应考虑在现行产品组合中增加新的产品大类，或增加其中有发展潜力的产品大类；当企业打算增加产品特色，或为更多的细分市场提供产品时，则可选择在原有产品大类内增加新的产品项目。一般而言，扩大产品组合，可使企业充分利用资源，分散风险，增强竞争力。

第二，缩减产品组合。当市场不景气或原料、能源供应紧张时，就必须从产品组合中剔除那些获利很少甚至不获利的产品大类或产品项目，使企业集中力量发展获利多的产品大类或产品项目。

第三，产品线延伸。产品线延伸是指全部或部分改变企业原有产品的市场定位，具体有向下延伸、向上延伸和双向延伸三种方式。

2）品牌与商标策略。企业经常采用的品牌与商标策略包括：

品牌化策略。品牌化策略即决定是否给其产品规定品牌名称。这首先取决于产品的特点，对于选择性强的产品，如果没有品牌名称，就不方便购买。一般来说，对于不是以生产企业而是以规格划分质量的匀质产品，如电力、钢材等产品，消费者习惯上不认商标。按实物、样品选购的布匹、玩具等产品及生产简单、选择性不大的小商品，如火柴、小工具等，其商标对促销的作用很小，却会增加费用开支，可采用无品牌策略，但必须标明厂名，对消费者负责。

品牌使用者策略。品牌使用者策略即企业是决定使用自己的品牌还是将产品卖给中间商后使用中间商的品牌将产品再卖出去。当企业在新的市场上推销产品而产品商标短时期内难以建立声誉时，采用有一定影响的中间商的商标或同时使用中间商和生产者的商标，待产品有一定市场后再单独使用生产者的商标，这种策略在国外广为应用。

品牌统分策略。品牌统分策略即企业是决定所有产品使用一种商标还是不同产品使用不同的商标。统一商标可节约费用，新产品也可借助原有商标信誉迅速打开销路。但当任何一种产品出现质量波动时也会给其他产品带来不良影响。产品采用不同商标营销费用大，但便于发展高、中、低档各种类型的产品，减少市场风险。

阅读专栏 9-1　产品生命周期

产品生命周期是指从产品试制成功投入市场销售开始，到被淘汰出市场所经历的市场循环过程，包括投入期、成长期、成熟期和衰退期四个阶段。产品生命周期各阶段的特点为：

（1）投入期。此阶段只有少数企业生产该产品。生产工艺尚不成熟，工人劳动熟练程度低，废品率高，广告推销费用也高，因而产品成本较高。而此时用户对产品不十分了解，产品尚未被多数人所接受。因此，该阶段销售量和利润都较少，甚至可能亏本。

（2）成长期。产品销售量迅速增长。这一方面是由于顾客开始了解该产品，购买者日增；另一方面是由于产品设计已基本定型，生产工艺已基本确定，设备已经齐备，形成较强的生产能力，成本大幅度下降，企业开始盈利，生产企业增多，竞争十分激烈。

（3）成熟期。此时市场已基本饱和，新的需求不多，顾客购买产品往往是出于更换旧产品的需要。产品已完全定型，生产技术已经成熟，成本可进一步降低，利润水平较高。但由于该产品较长时间内有盈利，生产企业增多，竞争十分激烈。

（4）衰退期。产品的销售量和利润都迅速下降。产品在技术和经济上都趋于老化，市场上已有同类新产品出现，老产品逐渐无人问津，最后退出市场。

（2）价格营销策略。价格是影响产品销售最直接、最重要的因素之一。合理确定企业产品的价格，对增强企业竞争能力、提高利润水平有重要作用。

为了提高企业的定价能力，管理者应将注意力集中在定价过程中，而不是单纯地注重结果，即首要的问题不是"价格应是多少"，而是"我们对制定正确的价格的因素考虑充分了吗"。

企业在定价过程中，应重点考虑以下五个方面的因素：

1）企业的市场营销目标。价格是企业实现营销目标的一种策略和手段。企业的营销目标不同，其价格策略也有所不同。

第一，以获取最大利润为目标的定价策略。这是中小企业常见的一种定价策略。最大化利润目标有长期和短期之分，如果企业为了追求短期利润最大化，而盲目地制定高价策略，则风险很大，而且容易损害企业的形象，一般不轻易采用。因此，最大化利润应该是一个企业长期、全部产品的最大利润。从理论上讲，企业追求利润最大化，应该把价格定在边际效益和边际成本相等的平衡点上，靠这个价格可以获得最大限度的利润。但是，最大利润目标并不是卖高价。企业必须充分考虑替代品的出现、需求的下降、竞争的加剧、消费者的抗议以及支付的限制等因素，充分利用非价格竞争的手段，如服务、产品品质和广告宣传等支持，树立企业产品形象，扩大产品销量。

第二，以维持或扩大市场占有率为目标的定价策略。维持或扩大市场占有率对任何企业都是非常重要的问题。据美国策略计划委员会研究结果，在影响企业盈利能力的 36 个相关因素中，市场占有率是最主要的因素，市场占有率和盈利能力是同步的。因此，企业必须根据自己的实际情况，确定市场份额和盈利能力之间的关系，尽可能找出使利润最大化的最佳市场占有率。一般地，企业如果想维持现有的市场份额，往往倾向于采取稳妥的价格策略，而企图扩大市场份额的企业，则倾向于采取进攻性的低价策略。

第三，以稳定价格为目标的定价策略。当一个企业打算长期生产经营某种产品并稳固占领市场时，往往希望价格稳定，在稳定的价格中获取稳定的利润，同时能够降低经营风险。通常来说，稳定价格是由行业内的领导企业所决定的，也就是说，对于同类产品的定价，往往是以同类企业中实力最为雄厚的企业所制定的价格为标准，称之为领导价格，其他企业接受这个价格并形成自己的价格。对众多的企业来说，以稳定价格为定价目标，无疑是一种比较稳妥的自我保护策略。例如，可口可乐与百事可乐在100多年的激烈竞争中，双方都集中于非价格因素的争斗，面对价格战都小心翼翼地予以回避。这样，不仅可以给企业带来稳定的利润，而且还会被其他企业视为行业的领导者，从而可以通过其在行业中以及市场的地位获取利润。

2）明确顾客和消费者对商品或服务的期待价值。通常，对于大多数企业而言，定价的决定性因素是产品的成本，在成本的基础上加上预期的毛利，就构成了价格。这一过程是在企业内部开始的，然后流入市场。然而，要确定一个准确的价格，这一过程就必须倒过来。在价格被确立之前，管理者必须考虑顾客会如何估计商品的价值。因为顾客对商品价值的感受，主要不是由成本决定的，而是由其需求决定的。

企业可以运用很多方法获取并确定顾客对商品或服务的价值期待，如市场调研，对市场进行细分，深入探求顾客的需求，以及直接与顾客接触，以便获得直接的信息。

3）评估顾客对价格的敏感度。企业信奉价格战的前提之一，是降价就能增加销售量。事实究竟是否如此呢？我们需要搞清楚一个概念，即需求价格弹性，它表明了销售量的变动与价格变动之间的关系。如果价格降低一点，销售量就增加很多，表明这种商品具有弹性；相反，如果价格降低很多，但销售量并不会随之大量增加，表明这种商品的需求缺乏弹性。弹性在不同的产品或同一产品的不同品牌之间的差异是很大的。因此，对于企业来说，降价并不能有效地扩大产品的销量，企业需要具体分析产品的情况。有经验的管理者都会采取市场研究的方法，检验顾客对产品价格的敏感度。

一般来说，影响价格敏感度的主要因素有以下几种：

第一，独特的价值。顾客和消费者越重视产品与众不同的独特优点，他们对产品价格就越不敏感，即产品的差异性可以带来独特的竞争优势。

第二，对替代品的认识。顾客和消费者知道的替代品越多，他们对产品价格就越敏感。

第三，总开支效应。开支在顾客和消费者收入中所占比重越大，对价格的敏感性越高。

第四，最终利益效应。开支越大，所获取的收益越大，顾客和消费者对该产品的价格就越不敏感。

第五，价格—质量效应。当顾客和消费者认为较高的价格表示较高的质量时，其对价格的敏感度就较低。

4）考察竞争对手的价格和反应。大多数企业对竞争对手的价格都比较敏感。因此企业在定价之前，必须将本企业的产品与竞争者的同类产品进行认真的比较和分析，根据市场的竞争形势和企业自身的生产技术、产品特点和成本条件等决定产品的价格：要么与竞争者同价，要么高于或低于竞争者的价格。企业在遇到同行业的价格竞争时，常常被迫采取相应的对策：竞相降价，压倒对手；及时调价，与之对抗；提高价格，树立威望等。

同时，企业还必须搞清楚竞争对手对于市场上价格变动会有何种反应。企业必须经常问自己：价格上的变化如何影响竞争对手？在发觉变化后对手的第一个念头是什么？如果我是对手，我会做什么？大多数情况下，企业所采取的任何一次定价行为都会激起主要竞争对手的一些反应，而且竞争对手的反应并不局限于价格方面。因此，企业应密切关注对手的行动，以便做好防范。

5）跟踪顾客的情感反应。企业必须跟踪了解顾客对产品价格会有何反应。企业管理者必须考虑到顾客感情反应的长期影响和短期影响带来的经济后果。对于企业来说，每一笔交易都会影响到顾客对企业的看法以及对外如何谈论该企业。松下幸之助曾经说过，价值10元的东西，以20元卖出，表面上看是赚了，却可能赔掉了一位顾客。事实上，如果顾客相信一个企业的产品或服务的价格是不合理的（即使事实上该价格稍微超出成本），那么，他们传递给其他顾客的消极信息就会对企业产生极为不利的影响。问题的关键是，一要理解顾客的需求，制定合理的价格；二要加强沟通，理解顾客的感受。

阅读专栏 9-2　企业常用定价方法和技巧

1. 成本导向定价法

成本导向定价法就是以产品成本为中心来制定价格，是按卖方意图定价的方法。其主要理论依据是：在定价时要考虑收回企业在生产经营过程中投入的全部成本，再考虑获得一定的利润。

常用的成本导向定价法包括以下几种：

（1）成本加成定价法。成本加成定价法是在单位产品成本的基础上，加上一定比例的预期利润作为产品的销售价格。其计算公式为：

单位产品价格＝单位产品成本×（1+加成率）

其中，加成率为预期利润占产品成本的百分比。

（2）盈亏平衡定价法。在销量既定的条件下，企业产品的价格必须达到一定水平才能实现盈亏平衡、收支相抵。既定的销售量称为盈亏平衡点，这种制定价格的方法称为盈亏平衡定价法。

其计算公式为：

单位产品价格＝单位固定成本＋单位变动成本

（3）目标收益定价法。目标收益定价法又称投资收益率定价法。它是在企业投资总额的基础上，按照目标收益率的高低计算价格的方法。其基本步骤如下：

1）确定目标收益率。

目标收益率＝1÷投资回收期×100%

2）确定单位产品的目标利润额。

单位产品的目标利润额＝投资总额×目标收益率÷预期销售量

3）计算单位产品的价格。

单位产品的价格＝单位产品成本＋单位产品的目标利润额

（4）边际成本定价法

边际成本是指每增加或减少单位产品所引起的成本变化量。因为边际成本与变动成本比较接近，而变动成本计算更为容易，所以在定价实务中多用变动成本代替边际成本。边际成本定价法也称变动成本定价法。

边际成本定价法，是以单位产品变动成本作为定价依据和可接受价格的最低界限，结合考虑边际贡献来制定价格的方法。其计算公式为：

单位产品的价格＝单位产品变动成本＋单位产品边际贡献

2. 需求导向定价法

需求导向定价法是以需求为中心的定价方法。它依据顾客对产品价值的理解和需求强度来制定价格，而不是依据产品的成本来定价。

（1）理解价值定价法。理解价值定价法是指根据顾客对产品价值的理解度，即产品在顾客心目中的价值观念为定价依据，运用各种营销策略和手段，影响顾客对产品价值的认知的定价方法。

（2）需求差别定价法。需求差别定价法是指产品价格的确定以需求为依据，可根据不同的需求强度、不同的购买力、不同的购买地点和不同的购买时间等，制定不同的价格。

（3）逆向定价法。这种定价方法不是单纯考虑产品成本，而是首先考虑需求状况。

逆向定价法的特点是：价格能反映市场需求情况，有利于加强与中间商的友好关系，保证中间商的正常利润，使产品迅速向市场渗透，并可根据市场供求状况及时调整，定价比较灵活。

3. 竞争导向定价法

在竞争十分激烈的市场上，企业通过研究竞争对手的生产条件、服务状况、价格水平等因素，依据自身的竞争实力，参考成本和供求状况来制定有利于在市场竞争中获胜的产品价格。这种定价方法就是通常所说的竞争导向定价法。其特点是：产品价格不与产品成本或需求发生直接关系。

（1）随行就市定价法。随行就市定价法是指企业按照行业的平均现行价格水平来定价。

（2）密封投标定价法。许多大宗产品、成套设备和建筑工程项目的买卖和承包以及寻找生产经营协作单位、出租出售小型企业等，往往采用发包人招标、承包人投标的方式来选择承包者，确定最终承包价格，即密封投标定价法。

（3）品牌营销策略。如今，在进入全面竞争时代之后，谁是竞争的优胜者，不取决于销售额、企业规模，也不取决于企业的知名度，而取决于是否拥有品牌的拥有者。产品可以被模仿，品牌却是独一无二的；一个产品很快会过时，而成功的品牌会永远存在下去。一个企业要想在市场竞争中发展自己的事业，就必须把品牌作为经营的核心内容。

1）对品牌的基本认识。

第一，品牌涉及的几个概念。品牌涉及的相关概念包括名称、品牌和商标。名称是指企业给自己经营的产品取的名字，目的在于使消费者便于与其他产品相区别。产品有了名称还不能认为就有了品牌，只有当顾客将产品名称与从产品性能和服务上获得的有形和无形的利益联系在一起时，它才能称得上是品牌。品牌实质上是生产厂家对其产品特征、利益和服务的一种承诺，消费者之所以愿意出高价购买品牌产品，是因为它能减少购物风险。品牌经过一定的法律程序，在有关部门注册之后就是商标。注册商标后，企业就对品牌的使用拥有了专用权，受到法律的保护。商标是企业的无形资产，驰名商标更是企业的巨大财富。

这里我们应注意澄清两个认识误区：

一是名牌就是品牌。把名牌看作品牌是大多数企业经常犯的错误，其症结就在于将品牌的知名度狭义地理解为品牌的全部，因此，这些企业认为只要全力以赴搞好广告宣传或造势炒作就可以成为强势品牌。于是，标王、地毯式的广告轰炸、媒体炒作成为这些企业经营品牌的主要内容。实际上，名牌仅仅是一个高知名度的商品名，而品牌则是一个综合的、复杂的概念，它是商标、名称、包装、价格、历史、声誉、符号、广告风格等的总称，品牌相对名牌具有更深层次的内涵和价值。企业只有及时转变认知上的错误，树立正确规范的品牌经营理念，才能在市场中立于不败之地。

二是品牌就是商标。其实两者不是一个概念，商标是一个法律概念，是品牌受法律保护的工具，品牌是一个管理和竞争的概念，是企业满足消费者需要从而夺取市场的工具；品牌是企业与消费者之间的一份无形契约，是对消费者的一种保证。品牌要先注册为商标才能获得公平竞争的保障，品牌的内涵要远远大于商标；商标掌握在企业手中，而品牌则属于消费者，当消费者不再重视企业的品牌时，品牌就变得一文不值了。因此，认为注册了商标就等于拥有了品牌，这种观念是错误的。

第二，品牌的基本特征。品牌是产品的知名度、美誉度和忠诚度的综合体。品牌具有很高的知名度，即通过广告宣传，使产品家喻户晓，至少使其目标顾客耳熟能详；品牌具有很高的美誉度，即消费者口口相传，一传十，十传百，享有盛誉。美誉度能使消费者从品牌上产生丰富而美好的联想，使消费者为之向往。品牌最重要的还在于具有很高的忠诚度，即消费者会反复购买使用该品牌的产品。忠诚度不仅是对消费者物质需要的满足，而在于使品牌成为消费者生活中表达感情和个性的组成部分。

品牌在拥有知名度、美誉度和忠诚度的同时，会产生自己的独立价值。品牌的独立价值是企业长期苦心经营积累形成的，它表现为企业无形资产的价值。

2）品牌设计的基本要求。品牌作为企业产品的标志，是质量、特征、性能、用途、等级的象征，凝聚着企业的风格、精神和信誉。在市场上，众多的内容可通过品牌集中传播给消费者，使消费者产生深刻印象，并让这种印象迅速传播。基于品牌的作用，品牌设计要考虑在形象上如何给人留下深刻印象，怎样集中向社会表达企业的理念，还要特别注意品牌的法律责任和社会效果。具体应考虑如下主要问题：

一是简洁、美观，易于记忆。品牌作为一种实用艺术，要求能在一瞬间将顾客吸引住。在日常生活中，人们对某一品牌的注视不过几秒。要在这短暂的时间里给人留下深刻的印象，就需要将所要表达的内容进行浓缩，以简单而又优美的造型与图案使人产生强烈感受。图案复杂、文字过长，必然会冲淡顾客的记忆。许多著名商标都十分简洁，如三菱就是三个菱形组合，奔驰是小方向盘，而麦当劳的金色 M 字母给人留下深刻印象。这些商标在进入人们的视野之后，很难被人忘掉。

二是新颖、独制，易于识别。品牌不应与同类商品中已经使用的品牌雷同或相似，要敢于创新。新颖、独特、富有时代精神的品牌，可以给人留下企业有朝气、产品有创新、可以信赖的印象；相反，则给人以保守、落后和陈旧的印象。

品牌最好能体现出一定的文化品位，使消费者感受到某种情趣，从而在市场上产生较大的影响力。例如，"雀巢"使人联想到雏鸟在巢中嗷嗷待哺，那种母子之情呼之欲出，而"红豆"则借助人们熟悉和热爱的诗篇，渗透出爱的真诚。前者是现代文化的创意手法，后者是传统文化的移情手法，都产生了极佳的市场效果。

企业参与市场竞争是接受市场选择的过程，只有那些有着强烈个性，与其他企业有显著差异的企业才能赢得消费者的青睐。这一点从品牌名称上就应当体现出来。因此，取名无论从声音上还是从形象上，或是在一般理解上都不应与其他品牌雷同或相似。雷同品牌竞相出现很难产生著名商标，即使其质量超群，其光彩也会被其他品牌所掩盖。

三是通俗、形象，易于联想。由于品牌体现着企业的个性、经营理念和产品特征，因此成功的品牌要有一定的象征意义，产生有价值的联想。"康师傅"让人联想到高级厨师制造出来的有益于健康的食品；"舒肤佳"来自于英文"Safeguard"，本意为"安全"，由此使人联想到"安全保护家人健康"。

品牌名称使人产生联想，表明其中具有深刻的内涵，是企业在向社会表达某种承诺和追求。通过品牌的联想还能使消费者满足某种精神需要，产生某种美好的感受。因此，品牌名称产生的联想也能提高产品的附加值。

四是应注意产品所销售地区的风俗习惯。品牌应当注意不要使用消费者忌讳的词语形象，不要使用容易引起反感的标志，还要注意避免可能发生的误会。尤其是在国际市场上，品牌的名称和标识应符合当地的风俗习惯和人们的认知习惯。例如，"白象"是我国著名的电池品牌，在我国"白象"具有吉祥的含义，而英国人则理解为"笨汉"的意思，很难想象这样的品牌能在当地打开市场。

五是品牌要符合法律规定。品牌要根据《商标法》的规定，及时注册，以便受到法律的保护。品牌作为企业的无形资产，需要按照法律的要求进行管理，以使其不受损害。抢注商标、抢占他人无形资产的现象时有发生，许多企业因此损失严重。因此，如何防止他人借企业的知名度而出名，搭企业的"便车"、分享企业的无形资产，是企业高层管理者必须关注的问题。而防止他人"搭便车"的有效手段就是防御性注册商标。

3）品牌建设的主要措施。

①品牌形象塑造。

一是确立品牌的核心价值。品牌的核心价值是品牌的精髓，一个品牌最独一无二且最有价值的部分会表现在核心价值上。品牌是在消费者心目中建立起来的，核心价值其实就是消费者对品牌理解的概括。因此，品牌的核心价值可以表现为产品的价值，即企业给消费者带来的真正的利益，如海尔的核心价值是"真诚"，品牌口号是"真诚到永远"，其星级服务、产品研发都是对这一理念的诠释和延伸。

全力维护和宣扬品牌核心价值已成为许多国际一流品牌的共识，是创造百年金字招牌的秘诀。可口可乐公司100多年来一直强调它的"美味的、欢乐的"主题，从未改变。从1886年到现在，可口可乐用过的代表性广告语达100多条，如美味又清新、享受一杯欢乐饮品、好味道的象征、可口可乐好时光、永远的可口可乐等，这些宣传从未偏离过主题，从而树立起鲜明的强势品牌形象。

二是赋予品牌鲜明的个性。在品牌传播中，企业界普遍存在着一种跟随潮流、人云亦云的现象。这就使市场上的产品毫无个性可言。如果在品牌的传播上仍不能体现出差异性，使品牌与众不同，那么品牌和产品将会很快淹没在信息的海洋中，被人遗忘。

这是一个价值观念多元化的社会，人们可以有各种各样的主张，各种各样的选择，可以按照自己的喜好和个性去选择自己喜欢的品牌。这就创造了一种需求：需要不同个性的品牌。

②品牌品质的保证。

市场竞争的焦点是赢得顾客，而顾客最关心的无疑是产品的品质。要了解质量的价值，就要加深理解在市场竞争中质量的内涵。

一是质量是一种标准。质量不是一个抽象的概念，组成它的是各项可以量化的指标，它需要通过明确的标准和规范表明它的价值。在市场经济中质量标准应是根据顾客满意的原则制定出来的。从消费者的角度来看，质量是一个适用的概念，用户满意的质量是企业制定产品质量标准的依据。而且随着社会生活的变化，人们对质量要求的内涵也在发生变化。企业在制定质量标准时，应通过市场调查，把握消费者满意的"度"，生产高质量的产品，给消费者带来更大的实惠，提升产品的美誉度。

二是质量是一种承诺。品牌的市场魅力和社会影响力在于它的社会信誉，信誉就是通过承诺获得社会的信任。这种信任不是来自企业的自我表白，而是广大消费者在购买消费企业产品或服务的过程中，经过长时间的交流互动感受产生的。产生这种社会信任需要很长的时间，因而需要企业为实现自己的承诺做出长期努力，敢于做出产品和服务质量承诺，这不仅出自经营者的商业道德信念，而且也是经营者对自己的经济实力和经营水平充满信心的表现。

三是质量是一个全面的概念。过硬的产品质量是品牌品质的保证，但品牌是一个综合性的概念，是消费者从产品中能够得到的全部体验。质量是一个全面的概念，包括从产品性能、质地、包装、价格到销售环境，从产品陈列、售点广告、卖场气氛到服务态度、员工行为，从企业形象、媒体舆论到广告气质、设计风格等方方面面，只有在这些点点滴滴的细节中，消费者才能感受到品牌的品质，才能做出购买选择。因此，企业要想成功，就必须重视品牌的全面建设，把质量看作是一个全面的概念，在每一个细节上都竭尽全力。

4）品牌传播。企业如果缺乏品牌的传播意识，就很难创立品牌。品牌不能离开美誉度谈知名度，但它终究有个知名度问题，实现品牌传播应是创立品牌不可缺少的一项重要工作。

广告是品牌传播的有效载体和途径。保持广告持续宣传强度，对某一品牌，人们接触的频率越高产生的印象也就越深刻，国外有研究表明，创一个品牌至少需要1亿美元。因特尔每年的广告费是5亿美元，可口可乐的广告费也是5亿美元。在国内，企业要想保住某一品牌的地位，需要3000万~5000万元人民币甚至更多的广告费给予支持。为了创品牌，企业必须将一定比例的利润用来做广告。

优秀的企业都十分了解广告的重要性。万宝路总裁马克思韦尔说："企业的牌子如同储蓄的户头，你不断通过广告累计价值便可尽享利息。"这里需要注意的是，广告不但要有一定的投入量，还要保持连续性，否则一旦停下来，就会引起社会怀疑，产生不利于企业的猜测。同时，必须树立一个理念，即广告宣传要立足于创立品牌，而不是产品促销。

5）品牌的永生。在国内市场上，品牌更替现象十分严重。从理论上说，品牌的生命周期比产品的生命周期要长，可是为什么我国许多品牌却如此短命呢？分析起来，原因很多：有的企业过度追求形象包装，忽视产品品质的建设，产品质量不过硬，经不起市场考验；有的企业在某个产品、某个领域成功后，不是一心一意地在现有的基础上打造强势品牌，而是把眼光、重点转移到别的领域，甚至是不熟悉的领域，品牌经营做得比较肤浅；有的企业一旦成功，就沉浸在辉煌的喜悦中，停止了进步，产品和广告都停留在原来的水平上，这是最典型的原因。

企业成功后，不断有人想把其从消费者的脑海里、从超市的货架上挤出去。只要企业停止努力，就会慢慢地被人取代。不进则退，成功以后不再努力，企业的位置必然会被取代。只有不断努力，企业才会一直保持活力。

随着时代的进步，消费者的要求越来越高，企业的产品与形象表现必须随之更新。许多国际品牌就是通过产品更新不断强化品牌内涵，确保品牌的生命力。例如，英特尔公司不断自我更新，推出一代又一代的芯片：486、586、MMX、PⅡ、PⅢ；苹果公司则是不断推出一代又一代的产品，推出一款接一款的新机型，以品牌为纽带，完成新老产品的接力赛，其产品一个又一个地老去，但品牌依然健壮。品牌仿佛一个大家族，一代又一代的产品维持了品牌永恒的生机。

不仅高科技产品如此，即使是日用品，也需要不断进行更新。宝洁不断地改善每一个品牌，汰渍洗衣粉的配方和包装改进了不下70次，宝洁根本不允许品牌达到所谓的"成熟期"；芭比娃娃不断地追随流行时尚，不同时期推出不同主题的娃娃，紧跟时代。

可见，品牌紧跟时代的节奏，能够帮助企业超越产品生命周期的困扰，换句话说，通过产品的更新换代，能够实现品牌的永生。

品牌营销已经成为企业参与市场竞争的主要手段。品牌是企业的巨大财富，是企业生命力的体现。同时，品牌也是企业长期与消费者进行信息与感情沟通的产物。因此，品牌是消费者心目中的一种情结，是在消费者心目中烙下的深深的印记。品牌不仅告知了一种产品的功能，更重要的是能唤起消费者的情感，这就使品牌有了一种人格化的内涵，产生了一种难以替代的个性。谁拥有了品牌，谁就在市场竞争中拥有了竞争优势。

（4）整合营销策略。

1）整合营销的内涵和特点。整合营销是一种通过各种工具和手段的系统化结合，以消费者为导向，根据市场环境的变化进行即时性动态修正，以使供需双方在交换中实现价值增值的营销理论与营销方法。其含义是：以消费者为核心重组企业行为和市场行为，综合协调地使用各种形式的传播方式，以统一的目标和统一的传播形象，传递一致的产品信息，实现与消费者的双向沟通，迅速树立产品品牌在消费者心目中的地位，建立长期关系，更有效地达到广告传播和产品销售目标。整合营销的突出特点有如下三个方面：

第一，以个性化作为营销的核心。随着由卖方市场过渡到买方市场，消费者逐渐成熟，消费需求更加复杂，消费行为更加理智，消费心理更加稳定，人们消费越来越追求时尚，注重自身的独特性，趋向于个性化消费。以往的大众化、大规模、大批量的营销方式已难以适应信息时代的需求。以往的大众市场由于消费者的个性化需求，被分割成众多的细分市场，企业营销的目标市场也越来越细化，任何企业都不可能占领所有的细分市场，市场条件的发展变化迫切要求企业树立以消费者需求为出发点，以满足消费者需求为归宿点的营销理论，即企业把对人的关注、人的个性释放及人的个性需求的满足作为企业市场开拓的中心任务，建立消费者个人数据库和信息档案，与消费者建立更为个人化的联系，及时地了解市场动向和顾客需求，向顾客提供一种个人化的销售和服务。

第二，以互动式交流作为营销的手段。在传统营销环境中，企业对消费者是单向推动，通过传统的媒体广告、产品目录、宣传单等单向地把企业和产品信息推送给消费者，消费者处于被动地位接受这些信息。企业也不能及时地获得消费者的反馈信息，企业与消费者之间的信息单向流动，阻碍了企业及时、准确地了解顾客个性化需求。伴随计算机技术、互联网技术的发展及推广应用，利用网络的强大通信能力和电子商务系统便利的商品交易环境，缩短了企业与消费者之间的距离。通过电子邮件、在线讨论等途径，消费者可以参与到产品的设计、生产、评测等各个先期环节中，不再是单纯的信息接受者和产品购买者，成为企业经营过程中不可缺少的参与者。在网络环境下，企业将信息以多媒体方式在网络上传播，并以联想、智能搜索、组合查询等方式，消费者在网络上查询信息，企业可以直接面对消费者，实现一对一的沟通和交流，从而共同创造新的市场需求。互动式交流通过消费者积极参与生产的全过程，使企业既可以获得大批量生产的规模经济，又能使其产品适应单个消费者的独特需求；既满足了大众化的要求，又满足了个性化的要求，从而实现最大限度地提高消费者对产品的满意度。

第三，以可持续发展作为营销的目标。可持续发展战略是指社会经济发展必须同自然环境及社会环境相联系，使经济建设与资源、环境相协调，使人口增长与社会生产力发展相适应，以保证社会实现良性循环发展的长远战略。工业化社会的发展是以损耗自然资源为代价的，人类生存环境受到越来越严重的破坏，越来越多的消费者意识到环境恶化已经影响到他们的生活质量及生活方式，迫使企业彻底改变对自然界的传统态度和观念，强调企业树立可持续发展的营销观念、营销手段和营销战略。这就要求企业在研发、生产、流通和沟通的经营过程中，整合企业的资源，杜绝损害消费者的利益，提供更符合保护生态环境或社会环境要求的产品或服务，以健康持续的发展提高企业的市场竞争力。

2）整合营销的手段。整合营销重在整合，企业需要整合的手段，以实现一体化的营销。这些整合的手段主要包括以下几个方面：

第一，对企业内外部实行系统整合。企业要突破以往的单纯从销售部门或分段式的企业内部来创造市场价值的局限性，而要从企业的各个环节、各个参与者来进行整体考虑。整合营销理念要求：把企业看成由相互联系、相互影响的诸要素所组成的、具有特定功能的整体系统。正确认识和处理企业内外各环节以及各子系统之间的关系，使企业的整个经营系统达到最佳效果。

第二，整合企业的营销管理。这主要是对企业营销管理实施整合优化。要改变传统的管理体制，重组再造企业管理组织，改变传统的营销管理方法，采用先进的管理手段。主要是实施系统集成管理、大数据化管理、网络化管理；优化企业的资金、技术、人才、信息等生产要素的配置与结构，保障整合营销的实施。

第三，整合企业的营销过程、营销方式及营销行为，实现一体化。这就要求企业改变传统的部门营销为整体营销、全过程营销，改变传统的营销方式为集约化营销，以改变传统的营销行为。

第四，整合企业的商流、物流与信息流，实现一体化。传统企业的营销常常是分立式的营销，各部门自成体系，企业营销中主要注重商流，着重的是商流的加速，而对物流、信息流等一体化整合考虑得不够，甚至没有考虑。整合营销需要企业加强内外部商流、物流和信息流的整合，以提高企业市场营销的效果。企业应借助先进的信息技术，建立自己的营销数据库，它几乎可以用到所有的营销活动上。

3）实现整合营销的要领。

首先，整合营销是一种思想。整合营销是市场竞争进入新时代向经营者提出的客观要求，现代营销需要确立整合意识。搞好整合营销，首先需要解决的是指导思想，其次才是各种方法。

经营者缺乏整合意识，所制定的营销策略必然缺乏系统性，因此从整体上无法实现预设的目标。在营销中经常会看到广告吹得天花乱坠，可到商店去买则完全不是那么回事；还有的广告做得铺天盖地，可消费者到商店去却买不到；有的企业喊出的口号很感人，可在行为上却对不上号；有的企业只着眼局部一时的利益，却把握不住整体效果。这些现象的存在，都说明经营者缺乏整合思想。

经营者缺乏整合意识，所采取的各种营销措施会出现逻辑混乱现象，使消费者感到企业言行不一。企业说的和做的在逻辑上都不能统一，最终必然使企业形象受到巨大影响。

其次，整合营销是一种结构。整合营销体现了系统论的思想，使整体大于局部之和，因此整合营销既不是各种营销手段的简单组合，也不是各种营销手段的简单联系，而是在其中突出明确的主题，将各种手段按一定思路有机地组合在一起，贯穿其内在逻辑链，而逻辑的终点是企业竞争的战略目标。主题集中、结构严谨、逻辑清晰，这是实现整合营销的基本要求。

最后，整合营销是一种理解。整合营销无疑是指企业怎样制定营销策略，不过这种策略制定的基础是对市场，也就是对消费者的深刻理解，其目的是要充分地满足消费者的需求，是在使顾客需要不断得到满足的前提下，将企业的各种资源实现优化组合。

整合营销的基本任务，在于了解和体会消费者的心理世界，从而发挥营销的主动性，通过整合传播使消费者产生有利于企业的认知。这一过程可以理解为争夺消费者意识空间，企业通过整合传播，使消费者接受了所传播的概念，在头脑中就产生了排他性。这里要强调一点，我们所提倡的营销主动性，是指主动去引导并满足消费者的需求，而不是欺骗。

阅读专栏 9-3　概念营销

提起概念营销，许多人可能马上会联想到概念炒作。但我们这里讲的概念营销，指的是一种经营手段，是使企业的产品或服务能够打动消费者的方法和手段。换句话说，概念营销的精髓在于寻找能够打动消费者并让他们记住企业的产品或服务的"核心差异信息"。

一、为什么需要概念？

概念营销是企业营销成功的关键之处。经常有人提出这样的问题："我们的产品性能优良、技术含量高、外观漂亮、价格也便宜，可就是卖不出去，为什么？"这是因为缺乏一个概念，缺乏一个引导消费者消费的理由。

在这个产品极为丰富的时代，产品之间的差异越来越小，在这种情况下，企业想靠产品本身的差异取胜很困难。对于大多数消费者来说，概念的差异将成为消费者选择产品的重要依据。概念营销不是着眼于消费者现在的需求，而是着眼于消费者的欲望。人们需要概念，是因为欲望是无止境的，大家都渴望着有更"神奇"的东西来满足其潜在的需求；企业需要概念，是因为概念锐利有力，很容易让消费者形成记忆、快速带动消费。

根据概念营销理论，概念至少有两重效应：一是实现了产品锐利化。概念让产品实现了差异化，从而从众多竞争产品中脱颖而出。二是实现了促销锐利化。独特的概念，往往因为其差异性，很容易让受众形成记忆，从而大大降低传播成本。

那么，到底什么是概念？什么是概念营销？

概念是消费者利益的集中体现，是让某种产品或服务不同于其他产品或服务的核心信息。概念营销则是用一句新奇的语言将概念概括出来，然后通过引导消费观念，最终引起消费者的关注，实现产品销售的目标。传统的营销强调消费者需要什么，我们就生产什么来满足其需求。概念营销则正好相反，它强调在挖掘消费者潜在需求的基础上，我生产什么，然后就引导消费者消费什么。概念营销着眼于消费者的欲望，而不是现在的需求。

概念可以分为"实概念"和"虚概念"。"实概念"的产品很多，比如风影洗发水的"去屑不伤发"、创维电视的"不闪烁"、农夫果园的"含三种果汁"。"实概念"可以从使用利益、工艺、原料等具体的角度出发来提炼。"虚概念"的产品同样很多，比如可采眼贴膜的"电眼美人"（其面贴膜提出的"换脸术"）、藏秘·香格里拉青稞干红的"藏文化"、国窖1573的"历史"、金六福酒的"福文化"等。这类概念，往往从历史、文化、情感等信息中提炼出。

二、概念来自隐秘的需求

成功的概念必须锐利有力，能够迅速吸引和打动消费者。因为成功的概念都是消费者需要的，是投其所好的产物，尽管这种需要有时隐藏得很深。

概念必然来自于对消费者隐秘的、未被满足的需求的深入发掘。首先，"实概念"的提出，必须对消费者进行深入调查，寻找到他们隐藏的"不满"，并据此提出自己的概念。例如，某企业在对睡眠市场进行深入研究后发现，很多睡眠不好的消费者不愿吃保健品或者药品来改善睡眠，但原因并不是很清楚；在进一步与消费者进行座谈之后发现，这些人不吃药的原因是——他们担心大脑受到药物的伤害，最终成瘾或者导致记忆力减退。但消费者并不会提出他们需要一种"不伤大脑"的保健品，因此"护脑睡眠法"的概念由此而生。

其次，"虚概念"的提出，同样也来自消费者的需求，只不过这种需求很多时候是情感需要和文化认同。比如金六福酒能够畅销，主要是中国消费者具有浓厚的"福文化"，喝这种酒就如同大年初一早上放鞭炮一样，带有某种心理期望；而藏秘·香格里拉市场表现良好，则是因为部分消费者对神秘藏文化的认同和向往。

三、概念差异与产品差异

我们需要概念，只要有经验和技巧，就能够根据消费者的心态，为产品找到有价值的概念，但概念绝不是空中楼阁——差异化的概念，需要差异化的产品来支撑。只有两者紧密结合，才能实现真正的概念营销。

上海向上科技针对中小学生学习桌市场，推出具有防驼背、防近视"健康"概念的"健康矫姿桌"，产品投放市场后，只用了很少的广告费，在不到两年的时间里，销售额就达到1.2亿元。原因在于"健康矫姿桌"概念突出、产品差异性突出——其倾斜桌面、专利托肘板，与传统课桌完全不同，消费者很容易相信产品功效，因此传播成本大大降低——新概念配合产品差异，实现了真正的概念营销。

iPhone手机的概念是"移动的互联网"，可以将移动办公、移动商务、移动金融集合于一体。这些手机的概念对于这类产品，概念并不难找，难得的是如何去实现概念。

保健品、化妆品是少有的例外行业。在很多时候，概念仅仅是针对消费者心理需求的角度提出来的。化妆品行业发明的很多概念，如基因美白、深层护理、细胞活化等，其概念提出的目的，很多时候仅仅是创造一种不同的说法。但即使在这种概念炒作味道很强的行业，其产品概念也必须有产品功效的支撑。消费者也许会被产品的概念吸引而试用，但他们绝对不会在试用后没有任何差异性效果的情况下继续使用。从这个角度来说，概念炒作味道浓厚的行业，同样需要将其产品卖点落实到坚实的基础之上。

四、概念的进攻与防守

概念营销的含义是：以差异化的产品，争取成熟产品的市场份额，因此，概念营销存在着对现有市场的进攻和防守的问题。在进行概念营销的市场进攻之前，应设想好概念营销的市场防守。以食用油为例，为了应对嘉里粮油在调和油市场的优势地位，鲁花花生油提出了"健康的油"的概念；这个概念暗指竞争对手的油不健康。在概念提出来后，果然威胁了嘉里粮油的地位；为了应对鲁花的概念营销进攻，嘉里粮油为"金龙鱼"推出换代产品"金龙鱼"二代，其概念为"1：1：1"，理论是调和油三种成分比例符合1∶1∶1时，更有利于预防心脑血管病。这个概念是鲁花花生油概念的深化，新概念推出以后，嘉里粮油也因此收复了部分失地。

概念营销的攻守，在竞争最激烈的保健品行业屡见不鲜。如排毒养颜胶囊以"快速排毒"为诉求，证实产品功效；跟进者芦荟排毒胶囊，提出了"深层排毒"的概念，作为进攻手段，攻击前者不够深入；后续品牌"美多"等其他品牌，则提出了"安全排毒"为攻击性概念，攻击领导品牌腹泻的危害。

概念营销进攻并不困难，只要找准先入产品的缺陷即可。但概念营销防守则困难得多。

需要指出的是，在终端为王的今天，单纯靠概念竞争，无强势终端执行配合，往往无法撼动领导品牌。朗力福率先启动蛇粉市场后，以企业形象的成功，使其成为"蛇产品专家"，跟进者提出了各种不同的概念，如"蝮蛇粉""冻干粉"等，但最终能够从蛇粉大战中间存活下来的只有领导品牌朗力福，以终端拦截为特点的"隆力奇"。

五、概念产品的推广

概念需要推广。概念是阐述产品差异性的核心信息，消费者只有经过注意、解读、认同、形成记忆后，最后才能达到我们的目的——形成购买。

1. 推广概念产品的四个点

（1）概念点：直接向消费者说明产品的概念，表明它与竞争对手产品的不同之处。产品的概念点必须新颖、独特，能够引起消费者的兴趣，易记忆、易传播，并且能代表产品发展的趋势，或代表一种新的生活方式或消费理念。

（2）利益点：表明它能给消费者带来的利益、功能或作用，利益点必须是消费者所关心的，而且是竞争对手不能或很难提供的。

（3）支持点：让消费者相信概念产品的理由。支持产品概念的往往是一个系统，包括企业开发产品具备的技术，该技术能够给消费者带来某种利益等。

（4）记忆点：概念产品给消费者的一个代表性的符号。该记忆符号必须易接受、易记忆、易传播，并且最好是能够将产品的概念与企业的品牌锁定在一起。

2. 推广概念产品的四个阶段

（1）造势阶段：造势是为消费者描绘出一个美好的前景，揭示出现有产品的缺陷。造势的手段通常是通过一次公关活动，制造一个热点或利用某一热点，影响广大消费者的视听，为下一步导入概念做好铺垫。在造势阶段，最怕的不是有反对的声音，而是怕没有声音。如果没有任何反应，说明该概念产品不会引起竞争者和消费者的重视，不能制造出舆论。因此许多企业在开展公关活动时，会请来专家或其他机构进行评论以扩大影响，有的企业甚至故意制造反面论调，然后用更有力的论调去压倒它，以引起消费者更大的关注。如养生堂在推广"农夫山泉"的时候，设置"矿泉水"与"纯净水"的健康之争，吸引全国媒体参与，借此机会，"农夫山泉"只用低微成本，就迅速将品牌打入消费者脑海；2002 年瓶装饮用水市场中，"农夫山泉"已经上升至第一位。

造势阶段的宣传手段以新闻、行业评论、市场分析、消费者调查等软性文章为主，同时在电视媒体上以新闻访谈等方式进行舆论造势，或者直接在中央级媒体上以广告造势。

（2）解释阶段：导入概念阶段，给消费者解释如何达到美好的前景，解决现在的危机。在导入概念阶段，需要向消费者证实该概念产品是如何为消费者解决这一危机的，并且企业具备什么样的实力可以开发出概念产品。

为了展示概念产品的优越性，通常采用对比宣传的手法，大力宣传该概念产品的技术、设备、工艺、市场前景、效果等。此阶段的宣传手段通常是通过硬性广告将概念产品直接推荐给消费者，同时辅以软文解释。如"实概念"的推广，往往牵涉利益诉求，这就必须去教育、说服目标消费者；这类产品或服务，导入期购买率比知名度更重要，这就需要和消费者做深入沟通。比如金龙鱼二代推广"1：1：1"概念时，就采用了报纸软文、硬广告作为传播手段，与目标消费群体进行深度沟通。而"虚概念"产品，往往是从历史、文化、情感等方面概括出来的，这种概念比较感性，需要积累品牌效应，所以导入期迅速提升产品知名度比购买率更重要，这种概念的传播以电视和平面广告为佳。比如，藏秘·香格里拉一直以来就以电视广告为主进行传播的。

（3）提示阶段：锁定记忆阶段，加强消费者的记忆。在经过大力宣传，概念被广大消费者接受之后，逐步将此概念塑造成为一个记忆符号，消费者看到或听到这一符号，就明白这是什么样的产品，能为自己带来什么好处。

在概念产品推广进入提示阶段时，必须注意的问题是，将概念产品的记忆符号与企业的品牌锁定在一起，尤其是在其他品牌纷纷跟进之时，更应做好这一点。这样才不至于使前期对消费者的基础教育、对概念的引导成为他人的嫁衣。此阶段的广告手段通常是报纸的栏花式广告，以及电视上 10 秒左右的提示性广告。

（4）促销阶段：加强概念产品销售的阶段。概念产品的导入期通常价位较高，在成长期为了显示其概念的全新以及与其他产品的差异，一般只开发少部分产品。随着概念导入的成功，会有大批的跟随者进入；或随着时间的推移该概念产品进入成熟期，可以考虑将该产品作为一个技术符号附加在其他产品上，延长概念产品线，扩大概念产品的整体销售，利用概念为企业带来更大的效益。

应该注意的是，在概念产品的推广进程中不可轻易滥用"概念"。如果一个"概念"尚未被广大的消费者所认识、所接受，就将其作为技术符号使用，尤其是向低价位产品延伸，会使自己的概念产品提早衰退，甚至没等到为企业赚取利润就可能夭折。

3. 推广概念产品应注意的问题

（1）制造概念，引领行业市场。行业的领导者需要概念来拓展市场、稳定领导地位；跟随者需要概念进攻市场；补缺者需要概念来凸显企业特色。

引导一个概念，如果没有行业内其他品牌的跟随，将难以形成市场（对手会极力抵制）。通过一个概念引领行业市场，能够极大地提升企业形象。竞争品牌的跟随能够使这一概念得到迅速传播，与之相对的市场也会迅速扩大，概念的引导者如操作得当将是最大的受益者。

（2）制造壁垒，防止竞争者贴近、超越。没有竞争者的跟进难以形成市场，但竞争者的贴近甚至超越又会严重侵蚀企业利益。因此，企业应制造壁垒，将竞争者的跟进限制在一定的范围内或一定的距离之外，让跟随者起到推波助澜的作用，而不会成为市场威胁者。

引导一个"概念"前期做的是对消费者的普及性教育，此阶段应尽力将概念"锁定"在企业的品牌上，以防止"做了行业先驱，最终牺牲了自己"。

（3）自我防护，防止竞争者破坏。当一种概念或消费观念引导成功时，会对竞争对手造成很大威胁，对手如没有类似产品进行对抗，就会寻找（或制造）这种产品的不足之处进行攻击。因此企业必须预见到可能的攻击，充分做好防御的准备。

（4）自我突破，夺取更大的市场。为防止竞争对手的威胁，企业通常采取"申请专利"等保护措施，但这并不是上策，因为很多技术无法用专利保护，竞争对手可用同一思路开发出相仿或更强的产品进行竞争。因此，最为有效的措施是在自己开辟的市场、引导的消费领域内，不断地开发改进型产品进行自我超越。

三、企业营销渠道管理

（一）营销渠道概述

1. 营销渠道内涵

所谓营销渠道，是指产品或服务由企业（生产者）向最终顾客（消费者）转移过程中所经过的，由各中间环节联结而成的路径。这些中间环节包括企业（生产者）自设的销售机构，以及批发商、代理商、零售商、中介机构等。正是因为有了营销渠道，消费者才可能随时随地购买到来自全国乃至全球各地生产商提供的产品或服务。例如，想喝可口可乐，不必远去美国，在街头小店就能买到；想买松下电器，也不必千里迢迢跑到日本，附近的商场或专卖店就能满足需求。可见，营销渠道在产品营销活动中扮演着重要的角色。

2. 营销渠道的价值功能

（1）疏通生产者和终端用户之间的障碍。营销渠道最基本的功能是把商品从生产商转移给消费者。在这个过程中，它克服了时间、地点和所有权等的主要障碍，使商品顺利到达消费者手中。对于生产商而言，其生产方式的特点是大批量地生产种类有限的产品，而消费者的消费特点则是少量地需求不同种类的产品，这中间产生的矛盾阻碍着产品的转移和价值的实现。而营销渠道则有助于化解这些矛盾，疏通生产者与消费者之间的障碍。这些障碍主要包括以下方面：

1）空间上的分离：生产与消费地的分离。很难想象，北京的消费者喝瓶"娃哈哈"会跑到杭州去购买，这需要通过一定的媒介互通有无。

2）时间上的分离：生产与消费存在时间差。一方面企业生产出来的产品不会马上被消费者买走；另一方面消费者想买产品的时候也不一定立刻如愿。渠道的物流功能，即运输和仓储可以有效地疏通生产和消费在空间及时间上的矛盾。

3）所有权的分离：生产商虽然是产品所有权的拥有者，但生产这些产品却并非供自己消费；消费者需要这些产品，却不拥有所有权。只有通过渠道环节，进行若干交易，实现产品所有权的转移和过渡，才能解决这种矛盾。

4）信息的不对称：虽然理论上要求企业应按照消费者的需求组织生产和经营，但生产企业单靠自己的力量很难清楚地掌握某地消费者的具体需求、购买规律和购买习惯等，从而无法提供有效的产品和服务；同样地，消费者可能因为地域的阻隔而不了解企业的实力，加上商品知识的缺乏而无法做出有效的购买抉择，买与卖相脱节。这时需要中间商在两者之间进行沟通。

5）价格上的分离：生产商与消费者对产品价格预期往往是相反的。生产商希望以尽可能高的价格出售商品，而消费者则希望以尽可能低的价格购买心仪的产品，以实现物质和精神上的双重满足。这中间也需要中间商从中进行沟通与协调。

6）产品品种、规格、花色、数量与消费需求的差异：这需要中间商进行有效的集散、调剂、包装、组合与配送。一般来说，中间商靠近需求地，他们通常会根据不同客户的需求，从不同生产商那里搜罗相关的产品，把同一产品的不同品种、规格、花色、的产品集中起来。这样，消费者就有了更大的选择余地。然后中间商将产品按照消费者的需求进行分类、组合、配售给零售商，使得零售商获得的产品基本上能满足特定客户的需要。最后，如果中间商能够把每次产品集散进出的情况记录在案，这将无疑是十分有价值的市场分析资料。这种对于整体市场的宏观把握，是任何单个企业都难以做到的。

值得一提的是，在渠道运作过程中，虽然渠道成员分流了一部分利润，加大了生产成本，但它加快了产品流通的速度，加大了产品铺市的力度，使消费者买得轻松，买得愉快。由销量剧增而带给厂家的利润比付给商家的利润要大得多。因此，生产商必须牢记一点，付给中间商的利润分成，是企业实现产品价值所必须承担的代价，对此不可斤斤计较。

（2）提高交易效率，降低交易成本。生产商为什么要把一部分销售工作授权给渠道中间商？毕竟，这样做意味着在某种程度上放弃对产品销售的控制权。使用中间商的根本原因在于，他们能够以更高的效率将产品提供给目标市场。我们不妨做个假设，假如生产商直接向消费者销售产品，要同时与散居在各地的、需求千差万别的消费者打交道，这对于企业来说，无论是时间、人力还是成本，都是不可能办到的事情。但如果有批发商、代理商、零售商参与，情形就大不一样了。他们可以凭供其多年的业务关系、经验、专长和经营规模快速地将产品送往消费者手中。因此，生产商借助分销渠道，只需要同几个经销商或代理商进行交易，就可将产品分销到广阔的市场区域，这样可以大大减少交易次数，提高交易效率，降低交易成本。当然，中间商的选择必须适当。

（3）接近终端用户。宝洁公司的销售培训手册中有这样一句格言："世界上最好的产品，即使有最好的广告支持，除非消费者能够在销售点买到他们，否则，简直就销不出去。"只有让消费者看得到，买得到，产品销量才会上去，这么浅显的道理，许多企业却是在付出沉重的代价之后才悟到的。

占领终端是赢取市场的关键，渠道运作的核心就是如何最大限度地吸引消费者购买，接近并占有终端的价值在于提升企业的竞争力。

（4）企业的无形资产。渠道是企业的无形资产，它对企业的贡献不亚于有形资产。当企业建立起"无形资产"的概念时，他们更多地会津津乐道于技术的含量、品牌的价值几何等，但唯独没有对自己的销售渠道做过估价。

渠道的价值不容忽视，如果渠道的运作得当，将为企业带来滚滚财源。

3. 营销渠道系统

（1）传统营销系统。传统营销渠道系统由生产商、批发商和零售商组成。在进行产品分销的过程中，每个成员作为一个独立的企业实体追求自身利润的最大化，即使以损害渠道整体利益为代价也在所不惜。在这个系统中没有一个渠道成员对其他成员拥有控制权。最终导致渠道效率降低，产品销售不畅，因此其他类型的渠道系统应运而生。

（2）垂直营销渠道系统。垂直营销渠道系统是由生产商、批发商和零售商组成的一个联合体。在这个联合体中，某个渠道成员拥有其他成员的产权，或者一种特许经营关系，或者这个渠道成员拥有相当实力，其他成员愿意合作。垂直营销渠道系统可以由生产商支配，也可以由批发商或零售商支配。这种方式克服了传统营销渠道系统各成员间相持不下的缺点，而由渠道主导者主持，渠道各方各抒己见，最终达成统一目标，提高分销效率。垂直营销渠道系统有三种类型：公司式、协议式、管理式。

1）公司式垂直营销渠道系统。公司式垂直营销渠道系统中某公司同时拥有生产企业和部分渠道中间商的大部分股份，企业生产的大部分产品的销售就在公司下属的渠道中介中进行，或者是某公司同时拥有大部分生产企业的股份和全部渠道中介的股份，因而该渠道中间商就称之为该生产企业的承销者。由于产品生产与销售的控制权同属一个主体，因此生产商和销售中介之间的利益分配比较容易解决。

2）协议式垂直营销渠道系统。协议式垂直营销渠道系统是一种以协议为基础形成的营销渠道系统。通过合同协议来协调渠道成员之间的利益分配，统一渠道成员的行动，以取得最大的经济和销售效果。因为是协议，所以渠道成员都非常明确自己及他人的权利和义务，这样就可以大大避免渠道成员之间的无效竞争和冲突。同时，也可以在认同的协议基础上迅速扩大渠道网络，吸纳更多的成员参与渠道的运作。

3）管理式垂直营销渠道系统。管理式垂直营销渠道系统中生产企业与渠道中间商分属不同的所有者，但其生产与分销由规模大、实力强的渠道成员出面组织、协调、管理。在该系统中，各渠道成员的关系相对松散，但对渠道系统有一定的依赖，因此各渠道成员也能"听从"渠道强者的指挥。名牌产品的制造商通常具备这样的能力。

（3）水平营销渠道系统。水平营销渠道系统由两个或以上没有关联的企业联合起来，共同开发新的营销机会，通过合作，各企业将资产、生产能力或者营销资源结合起来，以达到单一一企业不可能达到的经营成果。企业可以与竞争者联合，也可以与非竞争者联合；可以暂时合作，也可以长期合作，还可以建立一家新企业。例如，某银行在某商店里设立了储蓄办事处和自动存取款机，银行用了很低的成本就迅速进入了市场，而商店可以为其顾客提供更为便捷的服务。

水平营销渠道系统甚至可以用在国际市场的营销。例如，雀巢公司凭借其在全球优良的业绩，与通用面粉公司合作，销售其在北美以外的谷类制品；可口可乐与雀巢建立合资公司，在世界范围内经销速溶咖啡和茶饮品；可口可乐公司提供在全球经营和分销饮料的经验，雀巢公司提供两个著名的品牌——雀巢咖啡和雀巢奶茶。

（4）混合型营销多渠道系统。混合型营销多渠道系统是垂直型营销系统和水平型营销系统结合而成的。今天，随着顾客细分市场和新的渠道不断出现，越来越多的企业采用混合型营销多渠道系统。当一个企业利用两个或多个营销渠道以接触一个或更多的顾客细分市场时，就形成了混合型营销多渠道系统。

通过混合型营销多渠道系统企业可以得到一个好处，就是增加了市场覆盖率，赢得机会调整产品或服务以满足各种消费者细分市场的需要。但是这种混合型营销多渠道系统很难控制，当越来越多的渠道相互竞争消费者和销售时，会产生渠道冲突。

4. 营销渠道的设计与开发

（1）营销渠道的设计参数。营销渠道包括以下几个参数：

1）渠道层次数目。销售渠道可依据其渠道数目来分类。在产品从生产者转移到顾客的过程中，任何一个对产品拥有所有权或赋有销售权力的机构即形成一个渠道层次。

2）渠道的长度。渠道的长度就是产品在从生产者流向最终顾客的整个过程中所经过的中间层次或环节。中间层次或环节越多，则渠道的长度越长；中间层次或环节越少，则渠道的长度越短。

3）渠道的宽度。渠道的宽度是指组成销售渠道的每个层次或环节中，使用相同类型中间商的数量。同一层次或环节的中间商越多，渠道就越宽；反之，渠道就越窄。

4）渠道的多重性。渠道的多重性是指企业根据目标市场的具体情况，考虑是否使用多条销售渠道销售其产品。

（2）营销渠道设计的原则。企业在设计开发营销渠道时，应当遵循以下五条原则：

1）顾客导向原则。企业要在激烈的市场竞争中生存和发展，就应该将顾客放在第一位。

2）最高效率原则。企业设计、开发营销网络，必须提高流通的效率，不断降低流通过程中的费用，使营销网络的各个阶段、各个环节、各个流程的费用合理化。这样，企业才能降低产品成本，取得竞争优势并获得最大化收益。

3）发挥企业优势原则。企业在选择营销网络时，要注意发挥自己的特长，确保在市场竞争中的优势地位。企业也要注意通过发挥自身优势来保证网络成员的合作，贯彻企业的营销网络政策。

4）合理分配利益原则。企业应该制定一套利益分配制度，根据渠道成员的职能、投入的资源和取得的成绩，合理分配渠道利益。各个渠道成员在追求自身利益的同时，要充分考虑其他合作成员的利益及渠道的整体利益。

5）协调、合作原则。渠道成员之间不可避免地存在着激烈的竞争，企业在选择营销渠道模式时，要充分考虑竞争的强度，加强协调与合作。

（3）营销渠道设计的程序。营销渠道设计大体上可以划分为四个步骤：分析消费需求，确定渠道目标；分析影响渠道设计的因素；确定分销渠道的备选方案；对方案进行评估和选择。

1）分析消费需求，确定渠道目标。进行分销渠道设计，应掌握一个原则：渠道是为消费者服务的，消费者需要什么样的渠道，就建立什么样的渠道。因此，分销渠道的目标是满足目标顾客的服务要求。从理论上讲，消费者的服务要求可以归为五大类：一是购买批量，即顾客每次购买商品的数量。比如日常生活用品，小工商户喜欢到仓储商店批量地购物，而普通百姓偏爱到大型超市购买。因此，购买批量的差异，要求厂家为他们设计不同的分销渠道。分销渠道销售商品数量起点越低，表明它所提供的服务产出水平越高。二是等候时间，指货物交付速度。现代社会，人们的生活节奏加快，更喜欢那些快速交货的分销渠道。分销渠道交货越迅速，表明其服务水平越高。三是市场分散程度，如购物地点的便利性。一般地，顾客更愿意就近购买，但是不同的商品，人们所能承受的出行距离是不同的。市场分散程度越高，顾客在途中和寻找预购商品时花费的时间和费用就越少。四是产品的多样性，指分销渠道提供给顾客的商品的花色品种数量。一般地，顾客喜欢有更多的品种或品牌供选择。分销渠道提供的商品品种越多，表明其服务水平越高。五是服务支持，指分销渠道为顾客提供的各种服务，如信贷、送货、安装、维修等服务。

如果说满足目标顾客的服务要求是渠道设计的总体目标，那么为了实现该目标，也为了能真正为消费者提供实惠，为企业带来利益，我们必须综合考虑多种因素来设定自己的分销目标。在营销实战中，企业必须考虑以下四个方面的目标：

一是购买便利性。分销的目的就是使顾客能顺利又方便地买到所需的产品。换句话说，只要顾客想买就能买到，买得快，买完还说好，这样的渠道就是好渠道。

二是较大的利润性。企业的行为动机就是获取利润，分销目标也必须有相应的销售额和利润指标。

三是成员支持度。前两个目标的实现，必须以各成员的支持为基础，使中间商全力配合企业的各项营销策略，推广产品。

四是售后服务度。企业必须确定一个基本的售后服务标准。

值得注意的是，企业在设计分销渠道时，应着重考虑提高服务水平与实现利润最大化这两个目标之间的关系，寻找两者最佳的结合点。如果企业单纯地强调提高分销渠道的服务水平，或单纯地强调长期利润的最大化，都会将分销渠道的设计引入误区。一方面，片面追求企业长期利润最大化，企业会千方百计降低成本，压缩开支，因此不一定能保证满足目标顾客的服务要求。另一方面，将分销渠道的服务水平提到最高，也并不一定能够保证企业实现长期利润最大化。原因在于：其一，可能使顾客流失。一般来说，服务水平越高，销售量越大，但同时成本也越高，最终使产品价格上升，超出顾客的价格预期，他们就可能放弃在这条渠道上购买产品，转而寻求环境一般、价格较低的场所购物，如仓储式超市、集贸市场等。其二，可能造成企业微利或无利。服务水平过高，成本加大，如果不通过提高价格来弥补成本，产品销售利润下降，就无法吸引中间商加盟，不利于渠道建设。

因此，正确的做法是寻找满足顾客需求目标与利润目标的最佳结合点，即每次分销成本的增加必须带来更大的销售额；同时每条渠道的服务水平要与目标顾客的需求相适应，比如有的目标顾客愿意花更多的钱来享受更舒适的购物环境和服务，而有的目标顾客则喜欢花较少的钱享受较低的购买服务。企业应根据细分市场情况进行具体设计。

2）分析影响渠道设计的因素。渠道的设计与开发受多种因素影响，企业必须准确把握。分销渠道的设计实际上就是选择最佳的渠道结构组合。在设计的过程中，企业必须对内外部环境状况进行全面而具体的评价，并根据企业的整体营销策略，实现产品、价格、促销和渠道策略的整合与统一。一般地，影响渠道设计的因素包括以下六个方面：

一是产品的特性。根据产品的不同特性，渠道设计的特点也相应不同。

A. 价值大小：产品的单位价值越小，通路越长，且渠道形式趋于多元化（保质期短的产品除外）。单位产品价值高低直接影响着产品价格高低。一般来说，产品价值越高，单位价格越高，如电视机、冰箱、计算机等比较适合选用较短而窄的分销渠道，以抑制商品价格上升，否则会使商品单价太高，以至于无人问津，渠道受阻；产品价值越低，单位价格越低，如日用小商品等比较适合较长而宽的分销渠道。

B. 体积与重量：产品越重，渠道越短而窄，反之则长而宽。体积大、分量重的产品，如建筑材料、软饮料等，分销成本昂贵，运输、储存都很不便，应选择尽可能短而窄的分销渠道；而体积小、重量轻的产品，如服装、小食品、化妆品等，分销成本较低，运输、储存相对容易，可选择长而宽的分销渠道。

C. 自然属性：产品越易腐败，渠道越短，反之则长。易腐败、保质期短的产品，如生鲜食品，要求流通时间越短越好，为避免延误和重复处理所增加的风险，一般采取较短的分销渠道，如直销；非生鲜易腐败的产品，可以适当地采取较长的分销渠道，如经过中间商再到消费者手中。

D. 标准化：产品越是非规格化，渠道越短而窄，反之越长而宽。已实现了规格化和标准化的产品，通用性越强，可选择稍长而宽的分销渠道，如用户分散的量具、刀具、通用机械等，以及成衣、鞋子、帽子等；而通用性较弱的非规格化产品，一般选择较短而窄的分销渠道，如定制的服装、大型机器都应采取供需直接见面的方法谈质论价。

E. 产品生命周期：产品生命周期长短直接影响着分销渠道长度的选择。产品生命周期越短，表明该产品越流行，适合选用较短的分销渠道，如时装等新潮性、短暂性产品；而产品生命周期长的产品，则适合采用稳定的长渠道对策。

F. 新产品：为了迅速占领市场，企业应组织自己的分销队伍，直接与用户见面，选择短而窄的渠道的可能性较大；而老产品则常常通过中间商来维持较为稳定的销量。

二是市场的性质。

A. 市场的规模越大，渠道越长且宽，反之则越短且窄。市场规模大指某种产品的使用面广，顾客需求量较大，如食品、日用商品等，适合较长且较宽的分销渠道。

B. 市场聚集度越弱，渠道越长且宽，反之则短且窄。市场聚集度指顾客居住的聚集程度。如果目标顾客集中地居住或生活在某一地区，产品就有可能直接地出售给他们，渠道具有短而窄的特点。

C. 顾客购买量越大，渠道越短且窄，反之则长且宽。顾客购买量越大，单位分销成本越低，因此有条件将批量性产品直接出售给顾客，即使间接出售，也不需要太多中间商。

D. 顾客购买的季节性越强，渠道长且宽，反之则短且窄。一般地，顾客购买季节性越强的产品，表明他们对产品的需求不是常年均衡的，厂商在应季时要求短时间达到一定的铺货率，因此适合选用较短的分销渠道，利用尽量多的分销商和零售商，如夏冬季节商品、节日商品等。

E. 顾客购买频度越高，渠道长且宽，反之则短且窄。一般地，顾客购买频度越高的产品，一次购买量越少，产品价值越低，因此越需要利用更多的中间商进行分销。否则，千百万个消费者经常性地、小批量地向几家商店购买，会产生不便。对于购买频率低的产品，可采用窄渠道。

F. 顾客购买探索度越强烈，渠道越窄；反之则宽。对于日常生活品，人们在购买之前，较少进行比较分析，在购买时也不愿意花费很多时间，跑很远的路，希望就近购买，因此适合较宽的渠道。对于购买时装、电器、家具等产品，买之前人们要充分比较，不惜花费更多的时间和跑更远的路途，因此可选较窄的渠道。

三是企业的实力。

A. 企业的产品组合。产品组合是营销学的一个重要概念，它的衡量指标主要是深度、长度、宽度和关联性。如果企业产品组合的宽度和深度大（即产品的种类、规格多），为了便于管理，企业可以直接与零售商建立合作关系采用短而宽的渠道；如果制造商的产品组合宽度和深度小（即产品的种类、规格少），则可以通过批发商、零售商大量分销，采用短而宽的渠道。产品的关联性对分销渠道也产生很大影响。一般地，产品的关联性越大，采用同一渠道销售的可能性越大，分销渠道效率就越高。当然，企业在设计渠道时，还应考虑产品本身的特征。

B. 对渠道的控制。企业为了实现其战略目标，在策略上需要控制市场零售价时，就要加强销售力量，从事直营推销，宜采取较短的渠道，以加深对渠道的控制。

C. 企业的财务状况及经营管理能力。一般地，企业的产品质量好，品牌形象佳，资金雄厚，并具备经营管理销售业务的经验和能力，则企业可主动地挑选最适合的成员及渠道，甚至建立自己的销售渠道直接销售产品，即采用短而窄的渠道。如果企业的品牌及经营实力较弱，没有能力自己做市场，只能通过中间商销售其产品，即采用较长而宽的渠道形式较好。

四是分销商与厂家的合作。

A. 分销商与厂家的合作程度。分销商与厂家的合作程度较高，则生产企业可采用间接渠道，依靠分销商的力量开拓市场。

B. 分销商所能提供的服务。该服务主要包括产品的运输、仓储、人员培训、技术服务和退换货等，分销商的专业化程度较高，生产企业可考虑间接渠道，并根据其服务水平确定渠道的长短和宽窄。

C. 渠道的成本。分销商的成本有时会很高，如代理商收取的佣金、批发商要求的折扣等会因其实力的增强而提高，这时直销更具可行性。具体地，企业应将产品的直销成本与通路的分销成本在通路的各个层次上分别进行比较和评估，然后做出选择。

五是竞争者的因素。设计营销渠道必须考虑竞争者的因素。竞争者不是渠道竞争者，而是产品或服务的竞争者。企业在满足消费者服务需求方面必须比它的竞争对手做得更好，这是设计分销渠道的重要基础。

一般来说，由于受消费者购买习惯的影响，有些产品的销售必须与竞争者使用同一通路，如日用商品、小食品、服装等；但是，当竞争者控制着传统渠道的情况下，企业要尽量避免与竞争者使用同一通路。

六是环境的变化。营销环境是指企业面临的宏观环境，如人口环境、经济环境、技术环境、竞争环境、政治环境和社会文化环境等。其中，任何一个环境的变化，都有可能使分销渠道发生变化。例如，人口老龄化社会的来临和人口密度的增加，要求分销网点更为分散；网络时代的到来，改变了传统的渠道流程，使消费者安坐家中即可完成购物全过程。

以上对影响渠道设计因素的分析只是一般性的观点，企业在实际设计时，应根据实际情况，具体问题具体分析。

3）确定分销渠道的备选方案。确定分销渠道目标之后，就要考虑有哪些渠道有可能实现这些目标，尽可能把所想到的方案都列出来。无论何种方案，至少有三个方面的内容：渠道的长度、渠道的宽度和渠道的广度，每项内容中可以有多种选择。

第一，渠道长度设计。渠道长度是指一个渠道系统中包括中间层次的数目。产品分销过程中，经过的环节或层次越多，渠道越长；反之，渠道越短。根据渠道长度的不同，可将渠道分为以下几种基本类型：零级渠道、一级渠道、二级渠道、三级渠道以及数目更多的渠道。其中零级渠道又称直接渠道，其余则称间接渠道。

从生产角度看，渠道级数越多，渠道越长，渠道控制和管理的难度就越大。但是，我们不能一概地以渠道的"长"或"短"来评价其优劣，而应综合考虑产品与市场的特点来具体分析。长短渠道的优劣比较见表9-2。

表 9-2 长短渠道的优劣比较

渠道类型	优点及适用范围	缺点及基本要求
长渠道	市场覆盖面广；厂家可以将中间商的优势转化为自己的优势；一般消费品销售较为适宜；能够减轻厂家费用压力	厂家对渠道的控制程度较低；增加了服务水平的差异性；加大了对中间商进行协调的工作量
短渠道	厂家对渠道的控制程度较高；专用品、时尚品及顾客密度大的市场区域较为适宜	厂家要承担大部分或者全部渠道功能；必须具备足够的资源；市场覆盖面较窄

在分析了长短渠道的优劣势之后，我们还应进一步列出每种渠道长度的具体类型。渠道长度的设计不仅在于选择多长的渠道，还在于选择某种长度渠道的类型。例如，为一种高档服装设计了一级渠道后，还要确定一级渠道中零售商的类型，是超级市场、专卖店还是百货商场等。如果没有第二步的选择，分销渠道的长度选择就失去了意义。表 9-3 列出了各种渠道长度的类型。

表 9-3 各种分销渠道长度类型

直接渠道	超短渠道 （零层渠道）	直接销售	上门推销、办公室推销、家庭销售会、寄放销售
		直接营销	目录营销、直达信函营销、电话营销、电视营销、电台营销、报刊营销、网络营销
		厂家自办点	连锁店营销、零售门市部
间接渠道	短渠道 （一层渠道）	零售渠道	百货店、超市、仓储店、折扣店、便利店、家庭用品中心、专业店、自动售货机、联合购物公司
	长渠道 （多层渠道）	批发零售渠道	商业批发商、经纪人、代理商、制造商的销售公司、零售商的采购办事处

第二，渠道宽度设计。渠道宽度直接影响甚至决定着分销的效率，而设计分销渠道的宽度需要对分销渠道宽度的主要类型进行分析。渠道宽度主要有三种类型：密集分销、独家分销、选择分销。

密集分销，又称宽渠道，是指厂商在同一渠道层次上选用尽可能多的中间商销售自己的产品，使产品最广泛地占领目标市场。该类渠道宜短不宜长，呈扁平状，易于企业的管理与控制。独家分销，是指厂商在渠道的某一层次或某一地区仅选择一家中间商销售其产品。该类渠道易于管理，但经营风险较大。选择分销，是指厂商在渠道的某一层次或者某一地区仅通过几个精心挑选的中间商销售其产品。该类渠道的宽窄程度取决于企业的战略目标、产品特点和客户分散程度。通常，在消费品市场上，奢侈品的分销渠道最窄，选购品的分销渠道居中，而日用品的分销渠道最宽；新产品的分销渠道较窄，成熟品的分销渠道较宽。因此，选购品和新产品最宜于采用选择分销（见表9-4）。

表 9-4　密集分销、独家分销及选择分销比较

分销类型	含义	优点	缺点
密集分销	凡符合厂家最低要求的中间商均可参与分销	市场覆盖率高；比较适宜日用消费品分销	市场竞争激烈，易导致市场混乱，破坏厂家的营销意图；渠道管理成本较高
独家分销	在既定市场区域内每一渠道层次只有一个中间商	市场竞争程度低；厂家与经销商关系较为密切；适宜高价值产品营销	因缺乏竞争，顾客的满意度可能会受到影响；经销商对厂家的反控力较强；若经销商经营失败，企业可能会失去一个地区市场
选择分销	从入围者中选择一部分作为经销商	优缺点通常介于密集性分销和独家性分销之间	

企业在选择渠道宽度时，应注意各种方式的利与弊，综合考虑之后再做决策，否则会遇到麻烦。例如，通用公司曾经想把它的小型电器用更密集的方式销售，但通用公司很快发现这样做并不能获得零售商足够的服务支持。为了解决这个营销难题，通用公司不得不建立一个全国范围内的连续服务中心。

又如，在 20 世纪 80 年代末，像 IBM、苹果这样的电脑厂商，也曾遇到过类似的问题。经过多年运作，它们的分销渠道都相当发达，但在市场需求减缓时便产生过度竞争。为了减小库存，经销商开始把多余的库存卖给未经授权的经销商。这样，个人电脑的市场分额上升，价格下降，利润也随之下降，经销商因此而停止提供终端用户所需要的服务。这时，IBM 和苹果等公司又不得不大规模削减经销商的数量，尤其缩减了那些经营新型、先进、高利润产品的经销商的数量，把那些能够提供服务的、有价值的经销商保留了下来。

第三，渠道广度设计。渠道广度是宽度的一种扩展和延伸，是指厂商选择几条渠道进行某产品的分销活动，而非几个批发商或零售商。它有两种形式：一种是一条渠道，又称狭渠道，指厂商仅利用一条渠道进行产品的分销，该渠道可长可短，可窄可宽；另一种是多条渠道，又称广渠道，即厂商利用多条不同的渠道进行产品的分销，如某产品在一个地区既有厂家的上门直销，又可以通过批发商、代理商、零售商在不同的终端销售产品。

营销渠道狭广的利弊表现为：狭渠道的利弊类似于独家分销；广渠道的利弊类似于密集分销。同样地，其产品的适应性表现为：适合窄渠道的产品（如特殊品、奢侈品）等适合于狭渠道；适合于宽渠道的产品如日用品适合于广渠道。

4）对方案进行评估和选择。列出备选的渠道方案并不难，难的是最终选择一条或

几条适宜的分销渠道。所谓适宜，是指所选择的渠道，在长度、宽度和广度各方面都有利于分销目标的实现。一般认为，每一个渠道方案的评估都必须依据三项标准：经济性标准、控制性标准和适应性标准。

第一，经济性标准。面对若干备选的渠道方案，首先要对它们进行经济性评估，即是否以较少的销售成本实现最大的销售水平，或是实现最高利润。

第二，控制性标准。仅用经济性标准对渠道进行评估是不够的，还要考虑控制性标准。所谓控制性标准，是指渠道设计者管理与控制渠道的能力。显然，利用自己的分销渠道与利用他人的分销渠道具有不同的控制力度，设计者对前者的控制力度更大，更容易体现自己的营销意图。

第三，适应性标准。分销渠道成员之间常有一个较为长期的合作关系，并通过一定的形式固定下来。这种长期经销时间的约定，会失去渠道调整与改变的灵活性。如何实现稳定性与灵活性的统一，是设计者要考虑的适应性标准。从趋势上看，由于产品市场变化迅速、新的零售业态不断涌现，渠道设计者需要寻求适应性更强的渠道结构，以适应不断变化的营销战略。

在经过以上步骤后，决策者就可以最终确定所选择的营销渠道。

5. 营销渠道管理

企业在进行渠道设计之后，要对营销渠道加强管理，主要包括渠道成员的选择与管理、渠道的运作管理。

（1）渠道成员的选择与管理。渠道成员的选择主要是中间商的选择。中间商的选择是渠道设计与开发的关键环节，也是营销渠道管理的关键环节。中间商选择是否得当，直接关系到企业整体营销目标的实现。美国管理大师波特曾说过："选好代理商，厂家便可高枕无忧了。"这句话难免有失偏颇，但在实战中却有一定的道理。

一个好的中间商能够帮助企业更深入地渗透到分散的市场中，拥有更多的客户，以此提高企业的市场份额和竞争力。选择中间商不是为了获得商品的销售合同，而是选择企业的营销战略伙伴。一旦把某个中间商选择作为企业分销渠道的合作伙伴，它将影响到企业产品能否及时、准确地转移至目标消费者手中，影响到产品在目标消费者心目中的地位，最终影响到企业经营的成败。因此，选择中间商一定要慎重。

1）选择中间商的原则。一般来说，选择中间商应遵循以下原则：

一是目标市场原则。它要求目标消费者能够就近、方便地购买本企业的产品，因此营销经理应特别注重所选择的中间商是否在目标市场拥有分销网络（如是否有二级分销商、子公司、分店等），以及是否在那里拥有销售场所（如直属的店铺和销售中心）。

二是形象匹配原则。企业形象意味着企业在消费者眼中是否享有声望，是否代表着高品质和一流的服务。对于拥有卓越产品品质的企业来讲，自然不能忽视渠道成员的形象；而对于形象起点本不是很高的企业，如果能选择到享有盛名的分销商，自然可以烘托并提升企业的品牌形象，能迅速获得消费者的认同。

三是突出产品销售原则。选择的分销商必须能够弥补制造商在产品终端销售的劣势，注意选择那些在分销该产品上拥有专长的分销成员。比如对于 IT 产品，就要选择拥有一定技术实力和完备的售后服务的中间商；日用品则必须选择经营灵活、便利的卖场或超市。

四是同舟共济原则。分销活动的成功是建立在制造商和分销商共同努力和通力合作的基础上的，选择渠道主成员时应力求在思想上争取分销成员对于分销的合作和理解。

2）选择中间商的条件。选择中间商必须考虑以下条件：

一是中间商的商誉。以此作为首要考虑的条件，其重要性是不言而喻的。商业信誉不佳者应首先剔除，哪怕它在其他方面都很优秀。此时忍痛割爱是值得的，否则，"当断不断，必受其乱"。

二是中间商的地理区位优势。地理位置的好坏几乎可以成为选择中间商的根本因素，只要其占得地利，就会有很强的分销优势，同时也能更好地满足目标顾客便捷购买的需求。

三是中间商的商圈。中间商一般应经常保持一定的客户流量，以维持其商品销售额水平。这个客户流量就是商圈，它与中间商的地理位置、经营特色、促销力度、商业信誉及声望有关。商圈越大，说明该企业的商品销售量越大。

四是中间商的产品销售组合。制造商要考察中间商共经营多少种产品，产品特征如何，还要分析这些产品与本企业产品的配合程度以及中间商对企业产品的熟悉程度等，产品配合度越高，中间商对本企业产品越熟悉，成功的可能性就越大。

五是中间商的实力。该实力包括资金、人员素质、增长幅度、过去的经营状况、仓储及运输能力等。中间商实力越强，销售成功的概率越高。因此，实力强的中间商应是企业重点考虑的对象。

六是预期合作程度。中间商同企业合作关系的好坏，直接影响着企业产品的销售。中间商是否全力以赴地配合企业，对销售量的提高起决定性作用。

七是中间商的经营管理水平。它直接影响到资源利用效率和员工士气，进而影响每一项工作的效率。当它被选中进入企业的分销渠道后，也会影响到整个分销系统的效率。例如，进货管理失控的中间商不是出现缺货脱销，就是库满为患，肯定在商品销售上力不从心。因此，不可轻视中间商自身的经营管理水平。

八是中间商的信息沟通与货款结算能力。分销渠道应当承担多方面的功能，包括信息沟通与货款结算，良好的信息沟通和货款结算能力是保障分销渠道正常连续运行的重要条件之一，因此也可以成为分销商的分销优势之一。

3）选择中间商的方法。选择中间商可以分为两个步骤：一是运用定性的方法初步筛选；二是运用定量的方法最后定夺。

首先，定性的方法——市场调研。这种方法是指制造商通过实地调研，深入了解并观察中间商的后劲，以辨明其真实情况。一般来讲，诚招中间商的广告打出之后，会有很多应招者。这些应招者良莠不齐，企业要运用市场调研的方法，对其进行初步筛选。企业在这一阶段应该做好以下几方面的工作：

一是派遣人员前往该市场调研：了解该市场的产品结构，以及本产品在行业中的差异性和优劣地位等，进而明确在该市场的渠道结构及方式，进入该市场的时机以及市场期望目标等。

二是了解分销商的基本情况：包括年龄、学历、经销时间长短、营业地点及环境、为哪些企业代理过何种商品，以及家庭情况、生活习惯以及其主要员工的学历、工作经历等。

三是了解分销商的背景及其在业内的口碑：通过其他分销商了解该分销商的经营能力、经营状况，与代理企业的关系，如何处理与客户之间的关系等；随机访谈，通过普通群众了解该分销商的经济实力、品质特征、信誉等；调查取证，通过有关部门了解该分销商的资信情况等；实地考察，通过该分销商的客户了解他的市场开拓能力、网络渠道建设能力、对企业政策的执行能力等市场综合能力。

四是观察分销商的反应：看分销商是否尊重企业的经营理念和价值观；是否能够理解企业在市场价格、市场策略、品牌推广、长期战略等问题上的意图；是否在一定程度上理解企业的品牌文化。

经过初步筛选之后，余下的候选人难分伯仲，这时就需要采用强制打分法来确定了。

其次，定量的方法——强制打分法。强制打分法的基本原理是，对拟选择作为合作伙伴的每个中间商，就从事商品分销的能力和条件用打分的方法来加以评价。由于各个中间商之间存在分销优势与劣势的差异，因而每个项目的得分会有所区别。针对不同因素对营销渠道功能建设中的重要性程度的差异，可以分别对它们赋予一定的重要性系数（或者称为权重），然后计算每个中间商的总得分，从得分较高者中择优录用。

例如，一家电视机公司决定在西南地区采用精选的一阶营销渠道模式（即厂家直接把自己的产品销售给零售商，再由零售商销售给普通消费者）。在重庆进行考察后，选出3家比较合适的候选人。电视机公司希望它未来的零售商能够占有理想的地理位置，有一定的经营规模，客流量较大，在消费者心目中有较高声望，与生产厂商合作关系融洽，而且能够主动进行信息沟通，货款结算信誉好。而选出的 3 个候选人在这些方面都有一定优势，但是没有一个是"十全十美"的。因此，电视机公司采用强制打分法对各个候选人进行打分评价，如表 9-5 所示。

表 9-5　强制打分法的应用

评价因素	重要性系数（权重）	候选人 1		候选人 2		候选人 3	
		打分	加权分	打分	加权分	打分	加权分
1. 地理位置	0.20	85	17.00	70	14.00	80	16.00
2. 经营范围	0.15	70	10.50	80	12.00	85	12.75
3. 顾客流量	0.15	90	13.50	85	12.75	90	13.50
4. 市场声望	0.10	75	7.50	80	8.00	85	8.50
5. 合作精神	0.15	80	12.00	90	13.50	75	11.25
6. 信息沟通	0.05	80	4.00	60	3.00	75	3.75
7. 货款结算	0.20	65	13.00	75	15.00	60	12.00
总分	1.00	545	77.50	540	78.25	550	77.75

强制打分法是以对中间商的评价为基础的。从表 9-5 第一列可以看出，各个中间商的优势与劣势是通过有关评价因素反映出来的；第二列是有关评价因素在营销渠道功能建设中的重要性的量化表现，对应于这一列中重要性系数较大的那些评价因素，对于营销渠道建设来说是关系最大的因素；那些重要性系数较小或者在表中被忽略的因素，一般是指对营销渠道建设影响不大的因素。通过打分计算，从表 9-5 的"总分"栏可以看出，"候选人 2"加权总分最高，因而是最佳的候选人，该电视机公司应当考虑选择他作为当地的分销商。

强制打分法主要适用于在一较小地区的市场上，为了建立精选的营销渠道网络而选择理想的零售商，或者选择独家经销商。

（2）渠道的运作管理。渠道的运作管理包括三个方面的主要内容：流程管理、冲突管理（见阅读专栏 9-4）、渠道成员激励。

1）流程管理。当一个营销渠道被开发出来后，一系列的流程也就产生了。在产品或服务的分销中，这些流程提供了渠道成员和其他代理商的联系。从渠道战略和管理的角度来看，最重要的流程有产品流、谈判流、所有权流、市场信息流和促销流。下面以汽车为例来进行说明。

第一，产品流。产品流又称实物流，是指产成品或服务从制造商转移到最终消费者和客户的过程，当然也包括原料从供应商向制造商的转移。例如，汽车厂在汽车成品出厂后，一般要根据代理商的订单交付产品给代理商，再交给客户。在这一过程中，至少要用到一种以上的运输方式，如铁路运输、公路运输等。

第二，谈判流。谈判流是指在分销渠道中，商品实体和所有权在各成员间每转移一次，就必须进行一次谈判，这些谈判也构成一个流程。在上例中，代理商必须就汽车的价值、交货日期、付款方式等问题与其供应商即汽车制造商和最终消费者进行谈判。

第三，所有权流。所有权流是指货物所有权从一个分销成员手中到另一个分销成员手中的转移过程。其一般流程为：供应商—制造商—代理商—客户。在前例中，汽车所有权经代理商的协助由制造商转到客户手中。

第四，市场信息流。市场信息流指在分销渠道中，各营销中间机构相互传递信息的过程。通常渠道中每一相邻的机构间会进行双向的信息交流，互不相邻的机构间也会有各自的信息流程。

第五，促销流。促销流是指通过广告、人员推销、宣传报道、促销等活动由一个渠道成员对另一个渠道成员施加影响的过程。其中所有的渠道成员都有对客户促销的职责，既可以采用广告、公共关系等针对公众的促销方法，也可以采用人员推销针对个人的促销方法。

渠道流程的概念提供了区分渠道成员和非渠道成员的依据。从渠道流程的观点来看，参与谈判或所有权流的各方将会成为分销渠道成员。

从管理的观点来看，渠道流程的概念提供了一个理解渠道管理范围和复杂性的有用的框架。依据五个流的思考，渠道管理涉及的范围远远超过仅仅管理渠道中的实物产品流，它还必须管理和有效地协调其他的流程（包括谈判流、所有权流、市场信息流和促销流），从而达到企业的分销目标。对渠道流程管理的内容，将散见于有关渠道的设计、开发、管理和评估等内容当中。例如，渠道设计和选择渠道成员将涉及谈判、所有权、市场信息流等；激励渠道成员将涉及市场信息流与促销流的有效管理；渠道成员业绩的评估几乎涉及所有信息流的有效管理。

从渠道管理的角度来看，营销渠道流程的概念有助于表达分销渠道的动态特性。"流"这个词表示运动或流动状态，而且这确确实实是分销渠道的特征，如新的分销形式的出现，以及渠道中不同种类中间商的出现，激烈的竞争结束了某些分销渠道，但同时也开辟了另一些分销渠道；消费者购买行为的变化和技术的更新增加了渠道变革的另一个变数。渠道流程必须适应这些变化。要做到这一点，有效的渠道管理是必不可少的。

阅读专栏9-4　渠道的冲突管理

在营销渠道中，由于其成员的复杂性和多样性，在成员间产生各种矛盾和冲突在所难免。对于企业来说，如何能够设计出良性冲突，化解恶性冲突，是保持其渠道畅通的关键。下面我们将对渠道冲突的现象、原因、类型进行分析和探讨，并针对在实践中可能遇到的渠道冲突，提出行之有效的解决方案。

一、如何看待渠道冲突

当生产厂家建立起一个由中间商和零售商构成的纵向营销渠道体系后，厂家总是希望渠道成员之间能和平相处、彼此协调，因为这种协调可带来一种整合效应，使渠道成员比单独经营能获得更多的利润；同时通过相互之间的交流与合作，还可以加深对目标的理解，从而更好地满足消费者的需求。然而事情并不尽如人意，冲突仍时有发生。

渠道中的矛盾与冲突实质上是利益分割矛盾。当渠道成员发现他与渠道领袖之间利益分配不公，或者渠道成员之间细分市场界限不明确，又或者成员之间渠道功能分配不合理，渠道成员就会对参与该渠道的价值产生怀疑，进而采取不合作的行为，矛盾与冲突由此产生。而冲突的结果必然会造成内耗，从而使渠道体系的协调性遭到破坏，降低其运行效率。

可以肯定地说，厂家与厂家之间、厂家与中间商之间、中间商彼此之间的冲突是不可避免的，企业对此应有清醒的认识。

但凡事都有其两面性，发生冲突虽不是什么好事，但渠道发生适度冲突也未必是件坏事。从某种意义上讲，企业通过对矛盾和冲突的分析，可以找出渠道构造中激励与约束机制的缺陷，从而有利于改进激励方式和方法，促使成员加强合作；通过分析，也可以发现渠道结构建设上的不足，从而有利于堵塞漏洞，消除内耗；通过分析，还可以找出制约渠道运行效率的原因，从而有利于改进渠道管理，提高运营效率。

因此，要客观地对待冲突：一方面，不要幻想自己的渠道会风平浪静，由于逐利动机，加上市场竞争日趋激烈，渠道冲突将有增无减；另一方面，也不要惧怕冲突，要把冲突看作是提升渠道管理水平的动力，只有这样，企业才能积极地应对、寻找根源，并妥善解决冲突。

二、渠道冲突的基本类型

就渠道冲突的类型来说，主要有三种：一是不同品牌的同一条渠道之争，即厂家与厂家之间的冲突；二是同一品牌的渠道内部冲突，即厂家与商家之间的冲突；三是渠道上下游冲突，即商家与商家之间的冲突，如表9-6所示。

表9-6　渠道冲突类型

冲突类型	分析
不同品牌的同一渠道之争	(1) 渠道对持有不同品牌的厂商来说都很重要，都势在必得，目的是尽快进入市场； (2) 厂商为争夺同一渠道，都会许诺比对方更为优惠的条件来吸引中间商； (3) 供应商之间的冲突为中间商获得最大利益提供了空间，使中间商处于更为有利的谈判地位； (4) 中间商可能同时代理多家品牌，但现实往往是很难使所有品牌厂商都满意； (5) 不同中间商对一家三级经销商或代理商的争夺也可能造成彼此之间的冲突
同一品牌的渠道内部冲突	(1) 厂商开拓了一定的目标市场之后，中间商在目标市场上大兴"圈地运动"，争夺更多的市场份额，争取厂商更多的青睐； (2) 冲突的原因大多是厂商没有对目标市场的中间商数量进行合理规划，使固定区域内"刺猬"增多，产生相互倾轧现象；也可能是厂商对现有的中间商的销售能力不满意，实施开放政策，有意放水，以增加渠道活力。 (3) 窜货与低价出货是冲突最常见的方式
渠道上下游冲突	(1) 许多分销商从自身利益出发，采取直销与分销相结合的方式，不可避免地要从下游经销商处争夺客户，挫伤下游渠道的积极性； (2) 下游经销商实力增强以后，不甘心目前的等级体系，希望更上一层楼，向上游渠道发动挑战； (3) 谁给二级经销商供货谁就是渠道上下游冲突的核心。厂商处于产品推广的需要，可能越过一级经销商直接向二级经销商供货，使上下渠道之间产生芥蒂

三、冲突产生的根本原因和直接原因

1. 冲突产生的根本原因

（1）目标不一致。制造商与中间商目标不一致是引起冲突的主要原因之一。在营销实践中，我们经常可以看到这类冲突：生产厂商希望占有更大的市场，获得更多的销售增长额和利润；但大多数零售商，尤其是小零售商，则希望在本地市场上维持一种舒适的地位，即当销售额及利润达到满意的水平时，就满足于安逸的生活；制造商希望中间商只销售自己的产品，但中间商只要有销路就不关心销售哪种品牌；生产企业希望中间商将折扣让给买方，而中间商更希望将折扣留给自己；生产企业希望中间商为它的品牌做广告，中间商则要求生产企业负担广告费用。

（2）渠道成员的任务和权利不明确。例如，有些公司由自己的销售队伍向大客户供货，同时它又授权经销商也努力向大客户推销。地区边界、销售信贷等方面的任务及权利的模糊和混乱会导致诸多冲突。

（3）中间商对生产企业的依赖过高。例如，汽车制造商的独家经销商的利益及发展前途直接受制造商产品设计和定价决策的影响，这也是产生冲突的隐患。

2. 冲突产生的直接原因

（1）价格原因。各级批发价的价差常是渠道产生冲突的诱因。制造商常抱怨分销商的销售价格过高或过低，从而影响其产品形象与定位，而分销商则抱怨制造商给的折扣过低而无利可图。

（2）存货水平。制造商和分销商为了自身的经济效益，都希望把存货水平控制在最低。而存货水平过低又会导致分销商无法及时向用户提供产品而引起销售损失甚至使用户转向竞争者。同时，分销商的低存货水平往往会导致制造商的高存货水平，从而影响制造商的经济效益，此外，存货过多还会产生产品过时的风险。因此，存货水平也容易产生渠道冲突。

（3）大客户原因。制造商与分销商之间存在持续不断的矛盾的来源是制造商与最终用户建立直接购销关系，这些直接用户通常是大客户，是厂家宁愿把余下的市场领域直接交给渠道中间商的客户（通常是因为其购买量大或有特殊的服务要求）。由于工业品市场需求的"二八"规则非常明显，分销商担心其大客户直接向制造商购买而威胁其生存。

（4）争占对方资金。制造商希望分销商先付款、再发货，而分销商则希望能先发货、后付款。尤其是在市场需求不确定的情况下，分销商希望采用代销等方式，即货卖出去后再付款。而这种方式增加了制造商的资金占用，加大了其财务费用支出。

（5）技术咨询与服务问题。技术咨询与服务是提高产品竞争力的主要因素，但由谁来提供技术咨询与服务，对该问题无休止的争执，成为制造商与中间商产生冲突的直接原因。

（6）分销商经营竞争对手产品。制造商显然不希望他的分销商同时经营竞争对手同样的产品线。尤其在当前的工业品市场上，用户对品牌的忠诚度并不高，经营第二产品线会给制造商带来较大的竞争压力。然而，分销商常常希望经营第二甚至第三产品线，以扩大其经营规模，并免受制造商的控制。

四、渠道冲突的解决办法

对于渠道冲突，关键的问题在于如何管理而不是消除冲突。管理冲突的要义在于，合理设计和经常检查渠道成员的共同目标，允许适度渠道竞争，在渠道冲突激化之前采取措施加以控制，必要时通过渠道调整和重组来清除不可调和的渠道冲突。

概括起来看，有以下几种解决冲突的办法可供选择：

1. 控制渠道

实战中，渠道管理中的许多问题，皆源于企业对渠道控制权的争夺。但同时，渠道冲突的最终解决，则或多或少地依赖于权力或对渠道的控制力。

控制渠道已经成为企业确立竞争优势的重要手段。首先，可以建立市场壁垒，控制成员销售竞争性产品，封杀竞争对手产品与消费者见面的机会，或增加其见面成本。其次，增强讨价还价能力。可以在销售谈判方面让对方做出对自己有利的决定。最后，能够树立企业的形象，争取顾客的忠诚度。控制渠道，可以有效防止假冒伪劣产品充斥市场，提高企业声誉；可以完善售后服务体系，树立品牌形象。

控制渠道的力量来自：①经济力。它是企业控制渠道最根本的力量源泉，主要表现在规模经济、产品质量与服务和广告力度等方面。②专家力。企业若掌握了市场开拓、产品推销、现场促销等技巧，就可以有效地控制销售。③奖赏力。企业可以通过奖赏方式，提高渠道成员的积极性，从而提高对渠道成员的控制力。④产权力。企业可以通过全资、控股、参股、连锁等方式整合渠道。⑤品牌力。品牌是企业的一项无形资产，是企业经济力的象征。产品是采用制造商品牌面市，还是采用中间商品牌面市，可以反映出厂家与中间商是否拥有渠道控制权。⑥关系力。拥有良好的人际关系无疑会提升企业在渠道中的地位。

无论是制造商、零售商还是其他的分销商，都可以凭借自身的实力争夺对渠道的控制权，但谁能成为渠道领袖的关键还在于各自的实力和渠道管理能力。

渠道领袖对渠道冲突的管理。渠道冲突一旦发生，渠道权利可以起到化解冲突的作用。例如，在同一销售区域使用多个代理商会引起利益冲突，因为这些代理商不得不为争取相同的顾客进行激烈的竞争。这时，由于制造商对是否采取密集分销策略具有法定权，因此，制造商可以运用这种权利来协调与代理商之间或各代理商之间的利益冲突。制造商还可以通过增加功能性折扣或销售奖励等方法，行使奖励权，以化解与分销商的利益之争。渠道领袖对渠道的管理集中表现在两个方面：一是强制力，即拥有发号施令的权力，迫使渠道成员服从命令，否则将会受罚；二是影响力，即不是以强制对方服从的方式来树立威信，而是通过某种人格魅力或技能使其他成员自愿听从安排。尽管强制力对于维护渠道秩序是必需的，但在培植渠道成员的忠诚感、塑造长期合作关系方面，强制力的作用要逊色于影响力。

2. 设立超级目标

这是解决渠道冲突的主要方法之一。超级目标是指渠道成员共同努力，以达到单个成员所不能实现的目标，其内容包括渠道生存、市场份额、高品质和顾客满意等。一般只有当渠道受到外部威胁时，如更有效的竞争渠道或消费者需求的转移等，渠道成员才会意识到他们有共同的目标，如维护生存、对抗威胁等，这时他们会自觉放弃内部对抗，消除冲突，一致对外。超级目标能使渠道成员认识到紧密合作、共同发展的价值与重要性。

3. 沟通或劝说

通过劝说来解决冲突其实就是在利用领导力。从本质上说，劝说是为存在冲突的渠道成员提供沟通机会，强调通过劝说影响其行为而非信息共享，也是为了减少有关职能分工引起的冲突。既然大家已通过超级目标结成利益共同体，劝说可帮助成员解决有关各自的领域、功能和对顾客的不同理解的问题。劝说的重要性在于使各成员履行自己曾经作出的关于超级的承诺。

4. 协商谈判

谈判的目标在于停止成员间的冲突。妥协也许会避免冲突的爆发，但不能解决导致冲突的根本原因。只要矛盾继续存在，终究会导致冲突的产生。其实，谈判是渠道成员讨价还价的一种方法。在谈判过程中，每个成员会放弃一些东西，从而避免冲突发生，但利用谈判或劝说要看成员的沟通能力。

5. 诉讼

冲突有时要通过法律手段来解决，诉诸法律也是一种借助外力来解决问题的方法。对于这种方法的采用也意味着渠道中的领导力不起作用，即通过谈判、劝说等途径已没有效果。

6. 退出

解决冲突的最后一种方法就是退出该营销渠道。事实上，退出某一营销渠道是解决冲突的普遍方法。一家企图退出渠道的企业应该要么为自己留条后路，要么愿意改变其根本不能实现的业务目标。

若一家公司想继续从事原行业，必须有其他可供选择的渠道。对于该公司而言，可供选择的渠道成本至少不应比现在大，或者它愿意花更大的成本避免现有矛盾。

从现有的渠道中退出可能意味着中断与某个或某些渠道成员的合作关系。

五、窜货——渠道冲突的典型现象

窜货又称冲货或倒货，是指中间商受利益驱动，使所经销的产品跨区域销售，造成市场倾轧、价格混乱，严重影响厂商声誉的恶性营销现象。可以毫不夸张地说，窜货是导致市场混乱的罪魁祸首。

一般来说，窜货主要表现在这样几个方面：一是销售分公司的窜货。分公司为了完成销售指标，取得业绩，往往将货销售给需求量大的兄弟分公司，造成分公司之间的窜货。二是中间商之间的窜货。同种商品，只要价格存在地区差异或在不同地区畅销程度不同，就必然产生地区间的流动。在被侵入地区，一方以低价入侵抢夺别人的市场，另一方则为了保住来之不易的客户，抵御外来入侵，只能以更低的价格销售商品，这样，侵入中间商与被侵中间商势必展开一场价格战。三是为了减小损失，经销商低价倾销过期或即将过期的产品。四是经销商为牟取利润，将假冒产品与正品混同销售。上述种种现象表明，窜货给企业带来的危害是显而易见的。首先，造成市场上价格混乱，低价竞争将使中间商利润受损，导致中间商对企业产生不信任，对经销产品失去信心，直到拒售；其次，同一商品地区价格悬殊，使消费者产生疑虑，怕吃亏上当而拒绝购买，此时，竞争产品趁虚而入，取而代之；最后，如果厂家对市场上窜货和假货监控不力，会严重损害企业形象和品牌形象，从而影响企业的后续发展。因此，对于企业来说，窜货问题不解决将后患无穷。

1. 窜货产生的原因

窜货产生的原因概括起来讲不外乎以下几个方面：经销商为了多拿回扣，抢占市场而窜货；供应商给予中间商的优惠政策不同；销售区域中，市场发展不均衡，某些市场趋向饱和，供求关系失衡；经销商辖区销货不畅，造成积压，厂家又不给退货，经销商只好把货拿到畅销地区销售；厂家规定的销售任务过高，迫使经销商窜货等。

2. 窜货难题的解决办法

（1）制定完善的销售政策。企业应当制定完善的销售政策，包括价格政策、促销政策、专营权政策等。企业销售应该坚决杜绝多头管理的现象。多头负责、令出多门最容易导致价格的混乱，这种现象多数源自行政部门对销售部门的干扰。因此，即便企业最高领导要货，也须通过销售部门按企业规定价格办理。企业维护住了产品的价格统一，在一定程度上就堵住了源自企业内部的窜货源头。

（2）划分合理的专营区域。企业还应划分合理的专营区域，完善专营权政策，每一片专营区域只能指定一名总经销商，赋予其相应的专权。根据中短期市场计划和远期市场计划，分步骤地发展总经销商。

另外，还要对总经销商发展下面的二级、三级经销商的工作进行相应的监督，做到每一个经销商的专营区域既不重叠同时又能覆盖市场的任何一个角落。企业在制定专营权政策时，要对跨区域销售问题做出明确的规定，使经销商明白什么样的行为应受什么样的政策约束。

（3）构建合理的级差利润分配结构。企业在销售网络中要按照经销商的级别实行级差价格体系，构建级差利润分配结构，使每一层次、每一环节的经销商都能取得相应的利润。因此，企业制定价格政策时不仅要考虑出厂价，而且要考虑一级、二级经销商以及终端经销商的销售价格。在制定了价格政策以后，企业还要监控价格体系的执行情况，并制定对违反价格政策现象的处理办法。

（4）明确限制窜资奖罚条款。企业应在合同中明确加入"禁止跨区域销售"的条款，将总经销商的销售活动严格限定在各自的市场区域内。企业在合同中应对窜货现象做出具体的处罚条款。企业不在经销商未违反合同约定及国家法规的情况下，在约定区域内向经销商以外的任何一家企业或个人供货。经销商也不可以在约定区域外进行销售。经销商一旦违约，企业有权按合同中所规定的违约处罚约定来处理经销商代理区域内的窜货现象。

企业还可以实行奖罚制。对于窜货的经销商，企业应该立即停止向其发货，情节严重的则取消其经销资格并重新选择经销商。经销商在约定的代理区域内发现有其他区域窜货过来时，必须查明货物的批号并向企业提供书面说明，一经企业证实，即可获得相应赔偿及举报奖励。

（5）加强对市场的监督与管理。企业通过严格的市场管理，协调企业与总经销商以及各级经销商之间的关系，为各地总经销商创造平等的经营环境，规范各级经销商的市场行为，用制度制止跨区域销售。企业对市场上出现的各种情况要认真监控、及时反馈，一旦出现问题要仔细研究，及时与相关部门沟通并制定相应的处理政策。在处理上要果断、彻底，不可照顾情面，不能因为有许多经销商是多年的老客户，下不了狠心而对经销商心慈手软。

对各级经销商均执行与之对应的统一价格表严格禁止超出限定范围浮动；将年终给各级经销商的返利与是否发生窜货相关联，使返利成为一种奖励手段的警示工具。企业还应设立专门的市场监控部门，建立巡视员工作制度，把制止窜货作为日常工作来抓，安排市场巡视员经常性地检查各地市场，及时发现问题并会同企业各相关部门予以解决。例如，娃哈哈集团就成立了一个专门机构，巡回全国，专门查处窜货的经销商，其处罚之严业界少有。宗庆后及其各地的分销经理到市场巡查时，第一要看的就是商品上的编号。一旦发现编号与地区不符，便追查到底，严惩不贷。

（6）将行销通路连接成为利益共同体。良好的服务支持系统是增进企业与经销商之间感情的最好纽带，使经销商在经营企业的产品时对企业有责任感、有忠诚度，不至于主动窜货来破坏这种感情。企业的服务支持一方面能提高经销商成员的经营管理水平，增强他们对产品销售的信心，另一方面通过服务支持传播了企业的文化、经营理念和品牌形象，通过标准的服务理念和服务规范将包括企业和各级经销商在内的行销通路紧密地连接在一起，成为一个利益共同体。

企业可以根据消费者心理分析与多年的市场销售经验，要求经销商配合其产品的特殊性与销售需要来陈列产品，如对货架长度、货品摆放层数、不同类型产品的摆放次序、堆头形状等都进行统一规定；对中间商进行定期专业销售培训，如政治培训、实战演练等；提供实物赠品，用于鼓励客户进货、联络感情、向消费者促销等；另外花费一定成本购置或制作诸如招牌、宣传印刷品等免费赠送给各级经销商，同时要求他们按照公司的要求进行产品宣传促销活动。

这样使企业深得各级销售商的信赖与支持，将企业与分销渠道所有成员的利益融合在一起。这样，经销商会自觉地遵守企业的制度和规定，规范自己的市场行为，窜货问题也就不存在了。

2）渠道成员激励。尽管促使中间商加入渠道的因素和条件已构成部分激励因素，但在营销渠道的运行过程中，生产者仍需通过不断地监督、指导与鼓励以使中间商尽职尽责。由于进入营销渠道的中间商类型多种多样、运营方式各异、与生产者之间的经销关系不完全相同，因而监督、指导与激励中间商的工作非常复杂。

在生产企业激励渠道成员以及试图与经销商建立长期、稳定、协调的合作关系时，应注意以下问题：

第一，了解各个中间商的心理状态与行为特征是激励中间商的基础。中间商是独立的经营者，有其自身特定的目标、利益和策略，他们一般不重视某些特定品牌的销售，缺乏有关产品的知识，不能认真使用供应商的广告资料，时常忽略制造商认为重要的顾客，不能准确地保存销售记录。从中间商的角度看，这些问题是很容易理解的：中间商并不专属于某一个制造商，而是一个独立的市场营销机构，逐渐形成了以实现自己目标为最高职能的一套行之有效的方法，能自己制定政策而不受他人干涉；中间商主要执行顾客购买代理的职能，其次才是执行供应商销售代理的职能，他感兴趣的产品是顾客愿意购买的产品，而不一定是生产者委托他卖的产品；中间商总是努力将他所经营的所有产品进行货色搭配，然后卖给顾客，其销售努力主要用于取得一整套货色搭配的订单，而不是单一货色的订单；生产者若不给中间商特别奖励，中间商绝不会保存所销售的各种品牌的记录。那些有关产品开发、定价、包装和激励规划的有用信息，常常保留在中间商很不系统、很不标准、很不准确的记录中，有时甚至故意对供应商隐瞒不报。

因此，生产企业激励渠道成员的首要问题是站在对方的角度了解现状，设身处地地为对方着想，而不应仅从自己的观点出发看待问题，这样无助于问题的解决。

第二，生产者应尽量避免激励过分与激励不足两种情况。当生产者给予中间商的优惠条件超过取得合作与努力水平所需条件时，就会出现激励过分的情况，其结果是销售量提高而利润下降。当生产者给予中间商的条件过于苛刻以致不能激励中间商努力工作时，则会出现激励不足的情况，其结果是销售量降低、利润减少。因此，生产者必须确定采用何种方式及花费多少力量来鼓励中间商。

一般来讲，生产者对中间商的基本激励水平应以现有交易关系组合为基础，如果对中间商仍激励不足则可以考虑采取相应的措施。一是提高中间商可得的毛利率，放宽条件或改变交易关系组合使之更有利于中间商；二是采取人为的方法来刺激中间商使之付出更大努力，如挑剔中间商迫使他们创造更有效的销售机制，举办中间商销售竞赛以提高其销售积极性，单独或与经销商联手开展广告和宣传活动调动中间商的积极性等。

不论上述做法与交易关系组合存在怎样的关系，生产者都必须小心观察中间商如何从自身利益出发来看待拥有控制权的制造商，因为这很容易无意识地伤害到中间商。

第三，生产者也可以依靠某些权力来赢得中间商的合作。这里所说的权力涉及以下几个方面：一是胁迫权。胁迫权是指生产者在中间商没有很好合作时会撤回某种资源或中止关系。如果中间商对生产者依赖程度较高，这种权力的影响是相当大的。但使用这种权力将导致中间商的不满并要求赔偿。从短期来看胁迫权可能十分有用，但从长期来看胁迫权的影响力量是最弱的。二是付酬权。付酬权是指生产者在中间商遵照其要求执行特殊任务而给予额外报酬的权力。虽然使用付酬权比使用胁迫权效果好，但其本身也存在着潜在的副作用。由于中间商是按照生产者的希望做事，并不是出于固有的信念，因此，每当生产者再次要求中间商执行某项任务时，中间商往往提出更高的报酬要求，如果报酬被撤销或报酬不能满足中间商的要求便会产生消极后果。三是法定权。法定权是指生产者凭借上下级关系或合同条款要求中间商执行某项任务。只有中间商把生产者看作法定的领者或者当中间商认为生产者有权要求自己承担某项义务时法定权才会产生。四是专家权。当中间商认为生产者具有自己不具备的某种专业知识时专家权才会产生。专家权是一种有效的权力，因为中间商如果不从生产者那里得到这方面的帮助他的经营就很难成功。五是声誉权。如果中间商对生产者有很高的敬意，并希望成为其中的一员，声誉权就生产了，一般情况下，生产者应注意使用付酬权、法定权、专家权以及声誉权，避免使用胁迫权，这样会收到较好的效果。

第四，生产者可以通过分销规划与经销商建立长期、稳定、协调的使用关系。在建立管理型垂直渠道系统的过程中，制造商应在市场营销部门下专设一个分销关系规划处，负责确认经销商的需要，制订交易计划以及有关方案，帮助经销商以最佳方式经营。该部门应与经销商合作确定交易目标、存货水平、商品陈列计划、销售人员训练要求、广告与销售促进计划等。建立管理型垂直渠道系统，将大大提高分销系统的运行效率，生产者、经销商以及消费者都可以从中受益。

（二）营销渠道评估

考虑到渠道运作环境、消费者需求的变化及渠道长期运作中积淀的惰性，对渠道进行定期或不定期的评估是必要的。

对渠道的评估可从两个方面着手：一是对营销渠道的评估；二是对渠道成员的评估。

1. 对营销渠道的评估

从渠道管理的角度看，对营销渠道的评估应包括三个方面的内容：顾客满意度评估、渠道运行状态评估和财务绩效评估。

（1）顾客满意度评估。这里的"顾客"指的是最终用户，而非中间商。所谓顾客满意是指顾客实际得到的感受等于或优于其期望值。如果低于其期望值，顾客就会感到不满意。

市场营销的最终目标是使顾客满意，但这种满意必须由营销组合策略实现。比如，产品满足顾客的效用需求，价格满足顾客的价值需求，促销满足顾客的信息需求，而分销则是满足顾客的便利与服务需求。因此，评价分销渠道必须要评价其顾客的满意度。

营销渠道的顾客满意度取决于分销渠道的质量状况。因此，我们重点对分销渠道提供的服务质量进行评估。

从理论上分析，影响服务质量的有几个决定因素，分别为信任感、责任感、可接近性、礼节、交流能力、诚实性、安全保障、了解并理解顾客、有形资产等。这几个因素可以用 5 个指标来反映（见表 9-7）。

表 9-7　渠道顾客满意目标的评价指标

指标	描述
有形资产	有形设施、装备、工作人员及交通设施
可信赖感	令消费者信任，提供已承诺的服务的能力
十分负责	帮助顾客提供及时、便捷服务的意愿
保障安全	保证顾客在享受服务过程中无风险
感性交流	顾客可以感受厂商给予的照顾与关怀

需要注意的是，这个评价指标适用于做定性分析，对这 5 个指标进行定量分析比较困难。

从实践来看，对渠道顾客满意度的评价，最终还是应该回归到目标顾客服务需求的满足上。顾客对分销渠道的满意程度，取决于自身服务需求的满足程度，因此，企业在设计分销渠道时，常常要确定四个方面的目标，即顾客等候时间、出行的距离、商品选择范围和售后服务水平。这四个指标都可以量化，比如，顾客在购买某彩电时等候时间为 40 分钟，出行距离 5 公里，在 5 个品样、10 个规格上选择，免费送货、安装、调试，如遇问题，在 24 小时以内上门服务等。当企业的目标低于顾客的期望，或低于竞争对手的目标时，顾客就可能产生不满情绪。

此外，企业还可以通过问卷调查的方法了解某条分销渠道的顾客满意度（见表 9-8）。

表 9-8　顾客满意度调查表

为了改进我们的分销服务工作，请您用 5 分制，对以下陈述作出回答，谢谢您对我们工作的支持				
1 分	2 分	3 分	4 分	5 分
比期望的少得多	比期望的少	与期望一样	比期望的多	比期望的多得多
去销售该产品的商店的距离远近程度				
购买该产品等待的时间				
该商店经营该产品的品种款式量				
送货服务				
解决问题效率				
服务态度				
再次感谢您对我们的帮助				

（2）渠道运行状态评估。分销渠道运行状态的评估具体包括渠道畅通性、渠道覆盖率和渠道流通量评估。

1）渠道畅通性评估。其评估的重点是速度，核心是商品流通速度和货币回收速度，可以分别用商品周转速度和货款回收率来衡量。

①商品周转速度，指产品生产出来后，一直到最终消费者手中的时间，用天来表示。商品周转时间越短，表明渠道畅通性越好。其计算公式为：

商品周转时间＝生产商库存时间＋批发商库存时间＋零售商库存时间＋各环节运输时间

②货款回收率，指厂商实际回款占应收回款的百分比。它从资金回收角度表明整条渠道的畅通性。一般来说，货款回收率越高，表明渠道越畅通。其计算公式为：

货款回收速度＝已收货款/应收货款×100%

2）渠道覆盖率评估。其评估重点是渠道网络所覆盖的地理区域，可用市场覆盖面和市场覆盖率两个指标来评价。

①市场覆盖面，指分销网络终端所覆盖的地理区域。其覆盖的地理区域面积越大，表示渠道覆盖率越高，顾客越容易买到产品。其计算公式为：

市场覆盖面＝各个分销网络终端商圈面积之和−相互重叠的商圈面积之和

②市场覆盖率，指该渠道在一定区域的市场覆盖面与这个区域的面积的比较。市场覆盖率越高，表明网络遍及的市场越广，空白点越少。其计算公式为：

市场覆盖率＝某产品渠道的市场覆盖面/该市场的全部面积×100%

3）渠道流通量评估。其评估的重点是流通的量，可用销售量和市场占有率来评价。

①销售量，指在一定时间内某种渠道分销的商品数量或金额，该指标既可以反映分销的规模，也可以反映分销的速度。渠道销售量可以通过市场统计直接得出，也可以用销售增长率指标反映或预测渠道未来的发展状态。其计算公式为：

销售增长率＝（本期销售量−前期销售量）/前期销售量×100%

②市场占有率，指在一定时期内，某种渠道分销商品的数量占该商品同期销售总量的比例。该指标可以反映出该种渠道在整个分销网络中的地位和作用。其计算公式为：

市场占有率＝某种渠道分销产品的数量/该种产品市场分销总量×100%

（3）财务绩效评估。这是人们普遍采用的一种评估分销渠道的方法。它不仅可以评估一种渠道为企业整体效益做出的贡献大小，还可以分析出相应的原因，从而为渠道调整提供依据。

通常，企业可以采用以下五种工具对分销渠道的财务绩效进行评估：

1）销售分析。销售分析包括销售差异分析和微观销售分析。销售差异分析是指对销售额的变化进行原因分析，比如是价格变动的结果，还是销量变化的结果，目的是为调整提供依据。微观销售分析是指将分销渠道细分为不同地区、不同产品等部分，然后进行销售水平的比较分析。

2）市场占有率分析。市场占有率分析包括全部市场占有率、可达市场占有率、相对市场占有率等。全部市场占有率是指企业的销售额占全行业销售额的百分比。可达市场占有率是指企业认定的可达市场上的销售额占企业所服务市场的百分比。相对市场占有率是指企业销售额与主要竞争对手销售业绩的对比。

实际上，在评估分销渠道时，全部市场占有率工具较为适合。但在评估某种渠道时，该种渠道分销额占总销售额的比率分析更有意义。

3）渠道费用分析。渠道费用分析是指对渠道总费用水平和费用结构的分析。这些费用包括人员费用、办公费用、促销费用、仓储费用、运输费用、零售渠道费用等。

4）盈利能力分析。盈利能力分析包括销售利润率、费用利润率和资产收益率等方面的分析。这是渠道财务分析的重点内容。具体公式如下：

销售利润率＝税后利润/销售额×100%

销售利润率是评估渠道获利能力的重要指标之一，它表明在100元销售额中所实现的利润数额，而利润额是分销渠道效益和效率的重要体现。

费用利润率＝利润额/费用总额×100%

费用利润率是评估投入所实现的利润效益，它表明分销渠道每花100元资金所创造的利润数额。该指标又称为成本利润率。

资产收益率＝利润额/资产总额×100%

资产收益率是指渠道创造的利润额与渠道总资产的比率，它反映每100元资产所实现的利润数额，可以用该指标评估渠道全部资产的运营状况。

5）资产管理效率分析。资产管理效率分析包括资金周转次数和存货周转率等方面的分析。它主要反映分销渠道资产管理效率的高低。具体公式如下：

资金周转次数＝产品销售收入/资产占用额

资金周转次数反映分销渠道中现有资金被循环使用的次数。在评价某条渠道的资金周转次数时，资产占用额需将渠道中厂商、批发商、零售商平均占用资金额相加，去除销售收入。

存货周转率＝产品销售收入/存货平均余额×100%

存货周转率是指产品销售收入与存货平均余额之比。存货余额指存货的资金形式。该指标反映了一定时期内库存商品的周转次数。

2. 对渠道成员的评估

生产企业应定期对渠道成员进行绩效评估，据此实施管理手段，确保整个渠道高效运转。常用的对渠道成员绩效评估的方法主要有以下两种：

（1）历史比较法。历史比较法是指将各中间商本期销售量与上期销售量相比较，得出上升或下降的比值，然后与整个渠道的升降百分比水平进行比较。对高于整体水平的中间商应予以奖励，对低于整体水平的中间商，则要进一步分析其原因。若是因主观不努力或经营失误而造成的销售水平下降，企业应要求其在一定时期内改进，否则将采取严厉惩罚措施，直至取消其资格；若是因客观原因导致中间商绩效不理想，如销售地区经济不景气，则企业可以通过促销等手段，帮助其渡过难关。

（2）区域比较法。区域比较法是指将中间商的绩效与该地区销售潜量分析得出的数值相比较，即在一定的销售时期之后，按各中间商实际销售额与潜在销售额的比值进行排序。

以上是对评估中间商绩效的两种方法的定性描述。在实际操作时，我们可以通过下列指标对中间商的业绩进行定量评价：中间商的销售增长率；中间商的销售总额；中间商为生产企业提供的利润及其发展趋势；中间商订单的平均订货量及平均存货水平；中间商定价的合理程度；中间商的销售态度是积极、一般还是消极；中间商同时经销竞争对手产品的情况；中间商的回款情况，包括中间商是否如期付款、付款方式及期限、对承诺付款条件的兑现情况等；中间商向顾客交货的时间、速度，以及对顾客的服务能力和态度；中间商在宣传制造商产品方面所做的努力；中间商收集市场信息并将之反馈给生产商的能力与准确度。

除了以上提到的衡量中间商绩效的主要评估指标，随着制造商与中间商合作的进一步深入，制造商对中间商的绩效评估体系会更详尽、更准确，从而能够反映中间商的实际情况。制造商可以派专业人员到中间商那里进行调查，将调查结果汇总，形成有关中间商在销售、库存、定价、推销、广告、促销计划、销售检查、推销人员的培训、货款支付、信誉水平，以及中间商经营方针和政策、管理水平和管理能力等方面的评估报告。

制造商在得出对渠道成员绩效评估的结果以后，要针对结果采取措施。若渠道成员的绩效很好，制造商应给予物质或精神鼓励；若渠道成员的绩效低于既定标准，制造商应找出导致渠道成员绩效低的原因，考虑改进办法。对一些业绩太差、配合不积极的渠道成员可以进行必要的调整、更换。

3. 评价方法示例：销售终端定量的标准化评价方法

（1）终端硬件建设（终端的外在形象；满分100分）。

1）柜台内。

①品种是否齐全，名人的系列畅销机是否都在（三个月内必须有智、金、连、直、328这五款机型）。（10分）

②陈列是否规范。包括：

A. 集中原则：名人上柜机型必须集中排列。（8分）

B. 醒目原则：是否摆设在柜台中央最抢眼处。（8分）

③托架是否齐全，切忌将名人机放在其他品牌的托架上。（10分）

④主次是否分明，牢记20%的产品带来80%的销售额，新产品必须重点突出"星状小彩纸""小彩星"等提示。（8分）

⑤柜台整体视觉效果是否协调、醒目。

A. 有无红色或黄色等暖色绒布铺底衬托。（4分）

B. 灯管上是否有红底白字的"名人"覆盖板。（4分）

C. 新机旁是否有小红灯闪烁。（4分）

2）柜台上。

①柜台面上是否有椭圆小牌。（10分）

②柜台面上是否有名人底座的资料托架。（4分）

③柜台面上名人各机型单张折页等宣传资料是否齐备。（8分）

3）柜台外。

①是否有名人吊旗悬挂。（4分）

②是否有名人海报、贴画等。（6分）

③是否有名人立牌（可贴促销活动告示）。（6分）

④是否有名人灯箱。（6分）

（2）终端软件建设（促销员的综合素质，各方面关系协调；满分100分）。

1）与卖场各主管的关系。（25分）

2）终端拦截、终端服务和商务礼仪的技巧。（25分）

3）PDA相关知识，推销技巧。（35分）

4）形象、表达方式等。（15分）

备注：60分合格，75分良好，90分及以上优秀，但必须确保合格，即60分；有条件者先上，条件不足者积极创造条件逐步推广。

（三）渠道调整

评估营销渠道绩效的目的，是为企业制定渠道调整决策提供依据。通常，企业在对营销渠道进行绩效评估之后，还需要对其结果进行分析，找到绩效不理想的具体原因后，自然就找到了渠道调整的思路，即解决问题的方法和途径。因此，当企业发现现有渠道模式自身存在缺陷时，或其与市场环境要求存在差距时，可对渠道进行适当调整。

渠道调整的具体方式主要有以下几种：一是调整渠道结构，如原来采用直接渠道，可调整为间接渠道。二是调整分销方式，如原来采用独家代理方式，为了制约独家代理商的扩张，可适当增加代理商数目，调整为多家代理方式。三是调整渠道政策，如价格政策、铺货政策、市场扩张政策、信用额度政策、奖惩政策等。四是调整渠道成员关系，对于业绩有较大增幅的成员，可提高其在渠道中的地位；反之，则降低其在渠道中的地位。五是调整局部市场区域的渠道。根据市场结构的变化，可增加该区域市场的渠道成员数量或撤出该区域市场。六是更新整个分销网络。当渠道遭受外部严重威胁时或企业内部发生重大变化时，可考虑更新整个分销网络，这需要重新设计和布局。

需要注意的是，无论企业采取怎样的方式调整渠道模式，都将涉及对渠道成员的调整，对此企业一定要慎重决策，以免挫伤其他成员的积极性。

四、企业营销组织管理

(一) 市场营销部门的组织形式

现代企业的市场营销部门，有各种组织形式，但无论采用何种组织形式，都必须体现"以顾客为中心"的指导思想，才能使其发挥应有的作用。

1. 职能型组织

职能型组织是最常见的市场营销组织形式。它在市场营销副总经理的领导下，集合各种市场专业人员，如广告和促销人员、推销人员、市场营销调研人员、新产品开发人员，以及顾客服务人员、市场营销策划人员、储运管理人员等组成。市场营销副总经理负责协调各个市场营销职能科室、人员之间的关系。

职能型组织的主要优点是行政管理简单、方便。但是，随着产品的增多和市场的扩大，这种组织形式会逐渐失去其有效性：一是在这种组织形式中，没有一个人对一种产品或者一个市场全盘负责，因而可能缺少按产品或市场制定的完整计划，使得有些产品或市场被忽略；二是各个职能科室之间为了争夺更多的预算，得到比其他部门更高的地位，相互之间进行竞争，市场营销副总经理可能经常处于调解纠纷的旋涡之中。

2. 地区型组织

业务涉及全国甚至更大范围的企业，可以按照地理区域组织、管理销售人员。比如在推销部门设有中国市场经理，下有华东、华北、华南、西北、西南、东北等大区市场经理。每个大区市场经理的下面，按省份设置区域市场经理。再往下，还可以设置若干地区市场经理和销售代表。从全国市场经理依次到地区市场经理，管辖下属人员的数目即管理幅度逐级增加。当然，如果销售任务艰巨、复杂，销售人员的工资成本太高，他们的工作成效又对利润影响重大，管理幅度就可以适当缩小。

3. 产品 (品牌) 管理型组织

生产多种产品或拥有多个品牌的企业，往往按产品或品牌建立市场营销组织。通常是在一名总产品（品牌）经理的领导下，按每类产品（品牌）分设一名经理，再按每种具体品种设一名经理，分层管理。在一个企业，如果经营的各种产品差别较大，产品的数量又很多，超过了职能型组织所控制的范围，就适合于建立产品（品牌）管理型组织。

产品（品牌）管理型组织于1927年开始被美国宝洁公司采用。以后有许多厂商，尤其是食品、肥皂、化妆品和化学工业纷纷效仿。例如，美国通用食品公司在其"邮寄部"就采用产品管理型组织，设有若干独立的产品线经理，分别负责粮油食品、动物食品和饮料等；在粮油食品产品线，又分设若干品种经理，分别负责营养食品、儿童加糖食品、家庭食品和其他食品；在营养食品产品经理之下又辖若干品牌经理。

产品（品牌）经理的作用，是制定产品（品牌）计划，监督计划实施，检查计划结果，并采取必要的调整措施，以及为自己负责的产品（品牌）制定长期的竞争战略和政策。这种组织形式的优点是：一是便于统一协调产品（品牌）经理负责的特定产品（品牌）的市场营销组合战略；二是能够及时反映特定产品（品牌）在市场上发生的问题；三是产品（品牌）经理各自负责自己管辖的产品（品牌），可以保证每一产品（品牌）纵然不太出名，也不会被忽视；四是有助于培养人才，产品（品牌）管理涉及企业经营、市场营销的方方面面，是锻炼年轻管理人员的最佳场所。

这种组织形式的不足之处在于：一是造成了一些矛盾冲突。由于产品（品牌）经理权力有限，不得不依赖于同广告、推销、制造部门之间的合作，这些部门又可能把产品（品牌）经理视为"低层的协调者"不予重视。二是产品（品牌）经理容易成为自己负责的特定产品（品牌）的专家，但是不一定熟悉其他方面，如广告、促销等业务，因而可能在其他方面成不了专家，影响其综合协调能力。三是建立和使用产品管理系统的成本，往往比预期的费用要高。产品管理人员的增加，导致人工成本增加；企业要继续增加促销、调研、信息系统和其他方面的专家，必然承担大量的间接管理费用。要解决这些问题，应对产品（品牌）经理的职责同职能管理人员之间的分工与合作，做出明确适当的安排。

4. 市场管理型组织

如果市场能够按照顾客特有的购买习惯和偏好细分，也可以建立市场管理型组织。它同产品（品牌）管理型组织相似，由一个总市场经理管辖若干细分市场经理。各个细分市场经理负责自己所辖市场的年度销售利润计划和长期利润计划。这种组织形式的主要优点是，企业可以围绕特定消费者或用户的需要，开展一体化的市场营销活动，而不是把重点放在彼此隔离的产品或地区上。在市场经济发达的国家，许多企业都是按照市场型结构建立市场营销组织。有些学者甚至认为，以企业各个主要的目标市场为中心，建立相应的市场营销部门和分支机构，是确保实现"以顾客为中心"的现代市场营销观念的唯一办法。

5. 产品/市场管理型组织

面向不同市场、生产多种产品的企业，在选择市场营销组织结构时经常面临两难抉择，是采用产品（品牌）管理型还是市场管理型？能否吸收两种组织形式的优点，扬弃它们的不足之处？因此，有的企业建立一种既有产品（品牌）经理，又有市场经理的矩阵组织，以求解决这些难题。但是，矩阵组织的管理费用高，容易产生内部冲突。由此又产生了新的两难抉择：一是如何组织销售力量，究竟是按每种产品组织销售队伍，还是按各个市场组织销售队伍；二是由谁负责定价，是产品（品牌）经理还是市场经理。

绝大多数企业认为，只有相当重要的产品和市场，才需要同时设产品经理和市场经理。也有的企业认为，管理费用高和潜在矛盾并不可怕，这种组织形式能够带来的效益，远远超过需要为它付出的代价。

6. 事业部组织

随着多产品企业经营规模的扩大，企业常把各大产品部门升格成独立的事业部。事业部下再设自己的职能部门和服务部门。这样就产生了另一个问题，那就是总部应当保留哪些营销服务和营销活动？

实行了事业部制的企业，对这个问题也回答不一：

第一，不设营销部门。有些企业不设企业一级的营销部门。它们认为，各事业部设立营销部门，即设立企业一级的营销部门没有什么实际作用。

第二，保持适当的营销部门。有些企业，在企业一级设有规模很小的营销部门，主要承担以下职能：一是协助最高管理层全面评估营销机会；二是应事业部的要求向该事业部提供咨询方面的协助；三是帮助营销力量不足或没有营销部门的事业部解决营销方面的问题；四是促进企业其他部门营销观念的提升。

第三，拥有强大的营销部门。有些企业设立的营销部门，除负责自身的活动外，还向各事业部提供各种营销服务，如专门的广告服务、销售促进服务、营销调研服务、销售管理服务和其他杂项服务。

那么，是不是所有的企业都在逐步趋向于采用上述三种模式中的某一种模式呢？答案是否定的。事实上，有些企业最近刚开始设立企业一级的营销参谋班子。而其他一些企业已经把营销部门加以扩大，也有一些企业缩小了营销部门的规模和职能范围，甚至还有一些企业已经撤销了营销部门。

企业一级的营销参谋班子在企业不同的发展阶段所发挥的作用也不相同。大多数企业通常都是先从在各事业部设置规模较小的营销部门着手，再设立企业一级的营销参谋班子，通过教育、宣传和提供各种服务，把营销工作推向各事业部。其后，企业一级营销参谋班子中的某些成员被充实到各事业部的营销部门担任领导。随着事业部营销部门的日渐扩大，企业一级营销部门能向事业部提供的协助也就日益减少。有些企业决定企业一级营销部门已完成其使命而予以撤销。

（二）企业营销人员与队伍

影响销售的因素有很多，包括企业形象、品牌效应、质量品质、价格优势、服务理念等，而销售人员的因素应该是第一位的，这一因素是制约和实现销售的关键。企业的市场人员、技术人员以及管理人员的工作往往要根据营销人员的工作进行安排。因此，在制定了正确的市场销售策略的前提下，营销人员的素质是极其重要的。

1. 营销人员在企业中的重要作用

出色的营销人员是企业宝贵的人力资源，营销人员对企业起着举足轻重的作用。

营销人员是企业利润的最终实现者。营销人员的个人素质和能力，直接影响到产品的销售情况，直接关系到企业的盈利水平。

营销人员是市场信息的提供者和收集者。他们向客户提供有关产品的信息，同时了解客户对所售产品的反应，为修订营销战略提供决策依据。

营销人员是企业形象的体现者和企业管理水平的传达者。他们代表企业的形象、企业的信誉，是企业和客户之间的桥梁和纽带。企业与客户之间的沟通以及对客户的服务承诺，都需要营销人员以优秀的素质、规范的服务、娴熟的技巧来实现。营销人员素质的高低，将给产品的市场形象和企业的品牌形象带来长久影响。

2. 营销人员的素质要求

优秀的营销人员应具备以下方面的素质：

（1）具有高尚的品德。优秀的营销人员，首先应该是一个品德高尚、有才能的人。品德不正就不会得到客户的信任，也不会得到领导和同事的信任。一般的企业在招聘营销人员时，品德都被列为第一重要条件，因为消费者、客户、社会大众一般都是通过营销人员来认识这个企业的形象、企业的素质、企业的层次的。营销人员是这个企业站在与社会接触的最前沿的人，是向社会反映企业的一面镜子，社会大众通过对其营销工作的认可来接受这个企业和这个企业的产品。

优秀的营销人员应该忠实于客户、忠实于企业。忠实于客户，就要以诚信为本，尽量满足客户的合理要求，从客户的需求出发，与其维持长久的相互信任的合作关系。忠实于企业，就是要对企业负责，尽量维护企业的应得利益。同时还要有团队精神，用自己的热情来带动周围的人。

（2）具有丰富的专业知识

第一，应该具备企业知识。作为营销人员应了解所在企业的发展趋势以及其他有关的知识。主要包括企业的历史沿革、企业在同行业中的地位、企业的营销方针、企业的规章制度、企业的生产能力、企业的销售政策和定价政策，以及企业的服务项目等。

第二，应具备产品知识。优秀的营销人员，应该是产品方面的内行。要懂生产，知道企业从原材料到最后是怎样加工成产品的、关键技术工艺在哪里；要懂技术，要能回答顾客对产品提出的各个方面的技术问题；还要懂财务，要知道原料的成本是多少，产品的成本是多少，营销的成本是多少等。

第三，要了解行业情况，了解竞争对手，了解竞争产品的有关情况。作为销售人员，应该对国内外市场行情有所了解，不仅对产品本身的特点有透彻的了解，而且对产品的发展趋势也要有足够的了解，还要对竞争产品的优势、劣势有清醒的认识，能把自己的产品与竞争产品进行客观的、实事求是的比较，同时还要能为顾客提供建设性意见，使顾客对产品产生信任感。

第四，了解市场和营销方面的专业知识。应掌握市场经济的基本原理、市场营销的策略与方式、市场调研与市场预测的方法、供求关系变化的一般规律、现实客户的情况、增加购买量的途径、潜在客户的情况、购买力、市场环境及市场容量等。

（3）具有良好的自身修养。营销人员的自身修养已显得越来越重要。标准的着装，整洁的外貌，端庄的仪表，使用标准的日常用语，自然亲切的仪态，以诚信为本，把客户当朋友，主动向其介绍、推荐使之满意的产品，让客户感受到较为正规的企业文化。

（4）具有良好的心理素质和身体素质。营销工作充满酸甜苦辣，被冷漠地搪塞、拒绝等，都是营销人员的家常便饭，没有良好的心理素质，没有开朗的性格是难以坚持下去的。营销人员必须要有韧性，有耐心，有百折不挠的勇气；胜不骄，败不馁，对所遇到的问题要想方设法解决，经常总结工作中的得失，不断提高自己。

营销工作是很苦的，没有吃苦耐劳的精神，没有健康的体魄是难以胜任的。因此，能吃苦耐劳，有健康的体魄也是营销人员的资本。

（5）具有强烈的责任心。营销人员的一言一行、一举一动都代表着企业，企业形象靠营销人员来向社会大众展示，可以说营销人员是一个企业的"外交官"。因此，营销人员必须有一种强烈的责任心，把自己的工作干好，为企业创造更多的效益；同时通过自己的工作来向社会展示企业的形象、企业的精神面貌、企业文化和理念。

（6）善于交流。交流是生意的基础，交流是建立感情的基本途径。语言是交流的重要工具，要把握语言交流的技术与艺术，然而语言又不是交流的唯一工具，要懂得"到什么山唱什么歌"，抓住任何可能的机会，与客户、业务伙伴、领导、同事交流。交流的目的在于沟通理解交朋友。通过交流营造良好的人际关系，建立网络资源，这是营销人员的一种财富，一笔无形资产。与每一个客户都应该成为相互信任的朋友，有了朋友才有回头客，每一个朋友都可能是潜在的客户。

（三）企业营销计划编制

制订和实施市场营销计划，是市场营销组织的基本任务。市场营销计划是指导、协调市场营销活动的主要依据。因此，编制科学合理的营销计划对从事市场营销活动具有十分重要的意义。

1. 企业营销计划编制的原则

为了保证企业营销计划的科学性，并使之切实可行，企业在编制时应遵循以下原则：

（1）要以现代市场营销观念为指导，以消费者需求为中心，坚持面向市场、面向消费者和用户。

（2）要充分考虑企业的外部环境和内部条件，在综合平衡的基础上量力而行。

（3）要以企业的总经营目标为基本出发点，做到保证重点、照顾一般。

（4）要以国家计划、方针、政策及有关法令为指导和依据，确保企业营销依法编制。

2. 企业营销计划的编制程序

（1）分析现状。主要是利用市场调研所得到的信息、情报、预测等资料，对企业市场营销环境、市场状况、产品状况、竞争状况、销售渠道状况、企业资源状况等展开综合分析，找出企业的优势和不足、机会与挑战，做到知己知彼，为编制营销计划做好充分准备。

（2）确定目标。在对现状进行综合分析的基础上，对未来的营销状况进行预测，从而确定营销目标。确定营销目标要以利润目标为中心，根据合同资料和市场需求状况确定销售量、销售额目标，根据企业的能力确定销售成本目标。

（3）综合平衡。在营销目标确定以后，以利润目标为中心，所有的部门都要与该目标进行平衡。例如，利润与销售额、销售成本的平衡；销供产的平衡；资金、技术、生产与销售的平衡；销售与储运、运输的平衡；销售与服务的平衡。通过综合平衡，确保制定的计划全面和完善。

（4）编制计划草案。计划草案应该有多种方案，并交由企业有关职能部门进行分析论证，然后经领导批准。

（5）编制正式计划。计划草案经过讨论后没有异议，则可编制正式计划，并组织贯彻落实。

3. 营销计划的形式和内容

市场营销计划包括几个部分，各部分的内容因具体要求不同，详略程度有所不一。

（1）提要。提要是市场营销计划的开端。这里要对主要的市场营销目标和有关建议简短地给出概述。提要是整个市场营销计划的精神所在。

通常，市场营销计划需要提交上级主管或有关人员审核。由于他们不一定有充足的时间阅读全文，因此可以通过提要，把计划的中心思想描述出来，便于他们迅速了解、掌握计划的要求。如果上级主管或有关人员需要仔细推敲计划，可查阅计划书中的有关部分。因此在形式上，最好在提要的后面，附列整个计划的目标；同时，在提要的有关内容中，用括号注明在计划书中的相应页码。

（2）背景或现状。这一部分提供与市场、产品、竞争、分销以及宏观环境有关的背景资料。

1）市场形势。描述市场的基本情况，包括市场规模与增长（以单位或金额计算），分析过去几年的总量、总额，不同地区或细分市场的销售情况；提供消费者或用户在需求、观念及购买行为方面的动态和趋势。

2）产品情况。过去几年中有关产品的销售、价格、利润及差额方面的资料。

3）竞争形势。指出主要竞争者，分析他们的规模、目标、市场占有率、产品质量、市场营销战略、战术，以及任何有助于了解其意图、行为的资料。

4）分销情况。指各条分销渠道的销售情况，各条渠道的相对重要性及其变化。不仅要说明各个经销商以及他们经营能力的变化，还要分析对他们进行激励所需的投入、费用和交易条件。

5）宏观环境。阐述影响该产品（品牌）市场营销的宏观环境有关因素，它们的现状及未来变化的趋势。

（3）分析。通过分析现状，围绕产品找出主要的机会与威胁、优势与弱点，以及面临的问题。

1）通过机会与威胁分析，阐述来自外部的能够左右企业未来的因素，以便考虑可以采取的行动。对于所有机会与威胁，要有时间顺序，并分出轻重缓急，使更重要、更紧迫的能受到应有的关注。

2）通过优势与弱点分析，说明企业资源、能力方面的基本特征。优势是企业用于开发机会、对付威胁所具备的内部因素，弱点是企业因此必须改进、完善的某些内部条件。

3）通过问题分析，将机会与威胁、优势与弱点分析的结果，用来确定计划中必须强调、突出的主要方面。在这些方面进行的决策，对这些问题做出的决定，将帮助企业形成有关市场营销的目标、战略和策略、战术。

（4）目标。主要是销售目标值的确定，下面介绍确定销售收入目标的几种方法。

1）销售成长率确定法。销售成长率是指计划期销售额与上一个计划期销售额（基期）的比率，它说明了企业产品（服务）销售的发展情况。计算公式如下：

销售成长率＝计划期的销售额／上一个计划期（基期）年度的销售额×100%

如果比率>1，说明企业产品（服务）销售计划情况好于上一个计划期，销售规模扩大了，销售额增加了；比率<1，说明企业的产品（服务）销售额下降，如果不是策略性的调整，说明企业经营存在问题。

计划期的销售额可以用下面的公式进行测算：

计划期的销售额＝上一个计划期（基期）销售额×销售成长率

2）市场占有率确定法。市场占有率是指企业的某产品（服务）的市场销售收入占市场同类产品（服务）总销售收入的百分比。计算公式如下：

企业销售收入的市场占有率＝本企业的产品（服务）的销售收入／本行业同类产品（服务）总销售收入×100%

根据销售收入的市场占有率计算下一个计划期的销售目标值：

计划期的销售收入目标值＝计划期本企业同类产品（服务）总销售收入／企业销售收入的市场占有率

利用本方法计算销售目标值，首先要通过市场调查，在分析的基础上预测出这个行业的总销售收入。

3）市场扩大率确定法。这是根据企业希望其产品（服务）在目标市场的地位扩大多少来决定销售收入目标值的一种方法。市场扩大率是产品本计划期市场占有率与上一个计划期市场占有率之比，计算公式如下：

市场扩大率＝本计划期市场占有率／上一个计划期市场占有率×100%

市场扩大率>1，表明企业产品（服务）的市场地位上升；市场扩大率<1，表明企业产品（服务）的市场地位下降。

企业可以利用市场覆盖率来决定产品（服务）销售收入目标值。市场覆盖率是与市场占有率相关的一项指标。企业产品（服务）市场覆盖率越大，说明企业产品知名度越高，竞争能力也越强。其计算公式如下：

市场覆盖率＝本企业产品（服务）投放点数／全国（国际或地区）销售点数×100%

4）损益平衡点确定法。销售收入等于销售成本时，就达到了损益平衡。

损益平衡时的销售收入＝固定成本／（1－变动成本率）

固定成本，又称固定费用，相对于变动成本，是指成本总额中，在一定时期和一定业务量范围内，不受业务量增减变动影响而保持不变的成本。

变动成本是指成本总额中，在相关业务范围内随着业务量的变动而呈线性变动的成本。直接人工和直接材料都是典型的变动成本。

变动成本率，即变动成本在销售收入中所占的比重，计算公式如下：

变动成本率＝变动成本／销售收入×100%

计划期的销售收入目标值≥损益表上的销售收入。

5）经费倒推确定法。企业经营的各项活动，无法避免人工费、折旧费等营业性费用，企业的"纯利"等。可以用下列公式计算企业的销售总额：

销售收入目标值=投入的销售费用+预期纯利润／（1-销售毛利率-变动成本率）

（5）战略和策略。目标可以通过多种途径实现。比如，实现一定的利润目标，可以薄利多销，也可以厚利精销。通过深入分析、权衡利弊，不仅要为有关产品或品牌找出主要的市场营销战略，做出基本选择，还要对战略加以详细说明。

市场营销战略主要由以下三部分组成，可以文字表述，也可列表说明：

1）目标市场战略，阐明企业及其品牌、产品准备进入的细分市场。不同的细分市场在顾客偏好、对市场营销行为的反应、盈利潜力，以及企业能够或者愿意满足其需求的程度等方面各有特点，所以企业需要在精心选择的目标市场上，慎重地分配其市场营销资源和能力。

2）市场营销组合战略。对选定的细分市场，分别制定包括产品、价格、分销和促销等因素在内的一体化战略。通常，在针对目标市场发展市场营销组合时，会有多种不同的方案可供选择。因此要辨明主次，从中选优。

3）市场营销预算。执行有关市场营销战略所需的、适量的费用，并注明用途和理由。

例如，某企业为其产品——立体声组合音响系统，制定了这样的市场营销战略：

①目标市场：中上等收入家庭，尤其侧重于女性顾客。

②品牌定位：音质最好和最可靠的立体声组合音响系统。

③产品线：增加一种低价格的型号，两种高价格的型号。

④价格：稍高于竞争品牌。

⑤分销：重点放在收音机、电视机商店和耐用消费品商店销售，并努力向百货商店渗透。

⑥销售人员：增加 10%。

⑦服务：进一步做到方便、迅速。

⑧广告：针对品牌定位战略所指向的目标市场，开展一次新的广告活动；重点宣传高价格的机型；广告预算增加 30%。

⑨销售推广：预算增加 15%，用以增加销售现场的展览，参加更多的商业洽谈会。

⑩研究与开发：增加 25%的费用，以开发更多、更好的机型。

⑪市场营销调研：增加 10%的费用，以增加对消费者购买选择过程的了解，检测竞争者的举动。

在制定战略的过程中，市场营销部门的一项重要工作是与其他有关部门人员讨论、协商，争取理解、支持与合作。比如同采购部门、研究与开发部门以及生产部门、财务部门沟通，了解、确认他们执行计划有什么问题与困难，能否解决以及打算如何解决；哪些方面可以做得更好，具体内容如能否买到足够的材料，设计、制造预期质量、数量和特色的产品，资金的来源以及有无资金的保证。这是一项容易被忽视的工作。由于缺乏沟通，常常使得部门之间、计划人员与操作人员之间产生矛盾，导致战略与计划难以操作，不能落实，成为一纸空文。

（6）战术。战略必须具体化，形成整套的战术或具体行动。也就是说，要进一步从做什么、如何做、花多少成本以及达到什么要求等方面，全盘考虑市场营销战略实施过程中涉及的各个因素、每个环节以及所有内容。可以把具体的战术或行动用图表形式描述出来，标明日期、活动费用和责任人，使整个战术行动方案一目了然，便于执行和控制。

（7）损益预测。决定目标、战略和战术以后，可以编制一份类似损益报告的辅助预算书。在预算书的收入栏列出预计的单位销售数量，平均净价；在支出栏，列出分成细目的生产成本、储运成本以及各种市场营销费用。收入与支出的差额，就是预计的盈利。经上级主管同意之后，它将成为有关部门、有关环节安排和进行采购、生产、人力资源以及市场营销管理的依据。

（8）控制。这是市场营销计划的最后一部分，主要说明如何对计划的执行过程、进度进行管理。常用的做法是把目标、预算按月或季度分开，便于上级主管及时了解各个阶段的销售实绩，掌握未能完成任务的部门、环节，分析原因，并要求限期做出解释和提出改进措施。

在有些市场营销计划的控制部分，还包括针对意外事件的应急计划。应急计划扼要地列举可能发生的各种不利情况，发生的概率和危害程度，应当采取的预防措施和必须准备的善后措施。制订和附列应急计划，目的是事先考虑可能出现的重大危机和可能产生的各种困难。

（四）企业营销计划的实施与控制

1. 营销计划的实施

即使是最优秀的市场营销计划，不执行也等于没有。在市场营销计划实施的过程中，把市场营销计划转化为市场营销业绩的"中介"因素，是市场营销计划的实施。如果不能实施，再好的计划也只是纸上谈兵。

（1）市场营销计划实施的主要内容。

1）制订行动方案。为了有效实施市场营销计划，市场营销部门以及有关人员需要制订详细的行动方案。方案必须明确市场营销计划中的关键性环境、措施和任务，并将任务和责任分配到个人或小组。方案还应包含具体的时间表，即每一项行动的确切时间。

2）调整组织结构。在市场营销计划的实施过程中，组织结构起着决定性的作用。其将计划实施的任务分配给具体的部门和人员，规定明确的职权界限和信息沟通路线，协调企业内部与各项决策和行动。组织结构应当与计划的任务相一致，同企业自身的特点、环境相适应。也就是说，必须根据企业战略、市场营销计划的需要，适时改变、完善组织结构。

3）形成规章制度。为了保证计划能够落到实处，必须设计相应的规章制度。在这些规章制度中，必须明确与计划有关的各个环节、岗位、人员的责、权、利，各种要求以及衡量标准、奖惩条件。

4）协调各种关系。为了有效实施市场营销战略和计划，行动方案、组织结构、规章制度等因素必须协调一致，相互配合。

明确战略和制订计划，并不必然保证成功。因为在实施中，企业仍有可能发生失误。托马斯·彼得斯和小罗博特·沃特曼在长期研究美国杰出企业的管理经验之后，提出了一个反映优秀企业共性的"7S"模型，分析了7个帮助企业成功发展的关键因素。其中有战略（Strategy）、结构（Structure）、制度（Systems）等"硬件"因素，也有作风（Style）、人员（Staff）、技能（Skills）、共同的价值观（Shared Values）等"软件"因素。

（2）计划实施中的问题和原因。在市场营销计划的实施过程中，会出现这样那样的问题，以至于好的市场营销战略、策略、战术并不能带来好的业绩。根据分析，主要原因如下：

1）计划脱离实际，市场营销计划通常由上层的专业计划人员制订，实施的主要是基层的操作人员、管理人员和销售人员。专业计划人员更多考虑的是总体方案和原则性要求，容易忽视过程和实施中的细节，使计划过于笼统和流于形式；专业计划人员不了解实施中的具体问题，计划难免脱离实际；专业计划人员与基层操作人员之间缺乏交流和沟通，基层操作人员不能完全理解需要他们贯彻的计划内涵，在实施中经常遇到困难……最终，由于计划脱离实际，导致专业计划人员和基层操作人员的对立和互不信任。因此，不能仅仅依靠专业计划人员制订计划。可行的做法之一是专业计划人员协助有关市场营销人员共同制订计划。基层人员可能比专业计划人员更了解实际，将他们纳入计划管理过程，更有利于市场营销计划的实施。

2）长期目标和短期目标相矛盾。计划常常涉及企业的长期目标，企业对于具体实施计划的市场营销人员，通常是根据他们短期的工作绩效，如销售量、市场占有率或利润率等指标，进行评估和奖励。因此，市场营销人员常常不得不选择短期行为。例如，一家企业的新产品开发之所以半途夭折，原因很可能在于市场营销人员追求眼前利益和个人奖金，将资源主要投放到现有的成熟产品中。克服这种长期目标和短期目标之间的矛盾，设法求得两者之间的协调，是十分重要而且十分艰难的任务。

3）因循守旧的惰性。一般来说，企业当前的经营活动往往是为了实现既定的目标，新的战略、新的计划如果不符合传统和习惯，就容易遭受抵制。新旧战略、计划之间的差异越大，实施中可能遇到的阻力也就越大。要想实施与旧计划截然不同的新计划，常常需要打碎传统的组织结构和运行流程。例如，为了实施老产品开辟新市场的计划，企业就可能需要重新组建一个新的机构。

4）缺乏具体、明确的行动方案。有些计划之所以失败，是因为没有制订明确、具体的行动方案，缺乏一个能使企业内部各有关部门、环节协调一致、共同努力的依据。因此，有了市场营销计划后，就要积极执行，合理控制，努力实现计划目标。执行和控制市场营销计划是市场营销管理过程的最后一个步骤，也是市场营销管理过程的一个关键性的、极其重要的步骤。

2. 营销计划的控制

在执行市场营销计划的过程中可能会出现许多意外情况，企业必须行使控制职能以确保营销目标的实现。即使没有意外情况，为了防患于未然，或为了改进现有的营销计划，企业也要在计划执行过程中加强控制。营销计划的控制包括年度计划控制、盈利控制、效率控制和战略控制。

（1）年度计划控制。年度计划控制的内容，是对销售额、市场占有率、费用率等进行控制；年度计划控制的目的，是确保年度计划所规定的销售、利润和其他目标的实现。控制过程分为四个步骤：确定年度计划中的月份目标或季度目标；监督市场营销计划的实施情况；如果在执行过程中有较大的偏差，则要找出其中的原因；采取必要的补救措施，缩小计划与实际之间的差距。

1）销售分析。销售分析就是衡量并评估实际销售额与计划销售额之间的差距。具体有两种方法：

一是销售差距分析。这种方法主要用来衡量造成销售差距的不同因素的影响程度。例如，一家企业在年度计划中规定，某种产品第一季度出售4000件，单价1元，总销售额4000元。季末实际售出3000件，售价降为0.80元，总销售额为2400元，比计划销售额减少40%，差距为1600元。显然，这既有售价下降方面的原因，也有销量减少的原因。因此，需要进一步深入分析销售量减少的原因。

二是地区销售量分析。这种方法用来衡量导致销售差距的具体产品和地区。例如，某企业在A、B、C三个地区的计划销售量，分别为1500件、500件、2000件，共4000件。但是，各地实际完成的销售量分别为1400件、525件和1075件，与计划的差距为-6.67%、5%和-46.25%。显然，引起差距的主要原因在于，C地区销售量大幅度减少。因此，有必要进一步查明原因，加强该地区的市场营销管理。

2）市场占有率分析。销售分析一般不反映企业在市场竞争中的地位，因此，还要分析市场占有率，揭示企业同竞争者之间的相对关系。比如，一家企业销售额的增长，可能是它的市场营销绩效较竞争者有所提高，也可能是因为整个宏观经济环境改善，使得市场上所有企业都从中受益，而这家企业和对手之间的相对关系并无变化。企业需要密切注意市场占有率的变化情况。在正常情况下，市场占有率上升表示市场营销绩效提高，在市场竞争中处于优势；反之，说明企业在竞争中失利。

造成市场占有率波动的原因很多，要从实际出发具体分析，主要有以下几个方面：

①市场占有率的下降，可能出于企业在战略上的考虑。有时候，企业调整经营战略、市场营销战略，主动减少一些不能盈利的产品，使得总销售额下降，影响到市场占有率。如果企业的利润反而有所增加，这种市场占有率的下降就是可以接受的。

②市场占有率的下降，也可能是由于新竞争者进入市场所致。通常，新的竞争者加入本行业的竞争，会导致其他企业的市场占有率在一定程度上有所下降。

③外界环境因素对参与竞争的各个企业的影响方式和程度不同，会产生不一样的影响力。例如，原材料价格的上涨，会对同一行业的各个企业都产生影响，但不一定所有企业及同类产品都受到同样的影响。有些企业推出创新的产品设计，在市场上争取到较多的客户，市场占有率反而可能上升。

④分析市场占有率，要结合市场机会同时考虑。市场机会大的企业，其市场占有率一般高于市场机会小的竞争者，否则其效率就有问题。

3）市场营销费用率分析。年度计划控制要确保企业在达到销售计划指标时，市场营销费用没有超支。因此，需要对各项费用加以分析，并控制在一定限度。如果费用率变化不大，在安全范围内，可以不采取任何措施；如果变化幅度过大，上升速度过快，接近或超出上限，就必须采取措施。

通过上述分析，可以发现市场营销实绩与年度计划指标差距太大，就要采取相应措施；或是调整市场营销计划指标，使之更切合实际；或是调整市场营销战略、策略和战术，以利于计划指标的实现。如果指标和战略、策略、战术都没有问题，就要在计划的实施过程中查找原因。

（2）盈利控制。除了年度计划控制，企业还要从产品、地区、顾客群、分销渠道和订单规模等方面分别衡量获利能力。获利能力的大小，对企业进行市场营销组合决策有重要和直接的影响。

1）盈利能力分析。就是通过对财务报表和数据的一系列处理，把所获利润分摊到诸如产品、地区、渠道、顾客等各个因素上面，从而衡量每个因素对企业最终盈利的贡献大小，获利水平如何。

2）最佳调整措施的选择。盈利能力分析的目的在于找出妨碍获利的原因，以便采取相应措施，排除或者削弱这些不利因素的影响。由于可供选择的调整措施很多，企业必须在全面考虑之后，做出定夺。

盈利能力控制一般由企业内部负责监控营销支出和活动的营销主管人员负责。为了评估和控制市场营销活动，国外有的企业专门设置了"市场营销控制员"的岗位。他们一般都在财务管理和市场营销方面受过良好的专业训练，能够承担复杂的财务分析以及制订市场营销预算的工作。盈利能力控制旨在测定企业不同产品、不同销售地区、不同顾客群、不同销售渠道以及不同规模订单的盈利情况的控制活动，包括各营销渠道的营销成本控制、各营销渠道的营销净损益和营销活动的贡献毛收益（销售收入-变动性费用）的分析，以及反映企业盈利水平的指标考察等内容。

营销渠道的贡献毛收益是收入与变动性费用相抵的结果，净损益则是收入与总费用配比的结果。没有严格的市场营销成本和企业生产成本的控制，企业要取得较高的盈利水平和较好的经济效益是难以想象的。因此，企业一定要对直接推销费用、促销费用、仓储费用、折旧费用、运输费用、其他营销费用，以及生产产品的材料费、人工费和制造费进行有效控制，全面降低支出水平。盈利能力的指标包括资产收益率、销售利润率、资产周转率、现金周转率、存货周转率、应收账款周转率、净资产报酬率等。此外，费用支出必须与相应的收入结合起来分析，才能了解企业的盈利能力。

（3）效率控制。假如通过盈利分析发现公司在某些产品、地区或市场方面的盈利不佳，那接下来要解决的问题就是寻找更有效的方法来管理销售队伍，提高广告、促销和分销的效率。

1）销售队伍的效率。包括每次推销访问所需的平均时间、平均收入、平均成本、费用以及订货单数量；每次推销能够发展的新客户数量、丧失的老客户数量；销售队伍成本占总成本的百分比等。

2）广告效率。比如，以每种媒体和工具触及1000人次为标准，广告成本是多少；各种工具引起人们注意、联想和欣喜的程度；受到影响的人在整个受众中所占比重；顾客对广告内容、方法的意见，广告前后对品牌、产品的态度。

3）促销效率。包括激发顾客兴趣使用的各种方式、方法及其效果，每次促销活动的成本，对整个市场营销活动的影响。

4）分销效率。比如，分销网点的市场覆盖面，销售渠道中的各级各类成员——经销商、制造商代表、经纪人和代理商发挥的作用和潜力，分销系统的结构、布局以及改进方案，存货控制、仓库位置和运输方式的效果等。

（4）战略控制。战略控制是由企业的高层管理人员专门负责的。营销管理者通过采取一系列行动，使市场营销的实际工作与原战略规划尽可能保持一致，在控制中通过不断的评估和信息反馈，连续地对战略进行修正。与年度计划控制和盈利能力控制相比，市场营销战略控制显得更重要，因为企业战略是总体性和全局性的。而且，战略控制更关注未来，战略控制要不断地根据最新的情况重新估计计划和进展，因此战略控制也更难把握。在企业战略控制过程中，我们主要采用营销审计这一重要工具。

（五）营销绩效管理

销售队伍是一股重要的力量。销售部门表现不佳会对企业的业绩造成严重的损害。同样地，销售部门的优异表现可以极大地提高企业的市场地位。

由于意义重大，经理人通常会对销售部门密切关注。他们不断自问：我们的投入是否得当？我们的销售规模与结构是否合理？我们的产品覆盖率是否令人满意？我们的地区销售人员是否为企业赢得了战略优势？我们的销售人员素质如何？与最优秀的销售队伍相比还有哪些差距？我们是否满足了客户的需要？客户满意度有多高？为什么销售额的增长速度如此缓慢？怎样才能开拓新市场？与其业绩相比，我们的销售队伍是否支出过多？如何才能使工作效率更上一层楼？

所有这些问题的答案都不难找到。评估销售队伍的工作效率，最好的方法就是：首先建立一套评估销售队伍的系统标准，然后按照这一标准对销售部门的业绩进行评估。

1. 建立业绩评估标准

（1）关键因素。要想检验企业的销售效率，首先需要明确销售结构中的几个要素。每个企业的销售部门都可以通过以下三种基本要素来进行评估：一是对销售人员和销售支持的销售投入。销售人员支出包括工资与津贴；销售支持支出通常包括聘用、培训、销售会议、销售资料、销售系统等支出项目。对于只有为数不多的销售人员的小型销售队伍来说，全年总支出只需要几千美元，而一个大型的多层次的销售队伍却可以达到几百万美元。二是销售活动所需的资金投入，这种投入作用于市场并能够为企业带来销售额与利润。销售活动通常是指企业采取的销售手段。销售手段往往包括获得客户线索、市场调研、需求分析与客户拓展。三是销售队伍创造的企业销售业绩。通常用销售额、利润额和市场占有率来表示，在衡量标准上有绝对数量、预期目标完成比例或者与上年相比的增幅。由于销售部门的决策会对企业产生长期与短期的影响，因此有必要对这些数据进行短期与长期两种分析。成功的销售队伍能够把销售投入充分转化成有效的销售活动并实现出色的销售业绩。而这三种因素均可量化，因此能够对销售人员的业绩与效率进行准确评估。

销售队伍的整体概念中还有另外两个要素：人员与文化、客户。销售部门的人员与其销售文化对一个销售部门能否开展有效的销售活动具有直接的影响。在一个"成功"的环境中，业务能力强、积极性高的人员能够开展有效的活动。而销售活动会从正反两个方面对客户产生影响并在销售业绩上得到体现和反映。

一支成功的销售队伍的特点是：低支出、高销售额与高利润、销售活动得当、销售活动单位回报率高并具有理想的成本效率。成功的销售团队应拥有很高的客户满意度。此外，销售人员的主动性越高、销售文化越积极，成功的可能性就越大。

销售效率并非静态的、一成不变的。这种效率随时会产生波动，因此不可能一直保持高效的销售效率。市场、竞争环境及其他环境的变化都会对销售部门的工作效率产生影响。客户不断完善其购买程序，变得越来越精明，从而使市场出现变化。新技术产生的新产品使现有的销售手段变得过时。而且，打破了地域限制的供应商体系也要求对传统的销售方式进行有效的变革。

企业在实施削减支出计划提高利润率时，常常会注重提高销售效率。它们会尝试采用诸如电话促销和直邮等方式进行市场推销。销售部门对各种市场竞争行为也非常敏感。它们需要不断地适应各种竞争性营销策略、产品推介以及价格变动。

成功的销售队伍应当精于市场分析之道。无论是市场出现剧变，还是变化初见端倪，销售部门都应该不断作出精确的评估。

（2）关键所在。销售经理做出的基本决策会直接影响到销售部门的五大要素，因此销售队伍工作效率的动力正在于此。这些基本决策分为以下四类：

1）调查研究：包括数据收集与分析工作，这些工作有助于销售部门对市场进行细分并了解每一个市场环节的购买行为。

2）销售策略：包括确定销售队伍的适当规模、销售队伍的最佳组织结构并确定吸引和维持客户的措施与策略。这通常是高级经理人员最为注重的决策。

3）客户互动：那些对与客户的互动产生最大影响的决策。这些决策包括人员聘用、对员工的培训教育与销售团队领导的选择。客户最为看重的正是这些聘用和培训决策的结果，以及销售经理人创造并维护的"成功"气氛。

4）销售系统：那些直接影响五大销售要素、同时对客户产生间接影响的管理决策。这一方面的决策范围主要包括薪金、销售区域联盟、销售部门资讯、销售手段和其他增效计划。

这些动力就是销售部门提高工作效率的关键所在。明智的决策可以限制支出，创造一种成功的文化，确定适当的销售活动令客户满意，从而对企业销售业绩产生积极的影响。

（3）进行多标准绩效评估。销售方面的问题相当复杂，只有通过多个标准才能够对销售业绩进行综合评估。仅凭单一的标准无法涵盖销售部门的各个方面。

1）销售投入是比较容易掌握的一个标准。尽管这个问题通常由财务会计部门负责，但销售经理同样需要密切关注支出情况，因为他们往往对销售资金的使用情况更加了解。

2）对文化的评估可以用来检验企业的销售文化。这种评估从市场与竞争环境方面提出如下问题：销售人员对哪个方面更加重视，是顾客至上还是利润至上？是放权还是集权？是短期效益还是长期效益？销售部门如何进行沟通？

3）客户反应是评估销售业绩的有效标准。通过与客户产生成功的互动，销售部门可以解决客户的问题，使客户满意并与他们建立可持续的生意关系。尽管客户的保持率、回头率和客户意见可以用来评估与客户的关系，但是在这些方面的改进和反馈太花时间，远不如客户满意度这一标准立竿见影。

对销售的评估能够揭示出问题所在，但是对解决问题的指导作用并不总是明显。比如，假设销售队伍无法发展新的业务，就可以从以下几个方面来考虑：聘用一些不同类型的人员；开展培训，提高销售人员的能力，更有效地吸引客户；精心制订一个奖励计划，鼓励销售人员拓展业务。

一旦确定了变革措施的实施顺序，就应当马上付诸行动。对销售部门来说，企业业绩是成功的最终标准。销售额、利润额、市场份额与订货数量都是评判企业业绩的指标。不过，有时尽管销售部门表现突出，企业仍然业绩平平。毕竟，企业的成功不能只靠销售部门孤军奋战，否则，其他部门就丧失了存在的意义。

2. 销售人员的报酬及费用

（1）销售人员报酬制度的建立。销售人员的报酬问题，是销售管理中的重要课题之一。从推销员的角度来看，希望获得较高的收入；从管理员的角度来看，是力求降低销售成本；从消费者的角度来看，则是希望从推销员手中以较低价格获得自己所需要的商品。可见这三者之间的报酬追求目标并不一致，正是由于这种目标之间存在的固有矛盾，所以管理方面要想建立一套完整的报酬制度是一件比较困难的事情。

另外，即使建立了一套比较好的报酬制度，在经过若干时间之后又会发生变化。也就是说，目前令人满意的报酬制度可能一年或两年之后就变得无效了。但是如果经常加以调整，不仅实施起来比较困难、费用较高，而且也会令推销员感到比较混乱，因此建议将目标分为长线目标与短线目标两种。报酬制度中的主要部分，应以长线目标为基础，以便增加其稳定性；而对于报酬制度中的其余部分目标，则应保持其高度的弹性，并根据短线的变化及时加以调整。

（2）建立报酬制度原则。建立长线、短线报酬制度时应遵循以下原则：

1）现实性原则。此原则也可称为实用性原则，即报酬应建立在比较现实的基础上。也就是说既不让推销员感觉到吝啬，又不给人以浪费感。只有这样权衡才能使销售费用保持在既现实又较低的程度上。

2）灵活性原则。报酬制度的建立应既能满足各种销售工作的需要，又能比较灵活地加以运用。这样的报酬制度可以引起销售人员对顾客兴趣的注意。

3）激励性原则。报酬制度需能给予推销员一种强烈的激励作用，以便促使其取得最大潜能的销货量；同时又能引导销售人员尽可能地努力工作，对企业各项活动的开展起到积极的作用。

4）吸引性原则。报酬制度必须富有竞争性，给予报酬要高于竞争者的规定，这样才能吸引到最佳的推销员加入本企业的销售组织。

5）稳定性原则。优良的报酬制度，要保证推销员每周或每月有稳定的收入，不影响其生活，其才能努力工作。

6）相称性原则。推销员的报酬必须与其本人的能力相称，并且能够维持一种合理的生活水准。同时应与企业内其他人员的报酬相称，不可有任何歧视之嫌。

7）指导性原则。推销员的报酬应体现工作的倾向性，引导销售人员的努力方向。

（3）激励原则与激励方式。

1）激励原则。激励是指对人的行为具有激发、加强和推动作用，并且指导或引导人的行为达到目标的一种精神状态。它是一个适用于各种动力、欲求、需求、希望以及其他相类似的力量的通用术语。领导者激励下属，就是使下属的动力和欲望得到满足，从而使下属产生领导者所希望和要求的行为。有效的激励产生一种高昂的士气。拿破仑曾经说过："取得战争胜利最关键的因素是士气。"同样地，一支销售队伍，要取得预计的成果，保持高昂的士气也是必要的。高昂的士气，有助于销售人员勇于面对困难、克服困难，以组织目标为己任，采取积极主动的措施解决困难。

激励是提高销售人员工作业绩的好方法，但是不恰当的、过度的、超前的激励，也有负效应，容易使销售人员自负，不满足于现状，对企业提出不切合实际的要求等，因此激励应有长期的规划，不应为短期的目标而采取不恰当的激励。虽然短期目标实现了，但从长远来看，一旦失去激励，销售人员的士气就陷入低谷，影响整个企业目标的实现。

因此，激励应体现以下原则：物质利益原则；按劳分配原则；随机而宜，创造激励条件。

2）激励方式。如前所述，激励因素有很多种，相同的销售人员有不同的需要，应运用不同的激励方式。设计一个适合所有人员的激励方式是不现实的，但我们可以依据销售人员不同的需求，把他们分成四个大组，如按不同工作环境、不同服务年限、不同职位、不同文化，采取不同的激励方式。下面依据销售人员需求的不同，举例说明一种分组方法。

①追求舒适者：一般年龄较大，收入较高。

需要：工作安全、成就感、尊严。

激励方法：分配挑战性任务，参与目标的设置，一定的自由和权威，经常沟通。

②追求机会者：一般收入较低。

需要：适当的收入、认可、工作安全。

激励因素：薪金、沟通、销售竞赛。

③追求发展者，一般比较年轻，受过良好的教育，有适当的收入。

需要：个人发展。

激励因素：良好的培训。

另外，还可以根据业绩状况对销售人员进行分类，采取不同的激励方式，如对优秀销售人员，他们关心的是地位、承认和自我实现，而对一般的销售人员，他们关心最多的是奖金和工作安全。需求不同，激励的因素也不同。但是，不管建立怎样的激励方式，都应体现激励原则。

阅读专栏 9-5　营销人员的绩效管理

一、营销人员士气低落的原因

了解销售人员士气低落的原因，有助于销售经理改进工作，激励销售人员采取组织希望的行动。每个销售人员士气低落的原因不同，解决的方法也不一样。这里我们仅列举几个普通的士气低落的原因，以供销售经理在工作中参考。

（一）控制过严

大多数销售人员认为适当的控制是必要的，但控制过严，会被认为是一种妨碍，而失去努力工作的积极性。许多销售人员认为销售经理过多地介入他们的工作，是因为销售经理对其工作不满意，从而心情不畅，士气低落。

（二）工作标准不合理

如果工作标准任意乱订，甚至不符合客观情况，就会产生负作用。如不加分析地把销售费用减少10%，就会影响销售人员的积极性。

如果工作目标过高，甚至不可能实现，这时往往出现一些逆反行为。销售人员会完全不理会这些目标而自行其是，有的销售人员甚至有可能会因此而辞职。

工作目标持续升高，也会影响士气，销售人员认为自己努力的结果仅是对自己的挑战，从而放弃努力。

（三）管理水平低

销售经理对激励的原因和技巧越了解，激励效果越好。激励因素很多，涉及信念、价值观等。如在知名公司工作的销售人员会产生一种自豪感，从而产生一种激励作用，会努力工作以保持自己的形象。另外，自信也是很重要的激励因素。企业产品是一流的，质量是有保证的，企业承诺的供货条件是能满足的，企业是他们强有力的后盾，销售人员就会充满自信地开拓工作，没有后顾之忧。

（四）工作评价不到位

不是所有的销售工作都可以进行定量评价。但许多企业都是从定量的标准，如销售量去评价工作成绩。类似顾客服务这样的工作就无法用定量的标准来衡量。如有些销售人员不能完成目标，有可能是目标设置不合理，有可能是有些因素自己无法控制，而不是个人工作的问题。

另外，与个人努力无关的一些因素也会影响销售人员的业绩。

（五）缺乏沟通

销售经理与销售人员缺乏沟通。销售人员不清楚销售经理的意图，对工作的内容、方式和结果没有明确的认识。销售经理不了解销售人员的思想状态，销售人员会有一种被忽略的感觉。

销售经理应理解销售人员，承认他们的重要性；了解他们的需要，尽可能帮助他们解决面临的问题；同时，应随时把企业的政策及工作的要求告知销售人员，让销售人员感觉到自己是企业重要的一分子。

（六）没有工作地位

如果销售人员认为自己的工作微不足道，就会产生一种失落感，这时销售经理应激励销售人员，承认其重要性，帮助销售人员建立自信心。

（七）非公平对待

销售人员认为自己受到了不公平的对待。有时这种感觉是对的，有时是一种误解。为预防这种情况的发生，销售经理在规定政策、评价工作时，应有一个合理的解释，尽量体现公平的原则。

（八）缺乏对管理的信任

如果销售人员认为企业的产品、营销战略、竞争实力都不能与竞争对手抗衡，就会丧失对企业的信任、对工作的热情。

销售经理应与销售人员共同分析市场因素、企业状况，制定出合理的销售目标；加强沟通，一旦有成绩，应在私下和公开场合大加称赞，以鼓舞士气。

（九）缺乏工作认可

销售人员的工作被认可会产生一种积极的工作态度，人人都希望自己的工作被认可。有些企业每过一段时间，就会对工作进行评价，评选出优秀员工进行表彰奖励。有时，销售经理几句赞扬的话或一张贺卡都会对销售人员产生很好的激励作用。

（十）薪金制度不合理

薪金太低或分配不合理，会影响销售人员士气。有时销售经理无权制定薪金制度，但高层领导应意识到薪金制度合理的重要性。

（十一）才与用不匹配

有些销售人员喜欢有挑战性的工作，如开发新客户，在一定时间内完成一定销售量；有些销售人员喜欢承担更多的责任，如参加销售计划的制订，做些简单的培训规划，承担某些市场调查的任务。销售人员从事自己喜欢的工作时，就容易保持较高的士气。

（十二）无安全感

一个总是担心自己报酬的销售人员，是不会取得很好的业绩的。销售经理应设计合理公平的薪金制度以消除销售人员的不安全感。

（十三）晋升政策模糊

如果销售业绩好的销售人中有可能进入管理层，这对很多销售人员都是一个很大的激励。

（十四）干好干坏一个样

如果对销售业绩差的销售人员不采取措施，销售人员认为干好干坏都一样，这样整个销售队伍都会士气低落。

（十五）不合理的区域设计

不合理的区域设计，会使销售人员认为自己受到了不公平的待遇，因而士气低落。

（十六）不合理的配额

当配额过高，销售人员不可能完成这些目标时，情绪低落、工作积极性下降。

二、如何实施营销人员的绩效管理

（一）绩效管理的指标体系

指标体系的建立是进行绩效管理的前提，企业应当根据自己的特点设立适合自己的营销指标体系，特别应注意以下几点：①衡量的全面性与多角度性；②数量指标与比例指标的组合应用；③实际实现指标与目标指标相结合；④各指标权重合理；⑤指标体系为营销人员所认同。

指标体系包括以下三个方面：

1. 针对产品（服务）的指标体系

产品（服务）是企业价值能否得以体现的载体，因此，针对产品（服务）的指标体系必不可少，如销售额、销售额达成率、销售成本、销售费用节约率、利润、利润达成率、利润率等。

2. 针对顾客的指标体系

顾客是企业实现最终价值的购买者，是企业必须拥有的核心资源。因此，企业必须尽力关注顾客的动态。具体指标包括顾客的构成、新顾客的数量、开拓新顾客的达标率、丢失顾客的数量、顾客的满意度等。

3. 其他指标

制度指标体系是一个动态的过程，必须不断地优化指标体系。

（二）绩效指标考核的步骤

实际中绩效考核共有以下五个步骤：

1. 营销人员日报表

营销人员日报表即营销人员填写并上交管理人员的报表，是对每日的销售情况所做的全面记录，是进行营销人员绩效考核的第一手资料。

对表格的设计应满足几点要求：①恰当的项目，如访问对象、销售额、折扣、费用等；②统一的格式，便于管理；③简单；④有助于提高营销人员的能力。

2. 营销人员月报表

由主管人员将营销人员日报表中的主要内容摘录到月报表中，进行简单的统计，便得到了营销人员的月报表中所需要的内容。月报表是营销人员月绩效的主要记录，具体格式应统一设计以便于集中管理。

3. 营销人员效率计算表

营销人员效率计算是利用月报表的统计数据计算绩效考核指标体系中的比例指标的过程。比例指标可以弥补数量指标体系的缺陷，更准确地衡量营销人员的绩效水平。在实际工作中，两类指标应结合运用。

4. 营销人员评价

通过以上三个步骤，就可以利用这些资料对营销人员进行评价。具体包括：①营销人员的纵向比较，即不同时段上的比较。在实际操作过程中，往往将本月指标与前一个月的指标以及前几个月的最好、最差、平均三个指标相比较，进行问题分析。②营销人员的横向比较。就是将同一时段营销人员的各项指标进行比较，以便评出优劣之间的差距，一般分为销售人员各项指标的单独比较和总体绩效的合成比较。各项指标的单独比较可以更具体地掌握每个营销人员的销售成绩，从而更有针对性地提出问题和解决措施，便于营销人员发现自己的不足。总体绩效的合成比较可以从总体上反映营销人员的业绩，也是实施激励的重要依据。具体使用时，可针对各指标进行适当的加权求和，以体现指标重要性的差异，并对入选指标进行仔细评价。③与目标指标的比较。就是与设计的营销目标进行比较，从而有效地了解目标的实现情况和营销过程，以便得到有效的反馈并进行指标调整。

5. 绩效激励

完善的绩效管理必须有绩效激励这一关键环节。绩效激励又可以分为物质激励和精神激励两类。①物质激励。可综合运用提升工资、发放特别奖金、提供带薪休假、额外保险等手段对营销业绩突出的人员实施激励，以促使他们持续进步，进一步提升销售业绩。②精神激励。企业可以通过提供培训、职位晋升、通报嘉奖、向优秀营销人员亲属表示感谢和慰问等方法来满足和提升营销人员的心理需要，提升社会荣誉感，从而促使其保持较高的业绩和忠诚度。

案例 9-1　特步：营销创新征服后浪，品效合一打破天花板

据天猫官方显示，2020 年"6·18"运动品牌预售首个小时总交易量同比增长高达 515%，运动户外品类 45 秒突破 1 亿元销售额。在这次活动中一些本土运动品牌也收益颇丰，据天猫官方和特步旗舰店双料认证，特步"6·18"整体战绩居国内品牌第三。不仅如此，在一系列精彩的营销操盘中，这个始于 1987 年的品牌，正在以"运动"为锚点走入"后浪"的生活圈。

1. 复盘特步"6·18"华丽转身，双主场打通"品效合一"

特步稳坐行业第三把交椅，与自身在电商场与舆论场的精耕细作密不可分。

对于运动品牌，尤其是跨国运动品牌来说，新冠疫情彻底打乱了运营节奏。随着庞大的线下销售网点被迫停摆，"6·18"成为行业以促销之名"去库存"缓解生存压力的重要营销节点。相比之下特步的主会场显得诚意满满：除了丰富的折扣补贴外，品牌在多样性和上新率方面下足功夫。官方数据显示，2020 年"6·18"大促期间特步新品占比达到 57%，整体营收增长和销售转化都有不俗的提升。

在鞋履方面，特步品牌上新结合不同人群和功能诉求推出了以猫和老鼠系列为代表的潮流板鞋；以山海系列为代表的休闲鞋；以骥速 X、氢风科技系列为代表的科技跑鞋等，通过新品加持与专享折扣双轮驱动，捍卫自己"中国跑者首选品牌"的品类主场。此外，特步在服装与配饰方面推陈出新，以定制化的设计理念创造出不俗的销售拉动力。

2020 年"6·18"期间，特步新品融入了街舞、时尚、少林寺、蝙蝠侠黑暗骑士、山海经神话等面向不同年龄段、不同圈层用户的主题元素。结合乐华 NEXT、林书豪、谢霆锋、景甜等代言人的影响力，特步在传统品类销售的基础上，扩展至以明星 IP 和场景化思路打造个人运动形象的整体解决方案，以此打出"销售组合拳"。

产品屡屡破圈之外，特步对舆论场的理解也很深刻：早在大促前，特步就在微博、B 站、A 站等媒体平台有节奏地进行蓄水。仅 2020 年 5 月 13~31 日，官方推出乐华 NEXT 视频物料在"自来水"助推下迅速发酵，微博相关话题累计阅读量 395.2 万人次，总互动 34302 人次。

这些"自来水"让特步在舆论场得到了更多曝光机会，带动各类品牌视频形成长尾流量。随着话题热度走高，特步还吸引到63家品牌官方自发为特步的"有理想步同凡想"活动发声，在微博总计产生1.2亿人次阅读量。正是这些精准人群的消费种草，彻底打开了特步电商场的增量空间，为"6·18"创造出"引爆点"。

在新品赋能与大量营销资源注入后，特步电商平台彻底告别了借助大促打价格战去库存的传统模式，转而在带货之余将电商平台定位成另一个品宣阵地，通过新品发售向用户展示品牌文化与两者间的精神契合，实现"品效合一"。

2. 运动品牌营销进阶，从拥抱后浪开始

从"飞一般的感觉"到"有理想步同凡想"，特步品牌标签的变化映射出自身渴望不断破圈的野心。

明星和热门元素是打开品牌外延的"水彩颜料"，能否让品牌深入人心的关键要看操盘者最终交出怎样的画作。在完成销售目标的同时，特步以"6·18"大促为背景板，向年轻用户讲述了一个关于品牌初心与生活哲学的故事。

2020年5月27日到6月9日，特步接连上线了校园篇、职场篇、中年篇三支TVC，聚焦普通人在不同阶段所面临的困惑与难关，最终以不放弃不认命的拼搏精神在逆势中成就自我的故事。2020年6月16日，"6·18"大促正式开启当天，特步再以一支董事长丁水波讲述自己命运起伏与特步创业历程的TVC，片中男人举止优雅，只言片语讲述了特步从白手起家到成为国际品牌的沧海桑田。

事实上，从初出校园到进入职场乃至被琐事压身的中年阶段，不仅是每个人的必经之路，也是特步品牌商海沉浮中的真实写照：它讲述了一个"80后品牌"面对"00后世界"勇于走出舒适圈，在压力与动力并存中开启转型与二次创业的自我鞭策。既呼应了前三支TVC当中传递的品牌文化，又以全新的视角完成了对运动和生命的理解，传递出特步"归来仍是少年"的隐喻。

在特步电商事业部总经理沈华东看来，当下品牌营销不能停留在"隔空喊话"，而要有意识地承担起电商拉新、促活的商业目标。为此，在内容策划阶段特步就致力于与二三四线城市16~34岁中青年群体找到共鸣，加强这些新用户对特步的品牌认知度。

实操层面，特步的战术打法同样高明。在电商大促的常规传播过程中，品牌主往往会陷入"无弹药可用"的尴尬境地。一味地以折扣促销叙事，非但不能加深用户的品牌记忆，还有可能适得其反。

特步将内容营销弹药进行场景化切割处理后，有利于在不同媒体平台分发内容穿透更多圈层，并且在节奏上合理承接大促开始前的传播"静默期"，让品牌"有话可说""有事可做"。正如电影艺术大师希区柯克提出的"炸弹理论"："如果一颗炸弹突然爆炸你只会惊讶；但如果你提前知道桌下有炸弹，在观影过程中就会时刻紧张炸弹何时会引爆。"

综观全局,特步"6·18"的大获全胜既是一场经典营销战役,更是运动品牌重塑自我"拥抱后浪"的样板工程。

3. 特步豹变,"第三"之外的星辰大海

与其他赛道不同,运动鞋服行业不存在明显的技术壁垒,最有可能在当下的大环境中实现"国产替代"。随着外资运动品牌在中国市场的营收增速不断放缓,以特步为代表的本土运动品牌得到了弯道超车的契机。尤其是在当下错综复杂的国际局势中,本土运动品牌有着加速崛起的必然性。

2019年,特步拿出了一份惊艳的成绩单。其年报数据显示,公司2019年实现营业收入81.83亿元,同比增长28.19%,创下了五年以来的最佳业绩。不仅如此,特步鞋履和服装销售额占比分别为56.8%和40.9%,收入结构不再像过去"重鞋履轻服饰",而是呈现出更加稳健、多元的发展态势。

在大浪淘沙中,特步紧随安踏、李宁的国内三强格局始终没有被外界撼动。2020年"6·18"特步的出彩表现更是展现出一个民族品牌对当下年轻潮流的感知力,无惧外部挑战的精神风貌。

2020年"6·18"已经到达尾声,但特步的品牌修行之路却刚刚开始。当"后浪"们在特步的运动理念中找到更好的自己时,特步与越来越多的本土运动品牌也将乘风破浪,实现对外资品牌的追赶和超越。

资料来源:特步变与不变:营销创新征服后浪,品效合一打破天花板,http://finance.sina.com.cn/stock/relnews/hk/2020-06-29/doc-iirczymk9619044.shtml。

第二节　客户管理

一、客户管理概述

对企业而言,客户是指通过购买企业的产品或服务满足其某种需求的群体,也就是指跟个人或企业有直接的经济关系的个人、企业或其他社会机构。

客户管理是指企业在现代信息技术的基础上,收集和分析客户信息,把握客户需求特征和行为偏好,积累和共享客户知识,有针对性地为客户提供产品或服务,发展和管理与客户之间的关系,从而培养其长期忠诚度,以实现客户价值最大化和企业收益最大化之间的平衡的管理方式。

客户管理的核心思想是"以客户为中心，提高客户价值，提高客户满意度和客户忠诚度"。

（一）客户价值

可以从以下三个方面来看客户价值：

一是企业为客户提供的价值，即从客户的角度来感知企业提供产品或服务的价值；是客户从某种产品或服务中所能获得的总利益与在购买和拥有时所付出的总代价的比较，即 $Vc=Fc-Cc$。其中，Vc 为客户价值，Fc 为客户感知利得，Cc 为客户感知成本。此时，客户价值也称顾客让渡价值。

阅读专栏9-6　顾客让渡价值

顾客让渡价值函数又可以表示为：

$$Vc=F（X1，X2，X3\cdots；Y1，Y2，Y3\cdots）$$

其中，$X1$，$X2$，$X3\cdots$表示影响总顾客价值的各种变量；$Y1$，$Y2$，$Y3\cdots$表示影响总顾客成本的各种变量。

影响客户价值的因素有很多，如企业的营销组合策略、企业所处的市场环境、科技水平的进步，乃至顾客的行为、意识等，它们之间的关系以及作用机制也非常复杂。客户总价值是指顾客购买某一产品或服务的过程中所得到的全部利益，它包括产品价值、服务价值、人员价值和形象价值等。

一、产品价值

产品价值是由产品的功能、特性、品质、品种与样式等所产生的价值。它是顾客需求的中心内容，也是顾客选购产品的首要因素。产品价值可能体现在产品的核心部分，也可能体现在产品的实体部分，还有的产品价值体现在其附加值部分。产品价值一般由产品利益、产品功能和产品特性三大板块组成。其中，产品利益代表顾客购买产品的基本利益取向，产品功能则指产品满足顾客利益取向的方法和手段，产品特性是由产品的品质、材料、品种与式样等组成的产品特殊性，它们是顾客选购产品的基本依据之一。

二、服务价值

服务可创造效用，如果它可以用价格表示出来，并在市场出售，便产生了价值，或者是伴随实体产品出售，企业向顾客提供的种种附加服务，包括产品介绍、送货上门、安装调试、技术咨询指导、维修等所产生的价值也叫作服务价值。在现代竞争激烈的市场经济条件下，生产者提供的相同或类似的产品在功能、特性、品质等方面都能予以保证其产品价值外，企业向顾客提供的附加服务越完备，产品的延伸价值就越大，顾客在购买中获得的实际利益和总价值就越大。从广义上讲，服务价值是产品整体概念的附加产品部分，消费者由于购买行为的发生而随之带来了附加服务，并使消费者"买得放心，用得舒心"，从而在总体上增加了消费者的满足感，扩大了消费者的满意程度。

三、人员价值

人员价值是指企业员工的经营思想、知识水平、业务能力、工作质量、经营作风、应变能力等产生的价值。一个综合素质较高又具备顾客导向经营思想的企业员工，会比业务水平差、经营思想不端正的企业员工能给顾客带来更高的价值，从而创造更多的顾客满意，进而取得更大的收获，为企业创造市场。人员价值对企业和顾客双方的影响都是巨大的，且这种影响往往具有无形性。尤其是在人员销售活动中，推销人员与潜在客户面对面进行双向交流，企业派出的推销人员代表着企业的形象，其服装仪表、业务知识、应变能力、待人接物的态度都会给消费者留下不同印象，很大程度上会影响交易结果。

四、形象价值

形象价值是指企业及其产品在社会公众中形成的总体形象所产生的价值。包括企业的产品、包装、商标、工作场所等所构成的有形形象所产生的价值，企业及其员工的经营行为、服务态度、作风等行为形象所产生的价值，以及企业的价值观念、管理哲学等理念形象所产生的价值等。形象价值与产品价值、服务价值、人员价值密切相关，在很大程度上是上述三个方面价值综合作用的反映。良好的形象会对企业的产品产生巨大的支持作用，赋予产品较高的价值，从而带给顾客精神和心理上的满足感、信任感，使顾客获得更高层次和更大限度的满足。

二是客户为企业提供的价值，即从企业角度出发，根据客户消费行为和消费特征等变量测度出客户能够为企业创造的价值，该客户价值衡量了客户对于企业的相对重要性，是企业进行差异化决策的重要标准。

三是企业和客户互为价值感受主体和价值感受客体的客户价值交换的功能及作用。

（二）客户满意

一般而言，客户满意是客户对企业和员工提供的产品或服务的直接性综合评价，是客户对企业、产品服务和员工的认可。客户根据他们的价值判断来评价产品或服务，从企业的角度来说，客户服务的目标并不仅仅在于使客户满意，使客户感到满意只是营销管理的第一步（见图9-4）。

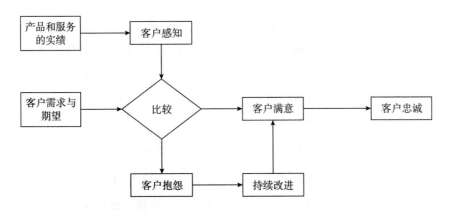

图9-4　客户满意度的形成过程

1. 客户满意的衡量指标

第一，对产品的美誉度。美誉度是客户对企业或品牌的褒扬程度。一般来说，持褒扬态度、愿意向他人推荐企业及其产品或服务的，肯定是对企业提供的产品或服务非常满意或者满意的客户。

第二，对品牌的依赖度。依赖度是客户只购买某品牌的产品或服务的程度。如果客户在消费或购买过程中放弃其他选择，只购买他认定的品牌，表明客户对这种品牌的产品或服务是非常满意的。

第三，消费后的回头率。回头率是客户消费了某企业或某品牌的产品或服务后，愿意再次消费的次数。客户是否继续购买产品或服务，是衡量客户满意度的主要指标。该数值越大，满意度越高。

第四，消费后的投诉率。投诉率是指客户在购买某企业产品或服务后所产生投诉的比例，投诉率越高，表明客户越不满意。这里的投诉率不仅指客户表现出的显性投诉，还包括未倾诉的隐性投诉。

第五，单笔交易的购买额。购买额是指客户购买某产品或服务的金额多少。一般而言，客户对某产品或服务的购买额越大，表明客户对该产品的满意度越高，反之，则表明客户的满意度越低。

第六，对价格变化的敏感度。客户对产品或服务的价格敏感度也可以反映客户对某产品的满意度。当产品或服务价格上调时，客户如表现出很强的承受能力，则表明客户对该产品或服务的满意度很高。

第七，向其他人员的推荐率。客户愿不愿意主动推荐和介绍他人购买或者消费也可以反映客户满意度的高低。一般来说，如果客户愿意主动推荐和介绍他人购买或者消费某产品或服务，表明其对该产品或服务的满意度是比较高的。

2. 客户满意的影响因素

消费者满意或不满意的感觉及其程度受到以下四个方面因素的影响：

第一，产品或服务让渡价值的高低。消费者对产品或服务的满意会受到产品或服务让渡价值高低的重大影响。如果消费者得到的让渡价值高于他的期望值，他就倾向于满意，差额越大越满意；反之，如果消费者得到的让渡价值低于他的期望值，他就倾向于不满意，差额越大就越不满意。

第二，消费者的情感。消费者的情感同样可以影响其对产品或服务的满意的感知。这些情感可以是稳定的、事先存在的，比如情绪状态和对生活的态度等。非常愉快的时刻、健康的身心和积极的思考方式，都会对所体验的服务的感觉有正面的影响；反之，当消费者正处在一种恶劣的环境或情绪当中，消沉的情感将被他带入对服务的反应，并导致他对任何小的问题都不放过或感觉失望。

第三，对服务成功或失败的归因。这里的服务包括与有形产品结合的售前、售中和售后服务。归因是指一个事件感觉上的原因。当消费者被一种结果（服务比预期好得太多或坏得太多）而震惊时，他们总是试图寻找原因，而他们对原因的评定能够影响其满意度。

第四，对平等或公正的感知。消费者的满意还会受到对平等或公正的感知的影响。消费者会问自己：我与其他的消费者相比是不是被平等对待了？别的消费者得到比我更好的待遇、更合理的价格、更优质的服务了吗？我为这项服务或产品花的钱合理吗？以我所花费的金钱和精力，我所得到的比别人是多还是少？公正的感觉是消费者对产品和服务满意感知的中心。

3. 客户满意指标

满意，是对需求是否满足的一种界定尺度。当顾客需求被满足时，顾客便体验到一种积极的情绪反应，这称为满意，否则即体验到一种消极的情绪反应，这称为不满意。客户满意，是指顾客对某一事项已满足其需求和期望的程度的意见，也是顾客在消费后感受到满足的一种心理体验。客户满意指标，是指用以测量顾客满意程度的一组项目因素。

要评价客户满意的程度，必须建立一组与产品或服务有关的、能反映客户对产品或服务满意程度的产品满意项目。由于客户对产品或服务需求结构的强度要求不同，而产品或服务又由许多部分组成，每个组成部分又有许多属性；如果产品或服务的某个部分或属性不符合顾客要求时，他们都会做出否定的评价，产生不满。

因此，企业应根据客户需求结构及产品或服务的特点，选择那些既能全面反映客户满意状况又有代表的项目，作为顾客满意度的评价指标。全面就是指评价项目的设定应既包括产品的核心项目，又包括无形的和外延的产品项目。否则，就不能全面了解客户的满意程度，也不利于提升客户满意水平。另外，由于影响客户满意或不满意的因素很多，企业不能一一用作测量指标，因而应该选择那些具有代表性的主要因素作为评价项目。

4. 客户满意级度

客户满意级度指客户在消费相应的产品或服务之后，所产生的满足状态等级。如前所述，客户满意度是一种心理状态，是一种自我体验。对这种心理状态也要进行界定，否则就无法对客户满意度进行评价。心理学家认为情感体验可以按梯级理论进行划分若干层次，相应地可以把客户满意程度分成七个级度或五个级度。七个级度为：很不满意、不满意、不太满意、一般、较满意、满意和很满意。五个级度为：很不满意、不满意、一般、满意和很满意。

管理专家根据心理学的梯级理论对七梯级给出了如下参考指标：

（1）很不满意。

指征：愤慨、恼怒、投诉、反宣传。

很不满意状态是指客户在购买或消费某种产品或服务之后感到愤慨、恼羞成怒、难以容忍，不仅企图找机会投诉，而且还会利用一切机会进行反宣传以发泄心中的不快。

（2）不满意。

指征：气愤、烦恼。

不满意状态是指客户在购买或消费某种产品或服务后所产生的气愤、烦恼状态。在这种状态下，客户尚可勉强忍受，希望通过一定方式进行弥补，在适当的时候，也会进行反宣传，提醒自己的亲朋不要去购买同样的商品或服务。

（3）不太满意。

指征：抱怨、遗憾。

不太满意状态是指客户在购买或消费某种产品或服务后所产生的抱怨、遗憾状态。在这种状态下，客户虽心存不满，但没有明显行动。

（4）一般。

指征：无明显正、负情绪。

一般状态是指客户在购买或消费某种产品或服务过程中所形成的没有明显情绪的状态，也就是对此既说不上好，也说不上差，还算过得去。

（5）较满意。

指征：好感、肯定、赞许。

较满意状态是指客户在购买或消费某种产品或服务时所形成的好感、肯定和赞许状态。在这种状态下,顾客内心还算满意,但按更高要求还差之甚远,而与一些更差的情况相比又令人欣慰。

(6)满意。

指征:称心、赞扬、愉快。

满意状态是指客户在购买或消费了某种产品或服务时产生的称心、赞扬和愉快状态。在这种状态下,客户不仅对自己的选择予以肯定,还会乐于向亲朋推荐,自己的期望与现实基本相符,找不出大的遗憾所在。

(7)很满意。

指征:激动、满足、感谢。

很满意状态是指客户在购买或消费某种产品或服务之后形成的激动、满足和感谢状态。在这种状态下,客户的期望不仅完全达到,没有任何遗憾,而且可能还大大超出了自己的期望。这时顾客不仅为自己的选择而自豪,还会利用一切机会向亲朋宣传、介绍推荐,希望他人都来消费这种产品或服务。

七个级度的参考指标类同顾客满意级度的界定是相对的,因为满意虽有层次之分,但毕竟界限模糊,从一个层次到另一个层次并没有明显的界限。之所以进行客户满意级度的划分,目的是供企业进行客户满意程度的评价之用。

阅读专栏 9-7 客户满意度的分值与加权

为了能定量地进行评价客户满意程度,可对客户满意七个级度给出每个级度得分值,并根据每项指标对客户满意度影响的重要程度确定不同的加权值,这样即可对客户满意度进行综合的评价。

例如,某企业对其产品的质量、功能、价格、服务、包装、品位进行客户满意调查,按七个级度,从很不满意到很满意的分值分配表如表9-9所示。

表 9-9 分值分配表   单位:分

级值	很不满意	不满意	不太满意	一般	较满意	满意	很满意
分值	-60	-40	-20	0	20	40	60

如表9-9所示,最高分是60分,最低分是-60分。

调查结果如表9-10所示。

表 9-10　调查结果　　　　　　　　　　　　　　　　单位：分

产品属性	质量	功能	价格	服务	包装	品位
满意级别	满意	较满意	很满意	满意	不太满意	一般
分值	40	20	60	40	−20	0
综合分值	23.3					

从计算结果可以看出，该产品的客户满意度为 23.3 分，属于"较满意"的产品。但是，由于顾客对每个属性的要求程度不同，因此，应根据顾客对评价指标的重要程度进行分值加权，则更能科学地反映出顾客的满意程度。同例，该企业对质量、功能、价格、服务、包装、品位，根据其对顾客满意的影响程度确定的加权值分别为 0.30、0.10、0.35、0.15、0.05、0.05，则其满意度得分如表 9-11 所示。

表 9-11　满意度得分　　　　　　　　　　　　　　　单位：分

产品属性	权值	分值	综合值
质量	0.30	40	12
功能	0.10	20	2
价格	0.35	60	21
服务	0.15	40	6
包装	0.05	−20	−1
品位	0.05	0	0
总计	1.00	23.3	40

显然两种方法计算的结果是不同的，加权法为 40 分，处于满意水平，而简单分值法仅为 23.3 分，处于较满意水平。而实际上，客户对产品的总体感受应是满意水平，因此利用加权法更能准确地反映顾客的满意状态。加权法的加权值，企业可以根据经验、专家评定或调查等方法进行确定。

（三）客户忠诚

1. 客户忠诚的定义

忠诚的客户是指那些反复购买某品牌的产品，并且只考虑该品牌的产品而不会寻找其他品牌信息的客户。客户忠诚是态度忠诚和行为忠诚的统一，是客户对品牌、产品、服务以及企业的内在积极态度、情感、偏爱和外在重复购买行为的统一，客户对某品牌的产品或服务有一定的依赖性，在感情上有一定的偏爱，重复购买同一品牌的产品或服务，甚至主动向亲朋好友推荐，为企业做宣传和推荐，并且不易受竞争产品的诱惑。

因此，可以把客户忠诚界定为：客户在较长的一段时间内对企业产品或服务保持的选择偏好与重复性购买。

2. 客户忠诚度的衡量指标

根据客户忠诚的价值，可以从以下几个方面来衡量客户忠诚度：

（1）客户重复购买次数。在一定时间内，对某品牌产品重复购买的次数越多，说明对这一品牌的忠诚度越高；反之，则越低。由于产品的用途、性能、结构等因素也会影响服客对产品的重复购买次数，因此在确定这一指标的合理界限时，必须根据不同产品的性质区别对待，不可一概而论。

（2）客户购买挑选时间。一般来说，客户购买挑选时间越短，说明其对这一品牌忠诚度越高；反之，则说明其对这一品牌的忠诚度越低。在运用客户购买挑选时间指标时，也必须排除产品结构、用途等方面差异产生的影响，才能得出正确的结论。

（3）客户对价格的敏感程度。根据客户对价格的敏感程度，可以衡量客户对某一品牌的忠诚度。对于喜爱和信赖的产品，消费者对其价格变动的承受能力强，即敏感度低；而对于不喜爱和不信赖的产品，消费者对其价格变动的承受能力弱，即敏感度高。运用这一标准时，要注意产品对于人们的必需程度、产品供求状况以及产品竞争程度三个因素的影响。

（4）客户对竞争产品的态度。根据客户对竞争产品的态度，能够从反面判断其对某一品牌的忠诚度。如果客户对竞争产品有好感、兴趣浓，那么就说明对某一品牌的忠诚度低，购买时很有可能以前者取代后者；如果客户对竞争产品没有好感、兴趣不大，则说明其对某一品牌的忠诚度高，购买指向比较稳定。

（5）客户对产品质量事故的承受能力。任何一种产品都可能因某种原因出现质量事故，即使是名牌产品也很难避免。客户若对某一品牌的忠诚度高，对出现的质量事故会以宽容和同情的态度对待，不会因此而拒绝这一产品。当然，运用这一标准衡量顾客对某一品牌的忠诚度时，要注意区别产品质量事故的性质，即是严重事故还是一般性事故，是经常发生的事故还是偶然发生的事故。

（6）客户增加幅度与获取率。客户增加幅度是指新增加的客户数量与现有基础客户数量之比；客户获取率，即最后实际成为客户的人数占所有争取过的总人数之比。这主要是衡量实施客户忠诚计划后带来的间接效果。

（7）客户流失率。客户流失率的历史记录能显示出谁是最有希望的客户群。企图对那些威胁着要离开的客户进行挽留也是一种资源浪费。对在业务上应该放弃的客户进行改善服务质量的投资可能是有副作用的。

二、客户需求分析与预测

（一）客户关系管理

1. 客户关系管理的内涵

客户关系管理（Customer Relationship Management，CRM），是通过对客户详细资料的深入了解和分析，挖掘客户的不同需求和特点，实行有针对性的营销和服务，满足客户的个性化需求，提高客户的满意度和忠诚度，实现客户价值持续贡献，不断提高企业竞争力的管理体系。

客户关系管理体现三个方面的功能：

一是客户关系管理体现了企业经营管理的价值观。客户关系管理体系了"客户第一"的企业经营管理理念的升华和创新，体现了企业的根本目的是创造客户，从而确定"谁是我们的客户"，找到并确立生产经营的出发点和归宿点。

二是客户关系管理是生产经营与管理的方法论。企业围绕客户构建企业的生产经营与管理组织体系，通过客户关系管理，以客户需求为导向，以客户满意为评价标准，配置资源，设置立体化、网络化的运作平台，降低成本，提高运营效率。

三是客户关系是一个软件管理系统。客户关系管理，根据目标客户、客户关系渠道运转过程、相互功能目标的联系等构建起统一系统，将客户信息管理、市场营销管理、客户服务等进行功能组合集成，以客户为中心，形成了一个相对独立的企业管理系统。

企业进行客户关系的管理，最终目的是创造客户价值。一般而言，对客户的管理包括以下内容：识别客户、区别对待客户、与客户进行互动和进行客户化定制，被称为 IDC 模型。

2. 客户的选择

客户关系管理的目的是实现客户价值最大化与客户关系价值最大化的合理平衡。坚持以客户为中心、为客户创造价值是任何客户关系管理的基石，这是实现客户挽留和客户获取的关键所在。

通过一系列技术手段，找出谁是企业的潜在客户、客户的需求是什么、哪类客户最有价值等，并把这些客户作为企业客户关系管理的实施对象，从而为企业成功实施客户关系管理提供保障。

（1）确定目标市场。企业不需要也不能够满足所有客户的所有需求。为了提高客户识别的效率和效果，企业需要对所面临的市场进行细分，找到合适的目标市场，并确定有差异的市场定位。

（2）搜寻潜在客户。在选定目标市场之后，企业需要通过各种途径主动挖掘与搜寻目标市场中的潜在客户。在搜寻潜在客户的过程中，销售人员还需要对客户的类型、角色、购买决策过程有所研究和区分，连同客户基本信息一同储存于客户信息库中，方便以后的价值分析与设计活动。

在搜寻潜在客户时，应关注个体客户与组织客户的需求之间的差别，判别客户在整个购买决策过程中承担的角色，有针对性地采取合适的搜寻方式。大众媒体和拜访是搜寻个体大客户的有效途径，通过各种客户忠诚计划招徕潜在客户；而集团客户更适合通过专业媒体和网络来搜寻，诉求的重点也完全不同。各个角色对购买决策的形成与持续都起到了不可替代的作用，在搜寻过程中要注意辨别各个角色的差异，采取有针对性的措施。

搜寻潜在客户，关键是要做好客户信息管理。客户的信息主要包括来自企业内部的客户信息和从外部获得客户信息。

1）来自企业内部的客户信息。包括已经登记的客户信息、客户销售记录、与客户服务接触过程中收集的信息。企业可以通过一些活动采集客户信息，比如，经常采用有奖登记活动，以各种方式对自愿登记的客户进行奖励，从而得到姓名、电话和地址等信息，可以收集到大量的客户信息。企业也可以通过会员俱乐部、赠送礼品、利用邮件或网站来收集客户信息。

2）从外部获得客户信息。企业从外部获得客户信息可以通过购买、租用、合作等方式实施。可能的潜在客户数据获取外部渠道包括：

①数据公司。数据公司专门收集、整合和分析各类客户的数据及客户属性，专门从事这一领域的数据公司往往与政府及拥有大量数据的相关行业和机构有着良好而密切的合作关注。

②零售商。一些大型的零售商会有丰富的客户会员数据可以获取。

③信用卡公司。信用卡公司保存有大量的客户历史交易记录，这类数据的质量非常高。

④信用调查公司。这类公司专门进行客户信用调查，有相关信息数据。

⑤专业调查公司。在消费品行业、服务行业等一些行业，有许多专注于产品调查的公司，通常拥有大量长期积累的客户数据。

⑥消费者研究公司。这类公司往往分析并构建复杂客户消费行为特征，企业可以通过购买数据获取客户信息。

⑦相关服务行业。通信公司、航空公司、金融机构、旅行社等行业，拥有大量的客户数据，企业可以通过同相关服务行业合作，获取客户信息。

⑧新闻机构、杂志和报纸等。一些全国性或区域性新闻机构、杂志和报纸也拥有大量的客户信息，企业可以通过订阅和合作，获取有关客户信息。

⑨政府机构。政府机关和政府资助的研究机构往往拥有大量的客户数据，企业可

以通过合理渠道选择使用。

3. 客户开发

客户开发实际上是客户需求的开发，通过分析客户的行为，发现客户新的需求，为客户提供更多更好的服务。客户开发工作不仅可以提高客户满意度和忠诚度，稳固客户关系，还可以给企业创造更多的利润与销售，提高企业的盈利水平与竞争能力。

企业的客户开发工作大致可以分为三个阶段：首先根据客户的需求与企业的能力确定新增产品或服务的类型与数量；其次预测和评估客户开发的可行性和效果；最后有针对性地开展客户亲和管理。

（1）客户挖掘与产品开发。客户开发的成功与否很大程度上依赖于企业对客户的熟悉程度。完善的客户数据库是企业了解客户的重要保障。一方面，企业在分析客户数据的基础上，识别出客户之间的差异，分析客户的需求，选择客户开发的方向和途径。以往大多数企业会在客户关系变得成熟稳定之后才开始着手客户开发的工作，因为对客户的熟悉需要事实上的时间和投入，盲目的客户开发工作有可能对客户的满意度和忠诚度产生负面的影响。但是，如今，在相关技术的支撑下，客户开发的工作可以在获取客户之后立即进行，网络技术和其他信息技术缩短了企业了解客户的过程。另一方面，在了解客户需求之后，企业必须明确自身能够为客户提供哪些产品和服务。由于客户开发工作往往突破了企业与客户现有业务交易的范围，需要企业为客户提供新的产品与服务。

（2）客户开发绩效预测。预测和评估客户开发的可行性及效果，需要考虑以下几个因素：反应率、购买数量、提供成本以及盈利情况。

1）反应率。反应率是指客户对开发的产品或服务的反应。反应率直接影响客户开发的成本与效率，对整个客户的贡献价值也有着重要的影响。客户的反应率越高，则客户开发的成本越低，企业就可以提供更多的产品或服务，并从中获得更多的收入和利润。

2）购买数量。一般而言，客户的反应率越高，越有可能购买更多的产品或服务。但有的时候也有例外，即客户的反应率高，但客户的购买数量较少。

3）提供成本。决定提供成本的因素包括产品或服务的类型、客户的特征以及企业接触客户的效率等。客户数据库和其他技术的运用可以极大提高企业接触客户的效率。

4）盈利情况。产品的反应率、购买数量以及提供成本直接决定其盈利状况。有购买意愿的客户数量越多，每个客户购买的产品数量越多，企业为客户提供产品的成本越低，客户开发的盈利越大。企业不要局限在单一产品或服务的盈利状况上，而是应该关注客户开发的利益和整体客户价值的提升。

（3）客户亲和管理。确定了客户开发的对象和内容之后，企业需要借助现有的关系基础和新开发的产品或服务，提高企业整体的感召力与亲和力，维系和升华客户与企业之间的关系。企业客户开发阶段的亲和力，一方面取决于客户与企业的已有关系状况，客户与企业的关系越稳定、越紧密，企业越具有亲和力，客户开发的进行就越可能成功；另一方面，在开发过程中，如果客户对企业的专业能力越信任，企业越具有亲和力。经过客户获取和维系阶段的活动之后，留存的客户基本对企业现有的业务产生了一定的信任，尤其是企业的专业能力，客户之所以选择企业作为稳定的供应商，正是因为他们觉得企业能够比其他的竞争对手更加专业地满足其需求。但是，这种信任并不会自然过渡到客户开发所推出的新产品或新服务上，企业需要转移或重新培养客户对新产品或新服务的专业信任。

培养客户对新产品和服务的专业信任，是客户亲和管理的重点。企业首先要识别出自己的核心竞争力，在对比主要竞争对手优劣势的基础上，找出自己的独特竞争优势，并将它转化为一种专业能力。其次，需要评估这种专业能力对客户而言是否显著，它能否扩散到其他产品和服务领域。一般而言，产品的相关性越强，企业的专业扩散性越明显。再次，在专业扩散性评估的基础上，企业需要着手设计和实施客户亲和管理的具体方案，如果原先的专业能力很容易扩散到新的产品上，企业可以依托原有的品牌形象、企业形象和营销手段，以旧带新，逐渐让客户接受新的产品与服务；如果客户并不认可企业在新领域的专业能力，企业可以考虑采取新品牌、新事业部的策略，重新培养客户信任；或者采取合作营销的方式，与在该领域的知名企业进行联合促销或形成战略联盟。最后，企业需要对整个亲和管理过程进行监控，及时发现问题和调整策略，以免损害原有产品和企业的利益，破坏与客户良好的稳定的关系基础。

（4）客户开发的方法与工具。客户开发为企业提供了一个增进客户关系、提高客户资产的显著机会，但也同样会给企业带来增加成本、损害信誉的潜在危机，因此客户开发的工作一定要小心谨慎，要建立在科学、定量的分析基础之上，不要仅凭经验或直觉盲目决策。

1）客户数据库。客户数据库可以帮助企业有效地识别潜在客户需求，开发合适的产品或服务，设计有针对性的沟通传播策略，显著提高客户开发工作的效率与效果。在进行客户开发工作的过程中，企业需要注意收集和分析每个客户购买行为的历史信息，特别是购买的产品种类、数量和价格、购买日期、购买地点等信息，这些都是客户开发所需要的基本数据。

2）数据挖掘。客户开发所进行的数据挖掘有不同的方法，如产品交叉分析、客户匹配分析和客户反应分析等。产品交叉分析是为了识别哪些产品和服务最有可能同时购买。客户匹配分析则是通过识别哪些客户具有相似的购买行为，进而为客户推荐其他客户已经购买过的产品。

客户匹配分析是基于相似的购买行为预示着相似的品位与兴趣的假设之上的。如果两个客户在某个阶段购买了基本相同的产品类型或品牌，那么他们在其他产品方面也会有共同的偏好与购买欲望。客户反应分析是利用一些统计方法来识别出哪些客户对新产品或新服务具有较高的反应率。客户反应分析可以利用客户的一些数据，如购买间歇、购买频率、购买金额、人口统计特征等进行分类，然后从各个群体中随机抽出一些样本，进行小范围的测试，识别出对新产品最有兴趣的群体，然后对他们进行有针对性的宣传推广。

3）绩效考核。评估客户开发效果的指标主要是现有客户购买所产生的销售额及利润的变化情况，这两个指标可以衡量企业的客户开发活动所获得的收益以及企业的客户开发活动的长期发展状况。如果变化幅度呈持续增长趋势，说明企业的客户开发潜力巨大，可以成为企业今后利润增长的新源泉。

现有客户开发的销售额及利润与企业整体销售额及利润的对比，可用于衡量客户开发工作对企业整体发展的贡献。通过现有客户开发的销售额及利润与新客户的销售额及利润的对比，可以衡量企业资源分配的合理性。如果客户开发的销售额及利润低于新客户的销售额及利润，说明企业应该集中更多的资源来获取更多的新客户。

4. 客户分级

所谓客户分级，就是企业依据客户对企业的不同价值和重要程度，将客户分为不同的层级，从而为企业资源分配提供一定的依据。

客户个性化、多样化的需求决定了其希望企业能够提供差异化的产品或服务，因此企业必须对客户进行分级，然后根据不同级别客户的不同需求给予不同的服务和待遇，这样才能有效地满足不同级别客户的个性化需求。

（1）客户分级的方法。

1）一般分级法。CRM 活动的基础是进行客户群的细分，如按客户关系价值、客户关系利益、产品或服务要素、人口和社会经济因素、心理因素、促销反应、基于某一细分要素的交叉等细分方法。

2）客户关系价值分级矩阵法。在客户细分中，有一种基于客户生命周期利润的大小进行细分的方法，其进行细分的两个维度是客户当前价值和客户增值潜力，把客户当前价值和客户增值潜力均分为高、低两档，由此可将整个客户群分成四组，细分结果可用一个矩阵表示，称为客户关系价值矩阵，如图9-5所示。

客户当前价值是假定客户现在的购买行为模式保持不变时，客户未来可望为企业创造的利润总和的现值。客户增值潜力是指如果企业愿意增加一定的投入，进一步加强与该客户的关系，则企业可望从该客户处获得的未来增益。客户增值潜力是决定企业资源投入预算的最主要依据，它取决于客户增量购买、交叉购买和推荐新客户的可能性和大小。

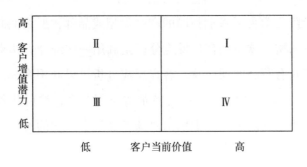

图 9-5　客户关系价值矩阵

3）客户分级金字塔模型。根据客户为企业创造的利润和价值的大小按由大到小的顺序排列，将给企业创造利润和价值最大的客户放置于客户金字塔模型的顶部，给企业创造利润和价值最小的客户放置于客户金字塔模型的底部，从而得到如图 9-6 所示的客户金字塔模型。该模型对客户划分了四个层级，分别是金质客户、银质客户、铜质客户和铁质客户，金质客户和银质客户构成企业的关键客户。

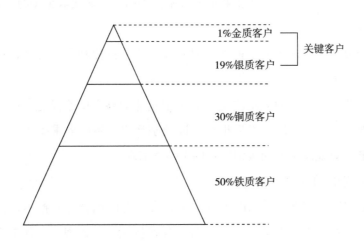

图 9-6　客户关系价值分级金字塔模型

①金质客户。金质客户是企业最重要的客户，也称为 VIP 客户，是客户金字塔模型中处于最高层的客户，他们是那些能够给企业带来最大价值的前 1% 的客户。对于企业来说，金质客户是最有吸引力的一类客户，可以说，企业拥有金质客户的数量，决定了其在市场上的竞争地位。

金质客户一般都对企业非常忠诚，是企业客户资产中最稳定的部分，他们为企业创造了绝大部分和长期的利润；他们对价格不敏感，也乐意试用新产品，还可帮助企业介绍潜在客户，为企业节省开发新客户的成本；他们不但有很高的当前价值，而且有巨大的增值潜力，其业务总量在不断增大，未来在追加销售、交叉销售等方面仍有潜力可挖。

②银质客户。银质客户是客户金字塔中次高层客户，他们和金质客户一起构成了企业的关键客户，两者占企业客户总数的 20%，企业 80% 的利润由他们贡献，因此是企业的重点关注对象。

银质客户也是企业产品或服务的大量使用者或中度使用者，但他们对价格的敏感度比较高，因而其为企业创造的利润和价值没有金质客户高；他们没有金质客户忠诚，为了降低风险，他们会同时与多家同类型的企业（供应商）保持长期关系；他们虽然也在真诚、积极地为本企业介绍新客户，但在追加销售、交叉销售方面已经没有多少潜力可供进一步挖掘。

③铜质客户。铜质客户是客户金字塔中处在第三层的客户，是除金质客户与银质客户之外的为企业创造最大价值的前 50% 的客户，一般占客户总数的 30%。

铜质客户包含的客户数量较大，但他们的购买力、忠诚度以及能够带来的价值却远远比不上金质客户与银质客户。

④铁质客户。铁质客户是客户金字塔中最底层的客户，指除了上述三种客户外，剩下的 50% 的客户，既包含了利润低的"小客户"，也包含了信用低的"劣质客户"。

这类客户是最没有吸引力的一类客户，购买量不多，忠诚度也很低，偶尔购买，还经常延期支付甚至不付款；他们经常提出苛刻的服务要求，几乎不能给企业带来盈利，又会消耗企业的资源；有时他们也是问题客户，会向他人抱怨，破坏企业的形象。

（2）客户分级管理。客户分级管理是指企业在依据客户带来利润和价值的多少对客户进行分级的基础上，依据客户级别高低的不同设计不同的客户服务和关怀项目——将重点放在为企业提供 80% 利润的关键客户上，为他们提供上乘的服务和特殊的待遇，提高他们的满意度，维系他们的忠诚度，同时，积极提升各级客户在客户金字塔中的级别，放弃不具盈利能力的客户。

5. 客户满意度与忠诚度管理

企业为客户创造的价值越优异，越有可能提高客户的满意度和忠诚度，越有可能实现客户挽留与客户获取的目的，从而有利于实现客户关系价值的最大化。

客户满意度和客户忠诚度之间的关系比较密切，一般来说，只有客户对企业的满意程度达到一定水平时，客户才会有忠诚于企业的意愿；当这种满意程度得到进一步提升时，客户才会产生忠诚于企业的行为。此外，如果一个企业提升了客户满意度，却没有改变客户的忠诚度，那么这种客户满意度的提高是没有意义的。真正的客户忠诚度是一种行为，而客户满意度只是一种态度。

企业经营的宗旨是争取与维系顾客，对于任何企业而言，使顾客满意进而培养顾客忠诚，企业才能得以生存和发展。

从市场价值链分析一名顾客如何成为忠诚顾客，可以得出这样的过程：顾客购买产品或服务—使用后对产品及服务感到满意—对企业形象有好的评价，对售后服务感到满意并从媒体持续接收有关该企业的正面信息—产生持续购买行为并成为忠诚顾客—向外宣传，建立口碑，扩大顾客群。

从一个顾客成为忠诚顾客的过程中，我们看到顾客从购买到持续购买，并向自己的亲朋好友传播口碑，这些过程都将给企业带来利润。因此，使用后获得的满意、企业印象的加强、售后服务的满意都对利润存在着关键性的作用。

6. 客户关系的挽救

在一个竞争的环境下，不满意的客户最有可能的反应性行为是结束与企业的交易，另觅卖家。这就是现今企业普遍遇到的比较头疼的一个问题——客户流失。

一个合理、科学的流失客户管理程序应该从建立客户流失预警系统开始，在分析客户流失原因、客户流失损失以及挽留客户成本的基础上进行理性决策。

（1）确定客户流失警戒点。企业可以比照同行业的平均水平或行业竞争基准的情况，结合自己的竞争战略，来确定客户流失的警戒点。现实中，有些企业还根据客户规模的大小制定了非常详细的分层流失警戒点，它有利于企业更清楚地了解到底是哪些客户离企业而去，企业应该采取什么样的行动来应对。

（2）分析客户流失原因。在企业制定客户流失率警戒点、关注客户流失情况的同时，一旦客户的流失率超过了警戒点，企业应该采取相应的对策。企业必须找出导致客户流失的具体原因。可能是一些客观的原因造成了客户的流失，如客户的死亡或破产，客户搬迁至企业销售网络无法覆盖的地区等；也可能是企业自身的原因导致客户离去，如客户感觉企业的服务太差，产品太次，价格太高；还有可能是市场上出现了强有力的竞争对手，它为客户提供了更有价值的产品和服务。实行分层客户流失率分析的企业还需要注意的是，客户流失的原因可能是因为他流向了别的层级的客户群，这既可能是向上流动，从一般客户升级为大客户甚至是超级大客户；也可能是向下流动，从超级大客户成为一般客户甚至普通客户。不同层级之间客户的流动也是企业需要重点研究的内容。企业最好设计一个流失率分布图，以显示因各种原因离开企业的客户的比例，从而分析导致客户流失的主要原因。

（3）估算客户流失损失。企业应该估算一下客户流失导致的利润损失。在计算利润损失时，必须注意的一点是，流失一个客户，对于企业来说，损失的不仅是这个客户与企业一次交易所获取的利润，而是这个客户为企业提供的终身价值，即这个客户在正常年限内持续购买所产生的全部利润。另外，不同的客户群为企业提供的价值总额也不同，企业有必要分别进行计算。

（4）估算降低流失率的费用。企业需要估算一下降低流失率所需要的费用。这可能包括在营销活动各个环节的改造费用，如新产品利益的提供、服务改善、价格优惠、渠道改进与重组、加大广告投入、开展公共关系等。企业同样可以按照客户的分层来分别计算降低流失率所需要的费用。

（5）决定流失客户对策。决定是否需要降低客户流失率，重新召回已经离开的客户，可以通过比较费用和损失来实现，如果费用低于所损失的利润，企业就应该花这笔钱。

（二）客户服务管理

客户服务管理是指企业为了建立、维护并发展客户关系管理而进行的服务工作的总称，其目标是建立并提高客户的满意度和忠诚度，最大限度地开发和利用客户。客户管理是企业全员、全过程参与的一种经营行为和管理方式。

1. 客户服务的含义

服务是一种非常复杂的现象。客户服务是根据客户的需求，在合适的时间，合适的场合，以合适的价格，通过合适的渠道和流程为客户提供合适的产品或服务，满足客户需求的过程。

2. 客户服务的分类

客户服务的方法多种多样，内容和方式丰富多彩。按照不同的标准可以对企业客户服务进行分类。

（1）按服务交易的时序分类。

1）售前服务，指在销售产品或提供服务之前提供的服务。主要是要充分调查研究分析客户的心理，用各种服务方式激发客户的购买欲望，可以为营销活动做铺垫，是营销的主要环节。

2）售中服务，指在产品销售或提供服务过程中提供的服务。

3）售后服务，指在产品销售或提供服务后提供的服务。售后服务既是一种促销的手段，又是扩大企业影响，树立企业形象的良好方法，应当予以高度重视。

（2）按服务的性质划分。

1）技术性服务，指提供与产品或服务的技术和效用有关的服务，一般由专门的技术人员提供。主要包括产品的安装、调试、维修及技术咨询、技术指导、技术培训等内容。

2）非技术性服务，指提供与产品技术和效用无直接关系的服务。包括非常丰富并可以延伸的多种服务内容，如广告宣传、送货服务，提供信息咨询、分期付款、融资信贷等服务。

（3）按有无固定地点和时间分类。

1）定点或定时服务，指在固定地点建立或委托其他机构建立服务网点，按照一定的时间提供的服务。

2）巡回服务，指没有固定地点和时间，有营销人员或专门派出维修服务人员按照客户分布巡回提供的服务，如流动车服务、上门销售、巡回检修等。

（4）按服务的时间长短分类，可分为长期、周期和短期服务。

（5）按服务是否收费分类。

1）免费服务，指提供不收取费用的服务，一般是附加的、义务性的服务，在售前、售中和售后服务的大部分工作都是免费的。

2）收费服务，指在产品价值之外的加价，只有少数大宗服务项目才收取费用，这类服务不以营利为目的，只为方便客户服务。

（6）按服务的频度分类。

1）一次性服务，指一次性提供完毕的服务，如送货上门、产品安装等。

2）经常性服务，指需要多次提供的服务，如产品检修服务等。

三、客户关系管理

（一）客户关系管理组织架构与设计步骤

1. 客户关系管理组织架构

客户关系管理组织架构的建设主要考虑以下几个方面：一是以客户为中心，关注价值创造和客户体验，组织架构能够很好地响应市场和客户需求，内部分工明确，沟通顺畅。二是能够有效承接企业战略和对客户中心的定位，战略和定位不同，组织架构的模式和职能也就不同。以组织架构的建设为核心业务流程服务，以业务流程的高效运作为前提。三是设计遵循精简、高效原则，在考虑企业的现实情况的基础上，减少层级和部门设置，简单、高效、适用。

2. 客户关系管理组织架构设计步骤

客户关系管理组织架构主要着眼组织架构、职责界定以及核心管理流程和业务流程的设计，具体步骤包括以下几个方面：第一步，明确客户中心核心的业务流程；第二步，明确客户中心的定位和管理模式选择；第三步，客户中心组织架构和职责界定；第四步，核心业务流程设计；第五步，主要业务及管理流程设计；第六步，相应的报告系统和表格设计。

（二）客户关系的管理任务与责任

1. 客户关系管理任务

（1）寻找并识别客户。

1）寻找目标客户。对于掌握有限资源的企业而言，不可能满足所有客户的所有需求，也不能如以往那样推行标准化、大规模的营销模式，必须按照一定的标准对潜在的顾客群体进行细分，根据竞争格局和自身情况从中选择合适的目标顾客群体，作为今后服务的对象。

2）寻找有价值的客户。不是所有的客户都是有价值的客户，企业在确定目标顾客群体之后，需要对客户的直接和间接贡献价值进行评估，从中选择有价值的客户，为之提供服务。

选择有价值的客户，还要兼顾客户的当前价值和未来价值，或者说应该从顾客的终身价值的角度来评价顾客价值的大小。

3）寻找合适的关系战略客户。不是对所有的客户都应该发展成为亲密的关系，这决定于客户的类型和客户对关系的需要。我们可以根据客户的终身价值对客户进行细分，了解客户的偏好，进而发展合适的关系战略和策略。

（2）客户信息积累。企业对目标顾客需求与偏好的深入了解，有赖于客户信息的积累，并将客户信息转化为知识，应用到具体的营销决策中。客户信息积累是一个长期系统的过程，企业应该根据决策需要，确定客户信息结构，并持续收集和更新客户信息。完善的客户信息有助于制定科学的营销决策。

（3）客户价值设计。客户价值的设计来源于真实需要的挖掘，而需求的真实性取决于对客户理解的完整性，为客户创造价值的途径很多，产品、服务、流程、人员、品牌、渠道等方面的创新和重组都可以提高客户的满意度。

（4）客户价值传递。为了将设计的价值传递给目标客户，企业需要在内外部同时构建价值网络，将供应商、分销商、合作伙伴、投资方以及员工等相关利益者整合起来，共同服务于目标客户，对抗竞争对手。在价值交付和传递的过程中，有两条相互连接、彼此依托、一明一暗的主线。明线是客户接触过程，它直接影响着客户的感受，是价值传递的前沿阵地，而另一条隐藏于其中的暗线是维持着整个交付传递系统正常运转的价值战略网络，是客户接触的支撑平台，两者的结合为客户价值准确、及时、有效的传递提供有力的保障。

（5）客户周期管理。从寻找目标客户、识别客户价值、积累客户信息、设计客户价值到传递客户价值，不是一次循环就结束的过程，需要从客户周期的角度来经营客户关系，注意不同阶段客户需求的变化及演进的规律，注意不同阶段之间关系营销策略的衔接。

（6）绩效评估。对客户关系管理各个环节的运行绩效进行评估，有助于企业更加深入地了解客户需求，改进工作思路和对策，提高客户满意度和保持率。

2. 客户关系管理组织职责

按照工作职责划分，客户关系管理包含以下职责：

第一，客户组织管理，包括客户组织结构设计、客户服务现场指导、客户服务进度控制、客户关系设计与建设。

第二，客户信息库建设管理，包括客户信息收集、客户调查问卷设计、客户资料建档、客户信息保管与利用、客户信息库建设。

第三，客户信用调查与控制管理，包括客户信用调查、客户信用评估、客户资信动态控制、客户信用实施。

第四，客户日常关系维护，包括客户的开发、客户拜访区域划分、客户访问管理、客户接待、客户用餐招待及会议服务、客户提案处理、客户满意度测评。

第五，关键客户管理，包括关键客户的评审与资格认定、大客户回访与回馈、大客户满意度调查、核心客户关系维护。

第六，客户服务质量管理职责，包括服务质量文件的日常管理、服务质量的检查、服务质量的评估、服务承诺的管理。

第七，售后服务管理，包括售后服务政策的制定、售后服务业务培训、客户意见反馈及客户投诉处理。

3. 企业客户管理绩效评估

（1）客户管理绩效评估模型。客户管理绩效测评是一个动态的循环过程，在把客户管理活动转化为最终收益之前，下述过程会不断重复进行。具体有以下步骤：

1）确定客户管理的任务与目标。

2）设计客户管理战略框架。

3）找出客户关系活动与所要实现的商业目标之间的内部联系特别是因果关系并分析。

4）明确获取收益的关键视角和测量方案。

5）综合分析客户管理的有效性。

（2）客户管理绩效评估过程中的因果关系和关键维度。

1）客户管理绩效评估中的因果关系。

首先，企业要收集大量有关客户的信息，并创建客户特征数据库。此外，企业还要运用数据挖掘工具和其他相关技术从中发掘出大量的、隐藏的客户特征或行为模式。

其次，管理人员可以对每个客户的所有相关信息进行整合，实施更为有效的计划、营销和服务活动。需要指出的是，对客户知识的界定和管理，往往有助于企业在与客户互动的过程中发现客户需求，甚至发现满足客户需求的方式。在企业提供优异的客户价值的基础上，当客户需求、期望和客户所感知的实际绩效相一致时，客户的忠诚度往往就会提升。显然，对于任何价值创造与交付活动而言，收集和理解客户需求信息都是至关重要的。

最后，如果客户互动渠道能够给客户提供有效和有利的服务，那么企业就可以与客户之间建立起长期的、令人满意的关系。最终，企业必将在提高形象、构建客户关系、创造客户价值和引导客户消费等过程中获取丰厚的收益，最大化客户盈利和客户资产价值。

2）客户关系管理绩效测评的关键维度。参照平衡计分卡的四个维度，以客户为中心的测评维度也包括四个方面，分别是客户知识、客户互动、客户价值和客户满意。

①客户知识维度。客户知识维度包括客户细分群体的层次和对客户数据的管理。它关注于技术上的改进、对客户需求的理解和有关客户特征的数据库，这些指标会影响到与客户互动的过程，进而对客户价值和客户满意产生重要影响。可以说，客户知识是探索和满足客户未来需求、改进管理流程的先决条件和重要内容。因此，对于企业而言，充分运用新技术，深入挖掘、理解和运用有关客户的知识是非常重要的。

②客户互动维度。客户互动维度包括卓越的运营能力、有关客户服务的互动渠道管理和流程管理。在实践中，对客户接触与互动过程进行有效的管理和持续的改进，会直接对客户价值、运营效率和高质量的客户关系管理服务产生重要影响。因此，企业对客户关系管理流程的管理和维护越有效，就越会实现更高的客户满意、营销生产力以及服务生产力。

③客户价值维度。客户价值维度包括企业从客户那里所获取的利益，如客户终身价值、客户忠诚或客户资产等。如果客户对企业的产品或服务表示满意，则客户流失的可能性就会大大降低。为了保持这种互惠的关系，客户价值维度指标促使管理人员持续地寻找方法，以便赢得客户承诺和客户忠诚。此外，企业也将基于客户盈利性等相关指标对客户进行分类，有助于更好地实现定制化。

④客户满意维度。客户满意是指一种产品或服务能够符合客户期望从而给客户带来一种心理的或非心理的满足。客户满意维度表明了客户对企业所提供的产品和服务的满意水平，在很大程度上决定了购买者将来能否成为企业的长期客户。

（3）企业客户管理制度。一家企业的客户管理制度是开展客户管理工作的依据和保障，企业的业务范围和规模不同，客户管理制度也会有所不同，大致可包含以下几个方面：

1）客户管理的机构和职责。

2）客户管理的主体与对象。

3）客户接待、客户回访等日常沟通与关系维护。

4）客户档案管理。

5）关键客户管理。

6）客户投诉管理。

7）客户管理的评价与考核。

案例 9-2 华为的客户管理

华为认为要让自己活得更好，活得更长久，需要企业不断地构建新的、比对手更强的能力，而客户关系就是个很好的能力。

一、华为客户关系管理的起源

华为为什么把客户关系看得如此重要？其中一个很重要的原因就是华为是一个草根逆袭的企业。它从一个贸易公司起家，一无技术，二无人才，三无资金，初期的看家法宝就是客户关系能力。

华为客户关系能力的构建，也是先从工具方法层面构建点的能力，支撑个体的单兵作战以及小团队的作战；到 2008 年华为启动 CRM 变革项目群，对客户关系管理进行了增强，才成为了一个完整的管理体系。

在这期间，华为找到了三个好师傅。第一个是跟标杆学，主要对标的是 IBM。华为跟 IBM 学习了 14 年，很多模型、工具与方法，都是跟 IBM 学的。第二个是跟对手学，华为主要是跟爱立信学，比如客户经理的岗位职责等，华为不断从优秀的对手那里学习先进的经验来弥补自己的短板。第三个是跟自己学，华为的客户关系管理中凝聚了大量华为自身的实践，它把经验通过案例和项目运作方法不断总结、萃取、固化到流程中。

华为的客户关系有两个非常明显的特点：一是客户高度集中。二是这些客户都是跟华为合作很多年的，像中国移动、中国电信，从华为成立就开始合作，到现在仍然是华为的重要客户。华为认为，客户关系是一种投资，在企业的人财物有限的基础上，要把有限的人财物投放到可以持续给其带来价值的客户身上，然后将这个客户的价值最大化。

二、客户关系管理的核心——客户选择

有些公司把客户关系片面地理解为吃吃喝喝、糖衣炮弹，这是对客户关系管理极大的误解。客户关系管理的核心价值在于能帮企业做正确的客户选择。

华为对"谁是目标客户"的理解，也是经历了一个过程的。最开始任正非提出的口号是"花钱买我们东西的才是我们的客户"，华为应该把精力聚焦，不要去参加媒体采访，不要作秀。但是过了一段时间，华为基于吸引人才的高薪待遇，开始改善其管理中的人均销售贡献和人均利润贡献，认为企业的目标客户应该是能够支撑企业的人均销售贡献与人均利润贡献的客户。

　　1996 年，华为开始思考公司的未来客户，认为选择客户的方法就是站在未来看现在，企业必须为更高质量的客户去努力。华为梳理了全球电信运营业 100 强的大客户名单，认为这才是华为未来的目标客户。1998 年，华为更进一步，选择了这 100 个客户当中的一个——英国 BT，开始做供应商认证，整整花费了两年时间，华为按照英国 BT 对供应商选择的标准对照自己，为公司进行了一次全面的体检，认清自身与世界一流企业的差距。完成了英国 BT 的供应商认证后，华为就跳到了一片蓝海当中，成为当时全球大运营商中唯一一家跟西方厂家竞争的中国厂家。

　　华为的企业价值观中有一句话叫作"以客户为中心"，它的源头就是要做正确的客户选择，以及围绕目标客户构建其客户关系。根据目标客户选择的标准，对客户进行分级管理。华为把客户分成了四级：S 类客户、A 类客户、B 类客户、C 类客户。S 类客户就是战略客户，A 类客户就是伙伴型客户，这两类是华为的重点客户。

　　进行客户分级以后，华为会对战略客户和伙伴型客户进行深入洞察，从原来的看项目、看机会的角度，转移到站在客户的视角去了解客户的行业，分析与规划客户的业务，来判断客户未来的发展以及它未来发展的潜力。华为强调客户选择的重要性，通过客户洞察，如果发现在客户未来的发展中，客户的业务会高速增长、客户的质量很高，华为有很多能给客户带来价值的机会，华为就会加大对这一类客户的资源投入，比如通过判断客户的未来需求提前进行资源整合，为客户提供优质高效低成本的解决方案，以获取更多的机会，与客户共同分享增长，成为一种共生的关系。

　　客户的满意不是对某个人满意，只有企业的综合服务能力达到了客户的期望，客户才会满意。华为的客户关系管理，将客户满意度也纳入到了管理体系中，实现以客户为中心的理念和保障企业的可持续增长。但华为强调以客户为中心，要以生存为底线，小的事情可以让步，但是不能以战略方向上的利益做交换。华为用工程商人的视角来要求自己，如果一个企业无法盈利，就失去了长期持续为客户提供优质服务的能力。

三、客户关系管理支持企业战略目标的实现

　　企业发展过程中一定要持续选择客户，华为不断地基于洞察进行客户的选择调整，总是跟成功者站在一起，并且构建价值客户对华为的黏性。

　　对于企业而言，战略是企业在有限资源基础上进行的取舍。战略的核心价值，包括对目标客户的定位和选择。华为采用的是大客户聚焦的客户选择方式，它会选择行业中的顶端客户，客户高度集中。有的合同一笔就上亿美元，大单可以极大地提升其人均产出能力，进而支持企业比较高的薪酬支付能力。但如何对大客户进行战略控制？华为通过以下三层来构建客户黏性：

第一层是影响客户的感知。客户与华为的业务合作非常顺畅，无论是战略研讨、业务规划、销售、设备交付、售后维护，客户的评价都很好，企业响应很快，人员素质很高，服务质量高。

第二层是提升客户赚钱的能力。将业务创新、技术开发和专利等企业的硬实力转化成客户对外宣传中的产品卖点，让客户的产品获得更高的溢价。

第三层是战略层面的，以及企业文化与价值观的契合。志同才能道合，与客户共同构建面向未来的共识，合作才是长期可持续的，也是不会被轻易替代的。战略伙伴关系是客户关系的顶点。形成企业与客户之间共生的，门当户对的合作关系，需要企业不断地修炼内功，提升自己的能力。

客户的选择与分级，是在对客户深入洞察的基础上才能实现的。华为通过正确解读客户的发展战略，分析战略匹配度来选择客户。

构建客户信息收集渠道如下：一是构建外部渠道，包括行业商务咨询报告、客户的股东大会、分析师大会、投资人；二是构建内部渠道，客户的网站、内部的刊物、年报，以及友商，80%的客户信息都是可以通过公开渠道获得的。

分析客户的发展战略，首先要了解客户未来的战略，包括它的投资领域、业务范围、组织架构。华为应分析了解现在和未来自己能不能给客户带来价值，华为的产品与服务在客户的业务当中是主航道还是边缘业务。如果客户侧与华为相关的产品与服务需求只占到客户整个采购的5%，华为针对该客户的分析就要下沉到与其业务相关的部门再展开分析。华为是运营商的主流设备供应者，因此需要对客户进行全面分析。

对于客户的分析，华为除了看现在的机会以外，还要分析未来3~5年客户的战略方向，有哪些是与企业相关的。如果发现在未来发展方向上，客户与企业的战略匹配是渐渐背离的，那即使现在它对企业的营收贡献很大，华为也会把它定义为现金牛客户，对它整个的投资策略是逐步地资源收缩，将资源转移到高价值客户上面。华为通过持续分析客户，预测客户未来的发展来提升自己适应环境的能力，不在一棵树上吊死。战略匹配度是华为选择客户当中的关键因素。

资料来源：林星光：华为的客户关系管理，https://www.doczj.com/doc/759264977.html。

推荐阅读

1. 周景勤. 营销与策划 [M]. 北京：北京大学出版社，2006.
2. 郑朝阳. ×公司客户关系管理策略研究 [EB/OL]. http://www.cnki.net.

思考题

1. STP 营销战略和 4P 营销组合策略包括哪些？

2. 客户满意度和客户忠诚的衡量指标有哪些？

3. 市场需求预测方法和营销渠道管理内容包括哪些方面？

4. 营销环境方法分析营销环境要注意哪些方面？

5. 金字塔分级模型对客户进行分级的要求是什么？

第十章　企业产品与工艺技术研发管理

学习目标

1. 掌握有关企业产品的知识；
2. 懂得企业生产工艺技术及其研发管理；
3. 了解企业产品竞争能力的含义和企业生产工艺技术竞争力；
4. 会用企业产品与生产工艺技术开发组织与流程管理的相关知识分析企业实际；
5. 完成实践与案例分析、练习模拟训练。

第一节　企业产品与工艺技术研发管理概述

一、企业产品及其特征

1. 企业产品

企业产品是企业在一定时期内有目的的劳动生产物，是生产经营活动的直接有效成果。现代企业中这种劳动生产物既包含有形的产品，也包含无形的产品。

从市场的角度来说，凡是企业提供给市场的、能满足消费者某种需求或欲望的、可以被消费者用价值衡量的都可以称之为产品。企业产品按使用去向可以分为中间产品和最终产品。

中间产品是通常所说的半成品和在制品，是企业本期生产的还需要继续加工的产品，中间产品一般不能够对外销售。对外销售的半成品不属于中间产品。比如，服装生产企业，正在流水线上加工的服装是中间产品，但为了满足消费者的 DIY 需求，完成部分生产过程，检验合格后，销售半成品，再由消费者动手完成后面的工序，这样的半成品不属于中间产品。

最终产品是指企业本期生产的不再进行加工、可以直接销售或使用的产品，主要是已经完成的劳务产品和可以对外直接销售的半成品。比如，儿童沙画，用户购买的是一系列材料，并按说明将这些材料组合，形成儿童的作品，因而其就是可以销售的半成品。

2. 企业产品的形态

企业产品的形态通常按其表现形式分为有形产品和无形产品。有形产品是经过生产制造过程将有形的原材料进行转化，形成自然界原来没有的物品，是看得见、摸得着的实物产品。无形产品是指通过物化和非物化形式将有形资源转化为具有价值和使用价值属性的非物质的劳动产品及有偿经济言行等形式的产品。有形资源是无形商品产生的前提条件，无形商品的作用对象是有形资源。市场上的软件、电影、音乐、电子读物、信息服务等可数字化的商品都属于无形产品。

3. 企业产品的特性

企业产品是企业的劳动生产物，是企业生产经营活动的直接有效成果。这些直接有效成果具有如下特性：

（1）企业产品的成果性。企业产品是企业生产经营活动的劳动生产物，是生产经营者劳动的成果，无论是物质形态的产品还是服务形态的产品，都具有价值和使用价值。对于企业来说，所有未经过本企业员工劳动而获得的产品不属于本企业产品。比如，自然界中未经开发的资源、企业的获赠品等都不是企业的劳动生产物，不属于企业产品。

（2）产品成果的有效性。企业产品是企业生产经营活动的有效成果。对于企业来说，达到企业规定的性质和标准，符合企业对产品质量的要求，才是企业产品。

（3）产品成果的直接性。企业产品是企业生产经营活动的直接成果。统计为企业产品的是企业按预定目的生产的产品，而生产过程中产生的废料等，即使可以在其他方面使用，并给企业带来一定的经济效益，因不属于直接成果，也不统计为企业产品。比如，服装加工企业利用加工服装产生的边角料制作成小商品，这不是直接成果。

（4）企业产品的形象性。企业产品是企业形象的外在体现。企业形象是社会公众和企业员工对企业的整体印象及评价。它可以通过产品、企业的标识和组织、媒体宣传、企业员工、企业文化、企业环境、社区等多方面、多角度体现。企业产品能够体现其质量、产品设计、加工工艺等，是企业与人们沟通的媒介，是企业形象的外在体现。

4. 企业的有形产品和服务产品

有形产品和服务产品是将企业产品按其表现形态划分的，这也是我们经常表述的产品。有形产品是经过制造将有形的原材料转化，形成自然界原来没有的物品。服务产品是没有制造有形产品的过程，但通过提供劳务形成的产品。

（1）有形产品的类型。有形产品按工艺过程特点可分为连续性生产的产品、离散性生产的产品；按照企业组织生产特点可分为订货型生产和备货型生产。不同类型的产品的生产管理过程不同。

在产品生产过程中，均匀地使用物料，连续按一定工艺顺序不断改变物料形态和性能，最后形成的产品的生产为连续性生产，也称为流动性生产。如果在产品生产过程中，使用物料不均匀（物料离散），按一定工艺顺序不断改变物料形态和性能，最后形成产品的生产称为离散性生产，也称为装配型生产。比如，药品生产、食品加工属于连续性生产；家具制造、汽车制造等，构成产品的各种零部件可在不同国家、不同区域制造加工，这就是离散性生产。

如果在产品生产过程中根据是否接到订单来组织生产，则按照接到的订单，经过协商和谈判，订立合同或达成协议，再依照订单上用户的要求组织设计、生产并按期交货，这就是订货型生产。如果企业是通过市场调查预测的结果，在没有用户订单情况下按原有的标准产品或产品系列生产，补充或维持一定量的库存，这就是备货型生产。比如，船舶、飞机制造等，由于产品的专用性强，是特定用户的特定需求，这类生产属于订货型生产；而标准化插座、标准化工具等的生产属于备货型生产。

（2）服务产品的类型。服务业的广泛发展使服务融入了人们日常生活的方方面面。早在1984年，瑞典学者理查德·诺曼（Richard Norman）就提出了服务是由活动和相互作用（社会性接触）构成的，消费者直接参与服务过程，服务过程中不可缺少的因素就是全方位的接触和相互的作用。服务的主要特征是不制造有形产品而提供劳务，不制造有形产品不等于不提供有形产品服务，服务是过程而不是物件，服务有许多种类型，下面是对服务的简单分类（见图10-1）。

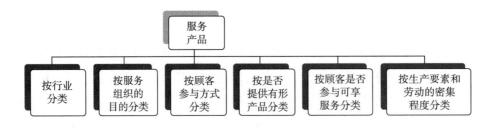

图10-1　服务产品的分类方式

1）按我国国民经济行业来分，除农业、工业、建筑业之外，其他行业都属于服务业，包括教育、通信、金融保险、保健医疗、休闲娱乐、贸易、商业、运输、公用事业、政府服务等。不同类型的服务业产生了不同的产品，如金融产品、保健产品、休闲产品等。

2）按服务组织的目的可分为有营利服务和非营利服务。非营利组织提供的非营利服务不以追求利润为目标，但要在追求满意的服务质量的前提下，努力降低成本，保证组织良性循环。比如，教育、医疗、政府服务、公用事业等为非营利服务。

3）按顾客参与方式可分为心理服务、身体服务、拥有物处理服务。心理服务，如教育信息、娱乐咨询、心理救助等涉及心理刺激的服务。身体服务，如医疗、保健、餐饮、理发等涉及顾客身体处理的服务。拥有物处理服务，如维修、洗衣、整理、清扫服务等涉及顾客拥有物处理的服务。

4）按是否提供有形产品可分为不提供任何有形产品的纯劳务和既提供有形产品又提供服务的一般劳务。比如，讲课和法律咨询为纯劳务，批发、零售则为一般劳务。

5）按顾客是否参与可享服务可分为顾客参与服务和顾客不参与服务。没有顾客的参与不可能进行的服务是顾客参与服务，如学校、理发、旅游、娱乐中心等。无需顾客参与可以完成的服务是顾客不参与服务，如维修、货运、邮政等。

6）按生产要素和劳动的密集程度可将服务分为大量资本密集服务、专业资本密集服务、大量劳动密集服务、专业劳动密集服务。如图 10-2 所示。

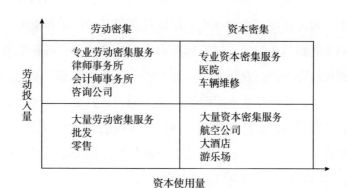

图 10-2 按生产要素和劳动的密集程度分类

（3）实物产品和服务产品的关系。制造、装配业生产的产品以实物产品为特征，但产品推向市场进行销售，除了产品本身，还要有服务，如软件的设计与销售。服务业的生产以服务为主，其中也包含从属于服务的制造性生产，如餐饮业提供食物。因此，实物产品和服务产品在企业产品中既有区别，又互相融合。表 10-1 列出了实物产品和服务产品的特征及关系。

表 10-1　实物产品和服务产品的特征及关系

	特征	描述
实物产品	有形性	以不同的形态存在
	可存储性	生产的产品在一定时间内可以存储
	生产的独立性	生产过程无需有消费者参与
	可重复	产品可重复生产、重复使用
	与服务的同步性	产品销售需要同步服务
	无形性	消费服务之前难以用感官感知其颜色、气味和功效等，是一种活动
	可测量性	产品的优劣用质量衡量
服务产品	不可储存性	只有在服务过程中才消费服务产品
	生产与消费的同时性	服务的生产过程同时也是消费过程，在时间和空间上两者均不可分割
	多变性	服务消费以不同的顾客为中心，服务生产是不同服务人员向不同的顾客提供同一种服务
	可测量	顾客的预期可与实际感知进行对比
二者的关系	相互独立	产品生产中独立存在
	有依存关系	产品销售中相互依存

5. 企业产品的标准

（1）标准的分级。企业产品标准在世界范围内有统一使用的国际标准，还有国家标准、行业标准、地方标准、企业标准、团体标准等。除国际标准外，不同级别的标准分别由不同的主管部门来制定。国家标准由国家标准化主管机构批准发布，是在全国范围内统一使用的标准；行业标准由国务院有关行政主管部门制定，报国务院标准化行政主管部门备案，是在行业范围内统一使用的标准；地方标准由省、自治区、直辖市标准化行政主管部门制定，是在某一地区范围内统一使用的标准；企业标准由企业自己制定，是企业组织生产、经营活动的依据；团体标准是由团体按照团体确立的标准制定程序自主制定发布，社会自愿采用的标准。

上述标准中，凡是同一内容的上一级标准公布，该内容的本级标准废止。

（2）企业产品标准制定的原则。企业产品的生产有多方面的标准，如质量标准、材料标准、服务标准等，国际市场需要符合国际市场标准，国内市场需要符合国家标准或企业标准。此外，企业在生产过程中，还有企业的工作标准。企业开展标准化工作是在企业产品标准化和工作标准化的基础上组织的生产经营活动。

企业产品标准的制定一般要遵循以下原则：

1）"顾客第一"的原则。企业产品以能够满足顾客的需要衡量产品标准水平，这也是制定标准的重要标志之一，但产品质量的最终评价仍然来自于消费者，这也是标准必须随着社会、经济、科技的发展进行修改的重要原因。

2）相关标准的系统性原则。一方面，产品或服务中的重复性工作标准化，有利于产品的一致性。另一方面，企业相关标准之间、企业标准与企业外部相关标准之间的协调统一，有助于充分发挥标准的作用。此外，企业的标准还要完整配套，保证产品生产中所需的标准齐全。

（3）企业自行制定产品标准的要求和原则。企业产品标准是对产品的性能、结构、规格、质量、质量检验方法以及检验结果判定等做出的技术规定，是企业生产产品统一的技术要求、管理要求和工作要求，需遵从国际标准、国家标准或者行业标准。有些情况下企业可以自行制定标准。

1）企业自行制定产品标准的要求。

①企业产品标准应当符合国家法律法规的规定，不得与强制性标准相抵触。

②企业产品标准的结构、格式要符合 GB/T 1.1-2020 和 GB/T 1.2-2020 的要求，制定的标准内容完整并能准确表述产品的功能和特性。

③企业产品标准应在批准发布后 30 日内到当地市场监督管理部门备案，标准的实施后果由企业负责。

④企业产品标准备案的有效期为 3 年，到期之后需重新备案并予以公告。

2）企业自行制定产品标准的原则。

①填补空白原则。企业生产的产品如果还没有国家标准、行业标准和地方标准，需要企业自行制定标准。

②补充原则。对现有国家标准、行业标准的补充。

③提升质量原则。提高产品质量和促进技术进步，企业制定高于国家标准、行业标准或地方标准的企业产品标准。

④企业特殊原则。企业特有的工艺、装备、半成品和方法标准，以及企业特有的产品生产中的管理标准和工作标准。

为保证企业产品竞争力和企业持续发展，企业自行制定的标准要严于国家标准或者行业标准，并由企业法人代表或法人代表授权的主管领导批准，到相关部门办理手续，备案并予以发布。

（4）企业产品标准管理。在我国境内的企业，要遵循《中华人民共和国标准化法》（2018 年）、《中华人民共和国标准化法实施条例》和《强制性国家标准管理办法》等法律法规。对于企业制定和发布标准也有相关部门制定的《企业产品标准管理规定》，其规定了企业产品标准由企业组织制定，由企业法定代表人或者其授权人批准、发布。对标准制定的情形、制定标准应遵循的原则、制定的程序、标准的审查、标准的备案、企业产品标准的监督管理等都做了详细的规定。企业产品标准必须符合国家法律法规和强制性标准规定。3C 认证（China Compulsory Certification）是中国的强制性产品认证制度，是一种最基础的安全认证。"统一目录，统一标准、技术法规、合格评定程序，统一认证标志，统一收费标准"等一揽子解决方案，对促进贸易便利化和自由化发挥了重要作用。

二、企业生产工艺技术

1. 企业生产工艺技术的特性

企业生产工艺技术的特性主要包括企业生产工艺技术的标准化、创新性以及先进性和高效清洁等。

（1）企业生产工艺技术的标准化。工艺技术术语、工艺技术符号、工艺技术文件都要标准化，这有助于企业间的技术经验交流和推广。在国家和行业中尚未制定工艺技术符号标准，或技术文件上只有指导性说明的情况下，企业可根据实际情况，在不与上级标准相抵触的情况下，制定本企业的工艺技术符号标准。工艺技术文件是企业组织生产、指导操作、控制产品质量和进行企业管理等所必备的技术文件，包括工艺技术规程文件、管理用工艺技术文件和工艺技术装备设计文件。

（2）企业生产工艺技术的创新性。企业生产工艺技术水平不仅影响企业的产品质量，还影响企业生产的物耗、能耗和效率。工艺技术的创新性体现在应用信息化手段、使用先进设备、使用集成技术、使用优化理论、应用新的规则体系等，提高企业的生产技术水平、产品质量和生产效率。

（3）企业生产工艺技术的先进性和高效清洁。企业生产工艺技术的先进性体现在产品质量性能以及产品的可靠性、工艺水平、装备水平等方面。企业生产工艺技术能否较好地适应市场变化，是否安全、高效、低耗、灵活、清洁，决定着企业产品市场竞争力的高低。

2. 企业生产工艺技术标准

（1）企业生产工艺技术通用标准。技术通用标准是企业普遍使用的具有广泛指导意义的标准，在企业范围内是其他标准的基础，一般是直接执行国家和行业现行的基础标准，如果没有国家和行业标准，企业可以自行制定企业工艺技术通用标准。

（2）工艺技术设计标准。为保证和提高产品工艺设计质量而制定的标准是工艺技术设计标准，包括标准设计准则、设计符号、代号、术语标准、编号标准、专业设计规范、设计参数与数据标准、计算方法标准、设计图样与文件的格式、产品安全环境要求、相关法规要求及国际惯例等。

（3）工艺规程。工艺规程是企业保证产品质量，提高劳动生产率，指导产品加工、操作的文件，是通过文字、图表和其他载体形成的主要工艺文件，是企业计划、组织、控制、生产的依据。

（4）投产前的原料、辅料工艺控制标准。包括原料、辅料的质量要求和采购质量标准，以及出现差异时的相关标准。

（5）安全生产和特殊工序的工艺标准。为保证安全生产企业需要制定安全生产标准。同时，生产中需要为特殊的工艺、工序、技术等制定工艺标准。

三、企业产品与工艺技术研发周期管理

1. 产品的生命周期

1950 年美国营销学家乔尔·迪安在其关于有效定价政策的讨论中采用了"产品生命周期"这一重要概念。1966 年美国哈佛大学教授雷蒙德·弗农（Raymond Vernon）在其《产品周期中的国际投资与国际贸易》一文中正式提出了产品生命周期理论，之后美国的波兹等学者提出产品生命周期及其进入市场后不同时期销售的变化，可分为投入期、成长期、成熟期和衰退期。20 世纪 90 年代，产品生命周期理论也用于解释产品满足可持续发展要求的研制开发模式。

产品生命周期（Product Life Cycle，PLC）是指产品从进入市场到被市场淘汰所经历的全部过程。

任何一项产品都会经历从开发期经商品化而进入市场，为市场接受，经过成长、成熟和衰退以至最终退出市场而消亡的过程。人们把产品投入市场至退出市场的全过程称为产品的生命周期，亦称产品的市场寿命周期。还有一个与企业产品有关的概念是产品的自然寿命周期，它指的是产品自身的单一使用时间的长短。比如，家用电器一般使用 6~8 年，由于零部件（元器件）的长期使用，自身老化，而不能继续使用，如果继续使用，则可能需要不断的修理。无论是产品的市场生命周期还是产品的自然寿命周期，对于企业的产品开发来说具有重要意义（见图 10-3）。

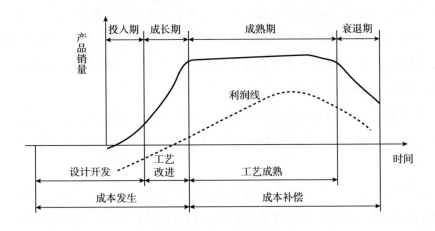

图 10-3　产品生命周期曲线

在产品生命周期的四个阶段中，产品市场需求量会经过由低而高，再由高到低的生长消亡过程，需求量变化很大，不同的产品生命周期也有所不同，是市场和科技发展特征的反映。因此，产品生命周期的研究也是企业进行新产品开发、制订产品更新换代的规划和市场经营决策的重要依据。

2. 新产品

新产品是指产品性能、材料使用、技术性能等至少有一方面具有独创性，或者优于老产品，具有先进性的产品。通常新产品包括全新产品、改进新产品、换代新产品和模仿新产品。物质产品有新产品，服务同样也有新产品。

（1）物质产品的新产品。

1）全新产品。全新产品是指在生产上采用新技术、新发明生产的与老产品截然不同的产品，在产品工作原理、产品结构、原材料应用、生产工艺等方面具有独创性，也称为创新产品。比如1946年推出的电子计算机等，都属于完全创新的产品。全新产品往往是科学技术重大突破的结果，是新发明的产品转化。开发成功的全新产品，意味着创造需求，取得全新的市场机会。对于企业来说，产品技术处于领先地位，拥有发明专利权，则具有垄断优势。全新产品开发周期长，开发难度大，一旦开发成功投入市场，消费者还需要有一个认识和普及过程。因此，全新产品的开发要与企业的竞争策略相适应，符合产品定位，并且功能设计符合新的核心概念。

2）改进新产品。改进新产品是对现有产品的性能、功能进行改进，扩展规格型号，增加款式，翻新花色，提高质量而生产出的产品。比如，国内的制造企业从单一地引进、吸收国外产品的工艺、设计等，经过创新改造，逐步向国产化发展，提高产品的技术含量，生产更适应市场的高质量产品。

3）换代新产品。换代新产品是指在原产品的基础上，基本原理不变，部分采用新技术、新材料、新元件改进产品性能、功能或经济指标，以满足新需要、适应新用途的产品。比如，液晶电视革新为智能电视，电子手表革新为智能手表，后者属于换代新产品。换代新产品技术含量比较高，开发难度比全新产品小，能在市场上独树一帜，是市场上大量新产品的来源，也是企业开发新产品的重点。换代新产品有利于增强产品竞争能力和创立名牌。

4）模仿新产品。模仿新产品是企业为减少研发时间，降低研发成本，在不违反相关法律法规的基础上，对国内外市场上已有产品进行适应性改造后的模仿生产，又称为仿制品。

上述四种新产品中，全新产品开发难度大，研发周期长，要花费巨大的人力、物力和财力，还具有一定的失败概率和被竞争者超越的风险，许多企业难以承担大的风险。仿制品创新性差，容易侵权，因此企业进行新产品开发的重点是改进新产品和换代新产品。对于企业经营来说，新产品必须能满足市场需求，能给企业带来利润，具有可持续发展性。全新产品开发还需要具有设计和制造的可能性。

（2）服务产品的新产品。服务新产品实际就是通过开发新的服务项目、改进服务方式、提高服务质量、增加服务项目、模仿竞争者、使用新的服务技能等而形成的产品。

随着国民收入的不断提高，居民消费观念的更新，依托移动互联网、大数据和云计算等新兴技术，人们的服务要求越来越多，消费升级的步伐也在大步向前，消费者以物质消费为主的消费结构逐渐向以物质、精神和文化消费兼备的消费结构转变，能够为消费者提供更多的、效率更高的、新的精神和文化食粮的服务成为服务业发展的新要求和新机遇。

服务新产品同物质新产品一样，也包括全新服务产品、改进新产品、换代新产品和仿制新产品，此外，由于服务产品的全劳务特性，还有组合新产品。比如，旅游新产品可以在原有旅游产品设计的基础上开发新的旅游项目、增加服务内容、改进服务方式、提高服务质量等，让旅游者有更好的体验。

1）全新服务产品。全新服务产品是根据社会发展和市场需求，服务业运用新原理、新材料、新技术、新内容推出的服务产品。比如，2020年，故宫迎来了600年的大寿，由于新冠疫情的影响，人们无法外出旅游，故宫博物院和数家媒体在4月5日开展了一场网络直播，让人们一起聆听春花与朱墙红瓦的对话。随后许多旅游景点运用3D技术推出从未有过的云旅游、云参观，还可以进行云拍照，使人们居家也能感受到旅游的乐趣，同时对旅游景区起到了良好的宣传作用。

2）改进新产品。改进新产品是对原产品要素进行改进，通过改变服务方式、增加服务内容、提高服务质量形成的服务产品。比如，海底捞餐饮服务，通过改进服务，为等待就餐的顾客提供免费美甲以及饮料、水果、零食等，服务热情、周到，以颇具特色的火锅、独特的服务打开众多的市场。

3）换代新产品。服务的换代新产品是在原产品的基础上充分利用已有的基础设施，局部采用新的技术、设备、新成果，完成基础设施的更新换代，以满足消费需求的产品。比如，旅游景点在原有观光旅游的基础上，为满足人们日益增长的物质和文化需求，推出了主题观光旅游产品。

4）仿制新产品。服务仿制新产品就是模仿已有的服务产品，因服务的特性，即使是相同的服务也不会出现完全相同的效果。

5）组合新产品。组合新产品是根据消费者需求的复合性将各单项服务产品按复合需求加以组合而形成的新的组合服务产品或系列服务产品。在现代服务中，越来越多的服务发展为综合性服务。

无论是物质产品还是服务产品，新产品是特定的技术以一种特定的方式被利用为基本条件而产生的，是对人类需求的更新满足，或者是需求在更高层次上的满足。新产品开发的关键是了解和确定人们现实和潜在的需求，进而采用新的科学技术、设备、方法、思维过程等来满足这些需求。

（3）新产品开发的必要性。企业开发新产品以更好地适应市场，满足日益增长和变化的市场需求，提高产品竞争力，其必要性如下：

1）产品生命周期规律客观存在的反应。产品生命周期的客观存在要求企业根据产品生命周期不同阶段的市场特点，及时投入研发工作，对产品进行更新、改进。没有哪一个产品能永久符合人们的需求，企业若不能及时推出新产品，就会导致在产品随需求变化进入衰退期的同时，企业也随之衰退。

2）社会需求变化的必然要求。随着社会经济的发展、科技水平的不断提高，收入的普遍增加，生活质量的提升，需要多样、便利、功能复杂、品质好的产品，以适应人们新的生活方式的需要。淘汰难以适应市场的老产品，把握需求变化不断开发新产品是社会需求的必然要求。

3）维持企业竞争地位的需要。随着市场竞争不断加剧，企业要维持或提升市场竞争地位，适应市场环境，必须不断研发并推出应用新的科学技术、与动态变化的需求相适应的新产品。这也有利于企业创立企业标准。

4）科技发展的推动。随着科学技术的迅速发展，出现了许多高科技新产品，互联网技术、信息技术、新材料技术、微电子技术、人工智能技术等为企业用新的生产技术进行高效生产提供了可能，一方面加快了产品更新换代的速度，缩短了产品的生命周期。另一方面，企业不断面临着新生产技术的选择以及生产系统的重新设计、调整和组合。比如，手机从只支持打电话、发短信，到现在的可作为衣食住行绝对保障的豪华电子设备，无论是功能、外观，还是与其相匹配的通信技术，都离不开科技的飞速发展，是企业产品创新的结果。

5）增加企业营业收入和利润的基本保证。企业营业收入和利润的增加是企业生存和发展的基本要求，有计划地持续开发新产品，及时弥补因老产品的衰退导致的产品销售量的下降，是企业生存与发展的关键，也是企业持续发展的基本保证。

（4）新产品的发展方向。随着社会和经济的发展，消费需求的不断变化，消费者的消费心理和消费行为模式不断变化，新产品、新工艺、新技术层出不穷，新产品发展向高效多能化、小型轻便化、智能知识化、复合化、简洁简单化、艺术品位化方向发展。

1）高效多能化：从产品功能和使用范围的角度着手，在保证产品效率和精度的基础上，增加功能，扩大使用范围。比如，智能手机与家用电器的互联。

2）小型轻便化：缩小产品的体积，减轻重量，便于携带、运输，产品小型化可以节省材料，降低成本。

3）智能知识化：将专业性的新的知识和技术转化为产品，有效扩大用户群。比如，手机视频制作 App 的开发，把原本很专业的技术平民化，让会用智能手机的群体不分年龄不分职业都能制作视频。

4）复合化：研究功能上相互关联的不同单体产品，研发为集合型复合产品。比如，手机使用的便携式文字处理打印机，是集计算机、打字、计算、储存、印刷、信息传输为一体的小型设备。

5）简洁简单化：使用新技术、新材料，设计标准化、系列化、通用化的零部件，简化产品结构，减少产品零部件，使产品简洁，操作简单，降低产品成本。

6）艺术品位化：产品符合大众审美，从产品的造型、色调、质感、包装等方面下功夫，提升产品的艺术品位。

3. 企业产品的生产工艺技术开发时间管理

产品的生产工艺技术包括产品制造的工艺参数、路线、方法、诀窍、质量标准等。为缩短产品研发到进入市场以及产品生产的周期，降低成本，满足正在缩短的产品生命周期，企业选择产品与生产工艺技术同时期开发，产品开发与服务设计同期设计。

在新产品开发管理中，只有产品开发设计人员和生产工艺技术人员密切配合，形成合作开发机制，在产品构思和设计中同时考虑制造的可行性和经济性，生产工艺技术人员在决策新产品生产时已经把握了新产品的制作流程和工作计划，这样才能保证产品开发的效率和效益。制造业的产品和服务有着密不可分的关系，在产品生产工艺技术开发的同时，也要设计好服务，形成"产品+必要的服务"，为将产品推向市场打下良好的基础。比如，设计好看易懂的说明书供消费者使用。

综上所述，加速产品开发使企业在时间上获取竞争优势，生产工艺技术是加速产品开发的关键环节。

4. 企业产品的生产工艺技术管理

企业在生产或服务中把握好对产品技术标准的贯彻以及工艺定额控制管理和工艺规程的实施管理，是科学管理生产、合理利用各种资源、保证产品质量、提高工作效率的根本保证。

（1）产品技术标准管理。产品技术标准管理包括制定和修订产品标准与贯彻产品标准两个方面。

产品标准的制定和修订要考虑以下几方面：

1）制定的产品标准要技术先进、安全可靠、符合实际，还要经济合理。

2）制定的产品标准的审核和修正年限，一般间隔 2~3 年。

3）对同类产品优选并确定分档标准，形成条例。

4）制定影响产品质量的物料和中间品的质量检验标准。

5）将国际通用标准或同行业国内外先进标准作为首选标准。

6）用优于已采用的国际标准或国内外先进标准作为企业内控标准。

企业一旦确定或制定了标准，任何部门不得擅自修改或降低标准，必须严格贯彻执行。在产品生产的全过程，产品的技术标准须执行有效，要有负责、有检验、有验收，拒绝验收不合标准的产品。

（2）工艺定额控制管理。工艺定额主要是在保证产品质量的前提下，针对物资消耗和作业人员数量及劳动时间方面的规定。比如，酒店保证良好服务消耗的物品、需要的人工、工作的时间。

工艺定额是根据设计的产品结构和工艺要求及本企业的具体生产条件，运用理论计算、技术测定，结合数据统计、经验估计的方法确定的，定额既要达到合理、可操作性，又要考虑经济性。为执行好工艺定额，工艺定额颁布实施后，不得随意更改，严格执行定额规定，若执行中出现偏差，找出产生偏差的原因，及时纠正。

保证工艺定额的相关配套管理工作要从制度管理、技术管理、培训管理、服务管理四方面入手，制定岗位责任制、操作规程、技术培训和岗位考核、相关的服务配套管理制度，为工艺定额的实施做好保障。

（3）工艺规程的实施管理。工艺规程是指导产品加工和工人操作的主要工艺文件。企业依据工艺规程进行计划、组织和控制生产，因此是产品质量和提高劳动生产率的保证。制造加工业的工艺路线卡、工艺卡、工序卡、检验卡、工艺守则、装配系统图等都属于工艺规程。服务业的工艺规程可以参照制造加工业工艺规程。比如，服务工序、服务要求、注意事项等是指导服务人员工作的规程。

5. 产品不同生命周期阶段的设计与研发

产品生命周期分为投入期、成长期、成熟期和衰退期四个阶段，处在产品不同生命周期阶段的市场认知、需求、技术存在差别，产品设计与研发的内容、重点及数量都有不同。

产品生命周期在不同技术水平的国家中发生的时间和过程存在一个较大的差距和时差，除了表现出不同国家技术上的差距，也反映出同一产品在不同国家市场中的竞争地位有所不同，一般可以把这些具有技术差距的国家依次分成创新国家、一般发达国家、发展中国家，其中创新国家一般是最发达国家。

掌握产品生命周期的走向和各阶段的设计与研发特点，对企业来说，可以判断并决定国际贸易和国际投资方向，对企业提高技术创新能力，有计划地组织和管理产品设计与研发，提高企业经济效益具有重要的意义。

产品处在生命周期的投入期，尚不能明确有关技术和市场需求，产品设计与研发的重点在改进产品的功能和特征上，在反复论证评价的基础上，筛选出性能好、竞争力强的产品作为基本产品，为产品的市场化打好基础。

产品处在生命周期的成长期，重点在改进工艺，是产品创新向工艺创新过渡的阶段，产品性能和结构已渐趋定型，已形成合理的技术标准，也能够进行标准化生产，为提升企业竞争力，做好技术储备，在明确企业的核心技术和市场需求的基础上，加大产品设计与研发的投资力度，开展应用研究与技术开发，加强企业各部门的协作与协调，为降低产品成本创造良好的条件。

产品处在生命周期的成熟期，产品结构和制造工艺的相互依赖性形成并进一步增强，产品创新和工艺创新较前两个阶段有所减少且趋于稳定。产品设计与研发重点在工艺改进和技术服务上，注重加强企业各部门的协作与协调的稳定，形成产品规模化生产。

产品处在生命周期的衰退期，市场需求快速减少或转移，产品即将退出市场，企业应该在此阶段到来前做好新产品的设计研发，替代原产品或开辟新的市场。

整个产品生命周期中，产品设计与研发的变化是有规律的（见表10-2）。企业根据产品生命周期的阶段，有计划地进行产品创新和工艺创新，制定产品设计与研发策略，进行相应的组织调整与改革，满足技术与市场匹配原则，提高产品设计与研发的效率和效益。

表 10-2　产品生命周期不同阶段的设计与研发

产品设计与研发要求	产品生命周期阶段			
	投入期	成长期	成熟期	衰退期
内容	产品基础形态设计	产品的标准化、工艺化设计	产品制作工艺改进、技术服务	设计开发新的产品
重点	改进产品的功能、特征	进行工艺创新、改进工艺	产品制作工艺改进、技术服务	产品的创新
组织要求	富有创新精神、组织有生机、灵活	加强各部门的合作与协调	稳定	重建设计研发小组

6. 产品设计与开发方式

企业选择恰当的产品设计与开发方式，能有效降低开发风险，是提高开发成功率的条件之一。企业进行产品开发，可以选择自行研制、技术引进或两者相结合的方式。

如果企业根据市场需求自行承担产品设计开发的全过程就是自行研制。企业按自身情况投入研发，自行开展技术革新、新材料研究，研制开发出独具特色的具有竞争力的新产品。研发能力较强的企业采取自行研制方式，更有利于企业形成技术优势，增强产品竞争力。

通过引进国内外先进成熟的技术设计开发新产品就是技术引进。由于直接购买技术专利（或开展技术合作或技术转移），使得开发周期大幅缩短，节约了研发费用，开发风险得以降低，但企业无法获得具有竞争力的技术优势。

如果企业在消化吸收引进技术的基础上，结合自主创新推出新的产品就是自行研制与技术引进相结合的方式。这种开发方式同样具有见效快、投资相对较少的优点。既学到了国内外先进的技术，也提高了企业的创新水平，更有利于企业的可持续发展。

7. 产品设计与开发程序

企业产品的设计与开发都需要按照一定的工作程序来进行。一般来说可分为了解需求、产品构思和设想，方案形成和方案选择，设计与开发，生产准备与生产四个环节。

（1）了解需求、产品构思和设想。产品构思前，首先进行调研，了解市场的需求，提出满足消费需求、吸引消费者的产品构思方案，该阶段属于创意阶段，提出产品工作的原理和构造，产品采用的材料和工艺，产品的功能、特性、用途等多方面的设想。产品创意的来源有可能来自企业内部，也可能来自企业外部，还有可能综合来自企业内外部。产品创意的驱动力来自市场、技术、运营驱动三个方面。

市场驱动型产品模式是广泛收集市场信息，以市场需求为导向，从满足市场需求着手，开发产品，注重长期发展而形成的模式（见图10-4）。比如，类似智能冰箱的更新换代的产品就是市场驱动型产品。市场驱动有利于企业在市场上建立领导地位。为满足消费者的个性化需求，出现了市场驱动的个性化定制生产，而个性化定制生产的实现，需要柔性技术。

图10-4 市场驱动型产品模式

技术带动产品的出现是技术驱动型产品模式，一些高精技术驱动的产品，有的不经过市场调研、产品设计决策等，直接快速地交付产品，面向创新者和早期采用者（见图10-5）。技术驱动型的产品设计开发往往不清楚该产品最终是否有用户使用，研究开发需要巨大的资金投入，具有较高的风险。一般型的技术驱动产品在设计开发时应该是既要有充分的市场需求预测，又要有先进的技术引导。企业除了用自己的科研团队进行技术研究，还要加强与高校、科研机构的密切合作，加强科技成果的转化，形成具有商业价值的产品。

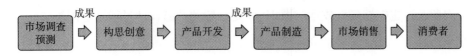

图 10-5　技术驱动型产品模式

运营驱动型产品模式是在消费者很明确自己的需要，市场竞争激烈的情况下，企业转换思维做好的产品，注重用户体验，把握时代脉搏，做好运营。针对与竞争者差距不大的产品，注重短期效果的产品，以价格和服务作为市场竞争工具。

（2）方案形成和方案选择。将产品构思和设想形成方案，经过论证和检验，遵循企业的生产、销售和财务标准要求，在多种方案中确定可以实现的方案，进入新产品开发阶段。

生产标准通常包括技术可行性、企业的生产能力、原料供应的可能性、现有设施情况和使用经验、有无专利、有无其他法律问题等。销售标准包括企业的上市能力、预测的销售增长率、新的产品对现有产品的影响以及产品竞争力等。财务标准包括投资需求和投资回报、对企业总获利能力的贡献大小、预计的现金流等。

（3）设计与开发。仔细研究新产品的原理、构造、材料、工艺过程，以及新产品的功能、性能、用途等，确定新产品的结构、技术参数、产品规格、技术经济指标等，修改技术构思并最终确认，确定产品的基本定型，并严格管理措施，进行产品可靠性检验，给产品的制造打好基础。

（4）生产准备与生产。进入新产品的生产准备及生产阶段，首先要评价上一阶段的结果以决定是否投产，确定投产后，需要做好生产准备，包括技术文件准备、工具及设备准备、工艺设计等，必要时先进行样品试制或批量试生产，以及试制产品的试销。试制试销成功之后再投入正式生产。同时，可以收集新产品投放初期跟踪市场的调查反馈意见，并及时修改开发的新产品。

8. 产品开发设计与技术选择

由于消费需求的变化、科技的进步和企业可持续发展的需要，产品开发设计与技术选择是在企业总体战略指导下，以产品规划与企业经营方向一致为原则，对产品系列、产品质量、产品功能及特性、产品发展、产品成本等做出决策，选择适合的工艺，实现产品开发设计及制造，并做好组织协调工作。该过程要注重产品设计、工艺选择、生产流程设计。

（1）产品设计。产品设计既要考虑市场需求，也要考虑企业的自身情况。面向市场需求设计产品，是市场驱动，设计要符合大众的审美，重视市场反馈的问题。面向企业设计产品，要考虑企业的技术、竞争力、成本因素，将产品设计和产品制造相结合，改进产品设计质量，使用可重复、易懂的工艺流程，让装配工作流程简单化，缩短制造周期，这也能够降低成本。图 10-6 是一般的产品设计过程示意图。

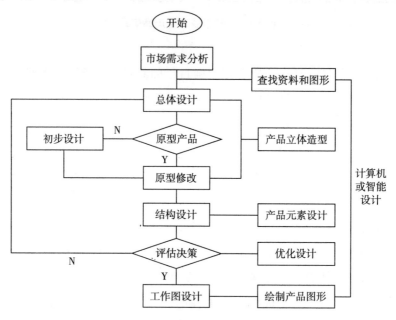

图 10-6　产品设计过程示意图

服务设计要本着服务系统的每一个要素与企业运营核心的一致性，用户使用环境的友好性，服务的稳定性，服务的有效性，提供服务的一致性，以及服务的效益性原则。服务的一致性可以通过结构化设计体现，服务的效益性考虑服务成本、服务效率和服务的社会、经济效益。

（2）工艺选择。产品工艺选择是指企业选择何种工艺的战略决策，是生产产品或提供服务的组织方法，通常产生于新产品或新服务的计划过程。产品工艺选择影响着企业运作能力的规划、设备和设施的布置以及工作系统的设计，由于产品的状态不同，在选择时需要考虑产品或服务的差异性及企业设备情况。

按照企业所提供的产品或服务的差异程度及产量规模，工艺类型可分为：工艺专门化、批量生产、重复性生产、连续性生产、项目方式。服务类产品由于服务方法不同，因此工艺也不同，各种工艺类型及其优缺点如表 10-3 所示。

表 10-3　各种工艺类型对比及其优缺点

	工艺专门化	批量生产	重复性生产	连续性生产	项目方式
特点	高差异化，产量低	差异化一般，产量中等	标准化程度较高，产量较高	高度标准化，大量产出	具有特定目标的非常规性工作，是一次性的，管理的核心在于时间、质量和成本之间的均衡

续表

	工艺专门化	批量生产	重复性生产	连续性生产	项目方式
对设备和工人的要求	高柔性的设备和技术工人，间歇性的加工	工艺专门化高	较低柔性的专门用途设备，对工人技术要求不高	不要求设备柔性，工人技术水平较低	不同的项目对设备的柔性、工作人员的技术和管理的要求不同
优点	高柔性，灵活性好，能处理差异很大的工作	有一定的柔性和灵活性	在制品库存较低，成本较易估计，单位成本低，效率高，常规性管理	效率极高，在制品库存低，成本易估计，单位成本极低，便于管理	高效，针对性强，时间、产品质量、成本同时管理
缺点	效率低，在制品库存高，产量低，单位成本高，成本难于估计，管理复杂	在制品库存高，单位成本高，成本估计略带常规性，管理比较复杂	柔性低，灵活性差，固定成本高，停工成本高	刚性大，固定成本极高，不易改变，停工成本极高	成本估计非常复杂
举例	美容院模具厂	火车客运报刊印刷	麦当劳作业线计算机生产	冬季供暖石油生产	某地旅游开发新能源项目

常用的工艺选择工具是由哈佛商学院的海斯和惠尔莱特于 1979 年提出的产品—工艺矩阵（Product-Process Matrix，PPM）（见图 10-7），它可以帮助企业分析产品结构或者产品生命周期，选择与之相匹配的工艺结构，这也是一种战略分析工具。

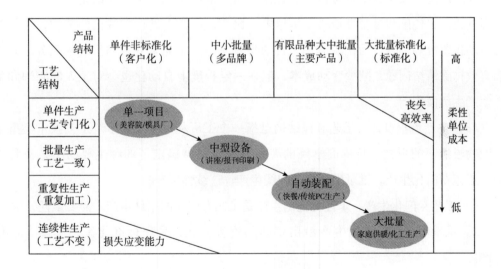

图 10-7　产品—工艺矩阵

由图 10-7 可以看出，对于企业来说，损失应变能力和丧失高效率是不可行的，从产品结构的角度来看，由单件生产（定制化生产）到大批量标准化生产，成本逐渐降低，效率逐渐提高；从工艺结构的角度来看，由单件生产到连续性生产，效率提高，成本降低，柔性降低。

选择工艺时必须考虑产品和服务需求的性质，做到产品和服务与市场需求相适应，考虑企业的技术、竞争力、成本因素，将产品设计和产品制造相结合，改进产品设计质量，使用可重复、易懂的工艺流程，让装配工作流程简单化，缩短制造周期，进而降低成本。按自动化程度和原理不同，产品自动化可分为固定型、可编程型和柔性型。三种类型的对比如表10-4 自动化类型表所示。

表10-4　自动化类型表

描述	固定型	可编程型	柔性型
特征	采用高成本、高专门化设备，固定序列作业，最具刚性	采用高成本通用型设备生产制造，包含作业顺序和每个作业具体细节的计算机程序控制，最具柔性	设备是从可编程自动化转变过来的，通用性低，刚柔并济
优点	高质量，低生产成本	能经济且小批量地生产较大范围内的低产量产品	需要的生产转换时间较少，灵活，可持续运转，无须批量生产
缺点	工艺改变成本高，柔性低	程序改变时需要停工，有停工期	实施复杂，生产品种有限并相似，构建成本较高
举例	20世纪初的福特公司	CAM、数控机床	FMC、FMS

在生产制造或服务中拥有传感和控制设备，能够实现自动操作的是自动化。自动化程度越高，传感和控制设备的工作越多。比如，机器人进行电视机的装配，地铁站的自动售票机等都是自动化的体现。自动化具有与人工完全一致的生产和服务，并且能有效排除情绪问题，减少变动成本，但在一定程度上自动化也会对工人的心理和生产率产生负面影响。

（3）生产流程设计。工艺流程结构是指一个工厂利用一个或多个工艺技术类型来组织物流活动的形式。哈佛商学院的海斯和惠尔莱特确定了四种主要的工艺流程结构：工艺专门化生产、批量生产、装配线生产、连续性生产。

1）工艺专门化生产，个性化定制生产是工艺专门化的单件生产，需要柔性技术。

2）批量生产，产品的生产沿用相同的流程方式，采用标准化工艺实施专业化生产。

3）装配线生产，大量生产，重复加工，按照受控速率生产，如果是零部件则按照装配顺序装配生产。

4）连续性生产，无差异原料的转化或深加工过程，产品不改变，工艺不改变，生产过程连续。

企业生产流程设计还可以沿着PPM矩阵中的对角线采用适当偏离的选择（见图10-7），达到出奇制胜。

一个理想的产品设计与技术开发系统应富于柔性、效率，单位生产成本低。

四、企业产品与企业生产工艺技术开发战略

1. 企业产品与企业生产工艺技术开发战略的类型

企业生产工艺技术开发战略是对企业工艺技术开发的谋略，是产品战略的重要一环，也是对企业技术开发整体性、长期性、基本性问题的计谋。保证稳定的产品质量，保持相对经济的成本，生产工艺起到决定性的作用。企业生产工艺技术开发要与企业战略目标、业务战略和核心发展能力保持一致，工艺技术开发是支撑战略实现的重要保证。工艺技术开发包括新工艺技术开发、工艺技术改进和工艺技术引进。新工艺技术开发和工艺技术引进往往需要较大的投入，伴随较大的风险，但也能够给企业带来较大的机会。企业生产工艺技术开发战略包括基础工艺技术开发战略和应用工艺技术开发战略。

（1）基础工艺技术开发战略。基础工艺技术是指许多企业共用的、不需购买的、无差异的工艺技术，在成熟产业中被广泛应用。如果是新兴产业，基础工艺技术可能是领先者取得巨大领先优势的技术。但基础工艺技术开发一般成本高昂，开发周期和产生效益的周期很长，跟随者使用需要付知识产权费，比如专利费、版权费等，大部分企业都不以基础工艺技术研发为主，而是在原有工艺技术的基础上进行改进，以保证较低的成本和产品品质。但是，产业中的领先者在产业更新、升级中，通过基础工艺技术的突破或引进新的工艺技术来实现企业目标。

（2）应用工艺技术开发战略。应用工艺技术开发是指在已有的基础工艺技术之上，在加工工艺方面进行改进、增加微小技术，比如更新产品外观设计。实际上，应用工艺技术在许多情况下是产品研发的环节，因此这里不再赘述。

2. 企业产品与企业生产工艺技术开发战略的内容

企业生产工艺技术开发战略是指在工艺技术开发活动中，企业总体上是采用新的或经过重大改进的生产工艺方法进行的战略。该战略可以在生产设备的研发、生产流程的研发等方面体现。其主要内容是在分析企业产品和生产工艺技术水平的基础上，进行"4W"分析，即我们要做什么（What do we want to do）？我们可以做什么（What might we do）？我们能做什么（What can we do）？我们应当做什么（What should we do）？具体内容包括企业产品与企业生产工艺技术的优势和竞争力、企业生产工艺技术开发战略规划和选择等。

（1）企业产品与企业生产工艺技术的优势和竞争力。要使企业的产品在品种、质量、价格等方面具有竞争力，关键在于开发新产品、改进老产品。当今时代，科学技术发展迅猛，特别是不断迭代的信息技术，不断地改变着生产技术的面貌和各种各类产品，新技术、新工艺、新材料及新标准的建立，给企业带来了新的机遇、新的挑战

和威胁。发挥企业自身优势，通过技术改造，改进工艺技术，提高企业产品质量，应用新技术开发新产品，以持续改造和更新产品与工艺技术，提高企业产品的技术含量，培育核心技术和核心产品，提升企业的核心能力，增强长期优势。

（2）企业生产工艺技术开发战略规划和选择。企业产品与企业生产工艺技术开发战略，是指在现有市场上企业通过改良现有产品或开发新产品扩大产品市场的战略。企业产品开发战略能发挥自身优势，有效应对市场机遇和挑战，避免盲目开发，真正提升企业的市场竞争力。对于企业来说，产品开发的角度不同，形成的产品开发战略类型就不同。企业生产工艺技术开发战略规划包括企业生产工艺技术发展规划和生产工艺技术资源配置。战略选择主要包括以下四种：

1）领先型开发战略。以追求企业产品工艺技术水平的先进性为目标，建立并保持企业在竞争中的领先地位。产品最终用途新颖，保持企业在市场上的领先地位。领先型开发战略对企业的要求是具有雄厚的资源，强有力的研发能力，高度开拓型的研发团队。若要保持其领先地位，须充分利用环境因素，紧紧跟随新技术的发展，建立学习型组织，坚持持续性的研究与开发，注重差异化新产品和产品的领先上市。

2）跟随型开发战略。企业以模仿或改进领先者的新产品为战略，迅速占领市场。跟随型开发战略对企业的要求是密切注视市场上的新产品，有较强的信息获取能力，具有较强的吸收、消化、创新能力，能迅速跟进市场。需要注意的是由于模仿带来的专利技术、知识产权等方面的法律侵权威胁。

3）替代型开发战略。由于企业的研发能力和企业资源的限制，企业有偿运用已有的研究与开发成果开发产品即为替代型开发战略。比如，家具公司通过购买专利，或委托著名设计公司研发新的时尚家具系列，利用外援的研发力量替代本企业新产品的研发。

4）混合型开发战略。企业依据实际情况，为加快提升产品市场占有率，提高企业经济效益，针对不同产品或产品的不同开发阶段，混合使用领先型开发战略、跟随型开发战略和替代型开发战略开发产品。

在运用上述战略时，企业将产品开发战略分为战略愿景、产品平台、产品线、产品开发项目四个层次。其中，战略愿景是产品定位以及市场目标的理念和愿景，它规定着产品平台的性质；产品平台是企业核心技术的集合，是产品线开发的公共平台；产品线基于产品平台的同类产品集合，影响产品项目的开发；产品开发项目是基于产品线的单项产品。

3. 企业产品与生产工艺技术开发战略的制定

（1）工艺技术开发战略制定的原则。企业产品与生产工艺技术战略的制定遵循如下基本原则：

1）目标与价值原则。制定的技术战略的目标及衡量达到这个目标的价值要恰当，应与企业战略目标和价值准则保持一致。

2）效率与效果原则。制定的工艺技术战略，提高效率以保证实现战略目标的效果为前提。通过工艺技术战略的实施，在能够提高企业利润目标的前提下，提高劳动生产率和设备利用率。

3）同构与同态原则。工艺技术战略中涉及的数学模型、逻辑模型等，必须客观地反映决策的技术问题和技术发展过程，具有相同或相似的结构或形态。

4）最优与满意原则。制定的工艺技术战略方案在模型范围内提供最优决策，并且在现实中大量存在且切实可行。

（2）工艺技术开发战略的程序。制定工艺技术开发战略有三个步骤，且每个步骤都需要反馈和修改。企业搞清楚并回答下面四个问题，就能顺利地进行战略制定：一是目前所处的态势？二是期望未来出现什么样的态势？三是阻止我们达到预期态势的障碍？四是应当采取什么行动来达到预期的态势。

1）产品和工艺技术调查预测阶段。包括调查与工艺技术相关的经济、社会、文化、科技、自然等宏观环境因素，分析这些环境因素对战略主体的影响，可能带来的机会与风险，并预测工艺技术发展趋势与前景，分析概括战略主体目前的态势。环境的调查预测是工艺技术开发战略制定的前提。

2）工艺技术开发战略的构思和研究。包括战略主体应遵循的指导思想，应承担的战略任务以及企业的战略重点，提出可行的战略目标，拟定实现目标的战略措施及相应的技术政策建议，形成多个可供选择的战略设想方案。

3）工艺技术开发战略的评价和决策。对已形成的多个可供选择的战略设想方案可能产生的经济、社会、生态效益，以及方案的特点进行评价，做出满意的选择并拟定实施战略的行动步骤，形成技术发展总体规划和行动计划，为下一步的战略实施做好准备。

第二节　企业产品与生产工艺开发竞争力分析

一、企业产品竞争力分析

1. 产品竞争力的含义

产品竞争力是指产品在市场上的占有能力，体现产品各种竞争力要素与市场要求相符合的程度，是一个由多种因素决定的综合概念。产品的质量优势、技术优势和成本优势是影响产品市场地位和产品市场占有能力的重要因素。

（1）质量优势。产品质量的优劣影响产品的销售、企业的信誉，进而影响产品竞争力。产品质量竞争力是指企业的产品以卓越质量赢得优势的能力。也就是企业产品从质量方面高于同类产品竞争者，从而赢得市场，取得持久竞争优势。比如，具有鲜明的差异化、竞争者难以模仿等。卓越质量体现在高的消费者让渡价值和最佳的经营绩效上。产品获得卓越质量则需要企业拥有一系列相互补充的、能够使企业的一项或多项业务取得竞争优势的技能和知识，包括企业在资源的配置、开发、使用、保护等方面的能力，以及组织的协调能力和企业的创新力等。

1）产品质量竞争力的特点。质量竞争力以其魅力性、敏捷性、稳健性、成长性为特征。魅力性，即以有魅力的质量领先对手；敏捷性，即以快速敏捷的市场反应适应变化；稳健性，即以充裕稳健的过程能力保证卓越质量；成长性，即以持续改进保持竞争优势。

2）产品质量竞争力的层次。企业质量竞争力覆盖竞争力的培育、提升以及发挥的各个方面，贯穿于质量形成与实现的全过程，具有基础、过程、结果三个层次构成（见图10-8）。

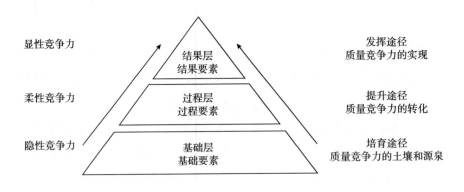

图10-8 质量竞争力的层次模型

基础层是培育竞争力的途径，由企业生产的基础要素组成，相当于质量竞争力的土壤和源泉，是隐性竞争力。在质量竞争力的培育中应重点关注：确立以关注消费需求为焦点的质量文化和价值观，充分发挥企业领导层的核心作用，制定质量竞争战略，做好资源配置。

过程层是提升竞争力的途径，由企业生产的过程要素组成，相当于质量竞争力的转化，是柔性竞争力。质量竞争力的提升，重点是加强过程的管理，增强过程的转化能力。顾客价值的实现需要企业通过有效的生产和管理过程，持续不断地改进生产过程，实施有效的过程管理，是潜在竞争力转化为现实竞争力的条件。

结果层是发挥竞争力的途径，是显性竞争力。结果层由企业产品的结果要素组成，受组织内外各种条件和因素的制约，比如消费需求的变化、科学技术的发展、组织的变革等。质量竞争力的发挥，关键是增强企业在动态环境中的适应能力。

（2）技术优势。企业能提供比其他企业更具有技术价值的产品就是企业技术优势的体现。企业的技术优势主要体现在生产的技术水平和产品的技术含量这两个方面。技术优势要求技术的不断创新，技术创新需要技术变革、生产方式和人工智能的发展创新，新产品的研制开发，以及新工艺的研究应用；技术创新的主体是高智能、高创造力的高级创新人才，企业实施创新人才战略，重视人才的引进，抢占智力资本的制高点，是技术创新的保障。拥有技术优势，是降低现有生产成本、保证产品质量、更好满足市场需求、提高企业生产效率的关键因素。比如，利用技术优势开发系列新产品。

（3）成本优势。产品成本优势是指企业的产品以低成本获得高于竞争企业的盈利能力。低成本要求不能降低产品质量，企业通过专有技术、规模经济、低的劳动成本、低的原材料价格等实现成本优势。

专有技术可能是企业的专有产权、专利、生产工艺、特殊的流程、经营管理技术等，体现企业的生产能力、生产规模以及扩大再生产的能力。

规模经济通过分析企业内部和外部的影响，寻求生产规模与企业的生产成本及管理费用有效降低的关系，以降低平均成本，提高利润水平。

劳动成本和原材料价格考虑企业生产所在的国家或地区、原材料的可替代性等。比如，发展中国家的劳动力比发达国家的劳动力成本低，生产企业在原材料产地可以节省运输成本。成本优势意味着企业在竞争对手失去利润时仍有利可图，希望利用价格竞争的策略对竞争企业形成抑制力。

2. 产品竞争力模型

从反映企业产品竞争力的技术开发能力和市场开发能力这两个方面着手，建立一个矩阵模型（见图10-9）。

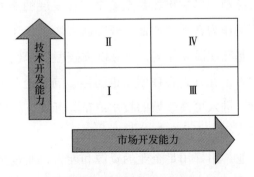

图10-9　产品竞争力模型

按上述模型的区域，将企业分为Ⅰ、Ⅱ、Ⅲ、Ⅳ四种类型。

（1）区域Ⅰ。区域Ⅰ，企业的技术开发能力和市场开发能力均弱，企业产品自主技术成分低，生存压力最大。企业选择恰当的方式，改变当前劣势，可以进入其他三个区域。

1）通过技术创新，进入区域Ⅱ。技术创新的形式有：将科研成果商业化，进行技术应用型创新；通过对现有科技成果的二次开发进行改进型创新；通过市场的突破形成突破型创新。

2）通过突破型创新，进入区域Ⅲ。企业通过突破型创新在开辟新的市场的同时也能够改变已有市场的格局。比如，拼多多的模式创新迅速扩大了市场。

3）由区域Ⅰ直接上升到区域Ⅳ。这是最理想的上升渠道，需要企业同时获得突破型的市场创新和技术创新，企业可以集中精力开发市场，选择与具有技术优势的企业联盟，当然，也可以集中精力创新技术，选择与具有市场优势的企业联盟，通过联盟实现技术和市场的同时突破。

（2）区域Ⅱ。区域Ⅱ，企业的技术开发能力强，但市场开发能力弱。具有领先的技术，却在市场上不能得到很好的推广和应用，还有可能由于市场推广的不力而被其他企业模仿。若要改变这种现状，企业要从三个方面考虑：第一，转变观念，在保持技术先进的基础上，树立技术的商业价值观；第二，企业选择开发的产品必须符合市场的实际需求和潜在需求，一旦新产品研发成功，迅速推向市场；第三，选择恰当的渠道，快速占领市场。比如与具有良好渠道的公司建立联系，用技术开发能力来推动市场开发。

（3）区域Ⅲ。区域Ⅲ，企业具有较强的市场开发能力，但技术创新力度不足。有可能出现在强大的销售网络中，经营自有技术含量不高的产品，进而影响企业的进一步发展。企业需要提高企业创新力和研发能力，通过技术引进、自主研发、新建技术公司、与优势的技术企业建立战略联盟等，更有效地提升产品竞争力。

（4）区域Ⅳ。区域Ⅳ，企业具有强大的市场实力和技术实力，占据着有利的制高点。区域Ⅳ的企业具有控制和影响市场甚至整个产业发展的能力。企业的市场实力表现在，将不断开辟新市场作为企业的使命，开辟新市场也是让企业保持竞争优势的手段。技术实力表现在，基础性研究扎实，产品以突破型技术创新为主，是新技术的领导者或技术标准的创立者。此外，管理创新也同样影响着企业的市场地位，企业也可以与其他企业强强联合，进入更高领域的技术或市场开发。好的企业甚至是高新技术的象征，是地区乃至国家企业产品竞争实力的体现。

在不同区域内的企业，用好用足企业的资源和能力，通过企业的技术开发和市场开发的良性互动增强企业的竞争力，促进企业不断发展。

3. 产品竞争力的综合评估方法

（1）产品竞争力评价标准的确定。要评价企业产品竞争力首先要确定具体指标和比较的标准，要既能够体现产品的技术实力，也能够体现产品的市场实力，具体可以分为3级指标，其中一级指标是企业实力、产品竞争力的表现因素、产品竞争力的支持因素，二级指标和三级指标见表10-5。

表 10-5　产品竞争力评价指标

一级指标	二级指标	三级指标
企业实力	企业业绩	资产收益率、资产负债率、资产周转率、销售增长率、资本增长率、已获利息倍数、净利润增长率
表现因素	性价比	相同性能不同产品价格比较
	品牌价值	品牌无形资产数量
	顾客满意度	顾客对于产品及服务的满意程度
支持因素	产品的创新与开发能力	研发投入占销售额的百分比、新品成功率和新产品投资收益率
	配套服务	服务营销培训时间占企业培训时间的百分比、服务销售占产品实体销售的百分比
	供应链管理	采购品采购优良率、采购品准时供货率
	销售管理能力	产品产销率、市场占有率、销售回款率

企业实力一般从资产实力和人力资本实力两个方面进行评价。企业实力的强弱是通过企业产品的销售状况和业绩表现出来的，销售状况好，销售业绩突出，产品竞争力强，能够提升企业实力。因此，利用企业近期的业绩来考察企业实力，具体包括资产收益率、资产负债率、资产周转率、销售增长率、资本增长率、已获利息倍数以及净利润增长率等。

产品竞争力的表现因素主要是指能够直观体现产品现阶段在市场上的反应和接受程度的因素，包括产品的性价比、品牌价值、顾客满意度。

产品竞争力的支持因素是指产品销售过程中企业需要建设和维护的环节，包括产品的创新与开发能力、配套服务、供应链管理、销售管理能力等，这些因素是企业提高产品竞争力的保障。包括研发投入占销售额的百分比、新品成功率和新产品投资收益率、服务营销培训时间占企业培训时间的百分比、服务销售占产品实体销售的百分比、采购品采购优良率、采购品准时供货率、产品产销率、市场占有率、销售回款率等三级指标。

（2）产品竞争力评价方法。产品竞争力评价常用以下五种方法：

1）综合意见法。借助于问卷调查和访谈，收集专家和各个企业不同方面管理人员的意见，综合已收集的意见整理形成评价指标，再根据经验确定各指标权重，然后将产品与各个指标进行比较，根据各指标权重计算产品的竞争力。

2）层次分析法。层次分析法是由美国匹兹堡大学教授萨蒂于 1977 年提出的，该方法是将与决策相关的要素分解成目标、准则、方案等层次，进行定性和定量分析。具体包括以下四个步骤：

①建立层次模型：分解与产品竞争力有关的因素，将问题层次化，形成递阶层次结构，明确各影响因素之间的关联关系和隶属关系。

②构造判断矩阵，针对每一层次中的各因素判断其相对重要性。

③确定每一层次的重要性及其权重，该层次的元素与上一层次中元素的对应关系，并进行一致性检验。

④层次总排序权重，核对上下层次、前后元素间元素重要性权重，并进行一致性检验，根据各个指标的得分，可以得到产品综合竞争力分数。

层次分析法的缺点是整个分析过程过多地依赖于人的主观判断，对经验要求较高。

3）实验法。实验法在本书中主要是指对照实验法，分为横向对照实验法和纵向对照实验法。横向对照实验法是当对比的产品起始条件基本相同时，从对比产品营销绩效的差别中确定某个指标的权重。纵向对照实验法是以过去某个时期的各个具体指标、各大类指标和产品总体竞争力等为基准期指标，分别考察产品现期这些指标的提高程度。也可以利用同行业的指标平均分值或平均进步率为基数，还可以将竞争对手的分值或进步率为基数，分别考察产品现期这些指标的提高程度。实验时选择两组产品，在其他条件保持不变的情况下，只改变某个产品的某一个变量，根据产品营销绩效的改变程度确定某指标的权重，或者是调整某个指标的权重，得出评价指标体系后再进行对比。

4）因子分析法。假设原有变量之间具有比较强的相关性，按照变量间的相关性大小对原始变量进行分组，每组变量能够反映问题的一个方面，再采用公共因子的方差贡献率作为权重，计算综合评价得分。比如，企业业绩指标因素较多，就可以对各子因素进行归纳整理，确定反映企业实力的、较少数目的二级指标，再计算公共因子的方差贡献率并将其作为权重，由此计算出企业实力的综合评价得分。因子分析法可以应用一些统计软件进行分析，如 SPSS、SAS 等。

5）熵权法。熵权法是根据指标变异性的大小来确定客观权重。信息论中的熵是对不确定性的一种度量，熵越大，说明包含的信息量越多，不确定性（变异性）越大；熵越小，说明包含的信息量越少，不确定性也越小。可以根据各指标的观测值所提供信息量的大小来确定权重。

二、企业生产工艺技术竞争力分析

1. 企业生产工艺技术竞争力的含义

工艺技术竞争力是精良生产、精益制造的表现，是比对手更"精"的一种能力。

全面提升工艺水平，需要在工艺文件、工艺标准的细化、量化上下功夫。一是对现行的工艺文件、工艺标准进行整改、细化、量化，建立健全工艺管理体系，以工艺文件、工艺标准指导生产。二是改善工艺流程，提高产品质量和工作效率，实现企业产品精品性，全力提升工艺技术竞争力。

2. 企业生产工艺技术竞争力模型

反映企业竞争力的工作效率、劳动成本、企业绩效、管理效率、企业战略和文化中大多与生产工艺技术有关，企业的技术创新和变革影响着企业的生存与发展，技术创新能力是企业产品的工艺技术竞争力的重要方面。

企业生产工艺技术竞争力是创新质量与创新速度的函数，当赋予竞争力一定值时，存在类似于反比例函数曲线的竞争力等值曲线。

企业生产工艺技术竞争力 = 已形成工艺技术存量的应用水平（工艺技术创新质量）×工艺技术创新速度

在一定时间内，企业生产工艺技术竞争力的转换由弱变强，是工艺技术创新质量维度和工艺技术创新速度维度各指标综合变化的结果，企业根据自身的优势和劣势，针对性地增加工艺技术创新质量或提高竞争速度，提高企业工艺技术竞争力。竞争力的强弱是在行业内与平均水平的比较，如果企业的工艺技术竞争力大于行业的平均水平，则具有竞争力，反之，小于行业水平则工艺技术创新能力弱或无。依据相关统计分析，根据企业创新质量与创新速度的不同，将工艺技术竞争力分为 6 个区域。模型如图 10-10 所示。

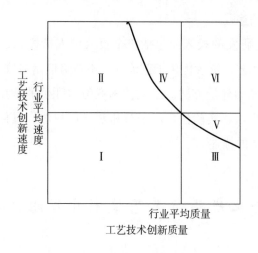

图 10-10 工艺技术竞争力描述图

Ⅰ区，工艺技术创新质量与工艺技术创新速度均小于行业平均水平，Ⅱ区，工艺技术创新质量小于行业平均水平，工艺技术创新速度尚可；Ⅲ区，工艺技术创新速度小于行业平均水平，工艺技术创新质量较好。这三个区域位于工艺技术竞争力曲线之下，均不具备工艺技术创新竞争力。

位于工艺技术竞争力曲线之上的Ⅳ区、Ⅴ区、Ⅵ区虽然也有质量或速度略低于行业平均水平的情况，但企业具备工艺技术创新力，理想区域是Ⅵ区，在工艺技术创新质量和工艺技术创新速度上均大于行业平均水平。处在Ⅱ区、Ⅳ区或Ⅲ区、Ⅴ区的企业，以Ⅵ区的竞争企业为"标杆"，找差距，制定措施，提高工艺技术创新质量或工艺技术创新速度，提升工艺技术竞争力。处在Ⅰ区的企业，认真分析自身优势和劣势，对比"标杆"企业，分步实施，选择性地提高工艺技术创新质量和速度指标，以迅速获得企业工艺技术竞争力。

3. 企业生产工艺技术竞争力综合评估方法

（1）工艺技术竞争力评价指标。工艺技术竞争力是一种综合能力，是企业某段时间内工艺技术研发的成果，也包含长时间内这些成果所发挥的潜力，它体现企业在某项工艺技术领域的发展水平和竞争地位，评价工艺技术竞争力的指标主要有以下四点：

1）科技创新力。科学技术的迅速突破，必然加快产品的更新换代，科技创新主要是专利申请和授权、标准的制定、企业创新平台和创新环境。

2）劳动生产效率和产品附加值。劳动生产效率是生产成本的影响因素之一，先进的生产工艺和技术对劳动生产效率的提高有极大的促进作用，产品附加值受产品的品牌商标、科技含量、绿色制造、节能减排成效、服务等影响。

3）技术引进和设备购置。科技创新能力较低的或追随型创新战略的企业，他们的生产工艺开发通过工艺技术购买和模仿学习推动技术进步，设备的购置和培训学习也是提高企业技术实力的途径。

4）企业生产工艺研发的投入。包括资金投入和人员投入。加大自主研发创新力度，采用新技术、新工艺，持续优化工艺流程，不断降低制造成本，增强市场竞争力。

（2）工艺技术竞争力评价方法。工艺技术竞争力评价的常用方法也同样可以采用综合意见法、层次分析法、实验法、因子分析法、熵权法，具体可见本节中关于产品竞争力的综合评估方法的描述。

第三节　企业产品与工艺技术开发组织及流程管理

一、企业产品开发组织及流程管理

1. 企业产品开发组织

为了有效地进行新产品开发工作，企业产品开发组织包括建立企业产品开发组织机构和组织企业生产。

（1）建立产品开发组织机构。产品开发组织机构是推动产品开发决策、参与制定产品开发计划、指挥和控制计划执行等的具有管理职能的组织机构。该机构应具有管理和开发设计职能，可以是一个机构具有两个职能，既要负责日常生产技术工作，也要同时负责企业产品的开发组织及开发设计工作；也可以是两个机构两个职能，即不仅要成立一个专门负责日常的技术管理的部门（科、室），还要成立一个专门负责产品开发的管理机构。后者适用于产品开发任务重、产品结构复杂、产品开发周期长的企业。

（2）组织企业生产。生产就是制造产品或提供服务的过程。生产有许多类型，具体地，可以按产品形态、生产计划、产品特性、工艺特性、需求量来划分。

（3）生产的类型。生产的多种类型具体见表 10-6。

表 10-6　生产的类型

分类依据	类型	举例
产品形态	提供实体	汽车制造
	提供服务	旅游服务
生产计划	存货生产	电视机
	订货生产	油轮
产品特性	通用产品	墙面插座
	专用产品	石油特种车辆
工艺特性	流程型（连续性）	炼油
	加工装配型（离散性）	家具
需求量	大批量生产	手机
	成批生产	服装
	单件或小批量生产	手工艺品

2. 企业产品开发流程管理

（1）流程管理。企业根据战略目标、客户的要求、企业各部门业务的性质规划来建立企业各个环节的流程。其目的是通过有效的流程规划，增强企业市场竞争能力，有效提高消费者满意度，提升企业绩效。流程管理明确规定每个业务的工作流程，制定标准的工作程序，建立有效的监督机构，每个流程都有明确的负责人。

（2）流程管理的意义。流程管理能够有效降低企业运营成本、提高企业的工作效率、加强风险控制。具体体现为：

1）降低企业运营成本。流程管理规范了企业流程，流程设计减少不必要的人力、物力、财力的消耗，缩短流程的周期，让流程有效地降低企业的运营成本。

2）提高企业的工作效率。流程管理优化了工作流程，剔除了不必要的工作环节，选择最便捷的工作和作业方式；建立标准的工作程序，规范作业，让工作效率更高。

3）加强风险控制。流程管理规范了企业的日常工作事务，员工工作更加规范化、系统化，流程中各个环节的负责人既执行管理职能又是部门间联结的纽带，有利于团队间更好地协作，每个节点都由专人负责，加强风险控制，以降低风险。

（3）优化流程管理。为更好适应动态变化的市场，企业流程管理需要不断优化，企业可以通过不定期对企业流程进行梳理，也可以利用流程系统实现自动化流程管理。

1）需要进行流程设计与优化的情况。

流程优化，是鼓励员工参与的、对原有流程的持续渐进式的改变。

①运营模式发生了变化，如某些商品的交易模式发生改变，由原来的线下交易变为线上或线上线下综合交易。

②引入新产品、新设备、新技术、新工艺。

③作业环境发生变化。

④体现企业竞争力的质量、成本、交货期等因素表现欠佳，与竞争对手相比，存在明显差距。

2）流程设计与优化的一般步骤。流程设计与优化本着面向市场、与企业战略相匹配、有利于企业生产中各职能部门之间的协调的原则，再按步骤进行流程设计与优化。

①选择流程组建团队。根据具体项目确定团队成员和负责人。

②收集流程概况信息。对现有或类似流程进行调查与分析，分析现有的材料、设备、资金、人员、工艺、环境因素。

③面谈和流程现状建模。制定面谈计划和提纲，选择相关对象面谈，对面谈结果进行记录并综合分析，根据面谈结果建立现状流程模型。

④评估现状流程，进行差距分析。列出流程涉及的主要事项，并进行排列。

⑤设计未来流程。分析流程中各事项之间的先后顺序，合理安排流程时序和环节，进行流程的设计与优化，并评估和改进方案。

⑥调整组织，流程试运行。协调好流程的运作，试运行并进行流程绩效测评。

⑦推行并纳入流程管理。

3）流程设计与优化的常用方法。

①作业流程图。将作业过程的输入、输出和过程形成要素之间的关联和顺序用简明的图形、符号、文字组合形式表示，如矩形、菱形、椭圆形、直线、箭头等组合成的流程图。

②ECRS分析法。ECRS分析法是工业工程学中程序分析的四大原则，即取消、合并、重排、简化原则，用于对生产工序进行优化，减少不必要的工序，找到更好的效

能和工序，达到更高的生产效率。

A. 取消：确定"该作业取消对其他作业或动作是否有影响"，如无影响则取消。

B. 合并：如果工作或动作不能取消，考虑与其他动作或作业能否合并或部分合并。

C. 重排：对工作顺序进行重新排列。

D. 简化：对工作内容和步骤进行简化，有利于降低成本。

③SIPOC 流程图。SIPOC 流程图是最常用的用于流程管理和改进的技术，且应用广泛，包含从供应链到销售整个环节。

A. 供应商（Supplier），是指供给流程信息、材料或其他资源的人和团体。供应商可能有许多，只列出关键的供应商。如零配件供应商是制造装配企业的关键供应商。

B. 流程的输入（Input），是指提供给流程的信息、材料和其他资源，选择最关键的输入物。如客户的服务请求是酒店最关键的输入物之一。

C. 流程（Process），是指将输入转变为输出的一系列增值活动。只列出过程的主要活动，不包含判断、决策和反馈，从宏观的角度分析并描述 4~5 个关键流程，不超过 10 个，避免陷入细枝末节。

D. 流程的输出（Output），是指流程所产生的最终产品或服务。只列出不超过 3 个关键输出。

E. 客户（Customer），是指接收流程输出结果的个人、团体，也可以是下一个流程。

注意，在流程设计时只关注流程或业务本身，不考虑部门壁垒、跨部门协作。

④标杆瞄准法。标杆瞄准法，也称为定标比超法，企业选择与本企业最优秀、最卓有成效的企业作为标杆，将自己的产品、服务、成本、经营实践等与标杆企业相比较，找差距，促进企业学习和进步。

⑤DMAIC 方法。DMAIC 是定义（Define）、测量（Measure）、分析（Analyze）、改进（Improve）、控制（Control）五个阶段构成的改进制造过程、服务过程以及工作过程的方法。五个阶段各自都由若干个工作步骤构成，同时，每个阶段都有一系列工具方法支持该阶段目标的实现。

A. 定义，明确以下问题，具体有：企业目前正在做什么工作？为什么要解决这个问题？原来工作是怎样做的？实施改进的益处是什么？所花费的成本是多少？顾客的需求是什么？顾客是谁？

B. 测量，收集反映目前表现的数据，并进行量化。

C. 分析，分析收集的数据，确定影响流程输出的关键因素，识别根本原因，为解决方案提供基础。可用方法有许多，如鱼骨图、回归分析、因子分析、柏拉图等。

D. 改进，通过试验设计寻找解决方案，试运行确认所选择的解决方案，建立并描绘出采纳的流程，建立控制计划。

E. 控制，维持流程改进的成果。

（4）流程再造。流程再造（Business Process Reengineering，BPR），是通过根本性的改变，取得成本、质量、服务等关键绩效方面的变化，是重新设计。流程再造是以业务流程为中心，重新设计企业管理过程，获取全局最优的效果。

1）流程再造的时机。

①企业战略有了重大调整。

②顾客需求发生了显著变化。

③竞争态势发生了变化（持续增长的危机）。

④财务压力大。

⑤变革能力强。

2）流程再造的实施步骤。流程再造本着与组织的使命、愿景和战略相匹配，面向流程，秉持局部最优、服务整体最优以及上下结合的原则，具体有如下步骤：

①构思设想。清楚企业目标和愿景，收集市场信息，发现流程再造的机会，选择流程。

②启动项目。成立流程再造小组，制定项目实施计划并进行预算，分析市场需求，设置并确认流程创新的绩效目标。

③诊断流程。对现有流程进行描述和分析。

④再造流程。即流程设计，分析新流程的初步方案，建立新流程的原型，提出设计方案，进行信息系统的分析和设计以及人力资源结构设计。

⑤绩效评估。评估新流程的绩效。

⑥持续改进。对新流程进行观察，并对比预定改造目标，检验改进效果，修正改善不足之处。

二、企业生产工艺技术开发组织及流程管理

1. 企业生产工艺技术开发组织

企业生产工艺技术开发组织主要是产品生产工艺技术开发中的标准化管理。

标准化管理是指对实际的或潜在的问题制定共同的和重复使用的规则的活动，保证企业在生产、经营、管理范围内获得最佳秩序。标准化管理有技术标准化、管理标准化、工作标准化。

（1）技术标准化。对技术活动中需要统一协调的"物"制定的技术准则。这里的"物"既可以是有形的"物"，如产品、材料、工具等，也可以是无形的"物"，如程序、方法、符号、图形等。

（2）管理标准化。针对产品生产工艺技术开发中需要协调统一的管理事项所制定的标准。该标准是合理行使管理职能的准则，也是组织和管理企业生产经营活动的依据和手段。

（3）工作标准化。针对产品生产工艺技术开发中需要协调统一的工作事项所制定的标准。工作标准是针对"人"的工作、作业、操作或服务程序和方法的规定，是"人"的行为准则，也是工作质量评价的基本依据。其内容包括：管理与操作工作岗位职责、服务岗位职责、工作程序、工作内容与要求、工作质量要求、工作考核等方面的标准。

2. 企业生产工艺技术开发流程管理

企业为满足市场需求，有效提高经济效益，在制造（或服务）中有工艺技术开发管理、生产管理、产品质量管理、财务管理、人力资源管理、供应链管理和营销管理。工艺技术开发管理是生产企业管理的核心，为提高产品的竞争力，企业在工艺技术开发设计中，要有产品开发控制、产品质量保证、生产成本控制、生产周期控制，做好企业各部门的协调工作，保证生产效率和产品质量。

（1）产品生产工艺技术开发过程环节。设计开发过程环节，包括调研决策并立项、产品设计开发输入、制造前的物质准备和产品设计开发输出、试制、产品试用、规模量产。

产品生产工艺技术开发中各部门的职责，包括设计工艺、采购供应、生产部门、产品管理部门、销售服务、财务、决策层、人力管理等。

某公司产品生产工艺技术开发管理流程如图 10-11 所示，该流程是在调研并确定立项之后的流程，流程体现了工作程序、运行路线、相关管理部门等。

1）调研决策并立项。产品设计开发需要在市场调研的基础上立项，立项时注意知识产权清晰无异议；符合国家鼓励的产业发展方向；不涉及环保问题或经过治理后环保没有问题。

2）设计开发输入。设计开发输入要形成相应的文件，并附有各类相关资料，对设计开发输入组织评审，对不完善、不合理、模糊的设计问题进行澄清和解决，确保设计开发输入满足调研的市场要求。

3）制造前的物质准备和产品设计开发输出。根据设计开发输入的要求做好制造前的物质准备，进入产品设计开发输出阶段。设计开发的输出是设计开发人员根据设计开发输入的要求开展开发工作，并编制相应的设计开发的输出文件，文件包括产品构造和制造的图样（或服务流程图）、产品相关技术文件等，按企业要求经审定批准后下发设计开发输出相关文件。比如，产品结构原理说明、产品技术标准、工艺相关文件、物料清单、产品试用说明、制造产品的装备清单及要求等。

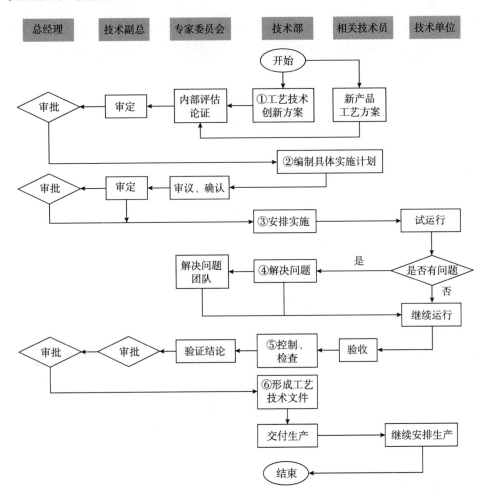

图 10-11 某公司产品生产工艺技术开发管理流程

产品设计开发输出工艺相关文件中工艺方案设计的原则是：保证质量，充分考虑生产周期、成本、环保，积极采用国内外先进工艺技术和装备，不断提高企业工艺水平。依据工艺技术设计、产品生产大纲、产品性质和生产类型（产品还是服务）、产量规模、本企业现有条件、国内外生产工艺和技术信息、国家的相关法律法规和技术政策进行设计生产。

设计开发阶段按设计要求进行评审，评审方式可采用专家评审、同行评审，可以采用会议形式，也可以采用德尔菲法进行评审，评审的内容有：产品安全的适宜性和充分性、强制标准和相关法律法规的符合性、工艺的合理性以及与同类产品的竞争情况。评审应形成可以保存的评审记录。

4）试制和产品试用。在完成产品制造前的物质准备和设计开发输出工作之后，由企业或研究部门试制生产，以验证设计的产品的结构、图样、工艺等技术文件的正确性，与预期设计要求和质量标准的符合性为目的的小规模生产。通常有样品试制和小批量试制，小批量试制是在生产车间进行的试生产。将试制产品在小范围内使用并评价，为产品推向市场做好准备。

5）规模量产。产品试用还需要进行市场推广，然后进入小批量生产、批量投产的规模量产。企业根据计划有组织、有秩序，按照固定模式进行大批量的生产。

（2）产品生产工艺技术开发管理内容。

1）编制工艺发展规划。

2）制订工艺技术改造方案。

3）审查产品设计的工艺性。

4）制订新产品工艺方案。

5）制订工艺管理制度、工艺纪律的内容、考核细则。

6）管理和贯彻工艺文件。

7）设计工艺装备、高效工艺和技术。

8）制订材料消耗定额并管理。

9）参与新产品试制工作中工艺技术管理部分的工作。

10）验证工艺技术和工艺装备。

11）贯彻与制订工艺标准。

12）组织开展工艺方面的技术革新、新技术推广、工艺情报、信息管理、经验交流、合理化建议等工作。

（3）产品生产工艺技术开发管理步骤。

1）熟悉产品技术原理，了解产品技术要素。

2）制定工艺规范。

3）确保工艺能力和产品设计相适应。

4）评估工艺能力，制定工艺控制方案。

5）工艺应用和工艺改进提升。

案例 10-1　新产品开发：腾讯产品项目流程的七个阶段

腾讯新的产品采用项目式开发，其流程划分成七个阶段：概念阶段（Concept）、提案阶段（Proposal）、原型开发阶段（Prototype）、产品开发阶段（Alpha）、内测阶段（Close Beta）、正式运营阶段（Operation）和结项（Close）。每阶段的评审，如果没有通过，直接回到本阶段之初，如果部分通过则继续开发，完全通过才能够进入下一环节。

1. 概念阶段

概念阶段主要由"概念提出人"和"专家评审组"共同参与。概念提出人负责提出新产品概念，专家评审组进行概念评审并存入概念库。

2. 提案阶段

提案阶段实际上就是需求调研，该阶段需要进行行业调研、市场调研、竞品调研。

行业调研需要对新的政策、行业要素进行深入的分析，通过寻找行业运行的内在经济规律，预测未来行业发展的趋势。

市场调研可以选择专业机构，合理运用大数据，对现有市场和潜在市场进行研究。

竞品调研主要是对导入期竞争对手的市场经营情况与策略进行深入的调研分析。竞品分析是指对现有的或潜在的竞争产品的优势和劣势进行评价，是企业制定产品战略的依据。首先是竞品选择。竞品选择的范围并不局限于具有直接竞争关系的产品，以 iPad 版即时通信应用为例，除了 QQ、MSN 等产品以外，我们还需要选择一些国外的产品如 IM+、AIM、IMO 等优秀且受众群体较大的产品。其次是分析维度。竞品分析通常从战略定位、盈利模式、用户群体、产品功能、产品界面（交互方式、视觉表现）等几个维度进行对比分析。再次是分析准则。比如，交互设计的竞品分析要参照"可用性准则"来进行分析，当前较为常用的可用性准则主要有 10 项：①一致性和标准性；②通过有效的反馈信息提供显著的系统状态；③方便快捷的使用；④预防出错；⑤协助用户认识，分析和改正错误；⑥识别而不是回忆；⑦符合用户的真实世界；⑧用户自由控制权；⑨美观、精简的设计；⑩帮助和说明。

提案阶段主要由"决策委员会""专家评审组""项目组"和"研发"共同参与。决策委员会组织成立提案小组，项目组和研发负责人准备提案评审材料，并交由专家评审组进行提案评审，评审通过后交由决策委员会进行提案决策评审。未通过评审则提案由研发负责重新准备。

3. 原型开发阶段

原型开发阶段主要由"决策委员会""专家评审组""项目组"和"研发"共同参与。决策委员会负责成立原型小组，交由对应的项目组和研发团队进行原型版本制作，再交由专家评审组进行原型专家评审，通过后交由决策委员会进行立项决策评审，进入立项流程。

原型开发阶段主要包含需求澄清和需求设计。

（1）需求澄清。通过具体的方法论，澄清需求本身，消除项目参与人员对需求的认知差异。其关键步骤如下：

1）需求池（Demand Pool）。需求池将需求列成合同式的文件，最常见的方式是将需求列入一个合同式的表。

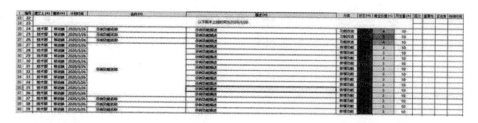

2）功能需求点列表（Function List）。在功能需求分析完成后要详细列出用户需求功能点列表。

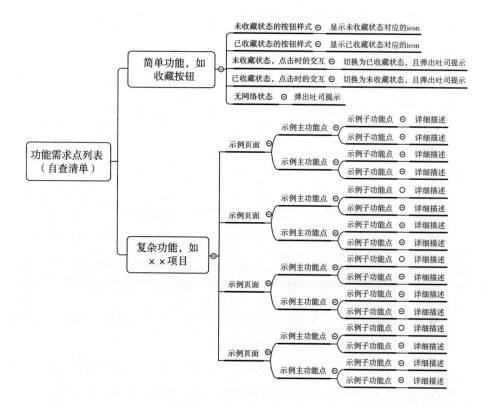

3）用例图（Use Case Diagram）。用例图是用户与系统交互的最简明的表示形式，展现了用户和与之相关的用例之间的关系，说明"系统做什么"，能提纲挈领地让人了解系统概况，被誉为"搭建系统的蓝图"。通过用例图，人们可以获知系统不同种类的用户和用例。用例图也经常和其他图表配合使用。

4）流程图（Flow Charts）。流程图是表示算法、工作流或流程的一种框图表示，它以不同类型的框代表不同种类的步骤，每两个步骤之间则以箭头连接。这种表示方法便于说明解决已知问题的方法。流程图在分析、设计、记录及操控等许多领域的流程或程序中都有广泛应用。

5）产品整体架构图。产品整体架构图暂无一个标准答案。这里我们借鉴软件架构的解释来参考：软件架构是一个系统的草图。软件架构描述的对象是直接构成系统的抽象组件。各个组件之间的连接则明确和相对细致地描述组件之间的通信。在实现阶段，这些抽象组件被细化为实际的组件，比如具体某个类或者对象。在面向对象领域中，组件之间的连接通常用接口来实现。

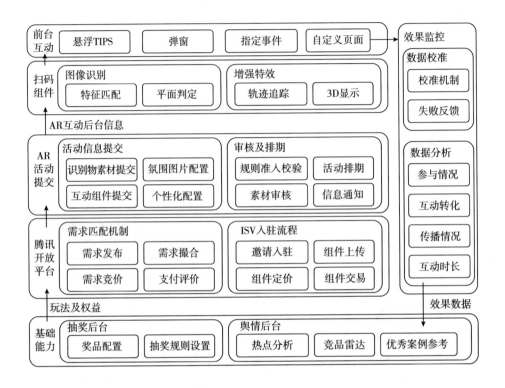

6）产品信息结构图。产品信息结构图就是告诉研发有什么关键信息，可以用思维导图的形式完成，有助于需求提出者自查。

（2）需求设计。需求设计一般指的是设计"原型文档"，绘制原型图的时候，专门备注了对应的说明文档，便于研发人员快速理解需求，跟上快速迭代的节奏。

4. 产品开发阶段

产品开发阶段主要由"决策委员会""专家评审组""项目组""研发"和"运营"共同参与。①决策委员会负责成立项目组，对应的项目组和研发进行 PRE-AL-PHA 版本制作，之后自行进行产品版本评审，如有问题自行修订后再交由专家评审组评审，通过评审后，由决策委员会进行 PRE-ALPHA 决策评审，通过后由运营准备内部转产。②项目组和研发进行 ALPHA 版本制作，完成制作后，自行进行产品版本评审，如有问题自行修订，再自行安排内测规划及准备，之后交由专家评审组进行产品内测上线专家评审，通过专家评审后，由决策委员会进行 P 产品内测上线决策评审。③项目组和研发进行总体运营规划，由专家评审组进行总体运营规划专家评审，通过专家评审后，由决策委员会进行总体运营规划决策评审，通过评审后研发和运营准备封测上线发布并收集封测运营反馈，用于矫正项目组和研发进行 AL-PHA 版本制作。

5. 内测阶段

内测阶段主要由"决策委员会""专家评审组""项目组""研发"和"运营"共同参与。①项目组和研发进行版本制作，制作完成后，自行进行产品版本评审，并自行修订问题，再自行安排正式运营规划及准备，之后交由专家评审组进行正式运营上线专家评审，通过评审后，交由决策委员会进行正式运营上线决策评审。②运营负责产品内测上线发布、内测运营服务及内测运营反馈，并由对应的项目组和研发佐证版本制作，通过后交由研发和项目组负责正式运营规划及准备。

6. 正式运营阶段

正式运营阶段主要由"决策委员会""专家评审组""项目组""研发"和"运营"共同参与。①项目组和研发进行版本制作，制造完成后，自行进行小版本评审，再交由运营负责正式运营上线发布、正式运营服务、正式运营反馈，如有问题自行修订，再交由专家评审组进行正式运营结束专家评审，通过专家评审后，交由决策委员会进行正式运营结束决策评审，通过后交由运营负责正式运营结项准备，准备进入结项阶段。②小版本评审通过后，交由专家评审组进行大版本评审，通过后交由研发和项目组进行版本制作。

7. 结项（Close）

确认项目进入结项阶段后，交由运营负责，产品下线，项目结束。开始研究新的需求，开发新项目。

资料来源：http://www.woshipm.com/pmd/3838403.html。

案例 10-2　产品创新与工业大数据

在杭州举办的工业大数据产业发展高峰论坛上，工业大数据相关研究者、实践者济济一堂，"晒"出了工业大数据的众多生动案例。

1. 个性化西服如何"量体裁衣"

"红领"是一家定制服装的生产企业。这家企业中几千件西服没有哪两件完全一样，但仅从面料、颜色分辨不出。很多人的西服里面都有商标，很多人喜欢在这里绣上自己的名字或一句话，这就是个性化。每个流水线都有数据驱动，一道工序的数据清清楚楚地送到操作员工作台上。这个方案成本确实增加了，但是利润上升得更多。

2. 可以实现在线 3D 预览的纸盒

纸盒是典型的个性化生产，各行各业要用的包装纸盒千差万别，上面又要印不同的文字、图案，这是非常适合做 C2M 的领域。

中国电信制造行业应用基地结合了相应的技术，实现了线上个性化定制结合 3D 预览技术，让客户线上下单，可以看到给他设计的样式，还能做到在线直接 3D 预览，最后线上报价成交。由此延伸，他们还分析了很多领域，一些需要定制化的礼品、文具或包装物品的生产企业，都可以比较快速地实现 C2M 模式，提高效率、提升服务。

3. 拥有 1 亿多种模型的零件数据库

这是 20 年前就出现了的零件库。德国公司 Genius WEB2CAD 开发的 Trace Parts，能集成到主流 CAD 软件的零件库中，直接在 CAD 软件中启动，支持零件搜索和 3D 视图，同时以 DWG 或 DXF 格式生成零件二维视图。

目前，这个零件库有 1 亿多种零件模型，设计人员可以进入下载这些模型。然后，把它们组成产品进行仿真，再把这些零部件交给供应商制造。这些零部件专业化、成本低、质量好。

4. 用户参与小米手机的功能设计

小米手机依靠几十万的粉丝，手机 1/3 的功能都由用户设计。通过建立智能手机设计平台，小米让用户参与设计，形成用户设计大数据，帮助改进产品，使之满足用户需求。

5. 试衣间如何给设计师灵感？

ZARA 门店的店长每天有一个考核值，向全球数据中心提供当天有多少件衣服被试，哪件衣服有多少人选，进了试衣间但没有被购买，原因是什么？它的试衣间可以记录试衣的情况，甚至衣架上也装了传感器，通过不同方式来收集这个数据。

每家门店 POS 机数据实时回传至数据中心，ZARA 的快销品最多消耗两周就要进行补货。通过 POS 机数据，设计师形成了一个巨大的知识库，客户最喜欢什么衣服、为什么衣服被多次拿起而没被购买，ZARA 会以最快的速度对衣服进行修改，然后再次进入专卖店。

数据收集是至关重要的一点，门店的经理做 KPI 值，这是一套复杂的系统。ZARA 将网络上海量的数据看成实体店前端的测试。此外，大数据缩短了生产时间，让生产端能够看清顾客需求。

资料来源：https://www.cda.cn/view/120135.html。

案例 10-3　华为研发经验：产品领先半步，流程贴近客户

要规划好一个有竞争力的产品，至少要考虑三个要素：第一个要素，能贴近客户；第二个要素，聚焦关键技术；第三个要素，竞争分析。这三个要素都需要有好的流程来支撑它，并且这个流程还需要基于优秀实践不断地优化。

华为的无线业务在成长过程中，起到重要作用的是贴近客户、聚焦关键技术、竞争分析，还有面向用户的流程持续不断地优化的支撑作用。比如，华为从研发之处就瞄准标准，对标操作，争做标准的制定者，这也是华为的 5G 能够比友商领先 18 个月的原因。清晰的路标牵引了整个公司在一些关键技术上的投资方向，使得它相对于竞争对手能够跑得更快。

1. 流程不是领先一步的充分条件，却是领先半步的必要条件

再完美的流程，也不能保证你一定能够做出有非常强竞争力的产品。但是一个很好的流程，一个执行到位的流程，可以让你在这个行业保持领先半步。流程贴近客户，只要领先竞争对手半步，就可能生存下去。

2. 流程也是需要基于优秀的实践不断优化的，大方向就是贴近客户

华为发现高层拜访是一个很好的跟客户沟通需求的方法，然后我们就把它固化成创新中心这么一个流程。

创新中心运行一段时间以后，发现创新中心只接触到了那些价值客户，但是还有很多客户在创新中心的范围之外，于是又建了 NBB 论坛；为扩大论坛覆盖面又成立了公司级的用户大会，保证了学习和创新的源泉。

正因为这些不断创新的流程，不断地把优秀实践流程化，华为在贴近客户上才越做越好，从而保证了产品竞争力的持续领先。

从华为 Like to Like 发展的不同阶段看产品竞争力和流程的关系，华为的做法是：

第一个阶段，从无到有——Like to Like。

华为的无线最初市场地位是 0%，就是什么产品都没有卖掉过。这时候的市场目标是从无到有，获得市场的突破。企业采用模仿竞争对手的领先产品，其目标是"要把东西做出来，做的有竞争力一点"。于是，华为开始引入了集成产品开发（Integrated Product Development，IPD）流程。

第二个阶段，从有到 others。

这个阶段华为已经有一定的市场份额，但是友商在引导客户的时候，就会先展示出一张市场份额占比图，说你看华为是在 others 里面的。客户特别是运营商，在选择时

除了产品的性能，还要考虑成本。经过广泛调研，现场勘查，找出运营商在基站上的痛点，现有基站产品都是一个大机柜，把各种单元放在柜子里面，然后通过一个30~50米的电线把信号送到天线上，这30~50米就引入了大概3个DB的功率衰耗。华为的解决方案是运用战略技术储备，建成技术上可行的分布式基站，把射频单元直接放到铁塔上面，这样就避免了功率衰耗。这种分布式基站使信号的覆盖和容量都得到了极大的提升，能给运营商带来极大的价值。

引入分布式基站以后，华为认识到，做需求、做竞争力规划贴近客户的重要性。为更加贴近客户，华为首次引入了移动创新中心，通过移动创新中心，与客户、研发人员、产品规划人员、客户的技术人员等，面对面地讨论需求，及时地把运营商的痛点转化成产品的解决方案。

第三个阶段，聚焦核心技术，从 others 到 top3。

华为通过一些核心技术的持续提升，提供的解决方案使产品的竞争力大幅提高，开始领先于友商，并呈现明显上升趋势，成为行业的 top3，华为终于从 others 跳了出来。

华为产品的优势和核心竞争力，是有关键的技术和流程支撑，强的关键技术体现的是比别人强的覆盖能力和容量能力。流程就是华为的路标流程，即内部通过 SP（战略规划）、BP（业务规划）的研讨，形成了产品路标，然后产品路标又层层分解成平台路标和技术路标，包括一些关键技术，它会得到优先的、持续的投资。经过一段的投资积累以后，就会产生商业的回报。对客户来说，如果你的产品有两个技术特征是领先于别人的，那么你这个产品就是绝对的好产品。随着进一步研发，华为的分布式基站技术产品推出了多模的模块，2G、3G、4G 的转换只需增加一块板子，运营商不用重新安装，不用重新设计机房，这极大地保护了运营商的投资。这也是由华为流程支撑的移动联合创新中心的专家、产品管理人员和客户在一起发现了这个新需求，提交总部分析，总部认为技术上可行，然后由管理层决策，最后推出了多模的模块——划时代的产品。

华为的研发中心都是靠近客户而建，而每个研发中心背后都有一个创新中心在一起联合运作。创新中心是一个跨部门的项目组，里面包含研发人员、市场人员、产品管理人员，主要聚焦在那些关键的客户，这些关键客户的需求必须是存在其独特价值的。华为移动创新中心每两周跟客户做一次项目沟通会，沟通我们在方案上的进展，确认需求是否合理，这样对市场的反应比较快。

资料来源：http://www.geonol.coml。

案例 10-4　服务产品组合：滑雪场的服务包

滑雪场服务包是指在某种环境下提供的一系列产品和服务的组合。滑雪场的服务包有以下四个方面：

（1）支持性设备。指滑雪者在滑雪之前滑雪场必须提供的物质资源。主要是滑雪场地，滑雪安全保障系统等。

（2）辅助物品。滑雪者自备的滑雪物品，或购买和消费的滑雪用品，包括滑雪板、雪镜、雪仗、滑雪靴、固定器、滑雪服、食物等装备。

（3）显性服务。可以用感官察觉到的和构成滑雪运动服务特性的利益。包括滑雪场的位置、交通便利情况、雪场优劣、雪场提供的服务项目的多少、滑雪人数的密集程度、滑雪门票购买的便利性、教练提供的教学时长、学习者学习的快慢等。

（4）隐性服务。滑雪者能模糊感到服务带来的精神上的收获以及滑雪运动之外的服务。包括滑雪场的级别、滑雪场的环境、滑雪服务的细致和贴心性、让滑雪者获得意外惊喜等。

滑雪场服务的好坏依赖于服务过程的参与者与滑雪者的交互。滑雪者凭自己的判断（也可能是他人介绍）前来活动，不同滑雪者有不同的需求，滑雪场需要将服务能力与需求相匹配，要求滑雪场提供的服务包与滑雪消费者期望一致，服务包的设计需要经过多方评价才能形成相对稳定的服务组合。

资料来源：王维平，杜丽学．企业战略概议［M］．北京：中央党校出版社，2002.

推荐阅读

1. 保罗·特罗特．创新管理与新产品开发（第五版）［M］．陈劲，译．北京：清华大学出版社，2015.

2. 何山．产品创新平台理论与方法研究［D］．武汉理工大学，2003.

思考题

1. 企业产品的特性与标准包括哪些？

2. 企业生产工艺技术的特性与标准包括哪些？

3. 产品竞争力评价方法包括哪些？

4. 企业产品开发优化流程管理包括哪些方面？

第十一章　企业行政后勤管理

学习目标

1. 掌握企业行政后勤管理的基本理论、方法和工具；
2. 掌握行政后勤管理工作的内容和流程；
3. 掌握企业办公系统管理的内容；
4. 了解员工生活福利管理的内容；
5. 完成实践与案例分析、练习模拟训练。

企业行政后勤管理工作需要规范，规范化是企业做好行政后勤管理工作的核心。只有建立起一个良好、规范的行政后勤管理体系，企业的行政后勤管理工作才能井然有序、有条不紊、忙而不乱，行政后勤部门才能真正当好企业的"管家"，成为企业进一步发展壮大的坚强后盾。

第一节　企业行政后勤概述

随着现代经济的发展，行政后勤管理在企业发展过程中的作用日益凸显。对于每一个企业而言，行政后勤管理工作不仅涉及企业内部的方方面面，而且涉及与企业外部的沟通和协调。建立一个实用、高效的行政后勤管理体系，是企业正常运转以及各项工作有序进行的基础，同时也是帮助企业做大、做强，不断实现新的飞跃的有力保障。

一、企业行政后勤管理理论

1. 企业行政后勤管理的含义

从字面上看，"企业行政后勤管理"由企业、行政、后勤与管理四个词语组成，其中"企业"是范围限定，行政、后勤与管理可以组合为行政管理与后勤管理。那么在企业中，行政管理与后勤管理到底指什么呢？

首先来说行政管理，在企业中，行政管理并不是指权力，它更多的是指对企业事务性工作的管理活动。

其次再来说后勤管理，这个词起源于军事，1838 年瑞士军事理论家约米尼在《战争艺术概论》中首次提出后勤管理这一概念，使用后勤管理（Logistics management）来特指军队运动和行军中的物资补给及设营、宿营等各项管理活动。后被引入企业管理中，其任务是服务于企业职能活动。

综上，企业行政后勤管理是指为保障企业经营管理目标的实现，由企业行政后勤部门，以企业内部规章制度为基础，通过指定的手段与方法，按照规定流程对企业内部公共事务实施的管理和服务保障活动。其中企业行政后勤部门是实施企业行政后勤管理工作的载体，实施方法包括行政命令、指示、规定、奖惩措施等，实现的主要职能是行政办公事务、后勤服务等。

2. 企业行政后勤管理的职能

广义的企业行政后勤管理包括企业中除技术、生产、销售等直接创造企业效益的业务工作以外的全部事务，狭义的企业行政后勤管理是将其中相对专业的人力资源管理与财务管理工作独立出来后所剩余的工作事务。我们一般采用狭义的企业行政后勤管理概念，其包括以下职能：

（1）财产物资管理，具体包括企业房屋、办公设备、办公用品与车辆的管理。

（2）印证文书管理，具体包括印信、证照、文件资料与档案的管理。

（3）会务接待管理，具体包括会议和客户接待的管理。

（4）考勤与出差管理，具体包括员工考勤和员工出差的管理。

（5）环境与安全管理，具体包括办公、生产、绿化等环境的管理与治安、消防等安全的管理。

（6）员工福利管理，具体包括为员工提供食堂、宿舍、医疗保险、心理健康服务及文娱活动等。

3. 企业行政后勤管理的特点

企业行政后勤管理需要遵循企业特点来实施，它主要有如下三个特点：

（1）企业行政后勤管理具有服务性。企业的根本目的是盈利，技术、生产、销售等部门是直接创造利润的业务部门，企业行政后勤管理部门及其人员在做好企业行政管理工作的同时更要做好后勤保障工作。

（2）企业行政后勤管理具有效益性。政府行政后勤经费来自财政，而企业行政后勤经费必须靠企业自身的盈利。虽然我们不能直接用企业经济效益来具体地衡量行政后勤管理的效果，但企业行政后勤管理与企业的经济效益具有直接关系。企业行政后勤管理可以充分挖掘和最大限度地利用企业的各种资源，调动员工工作积极性，开源节流，提高企业经济效益，加快企业发展。

（3）企业行政后勤管理具有灵活性。与政府行政后勤管理相比，企业行政后勤管理可以根据实际发展需要进行调整与变通，更能有效适应企业竞争与发展的需要。

二、企业行政后勤管理的方法

企业行政后勤管理中用到的方法可分为基本管理方法和现代管理方法两类。其中，基本管理方法主要包括经济管理法、行政管理法；现代管理方法主要包括目标管理法、全面计划管理法、统筹法、ABC 管理法、信息技术辅助管理法。

1. 经济管理法

经济管理法是企业行政后勤管理调节体系中一个极其重要的内容，它主要是通过经济方法去调节、控制各项管理工作的运行。其核心是通过调整各个方面的经济利益关系，使企业员工在经济利益的影响下约束自己的行为，使其符合控制的目标和要求。

经济管理法的核心是将员工的劳动与其所得的利益挂钩，使员工能够通过最终分配感受到他们的劳动得到上司的承认，这样才能使员工自觉地维护公司纪律，进一步增强责任感，在工作中更有效地减少劳动占有和劳动消耗，从而提高工作效率。

经济管理法的表现是各种形式的岗位负责制，其特点是通过合同或其他有关法律、行政办法，合理地规定体力、脑力以及不同工种、不同职务、不同等级的薪资水平，通过多样的薪资形式把工资、奖金、劳务报酬等个人消费资金的重要组成部分与管理目标、管理效益挂钩。

2. 行政管理法

行政管理法是指行政后勤管理部门依靠行政机构和管理者的权力，通过上下级的隶属关系，运用不同的行政手段、行政命令、行政规章、行政措施、行政监督直接对行政后勤管理对象产生影响而实现其管理的一种方法。行政管理法具有强制性、垂直性、稳定性、时效性、具体性、权威性等特点。

它的主要特点是以鲜明的权威和服从为前提，从上到下层层下达指令，强调垂直的纵向关系，采用经济以外的手段直接指挥下属的活动。运用行政管理法实施行政后勤管理，必须紧密联系客观实际，防止主观片面，注重从宏观角度制定有关政策和法规，同时还要注意与其他管理方法的协调、配合。

采用行政后勤管理中的行政管理法时要注意以下两点：

（1）行政管理法必须在法律允许的范围内加以采用，并且有相应的责任约束，决不能滥用行政方法，不能事事都靠行政命令。

（2）对于单凭自觉难以解决的矛盾冲突，必须使用行政管理法。行政后勤管理工作由于服务项目繁多、作业分散，在实际工作中不断发生一部分能量被消耗在重复劳动和彼此摩擦、碰撞之中的现象，这大大降低了工作的效能。如果凭自觉能够解决矛盾冲突，那最好不过，否则只得采用行政管理法来解决矛盾。

3. 目标管理法

目标管理是 1954 年由美国管理实践家彼得·杜拉克提出的，首先被美国通用汽车公司采用，后来迅速普及至美国其他企业。1957 年，目标管理被日本引进，并与全面质量管理结合起来，发展成为"方针管理"。20 世纪 70 年代以来，目标管理成为风行全球的经营管理制度。

近年来，我国一些企业也开始实行目标管理，并取得了较好的效果。所谓目标管理，是指由单位领导提出在一定时期内期望达到的总目标，并制定方针，从上到下，上下结合，由单位各部门和全体员工，根据总目标分别确定各自的分解目标，形成具体实施目标，再由领导考核而进行的组织和控制的一种管理方法。这种方法有利于激发每个员工的积极性，便于进行自我管理，自觉地去完成本职工作。

目标管理法的管理原则是：一切管理行为的开始是"确定目标"，一切管理的实施过程是以"目标为方针"，一切管理的成果要以"目标的完成情况"来评价。运用目标管理法要求企业后勤活动的全过程都以目标为核心，整个企业后勤工作都以实现目标为准则，它包含一系列管理程序，特点是一旦每个分项目标均达到，总目标就实现了。采用目标管理法对行政后勤管理工作进行管理，可将行政后勤管理工作划分为几个部分，总负责人制定行政后勤服务工作的总目标，并会同各部分项目的负责人协商各部分的目标，然后由各部分的负责人与其属下协商制定具体的目标与实现的措施，通过总目标与分目标及具体目标的综合协商，制定完善的计划体系。如果协商制定的目标比较合理，又易于调动员工的积极性，那么在各个分目标实现的情况下，行政后勤管理工作的总目标也就实现了。

4. 全面计划管理法

全面计划管理是一项综合性的、全方位的管理工作，它是通过计划把企业的各项工作全面地组织与协调起来，进行综合性的全面管理。全面计划管理涉及企业各个部门，它既与企业各项工作发生直接关系，又渗透到各项工作的全过程，要求动员企业全体员工来参加。企业行政后勤管理工作是整个企业全面计划管理工作的关键组成部分，因此必须建立全面计划管理保障体系，行政后勤管理部门需做到以下四点。

（1）建立计划管理机制，配备专职计划管理人员。

（2）建立健全计划责任制，明确每个行政后勤员工在计划管理方面应完成的任务、承担的责任和被赋予的权限，并将绩效工资同经济效益挂钩，进行奖惩。

（3）建立健全计划考核与评价制度，制定明确的计划工作标准，定期进行检查和考核，表彰先进，鞭策后进。

（4）按 PDCA 循环程序进行计划管理，即按计划、实施、检查、处理四个阶段来开展计划管理活动，在第一循环结束后，及时进行总结提高，进行更高水平的循环，这样才能不断提高计划管理水平，促使后勤工作目标和整个企业目标顺利实现。

5. 统筹法

统筹法又叫网络技术管理法，是 20 世纪 50 年代首先在美国发展起来的一种新的计划方法，是用网络图的形式把一项任务的相关项目有机地组成一个整体，合理安排人力、物力、财力资源，以求多快好省地完成任务的一种计划管理方法。其基本思路是：

（1）图示：用网络图的形式表示一项计划的各种工作的先后次序和相互关系。

（2）抓关键：通过计算找出计划中的"关键工作和关键线路"。

（3）选优：通过不断改善网络计划选择最优方案并实施。

（4）监管：执行过程中进行有效监督，保证合理使用人力、物力、财力，多快好省地完成任务。

行政后勤管理的事务性工作较多，适当安排诸多的工作项目，使其按照一定的顺序顺利地进行很有必要。统筹法在行政后勤管理中主要用于安排工作的进度，具体方法是：

（1）列举出该阶段工作数量的总和。

（2）厘清各项工作的内在联系，确定好紧前工作与紧后工作，列出工序清单。

（3）根据工序清单画出网络图。

（4）依据网络图对各项工作进行监督执行。

6. ABC 管理法

ABC 管理法是由意大利经济学家帕累托提出来的，首先被应用于经济领域。ABC 管理法是根据管理对象的价值大小、重要程度、用量多少、采购难易程度等将管理对象划分为 ABC 三类，并对各类管理对象施以不同程度的管理，以便抓住重点，照顾一般，有效地使用人力、物力、财力。目前，ABC 管理法已被广泛地使用，主要被运用于物资和库存管理、成本管理、资金管理、设备管理等方面。

行政后勤管理部门主要是在企业财产物资管理中运用 ABC 管理法，以减少储备资金占用和后勤物资大量积压的现象，提高企业财产物资管理的效益。具体方法是：

（1）先按企业财产物资种类、价值大小、用量多少等进行分类，然后计算每一种材料的金额，再按照金额由大到小排序并列成表格，计算每一种材料的金额占比，计算累计比率。

A 类物资种类少，但占用资金多，一般品种比例占 5%~15%，金额累计比例占 60%~80%；

B 类物资种类、占用资金均居中，一般品种比例占 15%~25%，金额累计比例占 15%~25%；

C 类物资种类多，但占用资金少，一般品种比例占 60%～80%，金额累计比例占 5%～15%。

（2）在分类的基础上，对各类物资实行不同的管理。对 A 类物资实行重点管理，对 B 类物资实行一般管理，对 C 类物资实行较简单的管理。

A 类物资，应施以尽可能紧的控制，包括最完整、精确的记录及最高的作业优先权，高层管理人员应经常检查，小心精确地确定订货量和订货点，紧密地跟踪措施以使库存时间最短。

B 类物资，应施以正常的控制，包括进行记录和固定时间的检查，只有在紧急情况下，才赋予较高的优先权，可按需批量订货。

C 类物资，应施以简单的控制，如设立简单的记录或不设立记录，可通过半年或一年一次的盘存来补充库存。

7. 信息技术辅助管理法

现在电子计算机已经被广泛地应用于各种管理工作中，由于计算机具有运算速度快、准确性高、功能性强的特点，它不仅能胜任收集、整理、分析、存储、检索大量经济管理信息的工作，而且还能使管理过程趋向合理化、科学化、规范化。

信息技术辅助管理方法在企业行政后勤管理中最典型的应用就是企业办公系统，企业办公系统是将企业行政后勤工作的各项管理制度和流程自动化的体现，将在本章第三节中详细介绍。

三、企业行政后勤管理的工具

古人说"工欲善其事，必先利其器"，优秀的行政后勤管理制度、流程和企业办公系统既可以解放企业管理者，又可以解放员工，让大家有章可循，有标准可依，高效地沟通交流，进而极大地提高工作效率。

1. 规范化的制度

要想制度发挥作用，前提是必须制定出科学合理的制度体系。这要求在制定制度时，要充分调查，广泛了解有关人员的想法，在此基础上研究分析，设计出适合企业行政后勤现状、顺应相关人员诉求的简单实用的制度。这样的制度才能被充分贯彻落实，才能对企业的发展产生积极作用。制定优秀的制度，须遵守以下原则：

（1）适用性原则：从企业行政后勤管理实际出发，根据企业的规模、行业类型、业务特点、技术特性、员工特质等制定制度。

（2）科学性原则：从企业管理的客观规律出发，所定制度要确保符合管理学的一般原理和方法。

（3）合理性原则：制度要合理，要体现出公平性、公正性、制约性、严肃性。

（4）完整性原则：制度内容要全面、系统、配套。

（5）必要性原则：从需要出发，必要的制度一个都不能少，不必要的制度一个也不能要。

（6）合法性原则：制度内容符合国家相关法律法规，绝不能与之相违背。

2. 标准化的流程

优秀的管理制度如果不能得到有效落实，终将变成一纸空文。那么，怎样才能确保制度完美落地呢？最好的办法就是制定标准化的流程，用标准化的流程为制度落地保驾护航，为提升员工执行力添砖加瓦。

标准化流程最简单、最通俗的解释就是：指定做事的先后顺序，明确各环节的工作由哪个部门、哪个人来负责，大家权责明确、各司其职、相互协作，使企业行政后勤管理工作实现高效率的运作。采用标准化流程的目标是使企业行政后勤管理能够进一步降低管理成本、提高执行效率、适应经营环境，为提升企业综合竞争力打下良好基础。

3. 智能化的企业办公系统

随着信息通信技术的普及，计算机、互联网、智能终端等在企业行政后勤管理中逐步广泛应用，使千头万绪、纷繁复杂的企业行政后勤工作变得流程化、规范化、标准化，使企业内外部信息沟通更加通畅便捷，使制度、流程得以有效的执行和落实，有效实现信息的全面共享，提升企业协同办公能力，还可以管理组织结构，监控流程审批，做到权责分明，极大地节约了企业资源成本。一个智能化的企业办公系统，通常应满足以下要求：

（1）遵照行业标准和规范，具备系统拓展能力。企业办公系统的开发应立足于企业现实需要，结合未来发展需求，严格按照行业标准与规范实现系统功能，使系统具备一定的扩展功能以及灵活性，并做好需求分析，实现文档管理，为系统未来的升级做好技术交底工作。

（2）充分满足企业办公需要，清晰分配流程与权限分配。调研分析企业各部门的办公需求与流程，设计能够充分满足办公需求的办公系统，并根据各部门领导和员工的职责分工清晰地分配系统权限，让每个流程负责人清晰地了解自己发起的流程在哪个节点上，自己需要处理哪个环节的审批，进而使办公需求与流程得到标准化、规范化落实。

（3）充分利用移动互联网，有效提升办公效率。业务处理的关键节点被延迟时，要能够在移动终端对相关节点的负责人进行及时的提醒，起到督办和催办作用，让领导随时随地审批流程，让外勤人员可以不受时间和地点的限制，随时随地跟踪流程，保证业务的顺利进行。

（4）利用标准化表单，提升统计分析效率。通过办公系统使流程管理人员和参与人员共同填写、核对和确认标准化表单，有效地提升企业信息的完整性和数据格式的一致性，利用系统高效的计算能力，多维度输出统计结果，有效地提升企业信息数据分析能力与效率。

阅读专栏11-1 ××公司用章流程图与用章申请单

项目任务：请根据××公司合同章管理制度，明确该公司合同章使用流程，并绘制流程图与相关表单。管理制度材料如下：

××公司合同章管理办法

第一条 加强公司的合同管理，规范合同印章的使用，保障企业的合法权益，根据有关规定，结合企业实际，制定本办法。

第二条 本办法适用于公司签订的各类合同。

第三条 本办法所称的合同专用章管理是指公司对外签订（变更、解除）合同时所使用的专用印章的管理。

第四条 公司刻制一枚合同专用章，其管理部门是综合管理部，具体管理人员为行政秘书。

第五条 公司对外签订（变更、解除）合同一般应使用合同专用章。

第六条 合同专用章的使用，需要签盖合同专用章的合同，应由合同承办人持已编号的合同文本到合同专用章管理部门用印，同时须提供以下资料：

1. 已签署的用章申请单（必须由公司相关业务部门及相关主管领导审核会签同意，总经理阅签）；

2. 经本单位法定代表人（负责人）或其授权委托人批准并签署的正式合同文本，合同由授权委托人签署的，需同时提供有效的授权委托书；

3. 其他应提供的资料。

第七条 合同专用章管理部门（人员）的职责：

1. 妥善保管合同专用章，不得遗失、毁损或擅自交与他人；

2. 严格按规定使用合同专用章；

3. 建立使用台账，严格使用登记；

4. 不得擅自将合同专用章携带外出使用，也不得在空白合同书上加盖合同专用章，经本单位法定代表人或负责人批准的特殊情况除外；

5. 公司如发生合同专用章被盗或遗失，必须立即登报声明作废，并于10日内逐级书面报集团公司总经理工作部。

第八条 法律顾问室应定期或者不定期地检查合同专用章使用情况，对违反使用规定的行为，法律顾问室有权责令其改正，因此而给公司造成经济损失的，由法律顾问室提出处理意见，报总经理。必要时，可以收回合同专用章。

第九条 凡违反本办法有关规定，造成经济损失的，视情节轻重给予行政处分、经济处罚或解除劳动合同；情节严重，构成犯罪的，由司法机关追究刑事责任。

第十条 本办法由公司行政部负责解释、修订。

第十一条 本办法自 年 月 日起实行。

【项目目的】了解企业管理制度与流程的关系，能够通过制度提炼管理流程。

【实施步骤】

1. 根据所提供的制度，提炼关键流程，并明确每个流程涉及的人员。

2. 根据所提炼出来的流程，绘制流程图。

3. 思考材料中所提到的盖章申请单中应包含哪些内容，并将表格绘制出来。

4. 教师检查并点评同学们所绘制的流程图与表格，同学们参与讨论。

用章流程图与用章申请单如图11-1和表11-1所示。

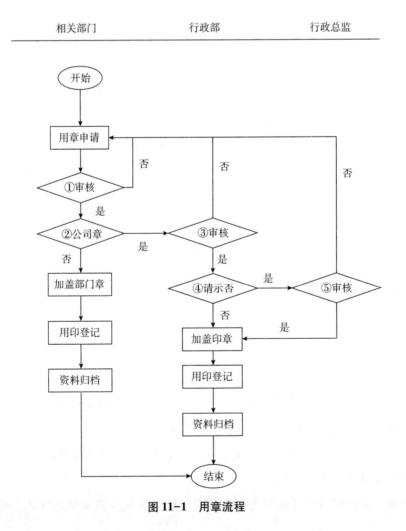

图11-1 用章流程

表 11-1　用章申请单

单位		申请日期		年　月　日
用印类别		份数		
文件名称		文件说明		
申请人		核准人		

第二节　企业行政后勤管理工作内容和流程

企业行政后勤管理工作的内容可分为财产物资管理、印证文书管理、会议接待管理、考勤与出差管理四类，本节将重点介绍以上四类行政后勤管理工作的内容与管理流程。

一、财产物资管理

企业的财产和物资是维持企业正常生产的物质基础，是维持企业各项生产经营活动及行政事务活动的必要条件。企业财产物资管理是指对企业的财产物资进行的采购、保管、分配、维护等管理工作的总称。企业财产物资主要可以分为企业房屋、办公设备、办公用品和企业车辆四大类。财产物资管理的主要工作原则如下：

（1）全面把握企业财产物资的供应，以保证企业工作正常化、持续化。

（2）在保证物资供应的前提下，要尽量减少物资储备量，加快财产物资周转速度。

（3）随时关注信息动态，与业务部门密切配合，尽可能地引进、采用新型工具、材料和设备。

（4）持续优化物资购买方式和对象，不断地降低物资的采购、运输、损耗和保管费用。

（5）做好勤俭节约、勤俭办事的宣传工作，促使工作人员自觉地减少物资消耗。

（6）正确地选购和配置设备，根据技术上先进、财力上允许、经济上合算的总原则，为企业提供优良的技术装备。

（7）认真做好现有设备的挖潜、革新、改造和更新，在经费允许的条件下，满足企业业务技术不断更新的要求。

（8）尽快掌握引进设备的使用与维修技术，确保设备技术性能的完好，保证引进设备的正常运转，充分发挥引进设备的效率。

（9）做好设备的日常管理工作，建立健全设备管理制度，并使之得到贯彻落实。

1. 企业房屋管理

企业房屋包括企业自有或租赁的办公用房、生产用房、员工宿舍、附属建筑及其水电、取暖、卫生等有关配套设施。企业如何对企业房屋进行科学管理、充分利用，发挥其使用价值，延长其使用寿命，是企业削减经营成本、提高经济效益与市场竞争力的关键所在。企业房屋管理主要包括房屋的产权管理、租赁管理、分配管理和维护管理等。

（1）企业房屋的产权管理。企业房屋的产权管理是房产管理的基本问题，涉及产权来源依据，房屋的结构、面积、高度、建造时间、维修及变动等情况。在产权管理中，管理者务必要做到对房产账目心中有数，且有详细记录。一般来说，企业房屋的产权管理包括以下三个方面。

①资料建档。企业房屋新建扩建时，施工单位都有图纸，建好后，施工单位应将这些详细资料、图纸等移交到企业房管部门，房管部门应对其进行登记，建立档案予以保管。

②定期检查。企业房屋修建后，管理者要定期对其情况进行普查，并将普查的情况建档立卡，根据房屋设备损坏程度，按轻重缓急编制修缮计划。企业房屋修缮时，管理者应及时将修缮情况进行详细记录，建立房屋修缮档案，为以后的维修提供参考。

③建立产权管理制度。在房屋的产权管理中，建立健全管理制度十分重要。具体制度包括产权登记制度、产权审核制度、产权交易制度、产权收益分配制度等。

（2）企业房屋的租赁管理。企业的房屋在满足需要后还有剩余，或是房屋在某一较长时间内没有使用，从经济的角度去考虑，就很有可能将房屋租赁出去。通常来说，房屋租赁期限超过6个月，出租人和承租人就应当签订书面租赁合同。房屋的租赁管理主要体现在签订并遵守房屋租赁合同上。

房屋是一项重要的企业资产，管理好企业自身的房屋往往能产生巨大的经济效益。我国的土地政策使过去很多企业往往能够较便宜地获得经营性的房产，随着房产升值带来的收益升值甚至超过了企业本身经营的业绩。

（3）企业房屋的分配管理。企业房屋的分配若不合理，既影响企业员工的情绪，又直接影响企业的办公效率，因而管理者应慎重处理。

企业应遵循以下分配原则：

一是适用原则。在分配时，应将同类功能的房屋安排于办公场所的适当位置。在每一栋房屋内，管理者要根据各部门的职能和工作特点，充分考虑到使用和服务的方便，合理安排楼层和位置。企业各职能部门的房间安排，既要有利于各部门之间的事务交流合作，又要便于外来人员联系业务。

二是重点为主原则。在分配企业办公用房时，通常应首先安排和保证生产及业务用房，尽可能地为业务工作创造良好的条件。在保证生产和业务用房这个重要的前提下，企业应兼顾一般，尽量压缩办公辅助用房，最大限度地提高房屋的利用率。

三是服务配套原则。企业用房不仅要求使用面积足够，而且要求有良好的配套服务，这样才能保证房屋的正常使用。配套服务一方面包括物质上的配套，如配备办公家具、设备、门卫、清洁人员和房屋维修人员，供应水电等；另一方面包括制度上的配套，制定和执行各项服务工作制度，这样办公时才能做到各项工作有章可循。

四是管用结合原则。它是指在管理中要求房产管理部门和使用部门、使用人员相结合。房产部门要负责好房屋维修、水电供应、家具配备等方面的工作；使用部门和使用人员要负责保持房屋的清洁卫生以及房间设备的一般维修工作。为贯彻好管用结合的原则，通常要建立规章制度，以明确双方各自的责任，以免出现相互推诿现象而影响工作。

（4）企业房屋的维护管理。企业房屋出现问题时一定要及时维护，房屋的日常维护是房屋管理的重要内容。房屋维护管理工作做得好，往往能够起到延长房屋使用寿命、缓解房屋紧张状况、节约成本等作用。企业房屋的维护管理工作是一项相当复杂的工作，既要保持房屋及其附属设施能正常使用，又要计划好维修中物力、财力的消耗，以免给企业带来经济损失。企业的房屋维护管理需要按以下要求进行：

一是合理制订维护计划。维护计划包括维护顺序的先后、资金的投入、维护进度等。管理部门要尽可能地降低维护成本、节约维护资金，但必须以保证质量为前提，决不允许以劣充优，埋下安全隐患。

二是量力配备维护人员。企业房屋维护管理应根据各企业的规模、房屋新旧程度等分别进行。为保证维护及时，一般应配备一定数量的水工、电工、木工和瓦工，专门负责企业日常的房屋维护工作；应建立必要的报修、派工、回执、检查、监督等制度，出现问题及时维护，以免影响办公。另外，如果企业规模较大，房屋较多，维护任务较为繁重，则适宜组建一支房屋维护小组，或设定一个房屋维护办公室，这样就能更有效地应对企业房屋出现的任何维护问题。

三是定期检查房屋状况。在房屋维护管理中，定期对各类房屋进行普查很重要，应随时掌握房屋情况，最好将普查的资料建立档案，并根据普查中发现的问题及时分出轻重缓急，编制好修缮计划，分期分批安排维护。

企业房屋维修管理流程如图11-2所示。

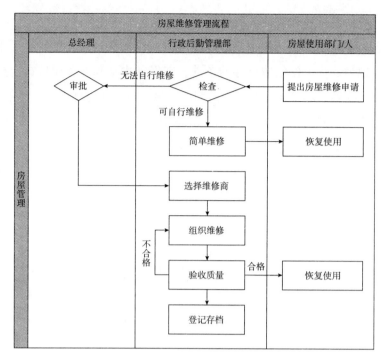

图11-2　企业房屋维修管理流程

涉及的表单可参考如下示例（见表11-2和表11-3）：

表11-2　企业房屋登记表

编制部门						档案编号		
房屋名称	编号	配套设施				使用部门	负责人	维修记录
		家具	仪器用品	机器	其他			

表11-3　房屋报修申请单

编制部门			档案编号		
序号	维修项目	损坏原因	损坏日期	负责人	备注
行政后勤部领导审核			总经理审核		

2. 办公设备管理

企业的办公设备一般包括用于处理文字或图片资料的打印机、复印机、装订机，用于处理音像资料的录像机、刻录机、照相机，用于办公通信的电话机、传真机，以及日常办公所需的计算机、投影仪、电子白板等多媒体设备。

对办公设备的管理主要体现在采购管理和使用管理两个方面。其中，采购可以采用定点采购、招标采购或询价采购等方式；使用管理应根据具体设备的性质进行分类管理，明确划分使用与保管责任。办公设备管理部门应合理制定办公设备管理制度，明确办公设备的采购、使用、维修、报废等流程，具体可参考以下流程：

（1）各部门提出购买办公设备的申请。

（2）办公设备管理部门对请购申请进行审核、汇总后，提交公司总经理审批。

（3）总经理审批通过后，办公设备管理部门负责通过询价或招标等方式初步选定供货商。

（4）办公设备管理部门将初步选定的供货商情况提交公司总经理审批。

（5）办公设备管理部门根据总经理的审批意见实施购买。

（6）办公设备管理部门负责将新设备登记入库，并将相关资料存档保管。

（7）各职能部门按需领用设备，办公设备管理部门负责监督使用及日常养护。

（8）设备发生故障时，职能部门报请办公设备管理部门安排维修。

（9）有修复价值并能够修复的设备，修复后投入正常使用。

（10）对于无法修复或无修复价值的设备，办公设备管理部门提交报废申请，由公司总经理审批。

（11）批准报废的办公设备按照报废程序予以处理，相关资料归档保存。

企业办公设备管理流程如图 11-3 所示。

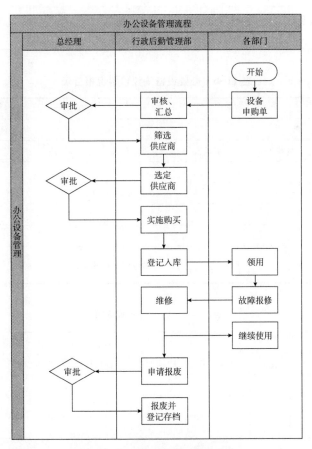

图 11-3　企业办公设备管理流程

涉及的表单可参考如下示例（见表11-4至表11-13）：

表11-4 办公设备请购单

填制部门		档案编号		
				填表日期： 年 月 日
设备名称		型号规格		数量
特殊要求				
申请原因				
备注		部门经理审核意见		

表11-5 办公设备采购审批表

填制部门			档案编号		
序号	设备名称	型号规格	数量	申请部门	预算单价	备注
1						
2						
3						
预算金额总计：						
行政后勤部经理审核意见： 日期： 年 月 日		财务部经理审核意见： 日期： 年 月 日		总经理审核意见： 日期： 年 月 日		

表11-6 办公设备询议价情况报告表

填制部门			档案编号		
					填表日期： 年 月 日
序号	设备名称	规格型号	申请部门	供应厂商	资质	报价	备注
1							
2							
3							
经办人意见					经办人	
行政后勤部领导审核意见	签字： 日期： 年 月 日		总经理审核意见：		签字： 日期： 年 月 日	

表11-7 办公设备验收单

填制部门			档案编号		
设备名称	型号规格	数量	供应厂商	联系方式	到货日期	验收结果	检验人员	备注

表 11-8 办公设备入库登记表

填制部门			档案编号			
					填表日期: 年 月 日	
设备名称		品牌名称		型号规格		
颜色		购买价格		出厂日期		
购买时间		使用期限		附属设备		
环境需求		存放地点				
主要功能						
使用部门			责任人			

表 11-9 办公设备明细表

填制部门				档案编号					
序号	设备名称	型号规格	计量单位	数量	单价	金额	使用日期	使用部门	备注
1									
2									
3									
填表人				填表日期					

表 11-10 办公设备领用表

填制部门			档案编号		
设备名称	编号	型号规格	数量	具体用途	备注
行政部审核意见:		主管领导审核意见:		总经理审核意见:	
签字:		签字:		签字:	
日期: 年 月 日		日期: 年 月 日		日期: 年 月 日	
领用人:					

表 11-11 办公设备报修单

填制部门		档案编号		
设备名称	设备编号	使用部门	报修时间	
故障现象简述			备注	
责任人		部门经理审核意见		

表 11-12 办公设备报修记录表

填制部门			档案编号			
设备名称	编号	使用部门	报修时间	故障现象	解决办法	经手人	备注

表 11-13　办公设备报废清单

序号	编号	设备名称	数量	单价	使用年限	实际使用时间	报废原由	使用部门	备注
填制部门						档案编号			
1									
2									
3									
部门经理 审核意见			行政主管 审核意见			总经理 审核意见			

3. 办公用品管理

企业办公用品一般指企业办公人员使用的各种物品，主要包括低值办公设备、办公家具、办公耗费品三大类。

（1）低值办公设备，包括计算器、剪刀、规尺等。

（2）办公家具，包括办公桌椅、沙发、档案柜、书架、台灯等。

（3）办公耗费品，包括打印纸、U盘、墨盒、信封、纸笔、文件夹等。

办公用品的管理部门应合理制定管理制度，明确办公用品的采购、领用与保管等流程（见图 11-4 和图 11-5）。

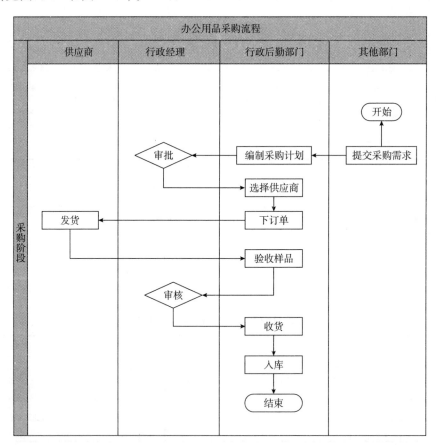

图 11-4　办公用品采购流程

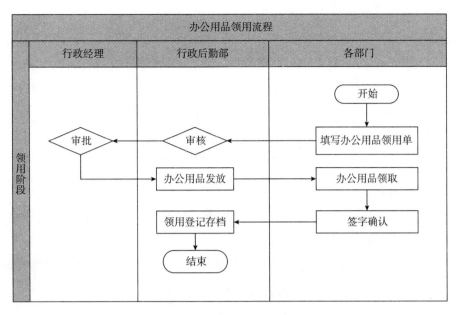

图 11-5 办公用品领用流程

具体可参考以下流程：

（1）各部门每月定期提请办公用品需求，办公用品管理部门根据办公用品的库存量以及各部门的需求情况编制采购计划，提交主管领导审批。

（2）办公用品管理部门主管领导审批后，行政部根据审批意见实施购买。

（3）供应商保质保量如期发货。

（4）办公用品管理部门负责验收货物，验收不合格时，与供应商联系，协商安排退换货事宜，认定合格后提交主管领导审批。

（5）主管领导审批后，将所购物品登记造册，入库保管，以备领用。

（6）各部门按需领用办公用品。

涉及的表单可参考如下示例（见表 11-14 和表 11-15）：

表 11-14 办公用品采购需求表

编制部门			档案编号		
申请部门			申请日期		
序号	办公用品名称	规格/品牌	金额	数量	备注
1					
2					
3					
部门领导签字		行政后勤部领导签字			

表 11-15　办公用品领用单

编制部门			档案编号		
办公用品名称	数量	领取部门	领取时间	备　注	
合　计					
行政后勤部领导		办公用品保管员		填表人	

4. 企业车辆管理

企业车辆是指企业为工作运营或工作服务购买的车辆。根据企业车辆的用途来看，企业车辆主要分为生产用车和行政用车。

企业车辆管理制度应包括车辆使用、维修保养、安全管理及司机管理等方面的内容，车辆管理流程一般可分为车辆使用、车辆维修保养、交通事故处理三类。其中，车辆使用流程如下：

（1）员工向行政部提出用车申请。

（2）行政主管审核用车申请。

（3）审核通过，根据具体情况调配车辆，然后向司机下达出车任务。

（4）司机接受出车任务后，应在出车前对车辆进行例行检查。

（5）用车完毕，司机根据实际出车情况详细填写用车记录。

（6）行政主管将用车记录收回，并存档保管。

车辆使用管理流程如图 11-6 所示。

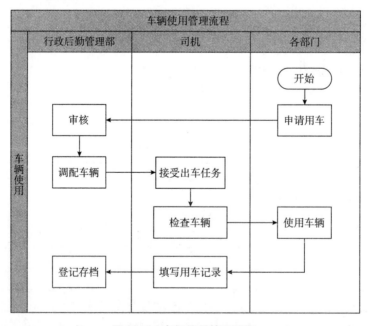

图 11-6　车辆使用管理流程

车辆维修保养流程如下：

（1）司机向行政主管提出车辆维修保养申请。

（2）行政主管审核申请内容。

（3）审核通过后，向财务部预支维修保养费用。

（4）将车辆送至指定的维修保养单位进行维修保养。

（5）司机确认验收维修保养后的车辆。

（6）行政主管复核维修保养情况。

（7）根据实际维修保养情况到财务部报销结算费用。

（8）行政主管负责将车辆维修保养记录存档保管。

车辆维修保养管理流程如图11-7所示。

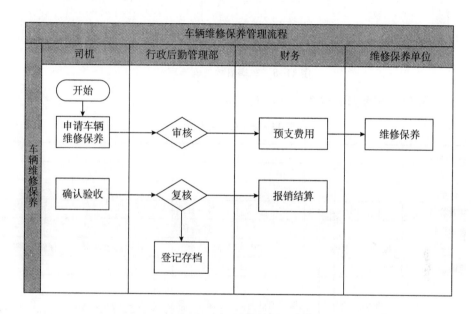

图11-7　车辆维修保养管理流程

在企业车辆发生交通事故时，车辆管理人员可参照以下流程处理：

（1）发生交通事故后，司机应立即向行政主管汇报，并进行现场应急处理。

（2）行政主管接报后，应立即到达事故现场，协助交通管理部门处理事故。

（3）分析事故原因，明确责任。

（4）向行政部经理提交事故报告。

（5）根据审核意见对事故责任人进行相应的处罚。

（6）存档保管相关的报告资料。

车辆事故处理流程如图11-8所示。

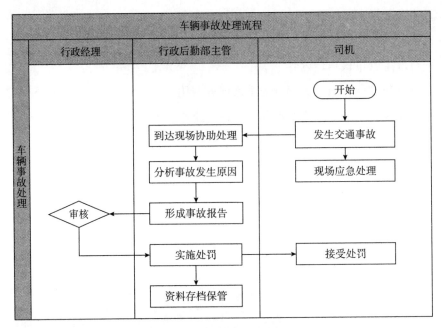

图 11-8 车辆事故处理流程

涉及的表单可参考如下示例（见表 11-16 至表 11-23）：

表 11-16 车辆登记表

填制部门			档案编号			
车型		车牌号		发动机号		
排量		生产厂家		购置日期		
购置价格			验车日期			
技术指标			经销商			
保险记录	保险公司名称	保险证号码		保险有效期限	保险内容摘要	
保养记录	保养日期	保养项目	保养厂家	实际花费金额	备注	
司机姓名			所属部门			

表 11-17 用车申请表

填制部门			档案编号		
申请人		所属部门		用车时间	目的地
用车原因					
计划路线			预计行程		
部门经理审核意见			行政主管审核意见		

表 11-18　派车单

填制部门		档案编号	
申请部门		用车时间	
车辆编号		预计返回时间	
用车原因		目的地	
备注			
部门经理意见		后勤主管意见	

表 11-19　交通事故处理报告书

填制部门			档案编号		
司机姓名		车型		登记号码	
事故发生日期		报告日期		底盘编号	
事故原因					
处理办法					
实际损失金额			回收保险金		
备注					
报告人			行政后勤部领导意见		

表 11-20　车辆行驶记录表

填制部门		档案编号							
出车日期	使用部门	用车原因	出发地	目的地	里程表数			使用人	备注
					起（公里）	止（公里）	合计（公里）		

表 11-21　车辆检查记录表

填制部门				档案编号						
项目	洗车	加油记录			车况检查记录				维修记录	保养记录
		汽油	机油	实际金额	配件			外观	操控	维修内容	实际金额	养护内容	实际金额
		加油里程数	换油里程数		轮胎	音响	冷气						
星期一													
星期二													
星期三													
星期四													
星期五													
星期六													
星期日													
总计													

表 11-22　车辆使用状况月报表

填制部门						档案编号							

填表日期：　年　月　日

车牌号	司机姓名	行驶里程		汽油费		保养修理		事故次数		保险费		过桥费		备注
		本月	累计	本月	累计	本月	累计	本月	累计	本月	累计	本月	累计	
本月费用合计														

表 11-23　车辆保养记录表

填制部门		档案编号	
车牌号		所属部门		保养责任人	
保养日期		实际保养项目		备注	

二、印证文书管理

1. 印证管理

企业印证包括企业印信与证照，是企业进行文书资料及经营管理的重要工具。

企业实施印证管理应制定印证管理制度，对印信的刻制与废止、证照的申请与更换以及印证的保管、使用范围与使用方法做出明确规定。印证管理流程可分为印信使用流程和证照使用流程，其中印信使用流程如下：

（1）员工需要用公司印信时，应向部门经理提交用印申请。

（2）部门经理签字核准后，需交由印章所属部门的经理审批，如需使用企业公章，还需提交总经理审批。

（3）完成审批手续后，印章保管人负责盖章，并将用印审批手续归档保管。

印信管理流程如图 11-9 所示。

证照使用流程如下：

（1）员工需要用公司证照时，应向部门经理提交用证申请。

（2）部门经理签字核准后，提交总经理审批。

（3）完成审批手续后，到证照保管人处领取，由证照保管人登记领取日期。

（4）使用完毕后，归还至证照管理部门，由保管人登记归还日期，并签字。

证照管理流程如图 11-10 所示。

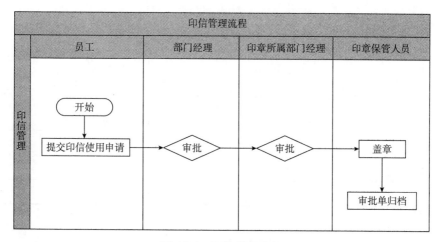

图 11-9　印信管理流程

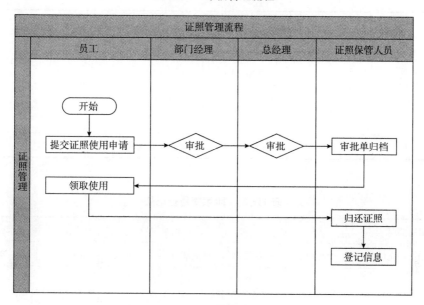

图 11-10　证照管理流程

　　涉及的表单可参考如下示例（见表 11-24 至表 11-29）：

表 11-24　印信刻制申请表

填制部门			档案编号	
申请单位			申请时间	
申请原因				
印信种类	□图记　□职章　□长戳　□职衔签字章　□部门章　□校对章　□骑缝章　□附件章			
用印权限				
印信全文			印信字体	□楷书　□隶书　□篆书　□其他
印信管理部门			监印人	
申请部门	主管：		制发日期	
	申请人：			
主管部门			印信模式	

表 11-25　印章登记台账

填制部门			档案编号	
登记编号		登记日期		印章名称	
印章种类	□公司名章　□员工　□其他		印章形状	□方形　□圆形　□其他
制成日期		材质		制印人	
印章用途					
废止日期		废止理由			
备注					

表 11-26　用印审批单

填制部门			档案编号	
用章部门		用章人		申请时间	
用章类别		印章名称			
盖章文件名称			数量		
主要内容摘要					
部门经理审核意见			行政部审核意见		

表 11-27　印章使用登记表

填制部门			档案编号			
盖章日期	文件名称	文件份数	印章类别	审批部门	审批人	经手人	备注

表 11-28　印章废止登记表

填制部门			档案编号			
序号	类别	印章模式	制发日期	保管部门	存档日期	销毁日期	备注
1							
2							
3							

注：根据废止印章的实际处理情况选择填写"存档日期"或"销毁日期"。

表 11-29　公司证照使用记录表

填制部门						档案编号					
使用日期	证照名称	证照编号	使用理由	拟归还时间	领用复印件数量	领用部门	总经理审批	领用人（签字）	实际归还日期	归还签收	备注

2. 文书管理

办公文书是传达贯彻上级指示精神以及指导和商洽工作的重要工具。

办公文书的管理主要是对公文的形成、收发、整理与保存进行科学、规范的管理，以提高公文的运转效率。对涉密文书还应采取必要的保密措施，确保公司机密不外泄，维护公司的信息安全。办公文书管理制度应包括文书的收发、处理、保管以及涉密文书的保密管理等内容。办公文书管理流程可分为发文流程和收文流程两类。其中，发文流程如下：

（1）相关职能部门草拟公文。

（2）经该部门经理审核通过后，交由行政部拟订公文。

（3）公司总经理签发公文。

（4）行政部负责打印、发文等事宜。

（5）采用电话、发函等形式督促承办工作。

（6）将处理完毕且需保存的文件立卷归档。

企业办公文书发文流程如图 11-11 所示。

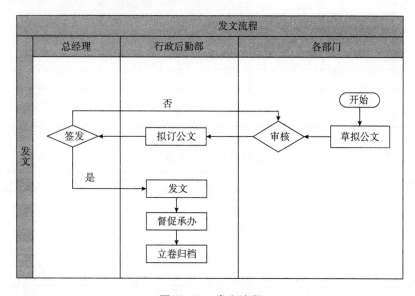

图 11-11　发文流程

办公文书的收文流程如下：

（1）行政部接收外部文书，然后进行分类。

（2）将需要传阅的文书传送给相关部门，由相关部门负责承办。

（3）不需要传阅的文书可直接回复或办理，然后存档保管。

企业办公文书收文流程如图 11-12 所示。

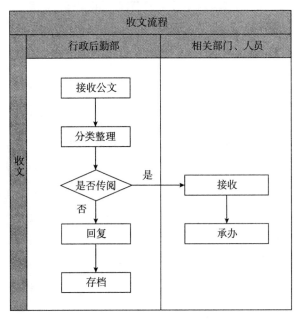

图 11-12　收文流程

涉及的表单可参考如下示例（见表 11-30 至表 11-35）：

表 11-30　发文登记表

填制部门			档案编号		

填表日期：　年　月　日

日期	发文部门	文件名称	文件编号	份数	机密等级	经办人

表 11-31　发文审批单

填制部门			档案编号	
文件名称		文件编号		拟稿人	
附件名称		发文部门		份数	
主题词					
主送		抄送		备注	
行政部意见		日期：　年　月　日	签发人		日期：　年　月　日

表 11-32 发文明细表

填制部门						档案编号				
文件号	文件标题	拟稿部门	机密等级	发放范围	份数	登记日期	发出日期	领导签发	备注

表 11-33 文件接收登记表

填制部门				档案编号			
编号	来文单位	文件类别	原因/事由	附件	收文日期	签收人	处置说明

表 11-34 文件会签单

填制部门			档案编号	
发文部门		发文文号		发文日期
紧急等级	□普通 □紧急 □特急	机密等级		□普通 □秘密 □机密 □绝密
文件标题				
会签部门	收文时间		发文时间	会签人（签字）
	年 月 日 时		年 月 日 时	
	年 月 日 时		年 月 日 时	
	年 月 日 时		年 月 日 时	
	年 月 日 时		年 月 日 时	

表 11-35 文件归档登记表

填制部门			档案编号	
文件编号		文件名称		文件页数
归档存放处		机密等级		保管期限
归档日期		送交人		接收人
备注				

3. 档案管理

企业档案是指企业在生产经营和管理活动中形成的对社会和企业自身具有保存价

值的各种形式的文件材料，是企业生产经营活动的历史记录，记载着企业发展过程中的优秀成果。

企业档案管理应制定企业档案管理制度，明确档案的归档范围及归档要求，统一档案资料的分类方法，规范档案的保管方法和调阅办法等。档案管理流程如下：

（1）行政部收集档案资料。

（2）其他各部门给予配合与支持，协助提供本部门的文件资料。

（3）行政部汇总整理文件，及时完善存在遗漏、短缺等问题的文件。

（4）行政部将文件分类归档，以备查阅。

（5）档案资料定期进行清理，将达到保存期限的文件登记造册，呈送公司总经理审阅。

（6）未经批准的档案重新归档保存，准予销毁的档案严格按照销毁程序处理。

（7）已销毁档案的相关资料存档保管。

档案管理流程如图 11-13 所示。

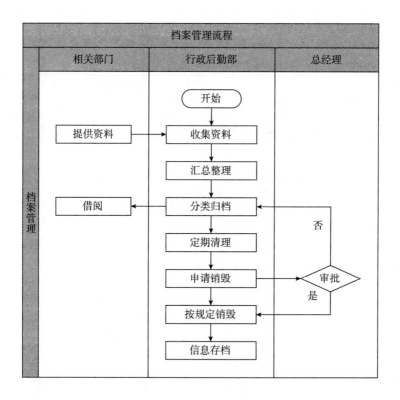

图 11-13　档案管理流程

涉及的表单可参考如下示例（见表 11-36 至表 11-43）：

表 11-36　档案明细表

填制部门				档案编号		
保险库号		柜位号		拟保存期限		
部门	文件名称	类别	内容摘要	入库日期	出库日期	收件人签收日期

表 11-37　档案目录卡

填制部门			档案编号		
档号：		卷名：			
序号	文件名称	发文部门	发文号	页数	备注

表 11-38　归档案卷目录表

填制部门			档案编号			
卷宗号：		目录号：		部门：		
案卷顺序号	立卷类目号	案卷标题	起止日期	卷内张数	保管期限	备注

表 11-39　档案内容登记簿

填制部门		档案编号	
类号：			
案　号	内　容		备　注

表 11-40　机密文件保管备查表

填制部门		档案编号		
类别：				
归档日期	原文件编号	机密等级	内容摘要	经办部门	档号	拟保存期限	份数		备注
							副本	影本	

表 11-41　档案调阅申请表

填制部门			档案编号		
档案类别		文件名称		调卷部门	
内容摘要					
调卷用途					
调阅期限					
部门领导审核		行政后勤部审核		总经理审核	

表 11-42　档案调阅情况记录表

填制部门				档案编号			
档案编号	文件名称	调出日期	调阅人	归还日期	归还人	经手人	备注

表 11-43　作废文件销毁清单

填制部门			档案编号		
档案编号	收文号	发文号	销毁原因	档案起讫日期	备注
核准人		监督人		销毁执行人	

三、会议接待管理

企业会议接待包括企业会议与接待两个方面的内容。企业的会议工作与企业的执行力直接相关，接待工作则直接关系到企业的形象。企业要想高效而有序地开展会议与接待工作，就要进行相应的会议接待管理。

1. 会议管理

会议是企业议事、决策的主要方式，是实现有效沟通、信息传递和解决问题的主要手段，也是企业实现科学决策的重要途径。然而，企业如果对会议缺乏有效的管理，就很容易陷入"文山会海"之中，使会议成为没有实际内容的"走过场"。这样的会议不仅会大量消耗企业的资源，甚至会对企业的经营发展产生严重的负面影响。因此，科学系统地进行会议管理对于提高会议效率、提升企业的执行力具有十分重要的意义。

会议管理应对会议的类型、召开原则、程序及会议纪律等做出相关的规定，并对包括会议提案、场地、保密管理和会议礼仪规范等进行管理。重要会议管理流程如下：

（1）召开重要会议前，应制订详细的会议计划。

（2）根据会议计划做好会前的各项准备工作。

（3）会议召开时，做好会议签到及会议现场的服务工作。

（4）会议结束后要整理会议记录，撰写会议纪要，督导会议各项决议的落实，并做好会议文件资料的立卷归档工作。

重要会议管理流程如图 11-14 所示。

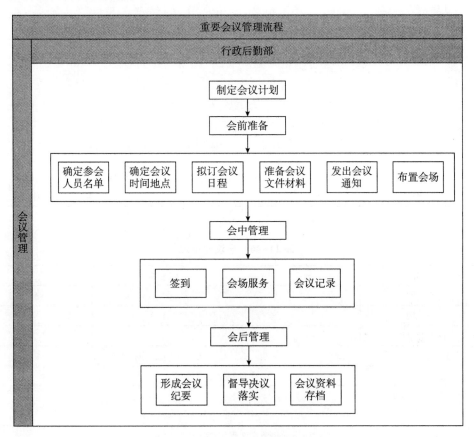

图 11-14　重要会议管理流程

涉及的表单可参考如下示例（见表 11-44 至表 11-48）：

表 11-44　会议室使用申请表

编制部门			档案编号		
会议名称	召开日期	时间	会议地点	人数	备注
申请部门			会议室管理部门		
申请部门	填表人	部门领导	管理人员	主管	部门领导

表 11-45　会议通知单

编制部门		档案编号	
接收部门		通知日期	
发文部门			
会议名称			
会议时间			
会议地点			
会议注意事项	1.		
	2.		
	3.		
会议联系人		会议联系电话	

签章处：

通知回执联

会议通知已收到，内容已详细了解，□能　□不能　届时参加。谢谢！

签名：

_____年_____月_____日

表 11-46　会议安排表

编制部门		档案编号	
会议主题			
会议类型			
会议主办单位			
会议负责人		会议主持人	

会议摘要

会议议题/内容

议题 1	议题名称		
序号	时间	内容	发言人

议题 2	议题名称		
序号	时间	内容	发言人

出席人员		会议记录员	
会议注释			

表 11-47　会议日程表

编制部门		档案编号	
会议时间		会议地点	
序号	内容	发言人	时间
1	入座，宣布开会		
2	阐述经营理念		
3	会议最高职位人致辞		
4	说明议题、议案		
5	补充说明、报告		
6	讨论问题（质疑应答）		
7	决议事项确认		
8	下次会议讨论事项确认		
9	散会致辞		
10	会议结束		

表 11-48　会议纪要表

编制部门			档案编号			
会议时间		地点		主持人		记录人
会议名称						
参加者						
会议议题						
会议过程						
会议决策						
记录审核人			审核结果			

2. 接待管理

企业的接待工作，是指运用一定的接待设施和服务礼仪，协调主客体之间的关系，从而实现企业经营发展的目标。企业接待在实现企业内外部之间的信息沟通和交流、树立企业对外良好形象方面发挥着重要作用。

接待管理应制定相应的制度，针对接待对象、标准等细则进行详细规定。重要接待管理流程如下：

（1）有重要客人来访时，相关部门应填写《贵宾接待申请表》，由总经理审批。

（2）审批通过后交行政部，由行政部负责制订详细的接待计划。

（3）接待计划需由负责接待的相关部门审核。

（4）行政部负责接待计划的落实与实施，相关部门应给予必要的支持与配合。

（5）行政部总结汇报接待情况。

重要接待管理流程如图 11-15 所示。

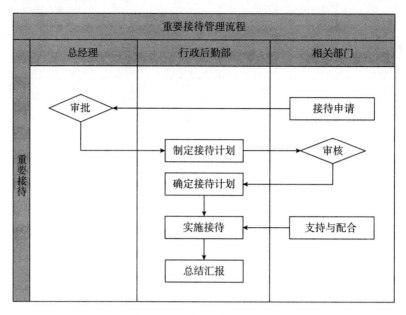

图 11-15　重要接待管理流程

涉及的表单可参考如下示例（见表 11-49 和表 11-50）：

表 11-49　接待费用申请单

编制部门				档案编号		
来宾单位		来宾人数			接待日期	
带队人姓名		职务			停留时间	
接待事由						
接待费用预算	餐饮费用预算额			住宿费用预算额		
	其他费用预算额			合计预算总额		
陪同人员要求						
部门领导 意见					签字： 日期：	
分管副总 意见					签字： 日期：	
总经理 意见					签字： 日期：	

表 11-50　接待用餐申请表

编制部门				档案编号		
接待人		接待部门			工作职务	
来客负责人		所在单位			工作职务	
用餐时间		用餐人数			陪客人数	
接待事由						
用餐规格						
是否符合公司规定						
部门经理审批				分管副总审批		
总经理审批				时间		

四、考勤与出差管理

员工考勤管理与出差管理是企业经营管理的两项基础工作。考勤管理的目的并非约束员工，而是为了有效地提高员工工作效率，进而提高企业的经济效益，为企业和员工创造更广阔的发展空间。出差是企业经营活动中的一项重要内容，加强企业的差务管理，可以保证出差活动的有效性，节约出差费用，降低企业经营成本。

1. 员工考勤管理

员工考勤管理一般包括出勤管理、请假管理和加班管理。出勤管理包括企业的日常考勤管理和相应的奖惩措施；请假管理是以制度的形式对员工的事假、病假、倒休假、年假、婚假、工伤假等进行相应的管理；加班管理是以明确的制度规范员工加班行为、规定加班费用的管理。企业在制定考勤制度时，应参照国家相关法律法规，防止出现与之冲突的地方。

考勤管理部门可参考如下流程进行员工出勤管理：

（1）考勤管理部门定期检查、统计签到卡，汇总出勤情况。

（2）根据汇总结果确定相应的奖惩措施，并存档保管。

（3）将考勤汇总情况交财务部，为财务部计算月度工资提供依据。

员工出勤管理流程如图11-16所示。

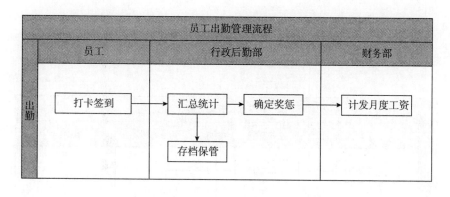

图11-16　员工出勤管理流程

当员工需要请假时，考勤管理部门可参照如下流程进行管理：

（1）员工根据自身需求向部门经理申请请假。

（2）根据公司休假审批权限的规定分别对请假申请予以审核。

（3）员工将经审批的《请假单》交行政部备查。

（4）请假期满后，员工应及时到行政部办理销假手续。

员工请假管理流程如图11-17所示。

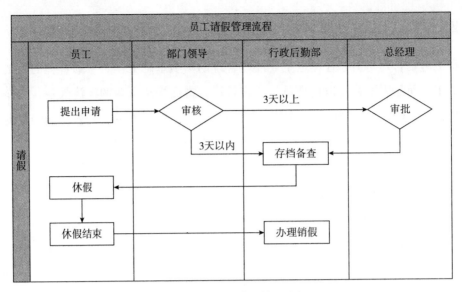

图 11-17　员工请假管理流程

员工需要加班时，可参考如下流程进行管理：

（1）员工根据工作需要填写《加班申请单》，交部门经理审核。

（2）员工及时将《加班申请单》交考勤管理部门备查。

（3）考勤管理部门按时对加班情况进行汇总统计，编制《加班汇总表》，交财务部核算加班费。

（4）已安排倒休者不再支领加班费。

员工加班管理流程如图 11-18 所示。

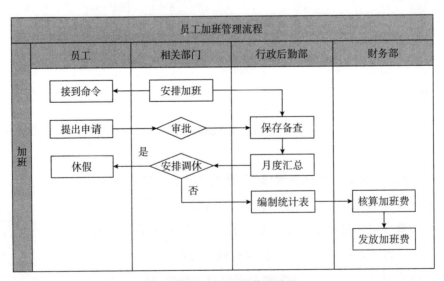

图 11-18　员工加班管理流程

涉及的表单可参考如下示例（见表11-51至表11-54）：

表11-51　员工请假单

编制部门			档案编号		
请假单号		姓名		性别	
年龄		员工号		日期	
请假原因					
请假天数					
备注					
部门领导签字			总经理签字	（3天以内无须总经理签字）	

表11-52　员工外出登记表

编制部门					档案编号			
序号	日期	姓名	所属部门	外出事由	外出时间	回岗时间	交通工具	备注
部门领导签字					制表人			

备注：

1. 此表为每个员工每月的外出记录。外出前到后勤部进行外出登记，并由部门经理或总经理签字认可，方可外出，返回后要及时填写返回时间。

2. 此表纳入每月工作总结报表报总经理审阅。

3. 此表为每月考勤中的一部分，同时作为财务月末计算工资单的依据，记录不全的视为无效记录，不得计算考勤。

表11-53　员工加班申请单

编制部门			档案编号		
姓名		员工号		所属部门	
申请加班时间			小时数		
加班内容					
实际加班时间			小时数		
部门领导签字					

表11-54　月度考勤统计表

填制部门			档案编号			
填表人			填表日期			
序号	姓名	出勤天数	休假情况		迟到、早退、旷工情况	出差天数	备注
			类别	天数			

2. 员工出差管理

员工出差管理是将出差申请、差旅费报销等与出差活动有关的事项规范化、制度化，并在实际工作中严格监督、贯彻和执行，以提高工作效率，合理节约差旅费用，有效降低企业经营成本的一种管理。

出差管理一般包括出差手续的办理和差旅费支付标准等内容。可参考如下流程对员工进行出差管理：

（1）员工需要出差时，应按照相应的审批权限提交出差申请。

（2）审批通过后，交行政部备案，以便行政部进行考勤管理。

（3）必要时，可向财务部预支差旅费。

（4）出差返回后，及时汇报工作。

（5）根据相应的审批权限进行出差费用的审批。

（6）审批通过后，财务部根据有效发票核对差旅费。

（7）出差人员领取报销费用，完成出差任务。

员工出差管理流程如图11-19所示。

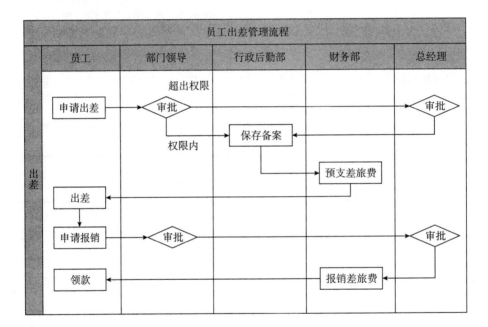

图11-19 员工出差管理流程

涉及的表单可参考如下示例（见表11-55和表11-56）：

表11-55 出差申请表

编制部门		档案编号	
申报部门		申请人	
出差日期		年 月 日至 年 月 日：共 天	
出差省市与地区			
出差事由			
交通工具安排		飞机□ 火车□ 汽车□ 动车□ 其他□	

续表

申请费用	元（¥　　）		
部门审核	财务审核		总经理审核
审核费用	元		

说明：1. 此申请表将作为出差申请、借款、核销的必备凭证。
　　　2. 若出差途中变更行程计划需及时汇报。
　　　3. 出差申请表须在接到申请后48小时内批复。

表 11-56　差旅费报销单

编制部门				档案编号	
出差人姓名		职务、职称		出差事由	
项目	起站	止站	天数	金额	备注
城市间交通费					
市内交通费					
住　宿　费					
伙食补助费					
合计（大写）					¥
部门领导审批			总经理审批		
经手人			日期		

五、环境与安全管理

1. 工作环境管理

工作环境是企业文化的具体体现。幽雅的工作环境可以使员工在工作时心情舒畅，从而有利于提高工作效率，可以说工作环境是企业的一种无形资产，能够间接地为企业创造经济效益。工作环境主要包括办公环境、生产环境、绿化环境三种类型。

工作环境管理应制定工作环境管理制度，明确具体要求与检查办法，并制定检查流程，工作环境管理可参照如下流程：

（1）工作环境主管部门制定公司环境卫生标准。

（2）主管领导审核标准。

（3）保洁等相关人员根据标准进行具体操作。

（4）总务后勤主管对公司的环境卫生状况进行定期或不定期的检查。

（5）检查结果不达标，对保洁等相关人员进行处罚并责令返工。

（6）检查结果达标后，将检查结果作为考核的重要依据存档保存。

环境卫生管理流程如图 11-20 所示。

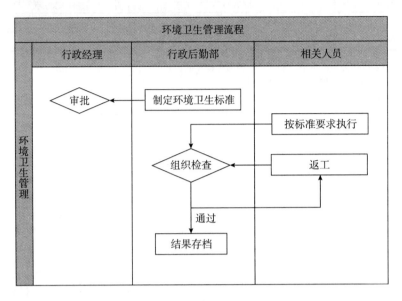

图 11-20　环境卫生管理流程

涉及的表单可参考如下示例（见表 11-57 至表 11-60）：

表 11-57　清洁工作安排表

填制部门			档案编号	
填表日期：				
姓名				
清洁区域				
考核				
备注				

表 11-58　环境卫生检查表

填制部门			档案编号	
评分人员			检查日期	
评分项目	分值		评分	备注
一般安全	15			
消防器具	10			
走道通路	15			
工作区域整洁	15			
环境整洁	15			
办公桌椅及办公室整洁	15			
设备维护状况	15			

表 11-59 绿化责任划分表

填制部门			档案编号	
区号	区域	绿化主管	管护人员	备注
管护要求	1. 严格按照绿化规程进行绿化管护。 2. 做好苗木的冬春移栽、新栽及年内补栽和草坪花卉的补种工作,确保成活率。 3. 及时进行浇水、施肥、喷药、修剪、除草和整地等必要管护。 4. 区域周边马路两边及时松土、拔草、浇水。 5. 及时倾倒产生的垃圾(草、砖头、石块等),做到"工完场净"。 6. 爱护绿化器械和工具,及时有效地进行维护和保养。			

表 11-60 绿化工作检查表

填制部门		档案编号	
巡查内容	标准	检查情况	整改情况
草坪养护	按计划修剪,保持草坪平整整洁,修剪高度为 6 厘米		
除草	1 个季度至少除草 2 次,达到立姿目视无杂草		
修剪	花灌木、绿篱、球类保持整洁及良好的形状和长势		
防病虫害	发现病虫及时喷药防范		
抗旱排涝	高温时,浇水时间安排在早上或傍晚;雨季时,及时做好排涝工作		
防台、防汛工作	台风未到时,检查养护范围的情况,发现险情及时修剪、加固;台风到来时,加强值班,及时处理在台风中所发生的各种情况		

2. 安全管理

企业的财产安全、消防安全、员工的人身安全均属于安全管理的范畴。

企业安全管理部门应合理制定安全管理制度,对企业安保人员、办公场所及生产场所安全制定明确的规范与要求,对来访人员出入、消防安全检查、突发事故处理制定相应的处理流程。其中,人员出入管理可参照如下流程:

(1)有来访人员进入公司时,安保人员上前问清来意并请其出示合法有效的证件。

(2)安保人员向受访部门核实来访者身份。

(3)请来访人员填写《来宾出入登记表》后予以放行。

(4)来访人员离开公司时,安保人员应准确地记录其离开时间等一些相关的信息。

出入管理流程如图 11-21 所示。

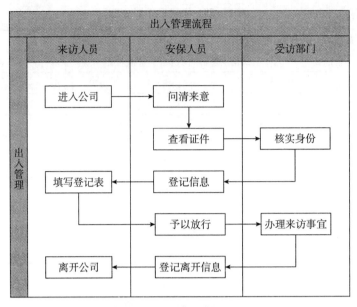

图 11-21　出入管理流程

涉及的表单可参考如下示例（见表 11-61 和表 11-62）：

表 11-61　来宾出入登记表

填制部门		档案编号	
访问时间	年　月　日　时　分		
来宾姓名		证件号码	
来宾工作单位			
来宾地址		来宾电话	
来访事由			
受访者签名			
离开时间			
备注			

表 11-62　物品出门放行单

填制部门			档案编号		
携出人		单位	身份证号		电话
携出时间	年　月　日　时　分				
预定收回日期					
放行物品名称			放行物品数量		
携出事由					
核准		单位主管		经办人	

消防安全检查可参照如下流程：

（1）行政部负责制定消防安全管理制度。

（2）消防安全管理制度经总经理审批后实行。

（3）行政部负责制度的落实与具体的分工。

（4）行政部定期组织消防检查，及时发现并排除消防隐患。

（5）发生火灾时，及时通知消防人员。

（6）火情解除后，行政部负责调查火灾原因并进行善后处理。

（7）相关资料存档保管。

消防检查流程如图 11-22 所示。

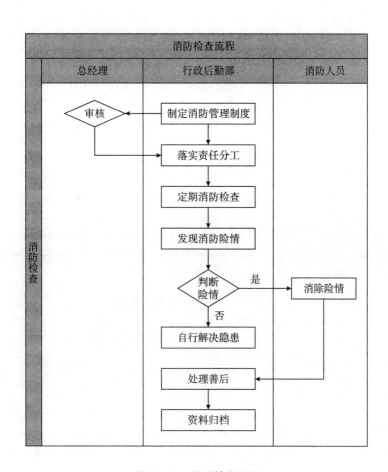

图 11-22　消防检查流程

涉及的表单可参考如下示例（见表 11-63 和表 11-64）：

表 11-63　消防安全状况检查表

填制部门		档案编号		
检查人员		检查日期		
检查项目	待改善项目	其他	备注	复检
1. 消防设施	□无法使用　□道路阻塞			
2. 灭火道	□失效　□走道阻塞　□缺少			
3. 走道	□阻塞　□脏乱			
4. 门	□阻塞　□损坏			
5. 窗	□损坏　□不洁			
6. 地板	□不洁　□损坏			
7. 厂房	□破损　□漏水			
8. 楼梯	□损坏　□阻塞　□脏乱			
9. 厕所	□漏水　□损坏			
10. 办公桌椅	□损坏			
11. 工作桌椅	□损坏　□污损			
12. 餐厅桌椅	□损坏			
13. 厂房四周	□脏乱　□废弃未用			
14. 一般机器	□保养不良　□基础松动			
15. 高压线	□损坏　□不安全			
16. 插座、开关	□损坏			
17. 电线	□损坏			
18. 给水管	□漏水			
19. 仓库	□零乱　□防水防盗不良			
20. 废料	□未处理　□放置零乱			
21. 其他				

表 11-64　消防设备检查记录表

编制部门			档案编号		
检查人员			检查日期		
设备名称	检查结果	设备名称	检查结果	设备名称	检查结果
异常处理对策					
检查结果说明					

突发事故处理可参照如下流程：

（1）突发事件发生后，保安人员迅速联系安保主管，并立即赶往现场采取有效的控制措施。

（2）安保主管接到报告后，迅速到达现场协调指挥。

（3）安保主管及时将事件的具体情况向主管领导作详细的汇报。

（4）根据领导意见完成善后处理工作。

（5）调查事件原因，对相关责任人予以处罚。

（6）总结经验教训，存档保管相关资料。

突发事故处理流程如图 11-23 所示。

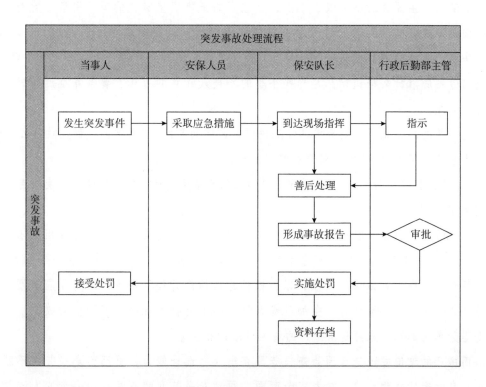

图 11-23　突发事故处理流程

涉及的表单可参考如下示例（见表 11-65）：

表 11-65　突发事故报告单

编制部门		档案编号	
事故内容			
事故责任人		见证人	
所属部门		事故地点	
发生日期	年　月　日	发生时间	
发生原因			
事故状况			
处理方式			
对策			
追踪检查			

案例 11-1 麦当劳的房产经营之道

"少去麦当劳吃汉堡，但要多去麦当劳学管理"，不知是谁说了这样一句话。大家都知道麦当劳主要靠汉堡来吸引客户，但它真的是靠汉堡赚钱的吗？用最好的肉，最好的面包，最好的油，十分钟以后不卖掉就要扔掉，汉堡的成本可以说是十分之高，加上房租、人员费用、推广费用……算下来汉堡的利润其实非常可怜，甚至并不赚钱。那麦当劳到底靠什么赚钱呢？是那些小小的不被人注意的可乐、薯条等小产品吗？实际并非如此。

麦当劳的总裁克罗克到哈佛商学院讲课时，问同学们："同学们，我是做什么的？"

大家冲他笑着说："你不就是做快餐的吗？"

"错了，我是做房地产的。"他说："如果我不做房地产，仅仅做快餐，麦当劳早就关门倒闭了。"

麦当劳在西方是采取特许经营的方式，首先把一个精心考察过的店铺租下来，租期 20 年，跟房东谈好了 20 年租金不变，然后吸引加盟商，把这个店铺再租给加盟商，并向每个加盟商加收 20%的租金，以后根据此处地产升值的情况，进行相应递增。麦当劳 2/3 的收入来自于加盟，在加盟费里收取的重要收入就是房产增值的收益。可以说麦当劳真正的赢利来源是房地产的增值带来的租金差。

而房产的增值并不是只因为麦当劳具有出众的选址能力，更因为麦当劳在不断地输出自身的餐饮文化，建立起麦当劳商圈，通过麦当劳商圈不断拉动海量的人流量来麦当劳以及附近的商圈。它不是被动地等待房产升值，而是积极主动地长期拉动房产价格的增长。麦当劳就是这样以快餐赚吆喝、以地产赢利的！

资料来源：商业模式决胜未来，https：//www.renrendoc.com/paper/207359517.html。

第三节 企业办公系统管理内容与实务

企业办公系统主要是指当下各个行业广泛应用的办公自动软件，它利用现代化设备和信息化技术，代替办公人员传统的部分手动或重复性的业务活动，优质而高效地处理办公事务和业务信息，实现对信息资源的高效利用，进而达到提高生产率、辅助决策的目的，最大限度地提高工作效率和质量，改善工作环境。

企业办公系统在我国主要分为三个发展阶段。

一是政府的需求促使办公系统简单功能得以实现的阶段。政府的办公使用需求是中国企业办公系统的开发源头，对政府而言，在其办公过程中需要处理和管理大量档案及公文文件。对国有企业而言，在计划经济时期，政府的办公形式与其在管理行政事务上的方式比较接近。此外，行政级别也与政府部门的官员和公司组织领导之间有着很大的关联，政府和企业之间的对应关系也十分明确，因此国有企业的办公活动中同样需要处理数量非常多的档案和公文。在政府机构和国有企业的管理过程中，对于很多行政上的建议和指示，当时的国有企业做出决定时，需要以文件的形式向主管的政府部门进行汇报，如常常看到国有企业使用的红头文件。出于对大量文件处理的需求，开发企业办公系统势在必行，因此流转公文和档案管理是原始企业办公系统的基本功能。在此阶段，一批老牌的 OA 厂商电子科技开始出现。

二是企业的应用促使办公系统雏形得以形成的阶段。大约自 2002 年起，企业办公系统开始在全国范围内逐渐普及，原始企业办公系统框架下所展现出的基本功能，在其进入公司后逐渐显现出无法完全满足企业办公室工作需求的弊端，在这一情况下，企业的办公特性需求开始逐渐成为企业办公系统开发需具备的功能需求，以满足企业在收发文件和物流、人事以及车辆管理等方面的办公基础性需求，企业办公系统也由此开始更加注重企业的管理功能。对企业中存在的层次结构问题，尽管企业办公系统进行了有针对性的解决，但常规的办公流程（从起草文件、审查、签名、下发到归档和借用等）是一个复杂且耗时的过程，而且决策过程十分缓慢，办公效率也十分低下。所以，企业办公系统软件取代了一些纸质文件，但是在 2000~2002 年，内网成为企业主要的办公环境，此时在企业办公流程中使用企业办公系统的比例小于 1/4，企业办公系统没有得到广泛应用。虽然在这一阶段，现代企业办公系统的雏形已基本形成，但当时纸质办公比企业办公系统的办公应用更为广泛，因为当时的计算机普及程度和网络环境空间仍然不是十分理想。

三是企业办公系统的价值在其普适性中得到释放的阶段。2005 年之后，随着互联网和计算机的普及，协作办公的价值开始显现，企业办公系统进入了一个快速普及的时期，公司真正的协作办公门户开始变为企业办公系统。在此期间，与外部门户相比，企业办公系统开始充当一种访问企业的所有内部数据方式的入口。企业办公系统可以与组织中的各种业务系统配合使用，如企业资源计划（Enterprise Resource Planning，ERP）、德国开发的企业管理系列软件（System Applications and Products，SAP）和财务软件等，数据也可以集中显示，且企业办公系统在神经系统中起着中枢性作用。2008年，随着 3G 移动网络的发展以及智能手机的迅速普及，企业办公系统的真实潜力得到充分的释放，物理环境不会对办公活动产生影响，可以不受时间地点的限制即时办公。

一、企业办公系统管理的意义

企业办公系统的建设可以推动企业基础管理向规范、高效、管控、变革的方向发展。企业办公系统具有以下意义：

（1）企业办公系统可规范审批业务。企业办公系统可以全面规范企业基础管理流程，如业务单据、审批流程、审批权限、审批时间、审批意见、流程使用范围、审批委办、审批转办、审批历史查询等，以此帮助企业将制度落地。

（2）企业办公系统可提高业务审批效率。企业办公系统将纸质的审批单据电子化和模板化，将人工审批流程、业务催办督办网络化和自动化，实现网络办公和移动办公。企业办公系统可以全面提升业务审批效率，帮助企业优化工作岗位、减少人员投入，将单位时间内的审批效率提高300%。

（3）企业办公系统可实现高效协作和沟通。企业办公系统通过部署各种信息化的沟通工具，如即时消息、邮件、协同工作、论坛通知、公告、关联人员等，可帮助企业管理者和员工之间及时地进行更多、更广泛、更有效的沟通和协作。

（4）企业办公系统可助力企业文化建设。通过企业办公系统可以搭建企业论坛、公司动态、单位新闻、活动通报、发展建议、领导心声、调查问卷、合理化建议、专家支持、员工天地、电子期刊、意见采集、销售快报、技术快报、产品改进等各种互动栏目，增强员工的主人翁意识，增强企业的凝聚力，倡导学习型文化，实现企业价值观和核心理念的宣传、贯彻、统一。

（5）企业办公系统可帮助企业打造学习型组织。通过企业办公系统的知识管理模块，可实现知识的采集、分类、沉淀、分享、学习和持续创新，激发广大员工的智慧，积累大量的无形知识资产，方便员工快速查找自己需要的文档、资料，提升知识的开发和利用效率。

（6）企业办公系统让信息发布更快捷。通过企业办公系统模块中的通知、公告、论坛、问卷等工具，可将日常经营中每天产生的大量信息，如奖罚通报、人事公告、组织调整、产品发布、政策新闻、制度变更等分门别类地、及时地传达给相关部门和员工。与此同时，企业办公系统的消息引擎能够实现人与系统之间的信息互动，及时对系统中的信息变更、待办工作等进行在线提醒。

（7）企业办公系统可加强计划管理。通过企业办公系统的计划管理模块，可让员工把精力投入重要事项，员工可按照不定期计划、月计划、周计划、日程、不定期总结、月总结、周总结、日志等安排个人工作、管理下级工作、检查和考评下级工作。

（8）企业办公系统可帮助企业打造信息化门户和集成平台。企业办公系统是企业实现全面信息化的第一步。企业办公系统是对其他系统进行集成的中心平台，能够打破各业务系统之间的数据孤岛、信息孤岛和应用孤岛，实现信息在不同系统间的推送、共享和调用。

二、企业办公系统的基本功能

市面上的企业办公系统产品很多，一般都具有如表11-66所示的常见功能模块。

表11-66　企业办公系统基本功能

序号	功能	说明
1	通知公告	通知公告的起草、审核、发布、提醒、浏览、回复、检索
2	文件公布	文件的起草、审核、发布、提醒、浏览、回复、检索
3	文件交换	部门与部门、部门与个人、个人与个人之间的资料发送、接收、提醒、分类
4	信息发布	支持栏目自定义、内容和样式自定义、流程与权限自定义、信息展示位置自定义，支持在线编辑和图文混排，支持 Word 和 Excel 的直接复制和粘贴
5	资料中心	资料分类的创建，资料的添加、修改、删除、共享、检索，相关系统的资料入库管理，支持 Word、PDF、Excel、PPT、HTML 等类型文档的全文检索
6	流程管理	主要用于日常办公审批流程的处理，它可通过申请、上报、审批、发放等流程动作来设置工作流程并对其进行查询和监管等。常见的流程包括发文、业务审批、内容起草和制发、文件传阅、批示处理、工作请示、工作报告、工作交办、部门间的工作联络、出差申请、采购申请、报销、请假等。主要功能包括待办流程、在办流程、已办流程、出差委托、流程跟踪与监控
7	办公用品管理	办公用品入库、出库，办公用品申购、申领、审批，办公用品申请的修改、删除等
8	客户关系管理	企业用客户关系管理系统来管理与客户之间的关系。建立合格的客户档案是企业信息管理的起点，是企业日常的基础性工作
9	人力资源管理	人力资源管理包括人才信息库管理、招聘管理、公司或部门用人申请、公司用人汇总、人事档案管理
10	个人办公	个人办公包括计划任务管理（任务的创建、跟踪、反馈与提醒），个人日程安排与提醒，通讯录管理，短消息发送、接收、回复与提醒等
11	电子邮件	电子邮件管理包括新建邮件、收件箱、草稿箱、发件箱、已删除邮件
12	网上论坛	网上论坛可以自行设置分论坛和议题，为用户提供一个信息交流、沟通和问题讨论的空间，让用户可以开放、平等、自由地交流和发言，包括进行咨询、解答问题和收集意见
13	事务管理	事务管理包括留言回复、车辆管理、会议室管理。留言板具有可以让相关人员以实名和匿名的方式进行留言的功能。与此同时，事务管理还包括出车管理、加油管理、维修管理、驾驶员管理，会议室的使用申请、查询、管理等
14	系统管理	系统管理包括用户、组织、栏目、权限的管理，表单定义、工作流定义、论坛管理、配置管理等
15	即时通信	类似于微信的客户端的即时通信软件

（1）办公系统主页面功能模块的设定。企业在设计时应结合自身实际情况，参照各种办公系统版本，将电子邮件、公告通知、待办工作、会议管理、规章制度、新闻（中心）、在线学习、企业论坛等设定为办公系统主页面功能模块，在屏蔽用户端控制

面板的情况下，将这些模块按照一定的顺序排放。

（2）办公系统导航功能模块的设定。关于办公系统导航功能模块的设定，建议在桌面设置所有功能模块，包括但不限于企业文化（含核心理念、发展纲要、企业精神）、规章制度（含管理准则、管理规定、管理办法）、公共事务（含会议管理）、工作流（含待办工作）、新闻中心（含内部新闻和行业新闻）、企业论坛（含管理论坛和管理文摘）、技术专栏（含产品专栏、市场研发、工艺分析）、销售管理、HR 管理（增设在线学习）、供应链管理（待定）等。

无论是主页面功能模块还是导航功能模块里面的分支结构模块，都需要进一步的细化，企业要和软件供应商一起完成这项工作。

三、企业办公系统建设模式

企业的规模不同，企业办公系统的建设模式也不同。企业处于不同的发展阶段，其企业办公系统的建设模式也可能不同。常见的企业办公系统的建设方式主要有以下四种。

（1）自主开发模式。这种模式主要依靠企业自身的力量来开展企业信息化建设，能够充分、真实地反映企业的实际业务要求，实施起来比较容易且风险较小。但由于对企业自身员工的素质要求较高，因此该模式不适合中小企业。

（2）合作开发模式。这种模式是企业与系统集成商、软件公司联合进行企业信息化建设，它可以有效规避企业自主开发模式存在的开发经验少、技术力量薄弱等问题。由企业人员参与开发与建设全过程，可以使系统的实用性得到保证，且系统的使用与维护也比较方便。该模式比较适合中小企业。

（3）整体引进模式。这种模式实际上是通过购置商品化软件来实现企业信息化。一般来说，商品化软件功能完善、使用方便，但价格昂贵。对中小企业来说，商品化软件包中的很多功能模块根本无法使用，据统计，购置成套商品化软件的用户，其模块使用率不足40%，浪费十分严重。由于商品化软件不是根据中小企业的实际需要量身定制的，因此容易脱离企业实际，适用性较差，项目实施风险也较大，因此该模式不适合中小企业。

（4）系统托管模式。这是一种适合经济实力和技术实力都比较差的中小企业使用的信息化模式。系统托管模式是指中小企业租用专业的软件托管服务商的融合商务平台提供的企业信息化系统，在该平台上实施企业信息化应用，系统建设与维护及升级工作由托管商完成。对中小企业来说，企业信息化价格昂贵是其面临的主要问题，在线托管企业信息化系统可以很好地解决这一问题，这种模式减少了企业的费用支出。该模式适用于所有企业，尤其是中小企业。

四、企业办公系统建设要点

企业可以从以下四个方面建设企业的信息化系统。

（1）充分利用资源，完善网络基础设施建设。随着网络技术的迅速发展，企业也不可避免地进入了网络信息时代。计算机网络基础设施是加速信息化建设的前提条件，企业必须建设充分体现本企业特色的、生产过程自动化和管理现代化的计算机信息网络，充分利用现有资源建设高速、大容量、高水平的信息网络，从而实现资源共享。

（2）分步实施，层层开展。分步实施又称渐进式实施，主要是指企业为了避免项目实施风险，使信息化能够在平稳的状态下顺利推进，在具体实施步骤上遵循"分步实施，层层开展"的基本原则。这是中小企业实施信息化建设的最佳途径。

中小企业信息化建设的目的是增进信息交流，包括企业内部的信息交流，可以通过企业内部网络连通实现。企业可以利用企业局域网实现办公自动化，以实现信息快速传递和共享的目标。

从最基本的管理系统开始，各种管理软件在企业的应用都比较早，且大多数已十分成熟，因此选用成熟的管理软件对中小企业实施企业信息化来说没有任何风险。

建立企业网站，逐步探索电子商务。由于互联网在全球迅速普及，建立企业门户网站不仅可以展示企业形象，提高企业知名度，而且有助于加强企业与社会之间的联系。

在企业管理等诸多方面的条件具备的情况下，企业应建立完善的企业信息化系统，包括生产过程控制自动化系统、管理决策信息化系统等。企业信息化建设是一个庞大的系统工程，从"分步实施，层层开展"的具体过程来说，每一步的目标应该是"一步到位"的，而对于达成长远目标来说，应该是"循序渐进"的。

（3）建立一支高素质的信息技术队伍。企业要想加速信息化建设进程，必须制定有效措施以加强技术人才的培训，通过各种方式将现代信息技术与先进管理理念和管理模式融合起来，发挥信息技术与管理手段的重要作用。

（4）选择合适的软件供应商。面对众多的企业办公系统管理软件，企业要怎样才能选出适合本企业实际情况的软件呢？其实，这一过程并不仅仅是选择软件的过程，更重要的是检查软件供应商及其系统整合能力的过程。一般来说，企业需要从产品要求、管理能力和供应商服务水平三个方面进行考虑。

其中，产品要求应综合考虑功能和技术两个方面，功能上不能盲目贪大求全。为满足企业需求，应以适应流程变化为宜，技术上应尽可能对接行业标准，以便企业未来需求扩展。

管理能力方面需综合考虑企业对内对外的管理能力，以及企业战略发展与文化需求。

供应商服务水平方面应着重考察本地顾问素质、有无相关经验，系统说明文档、用户手册、培训材料等文档是否齐备。

企业选择软件供应商时可参考如下九个步骤：

1）寻找供应商，发出邀请。企业应参考各种媒体信息，然后选出 10 家左右的软件供应商，并向他们发出邀请。

2）第一轮演示。第一轮演示开始后，软件供应商会派软件顾问到企业进行实地调研。在这一阶段，建议企业给每家软件供应商一天的准备时间。

3）第一轮评分，选出前 5 家软件供应商。在所有软件供应商第一轮演示结束后，企业应该立即组织相关人员进行评分，并根据软件供应商提供的报价方案及评分结果，选出排在前 5 名的软件供应商进入下一轮角逐。

4）第二轮演示。由于这一轮的软件供应商相对较少，因此企业的接待时间较充裕，可以为每家软件供应商派来的顾问安排一周的调研时间。

5）参观案例。企业在第二轮评选中要参观各软件供应商的实施案例。企业应对将要参观的案例有所限制，一般包括地域、规模和行业上的限制。

6）第二轮评分，选出两家进入最后一轮角逐。第二轮评分时，企业的相关人员应在原来的评分表上增加一些内容，如对所参观的实施案例的评价、对本企业某些特殊要求的解决方案、对软件顾问的评价及对本企业需求的满足情况等。最后，企业应选出两家软件供应商进入下一轮角逐。

7）让软件供应商顾问进行辩论。企业应安排一两次辩论会，让两家软件供应商的顾问就各自软件系统的优缺点进行辩论。这样做可以让企业更清楚地了解这两家软件供应商的优缺点。

8）商务谈判。企业在最终确定软件供应商之前要进行商务谈判，以此掌握商务谈判的主动权。开展商务谈判时需要考虑诸多方面，如购买的模块、用户数、增加用户的费用、各模块的报价、实施费用、每年的维护费用、硬件要求及实施计划等。

9）确定供应商。企业应指派相关人员撰写分析报告，从两家软件供应商的优点、缺点和风险点三个方面展开论述。最后，相关负责人或企业主要领导根据分析报告及商务谈判的结果确定软件供应商。

五、企业办公系统日常管理

1. 办公系统权限分配

（1）办公系统后台维护及系统管理员工作的界定。企业办公系统资源的分配、流程的上线等很多事情都是通过系统管理员在后台操作来完成的。考虑到办公系统的稳定性和所含信息的安全性需要归口管理，建议由专门的部门派出专人来管理，并在此基础上编写《办公系统管理员手册》，对系统管理员、基本用户、中级用户与高级用户的权限进行界定，该手册至少包括办公系统产品说明及功能简介、权限与资源的分配、日常维护与监控等内容。

（2）办公系统前台使用审批的权限界定。从办公系统使用的有效性和高效性来讲，除了内部邮件、即时消息、企业论坛，其他模块内容的导入、更新、发布都需要一个审批流程。办公系统中的信息发布和更新等内容应统一归口，让固定的部门及人员负责管理，其申请流程可以借鉴印信使用的审批流程。

2. 办公系统维护与内容更新

（1）办公系统的维护。办公系统导航功能模块的确定并不意味着企业就可以一劳永逸，企业要通过一段时间的运行，结合企业的发展，通过网络调查了解员工的改进意见，综合各方意见对模块进行增、删、减、改，对相应的模块功能进行修改和调整。这项工作技术性较强，应由系统管理员定期收集数据并进行有效分析，然后组织系统开发商具体实施。

（2）办公系统内容的更新。办公系统内容的日常更新是一项琐碎的工作。管理部门应制定《办公系统日常更新管理规定》，将所有的办公系统模块分为通用资源模块、专业资源模块和个人业务模块。举例来说，就主页面功能模块而言，通用资源模块包含通知公告、新闻（中心）、在线学习和企业论坛；就导航功能模块而言，技术专栏、销售管理、HR 管理、供应链管理属于专业资源模块，而内部邮件、待办工作属于个人业务模块。企业可以将所有的模块及模块功能分为以上三类，然后明确总归口和分支归口管理部门，总归口管理由人力资源中心负责，分支归口管理主要由各相应的中心负责。例如，通用资源模块由行政部负责日常维护与更新，专业资源模块由各中心负责日常维护与更新。至于各模块内容的更新管理，各中心可以在不违背《办公系统日常更新管理规定》的前提下制定细则。

第四节　员工生活福利管理内容与实务

企业员工福利管理是指企业新建福利设施、提供配套服务，便利员工工作生活，帮助员工解决生活上的困难，从而让员工更加安心地投入工作。企业为员工提供的基本生活福利有食堂、宿舍、医疗保险、心理健康、文娱活动等。随着企业员工心理问题的增加，一些企业还把员工心理健康管理作为新的企业福利工作。

一、员工食堂管理

员工食堂是企业员工工作期间的就餐场所，负责给员工提供卫生、快捷、经济、可口的饭菜。做好企业员工食堂管理工作，是员工身体健康、精力充沛的重要后勤保障。

然而食堂管理并非像做饭菜那么简单，而是包含了计划管理、价格管理、质量管理、技术管理、卫生管理等各种管理内容。为了给企业员工提供良好的后勤服务，食堂管理员必须从成本核算、物品采购、仓储保管，到伙食供应、就餐环境管理等，各环节均应遵循科学的管理规范及标准。

随着科技水平的提高，食堂工作的信息化管理作为一种现代化的管理方式已经逐渐进入传统的食堂管理领域。它按照分类、分级的模式对食堂管理工作进行全面的管理和监控，缩短了食堂信息的流转时间，使食堂的物资管理层次分明、井然有序，为物品的采购提供了准确的参考依据。食堂管理系统智能化的预警功能还可以自动提示存货的短缺、超储等异常状况，对食堂的存货进行全面的控制和管理，从而有效降低食堂的成本。食堂工作的信息化管理，最大限度地减少了手工操作带来的失误，不仅提高了管理水平和工作效率，也增加了企业的效益。

食堂管理员在对员工食堂进行管理时，可参照以下流程：

（1）食堂管理员根据实际情况提出采购申请。

（2）后勤主管审核申请内容。

（3）审核通过后，食堂管理员实施采购。

（4）后勤主管核对检查采购的物品。

（5）厨师领取食材加工。

（6）食堂管理员负责为员工提供就餐服务，并负责食堂的安全、卫生等事务管理。

食堂管理流程如图 11-24 所示。

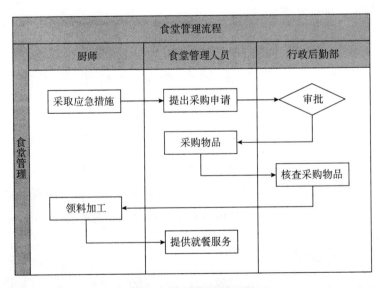

图 11-24 食堂管理流程

涉及的表单可参考如下示例（见表11-67和表11-68）：

表11-67 食堂卫生检查表

填制部门						档案编号				
项目	地面	操作台	砧板	餐具	炊具	消毒柜	冷藏柜	水槽	排水口	责任人
星期一										
星期二										
星期三										
星期四										
星期五										
星期六										
星期日										

表11-68 食堂工作考核表

填制部门			档案编号		
序号	考核项目	评价结果	改进意见		备注
1	环境卫生				
2	就餐服务				
3	饭菜质量				
4	饭菜价格				
5	成本核算				
6	其他				
综合评价					

二、员工宿舍管理

宿舍是企业为员工提供的工作之外的休息和生活的场所，可以说是员工临时的"家"。"家"的氛围是否舒适温馨，将直接关系到员工对企业的态度以及工作的积极性。加强对员工宿舍的管理，为员工提供良好的住宿环境，不仅是企业人性化管理理念的具体体现，而且有利于提高员工的工作热情和工作效率，增强员工对企业的认可度和归属感，同时加强企业的人才储备，使企业具备更强的竞争优势。

宿舍管理员可参照以下流程进行员工宿舍管理：

（1）员工向行政后勤部提交住宿申请。

（2）行政后勤主管审核住宿申请。

（3）核准后，宿舍管理员负责为其办理住宿登记。

（4）宿舍管理员为员工安排住宿并进行住宿管理。

（5）员工退宿时，向行政后勤部提交退宿申请。

（6）行政后勤主管核准后，宿舍管理员为员工办理退宿手续。

员工宿舍管理流程如图 11-25 所示。

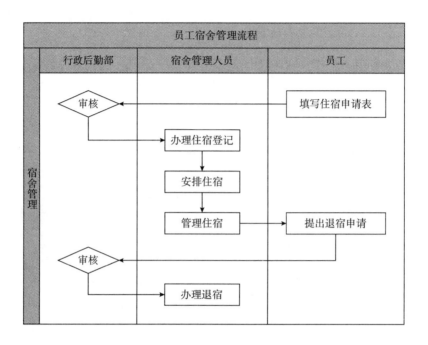

图 11-25　员工宿舍管理流程

涉及的表单可参考如下示例（见表 11-69 和表 11-70）：

表 11-69　员工宿舍申请单

填制部门		档案编号	
姓名		部门	
入职时间		职称	
籍贯		性别	
学历		出生年月	
现住址			
申请理由			
备注			
部门领导签字		行政后勤部领导签字	

表 11-70　员工宿舍管理员值班日报表

编制部门			档案编号		
宿舍卫生情况	优秀宿舍				
	不合格宿舍及原因				
外来人员登记	姓名	单位	证件号	进入时间	出来时间
退宿记录	姓名	工号	部门	宿舍号	床号
宿舍维修项目					
宿舍突发情况					
交接要项与建议					

三、员工医疗保险管理

根据我国《劳动法》和《劳动合同法》的规定，企业与员工签订劳动合同，确立劳动关系之后，企业必须为员工购买社会保险，部分企业除基本社会保险外，还会为员工购买补充医疗保险、组织员工进行年度体检等。这些做法一方面有利于维护员工队伍稳定，树立企业守法经营、关爱员工的形象，另一方面也有利于企业的长期发展，使企业和员工之间的劳动关系更加和谐稳定。

（1）社会保险登记证办理。企业为员工办理社会保险应当自领取营业执照或成立之日起 30 日内，向所属社保经办、代办机构申请社会保险登记。企业有异地分支机构的，分支机构一般应当作为独立的缴费单位，向其所在地的社会保险机构单独申请办理社会保险登记。参保企业申请办理社会保险登记时，应当填写《社会保险单位信息登记表》，并出示营业执照、批准成立证件或其他核准执业证件等证件资料。社会保险经办、代办机构收到企业资料后立即受理，审核完毕，按照规定予以登记，发给社会保险登记证。参保企业的社会保险登记事项发生变更时，还应当依法向原社会保险登记机构申请办理变更社会保险登记。

（2）社会保险缴费基数采集。社会保险经办、代办机构每年第一季度向企业下发缴费基数采集通知及社会保险缴费基数采集表或缴费基数采集软件。企业依据基数采集的要求如实将企业员工的上年月平均工资填入采集表或录入采集软件并打印采集表，由企业员工签字确认。社会保险经办、代办机构按有关规定生成当年企业员工的缴费基数，并完成缴费基数的核对工作。

（3）企业员工增减时由社会保险经办、代办机构在每月固定时间办理企业员工增加或减少的变动手续。企业增减员工时，应填写社会保险参保人员增减表，并附社会保险个人信息、社会保险关系转移证明等相关材料，由社保经办、代办机构负责办理企业员工的增减手续。

（4）基金补缴。企业未按时办理社会保险需要补缴时，应填写相关表格，并附补缴情况说明，其中需要劳动保障行政部门审批的养老保险补缴还需携带相关审批材料，经社会保险经办、代办机构业务人员复核后缴费，即完成补缴手续。

四、员工心理健康管理

企业员工福利应涵盖丰富的物质条件和充实的精神状态两方面的内容。但在现实中，很多企业只注重物质福利，而忽视了员工的心理健康管理。国内外有关方面的专家对严重危害企业员工健康的现象作了大量的研究分析，结果表明：20 世纪 90 年代危害人类健康的十大杀手全部是与心理因素有关的疾病，而企业员工恰是这些疾病的高危人群。因此，企业有必要关注员工的心理健康，对员工进行心理关怀，有助于提高员工对企业的精神依附度，开发员工潜能，激发员工工作热情，进而促进企业发展。

企业员工心理健康管理是指企业应用心理学知识和现代信息技术从多角度系统地关注和维护企业员工的心理健康。企业可以通过构建心理健康档案，定期实施压力监控及压力预警，界定心理健康状况，并在此基础上推荐个性化的教育培训、互动交流、自助调适和专家咨询等服务，通过员工的积极参与、主动互动，维护和提高员工身心健康，这是企业持续发展的保障，也是企业发展的决定推动力。

1. 企业员工心理健康管理方法

一些企业设置了放松室、发泄室、茶室等，来缓解员工的紧张情绪，或者制订员工健康修改计划和增进健康的方案，帮助员工克服身心疾病，提高健康程度，还有的企业为员工设置一系列的课程，进行例行健康检查，进行心理健康的自律训练、性格分析和心理检查等。

（1）企业员工心理培训。企业员工心理培训是将心理学的理论、理念、方法和技术应用到企业训练活动中，设置一系列课程对员工进行心理健康的自律训练、性格分析和心理检查等，以更好地解决员工的动机、心态、心智模式、情商、意志、潜能及心理素质等一系列心理问题，使员工心态得到调适、心智模式得到改善、意志品质得到提升、潜能得到开发。实践证明，良好的心理教育、疏导和训练，能够增强员工的意志力、自信心、抗挫折能力和自控能力，还能提高员工的创新意识、贡献意识、集体意识和团队精神。许多知名企业已经开始定期邀请心理培训机构的专业人员为员工做"压力管理"等心理培训。企业心理培训，已成为企业员工心理健康管理的重要工具。

（2）企业员工帮助计划。企业员工帮助计划是通过专业人员对企业员工进行诊断和建议，提供专业指导、培训和咨询，帮助员工及其家庭成员解决心理和行为问题，提高绩效及改善企业气氛的管理。它是企业为员工提供的系统的、长期的援助与福利项目。主要包括以下内容：

一是对员工职业心理健康问题进行评估。由专业人员采用专业的心理健康评估方法评估员工心理生活质量现状及其心理问题产生的原因。

二是搞好职业心理健康宣传。企业利用海报、自助卡、健康知识讲座等多种形式树立员工对心理健康的正确认识，鼓励他们遇到心理困扰问题时要积极寻求帮助。

三是设计与改善工作环境。①改善工作硬环境，即物理环境。②通过组织结构变革、领导力培训、团队建设、工作轮换、员工生涯规划等手段改善工作的软环境，在企业内部建立支持性的工作环境，丰富员工的工作内容，指明员工的发展方向，消除问题的诱因。

四是开展员工和管理者培训。通过压力管理、挫折应对、保持积极情绪等一系列培训，可帮助员工掌握提高心理素质的基本方法，增强对心理问题的抵抗力。管理者掌握员工心理管理的知识，能在员工出现心理困扰问题时，很快找到适当的解决方法。

五是组织多种形式的员工心理咨询。企业为受心理问题困扰的员工提供咨询热线、网上咨询、团体辅导、个人面询等丰富的形式，充分解决员工的心理困扰问题。

企业员工帮助计划具体包括三种做法：初级预防、二级预防与三级预防。

初级预防：消除诱发问题的来源。它的目的是减少或消除任何导致职业心理健康问题的因素，并且更重要的是设法建立一个积极的、支持性的和健康的工作环境。

二级预防：教育和培训。它旨在帮助员工了解职业心理健康知识和进行心理课程教育；向企业内从事员工心理保健的专业人员提供培训课程，提高员工对心理健康的意识和处理个人心理问题的能力。

三级预防：员工心理咨询与辅导。它是指由专业心理咨询人员向员工提供个别、隐私的心理辅导服务，以解决他们的各种心理和行为问题，使他们能够保持较好的心理状态来工作和生活。

阅读专栏 11-2　员工心理健康关怀

曾被《商业周刊》评为"不仅仅设计产品"的全球著名工业设计公司——IDEO公司，在员工心理健康关怀上有自己特殊的办法。该公司为员工提供了一个舒缓工作压力的地方，公司房子的周围放了几百个能发射出软子弹的玩具，如果员工感到受挫就可以捡起玩具进行射击。作为强调创意的设计公司，IDEO 崇尚感情发泄。因此，公司常常会有员工在高兴或愤怒时大声叫喊。IDEO 公司甚至专门设立了一个娱乐办公区，员工在需要休息时可以在那儿办公。

2. 公司加强员工心理健康管理的流程

（1）开展入职测评，多方位把控员工心理健康情况。根据企业入职员工面试需求，通过对入职员工心理健康、人格特点、心理能力、职业兴趣等标准化的量表施测，达到对入职员工全方位的深层了解，为企业人力资源部录用人才提供科学依据。

（2）建设心理健康档案，实施针对性心理健康干预。心理健康是员工健康管理的重要内容，公司除了定期对员工进行体格检查，建议将心理健康管理纳入公司对员工的健康关怀，普及心理健康知识，建立员工心理档案，对员工的压力水平进行即时性监控，对心理健康风险因素进行预警和合理干预。

（3）关注员工实际困难诉求，及时提供必要的帮助。企业不仅要认真倾听员工心声，更重要的是要解决员工各种具体困难。建立员工困难诉求反馈通道，对员工反映的岗位工作、人际情感、生活等实际问题及时予以关注和解决。

（4）培养员工阅读习惯，提升员工心理自我调节能力。研究表明，阅读有利于健康心理的形成。阅读是员工提升自身心理健康水平、丰富精神层面的重要途径，公司可以从人文关怀角度，购置有益于身心健康的书籍，定期组织员工开展健康阅读和交流活动，适当延长公司图书馆在非工作时间的开放时长。

五、员工文娱活动管理

企业开展员工文娱活动既可以弘扬企业文化，又可以丰富员工的业余文化生活，使员工在繁忙的工作之余得到有效的调节，有利于增强员工工作的积极性，也有助于增强企业的凝聚力和向心力。

企业文娱活动一般包括体育活动、娱乐活动、旅游活动三种类型，较常采用的员工文娱活动方式包括文艺演出、运动会、舞会、旅游、棋牌赛等，个别有条件的企业会为员工特别设置员工健身房、乒乓球室、阅览室等场所。开展文娱活动之前通常要制订计划，制作详细的策划方案，对活动的内容和程序予以明确，以确保活动的顺利开展，并能达到预期的效果和目的。一般活动可参考如下流程：

（1）行政部向公司总经理提交活动申请。

（2）审批通过后，行政部负责制订活动策划方案。

（3）策划方案经公司总经理审批通过。

（4）行政部负责做好场地布置等相关活动准备工作。

（5）行政部根据活动策划方案组织开展文娱活动，其他各部门提供配合与支持。

（6）活动结束后，行政部负责进行活动总结。

（7）相关资料妥善存档保管。

推荐阅读

1. 汪良武. 国有企业行政管理人员绩效管理研究［D］. 华中师范大学，2016.

2. 王光伟. 细化执行与模板［M］. 北京：人民邮电出版社，2009.

思考题

1. 企业行政后勤管理的方法和工具主要包括哪些？

2. 企业行政后勤管理工作的内容和流程包括哪些？

3. 企业办公系统的基本功能、建设要点包括哪些？

4. 企业员工福利包括哪些？

第三部分

企业生产与运营管理实务

第十二章　企业生产与运营管理概述

学习目标

1. 了解企业生产的含义、类型划分，生产运营管理的目的和主要职能；
2. 把握企业生产运营系统与现代生产运营的类型；
3. 掌握合理组织生产运营过程的基本要求，熟悉现代企业生产运营系统的特性及新趋势；
4. 掌握生产计划及其指标体系与方法，学会生产作业计划的编制；
5. 了解生产控制系统、控制内容及生产现场管理的内容，会用现场管理的方法。

第一节　企业生产运营管理系统

一、生产运营管理内涵

1. 生产和生产类型

生产主要指的是以一定生产关系联系起来的人利用劳动工具、改变劳动对象，制造人们需要的物质产品的制造过程或提供服务的运作过程。

企业在产品结构、生产方法、设备条件、生产规模、专业化程度、工人技术水平以及其他各个方面，都具有各自不同的生产特点。这些特点反映在生产工艺、设备、生产组织形式、计划工作等各个方面，对企业的技术经济指标有很大影响。因此，各个企业应根据自己的特点，从实际出发，建立相应的生产管理体制。这样，就有必要对企业的生产类型进行划分。

（1）按生产方法划分。

1）合成型。指将不同的成分（零件）合成或装配成一种产品，即加工装配性质的生产，如机械制造厂、纺织厂等。

2）分解型。指原材料经加工处理后分解成多种产品，即化工性质的生产，如炼油厂、焦化厂等。

3）调解型。指通过改变加工对象的形状或性能而制成产品的生产，如钢铁厂、橡胶厂等。

4）提取型。指从地下、海洋中提取产品的生产，如煤矿、油田等。

一个企业的生产过程可能采用多种生产方法，上述几种生产类型可以同时并存。如机械制造企业属于合成型，但兼有调解型，如铸锻、热处理、电镀，等等。

（2）按生产计划的来源划分。

1）订货生产方式。它是在用户提出的具体订货要求后，才开始组织生产，进行设计、供应、制造、出厂等工作。生产出来的成品在品种规格、数量、质量和交货期等方面是各不相同的，并按合同规定按时向用户交货，成品库存甚少。因此，生产管理的重点是抓"交货期"，按"期"组织生产过程各环节的衔接平衡，保证如期实现。

2）存货生产方式。它是在对市场需求量进行预测的基础上，有计划地进行生产，产品有一定的库存。为防止库存积压和脱销，生产管理的重点是抓供、产、销之间的衔接，按"量"组织生产过程各环节之间的平衡，保证全面完成计划任务。

（3）按生产的连续程度划分。

1）连续生产。它是长时间连续不断地生产一种或几种产品。生产的产品、工艺流程和使用的生产设备都是固定的、标准化的，工序之间没有在制品储存。例如，油田的采油作业等。

2）间断生产。输入生产过程的各种要素是间断性地投入。生产设备和运输装置必须适合各种产品加工的需要，工序之间要求有一定的在制品库存。例如，机床制造厂、机车制造厂、轻工机械厂等。

（4）按产品品种和生产数量划分。按产品品种和生产数量划分也即按工作的专业化程度划分。通常情况下，企业生产的产品产量越大，产品的品种则越少，生产专业化程度也越高，而生产的稳定性和重复性也就越大。反之，企业生产的产品产量越小，产品的品种则越多，生产专业化程度越低，而生产的稳定性和重复性亦越小。可见，决定生产类型的产品产量、产品品种和专业化程度有着内在的联系，并由此对企业的技术、组织和经济产生不同的影响。

（5）按品种生产量角度划分。按品种生产量角度划分生产类型，可以分为少品种大量生产、中量（成批）生产和多品种少量生产。而在成批生产中，又可划分为大批生产、中批生产和小批生产。由于大批和大量生产特点相近，单件和小批生产特点相近，所以在实际工作中，通常分为大量大批生产、成批生产和单件小批生产。

2. 生产运营管理及其目的

生产运营管理主要是针对企业在产品生产环节进行事前规划、组织实施、控制管理和改进升级等措施，通过调用内外部各类资源最大限度地实现产品价值增值及资源配置优化。

企业生产运营是有目的的活动。生产者需要生产出有效用的产品或服务，使用户满意，这是生产运营的社会目的。对企业而言，生产运营的目的则是以最经济的方式生产出产品或服务的功能，创造出新的价值，实现企业的利润。

3. 生产运营管理的主要职能

企业生产运营管理的职能主要包括四个方面：

（1）产品或服务开发设计的管理。主要包括产品或服务的选择，产品或服务开发方式和设计方法的选择、生产运作规模、工艺方案和市场运作流程的选择，以及与产品或服务开发生产相关的一系列技术准备工作的组织与管理。

（2）生产运营系统设计的管理。主要包括生产运作策略和生产运作组织方式的选择，运营系统的功能及其目标的选择，运营系统结构的选择与设计管理，运营系统的选址和设施布置，工作设计与工作环境设计，以及在运营系统的生命周期内所需的调整，更新和再造设计的管理功能。

（3）生产运行系统运行的管理。主要包括对系统运行中生产运作活动的计划、组织和控制。计划方面要解决计划期内生产什么、生产多少等问题，明确在产品品种、质量、产量等方面的生产任务和生产进度安排。组织方面是解决如何合理组织生产要素来落实执行计划，通过作业使计划得以实现，并使有限的资源得到充分利用。控制方面是要监视运营系统的状况和计划的落实执行情况，及时发现和处理可能出现和已经出现的各种问题，以准确地完成计划任务。

（4）生产运营系统维护和改进的管理。主要包括生产运作设备的维修管理、质量管理、业务流程改进与优化、先进的运营方式和管理手段的应用。

二、企业生产运营系统

1. 生产运营系统含义

企业中从事生产运营活动的子系统称为生产运营系统，其可以划分为两个体系，一个是技术和实物体系，另一个是管理体系。

（1）技术和实物体系。技术和实物体系是在技术的作用下物质与能量的转换过程，即对投入的人、财、物、信息等各种资源进行加工转换形成产品或服务的过程。如图 12-1 所示。

生产运营系统由投入、生产运营（转换）过程、产出和反馈四个基本环节构成。其中，根据与产出的关系，投入要素可分为两类：一类是加工对象，如原材料、零部件，它们最终构成产品实体的一部分；另一类是虽不构成产品实体，但对生产运营系统的运行起决定作用的人力资源、设备、土地、能源、信息资源等。

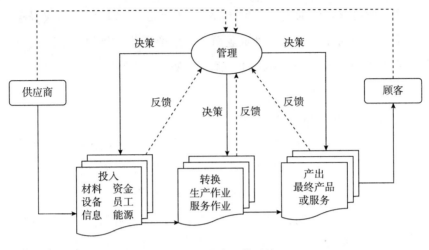

图 12-1　生产运营系统

注：虚线表示反馈。

对于技术和实物体系，可以从品种款式、质量、数量、价格、服务和交货期等方面，衡量其效率。生产运营系统的反馈环节执行的是控制职能，即收集生产运营系统输出的信息，并与输入的计划、标准等信息进行比较，发现差异，分析差异及其产生的原因，从而采取针对性的措施消除差异。

企业生产运营技术和实物管理控制的主要目标是质量、成本、时间和柔性，它们是企业竞争力的根本源泉。因此，生产运营管理在企业经营中具有重要作用。特别是近二三十年来，现代企业的生产经营规模不断扩大，产品本身的技术和知识密集程度不断提高，产品的生产和服务过程日趋复杂，市场需求日益多样化，世界范围内的竞争日益激烈，这些因素使生产运营管理本身也在不断发生变化。尤其随着信息技术的飞速发展，为生产运营增添了新的有力手段，也使生产运营的研究进入了一个新阶段，使其内容更加丰富，范围更加广泛，体系更加完整。

（2）管理体系。管理体系体现的是价值管理，是对价值流的管理。生产运营系统体现的是价值的增值过程，即技术性生产运营的结果是把低价值的生产要素集合转换成高价值的产出，通过价值增值过程而获取利润，是生产运营系统的目的和本质所在。

现代生产运营管理涵盖的范围越来越大，已从传统的制造业企业扩大到非制造业企业。研究内容也已不局限于生产过程的计划、组织与控制，而是扩大到包括运营战略的制定、运营系统的设计以及运营系统的运行等多个层次的内容。把运营战略、新产品开发、产品设计、采购供应、生产制造、产品配送直至售后服务看作一个完整的"价值链"，对其进行集成管理。

信息技术已成为运营管理的重要手段和方法。由信息技术引起的一系列管理模式和管理方法上的变革，成为运营的重要研究内容。计算机辅助设计（CAD）、计算机辅助制造（CAM）、计算机集成制造系统（CIMS）、物料需求计划（MRP）、制造资源计划（MRPII）以及企业资源计划（ERP）等，在企业生产运营中得到了广泛应用。

2. 现代生产运营的类型

所谓生产运营类型，是指按照市场运营的基本性质和特征对市场运营系统所做的分类。

生产运营类型可按照不同的标志进行分类，常见的主要有以下几种。

（1）按产品生产运营工艺特征划分，可以划分为工艺过程连续的流程型和工艺过程离散的加工装配型两种运营类型。

流程型生产运营过程中，物料是均匀、连续地按设定的工艺顺序运动的。因此，流程型生产运营有时也被称作工艺过程连续的生产运营；加工装配型生产运营过程中，产品是由离散的零部件装配而成的，物料运动呈离散状态。零部件作为构成产品的元件，可以在不同的地方制造，加工过程相对独立。零部件的不同组合可以构成不同的产品。因此，加工装配生产运营有时也被称为工艺过程离散的生产运营。两者特点的比较如表 12-1 所示。

表 12-1　流程型与加工装配型生产运营的特点比较

特征	流程型	加工装配型
用户数量	较少	较多
产品品种数	较少	较多
产品差别	有较多标准的产品	有较多用户要求的产品
营销特点	依靠产品的价格与可获得性	依靠产品特点
资本/劳动力/材料密集	资本密集	劳动力、材料密集
自动化程度	较高	较低
设备布置的性质	流水式生产运营	批量式或流水式生产运营
设备布置的柔性	较低	较高
生产运营能力	可明确规定	模糊的
扩充能力的周期	较长	较短
对设备可靠性的要求	高	较低
维修的性质	停产维修	多数为局部修理
原材料品种数	较少	较多
能源消耗	较高	较低
在制品库存	较少	较多
副产品	较多	较少

（2）按市场运营组织方式划分，可以划分为备货型（Make to Stock，MTS）和订货型（Make to Order，MTO）生产运营。备货型是指在没有接到用户订单时按已有的标准产品或产品系列进行生产运营，生产运营的目的是补充产品库存。通过成品来满足用户随时的需要；订货型生产运营是指按照用户订单进行的生产运营。用户可能对产品提出各种各样的要求，经过协调和谈判，以协议和合同的形式确认对产品性能、数量、质量和交货期的要求，然后组织设计和制造。两者的特点比较如表 12-2 所示。流程型生产运营一般为备货型生产运营。

表 12-2　备货型和订货型生产运营的特点比较

项目	MTS	MTO
产品	标准产品	按用户要求生产运营，无标准产品。大量的定制产品与新产品
对产品的要求	可以预测	难以预测
价格	事先确定	订货时确定
交货期	不重要，有产品库存随时供货	很重要，订货时决定
设备	多采用通用设备	多采用专用高效设备
人员	多种操作人员	专业化人员

（3）按工作的专业化程度划分，可以划分为大量大批、成批和单件小批三种生产运营类型。其特点比较如表 12-3 所示。

表 12-3　大量大批、成批和单件小批生产运营的特点比较

项目	大量大批	成批	单件小批
产品品种	少、稳定	较多、较稳定	繁多、不稳定
产量	大	较多	单件或少量
工作的专业化程度	重复生产运营	定期轮番	基本不重复
设备	多数专用设备	部分通用设备	万能通用设备
设备布置	对象原则、流水线或自动线	混合原则、对象或成组生产运营单元	工艺原则、机群式布置
劳动分工	细	中	粗
工人技术水平	专业操作	专用操作（多工序）	多面手
生产运营效率	高	中	较低
成本	低	中	较高
适应性	差	较差	强

三、合理组织生产运营过程的基本要求

企业合理组织生产运营过程的基本要求包括下列六个方面：

（1）准时性。生产运营过程的准时性，是指企业要按需生产产品和提供服务，按照需方要求的时间、地点、数量、质量，以合理的价格交付产品，提供服务。

企业要做到生产运营的准时性，就要做到供需协调。企业要准确了解和把握顾客（需方）的需求及其变化的规律，合理配置生产资源，使生产运作能力与需求相匹配。使供应链（Supply Chain）或供需链（Supply-requirement Chain）上的企业之间、企业和用户或消费者之间、企业内部生产运作过程中的每一个环节、每一道工序之间实现协调。使各个生产运作环节做到保证质量、准时准量，尽可能避免出现供需脱节、供不应求或供过于求、供早于求或供迟于求的现象，减少在制品占用资源，消除不必要的浪费，降低成本。

（2）适应性。生产运营过程的适应性，是指企业的生产运营能够灵活适应外部需求的不断变化。

需求多样化和产品更新换代速度加快，替代品的层出不穷，是当今企业面临的一个重要问题。如何使生产运营迅速而经济地适应外部需求的变化，显得越来越迫切。

生产运营过程的适应性，不仅包括对需求的产品或服务的品种变化和数量变化的应变能力，而且还包括对变化做出快速准确的应变能力。提高企业生产运营过程的适应能力，可以从企业的技术、组织、人员、管理等方面着手，对生产运营系统进行调整、重组、更新，对生产运营系统内部资源和外部资源进行整合，以提高生产运营的适应性。

（3）比例性。生产运营过程的比例性，是指生产运营的各个阶段、各道工序之间，各种设备设施之间，在生产运营能力的配备上保持适合生产提供产品或服务数量和质量所要求的比例关系。即各个生产环节（作业单元）在设备数量和人员配置、工作班次、生产节拍和效率上，要做到相互适应和协调，使生产设备、作业空间、人员等都能得到充分利用，避免造成人力、物力上的浪费。

为了保持生产运营过程的比例性，在企业生产运营系统设计上必须从客户需求出发，合理配置生产运营资源，使其具有与产品或服务方向和生产规模相适应的生产运营能力，既能够做到系统的能力与外部需求相匹配，又能够做到生产运营过程中各个环节的比例关系和能力处于平衡状态，并且能够适应新的变化，具备通过调整建立新的平衡的能力。

（4）绿色性。生产运营过程的绿色性，是指企业的产品（服务）及其生产运营过程具有健康安全和环境友好性，符合生产绿色环保要求，做到资源消耗低，环境污染少，无健康安全危害，达到用户、企业、社会和环境均满意的目的。

为了实现和保持企业生产运营过程的绿色性，企业必须增强绿色意识，在下列方面加强技术与管理工作。

1）在产品（服务）的开发设计方面，寻求用户、企业、环境和社会满意相统一，基于环境意识和环保理念，系统考虑产品（服务）的经济属性、社会属性、技术属性和环境属性，使企业经济效益和社会效益协调一致。

2）在运营系统的设计方面，坚持减量化（Reduce）、再使用（Reuse）、再制造（Remanufacturing）和再循环使用（Recycle）的理念，合理配置生产资源，采用清洁生产和绿色制造（Green Manufacturing）模式，摒弃"资源—产品—废弃物（污染排放）"物质只做开环单向流动、资源过度浪费和造成环境污染的老路，建立起"资源—产品—再生资源（重复利用）"的物质可最大化做闭路循环流动的绿色生产运作体系。

3）在运营系统运行方面，建立包括生产运营绿色预警、监督、考核在内的绿色型管理体系，及其物料采购、加工服务流程、产品包装和绿色运输中的绿色管理，形成绿色供应链（Green Supply Chain）。

（5）连续性。企业生产运营过程的连续性，是指生产运营中各个生产（工作）的作业（活动）之间、各个环节的加工服务作业（活动）之间，在时间上是平行交叉、紧密衔接和连续进行的。

在提高企业生产运营的连续性方面，下列工作是重要的。

1）对产品或服务的开发设计和生产采用并行工程（Concurrent Engineering，CE）和先进的生产组织形式及手段，在工作阶段和服务顺序的时间安排上充分考虑平行性和同步性，加强进度协调控制，提高平行程度，缩短时间长度。

2）生产运营单位、设施和设备符合工艺路线次序的合理布置，使加工服务流程所经过的流程最短，没有迂回往返的现象。

3）采用先进的技术手段和生产组织形式，如信息化、自动化和智能化设备，自助服务系统，互联网和物联网系统，自动化生产线和流水线服务组织等。

4）做好计划工作，在各个阶段、各环节的加工服务作业计划安排上紧密衔接，减少加工服务的等待时间。

5）做好生产运营服务配套工作，如工具、材料、图纸，设备调整、检测工具，测试仪器等准备工作。

6）加强供应链和服务外包的协调及衔接工作，使其与企业生产运营相匹配。

（6）增值性。企业生产运营过程的增值性，是指在生产运营运作系统将投入转化为产出的过程中，能以增加产品（服务）价值所必需的最少资源价值投入，形成产品（服务）的最大增值，使顾客全方位满意，获得好的经济效益和社会效益。

提高生产运作过程的增值性，就是提高企业产品服务的竞争力和顾客满意度，这有利于提高市场占有率和经济效益，也是企业生产运营的根本目的。

提高企业生产运营过程的增值性，要注重以下六个方面。

1）在产品（服务）的开发设计时，要从用户（顾客）第一的思想出发，力求使产品（服务）能最大化地提升用户（顾客）价值，带来最大的增值。

2）在生产运营系统设计时，以用户（顾客）需求为起点，合理配置和有效利用各种资源，使市场运营能力与需求相匹配，不投入多余的资源。

3）在生产运营系统的运行过程中，不断优化和改善整个生产运营流程，去除不能带来增值的业务、机构和活动，使所有的业务活动都能够有效有创意，创造价值或附加值。

4）加强全面质量管理，杜绝不合格质量浪费。

5）推行精益生产（Lean Production，LP），不断挖掘潜力，消除浪费，降低成本，做到"零故障、零缺陷、零库存、零浪费"。

6）坚持以人为本，全员性参与管理，做到及时发现问题和解决问题，使生产运营过程处于高效运行且受控的过程之中。

四、现代企业生产运营系统的特性

现代企业生产运营系统是现代制造技术、信息技术、综合自动技术、现代管理技术有机组合的系统，追求并能够实现优质、高效、低耗、清洁、灵活的生产运营。概括起来，现代企业生产运营系统具有下列特性。

1. 以顾客为中心（Customer Oriented）

顾客是企业生产经营的起点，吸引顾客、满足顾客的需要、提高顾客价值，是现代企业生产运营系统的出发点和落脚点。现代社会进入了个性化时代，满足顾客个性化需求，是企业生产运营系统面临的最大挑战。企业生产运营系统必须面向顾客，以顾客为中心组织生产运营。准时生产、精益生产、并行工程、定制生产、计算机和人工智能制造系统等先进组织方式和先进制造系统，都采用了相应的策略来满足顾客的需求。企业生产制造系统彻底改变了"自我为中心，我生产你购买"的模式，转变为"由客户定制、你设计我生产"的新模式。顾客成为企业生产运营系统的重要组成部分。

2. 快速响应（Quick Response）

现代企业生产运营系统从制造到运营具备快速响应市场的特性。如敏捷制造通过动态联盟实现跨企业优化，利用资源快速响应市场；精益生产和并行工程从生产过程的优化着手缩短生产周期和交货期；虚拟制造模式借助计算机模拟仿真减少设计和制造的返工，加快产品上市，实现与市场的零距离，计算机辅助后期支持系统，从后勤供应支持的各个环节减少不必要的时间和信息浪费，实现准时准量供应。

3. 满意的质量（Satisfied Quality）

现代生产运营系统，以顾客满意为中心，在产品功能上满足顾客需求，产品价格合理，外观"赏心悦目"，符合绿色环保和人机工程学原理，及时交货，运行消耗费用小，具备易于维护和良好的售后及使用服务。

4. 系统集成（System Integration）

现代生产运营系统，强调系统的整体性、相关性、资源共享和总体最优，通过优化系统的内部联系来提高系统的运行效率和有效性。集成范围包括信息集成（如计算机集成制造）、过程集成（如精益生产、并行工程）、企业间集成（如敏捷制造、网络化制造）、人机集成（如独立制造岛、单元化生产）等，还有目标集成、功能集成、方法集成、生产系统多流结构集成等。

5. 绿色特征（Green Feature）

现代企业生产运营系统突出系统构造及其运行和产品的环境友好性，基于可持续发展观，环保竞争理念和绿色制造模式，使系统在构造及其运行过程和产出产品上体现尽可能减少资源和能源消耗、减少对环境的污染、企业经济效益和环境社会效益的协调优化，实现"绿水青山就是金山银山"，绿色化成为现代企业生产运营系统的一大特性。

五、现代企业生产运营管理的新要求和新趋势

1. 现代企业生产运营管理上的难点

（1）用户要求越来越高，产品研制和开发难度越来越大。一是对产品的品种、规格、花色和需求数量呈现多元化要求；二是对产品功能、质量、可靠性要求日益提高，需求结构普遍向高层次发展；三是要求满足个性化需求的同时，产品价格像大量生产那样低廉。

这些变化必然要求产品生产方式由传统的"一对多"向"一对一"的市场方式转变，而且又要经济、快捷。企业往往需要先进的设计技术、制造技术、生产方式、质量保证体系，而且新产品研制和开发面临着费用高、风险大、成功率低的压力。

（2）企业生产运营合理化目标的制定和实现的难度加大。由于企业外部环境多变性和易变性增加，顾客需求的多样性，以及激烈的市场竞争，企业正确定位和实现市场目标的难度日益加大，需要企业投入更多的资金、资源、技术和人力，对生产运营系统进行调整、组合和更新，才能实现企业的生产经营目标。

（3）增强生产柔性与提高生产效率之间的矛盾突出。企业生产运营系统中，大批大量生产的高效率与低柔性的矛盾，多品种批量生产运营中的灵活性与低效率的矛盾日益突出。顾客需求的多样化，需要企业生产运营转向多样化生产、个性化生产，而

多样化、个性化产品一般只能通过单件或多品种批量生产方式来生产，但单件或多品种批量生产方式虽然柔性和灵活性好，但生产效率低、成本高。因此，企业需要寻求既能提高市场运营柔性，又能实现高效率的新模式，使生产运营的效率和收益在柔性和效率之间取得平衡。

（4）外部条件不确定性增加，影响生产运营能力的因素复杂化。由于信息技术、数字技术的飞速发展，顾客需求日益多样化和个性化，市场竞争空前加剧，产业链条传递变动因素增加，使得企业生产运营能力与市场需求相协调、形成新的供求关系的难度加大。企业外部环境中难以预测和不可控因素的增加，使得企业原有的生产运营能力不能适应外部环境的急剧变化，而所需要的适应外部环境变化的生产运营能力的建设也面临着越来越大的压力。

（5）企业生产运营优化管理工作难度加大。企业多品种多批量生产中的产品品种繁多，各种产品的生产技术工艺各不相同，其产量和交货期也各不相同，使得物流、信息流和成本流具有多样性和复杂性，进而使得企业生产运营的技术准备、质量管理以及生产运营计划、组织与控制工作难度加大，企业生产运营系统优化管理的难度和企业生产运营管理变革任务空前加大。

2. 现代企业生产运营管理的新趋势

（1）提高企业的动态竞争力，加强新产品的研究与开发。企业生产运营，是对产品或服务的生产提供。企业能否生产出顾客和消费者需要的产品或服务，是企业生产运营必须考虑的第一个问题。面对着顾客需求的变化，企业必须以创新应对变化，满足顾客需求。因此，企业生产运营管理必须以其特有的地位和职能参与到新产品或新服务的生产技术开发中去，为产品赢得竞争优势提供保障能力，不断地实施产品创新，服务创新。

（2）必须从战略高度，重视生产运营系统的规划设计与建设。现代企业生产运营，要求形成更具有效性、灵活性、适应性、高效率的运营管理系统。因此，企业要从战略高度，特别是从运营战略上，加强对生产运营系统功能创新，提高生产运营系统对产品或服务赢得竞争优势的保障能力和市场响应能力，获得产出品种、成本、质量、服务、环保和速度方面的竞争优势，创造出生产运营的卓越业绩。

（3）加强系统化、集成化的优化管理。对生产运营运作的流程和业务活动进行系统化、集成化的优化管理。一是综合采用现代信息技术、优化技术和管理方法，对业务流程实施组合再造。二是从整体上实现生产运营与企业供需链准时准量准位的协调，对生产运营的相关业务活动进行系统集成，以是否增值为考量，最大化地增加能够产生增值的业务活动，减少不必要的辅助活动，去除多余的流程和活动，形成有机的整合性组织和业务流程。

（4）从整体上提高生产运营系统的柔性、弹性和敏捷性。柔性是对企业生产产品品种变动和兼容生产新产品的能力，弹性是对需求数量变动的动态市场能力，敏捷性是对市场机遇即环境变化做出快速反应的能力。企业要提高市场运营系统的这三种能力，特别是对制约三种能力的薄弱环节实施更新改造，必要时实施颠覆性创新再造企业生产运营系统。

（5）信息技术促进网络化生产运营管理。信息技术的快速发展和信息基础设施建设的配套完善，在经济全球化的大背景下，使企业生产运营管理网络化不断发展深化。基于互联网、物联网的分布式产品协同设计，分布式网络制造、网络化营销系统，促进企业生产运营系统的结构和组织形式加速网络化变革，促进企业和社会资源的共享和集成，支持企业间实现协同生产运作与管理，对顾客做出快速响应，企业的生产运营实现了网络空间和物理空间的紧密融合，同时，也使企业资源配置实现了动态配置，形成了全球采购、全球制造、产品全球流动的趋势，企业面向全球生产，面向全球提供技术服务、信息服务、运输服务、金融服务、销售服务，将成为企业生产运营管理的常态。同时，企业充分运用现代互联网和物联网技术，建立企业生产运营平台，充分运用虚拟组织形式，强化生产和外部服务，建立新型生产运营系统。

阅读专栏 12-1　生产运营管理理论

精益生产（Lean Production），是由丰田生产体系（Toyota Production System，TPS）发展而来，由大野耐一提出并推广的一种管理哲学和企业文化。丰田生产体系已经成为全球制造业企业，包括众多知名的制造业企业以及麻省理工大学教授，在全球范围内对丰田生产方式进行研究、应用和发展，促使了精益生产理论的产生和生产管理体系的变革。从刚开始的关注生产现场的持续改善，转变为库存控制、生产计划管理、流程再造、成本管理、员工素养养成、供应链协同优化、产品生命周期管理、质量管理、设备资源和人力资源管理、市场开发及销售管理等企业经营管理涉及的诸多层面。通过推进组织结构、运行方式和市场供求等方面的变革，使生产系统能够快速适应客户不断变化的需求，并且能消除生产过程中无价值的活动，最终实现包括生产过程、市场供销在内的各方面均衡。精益生产和传统的大规模生产方式最大的区别就是"多品种""小批量"，这与精益生产的准时生产（Just in Time，JIT）理论是密不可分的。

精益管理是企业运用精益思想、精益管理工具尽可能地消除企业管理过程中人力、财力、空间、时间、过程、行为等资源的浪费，以此提高企业经营管理效率的一种管理模式和理念。精益管理在企业管理中的应用，可实现企业管理过程中各个环节的精准、高效、科学、可控，促进企业的可持续快速发展。

首先，对生产的产品价值具有清晰的认识，使得产品在生产的过程中可以体现自身的价值。需要在产品价值的基础上对其质量进行分析，让其可以体现市场价值。生产人员需要准确把握产品的定位，对于生产成本较高的产品，其经常需要经历复杂的生产过程，并且产成品的市场价格经常难以被用户接受，因此其市场认可度较低，难以得到理想的市场价值。而对于生产成本较低的产品，大部分的生产过程比较简单，又难以体现综合市场价值。我们开展精益生产管理的过程中，就需要对每一种产品的基本价值体现进行分析，准确把握市场需求，使产品的生产能够满足市场的实际需求。其次，产品的生产价值主要在于客户对其的反馈，精益生产管理注重客户的反馈价值，关注客户对产品使用的第一手资料，关注客户对产品的满意度，保证产品能够达到客户的使用预期。在精益生产管理的过程中，需要在销售产品时对客户的反馈进行分析，明确客户的需求，使得企业的综合效益可以通过产品的价值体现持续增长。最后，产品的价值一般以价值流体现出来，生产过程中需要对产品的价值流多加关注，使得产品在生产完毕之后能够产生更好的市场反馈。企业在接受客户的订单之前，需要对客户需要的产品的价值流进行分析，在生产之前明确其实际价值，这样可以在实际生产的过程中对需要利用的工艺形式进行一定程度的观察及转变。企业需要在客户提供订单之后承担相应的工艺要求及产品产生责任，不同部门需要根据产品的价值流体现进行合作，使产品应有的价值得以体现，在生产之后可以得到理想的成果。

第二节　生产计划与作业计划

一、生产计划的制订

（一）生产计划及其指标体系

生产计划主要是根据市场需求量预测，对企业资源，包括物质资源、人力资源、信息资源等进行合理配置和使用，保障有效地生产出或提供市场所需要的产品或服务的一种系统性的设计安排。

生产计划的主要功能是，贯彻落实企业战略经营计划，将企业战略经营计划具体化，将企业运营能力、资源和市场需求综合平衡，确定生产经营指标和目标，设置实现目标的过程和途径，为有效地组织生产经营过程，提高企业的经济效益提供规范和依据。

生产计划一般分为年度计划、季度计划和月度计划，是企业经营计划的重要组成部分，是企业制订人力资源计划、设备计划、物资采购计划、库存计划、外协（外包）

计划、成本与资金计划的主要依据。良好的生产计划，是企业合理配置资源，建立正常生产秩序，确保企业完成经营目标的重要管理措施和手段。

生产计划工作由企业总量计划和产品出产进度两部分构成。总量计划是一个指标体系，一般由产品品种指标、质量指标、产量指标和产值指标组成。

（1）产品品种指标：是企业在计划期内生产的产品品种和品种数量，表明企业在品种方面满足市场需求的能力，反映企业的技术水平和管理水平。

（2）产品质量指标：是企业在计划期内各种产品质量应当达到的水平。长远的产品质量指标有产品品级指标（如合格品率、一等品率、优等品率等）和工作质量指标（如废品率、不良品率、产品交验一次合格率等）。产品质量指标表明企业生产的质量特性能够满足用户要求的程度，反映企业的生产技术和管理水平。

（3）产品产量指标：是企业在计划期内应当生产的合格产品和服务的数量。产品产量通常由实物单位或假定实物单位来计量。

（4）产品产值指标：是用货币表示的企业生产的产品价值量。

（二）确定生产计划指标的方法

1. 盈亏平衡分析法

盈亏平衡分析法，也称量本利分析法，是以成本形态为基础，对产量、成本、利润相互之间的内在联系进行分析，计算出盈亏平衡点的产品产量。其计算公式为：

$$Q_0 = F / (W - C_v)$$

其中：Q_0 表示盈亏平衡点的产品产量，F 表示固定成本，W 表示单位产品售价，C_v 表示单位产品变动成本。

2. 线性规划计划模型

线性规划计划模型是一种最优化的计划模型。常用于多品种生产企业的计划工作，用以合理地分配与使用稀有或有限资源，来确定如何使用这些资源生产市场所需要的产品，并获取最大的利润或最低的成本。

【例】某企业生产四种类型的产品，其生产制造包括车、铣、磨三个基本工序，单位产品的工时消耗和设备生产能力以及单位产品的市场售价和预测的市场需求量如表12-4和表12-5所示。

表12-4 工时消耗及设备生产能力

项目	单位产品所需工时				合计（小时）
	产品1	产品2	产品3	产品4	
车床	2	8	4	2	4100
铣床	5	4	8	5	4300
磨床	7	8	3	5	5250

表 12-5　产品需求情况及收入、成本差

产品	单位产品销售收入（元）	单位产品成本（元）	需求量	
			预测最大需求量	预测最小需求量
1	250	160	250	150
2	400	240	600	200
3	400	360	200	200
4	300	200	150	100

根据上述资料，列出其线性规划模型。

目标函数：

$MaxZ = 90x_1 + 160x_2 + 40x_3 + 100x_4$

约束条件：

$2x_1 + 8x_2 + 4x_3 + 2x_4 \leqslant 4100$

$5x_1 + 4x_2 + 8x_3 + 5x_4 \leqslant 4300$

$7x_1 + 8x_2 + 3x_3 + 5x_4 \leqslant 5250$

$150 \leqslant x_1 \leqslant 250$

$200 \leqslant x_2 \leqslant 600$

$x_3 \leqslant 200$

$100 \leqslant x_4 \leqslant 150$

$x_i \geqslant 0,\ i = 1,\ 2,\ 3,\ 4$

由单纯形法求解，得 $x_1 = 150$ 件，$x_2 = 347$ 件，$x_3 = 200$ 件，$x_4 = 112$ 件。最大总利润为 88220 元。

二、生产作业计划的编制

（一）生产作业计划标准

生产作业计划是生产计划的具体执行计划，具体、详细地规定了企业各生产车间、工段、班组以及每个工作地在一定时期内（月、旬、周、日、轮班、小时）的生产经营任务。

生产作业计划与控制系统设计中，必须满足下列功能要求：

（1）把订单、设备、人员分配到工作中心或者特定的工作地。

（2）建立作业优先级，确定订单执行的顺序。

（3）作业调度，即将已排序的作业安排到具体的工作中心或工作地，称为派工。

（4）生产作业控制，不断监控和检查订单的执行过程，保证订单如期完成，及时为滞后订单或关键订单调整赶工单。

（5）不断修订作业计划，以反映最新的订单状态的变化。

（6）确保达到质量控制标准。

1. 生产作业计划的作用

生产作业计划的作用是通过一系列的计划安排和生产调度工作，充分利用企业的人力、物力，保证企业每个生产环节在品种、数量和时间上相互协调和衔接，组织有节奏的均衡生产，以取得良好的经济效果。

2. 期量标准

期量标准，又称作业计划标准，就是为制造对象（产品、部件、零件）在生产期限和生产数量方面所规定的标准数据。期量标准是编制生产作业计划的依据。合理的期量标准，有助于建立正常的生产秩序和工作秩序，组织均衡生产，充分利用生产能力，缩短产品生产周期，加速流动资金周转，提高企业经济效益。

不同生产类型的企业有不同的期量标准。大批大量生产的期量标准有：节拍、标准计划、在制品占用量定额等；成批生产的期量标准有：批量、生产间隔期、生产周期、投入产出提前期、在制品定额等；单件小批生产的期量标准有：产品生产周期、提前期等。

不同类型的企业，由于生产过程的组织形式不同，应采用不同的期量标准。

（1）批量和生产间隔期。批量就是相同产品（或工件）一次投入和出产的数量。按批量分批生产产品是成批轮番生产类型的主要特征；生产间隔期（又称生产重复期），就是前后两批产品（或工件）投入或产出的时间间隔。

批量与生产间隔期有着密切的关系。在产品生产任务确定后，如果批量生产，生产间隔期就会相应延长；反之，批量小，生产间隔期就相应缩短，其相互关系可用下列公式表示：

批量＝生产间隔期×平均日产量

（2）生产运营周期。生产运营周期是指从原材料投入生产运营起到最终完工为止的整个生产运营过程经历的全部日历时间。它既可以指产品的生产运营周期，也可以指毛坯、机械加工、装配等某一工艺阶段的生产运营周期。生产运营周期是编制生产作业计划、确定产品及其零部件在各个工艺阶段投入期和产出期的重要依据，可以通过分析其影响因素，有针对性地采取措施来压缩生产运营周期，提高经济效益。

每个工艺阶段的生产运营周期包括：①基本工序时间；②检验时间；③运输时间；④等待工作的时间；⑤自然过程时间；⑥制度规定的停歇时间。

加工一批产品时，制品在生产运营过程中的移动方式对生产运营周期有直接的影响。移动方式有三种：①顺序移动方式，即每批制品在上一道工序加工完毕后，整批移送到下一道工序进行加工的移动方式。②平行移动方式，即指一批零件中的每个零件在前一道工序完成后，立即传送到下一道工序继续加工的移动方式。③平行顺序移动方式，是顺序移动方式和平行移动方式两种方式的结合使用，指一批零件在上一道工序尚未全部加工完毕，就将已加工好的一部分零件转入下一道工序加工，以恰好能使下道工序连续地全部加工完该批零件的移动方式。

（3）生产运营提前期。生产运营提前期指一批制品（毛坯、零件或部件、产品）在各个工艺阶段投入或出产的日期比成品出产的日期应提前的时间长度、天数。生产运营提前期和生产运营周期有十分密切的联系，是以产品的最后出产日期作为基准，按反工艺顺序，以工艺阶段的市场运营周期为基础确定的，是确定产品生产过程各工艺阶段的投入和出产日期的一个时间标准，它是保证各工艺阶段相互衔接和保证合同交货期的重要依据。

生产提前期是指产品（毛坯、零部件）生产过程的各工艺阶段投入或出产的日期比最后出产成品的日期提前的一段时间。每一种产品在每一个工艺阶段都有投入和出产之分，因而生产提前期也分为投入提前期和生产提前期。

生产提前期是以产品最后工艺日为起点，根据各工艺阶段的生产周期、保修期和生产间隔期，按工艺阶段的逆顺序进行计算，其制定方法有两种情况。

1）前后工序车间的生产间隔期相等的情况下生产提前期的制订。最后工序车间的投入提前期等于该车间的生产周期，而其他任何车间的投入提前期都要比该车间的出产提前期早一个该车间的生产周期。因此，计算投入提前期的公示如下：

车间投入提前期＝本车间出产提前期+本车间生产周期　　　　　　　　（12-1）

制订出产提前期，除了考虑后续车间投入提前期以外，还要加上必要的保修期。保修期的确定，是考虑到车间可能发生出产误期的情况下预留的时间，以及办理交库、领用、运输等需要的时间，一般根据统计资料分析来计算确定。计算公式如下：

车间出产提前期＝后车间投入提前期+保险期　　　　　　　　　　　　（12-2）

2）前后工序车间的生产间隔不相等的情况下生产提前期的制订。在前后工序生产车间间隔期不相等的情况下，其投入提前期的计算公式与式（12-1）相同，车间出产提前期按下列公式计算：

车间出产提前期＝后车间投入提前期+保险期+（本车间生产间隔期-后车间生产间隔期）

（4）大量流水线生产的期量标准。节拍是指生产流水线上连续两件相同制品出产的时间间隔。工序节拍是指该道工序连续两件相同制品出产的时间间隔。节拍可以通过计划期有效工作时间除以计划期制品产量计算得到。

当流水线节拍很小，或在制品体积、重量较小，不便按件运输时，可以改为按小批运输，这时流水线上两批相同制品出产的时间间隔成为节奏，它等于节拍与运输批量的乘积。

（二）生产作业计划的编制方法

1. 编制生产作业计划的各级分工

生产作业计划编制的分工，主要反映在两个方面：一是计划内容的分工，主要是生产品种、数量、投入和出产的时间以及生产进度等。二是计划单位的选择，主要是指下达计划采用台份单位、成套部件单位、零件组单位和零件单位的选择问题。

凡是生产过程连续程度高，实行大量稳定生产，而车间、工段又按对象原则组织的企业，则计划的集中程度较高，厂部一级管得很细，甚至可以一致管到工段一级的计划。计划内容不仅管控生产的品种、数量；而且要控制各个生产环节的投入、产出的时间以及生产进度；计划单位则选择零件单位；车间、工段主要负责生产前的作业准备工作和编制日计划、轮班计划。

单件生产或生产条件很不稳定的成批生产企业，厂部则可管得粗一点，把权力较多地放到下面的生产组织中。

较稳定的成批生产企业则介于上述大量生产和单件生产的企业分工之间。

2. 编制方法

（1）在制品定额法。这种方法适用于大量大批或流水线生产。在这种生产企业中，各个生产环节生产的制品品种单一，产量比较大，工艺技术与生产任务比较稳定，各个生产环节之间的分工和联系也比较稳定。各个生产环节所占用的在制品通常保持一个稳定的数量。把这个稳定的制品数量制定成为标准，称为在制品定额。按照这个定额水平，计算各生产环节的投入和出产任务，以保证生产过程的协调运行，称为在制品定额法。

例如：某车间的出产量=后车间的投入量+本车间半成品计划外销量（中间库半成品定额−预计计划期初库存半产品数量）

某车间的投入量=本车间的出产量+本车间计划允许废品量+（本车间在制品定额−预计计划期出车间在制品结存量）

最后工序车间的出产量和各车间的半成品计划外销量，是由本车间订货合同的规定来确定的，车间计划允许的废品数量是按计划规定允许的废品率计算的。计划期初库存半成品和车间在制品的结存数量的确定，一般采取编制计划的账面结存的数字加上计划将要发生的变化的办法，到计划期开始时，再根据实际盘点统计数字加以修正。

（2）累计编号法。累计编号法，也称提前期法，适用于成批轮番生产的企业。在成批轮番生产的条件下，各个时期生产的品种和数量都时常变化，在各个生产环节积存的在制品的品种和数量也不稳定。但成批轮番生产的生产间隔期、批量、生产周期和提前期都比较固定，可以用累计编号法来安排各生产单位的生产任务。

所谓累计编号，是指从年初或者从开始生产某种产品起，依成品出产的先后顺序，编制连续的累计号数。用累计编号法规定各生产单位任务的步骤是：

第一步，计算出各生产单位计划期末生产某种产品或零件、毛坯应达到的累计号数。其计算公式如下：

$$Q_{1i} = Q_0 + T_{1i}D \tag{12-3}$$

$$Q_{2i} = Q_0 + T_{2i}D \tag{12-4}$$

其中，Q_{1i} 表示第 i 生产单位出产累计编号数，Q_{2i} 表示第 i 生产单位投入累计编号数，Q_0 表示成品出产累计编号数，T_{1i} 表示第 i 生产单位出产提前期，T_{2i} 表示第 i 生产单位投入提前期，D 表示产品的平均日产量。

第二步，计算各生产单位在计划期内应完成的出产量和投入量，其计算公式为：

$$X_{1i} = Q_{1i} - Q'_{1i} \tag{12-5}$$

$$X_{2i} = Q_{2i} - Q'_{2i} \tag{12-6}$$

其中，X_{1i}、X_{2i} 分别表示第 i 生产单位计划期内的出产量和投入量，Q'_{1i}、Q'_{2i} 分别表示第 i 生产单位期初已出产、投入的累计号数。

第三步，用计算的批量标准，对生产单位的计划产量进行修正，使其产量满足一个批量或批量的整倍数。

（3）生产周期法。生产周期法适用于根据订单进行单件小批生产的企业。在单件小批生产的条件下，产品品种很多，每种产品的产量很少，而且有相当一部分产品是按照用户的特殊要求进行生产的，经常是一次性生产或不定期重复生产。在这种情况下，既不可能采用在制品定额法，也难以采用累计编号法来安排生产单位的生产任务。因此，采用生产周期法来确定各生产环节的生产任务。

采用生产周期法确定各生产环节的生产任务的步骤如下：

1）要按照每一项订货或每一种产品编制周期进度。根据每种产品的交货期限，分别表示各项生产技术准备工作、试制和生产的各个工艺在时间上的衔接关系。标明每一种毛坯、零件和装配的最晚投入、出产时间。

2）把各项订货和各种产品的生产周期进度表综合起来，编制全企业各种产品的综合进度表。

3）按季、按月份在车间、部门间进行生产任务和生产能力的平衡，关键零件、关键设备和关键项目还要单独进行平衡。

4）适当地调整并采取必要的措施，使各单位在当月的生产任务和生产能力相适应。

阅读专栏 12-2　需求变动的生产计划

1. 概述

当需求存在季节性变动时，制定生产计划应考虑如何避免发生缺货或造成过多的库存。制定这种类型的生产计划需要设法调节生产能力，使它们与变动的产品需求相适应。在中期计划阶段，可以调节生产能力的措施包括改变工作时间、改变劳动力数量、利用库存和委托外厂加工等。

但是，不论采用何种因素都需要额外花费成本，因此在编制有需求变动的生产计划时：

（1）应考虑为各计划周期（季、月）配置满足产品需求所需的生产能力。

（2）要考虑使调节生产能力所花费的成本尽可能少。

2. 需求变动的生产计划调节生产能力的措施

有四种适应需求变动的调节生产能力的措施：变动各计划周期（季、月）的生产产量、变化劳动力数量、利用库存平滑产出量以及转移需求。应该选择哪些措施取决于企业的政策、环境限制条件以及成本要素。这些措施与有关的成本要素如表12-6所示。

表12-6　生产能力调节的措施与成本要素

调节生产能力的措施	成本要素
计划周期产量的调节	
加班加点	加班工资
减少工作时间	机会成本损失
委托外厂加工	车间经费
变化劳动力	
增雇人员	培训成本
减聘人员	失业保险成本
库存平滑	
储备库存	保管成本
容许缺货	欠交订货与商誉损失
转移需求	
价格政策	减少边际利润
广告促销	广告成本

（1）变动计划周期产量。在不变动现有生产条件的情况下，增减产量的通用办法是变化工作时间，如在需求高峰时期加班加点、在需求低谷期减少开工的时间等。但这将会由于支付额外的工资支出而增加生产成本。另外，也可采取委托外厂加工的办法来调节生产能力。外包生产对某些机械业企业比较有效。这类企业都有制造大部分零部件的生产能力；当需求高峰时，将零部件转包给外厂加工；在需求较低时则由企业自行加工，以充分利用本企业的生产能力。

（2）变化劳动力数量。劳动力数量的变化通常是通过增聘与解聘来完成的。但增加新劳动力会花费较高的培训成本；而解聘劳动力则会引起严重的劳工问题，会使员工产生不安全感，并需支付更高的失业保险金。因此，这种办法的应用范围比较有限。

只在那些不需要高熟练劳动力的部门，如装配部门，采用这种方法对成本利用比较有效。另外，服务企业一般都采用变化劳动力的办法调节生产能力，因为其他办法都是用不上的。

（3）利用库存平滑产出量。库存是储存的生产能力。建立库存能使生产保持稳定，让生产按均匀不变的速率进行。当需求变小时，过剩的产量进入库存；当需求达到高峰时，则利用库存补充生产能力。但这种策略将造成很高的库存成本。

（4）转移需求。除采取以上策略外，还可采用一些销售策略来影响需求以平衡生产能力。例如，调整价格、加强广告宣传来增加需求低谷期的销售量。

3. 需求变动的生产计划策略

将上述的四种调节能力措施结合起来运用，形成满足变动需求的不同计划策略。有三种典型的计划策略：跟踪策略、均匀策略和混合策略。

（1）跟踪策略。所谓跟踪策略，就是完全随需求的变化来变动计划的产量。在需求处于低水平时期时，降低计划的产量；需求增长时则相应地提高产量。显然，这种策略会使库存保管成本和缺货成本很低。但是会有相当大的与调节生产能力有关的成本，如加班、外包加工、增聘或解聘工人等措施所发生的成本。

（2）均匀策略。均匀策略与跟踪策略正好相反，它保持每月的产量均匀不变。这时，劳动力数量保持不变，而用补充库存或消耗库存来满足变动的需求。因此，这种策略将避免变化生产能力的成本，但会造成较高的库存保管成本。

（3）混合策略。跟踪策略和均匀策略是两种极端的计划策略。它们都只利用了个别的生产能力调节因素，因而可能会造成较高的成本支出。实际制定计划时，往往是折中这两种策略的混合策略。例如，不是月月（或季季）都调整产率（变动劳动力数量），而只在适当的时候调整一次，从而实现既减少调整产量水平的成本，而又不过多地产生库存保管成本，这样有可能找到一个总成本最低的计划方案。

第三节 生产控制

生产控制是生产运营管理的主要组成部分。这里主要介绍两个方面的内容：生产控制系统和控制活动；生产控制的主要内容。

一、生产控制系统和控制活动

1. 生产控制系统

生产控制系统指企业控制系统的一个子系统，由投入量（输入量）、产出量（输出量）、测量器、比较器、记忆装置和驱动器等要素组成。如图 12-2 所示。

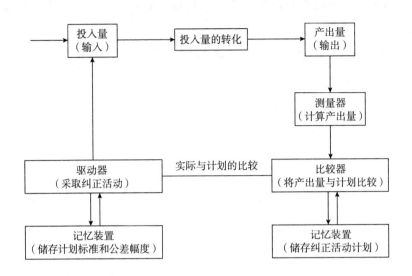

图 12-2　生产控制系统的组成要素

2. 生产控制系统控制活动

（1）确立标准。确立标准就是规定控制系统所要求的平衡状态，把生产计划和生产作业计划确定为控制标准，计划是控制的标准和前提。

（2）衡量成效。衡量成效就是根据确立的控制标准对实际生产活动进行监督和检查。这个阶段的主要工作就是评价和比较：一是实际进程与计划进度的比较；二是实际达到的成绩与计划目标的比较。

（3）纠正偏差。偏差就是实际结果与计划或标准之间的差距或不符合状态。控制的意义就在于采取合理的措施来解决或纠正偏差。没有纠正偏差的措施和行动，就没有控制。纠正实际执行中的偏差可以看作是整个生产运营管理的一部分，也是控制职能与其他生产管理职能的结合点。纠正偏差的工作步骤为：一是找出偏差出现的环节和偏差发生的原因；二是对原因进行分析，确定现行生产计划和生产作业计划，重新予以确认，或者修改生产计划和生产作业计划；三是采取措施纠正偏差，协调其他生产管理职能。

二、生产控制的主要内容

生产控制的主要内容包括作业安排、生产进度控制等。

1. 作业安排

作业安排，一般可以划分为两个步骤。第一，要根据生产作业计划，进行作业人员、作业设备、作业物质的准备，检查各种准备工作是否可以保证生产能够顺利进行。

第二，在核实现有负荷和加工能力后，按照作用计划对各个生产操作人员进行作业分配，指令作业开始。

2. 生产进度控制

生产进度控制是指对从生产原材料到产成品入库为止的全过程进行控制，包括时间和数量的控制。生产进度控制主要包括投入进度控制、出产进度控制、工序进度控制和实物控制。

（1）投入进度控制，是指控制产品（或零部件）的开始投入日期、数量、品种和原材料、毛坯、零部件等投入时期是否符合计划要求，以及对设备、人力、技术措施和项目投入日期的控制。投入控制是一种面向未来的控制，它的特征是通过对投入量和转化及输入的监视，来确定是否符合计划要求。

（2）出产进度控制，是指对产品（或零部件）的出产日期、出产提前期、出厂量、出产均衡性和成套性的控制。出产进度控制将产出（输出量）的实际结果作为纠正生产进度行为的基础，用来改进资源的投入量和投入量的转化，即以输出量的信息来改进投入进度和工序进度控制。

（3）工序进度控制，是对产品（零部件）在生产过程中经过的每道加工工序的进度所进行的控制。工序进度控制属于现场控制，即对投入量的转化进行控制。这种控制纠正措施的重点是正在进行的作业。控制的方法是管理人员深入作业现场对操作人员进行指导。

（4）实物控制，是指确定原材料、在制品和产成品等物品在特定时刻的所在位置和数量的控制。在实物控制中，通常对仓库中的原材料和产成品的控制比较容易，但对于在制品的控制则比较困难。控制在制品占用量，要求及时准确地掌握在制品的变化情况，有效地组织在制品的流转和储备，保管完善、堆放整齐、处理及时。

在制品控制范围包括形成在制品占用量实物和信息的全过程，具体包括：在制品加工、检验、运送和储存的控制；在制品投入期和出产期的控制等。

第四节　现场管理

一、现场管理概述

（一）现场的含义

现场一般指作业或工作场所，凡是企业用来从事生产经营活动的场所，都可以称为现场。生产现场就是从事产品生产、制造或提供生产服务的场所，即劳动者利用劳动工具，作用于劳动对象，完成一定生产作业任务的场所。它既包括生产一线各基本生产的车间作业场所，也包括生产各辅助生产部门的作业场所和办公场所。生产现场集中着企业主要的人力、物力、财力，它由劳动工作者、机器设备、原材料（在制品、半成品、成品）、加工技术方法、生产环境信息等要素组成。

（二）现场管理内涵和要求

现场管理是用科学的管理制度、标准和方法对生产现场要素，包括人（工人和管理人员）、机（设备、工具、工位器具）、料（原材料、加工对象）、法（加工、检测方法）、环（环境）、信（信息）等进行合理有效的计划、组织、协调、控制和检测，使生产运营过程处于良好结合状态。现场管理的要求主要是：

（1）环境整洁。包括各种设备、物品实行定置管理，厂区和车间地面整洁，道路畅通、标记清晰明显，生产环境达到作业要求，符合有关标准，保持文明整洁的市场环境。

（2）纪律严明。包括工艺规程、操作规程和安全规程齐全、合理并得到切实执行；关键岗位、特殊工种实行持证上岗，劳动和健康保护用品按规定配备齐全，使用得当；职工坚守岗位，自觉遵守劳动纪律。

（3）设备完好。各类设备及其附件保持齐全、完好、整洁，设备运行正常，完好率达到规定要求；各种设备操作、维护和检修规程齐全有效，得到切实执行。

（4）物流有序。现场流动物体按技术和规定有序流动；各种物品摆放整齐，归位有序，标志清楚，做到账、卡、物相符。

（5）信息准确。包括各种数据、表单原始记录台账的填写数字准确，传递及时有效。

（6）生产均衡。包括生产布局、劳动组织合理。生产条件准备充分，按照工艺流程、期量标准有节奏地运转；生产岗位、生产线运转按照计划有序运行。

二、现场管理的内容

生产现场管理的主要内容包括：

（1）生产技术工艺管理。主要是优化生产工艺路线和工艺布局，提高工艺水平，严格按照工艺要求组织生产，使生产处于受控状态，确保生产工艺和产品质量达到计划要求的水平。

（2）劳动组织管理。合理进行劳动分工，不断优化生产劳动组织，实现生产现场组织体系的合理化和高效化，不断提高管理效率。

（3）协调生产运营。协调现场各种生产、工艺、消耗、质量、财务、统计、核算等各项工作系统，有效控制投入产出，提高现场运行管理的效能。

（4）班组建设管理。要抓好班组建设，要做好思想政治工作，充分调动职工群众的积极性和创造性，开展群众性的合理化建议和技术革新活动，培养觉悟高、技术过硬、纪律严明的职工队伍。

（5）管理改进。推行现代化管理技术和管理方法，不断提高管理水平，提高生产运营效率。

三、现场管理 5S 的实施方法

（一）5S 的含义

5S 起源于日本，是指对生产现场的各主要生产要素所处的状态进行的 Seiri（整理）、Seiton（整顿）、Seiso（清扫）、Seiketsu（清洁）和 Shitsuke（素养）的活动。由于这 5 个词汇罗马拼音的第一个字母都是"S"，故称为"5S"。

（二）5S 实施的内容

1. 整理（Seiri）

整理是把需要和不需要的人、事、物彻底分开，然后把需要的人、事、物加以处理。整理不仅仅是指我们平常所说的把东西整理好，其更多的意思是把不需要的东西处理掉。整理是开始改善生产现场的第一步。

整理的目的是：

（1）改善和增加作业面积。

（2）使现场无杂物，行道畅通，提高工作效率。

（3）减少磕碰的机会，保障安全，提高质量。

（4）消除管理上的混放、混料等差错事故。

（5）有利于减少库存量，节约资金。

（6）改变作风，提高工作情绪。

在实施整理时，可以根据现场是否需要、重要程度、是否经常使用、价值如何以及物品使用部门来区分，还要区别开经常使用的物品和不常用的物品。

开展整理活动的步骤：

（1）了解现状。在进行整理前，首先要考虑为什么要整理？如何整理？规定定期进行整理的日期和规则；要预先明确现场需要放置的物品；区分要保留的物品和不需要的物品，并向员工说明保留物品的理由；划定保留物品的位置地点和暂存的位置地点。

（2）弄清保留的理由和目的。对暂时不需要的物品进行整理时，也许不能确定今后是否会有用，但可以根据实际情况来决定一个保留时限，先保留一段时间，等过了保留期限，再将其清理出现场。

（3）空间整理。腾出空间，充分利用空间，清除无关的物品，塑造清爽的工作场所。

（4）合理安置物品。要区分需要和不需要的、使用频率高和使用频率低的、价值高和价值低的物品，分门别类地实施安置。

（5）全员参与整理。让全体作业人员明确各自参与整理所负的责任和所承担的任务，使整理成为整个企业常规性的习惯。

2. 整顿（Seiton）

整顿是把需要的人、事、物加以定量、定位。就是要把人和物放置方法标准化，对生产现场需要留下来的物品按照标准化科学合理地布置和摆放。整顿的关键是做到定位、定品、定量。

整顿活动的要点是：

（1）物品摆放要有固定的地点和区域，以便于寻找，消除因混放而造成的差错。

（2）物品摆放地点要科学合理。要根据物品的使用频率，确定摆放位置。经常使用的放得离作业工作区域近些，偶尔使用或不常用的物品放得远些。

（3）物品摆放目视化，摆放不同物品的区域采用不同的色彩和标识加以区别，使定量装载的物品做到过目知形，过目知数。

整顿的要求是：

（1）要善于发现问题。整顿的第一步要从产生"这件物品为什么在那里"的疑问开始。对现场的每件物品都可以提出疑问。对这些问题要用 5W1H（What、Where、When、Who、Why、How）的方法去解决，明确是什么物品、在哪里、什么时间，是谁在使用或保管，以及为什么要这么做、情况如何等。

（2）对问题要追根求源。不仅要依据资料，而且还要追溯到以前，一旦了解问题的实质，就要立即明确改进的方向。在考虑改进方案时，要结合实际，考虑放置场所的变化，做到合理放置，取放方便。对制造业来说，尤其要突出物品拿出容易，取回方便。以减少无效的劳动布局，减少无用的库存物质，节约取放的时间，提高工作效率。

（3）将提高"移动"效率作为选择保管场所的原则。产品的移动是整顿的内容之一，要按照物品和作业的顺序来研究工作流程，要充分考虑物品移动的频率，把握整个作业地点物品移动的情况，来考虑设备、零件、材料、工具的配置。

（4）对"不知何时才使用"的和使用频率很低的物品，集中统一放置管理。整顿时，要考虑物品的使用和存放管理的方便。重量重、体积大的，应该放置在下层；重量轻的放在上层；使用频率高的物品，安排在易于取放的位置。

3. 清扫（Seiso）

清扫是把工作场所打扫干净，当设备出现异常时，马上调整修理，使之恢复正常。

清扫活动的要点是：

（1）对自己使用的物品，如设备、工具，要自己清扫，不要依赖他人，不增加专门的清扫人员。

（2）对设备的清扫，着眼于对设备的维护保养。清扫设备要和设备的点检结合起来，要和设备保养有效结合起来。

（3）清扫要和改善紧密结合，清扫过程中，发现有油水泄漏等异常发生时，要查明原因，采取措施加以排除。

4. 清洁（Seiketsu）

清洁是对前三项活动的坚持与深化，是在整理、整顿、清扫之后，认真保持所具备的状态，使之处于完美和最佳状态。

清洁活动的要点是：

（1）生产工作场所不仅要整齐，而且要做到清洁卫生，保障作业人员的身体健康，提高劳动工作热情。

（2）不仅物品要保持清洁，而且作业人员也要做到清洁，如工作服要清洁，仪表要清洁等。

（3）作业人员不仅要做到形体清洁，而且要做到精神清洁，关系协调，心情愉悦。

5. 素养（Shitsuke）

素养是指养成良好的工作习惯，遵守纪律，努力提高人员的素质，养成严格遵守规章制度的习惯和做法，营造团队精神。这是 5S 的核心。

抓素养活动的要点：

（1）实施 5S 管理，要始终着眼于提高员工的素质。提高员工的自律修养和能力，贯彻自我管理的原则，充分依靠现场工作人员实施各项 5S 活动。

（2）要以现场员工的素养的养成和提升来保障现场整理、整顿、清扫、清洁活动的开展。

（3）开展素养培育，要融化在整理、整顿、清扫、清洁活动之中，做到不断总结提升，内容创新，持之以恒，常抓常新。

（三）5S 的效能

1. 减少各种浪费

企业实施 5S 的直接作用和目的是减少生产运营过程中的浪费。在企业生产运营中人力、场所、时间、效率等多方面都可能存在着浪费。通过 5S 现场改进，可以减少甚至杜绝各种浪费过程和活动，降低无用成本，提高经济效益和利润水平。

2. 提升运营效率

5S 活动可以促进企业提升整体工作效率，一方面，通过 5S 活动，使员工作业和工作环境得到极大改善，员工在优雅的工作环境和工作氛围中工作，心情舒畅，可以有利于工作积极性、主动性和创造性的发挥，挖掘出工作潜力。另一方面，物品的有序放置，优化了工作流程和活动内容，可以使工作效率得以提高，促进整个企业生产运营效率不断提升。

3. 稳定产品质量

通过实施 5S 活动，实施素养提升活动，可以使员工树立起精益求精的敬业精神，严谨细致的工作作风，促进企业产品质量的稳定提高。

4. 保障生产安全

生产安全是保持企业生产运营过程有效运行的基本保障。通过实施 5S 活动，可以使工作场所宽敞明亮，地面不随意摆放物品，保持道路畅通，物质和条件保障，员工认真负责的态度和精神，可以有效减少和杜绝安全生产事故的发生。

5. 促进员工成长

5S 活动以提升素养为核心，既净化工作环境和工作条件，也陶冶员工情操，使员工成为有修养的员工，有尊严，有成就感，员工为了自身工作条件的改善而工作，会尽心尽力地完成工作任务，员工在改善工作环境和工作条件的过程中，自身的综合素质也得到提高和完善。

6. 塑造企业形象

企业开展 5S 活动，不仅可以优化企业生产运营的工作环境，而且可以提升为顾客服务的能力和水平，向社会展示良好的企业形象，增强企业的感召力和信誉度。

推荐阅读

孙科柳，石强. 运营管理的 55 个关键细节 ［M］. 北京：中国电力出版社，2012.

思考题

1. 企业生产的类型如何划分，生产运营管理的目的和主要职能有哪些？
2. 企业生产运营系统包括哪些，现代生产运营的类型有哪些？
3. 生产运营过程的基本要求有哪些，现代企业生产运营系统的特性及新趋势包括哪些方面？
4. 生产计划及其指标体系包括哪些，生产计划编制的方法有哪些？
5. 生产控制系统、控制内容各包括哪些，生产现场管理的内容和方法有哪些？

第十三章 供应链管理

学习目标

1. 了解供应链的结构、流程与基本类型；

2. 了解供应链管理的思想、原理与机制；

3. 掌握供应商评估与选择及供应商绩效管理；

4. 掌握供应链管理的发展趋势；

5. 学会企业采购计划编制，采购方式选择及成本管理。

供应链管理是企业运营管理的一大热点，数据库、互联网、软件工业的蓬勃发展，正在迅速改变着供应链管理模式。互联网电子商务的发展更为供应链在信息共享、物流协调、整体优化和新商业模式的建立等方面提供新的机会。

第一节 供应链概述

一、供应链含义

供应链是指产品生产和流通过程中所涉及的原材料供应商、生产商、分销商、零售商以及最终消费者等成员通过与上游、下游成员的连接而组成的网络结构，是由物料获取、物料加工并将成品送到用户手中这一过程所涉及的企业和企业部门所组成的一个网络。

二、供应链结构

（1）原材料供应商：是指直接向企业提供原材料及其相应服务的企业及其分支机构，他们向企业提供原材料及其相应服务。

（2）制造商：或称为"生产商"，指创造产品的企业。制造商以原料或零组件

（自制或外购）为基础，经过较为自动化的机器设备及生产工序，制成一系列的产品。

（3）分销商：是指那些专门从事将企业的商品从生产者转移到消费者的活动的机构和人员。

（4）零售商：是指将商品直接销售给最终消费者的中间商，处于商品流通的最终阶段。

（5）物料企业：物流企业即上述企业之外专门提供物流服务的企业。其中批发、零售、物流业也可以统称为流通业。

三、供应链的流程

供应链一般包括物流、商流、信息流、资金流四个流程。四个流程有各自不同的功能以及不同的流通方向。

（1）物流。这个流程主要是物资（商品）的流通过程，这是一个发送货物的程序。该流程的方向是由供货商经由厂家、批发与物流、零售商等指向消费者。由于长期以来企业理论都是围绕产品实物展开的，因此目前物资流程被人们广泛重视。许多物流理论都涉及如何在物资流通过程中在短时间内以低成本将货物送出去。

（2）商流。这个流程主要是买卖的流通过程，这是接受订货、签订合同等的商业流程。该流程的方向是在供货商与消费者之间双向流动的。目前商业流通形式趋于多元化：既有传统的店铺销售、上门销售、邮购的方式，又有通过互联网等新兴媒体进行购物的电子商务形式。

（3）信息流。这个流程主要是商品及交易信息的流程。该流程的方向也是在供货商与消费者之间双向流动的。过去人们往往把重点放在看得到的实物上，因而信息流通一直被忽视。甚至有人认为，一个国家的物流落后同人们把资金过分投入物质流程而延误了对信息的把握不无关系。

（4）资金流。这个流程主要是货币的流通，为了保障企业的正常运作，必须确保资金的及时回收，否则企业就无法建立完善的经营体系。该流程的方向是由消费者经由零售商、批发与物流、厂家等指向供货商。

四、供应链的基本类型

根据不同的划分标准，可以将供应链分为以下三种类型。

（1）平衡的供应链和倾斜的供应链。根据供应链容量与用户需求的关系，可以将供应链划分为平衡的供应链和倾斜的供应链。一个供应链具有一定的、相对稳定的设备容量和生产能力（所有节点企业能力的综合，包括供应商、制造商、运输商、分销商、零售商等），但用户需求处于不断变化的过程中，当供应链的容量能满足用户需求时，供应链处于平衡状态；而当市场变化加剧，造成供应链成本增加、库存增加、浪费增加等现象时，企业不是在最优状态下运作，供应链则处于倾斜状态。

（2）效率性供应链和响应性供应链。效率性供应链主要体现供应链的物料转换功能，即以最低的成本将原材料转化成零部件、半成品、产品，以及在供应链中的运输等；响应性供应链主要体现供应链对市场需求的响应功能，即把产品分配到满足用户需求的市场，对未预知的需求做出快速反应等。

（3）稳定的供应链和动态的供应链。根据供应链存在的稳定性划分，可以将供应链分为稳定的供应链和动态的供应链。基于相对稳定、单一的市场需求而组成的供应链稳定性较强，而基于相对频繁变化、复杂的需求而组成的供应链动态性较高。

第二节 供应链管理概述

一、供应链管理含义

供应链管理（Supply Chain Management，SCM），是指在满足一定的客户服务水平的条件下，为了使整个供应链系统成本达到最小而把供应商、制造商、仓库、配送中心和渠道商等有效地组织在一起来进行的产品制造、转运、分销及销售的管理方法。

供应链管理包括计划、采购、制造、配送、退货五大基本内容。

（1）计划：这是 SCM 的策略性部分。你需要有一个策略来管理所有的资源，以满足客户对你的产品的需求。好的计划是通过建立一系列的方法来监控供应链，使它能够有效、低成本地为顾客递送高质量和高价值的产品或服务。

（2）采购：选择能为你的产品和服务提供货品和服务的供应商，和供应商建立一套定价、配送和付款流程并创造方法监控和改善管理，并把对供应商提供的货品和服务的管理流程结合起来，包括提货、核实货单、转送货物到你的制造部门并批准对供应商的付款等。

（3）制造：安排生产、测试、打包和准备送货所需的活动，是供应链中测量内容最多的部分，包括质量水平、产品产量和工人的生产效率等的测量。

（4）配送：也称之为"物流"，包括调整用户的定单收据、建立仓库网络、派送人员提货并送货到顾客手中、建立货品计价系统、接收付款。

（5）退货：这是供应链中的问题处理部分。建立网络接收客户退回的次品和多余产品，并在客户应用产品出问题时提供支持。

二、供应链管理思想

1. 强调以顾客为中心

顾客价值是供应链管理的核心。供应链管理以顾客为中心，其架构包括三个部分：

（1）客户服务战略。第一步是对客户服务市场细分，以确定不同细分市场的客户期望的服务水平。第二步应分析服务成本，包括企业现有的客户服务成本结构和为达到不同细分市场服务水平所需的成本。第三步是销售收入管理。围绕客户服务，对客户作出正确反应，实施销售收入管理，以使利润最大化。

（2）需求传递战略。企业围绕客户需求，根据预测和分析，制定生产和库存计划，选择成本最小化的销售渠道组合把产品和服务送到客户手中。

（3）采购战略。企业要平衡客户满意和生产效率之间的关系，分析企业的成本结构和所承担的劳动力、汇率、运输等风险，决策是自产还是外购，从而制定和实施相应的采购战略。

2. 突出企业核心竞争力

在供应链管理中，一个重要的理念就是强调企业的核心业务和竞争力，并为其在供应链上定位，将非核心业务外包。由于企业的资源有限，企业要在各式各样的行业和领域都获得竞争优势是十分困难的，因此它必须集中资源在某个自己所专长的领域，即核心业务上。

3. 强调相互协作

在供应链管理的模式下，所有环节都看作一个整体，将企业内部供应链与外部的供应商和用户集成起来，形成一个集成化的供应链。链上的企业除了自身的利益外，还应该一同去追求整体的竞争力和盈利能力，合作是供应链与供应链之间竞争的一个关键因素。

4. 优化信息交流

为了适应供应链管理的优化，必须从与生产产品有关的第一层供应商开始，环环相扣，直到货物到达最终用户手中，真正按供应链的特性改造企业业务流程，使各个节点企业都具有处理物流和信息流的自组织和自适应能力，要形成贯穿供应链的分布数据库的信息集成，从而集中协调不同企业的关键数据。

三、供应链管理原理

1. 资源集成原理

该原理认为，在经济全球化迅速发展的今天，企业仅靠原有的管理模式和自己有限的资源，已经不能满足快速变化的市场对企业所提出的要求。企业必须放弃传统的基于纵向思维的管理模式，加强向基于横向思维的管理模式转变。企业必须横向集成外部相关企业的资源，形成"强强联合优势互补"的战略联盟，结成利益共同体去参与市场竞争，以实现提高服务质量的同时降低成本、快速响应顾客需求的同时给予顾客更多选择的目的。

该原理是供应链系统管理最基本的原理之一，表明了人们在思维方式上所发生的重大转变。

2. 系统原理

系统原理认为，供应链是一个系统，是由相互作用、相互依赖的若干组成部分结合而成的具有特定功能的有机整体。供应链是围绕核心企业，通过对信息流、物流、资金流的控制，把供应商、制造商、分销商、零售商直到最终用户连成一个整体的功能网链结构模式。

3. 多赢互惠原理

多赢互惠原理认为，供应链是相关企业为了适应新的竞争环境而组成的一个利益共同体，其密切合作是建立在共同利益的基础之上，供应链各成员企业之间是通过一种协商机制，来谋求一种多赢互惠的目标。供应链管理改变了企业的竞争方式，将企业之间的竞争转变为供应链之间的竞争，强调核心企业通过与供应链中的上下游企业之间建立战略伙伴关系，以强强联合的方式，使每个企业都发挥各自的优势，在价值增值链上达到多赢互惠的效果。

4. 合作共享原理

合作共享原理具有两层含义，一是合作，二是共享。合作原理认为：由于任何企业所拥有的资源都是有限的，它不可能在所有的业务领域都获得竞争优势，因而企业要想在竞争中获胜，就必须将有限的资源集中在核心业务上。与此同时，企业必须与全球范围内的在某一方面具有竞争优势的相关企业建立紧密的战略合作关系，将本企业中的非核心业务交由合作企业来完成，充分发挥各自独特的竞争优势，从而提高供应链系统整体的竞争能力。共享原理认为：实施供应链合作关系意味着管理思想与方法的共享、资源的共享、市场机会的共享、信息的共享、先进技术的共享以及风险的共担。

5. 需求驱动原理

需求驱动原理认为：供应链的形成、存在、重构，都是基于一定的市场需求而发生的，并且在供应的运作过程中，用户的需求是供应链中信息流、产品/服务流、资金流运作的驱动源。在供应链管理模式下，供应链的运作是以订单驱动方式进行的，商品采购单是在用户需求订单的驱动下产生的，然后商品采购订单驱动产品制造订单，产品制造订单又驱动原材料（零部件）采购订单，原材料（零部件）采购订单再驱动供应商。这种逐级驱动的订单驱动模式，使供应链系统得以准时响应用户的需求，从而降低了库存成本，提高了物流的速度和库存周转率。

6. 快速响应原理

快速响应原理认为：在全球经济一体化的大背景下，随着市场竞争的不断加剧，经济活动的节奏也越来越快，用户在时间方面的要求也越来越高。用户不但要求企业要按时交货，而且要求的交货期越来越短。因此，企业必须能对不断变化的市场作出快速反应，必须要有很强的产品开发能力和快速组织产品生产的能力，源源不断地开发出满足用户多样化需求的、定制的"个性化产品"去占领市场，以赢得竞争。

7. 同步运作原理

同步运作原理认为：供应链是由不同企业组成的功能网络，其成员企业之间的合作关系存在着多种类型，供应链系统运行业绩的好坏取决于供应链合作伙伴的关系是否和谐，只有和谐而协调的关系才能发挥出最佳的效能。供应链管理的关键就在于供应链上各节点企业之间的联合与合作以及相互之间在各方面良好的协调。

8. 动态重构原理

动态重构原理认为：供应链是动态的、可重构的。供应链是在一定的时期内、针对某一市场机会为了适应某一市场需求而形成的，具有一定的生命周期。

当市场环境和用户需求发生较大的变化时，围绕着核心企业的供应链必须能够快速响应，能够进行动态快速重构。

四、供应链管理机制

1. 合作机制

供应链合作机制体现了战略伙伴关系和企业内外资源的集成与优化利用。基于这种企业环境的产品制造过程，从产品的研究开发到投放市场，周期大大地缩短，而且顾客导向化（Customization）程度更高，模块化、简单化产品、标准化组件，使企业在多变的市场中柔性和敏捷性显著增强，虚拟制造与动态联盟提高了业务外包（Outsourcing）策略的利用程度。企业集成的范围扩展了，从原来的中低层次的内部业务流程重组上升到企业之间的协作，这是一种更高级别的企业集成模式。在这种企业关系中，市场竞争的策略最明显的变化就是基于时间的竞争（Time-Based）和价值链（Value Chain）及价值让渡系统管理或基于价值的供应链管理。

2. 决策机制

由于供应链企业决策信息来源不再仅限于一个企业内部，而是处于开放的信息网络环境下，不断进行信息交换和共享，以达到供应链企业同步化、集成化计划与控制的目的，而且随着 EDI（电子数据交换），Internet/Intranet 发展成为新的企业决策支持信息基础平台，企业的决策模式将会产生很大的变化，因此处于供应链中的任何企业决策模式都应该是基于 Internet/Intranet 的开放性信息环境下的群体决策模式。

3. 激励机制

归根结底，供应链管理和任何其他的管理思想一样都是要使企业在"TQCSF"（T 为时间，指反应快，如提前期短、交货迅速等；Q 指质量，意指产品、工作及服务质量高；C 为成本，企业要以更少的成本获取更大的收益；S 为服务，企业要不断提高用户服务水平，提高用户满意度；F 为柔性，企业要有较好的应变能力）上有上佳表现。为此，供应链管理建立起了业绩评价和激励机制，推动企业管理工作不断完善和提高，也使得供应链管理能够朝着正确的轨道与方向发展，真正成为企业管理者乐于接受和实践的新的管理模式。

4. 自律机制

自律机制要求供应链企业向行业的领头企业或最具竞争力的竞争对手看齐，不断对产品、服务和供应链业绩进行评价，并不断地改进，以使企业能保持自己的竞争力和持续发展。自律机制主要包括企业内部的自律、对比竞争对手的自律、对比同行企业的自律和比较领头企业的自律。企业通过推行自律机制，可以降低成本，增加利润和销售量，更好地了解竞争对手，减少用户的抱怨而提高客户满意度，提升信誉，企业内部各部门之间的业绩差距也可以得到缩小，提高企业的整体竞争力。

5. 风险管控机制

供应链企业之间的合作会因为信息不对称、信息扭曲、市场不确定性、政治经济法律等因素的存在而导致各种风险的存在。为了使供应链企业之间对合作满意，必须采取一定的措施规避风险，如信息共享、合同优化、监督控制机制等，尤其是必须在企业合作的各个阶段通过激励机制的运行，实施各种激励手段，以使供应链企业之间的合作更加有效。针对供应链企业合作存在的各种风险及其特征，应该采取不同的防范对策。

6. 信任机制

信任机制是供应链管理中企业之间合作的基础和关键。信任在供应链管理中具有重要作用。供应链管理的目的就在于加强节点企业的核心竞争能力，快速反应市场需求，最终提高整个供应链的市场竞争能力。要达到此目的，加强供应链节点企业之间的合作是供应链管理的核心，而在供应链企业的相互合作中，信任是基础，也是核心。没有起码的信任，任何合作、伙伴关系、利益共享等都只能是一种良好的愿望，因此建立供应链企业之间的信任机制是至关重要的。

第三节 企业供应链开发与管理

一、供应商评估与选择

供应商是企业的延伸，供应商管理是企业供应管理的关键。选择一家具有竞争力的供应商，已经成为推动企业发展的核心问题之一。

企业开发供应商一般要经过以下基本流程：

（1）对接企业采购战略，启动供应商开发项目。要基于企业采购战略，结合市场供应状况，成立由采购、研发、生产、财务、质量品质等部门人员组成的供应商开发小组，负责研究企业采购战略需求，研究供应商市场状况，制定供应商评估标准，采样，现场调查，实施评估，形成评估报告。

（2）制定供应商评估标准。要从响应企业采购战略入手，从质量、成本、交付能力、服务要素与特点等方面提出供应商评估标准。

（3）供应商搜索。要通过一定的搜索渠道和方式进行供应商搜索。以下渠道可供企业选择：

1）国内外采购指南。一些行业专业性领域的采购指南刊物和杂志可供企业采用，如机械、机床、钟表、石油、电子等行业都有专门的采购指南，尤其专业性的采购指南，对企业搜索供应商具有很重要的参考价值。

2）国内外产品发布会。许多领先型的企业，特别是市场影响力大的企业都会采用产品发布会的形式进行市场推广，发布新产品、新技术、新工艺，企业可参考这些发布会信息，搜索供应商。

3）互联网。互联网是最经济、最便捷、最快速的搜索途径，无论是搜索引擎、各类专业与企业交易网站、网络展销会等日益成为企业搜索供应商的渠道。

4）国内外产品展览会、博览会。展览会、博览会是国际采购开发供应商的巨大平台，尤其和现代互联网融为一体，构成了企业选择供应商的平台渠道。

5）专业第三方机构。第三方采购或第三方信息平台，作为专业的采购团队或者数据信息共享机制，有大量的供应商资源可供选择。

6）招标采购。企业可以通过发布招标公告的方式发布采购需求，通过制定的评标办法进行评选，选择自己适合的供应商。

7）定制。对于要特殊需要，且需求量大的，难以找到专门的供应商，企业可以采用定制的方式搜索有能力的供应商实施定制。

8）关系网。企业可以从自身关系网入手，寻求相关供应商。

此外，企业可以通过市场宣传、厂商自荐、客户介绍、员工推荐等方式搜寻供应商。

（4）评估供应商的主要方面。对供应商的评估可以从以下五个方面实施：

1）企业评核，主要包括企业声誉、历史、财务状况、管理层、地区或位置等内容。

2）产品评核，主要从质量和价格两个方面进行评核。

3）生产设备评核，主要包括生产量及能力、质量系统、员工素质、后勤保障等内容。

4）服务评核，主要包括是否能准时送货、送货量是否符合制定要求、技术支持和培训等方面的内容。

5）基于企业特殊要求的评核内容。

（5）"好"的供应商选择。选择一个"好"的供应商，可以通过评估，参考下列条件实施选择：

1）具备完善的企业管理制度。好的供应商，具备科学、完善、合理的企业管理制度体系，具备遵守制度的良好机制和氛围，管理制度得到有效贯彻执行。

2）具有优秀的企业领导和高素质的管理人员。好的供应商的领导人员具有充分的领导力，能够建立起高度认同的组织文化，具有良好的企业价值观，企业的各级管理人员具备良好的品德素质、文化素质和业务素质，具有良好的管理技能，企业运行高效，且具有良好的口碑。

3）具有稳定的员工队伍。供应商的生产经营过程都要通过基层的员工来完成，基层员工队伍的稳定，对于完成供应任务具有重要影响和决定作用。好的供应商应当具有良好的员工队伍建设机制，具备良好的生产环境和生活条件，保持员工队伍良好的精神面貌和精良的生产专业技能。

4）良好的现场管理和计划能力。好的供应商具有良好的现场管理能力和计划能力，可以保证产品供应的数量和质量，保证产品按时间要求供货，良好的现场管理能力和计划能力是供应商选择主要的参考条件。

5）生产技术先进设备优良。生产技术和生产设备是选择供应商的主要条件。好的供应商应当具备先进的市场技术和优良的设备，以满足企业的采购需求。可以通过现场评估，考察供应商候选企业的市场技术和设备的先进程度，进而做出准确的判断。

（6）供应商的量化筛选。企业在对供应商进行评估比对时，可进行量化筛选。下表是一些企业供应商评估量化（见表13-1）。

表 13-1 ××企业供应商评估量化

	评估要素	最大权重	供应商			
			01	02	03	04
1	公司战略	20	18	15	17	13
2	领导与人力资源	30	28	25	25	26
2.1	领导团队	10	8	10	5	10
2.2	人力资源	20	20	15	20	16
3	生产设备	10	8	9	10	10
4	品质管理	10	7	5	8	9
4.1	品控体系	2	2	1	2	2
4.2	管理流程	3	2	2	2	2
4.3	执行环境	5	3	2	4	5
5	价格	20	19	15	17	19
6	研发能力	5	5	5	5	5
7	企业财务状况	5	5	5	5	5
	总计	100	90	79	87	87

在进行量化评估时，需要注意，由于供应商并非唯一，需要结合每一个评估细项及企业需求，做出分类和取舍，并非单纯根据评分取舍，还要结合评分和企业需求，以及各个供应商的优势，最后决定取舍。表 13-2 对各供应商优势进行了对比，便于企业最后选定供应商，也有利于后期管理。

表 13-2 供应商评估评分与优势对比

供应商编号	评级	评分	优势备注
01	A 级	90~100 分	生产成本低
02	B 级	80~89 分	交付时间短
03	C 级	70~79 分	满足特定要求
04	D 级	60~69 分	
05	不合格	60 分以下	

二、供应商绩效管理

1. 供应商绩效管理内涵

供应商绩效管理，是根据供应链的特性对供应商的供应绩效实施的管理，包括三个基本的方面：目标沟通、考核改善、优胜劣汰。

（1）目标沟通。企业在选择供应商时，特别强调"强强联合"，更突出"门当户对"。在企业竞争中，供应商的有效配合，对企业最终采购、产品定价、产品上市周期及其在市场上的竞争力往往起着决定作用。我们看到，无论是苹果公司、华为公司，还是特斯拉公司、比亚迪公司都对供应商提出了严格的要求，也就是对供应商进行了严格的绩效管理。

供应商绩效管理，必须同供应商进行目标沟通，实现同供应商的管理协同。就是同供应商进行采购战略目标沟通，明确企业竞争需求，在企业愿景、使命和目标方面同供应商协调一致，并将其作为供应商供应绩效指引，使供应商能够在产品开发、生产、质量管理、销售、服务等一系列环节上紧密配合与衔接。

（2）考核改善。考核和改善是绩效管理的基本方法、手段与途径。供应商绩效管理也同样如此。企业必须设置供应商供应绩效考核目标和体系及其运行机制，并实施规范严格的考核和绩效改善，实现同企业绩效管理的有效匹配。

（3）优胜劣汰。优胜劣汰，是自然生存的法则，也是供应商绩效管理的法则。要通过绩效管理，做到：对于优秀的供应商，企业在订单、财务等方面给予优惠支持，支持供应商的发展；对于在绩效考核中，发现的供应缺陷，要及时提出改进措施，实施改善提高；对于不能实现供应预期，且难以改善的供应商则要给予停止采购，实施更换。

2. 供应商绩效考核指标

供应商绩效考核指标主要有质量、交货时间、价格和服务水平等。

（1）质量指标。质量指标是供应商绩效考核的基本指标，包括来料批次合格率、来料抽检缺陷率、来料在线报废率和来料免检率等。来料批次合格率是最为常用的质量考核指标之一。

来料批次合格率＝（合格来料批次÷来料总批次）×100%

来料抽检缺陷率＝（抽检缺陷总数÷抽检样品总数）×100%

来料在线报废率＝［来料总报废数（含在线生产时发现的）÷来料总数］×100%

来料免检率＝（来料免检的种类数÷该供应商供应的产品总种类数）×100%

此外，有的公司将供应商体系、质量信息、供应商是否使用及如何使用 SPC（统计制程控制）用于质量控制等也纳入考核中。例如，供应商是否通过了 ISO 9000 认证，或供应商的质量体系审核是否达到一定的水平。还有些公司要求供应商在提供产品的同时提供相应的质量文件，如过程质量检验报告、出货质量检验报告和产品成分性能测试报告等。

（2）供应指标。供应指标又称企业指标，是同供应商的交货表现和供应商企划管理水平相关的考核因素，其中最主要的是准时交货率、交货周期和订单变化接受率等。

准时交货率＝（按时按量交货的实际批次÷订单确认的交货总批次）×100%

交货周期＝自订单开出之日到收货之时的时间长度（常以天为单位）

订单变化接受率是衡量供应商对订单变化灵活性反应的一个指标，是指在双方确认的交货周期中可接受的订单增加或减少的比率。

订单变化接受率=（可接受的订单增加或减少的数量÷订单原定的交货数量）×100%

（3）经济指标。供应商考核的经济指标总是与采购价格和成本相联系。与质量指标和供应指标不同的是，质量指标与供应指标考核通常每月进行一次，而经济指标则相对稳定，多数企业是每季度考核一次。此外，经济指标往往都是定性的，难以量化。具体考核点有：

1）价格水平。往往同本公司所掌握的市场行情比较，或根据供应商的实际成本结构和利润率来判断。

2）报价是否及时，报价单是否客观、具体、透明（分解成原材料费用、加工费用、包装费用、运输费用、税金和利润等以及相对应的交货与付款条件）。

3）降低成本的态度和行动，即是否真诚地配合本公司或主动地开展降低成本活动，制定改进计划，实施改进行动，是否定期与本公司协商价格。

4）分享降价成果，即是否将降低成本的好处也让利给客户（本公司）。

5）付款，即是否积极配合响应本公司提出的付款条件要求与办法，开出的付款发票是否准确、及时并符合有关财税要求。

有些单位还将供应商的财务管理水平与手段、财务状况以及对整体成本的认识也纳入考核指标中。

（4）支持、配合与服务指标。考核供应商在支持、配合与服务方面的表现通常是定性、定期的考核，相关的指标有反应表现、沟通手段、合作态度、共同改进、参与开发和售后服务等。

1）反应表现，即对订单、交货和质量投诉等反应是否及时、迅速，答复是否完整，对退货和挑选等是否及时处理。

2）沟通手段，即是否有合适的人员与本公司沟通，沟通手段是否符合本公司的要求（电话、传真、电子邮件以及文件书写所用软件与本公司的匹配程度等）。

3）合作态度，即是否将本公司看作重要客户，供应商高层领导或关键人物是否重视本公司的要求，供应商内部（如市场、生产、计划、工程和质量等部门）是否能整体理解并满足本公司的要求。

4）共同改进，即是否积极参与或主动参加与本公司相关的质量、供应和成本等改进项目或活动，或推行新的管理方法等，是否积极组织参与本公司召开的供应商改进会议，是否配合本公司开展的质量体系审核等。

5）参与开发，即是否参与本公司的各种相关开发项目，以及如何参与本公司的产品或业务开发过程。

6）售后服务，即是否主动征询客户（本公司）的意见、主动访问本公司、主动解决或预防问题。

7）其他支持，即是否积极接纳本公司提出的有关参观和访问事宜，是否积极提供本公司要求的新产品报价与送样，是否妥善保存与本公司相关的文件等不予泄露，是否保证不与影响到本公司切身利益的相关公司或单位进行合作等。

3. 供应商绩效管理机制

（1）定量和定性评价考核相结合，对考核指标进行分解分级，实施考核。

（2）对供应商实施分解管理。企业可根据供应商的规模和企业自身采购的重要性，可以对供应商实施分级管理。企业可对供应商绩效考核实行百分制考核，根据考核得分，实施分级管理。一般地，可把供应商绩效考核得分划分为四个档次：60分以下、60~70分、70~80分、80分以上四档。在分级以后，企业可以制定不同的管理方案，给不同档次的供应商以不同的优惠倾斜和惩戒，推动供应商提高绩效管理水平。

（3）绩效管理运用。企业可以通过供应商绩效管理，优化供应商合作方案，对供应商进行辅导改善，促进供应商在质量、成本、服务和创新等方面持续改进，建立价值共赢基础，实现与供应商的共同发展。

第四节　供应链管理的发展趋势

随着科技的进步和经济的发展，企业所面临的竞争环境已经发生了很大的变化。企业经营模式的进一步发展和通信技术、运输技术的不断进步，使得供应链及供应链管理也在不断地演变和发展。

一、供应链管理绿色化

供应链管理绿色化，就是要发展绿色供应链。现在非常强调绿色化概念，因此，企业在设计、生产、物流等各个环节中都应该考虑消耗的能源，尽量减少对环境造成的污染。企业要从整个生命周期来考虑供应链。绿色供应链强调反向回收，很多国外企业非常强调生产者的责任，因生产产品所造成的污染要自己处理，这个是非常重要的理念。要从全生命周期来看待供应链，物流企业、生产企业、分销企业都要考虑绿色的概念，要让环保理念渗透到整个供应链管理中。

二、差别化与定制化供应管理

强调顾客或者消费者差别化，企业就需要按照顾客的需求来响应、定制化供应链。例如，汽车、家具等这些产品，越来越多的企业实行定制化。所以，要差别化与定制化，把供应链跟别人的区别开来，进行有针对性的管理是今后的发展方向。

三、面向顾客的价值流管理

供应链的成本和时间非常重要，但由于最终都存在价值流的问题，所以要落实到价值。供应链不应完全专注于企业，而应首先从顾客考虑，能不能提供给顾客价值是非常重要的。关注顾客的价值流是一个新的理念，企业要面向顾客的价值流进行管理，而不是面向企业价值流进行管理，这也是未来供应链管理新的发展趋势。

四、集成化供应链动态联盟

企业已经意识到单枪匹马在日益激烈的市场竞争中难以取胜，有必要多家企业结成"联盟"，共同与其他"联盟"竞争。而联盟中的"盟友"往往首先是与本企业经营内容相关的上下游企业，即供应链上的其他成员。集成供应链正是这样的企业联盟。

企业要实施集成化供应链管理，就必须进行以下几个方面的转变：企业要从供应链的整体出发，考虑企业内部的结构优化问题；企业要转变思维模式，从纵向一维空间思维向纵横一体的多维空间思维方式转变；企业要放弃"小而全，大而全"的封闭的经营思想，向与供应链中的相关企业建立战略伙伴关系为纽带的优势互补、合作关系转变；企业要建立分布的、透明的信息集成系统，保持信息沟通渠道的畅通和透明度；所有的人和部门都应对共同任务有共同的认识和了解，消除部门障碍，实行协调工作和并行化经营；企业要实行风险分担与利益共享。

阅读专栏 13-1 西门子移动通信实施全球化采购

西门子移动通信的供应商浩如烟海，分布在全球的各个角落，全球集约化采购，是西门子进行采购管理、节约采购成本的关键。

1. 西门子移动通信的全球统一采购：方法与特色

在过去很长一段时间里，西门子通信、能源、交通、医疗、照明、自动化与控制等各个产业部门根据各自的需求独立采购。随着西门子公司的逐渐扩大和发展，采购部门发现不少的元部件需求是重叠的：通信产业需要订购液晶显示元件，而自动化和控制分部也需要购买相同的元件。由于购买数额有多有少，选择的供应商、产品质量、产品价格与服务差异非常之大。

精明的西门子人很快就看到了沉淀在这里的"采购成本"。三年前，西门子设立了一个采购委员会，协调全球的采购需求，把六大产业部门所有公司的采购需求汇总起来，这样，西门子可以用一个声音同供应商进行沟通。大订单在手，就可以吸引全球供应商进行角逐，西门子在谈判桌上的声音就可以响很多。

对于供应商来说，这也是一个好事情。以前一个供应商，可能要与西门子的六个不同产业部门打交道，现在他们只需要与一个"全球大老板"谈判，只要产品、价格和服务过硬，就可以拿到全球的订单，当然也省下不少时间和精力。

西门子的全球采购委员会直接管理全球材料经理，每位材料经理负责特定材料领域的全球性采购，找寻合适的供应商，达到成本节约指标，确保材料的充足供应。

西门子移动通信的采购系统还有一个特色是，在采购部门和研发设计部门之间，有一个"高级采购工程部门"。作为一座架在采购部和研发部之间的桥梁，高级采购工程部的作用是在研发设计的阶段就用采购部门的眼光来看问题，充分考虑到未来采购的需求和生产成本上的限制。西门子的高级采购工程部门（APE）能够起到从设计源头上压缩采购成本的作用。如果设计原型中一个部件的价格是 11 个欧元，但目标价格只有 6 个欧元，那么设计就要做相应的修改：用更少的元部件或用更加集成的元部件。有的时候，高级采购工程部门的任务就是用目标价格倒推成本。

2. 西门子移动通信采购的协调：反应灵活与角色定位

有了这些充分集权的中央型采购，还需要反应灵活的地区性采购部门来进行实际操作。由于产业链分布在各个国家和地区，在各地区西门子采购部门的角色很不一样。

在日本西门子移动通信采购部门的角色类似于一个协调者。由于掌握着核心技术，日本的供应商如东芝和松下直接参与了西门子手机的早期开发。西门子需要知道哪些需求在技术上是可行的，哪些是不可行的，而东芝和松下等企业也要知道西门子想要得到什么产品，采购部门的主要工作就是与日本供应商的研发中心进行研发技术方面的协调、沟通和同步运作。

在中国西门子移动通信采购部的角色重心就是利用中国市场的廉价材料，降低生产成本，提高西门子手机的全球竞争力。

3. 西门子移动通信的供应管理：竞争与评价

西门子除了给供应商持续的成本压力以外，还充分利用订单份额来做诱饵，让现有的 2~3 个供应商充分竞争。只有价格最低的供应商，才会得到西门子更大的订单。西门子有时也会故意放一两个新的供应商进场，打破原有的供应商竞争格局。新供应商更好的服务和更低的价格会迫使老供应商降低价格、提高服务，西门子就可以坐收"渔翁"之利。

每年年底，西门子内部所有与供应商有过接触的部门还会对供应商进行价格、物流服务力产品质量三个方面的总拥有成本（TOC）进行评分。成本最高的供应商，可能就会失去大笔订单。在竞争面前，供应商自然会对自己的产品质量、产品价格、物流服务等各方面严格审核，以期达到西门子的高标准严要求。

为了使选择供应商的过程尽可能公平透明，西门子还使用了一套网上竞价（E-Biding）系统。西门子对现有的长期供应商关系，现有的供应商在供应上则必须靠过硬的质量、价格和服务来与现有的供应商竞争。这套体系的好处是，所有的供应商都知道其他供应商能做什么，这样就能将价格和服务的底线推到循环竞争的极限。在未来的规划中，西门子移动 50% 的采购量都会通过这套系统来进行。

通过保持这样的一种"充分竞争"的环境，西门子移动能非常高效率地管理自己的供应商，节约采购成本。

资料来源：西门子公司的全球化采购策略，百度文库，https：//wenku. baidu. com/view/ 1196ca9249d7c1c708a1284ac850ad02df8007b7. html，2022 年 4 月。

第五节　企业采购管理

一、采购管理内涵

1. 采购

采购是企业在一定的条件下从市场获取企业资源，以保证企业生产经营业务正常开展的一项企业生产运营活动，是企业供应链管理的重要内容。

采购可以从狭义和广义两个方面来理解。狭义的采购，就是到市场上去购买商品，就是企业根据需求提出采购计划，并根据计划到市场上购买所需要的商品的过程，包括选择供应商，实施商务谈判，确定购买价格，最终签订购买合同，接收商品并实施验收付款的过程。广义的采购包括两个视角：一是除了购买商品外，加强对供应商的管理并建立长期合作伙伴关系，从而适应供应链管理的需要；二是指除了以购买方式获取物品外，还可以通过其他途径获取物品的使用权，以达到满足需求的目的，常见的途径有租赁、借贷、交换和外包四种方式。

租赁一方以支付租金的方式取得他人物品的使用权，使用完毕或租期满后将物品归还物主的一种非永久性行为。常见的有企业在生产经营中进行的厂房、车辆、生产设备、仪器、办公用品等租赁。借贷即一方无须支付任何代价的方式取得他人物品的使用权，使用完毕后，仅返还物品。交换就是以物易物的方式取得物品的所有权及使用权，但是并不直接支付物品的全部价款，如生产物料的交换，机器设备的交换等。当双方交换价值相等时，不需要以金钱补偿对方；当交换价值不等时，仅由一方补偿差额给另一方。外包是企业将一些企业非核心业务外包给别的企业，以取得专业优势，从而降低成本的一种采购方式，可以大幅缩短产品获利周期，有利于聚焦核心业务，提高企业的核心竞争力。

2. 采购管理

所谓采购管理，是指为了保障企业自身生产经营活动顺利进行所需要的物料正常供应而对企业的采购活动所进行的计划、组织、指挥、协调和控制等管理措施。采购管理是从需求方的角度出发，所追求的目标是采购活动的顺利进行和达到公司整体效益最大化。它不仅包括对采购活动进行的管理，还包括了对采购人员和采购资金等的管理。

3. 采购管理的原则

采购是生产运营管理的一种经济活动，采购表现为一系列的过程，对采购过程的管理要遵循一些原则，以实现采购效益最大化。采购专家提出了采购过程应遵循的"5R"原则，即从合适的供应商（Right Place）那里，在确保合适的品质（Right Quality）下，在合适的时间（Right Time），以合适的价格（Right Price），购入合适数量（Right Quatity）的商品。

（1）合适的价格。价格永远是采购活动所关注的焦点和核心问题。企业在采购中最关心的要点之一就是能够节省多少采购资金，在采购活动中，采购人员会把相当大的精力和大多数的时间用来同供应商的砍价谈判上。物品的价格与该物品的种类、是否为长期购买、是否为大量购买以及市场供求状况有关，也与企业采购人员对该物品的市场状况的了解程度有关。企业采购必须通过各方面的综合分析研判，同供应商谈判形成合适的采购价格。

（2）合适的质量。质量是企业的生命，企业产品的质量决定着企业的生命。企业采购的原材料、设备、实验和检验仪器、服务设施等的质量，直接影响甚至决定着企业生产运营过程的质量和最终产品的质量。如果采购的来料品不良，也会直接增加对采购过程和采购品的检验验收时间及频率，提高采购的成本，严重的会影响生产过程，有的会导致退货返工等，使企业蒙受损失。

（3）合适的时间。对企业来讲，生产运营要严格按照计划确定的时间节拍来进行。这必然要求采购也必须按照一定的时间节拍来采购原材料和各种设备等，做到既不产生因采购导致待料停产，也不会因采购时间不当导致大量库存积压，提高库存成本和资金时间占用成本，因此采购管理要按照合适的时间安排，按需按时供货。

（4）合适的数量。企业采购要做到根据企业生产运营过程安排决定采购物品及其服务的数量规模，做到批次适当，每批次采购数量适当。

（5）适当的地点。采购地点和交货地点，不仅影响交货期，而且直接影响采购成本，影响采购谈判和沟通效率，以及运输效率。采购要做到在质量保障的基础上，本着方便交流交易的原则，选择合适的采购地点和交货地点。

二、采购计划与采购预算

1. 采购计划的含义

采购计划是指企业根据企业生产运营及其管理活动的需要，对生产运营计划期内物料采购管理活动所做的预见性的安排和部署。采购计划是企业生产运营管理计划的一个分计划。

可以对采购计划进行分类：

（1）按计划期的长短可以把采购计划分为年度物料采购计划、季度物料采购计划、月度物料采购计划。

（2）按物料的使用方向可以把采购计划分为生产产品用物料采购计划、维修用物料采购计划、基本建设用物料采购计划、技术改造措施用料采购计划、科研用料采购计划、企业管理用料采购计划等。

（3）按自然属性可以把采购计划分为金属物料采购计划、机电产品物料采购计划、非金属物料采购计划等。

2. 采购计划的编制

采购计划编制是确定企业生产运营项目中的哪些资源需求可以通过采用企业外部的产品或服务得到最好的满足。它包括决定是否要采购、如何采购、采购什么、采购多少以及何时去采购等问题。

企业生产运营管理，基本上以项目为基本运营管理单元运行，在这里我们以项目采购计划的编制为例讲述采购计划编制。

（1）编制采购计划的流程。项目采购计划的编制流程就是根据项目所需资源说明书、产品说明书、企业内采购力量、市场状况、资金充裕度等有关项目采购计划的信息，结合项目组织自身条件和项目各项计划的要求，对整个项目实施过程中的资源供应情况做出具体的安排，并最后按照有关规定的标准或规范，编写出项目采购计划文件的管理工作过程。

一个项目组织在编制采购计划中需要开展下列工作和活动：采购的决策分析，采购方式和合同类型的选择，项目采购计划文件的编制和标准化等。表13-3显示了项目采购计划编制流程的主要内容。

表 13-3 项目采购计划编制流程的主要内容

信息输入（或依据）	工具与方法	信息输出（结果）
组织过程资产 　资源需求计划 　项目范围说明 　其他管理计划 　风险识别清单 　事业环境因素	自制—外购权衡 短期租赁或长期租赁权衡 合同类型权衡 专家评估判断 招标标准文件	自制或外购决策 采购管理计划 采购需求计划 采购作业计划 采购标准化文件 采购要求说明 计划变更申请 招标评估标准

在编制采购清单和采购计划之前，必须做好充分的准备工作。采购准备的重要内

容之一是进行广泛的市场调查和市场分析，从而熟悉市场，掌握有关项目所需要的产品和服务的市场信息。对货物采购而言，就是要掌握有关采购内容的最新国内、国际价格和供求行情，弄清楚是通过从一家承包商采购所有或大部分所需要的产品和服务，还是向多家承包商采购大部分需用的产品和服务，或是采购小部分需用的产品和服务，还是不采购产品和服务（常用于研究和科技开发项目）。

1）采购计划编制的依据（信息输入）。

①组织过程资产。其主要包括项目的各项管理计划的输出结果。

a. 资源需求计划。采购是针对需求而言的，因此需要根据成本计划中的资源需求计划明确资源采购的种类和数量。

b. 项目范围说明。项目范围说明书包括了项目可交付成果的功能和特性要求，应达到的质量标准和技术规范。不同质量的产品，对选用材料的质量等级和工作人员的素质要求会有很大不同。即使同一种产品，军用和民用的质量及成本要求也不同，军用品往往因为质量刚性而不计成本，而民用品则要考虑性价比，对此需要选用不同等级的零配件来生产。

c. 其他管理计划。采购管理计划除了要求与项目的质量及成本计划紧密相关之外，还需要与其他的计划衔接。例如需要与工期计划衔接，以便保证及时供应；需要与沟通计划衔接，以便建立与供应商的沟通渠道。

d. 风险识别清单。采购计划还需要与风险计划衔接，以便制订供应链意外断裂时的应对预案。

②事业环境因素。其主要包括各项外部约束条件、市场行情信息和计划假设前提因素。

a. 外部约束条件。采购管理计划不但要受到项目质量、成本、时间这三条边界的约束，而且还可能受到国家法规、社会信誉环境、金融环境、法制环境、技术检验手段、交通运输条件、产品供求关系、国际贸易摩擦、价格及汇率水平和波动趋势等诸多因素的约束。这些都将成为制订供应管理计划不可或缺的参考依据。

b. 市场行情信息。货源和品种的选择，需要建立在对市场信息充分了解的基础上。所需资源从何处可以获得？用什么方式获得？性价比如何？哪个供货商的服务更好、供货周期能否满足要求？这些都需要通过信息分析做出判断。

c. 计划假设前提。所有的计划都是建立在某些假设前提之上的，例如采购的成本估算就是基于市场平均价格及货币汇率不变的假设前提下测算的，采购供应的时间计划也是基于当前的运输效率的假设前提下制定的。假设条件的准确度直接关系到计划的精确性，如果假设前提估计不准确，整个计划就是建立在沙滩上的建筑。

2）采购管理计划组成（信息输出结果）。

①自制或外购决策。这是关于采购管理，也是项目管理最根本的决策。当然，项

目除了自制或外购决策外，还有短期租赁或长期租赁决策、国内购买或国外购买决策等。

②采购管理计划。采购管理计划包括对外的采购需求计划和对内的采购作业计划。

③采购需求计划。采购需求计划即获得资源的总体策略和指标体系。除自己制造的产品之外，哪些资源外购、外包、外租，选择产品和选择供应商的标准，如何确定最佳的订货批量及供应周期，如何争取有利的价格和交易条件等。

④采购作业计划。采购作业计划即制定实现上述采购需求计划的流程，作为采购供应人员的行动指南。因此，采购作业计划一定要制定得具体明确，它包括执行采购的具体时间、步骤、责任人、执行办法、对具体采购产品的要求及注意事项等。

⑤采购标准化文件。为了使采购作业规范统一，减少因采购人员的个人因素而产生的差错，便于统一管理，应当尽量将采购过程中所使用的文件制定标准化的文本。常用的标准格式的文件有标准的采购合同、标准的劳务合同、标准的招标文件等。文件的标准化可以提高采购工作的效率，减少重复劳动，缩短组织的学习过程。

⑥采购要求说明。其是采购方向供应商或分包商发放的正式文件，是今后与供应商和分包商进行谈判的基础，也是为他们以后的投标提供的决策依据。一般情况下，每项独立的采购工作都应有各自的采购要求说明文件，但这些说明文件并不是硬性规定，它应当具有适当的灵活性，当市场行情发生变化时可以及时调整，还可以通过和卖方谈判沟通进行适当的修改。

⑦计划变更申请。采购计划的编制有可能引起其他计划的变更，需要提交变更申请以便通过集成变更控制，对所有变更进行综合评估和处理。

⑧招标评估标准。其是买方用来对供应商所提供的建议书进行评价、打分（客观或主观）、排序等的标准，往往是采购文件的组成部分。

采购管理计划的信息分析处理和文件编制，会涉及大量技术问题，采购部门主管应会同项目组织内部有关部门主管共同进行。有很多项目组织为此专门聘请外部专业人员，如造价师、设计院、专业咨询机构来协助制订采购计划。

（2）企业采购预算方法和步骤。采购预算就是采购部门在编制一定期间（如年度、季度或月度等）的采购计划时产生的相应的用款计划。一般来说，采购部门可以凭借采购预算进行采购和控制支出，企业财务部门则要据此筹措和安排所需资金，以完成企业的采购工作。

一般情况下，采购预算中的内容以企业进行生产经营所需的原材料、零部件等为主，并列入相应采购项目的数量和金额。通常来说，企业制定采购预算包括以下六个步骤：

第一步，审查企业以及各部门的战略目标。采购工作是为了更好地支撑企业与各部门的目标的实现，所以要想采购预算精准，首先要明白企业要实现的目标是什么。

第二步，各部门制定明确的工作计划。采购是为了支持各部门的工作，所以，各部门要提出今后的工作计划。

第三步，各部门确定所需的资源。一般而言，各部门要完成某些工作计划，通常需要相应资源的支持。比如，生产部门在加工制造时，起码得有原材料可加工制造。因此，各部门要确定工作中所需的资源。

第四步，各部门提出准确的预算数字。各部门根据以往的采购经验、市场行情等因素，提出预算数字，并尽可能确保数字的准确性。

第五步，由采购部门进行汇总。采购部门对其他各部门的预算进行汇总、分析与核实，并形成最终的采购预算。

第六步，采购部门向企业领导层和财务部门提交采购预算。在提交获得通过后，采购预算方可以执行。

总之，采购支出在企业运营成本中占了很大的比重，而这主要通过采购预算来实现。因此为了使企业尽可能减少不必要的成本支出，在编制采购预算时，一定要确保预算的科学性、合理性。

三、企业采购方式选择

一般情况下，企业在制定生产经营计划或者相关采购政策时，都会对采购方式做出明确的规定，从而使采购人员有章可循。作为采购人员，要对一些常见的采购方式了然于胸，从而便于在实际工作中的灵活运用。下面介绍八种常见的采购方式。

（1）集中采购。集中采购是指企业的采购部门进行统一采购。通常情况下，集中采购主要适用于大宗或批量物品，企业生产中关键的零部件、原料或其他战略资源，保密程度较高，需要定期采购的物料等物品。

采购人员在进行集中采购时需要注意的问题有：第一，由于集中采购数量比较大，因此对所需数量有清醒的把握，避免物料过多地囤积，从而占压企业的资金；第二，集中采购的过程会比较长，手续相对繁多，从而可能会延迟物料的到位时间，为此采购人员要密切关注物料使用部门的具体需求，避免出现物料不到位不配套等情况。

（2）分散采购。分散采购是指由企业下属各单位，如各部门、分公司或子公司实施的满足自身生产所需而进行的采购。一般来说，分散采购适用于小批量，总支出费用较少，在费用、时间、效率、质量等方面优于集中采购的物料。相比较集中采购而言，分散采购灵活机动，有助于企业下属各单位的按需供应，可以有效杜绝物料囤积的现象。

在实际工作中，集中采购和分散采购通常会互相搭配，从而更好地发挥出采购的积极作用。

（3）直接采购。直接采购是指采购方直接向物料源头的生产厂家进行采购的方式。直接采购涉及的环节较少，手续简便，信息反馈快，有利于供需双方之间的直接交流以及售后服务的跟进。一般而言，直接采购适用于需方的采购量足够大，希望从供方处获得更为低廉的采购价格，需方配置了比较齐全的采购、储运、渠道与设施等，从而能够比较顺畅地与物料供方进行对接等。

（4）间接采购。间接采购是指通过中间商进行采购的方式，主要包括委托流通型企业进行采购。一般来说，间接采购可以有效利用中间商的渠道、储运等优势，同时避免了需方在这些环节上的支出，从而可以在一定程度上减少费用、时间以及物料的非正常损失等。

在实际工作中，企业可以根据需要采取直接采购或间接采购，或者两者兼而有之，从而实现采购效益最大化。

（5）招标采购。招标采购是指采购方作为招标方，事先提出采购的条件和要求，邀请众多企业参加投标，然后由采购方按照规定的程序和标准一次性地从中选择交易对象，并与中标的投标方签订协议的过程。一般来说，整个招标采购的过程要求公开、公正和择优，招标采购通常适合政府采购和招标额较大的企业采购。

根据招标范围的不同，招标采购又可以分为竞争性招标采购和限制性招标采购。其中，竞争性招标采购主要是向整个社会公开招标，限制性招标采购是在选定的若干个供应商中招标。

一般来说，招标方在与投标方签约后，会对供应商产生约束力，从而在很大程度上有助于确保材料按时到位。另外，招标采购所用的时间较长，对于一些急需采购的物料有时不宜采用此方式。

（6）网上采购。网上采购是指以网络技术为基础，以电子商务软件为依据进行的采购。网上采购方便及时，信息量丰富，有助于快速获得大量的供应信息，并在一定程度上降低了采购成本，但是采购方需要关注供应商的信誉和产品质量。

（7）现货采购。即日常所说的"一手交钱一手交货"，供应商将物料交给采购方，采购方则依照协议将资金支付给供应商。在现货采购中，由于供需双方银货两清，采购方有利于享受供应商提供的优惠价格。不过，现货采购也会存在一定的问题，比如质量保障问题、价格波动问题等，对此，采购方要认真验货，一旦发现产品种类、规格、数量、包装等不符合规定，就要及时与供应商交涉；再者，在进行现货采购之前，采购方要进行足够的市场调查，对产品价格有个比较全面的认识，从而防止供应商擅自抬高物价等。

（8）远期合同采购。远期合同采购，是指供需双方为稳定供需关系，通过签订供货合同，实现物料供应和资金结算，并通过法律约束和供需双方的信誉、能力来保证合同的顺利履行。相对来说，远期合同采购的时效较长，物料价格也比较稳定、交易过程透明有序，交易成本也相对较低和有保障；同时，采购方还要掌握供应商的履约能力，合约条款要准确无误、没有歧义。在实际应用中，远期合同采购主要适用于大宗或批量采购，而且是采购方长期需要的主要材料和关键零部件等，以及供需双方共同认可的质量标准、验收方法等因素。

总之，采购人员对于在工作中接触到的采购方式要积极学习与掌握，全面提升自己的采购工作能力。

四、采购工作流程

采购工作流程一般包括以下几个步骤：

1. 信息收集

（1）充分了解要采购物品和服务的品名、规格、参数、数量。

（2）调查分析市场行情。

（3）收集分析有关供应商的资料。

（4）收集分析有关替代品的资料。

（5）收集有关品质及其他方面的资料。

（6）核定资金预算。

2. 询价

（1）选择询价对象。

（2）询问价格。

（3）选择整理报价资料。

（4）选择议价对象。

3. 比价、议价

（1）经成本分析后，拟定底价，设定议价目录。

（2）决定采购条件（厂家详细说明品名、规格、品质要求、数量、扣款规定、交货期、地址、付款方式、运输费用等问题和事项）。

（3）其他厂家价格是否比较低。

（4）考虑价格上涨下跌因素。

（5）估算运费、保修费及关税。

（6）核对付款条件。

（7）比较交货期限。

4. 评估

（1）同规格产品宜有几家供应商询价、比价、议价。

（2）是否为信誉良好的生产厂家。

（3）是否有必要办理售后服务。

（4）厂商的供应能力是否能按期交货和品质是否有保障。

（5）是否有必要开发其他厂商或外购。

5. 索样

（1）索取样品。

（2）整理分析检验结果并进行比较。

6. 决定

（1）选择适当的供应商。一般情况下，要求参与的供应商不得少于3家。

（2）签订采购合同。选定供应商后，同供应商谈判，拟定并签署合同。

7. 请购

（1）按物料或服务计划计算购买数量与交货期。

（2）请购单上详细注明与供应商议定的买价条件。

（3）分批交货或提供服务者应在请购单上注明分期交货或提供服务的时间表。

8. 订购

（1）把订购单传至供应商。

（2）再次向厂商确定价格、品质要求、交货期等。

9. 协商与沟通

（1）对能否达到交货期，供应商要及时回复。

（2）不能达到者及时协调联络，以确定一个合适的交货期。

10. 催交

（1）无法在约定日期交货时联络请购部门并进行交货异常控制。

（2）已逾期交货者应加紧催交。

（3）催促收料部门签交收料单。

（4）控制长期合同的交货。

11. 进货验收

（1）进货的品质验收。

（2）进货的数量验收。

12. 清理付款

（1）核对各种手续是否齐备。

（2）发票抬头与内容是否相同。

（3）发票金额与请购单价格是否相同。

（4）是否有预付款或暂借款。

（5）是否需要扣款。

五、采购成本管理

1. 采购成本及其构成

采购成本指与采购原材料部件相关的物流费用，包括采购订单费用、采购计划制订人员的管理费用、采购人员的管理费用等。

2. 影响采购成本的因素

影响采购成本的因素很多，概括起来可以归纳为企业内部因素、外部因素和意外因素三个方面。

（1）内部因素。

1）跨部门协作和沟通。采购业务涉及计划、设计、质保和销售等部门。由于需求预测不准，生产计划变化频繁，紧急采购多，造成采购成本高；由于设计部门未进行价值工程分析或推进标准化，过多考虑设计完美，导致物料差异大，形成不了采购批量，造成采购成本高；由于质量部门对质量标准过于苛刻，导致采购成本增加；等等。

2）采购批量和采购批次。根据市场供需原理，物料的采购单价与采购数量成反比，即采购的数量越大，采购的价格就越低。企业间联合采购，可合并同类物料的采购数量，通过统一采购使采购价格大幅度降低，使各企业的采购费用相应降低。因此，采购批量和采购批次是影响采购成本的主要因素。

3）交货期、供货地点与付款期。供应商的交货期、供货地点、付款期等因素直接影响到企业库存的大小及采购成本高低。

4）价格成本分析和谈判能力。采购价格分析、供应商成本构成分析，是确定采购价格和取得同供应商谈判主动的基础。企业在实施采购谈判时，必须分析所处市场的现行态势，有针对性地选取有效的谈判议价方法，分别采取不同的议价方式，以达到降低采购价格的目的。

（2）外部因素。

1）市场供需状况。影响采购成本的最直接因素就是市场供需情况。在资源紧缺，供不应求时，供应商就会涨价；反之，则降价。

2）供应商生产技术、质量水平。一般供应商的生产技术先进、产品品质优秀，产品销售价格就高。因此，采购人员应根据需求部门对质量、技术功能及交货期的要求，合理选择供应商，以达到良好的性价比。

3）采购企业与供货商的合作关系。在全球经济一体化的大背景下，供求双方建立长期双赢的合作伙伴关系，通过双方共同努力，降低供应链成本，来实现降低采购成本的目的。

4）供货商的销售策略。供应商报价与供应商的销售策略直接相关，如供应商为开拓市场获得订单，一般开始价格比较低，在占领市场后会提高价格。

5）供应商成本。一般在新产品开发和投入阶段，采购数量少，供应商成本高；进入成长期后，随着采购量增加，技术成熟，供应商成本降低，供应商价格就会降低。

（3）意外因素。

自然灾害、战争等因素也会导致采购价格大幅上涨。

3. 企业降低采购成本的策略与方法

就企业采购来说，节约成本的方法有很多，下面是一些企业常用的降低采购成本的方法。

（1）价值分析法与价值工程法，即通常所说的 VA 与 VE 法。针对产品或服务的功能加以研究，以最低的生命周期成本，通过剔除、简化、变更、替代等方法，来达到降低成本的目的。价值工程是针对现有产品的功能、成本，做系统的研究与分析，现在价值分析与价值工程已被视为同一概念使用。

（2）谈判。谈判是买卖双方为了各自目标，达成彼此认同的协议过程。谈判并不只限于价格方面，也适用于某些特定需求。使用谈判的方式，通常期望采购价格降低的幅度为 3%～5%。如果希望达成更大的降幅，则需运用价格、成本分析，价值分析与价值工程（VA、VE）等方法。

（3）早期供应商参与 ESI。在产品设计初期，让具有伙伴关系的供应商参与新产品开发小组。通过供应商早期参与的方式，使新产品开发小组依据供应商提出的性能规格要求，尽早调整战略，借助供应商的专业知识来达到降低成本的目的。

（4）地域弹性选择。企业根据地域成本差异化实施采购，降低采购成本。企业可以根据不同地域的土地成本、税收优惠、人力成本、环保成本、政府政策红利等选择供应商，实施采购，从而降低采购成本。

（5）为便利采购而设计，DFP—自制与外购的策略。在产品的设计阶段，利用协办厂的标准与技术，以及使用工业标准零件，方便原材料取得的便利性。这可以大大减少自制所需的技术支出，同时也降低生产成本。

（6）价格与成本分析。这是专业采购的基本工具，了解成本结构的基本要素，对采购者是非常重要的。如果采购者不了解所买物品的成本结构，就不能算是了解所买的物品是否为公平合理的价格，同时也会失去许多降低采购成本的机会。

（7）标准化采购。实施规格的标准化，为不同的产品项目或零件使用共通的设计、规格，或降低订制项目的数目，以规模经济量，达到降低制造成本的目的。但这只是标准化的其中一环，应扩大标准化的范围，以获得更大的效益。

（8）窗口期采购。可以根据市场变动，供需行情变化，企业促销，季节差价等窗口期，实施采购，从而降低采购成本。

推荐阅读

柳荣. 采购与供应链管理：采购成本控制与供应商管理实务［M］. 北京：人民邮电出版社，2018.

思考题

1. 供应链的结构、流程包括哪些？供应链的基本类型有哪些？

2. 供应链管理的原理包含哪些，供应链管理机制有哪些？

3. 供应商评估与选择各包括哪些，供应商绩效管理注意哪些？

4. 供应链管理的发展趋势有哪些？

5. 企业采购计划编制包括哪些，采购方式选择及成本管理各包括哪些？

第十四章　企业资源管理

学习目标

1. 了解企业资源管理的主要内容、功能与原则；

2. 把握企业资源类型与结构；

3. 掌握企业资源分析的内容；

4. 掌握企业运营与企业资源整合的要求、重点等。

第一节　企业资源管理概述

一、企业资源管理的含义

企业资源管理，就是企业对其资源进行全面规划配置、利用开发等系统管理的活动，即对企业资源配置、利用、开发活动进行组织、计划、协调、监督、控制的过程，包括资源取得，资源合理配置，资源合理开发、综合利用，挖掘资源潜力，充分发挥资源作用，取得企业良好经济效益等管理活动。

二、企业资源管理的主要内容

企业资源管理的内容主要包括以下五个方面：

（1）企业资源分析。就是对企业已拥有的各种资源进行调查、统计、分析、评价的活动。这是企业资源管理优化的基础和起点。资源分析的主要内容包括对企业现有资源的数量、质量、功能、组合状况、利用程度，以及潜在能力进行专项和综合分析评价。

（2）企业资源规划。是指在资源分析的基础上，对企业资源的组合、开发、利用、保护进行总体设计，即按照市场经济发展趋势和企业发展规划，根据企业现有资源状况和外界可能供给的资源数量、质量、种类等，拟定出配置、开发、保护、利用资源的计划和方案。规划方案要能够保证企业资源的统筹安排、最佳配置、合理开发、有效利用，以保证企业持续稳定地发展。

（3）企业资源开发。企业资源开发是指在一定的经济技术条件下，运用科学的方法和手段，挖掘那些尚未在企业生产经营活动中发挥其应有作用的资源，增大其效用，或者采用某些新的手段提高企业资源的质量，增大其能量。它包括企业的人力资源开发、物力资源开发、财力资源开发、技术资源开发、信息资源开发，以及其他资源，如时间、地理位置等资源的开发。

（4）企业资源组合配置。企业资源组合配置即对企业的人财物等各项资源实现优化组合、合理配置、彼此协调、综合运用，发挥其整体功能。也就是要按照各种资源的性质、特点和运动规律，以及企业生产经营活动的具体要求，合理分配和有机组合各类资源，做到人尽其才、物尽其用、财尽其力。既保证在一定时空内对每一种资源的合理使用，增大其个体功能，又保证企业所有资源的综合有效利用，增大其整体功能。

（5）企业资源的保护。企业资源的保护是指采用一定的法律、行政、经济手段和科学技术手段，保证企业资源的完好性和完整性。在现代市场经济活动中，企业难免会遇到内外各种不利因素的影响和冲击，而导致企业资源的破坏或减少。例如，人会因受到社会某些不健康因素和突发性因素的影响而失去工作能力，企业的财力会因外界经济活动中的不利因素或企业内部不正常因素的影响而降低等。因而，对企业资源的保护，就是要充分运用各种科学、政治、经济、法律、技术手段，防止企业资源的流失和损坏，以达到资源完好、永久利用的目的。

总之，企业资源管理就是要在保护好企业资源的基础上，实现合理开发、合理配置、有机组合，提高其利用率，实现企业良好的社会效益和经济效益。

三、企业资源管理的功能

企业资源管理的功能体现在以下四个主要方面：

（1）增强企业经济实力。对企业资源的计划、组织和管理，可以使企业资源得到合理开发利用，提高企业资源利用率，实现资源的价值增值，壮大企业经济实力。

（2）促进企业发展与企业资源的协调。企业资源是企业生产经营的基础和前提，企业的经营规模、发展速度主要取决于企业拥有的资源的数量和质量以及种类。企业可以按照企业拥有的资源和开发程度制定发展战略，决定企业的活动范围和发展速度，保持企业发展与企业资源的协调，使企业发展建立在资源保障的基础上。

（3）将企业资源优势转化为企业经营与发展优势。企业资源优势是企业经营与发展优势的组成部分，企业资源管理通过资源的优化配置、合理开发和利用，构筑企业核心竞争力，使企业的资源优势转化为企业的经营与发展优势。

（4）促进企业与社会的资源共享与协调。企业通过资源管理，在充分建立和发挥自身资源优势的同时，可以充分运用资源管理机制，实现企业与社会，企业与合作伙伴、战略联盟等的资源共享、优势互补，促进社会经济的发展。管理好企业资源，一方面能为社会节约资源，实现整个社会资源的优化配置；另一方面能够在有限资源的基础上为社会创造更多更好的产品和财富，满足人民群众的需要，促进整个社会经济的集约式发展。

四、企业资源管理的原则

企业资源管理是一项综合性的工作，它涉及企业经济活动的各个方面，所以只有遵循一定的管理原则，才能达到资源管理的目的，实现企业资源的充分利用。归纳起来有以下原则：

（1）适度开发、永续使用原则。一般地，企业资源的数量和质量在一定时空范围内总是有限的。因而，企业资源开发利用不仅要有利于满足企业现实生产经营活动开展的需要，而且要有利于满足企业长期经营活动开展的需要。决不能急功近利，损耗资源，追求企业的短期利益。而应立足现实，注重长远，长短期需要相结合，确保永续使用。

（2）全面规划、统筹管理原则。企业资源是一个有机综合体，企业各种资源之间相互联系、相互制约、相互影响、相互结合。如果不能实现相互的有机结合、统筹安排，就会导致一些资源结构失调、资源利用效率低下。因而，必须按照各类资源的性质、特点、作用程度、数量、质量等，全面规划、统筹安排，优化配置，保证各类资源最大效用的发挥。

（3）重点与一般兼顾原则。即要根据企业各个时期的不同经营任务和企业资源的状况，突出重点、兼顾一般。所谓重点就是指在一定时期内对企业经济活动有着重大影响或者有着巨大作用的环节或任务。保证重点就是要围绕着企业在一定时期的主要任务来调整和安排企业资源，以保证主要任务的顺利完成。兼顾一般，就是要注意一般任务和计划的完成对资源的需要。因为一般任务或一般环节是企业主要任务完成的基础和保证。兼顾一般，才能真正保证重点。

（4）责、权、利结合原则。就是要明确规定使用企业资源的权力、责任和利益，这是管理企业资源必须坚持的原则。在赋予一定资源使用权限的同时，明确其使用资源所应承担的经济、行政、法律责任。责权有机结合，保证资源的有效利用和合理开发。

（5）社会经济效益原则。就是注重企业资源管理的社会效果和经济效果。对企业资源的合理开发、使用和节约，有利于优化配置整个社会资源，在全社会范围内提高资源利用率，促进社会经济的发展。企业合理使用资源，提高资源利用率，降低使用消耗，就能使企业以有限的资源生产出更多的产品，为社会创造更多的财富。遵循这一原则，就要求企业必须有计划地、适度地开发和合理地利用企业资源，采用先进、科学的生产方法和管理方法，降低使用消耗，提高利用率，并尽可能地开发创新资源，改善资源结构。

第二节　企业资源类型和结构

一、企业资源类型

（一）按照范围划分，可分为企业内部资源和企业外部资源

1. 企业内部资源

企业的内部资源包括人力资源、财务资源、信息资源、技术资源、管理资源、可控市场资源、内部环境资源。

（1）人力资源。企业的人力资源指企业组织系统内部人员和可利用的外部人员的总和，包括这些人的体力、智力、人际关系、心理特征以及知识经验。人力资源不仅表现为一定的物质存在——人员的数量，更重要的是表现为这些员工内在的体力、智力、人际关系、知识经验和心理特征等无形物质。所以，人力资源是有形与无形的统一。它是企业资源结构中最重要的资源，是企业技术资源和信息资源的载体，是其他资源的操作者，决定着所有资源效力发挥的水平。

（2）财务资源。企业的财务资源是企业物质要素和非物质要素的货币体现，具体表现为已经发生的能用会计方式记录在账的、能以货币计量的各种经济资源，包括资金、债权和其他权利。既包括静态规模的大小，也包括动态周转状况，在一定程度上还包括企业获取和驾驭这些资源要素的能力和水平。反映企业财务资源状况的工具就是企业的一系列财务报表。在企业财务资源系统中，最主要的资源是资金。财务资源是企业开展业务的经济基础，也是其他资源形成和发展的基础条件。

（3）信息资源。企业的信息资源由企业内部和外部各种与企业经营有关的情报资源所构成。信息资源在企业的资源结构中起着支持和参照作用，具有普遍性、共享性、增值性、可处理性和多效用性。

（4）技术资源。企业的技术资源包括形成产品的直接技术和间接技术、生产工艺、设备维修技术、财务管理技术、生产经营的管理技术及技能、企业的知识产权等。技

术资源是影响企业业务开展及其发展成果的重要因素，企业的技术资源蕴含在企业运行的各个方面，对企业运行和发展起着关键作用。

（5）管理资源。企业的管理资源管理是对企业资源进行有效整合以完成企业既定目标与责任的动态创造性活动，它是企业众多资源效力发挥的整合剂，其本身也是企业一项非常重要的资源要素，直接影响乃至决定企业资源整体效力发挥的水平。管理资源应包括企业管理制度、组织机构、管理策略、管理方法和管理手段等。

（6）可控市场资源。企业的可控市场资源指企业所控制或拥有的与市场密切相关的资源要素，主要包括各种有利的经营许可权、企业现有各种品牌、企业现有销售渠道、企业现有顾客及他们对企业产品或服务的忠诚度，以及其他各种能为企业带来竞争优势的合同关系等。

（7）内部环境资源。企业的内部环境资源构成企业的基本氛围，是企业实施内部控制的基础。内部环境主导或左右着员工的理念和行为，影响着其他内控要素作用的发挥。其包括治理结构、组织结构及权责分配、诚信的道德价值观、员工素质和人力资源政策、经营风格和管理哲学、企业社会责任、企业文化等分要素。

2. 企业外部资源

指不归企业所有，却可以被企业利用的企业外部资源，包括"合作"组织的资源、公共资源、市场资源。企业能够利用的这类资源的多少，取决于企业的需要和能力。

所谓"合作"组织的资源包括租赁资源、虚拟企业的资源、战略联盟组织的资源、客户资源等，它们既可以被企业部分或在一个时间段内应用。所谓公共资源是指政府部门、新闻媒体、产业政策等，它们既可以被企业利用，也可能被其他组织所应用。

（1）行业资源。企业的行业资源是指包括行业主管政府和行业中的服务组织（行业协会或商会等）在内的，以行业企业为核心的各种社会组织所拥有和具备的各种物质资源和人力资源。

（2）产业资源。企业的产业资源是指产业运作所拥有的各种资源要素，包括有形资源和无形资源。一般来说，产业资源从范围来看，包括产业内所有企业的资源。

（3）非可控市场资源。企业的非可控市场资源是指企业不能实施控制但与企业密切相关且可以利用的市场资源要素，如企业可以通过 OEM 生产、特许经营、加盟连锁、虚拟经营等方式所用的资源。

（4）外部环境资源。企业的外部资源是指对企业经营有影响但是企业不能完全掌控的所有社会因素和环境因素的集合。

（二）按照形态分，可以划分为有形资源和无形资源

1. 有形资源

（1）财务资源。企业的财务资源是企业物质要素和非物质要素的货币体现，具体

表现为已经发生的能用会计方式记录在账的、能以货币计量的各种经济资源，包括资金、债权和其他权利，既包括静态规模的大小，也包括动态周转状况，在一定程度上还包括企业获取和驾驭这些资源要素的能力和水平。

（2）实物资源。企业的实物资源指在使用过程中具有物质形态的固定资产，包括工车间、机器设备、工具器具、生产资料、土地房屋等各种企业财产。大多数固定资产的单位价值较大、使用年限较长、物质形态较强、流动能力较差，其价值大多显示出边际收益递减的一般特性（当然也有一些固定资产即使在折旧完毕之后仍然具有使用价值和价值，甚至会增值，如繁华地段的商业店铺等）。

2. 无形资源

（1）时空资源。企业的时间资源是指企业所处的经济社会发展的历史时期和企业所处的成长发展阶段，以及季节变换等；企业的空间资源是指企业生产经营所处的空间区域，包括区域资源、国别资源等。时空资源对企业经营与发展往往具有很大的影响。

（2）信息资源。企业的信息资源由企业内部和外部各种与企业经营有关的情报资源所构成。信息资源在企业的资源结构中起着支持和参照作用，具有普遍性、共享性、增值性、可处理性和多效用性。

（3）技术资源。企业的技术资源包括形成产品的直接技术和间接技术、生产工艺、设备维修技术、财务管理技术、生产经营的管理技术及技能、企业的知识产权等。技术资源是影响企业业务开展及其发展成果的重要因素，企业的技术资源蕴含在企业运行的各个方面，对企业运行和发展起着关键作用。

（4）品牌资源。企业的品牌资源就是由一系列表明企业或企业产品的身份的无形因素所组成的资源。品牌资源又可细分为产品品牌、服务品牌和企业品牌三类。品牌资源尤其是成为驰名商标的品牌（又称名牌）对企业经营成败至关重要，名牌对企业维系顾客、开拓新市场、推广新的产品具有无可比拟的优势。

（5）文化资源。企业的文化资源是由企业形象、企业声誉、企业凝聚力、组织士气、管理风格等一系列具有文化特征的无形因素构成的一项重要资源。其基本特点：与有形资源相比，其缺乏直接的数量化特征，没有一个客观数据基础，这一类资源是由一系列社会形象或文化形象的形式存在于评价者心中，与其载体密不可分。

（6）管理资源。企业的管理资源是对企业资源进行有效整合以完成企业既定目标与责任的动态创造性活动，它是企业众多资源效力发挥的整合剂，其本身也是企业一项非常重要的资源要素，直接影响乃至决定企业资源整体效力发挥的水平。管理资源应包括企业管理制度、组织机构、管理策略、管理方法和管理手段等。

二、企业资源结构

企业资源构成，一般包括三大类：企业的有形资产、企业的无形资产和企业的人力资源与组织能力。

企业的有形资产是指可以在公司资产负债表上体现的资产，如房地产、生产设备、原材料等。

无形资产包括公司的声望、品牌、文化、技术知识、专利、商标以及各种日积月累的知识和经验。无形资产在使用中不会被消耗，相反，正确地运用还会升值。无形资产往往是公司竞争的基础。

企业的人力资源与组织能力是企业中能动的资源要素，是活的资源要素，是资产与管理因素现实的、复杂的结合。组织能力既体现企业对人力资源的配置和行为表现，也体现企业对有形资产和无形资产的配置、开发和利用能力，企业的人力资源与组织能力是企业的核心能力。

第三节 企业资源管理工作实务

一、企业资源分析

（一）企业资源分析的含义

企业资源分析包括两个方面的基本含义：一是对企业资源配置结构的分析，即对企业所拥有的资源进行识别和评价，以确定资源具有的价值，找出未来具有竞争优势的资源；二是对企业资源使用效率的分析，即对企业使用资源，发挥资源效应和效益的分析。

企业资源分析的目的是有效地开发和利用资源；建立高效的企业运行机制；有效利用人力资源；降低企业运营成本；创造企业竞争优势。

（二）企业资源分析的内容

资源分析包括现有资源分析、资源利用情况分析、资源灵活性分析、资源平衡性分析、战略适应性分析等。

1. 现有资源分析

现有资源分析的目的是确定企业目前拥有的资源量及有可能获得的资源量。所分析的资源既包括有形资源，也包括无形资源，如企业形象、企业与外部某些关键人物的关系等。经过分析，可以列出企业拥有和可以获得的资源清单，在这个基础上再进行进一步的资源评价，为企业制定战略和运营管理提供可靠依据。一般包括下列八个方面的内容：

（1）企业管理力量，包括企业管理部门的构成特征及由此形成的管理优势，企业管理人员专业的分布及平衡情况，管理人员的流动情况，企业内部沟通系统的有效程度，高级管理人员制定战略的能力等。

（2）企业职工，包括企业实际职工人数和企业任务对职工的需要量之间的平衡情况，职工的出勤率和流动率，企业有关激励政策的效果等。

（3）市场和营销，包括企业的营销力量，企业对用户需要和对竞争对手的了解程度，企业产品或服务所在市场及在市场上的地位，企业营销组合的成功程度等。

（4）财务，包括企业资本结构的平衡状态，企业的现金流动、债务水平及盈利情况，企业与银行的关系，企业财务对战略成功的影响等。

（5）生产，包括生产效率和规模，存货水平或生产"瓶颈"，企业与供应商的关系等。

（6）设施和设备状况，包括设施和设备的满足程度、质量和使用状况、是否有进一步扩大的可能性等。

（7）企业的组织，包括是否需要进行组织再造，是否需要对工作设计进行修改等。

（8）企业形象和企业与外部环境的关系等。

在进行资源分析时，不但需要分析企业目前已经占有的资源，还要对经过努力可以获得的资源进行分析。

2. 资源利用情况分析

资源利用情况分析的目的是发现企业的生产效率，即产出与资源投入的比率，也可以用利润和成本的比率表示。在分析时首先要决定使用的效率指标，一般是使用一些财务指标。对企业内的不同职能活动进行分析还需要采用其他一些指标，如分析营销活动的效率时可以采用销售额与广告费用的比率，销售额与销售人员的工资或销售场地面积的比率分析生产活动的效率时可以采用产出数量与废次品或返工产品的比率。

为了客观反映企业资源利用效率，不仅需要将本企业的资源实际利用情况与计划目标进行对比，还需要与企业所在产业的平均情况以及竞争对手的情况进行比较。

3. 资源灵活性分析

资源灵活性分析的目的是确定一旦企业内外部环境发生变化，企业及时对资源进行组合和开发新资源，以满足新的需要的能力。对于那些处于多变环境中的企业，资源灵活性分析就显得格外重要。资源灵活性分析的有关内容与前面介绍的资源清单内容相同，但是，进行灵活性分析时需要着重分析那些对环境变化特别敏感的资源。

4. 资源平衡性分析

资源平衡性分析主要包括以下三个方面：

首先是业务平衡分析。进行业务平衡分析就是要对企业内部各项业务所处的阶段进行分析，从而确定资源在各项业务之间的分配是否合理。分析的方法是业务组合分析法。

其次是现金平衡分析。现金平衡分析的内容主要是企业是否拥有必要的现金储备或满足近期需要的现金来源。过高的现金储备会使企业损失部分利益，债务过高会使企业资本结构过于脆弱。而且，不同产业的企业、同一产业不同产业阶段的企业对现金储备的基本要求是不同的。另外，合理的现金储备还需要考虑所在经济环境中现金的流动情况和现金流动的种种障碍。

最后是企业高级管理人员的平衡分析。管理人员平衡是指企业高级管理人员是否具备企业经营所需要的各项能力，他们是否能采取与企业战略和企业文化一致的管理方法，另外，高级管理人员的构成要能适应企业战略的变化。

5. 战略适应性分析

适应性分析的目的是了解企业制定的战略是否对内符合企业的能力和资源拥有情况，符合企业的组织设计，符合企业长期形成的文化特征；对外是否符合企业所处的环境，并能适应环境的变化。

二、企业运营与企业资源整合

企业要充分运用企业资源整合机制，统筹企业运营与管理。

（一）业务外包

业务外包（Outsourcing），也称资源外包、资源外置，是指企业基于契约，将一些非核心的、辅助性的功能或业务外包给外部的专业化厂商，利用它们的专长和优势来提高企业的整体效率和竞争力，从而降低成本、提高效率、充分发挥自身核心竞争力和增强企业对环境的迅速应变能力的一种管理模式。

从企业运营角度看，有生产外包、销售外包、物流外包等资源整合方式。

1. 生产外包

生产外包是以外加工方式将生产委托给外部优秀的专业化机构，以充分利用公司外部最优秀的专业化资源，达到降低成本、分散风险、提高效率、增强竞争力的目的。

2. 销售外包

销售外包，也称外包营销，是指突破企业自身的行政界限，扩大企业营销资源的优化配置范围，借用外力加速自身发展的一种营销形式。也是一种对市场需求做出快速反应、迅速占领市场的新的营销模式。销售外包形式主要有：

（1）代理销售。过去，很多生产企业在全国，甚至全球各地投资建设营销分公司或办事处，投资巨大，管理难度也很大。而现在，更多的企业开始用招募总代理、经销商的方式构建经销渠道。国外品牌如 IBM、微软等进入中国市场都是采用总代理的方式来实现的。

（2）特许经营。特许经营是一种更虚拟化的销售外包形式，正在迅速发展。特许经营的典范就是麦当劳，庞大的麦当劳帝国在全球拥有数万家特许专营店，每年完成数百亿美元的销售额，而其中的绝大部分，是麦当劳并不拥有产权的特许店所完成的。

3. 物流外包

所谓物流外包即生产或销售等企业为（需方）集中精力增强核心竞争能力，而将其物流业务以合同的方式委托给专业的物流公司（第三方物流，3PL）运作，外包是一种长期的、战略的、相互渗透的、互利互惠的业务委托和合约执行方式。

物流已经成为新经济时代企业模型一个不可缺少的部分。然而，市场对物流系统的要求超越了目前许多公司的物流机构分配资源的能力。因此，外包由外部公司提供所需要的功能和服务，作为物流系统的一个可行选择已经得到广泛应用。

（二）资源共享

资源共享就是把属于本企业的资源与其他企业共享，其共享可以是有偿的，也可以是无偿的。资源共享一方面可以充分利用现有资源提高资源利用率，另一方面可以避免因重复建设、投资和维护造成的浪费，是实现优势互补和高效、低成本目标的重要措施。

任何企业不可能在所有资源类型中都拥有绝对优势，即使同一资源在不同企业中也表现出极强的比较优势，从而构成了企业资源互补融合的基础。特别是已经固化在企业组织内部的某些资源，不可完全流动交易，如营销渠道、市场经验、客户数据库资料等无形资源，不便通过市场交易直接获取。要获取对方这些独特的资源，必须与之建立合作关系，实现双方的共享和互补。

（三）资源整合

1. 企业资源整合的含义

资源整合是企业经营管理的日常工作，更是企业战略调整的手段。

资源整合是指企业对不同来源、不同层次、不同结构、不同内容的资源进行识别与选择、汲取与配置、激活和有机融合，使其具有较强的柔性、条理性、系统性和价值性，提高企业资源的配置和使用效率，提高企业核心能力的管理活动。

2. 企业资源整合的步骤

一般地，企业资源整合包括三个基本步骤：资源识别及取舍、资源汲取及配置、资源开发及融合。

（1）资源识别及取舍。企业实施资源整合，首先必须对需要整合的资源进行甄别和取舍，可以从企业发展战略和企业运营管理两个角度出发对企业资源进行甄别和取舍。

从企业发展战略来看，可以从产业选择、市场选择及产品选择三个角度考虑实施企业资源的甄别与取舍。产业选择是根据不同产业的特点甄别最适合的资源，在恰当的时期进入某个产业也取决于企业的产业布局；市场选择是企业在市场上经过考虑着重投入资源开发的某一分支，重点挑选培育相应的资源，满足消费者的需求；产品选择是在确定经营的产品后，部署相应的资源能力并投入实际生产。

从企业运营管理来看，资源识别及取舍要着力关注关键资源对企业运营管理的支撑、引领和激发作用，从而提高整个资源的利用效率及企业运营的效率和效益。关键资源可能是有形资源，比如企业极优越的选址和极先进的设备等，也可能是无形资源，比如高水平研究人员和企业内部高效的管理结构。

（2）资源汲取及配置。企业汲取的资源来源于以下两个方面：一是企业在进行内部资源整合时产生的新资源，这种内部产生的资源具有独特的本企业特性，如一些企业隐形知识资源、技术工艺和方法资源，处在隐性状态，在实践生产中易被忽略。通过整合汲取，可以使这类资源得到挖掘，使其显性化，发挥独特作用。二是企业外部的特定资源，重点是如何利用这些外部资源激发企业自有资源的能力，并使这些外部资源适应企业资源体系。外部资源可以在市场上通过交换手段获得（如购买、租赁等方式），从其他企业处直接购入需要的资源投入生产，使进入企业的外部资源经过合理有效的配置，获得最大程度的利用和发展。

（3）资源开发及融合。企业选择和汲取的资源进入企业后并不会主动发挥效能，因此需要企业对这些资源进行开发，使其融入企业的动态能力体系，与原有的资源产生充分的化学作用，达到1+1>2的效果，给企业带来新的竞争优势，甚至在生产活动或企业组织应用时产生新的资源。企业通过资源整合提高核心竞争力，为企业赢得市场价值，获得额外的收益，这些额外的收益可以作为成本再投入企业的资源整合过程，形成了一个动态的循环体系。

3. 资源整合方式

企业资源整合有两个基本的方式，即企业内部资源整合和企业外部资源整合。

（1）企业内部资源整合。企业进行内部资源整合能够挖掘静态资源的潜力，企业配置和利用资源的能力是企业获得竞争优势的基础。

企业内部资源整合过程是企业在现有的能力体系中寻找新的发展契机，对企业能力体系重新进行整合形成一个新的能力体系，以适应环境的变化、保持其竞争优势的过程。

1）关键资源整合。企业关键资源是指企业拥有的那些对其保持持续性的竞争优势至关重要的基于能力的资源。若企业有效地拥有这些资源，就能够在市场中获得超出平均水平的收益；若企业在市场中缺乏这种资源，就会导致竞争失利甚至难以维持正常的运行。

企业关键资源以显现的或潜在的形式不同程度地分布在企业各种新生资源、条件资源和可扩展资源中。企业关键资源的优势和特色受业务目标市场竞争的影响而发生变化。

企业关键资源整合要重点把握以下三个问题：

一是识别形成和保持企业竞争优势的关键资源。企业关键资源既可能是物质性的，比如企业拥有的高技术含量的设备，也可以是非物质性的，如企业的人力资源以及科学的管理制度。企业要对关键资源实施整合，不断地预测并培育新的关键资源，保持其市场竞争优势。

二是把握一般资源和关键资源的相互关系及转化机理。关键资源通常应用在企业的关键业务流程中，企业一般资源和关键资源并不是固定不变的，它们在一定条件下会相互转化，即当市场需求、企业目标、竞争态势以及企业的技术和能力系统等发生变化时，有些关键资源可能会发生分化，从而转变为企业一般资源，有些一般资源也可以转化为关键资源。因此，要根据企业资源的性质及资源配置和使用的环境条件，实施关键资源整合。

三是创新关键资源配置模式。关键人才、关键知识与技术、关键设备是企业关键资源的载体和形式，组织和系统是关键资源的配置和发挥功能的有机组合体。关键资源整合，就是要通过组织和系统配置，使关键资源发挥出整合效应。

2）知识资源整合。企业知识资源是指企业拥有的可以反复利用的，建立在知识和信息技术基础上的，能给企业带来财富增长的一类资源。企业知识资源是具有企业特性的资源。不同的企业拥有不同的知识资源，它通常包括以下五个方面：

①无形资产，企业创造和拥有的无形资产，如企业文化、品牌、信誉、渠道等；

②知识产权，如专利、版权、技术诀窍、商业秘密等；

③管理资源，如技术流程、管理流程、管理模式与方法、信息网络等组织管理资产；

④信息资源，通过信息网络可以收集到的与企业生产经营有关的各种信息；

⑤智力资源，企业可以利用的、存在于企业人力资源中的各种知识和创造性地运用知识的能力等。

企业知识资源整合，要把握以下几点主要内容：

第一，企业知识挖掘。从知识的活性载体上看，企业知识存在于企业员工个体、企业组织体系和团队中；从知识的物化载体上看，企业知识物化在企业设备、工艺技术和产品之上；从知识的运行和活动过程上看，企业知识作用于企业经营和管理的各种流程和活动中。企业知识有的隐含在各种载体和过程中，有的本身就是企业设备、技术和产品的组成要素。由此，企业知识资源整合，必须对企业资源进行挖掘，对知识资源进行整理、分析、分类、归纳，进行系统化梳理，使其能够识别、运用和管理。

第二，企业知识分享。企业所拥有的知识资源，对企业的根本作用体现在企业的创新能力上，通过浸润企业经营理念、转化为核心技术和实现企业价值的技能技艺，在企业工艺、制造、营销、服务等方面展现出来。企业知识资源整合，就是要形成企业的知识分享机制，使企业的知识资源充分发挥其引领和激发作用，使企业能够形成并保持持续的创新能力。

第三，企业知识更新。企业知识资源整合是一个知识创新的过程，要运用科学的方法对不同来源、不同层次、不同结构、不同内容的知识进行综合和集成，实施再建构，形成新的知识体系。

3）企业管理资源整合。

①企业管理资源内涵。企业管理资源是用于对企业经营活动与过程实施管理的资源，可分为以下四种：

一是管理人才资源。事情是靠人来做的，管理组织的改善、管理职能的实施、管理方法的采用、管理手段的运用都要靠人来实现。管理人才资源，是指具备管理素质和管理能力，能够对企业经营过程和活动进行管理的人才。一般地，企业管理人才资源，包括在企业各组织层级从事经营管理工作的人员。

二是管理组织资源。企业的生产经营管理活动，是以组织机构为基础，通过组织系统实施的。管理组织资源，包括实施管理的组织机构、组织体系和组织制度及其运行机制等。

三是管理技术资源。管理技术是指企业经营管理的方法和手段。企业管理技术资源包括管理决策技术、管理控制技术、管理规划技术等方面的资源。

四是管理信息资源。管理信息资源是对企业生产经营管理所涉及的一切文件、资料、图表和数据等信息的总称。它涉及企业生产和经营活动中产生、获取、处理、存储、传输和使用的一切信息资源。

②企业管理资源的特点。企业管理资源具有以下特点：

一是潜在性。管理资源是一种无形的资源。它的无形性决定了它并不能单独作用于企业，只有在与劳动者和生产资料联合起来参与到生产活动中，才会发挥出作用。也正是因为管理资源这一特性，不能单独起作用，人们经常会忽视它。但是事实证明，合理开发和使用管理资源，形成企业的管理优势，可以使企业效益显著提高。

二是经济性。企业在物质、财力不变的情况下，充分开发以及使用管理资源会为企业赢得利益。因此，企业只要通过加强管理，充分利用管理资源，改善生产经营活动，就可以增加产值和利润，提高企业绩效。

三是广泛性。企业从成立开始，从上到下，从内到外，都能找到管理资源的身影，每一项经营活动中都有管理信息资源、管理人才资源。管理资源广泛地分布在企业中，可以说，管理资源在企业中处处有、时时在。

四是无限性。企业的管理资源一直存在，不会被消耗完。企业管理无论处于什么级别，仍有提升的潜力。企业只要有生产经营活动，就离不开管理资源。

五是社会性。管理资源不是独立存在于企业中的，如果不存在企业经营活动，管理资源也就成了空谈，它一直植根于生产力与生产关系的统一运动中。企业是整个社会经济系统的一分子，因此管理资源也处于整个社会经济系统中，这种社会性使其必定受到社会环境的影响，那么开发管理资源也就极具挑战。

③企业管理资源整合的主要事项包括以下四个方面：

一是积极推进管理思想创新。管理思想创新是企业管理资源整合的发端。企业的生产经营管理需要有一个指导思想统领和协调方方面面，这就是企业的管理思想。管理思想是在对企业生产经营外部环境正确把握、对内部组织状况准确分析、对企业发展目标准确定位的基础上产生的，反过来又对企业生产经营的各个方面和整个过程及其每个员工进行指导，同时又与企业有关的方面相互作用。管理思想的创新，必须要说明企业存在和发展的价值和意义，只有这样，才能激发自身的活力并与外界，包括客户和各种利益相关者产生共鸣，得到他们的支持，为企业构筑起良好的经营环境。管理思想的创新要体现能够调动企业全体员工的工作能动性和创造性，开发企业的活力之源；要说明企业的愿景，起到激励作用；要说明企业对待风险和困难挫折的态度，显示企业的坚强决心。一个企业管理思想的创新，会给企业及其全体员工带来翻天覆地的变化，甚至会开辟企业经营管理的新时代。管理思想的创新往往是企业经营者根据企业经营环境的变化趋势，对内在能力深刻把握和思考的结果。

二是企业组织资源整合。现代企业组织应该是一个动态的结构和功能适应性调节的组合，是一个善于不断学习、适应变化和促进变化的有机体。企业组织变革与创新，是企业管理资源整合的动力和核心内容。要注重利用组织整合，增强企业组织的虚拟性融合，打破僵硬的组织边界，增强组织资源的共享性，通过整合，增强组织机构的学习性，实现组织内部和组织之间的信息网络重构，组织中人际关系和工作关系的重构，以及权力性质的变化和权力机制的更新等，使企业生产经营效率不断提升。

三是企业管理方式和管理技术的创新。企业管理资源整合，要充分运用信息技术。网络化、信息化和虚拟化把企业各种资源形态和组织形态集成到一个平台上，管理信息和业务要素符号成为管理的要素和媒介，企业资源计划（ERP）、准时生产（JIT）、最优化生产技术（OPT）、精良生产方式（LP）、基于并行工程的产品开发与生产管理模式通过 CMS 集成，改变了传统的生产和管理方式，可以作用于每个员工；生产、经营、服务等方面管理方法的创新，则会使企业业务管理流程及其技术产生局部或根本性的改变；新办公设施及流程管理方法的创新，会改变工作方式和实现新的业务组合。

四是着力推进管理制度创新。管理制度创新是企业管理资源整合的动力，也是管理资源整合的主要内容。管理制度是对企业管理运行规则的根本规定，管理制度的创新对企业管理创新具有导向和引领作用。管理制度创新主要包括各类企业通用和专业的管理制度的创新；管理制度的效用评价方式创新；管理制度的制定方式创新以及管理制度的系统化和动态优化。

（2）企业外部资源整合。相对于企业运营和发展的需要，企业资源总是处于一个短缺的状态，不仅需要进行内部资源的整合，而且需要不断地进行外部资源整合，以满足企业运营和发展对资源需要。

企业外部资源整合，是指根据企业经营与发展的需要，从企业外部发现资源、识别资源、开发资源、获取资源、利用资源的资源管理过程和活动。

1）企业外部资源整合的动因。企业实施外部资源整合的动因，可以归纳为以下三个基本方面：

①价值链整合。互联网时代，企业间的联系日益紧密，企业不再独立，而是和价值链上下游的企业形成了一个有机的系统。市场上存在许多相对独立的，且具有一定比较优势的增值环节。对企业来说，这些都是可利用的社会资源，可通过整合这些分散的环节创造出新的价值，形成企业竞争优势。

②实现同外部资源的协同效应。企业实施外部资源整合，可以产生协同效应，包括管理协同，优化企业的管理结构，提高企业的组织效率，降低企业的管理成本，形成规模经济；技术协同，在技术方面利用外包的方式，将不具有相对优势的研发步骤外包，交流研发成果，各自发挥优势投入研发过程，避免了资源重复利用导致的浪费现象，同时技术的协同往往会带来新的思想碰撞成果；生产协同，实现联合生产，减少企业的生产成本，也可以通过生产的细分增加规模效益；财务协同，实现交易费用的减少，从而可以将资金投入到更有效率的经营战略中，获得更大的效益，同时增加资金规模提升企业财力，优化企业的经营结构和经营活动。

③分散风险，提高企业抵御风险的能力。企业可以通过整合市场资源，与上下游厂商进行订单与顾客整合，强强联合，优化市场竞争系统，减少市场风险；在社会资源整合方面，可以实现与政府和利益相关者合作，减少政策和社会风险；也可以与金融机构合作，实施金融资源整合，减少资金风险等。

2）企业外部资源整合方式。可以归纳为以下三种：

①平台整合。平台经济是新经济时代一种产业组织形式。平台是现代信息技术和

新经济发展的产物，是一个双边或多边市场，平台内有众多的企业、供应商、生产商、客户、消费者，平台经济通过双边市场效应和平台的集群效应，为合作参与者和客户提供合作和交易的软硬件相结合的场所或环境。平台成为企业外部资源整合、内部资源和外部资源融合优化的新机制：

第一，资源共享。企业可以通过平台，同平台上的企业和资源所有者，在不改变资源所有权性质的情况下实现资源共享，如技术资源共享、知识资源共享、客户资源共享、品牌资源共享等。

第二，资源交换。企业可以通过平台，同平台上的资源所有者，通过一定的合约实现资源交换，互通有无，获取企业生产经营和发展所需要的资源。

第三，资源协作。企业可以通过平台，在企业发展的不同阶段，针对不同的资源需求，通过资源协作，降低企业运营成本和风险，实现企业的运营与发展。

②资源虚拟化整合。企业可以通过虚拟化方式进行外部资源整合。所谓虚拟化是指企业在有限的资源下，为了取得最大的竞争优势，仅保留企业中最关键的职能，而将其他的功能虚拟化，对企业外部资源和各种外力进行整合互补，实现企业经营与发展目标的运作模式。虚拟化的核心是最大效率地利用企业有限的资源，同企业外部资源整合，构建企业运作模式。

企业可以根据生产经营与发展对不同类型资源的需要，通过虚拟化方式进行资源整合。

第一，生产资源虚拟整合。企业通过协议、委托、租赁等方式将企业生产资源虚拟化，充分运用外部市场和企业的生产资源，实施生产制造，完成产品加工制造。

第二，营销资源整合。企业可以通过虚拟营销，借用其他企业和市场上独立的销售公司的分销渠道，销售自己的产品。这样，企业不但可以节省一大笔管理成本和市场开拓费用，而且能专心致力于新产品开发和技术革新，从而保持企业的核心竞争优势。

第三，研发资源虚拟整合。企业可以采用项目委托、联合开发等形式，借助高等院校、科研机构的研发优势，完成技术创新、技术改造、新产品开发等工作，以弥补自身研发能力之不足。

第四，人力资源虚拟整合。企业通过虚拟化方式进行人力资源整合，优化人力资源队伍，完善人力资源配置机制。

③战略联盟整合。企业战略联盟就是企业与企业之间加强合作，形成的一种协作性的竞争组织；合作各方在保持其生产经营独立性的基础上通过合作使企业之间的资源和核心能力实现互补，并使各自的优势和能力得到极致性发挥，以强化各自的市场竞争优势。

企业可以通过战略联盟，实施外部资源整合。企业之间通过建立战略联盟，在价值链环节上相互合作，从而能在价值活动中创造更大的价值。其中一个重要的原因就是企业之间存在着资产的互补性和共享性。

企业资源理论认为企业之间的资源是异质的不可完全替代，同时在资源的复制中又存在着"资源位势障碍"，因而通过建立企业战略联盟，才可能有效地获取对方某些关键性的资源。

战略联盟使企业资源运筹的范围从企业内部扩展到外部，在更大范围内促进资源的合理配置，解决资源在各企业间的分布不均，从而节约资源并提高其使用效率。通过战略联盟整合企业资源需要注意以下几方面问题：

首先，战略联盟合作伙伴分析。

第一，评估合作伙伴与自己的兼容性。要评估企业和合作方在经营战略、决策、管理结构等方面的兼容性，并考察合作伙伴的价值观及对未来的希望。具有共同的利益是联盟关系的纽带，没有共同的利益，联盟就失去了根本的价值和动力。

第二，评估合作伙伴能力。合作伙伴的能力状况是衡量该企业是否能够成为企业战略联盟伙伴的一个基本条件。伙伴企业只有具备一定能力才可以进行有效的合作，联盟的稳定发展才能得到保障。

第三，互补性分析。这是选择合作伙伴的重要标准。通过不同企业的优势互补和资源整合而实现 1+1>2 的协同效应。对战略联盟的实际调查也表明，绝大多数联盟都把资源互补性作为选择合作对象的重要原则。合作伙伴的某种优势或特长是使企业达到凭自身无法实现的目标的前提。

其次，资源整合形式选择。企业战略联盟资源整合主要有以下几种形式：

第一，合资企业（Joint Venture）。合资企业是战略联盟中最为常见的一种类型。它是指不同的资产组合在一起进行生产经营，共担风险和共享收益。但这种合资企业与一般意义上的合资企业相比具有一些新的特征，它更多地体现了联盟企业之间的战略意图，而并非限于寻求较高的投资回报率。在联盟中，为了保证各自的相对独立性和平等地位，联盟合资企业的股权结构通常为 50%：50%。

第二，相互持股投资（Equity Investments）。相互持股投资通常是联盟成员之间通过交换彼此的股份而建立起来的一种长期的相互合作关系。与合资企业不同的是，相互持股不需要合并彼此的设备和人员，这种股权联结的方式便于双方在某些领域采取协作行为。它与合并或兼并也不同，这种投资性的联盟仅持有少量的股份，联盟企业之间仍保持着相对独立性，而且股权持有往往是双向的。

第三，功能性协议（Functional Agreement）。根据资源的类型和资源整合的需要，可以通过功能性协议实施资源整合。下列是最常见的几种形式：一是技术交流协议。

主要是联盟成员间实施技术资源整合。企业间可以通过技术交流协议交流技术信息，通过"知识"的学习和信息的交流增强竞争实力。二是合作研究与开发协议。主要是研发资源整合。企业可以通过研发协议，分享现成的科研成果，使用共同的科研设施，为联盟注入各种优势，共同开发新产品和新技术。三是生产营销协议。主要是营销资源整合。通过制定协议，共同生产和销售某一产品，这种协议并不会使联盟内各企业成员的资产规模、组织结构和管理方式发生变化，而仅仅通过订立协议对合作事项和完成的时间等内容作出规定，成员之间仍然保持着各自的独立性，甚至在协议规定的领域之外相互竞争。

最后，整合承诺。通过战略联盟实施资源整合，联盟成员之间必须达成具有约束力的承诺，签署合作协议，相互承担一定的义务和责任，以弥补联盟各成员在内部资源与经营目标方面的差距。

推荐阅读

1. 约翰·哈里森等. 资源与运营管理（第四版. 下册）［M］. 北京：天向互动教育中心，编译. 北京：国家开发大学出版社，清华大学出版社，2021.
2. 黄辉. ASO 公司资源整合与发展战略研究［D］. 东南大学，2018.

思考题

1. 企业资源管理的主要内容、功能各包括哪些，企业资源管理的原则有哪些？
2. 企业资源类型与结构各有哪些？
3. 企业资源分析的内容包括哪些？
4. 企业运营包括哪些方式？企业资源整合步骤、方式与内容各有哪些？

第十五章　信息与数据管理

学习目标

1. 了解信息要素与特点，信息资源的特性；
2. 掌握信息管理在企业运营中的重要作用，企业信息管理的职能与任务；
3. 熟悉企业数据化管理的内容及特点；
4. 学会企业信息分类与信息管理工作实务流程。

管理信息论从信息的角度观察企业的运营和管理过程，整个企业的运营和管理过程被看作是一个接收、加工和传输信息的过程。管理首先要进行决策，制定和采取决策要依靠信息，信息是制定和采取决策的必要前提，同时决策产生的运营与管理信息，以计划、任务、指标、命令的形式传递给决策执行者，推动执行者进行有目的和协调的行动，以实现管理目标。而且，在执行决策的过程中，也同样要不断获得反馈信息，以便进行控制和调节，保证组织的活动按照预定的目标和计划进行。简而言之，一切管理职能的实现都离不开信息，都要借助于信息过程。在大数据时代，企业数据信息收集管理已经成为现代企业管理的重要组成部分，随着数据信息的不断膨胀，其对企业的未来发展起着越来越重要的作用。所以，企业的信息数据收集管理对于现代企业的生存与发展有着非常重要的影响。对职业经理人而言，信息与数据的管理是不可或缺的。

第一节　企业信息与数据管理概述

一、信息与信息资源

什么是信息？到目前为止，人们还没有一个统一的定义。在这里，我们从管理学的角度来定义和说明信息：信息是对客观世界中各种事物的运动状态和变化的反映，是客观事物之间相互联系和相互作用的表征，表现的是客观事物运动状态和变化的实质内容。信息是提供决策的有效数据。

（一）信息要素

信息具有一些不可或缺的要素：

1. 信息源

信息源是指产生信息的客观存在，可以是世界上的任何客观事物，包括人、事、物等。

2. 信息采集

信息是事物客观存在的反映。信息采集是指根据特定的目标和要求，将分散蕴含在不同时空域的有关信息，通过特定的手段和措施，采掘和汇聚的过程。信息只有能够被采集，客观事物存在的状态和规律才能够被人们所辨识，假如信息不能被采集，客观事物存在的状态和规律就不能被人们所获知，人们也就无法证明事物的客观存在，因此信息采集是信息的要素之一。

3. 信息传播

传播是指信息的流动和扩散。信息只有能够被传播，客观事物才能够被人们所认识和了解，为人们所研究。因此，信息传播是信息的要素。

4. 信息载体

载体是指能够承载事物的事物，或者是一种事物借以存在的事物。信息必定以某种形式，借助某种载体或者介质进行传播或储存。信息不可能脱离载体而单独存在。信息载体是信息的重要要素。

5. 信息价值

信息是有价值的。信息可以被加工成人们所需要的形式，并被人们所利用。比如，企业可以通过问卷调查采集市场信息，通过对问卷进行统计分析，获得对本企业经营有价值的信息。同样的客观事物，对于不同的个人和组织其价值不尽相同。信息的价值还取决于决策者如何看待信息的作用，以及信息研究人员形成有效方案的能力。信息是事物客观存在的反映，但并非所有客观存在的事物都必然会成为信息，只有当这种反映具有实际价值才成为信息。

（二）信息的特性

1. 信息的传递性

信息是可以传递的。信息的传递性使信息的产生与利用成为可能。假如信息不能够被传递，充其量只是数据而已，是客观事物本来的面目，但是永远不会被人们所认识。信息具有传递性，才使人们能够认识客观世界，并利用信息来推动社会进步，改造客观世界。信息传递的方式很多，如口头语言、体语、手抄文字、印刷文字、电信号等。

2. 信息的效用性

信息是表征客观事物的原始数据经过加工处理后的产物，具有一定的格式、实际用途和意义。人们在生产、生活中利用信息可以减少行动的盲目性、增加决策的正确性，并由此为人们带来效益和财富，即信息具有效用性。

3. 信息的知识性

知识是人们在大量信息的基础上挖掘提炼出来的、表达事物运动规律或者事物之间相互作用和相互关系的具有普遍意义的"信息精髓"。知识是人们对客观事物认识的结果，知识必然来自于信息，是对信息进行深加工的产品。因此，信息具有知识性。

4. 信息的共享性

信息的共享性是指信息作为一种无形资源，可以被多个使用者同时反复使用。信息不同于物质资源，不会随着使用次数的增多而减少，因此，信息具有共享性。

5. 信息的可预测性

信息的可预测性即通过现时信息推导未来信息的产生及其形态。信息对实际有超前反映，反映出事物的发展趋势，人们可以运用信息的发展趋势，对事物的发展过程进行预测，在预测的基础上实施决策，即信息具有可预测性。

6. 信息的多媒体性

信息的多媒体性即信息具有多种多样的存在和表现形式。信息可以表现为文字，如各种报刊上的文章和文字性消息；可以表现为语言，如各种口头语言表述和传递的事物说明和消息；可以表现为企业生产经营的各种报表；可以表现为各种静止或动态的图像等。信息可以使用不同的载体进行传递和储存，如纸质介质，各种书籍和报刊；磁介质，磁盘、磁卡、磁带等；电子介质，各种 IC 卡、闪存等。

（三）信息资源及其特性

信息资源是现代企业经营管理必不可少的经济资源，是企业生产及管理过程中所涉及的一切文件、资料、图表和数据等信息的总称。它涉及企业生产和经营活动中所产生、获取、处理、存储、传输和使用的一切信息资源，贯穿于企业管理的全过程。

信息资源既能够为企业创造价值，同时也是有效利用其他各种经济资源的基本保证。信息资源与物质资源相结合，能够使物质资源发生质的变化，使物质资源更加丰富多彩；信息资源与资本相结合，能够加速资金的周转，提高资金的增值率；信息资源与人力资源相结合，能够使人力资源得到极大的激发，具有无穷的创造力。

1. 信息资源具有财富性

信息作为资源，一旦被人们所利用，就能够为人们带来财富。现代企业的生产经营是从获取信息资源开始的，对信息资源拥有的情况，决定了企业能否有效地开展生产经营，能否取得成功。企业在生产经营过程中生产什么产品，从事什么经营业务，为谁生产产品，如何开展经营，生产多少产品，都需要运用技术信息、客户信息、生产信息、资本信息等，做出适当的决策和经营部署。由此，信息资源具有财富性。

2. 信息资源具有可开发性

信息作为资源，像物质资源一样，蕴含着可开发利用的要素。这些要素，只有运用一定的技术和管理手段，才能从原始状态转化为可用形态，转化为生产经营所需要的材料、手段、方法和工具。信息资源的可开发性，还表现为，对于同样的信息资源，具有不同开发能力的企业，其开发出来的信息的价值，会有很大的不同。为了充分运用信息资源的可开发性，企业必须努力提高开发能力，使蕴含在信息资源内的可利用要素，得到最大限度的开发和利用。

3. 信息资源具有流动性

信息资源的流动性，指信息会伴随着企业生产经营的过程不断地被生产出来。例如，在企业的决策阶段，会有决策信息输入，也会有决策信息输出，信息会从决策输入端流向决策输出端；在生产经营的各个过程中，会不断地有信息输入，同时也会不断地有信息输出，使企业的生产经营过程表现为信息的流动性，表现为不断的信息输入、信息输出，信息的流动性使企业的经营管理表现为对信息流动性的管理。

4. 信息资源具有转换性

企业的信息资源具有转换性，是指信息的内容和形式在生产经营过程中会发生转换，如企业投入的信息会经过生产经营过程转化为输出信息，如投入的原材料信息、人力资源信息、动力资源信息、工艺信息会转化为生产产品的信息，如产品形态信息、产品质量信息等。信息资源的转换性，体现了企业生产经营过程的效率性和效益性。

二、企业信息管理内涵

（一）企业信息管理的含义

企业信息管理是指为企业的经营、管理、生产等服务而进行的有关信息的收集、加工、处理、传递、储存、交换、检索、利用、反馈等活动的总称。

（二）信息管理在企业运营中的重要作用

1. 降低成本，提高效率

各类信息管理系统的建立和生产过程的信息化，可以极大地减少人力资源的投入。各种信息工程建设，在一定程度上都以降低物质资源消耗为基本前提，在降低库存、减少废品率等方面都有出色的表现。更为重要的是，信息管理使产品设计、生产、销售和服务的时间缩短，从而可以节约时间成本。

2. 提高质量，促进销售

一方面，信息管理强调标准化、规范化、系统化、程序化，可以减少甚至替代大量不必要的手工操作，最大限度地消除不确定因素，使产品/服务质量得到有效控制和提高。另一方面，信息管理建设将使企业产品/服务的潜在客户市场不断扩大，销售渠道和手段进一步多样化，并使企业从以事务为中心的传统管理模式向以客户为中心的管理模式转换成为可能，不断提高用户满意度。

3. 提高企业经济效益

通过减少消耗、提高效率、扩大市场销售份额，大幅度提高企业经济效益。

4. 强化企业内部管理

通过信息管理使管理者更加完备、及时、准确地掌握企业内部和外部的信息，并借以实现企业上下级之间、各部门之间、内外部之间的实时沟通，使企业通过对信息流的管理实现对物流、资金流更有效的管理。

5. 增强企业创新能力和竞争力

信息技术的应用一方面使企业能更加快速地了解市场需求和科技动态，促进科技成果向现实生产力的转化；另一方面使企业自身的科研开发能力和效率大大提高。没有较高的信息管理水平，企业将失去参与国际竞争与合作的资格。

6. 提高决策水平

正确决策是企业具有长久生命力的保证。信息是决策的基础，信息管理使决策者及时获得决策所需的国内外、企业内外完备的信息成为可能；在信息爆炸的时代，系统的信息管理可以帮助决策者排除不良信息的干扰，基于正确信息作出正确决策；决策支持系统、专家系统、业务智能系统可以帮助企业更加科学、高效地进行决策。

（三）企业信息管理的职能

企业信息管理是对企业信息和企业信息活动进行管理的过程，管理的对象是企业的信息和信息活动。企业信息管理包括：

（1）制定企业信息管理战略规划。

（2）制定企业信息管理制度和管理方法。

（3）将企业所有活动的情况都转变成信息，以"信息流"的形式在企业信息系统中运行，以便实现信息传播、存储、共享、创新和利用。

（4）以先进的信息技术为手段，将企业的信息流、物质流、资金流、价值流等，转变成各种"信息流"并入信息管理中，通过对信息进行采集、整理、加工、传播、存储和利用，不断产生和挖掘各种信息要素，反映企业活动的变化，使信息资源有效配置、共享管理、协调运行，以最少的耗费创造最大的效益。

（四）企业信息管理的任务

企业信息管理的任务，包括三个基本方面：企业信息化建设、企业信息开放与保护、企业信息开发与利用。

1. 企业信息化建设

企业信息化建设是企业实现信息管理的必要条件。大致任务包括计算机网络基础设施建设（企业计算机设备的普及、企业内部网 Intranet/企业外部网 Extranet 的建立与互联网的连接等）；生产制造管理系统的信息化（计算机辅助设计 CAD、计算机辅助制造 CAM 等的运用）；企业内部管理业务的信息化（管理信息系统 MIS、决策支持系统 DSS、企业资源计划管理 ERP、客户关系管理 CRM、供应链管理 SCM、知识管理 KM 等）；企业信息化资源的开发与利用（企业内外信息资源的利用，企业信息化人才队伍培训，企业信息化标准、规范及规章制度的建立）；企业信息资源建设（包括信息技术资源的开发、信息内容资源的开发等）。

2. 企业信息开放与保护

信息开放有两层含义，即信息公开和信息共享。信息公开包括向上级主管公开信息、向监督部门公开信息、向社会公开信息、向上下游企业公开信息和向消费者公开信息、向投资者公开信息等。企业信息按照一定的使用权限在企业内部部门之间、员工之间和与之合作的伙伴之间进行共享。企业信息保护的手段很多，如专利保护、商标保护、知识产权保护、合同保护、公平竞争保护等。

3. 企业信息开发与利用

从信息资源类型出发，企业信息资源有记录型信息资源、实物型信息资源和智力型信息资源之分。智力型信息资源是存储在人脑中的信息、知识和经验，这类信息需要人们不断开发利用。企业开发与利用的信息，包括市场信息、科技信息、生产信息、销售信息、政策信息、金融信息和法律信息等。

三、企业数据化管理及其特点

（一）企业数据化管理含义

数据化管理是指将业务工作通过完善的基础统计报表体系、数据分析体系明确计量、科学分析、精准定性，以数据报表的形式进行记录、查询、汇报、公示及存储的过程，是现代企业管理方法之一。数据化管理的目标是为管理者提供真实有效的决策依据，宣导与时俱进地利用信息技术资源，促进企业管理可持续发展。

（二）企业数据化管理内容

数据资源从来没有像今天这样如此重要，企业方方面面的生产经营活动都需要相应的数据支持，以供企业者做出合理的决策。也可以说，在今天企业的流程管理中，"数字化"渗透到了企业的各个边角中，从企业的生产经营状况分析到营销渠道的拓展，从企业的战略方针制定到人事管理，甚至企业内部的财务控制，都需要相关的大数据作为宏观层面的分析决策依据。

（三）企业数据化管理特点

1. 量化管理，规范企业管理流程

其实企业经营过程中大部分的管理工作都是可以量化的。

通过数据化，企业可以形成一套规范化的管理流程，相关人员按照规范对数据进行填写、统计和分析，长此以往便会形成一套符合企业自身特点的运作流程，从而大幅提升员工的工作效率和企业的管理效能。

2. 有效节约企业各项成本和费用

公司每个业务中心都可以建立独立的数据化管理体系，通过建立追踪及预警机制，企业可以清楚地了解到每个分支的流程，从而达到节约成本和费用的目的。

3. 给企业管理层提供科学决策的依据

数据化的分析能够让管理层明确企业经营状况，发现业务上的不足，从而以此为依据，作出更加适合企业发展的决策。只有将正确的结果用最实际的方式应用到业务层面才能产生效益，才能称为数据化管理。

4. 组织管理、部门协调的工具

同一个指标，不同的部门提供的数据可能不一致，这样既浪费资源，又不利于标准化管理。在进行数据信息的传递时，在向对方提供正确有效的数据的同时，也应尽可能提供数据结论，这样将会大大提高组织及部门间的效率。

第二节　企业信息分类

按照范围划分，企业信息包括企业内部信息和企业外部信息。

一、企业内部信息

（一）企业内部信息类型

企业内部信息是指反映和体现企业内部情况的信息，企业内部信息很多，归纳起来主要有：

（1）反映企业管理部门的信息。例如，企业的计划、组织、指挥、控制等情况。

（2）反映企业生产活动方面的信息。例如，生产情况的各种记录以及有关生产的各种标准、制度等。

（3）反映企业经济方面的信息。例如，财务、会计、统计上的各种账簿、原始记录、凭证、报表以及资金、成本、价格等情况。

（4）反映生产技术方面的信息。例如，工艺流程、各项专业技术水平、新产品的研制与开发情况等。

（5）反映企业人事教育方面的信息。例如，职工队伍、知识结构、干部素质、人事关系、教育和培训等情况。

企业内部信息，有的可以向企业全体员工披露，有的则只能让一定范围的人员知悉工作事项，如公司未披露的重大业务、经营和财务会计数据、重大事项的筹划情况以及其他公司重大信息等。

（二）企业内部信息来源

（1）企业的计划和总结。

（2）企业的经营策略和经营预测资料。

（3）企业的经济活动分析资料，包括财务活动分析、生产情况分析、销售情况分析、业务活动分析等资料。

（4）企业的各种文字记录，包括会议记录、统计记录、业务记录。

（5）企业内部简报。

（三）企业内部信息交流方式

（1）口头交流：召开职工大会、发表演讲、举行座谈会、电话传达、个别接待、行政人员走访各部门等。

（2）印刷手段：企业内部文件、公报、月报、年报、各种手册等。

（3）视听手段：广播、电影、闭路电视、录像、图片、黑板报、宣传栏等。

内部信息交流的三种方式，各有优点和缺点，但它们可以互为补充。可以同时开展多渠道、多形式、多层次的交流，以达到理想的交流效果。

二、企业外部信息

（一）企业外部信息类型

外部信息是指企业以外产生但与企业运行环境相关的各种信息。归纳起来主要有：

（1）宏观社会环境信息。包括国内政治经济形势、社会文化状况、法律环境等信息。

（2）科学技术发展信息。包括与企业经营相关的科学技术发展的信息。例如，有关行业产品发展的信息，这些信息可能展示产品发展的方向，在企业新产品研发中发挥重要作用；企业生产所需要的设备、原料、外购元器件和零部件、能源等物资供应和来源分布的信息等。

（3）市场信息。这是营销信息的主体，它反映商品供需关系和发展趋势，主要包括市场需求信息、竞争信息和用户信息等。

（二）企业外部信息的来源

（1）合作伙伴信息系统。

（2）公开出版物（包括限制性公开资料、企业内部资料、政府文件等）。

（3）大众传媒（包括电视、报纸杂志、广播和网络等）。

（4）各种会议展览。

（5）政府部门（政策、法规）。

（6）客户和消费者。

（7）各类咨询公司和中介机构。

（8）个人交往与观察。

第三节　企业信息与数据管理工作实务

一、企业信息管理与企业信息链

企业信息管理要围绕建立企业信息链、管理信息链而展开。

企业信息链是指企业在经营活动中，为了改善企业管理水平、优化企业资源，而构建的信息收集、信息传递、引进信息并应用于企业生产经营活动的各个方面的链条（见图 15-1）。

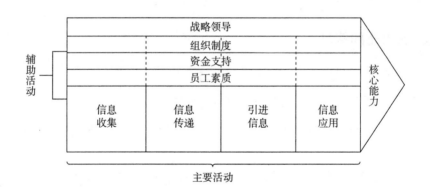

图 15-1　企业信息链

信息管理的活动分为两类：一类是信息管理的主要活动，是围绕信息管理过程展开的，也就是信息的获取、信息的传递、信息的处理和信息的应用过程；另一类是信息管理的辅助活动，它们是围绕信息管理的支撑条件和影响因素展开的。为此，我们首先从过程和支撑这两个维度对信息管理的有关活动进行分类和集成。

（一）信息管理的主要活动

根据企业信息管理过程的特点，主要活动可分为以下四种：

第一种主要活动是获取信息的活动，就是采用科学的方法，通过有关的信息渠道，有计划、有步骤地汇集、提炼信息。

第二种主要活动是信息的处理，即对有关数据进行加工或分析处理，并将得到的数据加工产品或分析处理结果以合适的方式提供给用户。

第三种主要活动是信息的应用，企业利用加工处理后的信息来提高组织效率，增加利润，为客户创造最大价值，这也是信息链管理的最终目的。

第四种主要活动是信息的控制，包括信息的反馈及安全，不断剔除老化的信息。信息被企业利用后的效果需要及时反馈，以便企业及时调整信息管理策略。另外，确保企业的信息安全，不被泄露，也是企业取得核心竞争能力的关键。

信息链上每一项活动都不是孤立的，而是相互联系、互为依存的。

（二）信息管理的辅助活动

所谓信息管理的辅助活动，是指不直接参与从信息的获取到信息的应用等基本运作过程，但是能对信息管理的主要活动起到支持、指导和规范作用的活动，它是一个组织成功进行信息管理的必要条件。

信息管理的辅助活动可以归纳为以下四种：

（1）战略和领导支持。企业高层领导对信息管理的战略指导是信息管理中最重要的因素，企业的信息化是一个不断发展的动态过程，涉及企业的方方面面，同时需要随着外部环境和内部环境的变化，不断调整和升级，因此它需要企业战略的连续性，更需要企业战略的引领及企业领导的重视和支持。

（2）组织结构及制度。信息管理的发展要求企业运营和信息管理高度融合，这引起企业组织方式巨大变革，企业组织结构和制度体系要适应企业信息管理的需要。

（3）企业资金支持。信息管理需要一定的资金支持，引入信息系统、扩展信息收集渠道等都需要资金，如果企业能够拿出充足的资金来支持信息管理，那么信息链的建设就会非常顺利，否则就会受到阻碍。因此可以说，在一定程度上，资金的多少直接影响着信息链构建的水平。

（4）员工的整体素质。员工对企业信息战略的认同程度，以及本身的信息获取意识和处理能力都影响着整个组织的信息管理水平。

二、企业信息管理工作实务流程

（一）信息收集

信息收集是指通过各种方式获取所需要的信息。信息收集是信息得以利用的第一步，也是关键的一步。信息收集工作的成败，直接关系到整个信息管理工作的质量。

1. 信息收集的原则

保证信息收集的质量，应坚持以下原则：

（1）可靠性原则。该原则要求收集到的信息真实、可靠。当然，这个原则是信息收集工作最基本的要求。为达到这样的要求，信息收集者必须对收集到的信息反复核实，不断检验，力求把误差减少到最低限度。

（2）全面性原则。该原则要求收集到的信息要广泛、全面完整。只有广泛、全面地收集信息，才能完整地反映管理活动和决策对象发展的全貌，为决策的科学性提供保障。

（3）时效性原则。信息的利用价值取决于该信息是否能及时地提供，即它的时效性。信息只有及时、迅速地提供给它的使用者才能有效发挥作用。特别是，决策对信息的要求是"事前"的消息和情报，而不是"马后炮"。所以，只有信息是"事前"的，对决策才是有效的。

（4）准确性原则。收集的信息与应用需求密切相关且表达无误。准确性原则保证了信息的价值。

（5）易用性原则。收集到的信息具备适当的表示形式，便于使用。

2. 信息收集的方法

（1）调查方法。调查方法一般分为普查和抽样调查两大类。普查是调查有限总体中每个个体的有关指标值。抽样调查是按照一定的科学原理和方法，从事物总体中抽取部分称为样本（Sample）的个体进行调查，用所得到的调查数据推断总体。抽样调查是较常用的调查方法，也是统计学研究的主要内容。

抽样调查的关键是样本抽样方法、样本量的确定等。样本抽样方法，又称抽样组织的方式，决定样本集合的选择方式，直接影响信息收集的质量。抽样方法一般分为非随机抽样、随机抽样和综合抽样。

对于个体的调查，若是涉及人，则主要采用两种调查方式：访问调查法和问卷调查法。

访问调查法，又叫采访法，是通过访问信息收集对象，与之直接交谈而获得有关信息的方法。它又分为座谈采访、会议采访以及电话采访、信函采访等方式。采访需要充分准备，认真选择调查对象，了解调查对象，收集有关业务资料和背景资料。其主要优点是可以就问题进行深入的讨论，获得高质量的信息；缺点是费用高，采访对象不可能很多，因此受访问者要具有代表性。它对采访者的语言交际素质要求较高。

问卷调查法是一种包含统计调查和定量分析的信息收集方法。这种方法主要考虑的问题是收集信息的内容范围和数量，所选定的调查对象的代表性和数量，问卷的设计，问卷的回收率等。其具有调查面广、费用低的特点，但对调查对象无法控制，问卷回收率一般都不高，回答的质量也较差，受访者的态度对结果具有决定性影响。

（2）观察法。观察法是通过开会、深入现场、参加生产和经营、实地采样准确记录（包括测绘、录音、录像、拍照、笔录等）调研情况。主要包括两个方面：一是对人的行为的观察，二是对客观事物的观察。观察法应用很广泛，常和询问法、收集实物法结合使用，以提高所收集信息的可靠性。

（3）实验方法。实验方法能通过实验过程获取其他手段难以获得的信息或结论。实验者通过主动控制实验条件，包括对参与者类型的限定、对信息产生条件的限定和对信息产生过程的设计，可以获得在真实状况下用调查法或观察法无法获得的某些重要的、能客观反映事物运动表征的有效信息，还可以在一定程度上直接观察研究某些参量之间的相互关系，有利于对事物本质进行研究。

实验方法也有多种形式，如实验室实验、现场实验、计算机模拟实验、计算机网络环境下人机结合实验等。现代管理科学中新兴的管理实验，正在形成的实验经济学中的经济实验，实质上就是通过实验获取与管理或经济相关的信息。

（4）文献检索。文献检索就是从浩瀚的文献中检索出所需信息的过程。文献检索分为手工检索和计算机检索。

手工检索主要是通过信息服务部门收集和建立的文献目录、索引、文摘、参考指南和文献综述等查找有关的文献信息。计算机文献检索是文献检索的计算机实现，其特点是检索速度快、信息量大，是当前收集文献信息的主要方法。

文献检索过程一般包括三个阶段：①分析研究课题和制定检索策略；②利用检索工具查找文献线索；③根据文献出处索取原始文献。

文献根据加工深度的不同可分为四个级别：零次文献、一次文献、二次文献和三次文献。所获取的相应信息分别是零次信息、一次信息、二次信息和三次信息。

零次文献是指未经出版社发行的或未进入社会交流的最原始的文献，如私人笔记、考察笔记等，内容新颖，但不成熟，不公开交流，难以获得。

一次文献是以作者本人取得的成果为依据而创作的论文、报告等经公开发表或出版的各种文献，如期刊论文、科技报告等。其特点是内容新颖丰富、叙述详尽以及参考价值大，但数量庞大而且分散。

二次文献是指报道和查找一次文献的检索工具书刊，如各种目录、题录、文摘和索引等。二次文献是按照特定目的对一定范围和学科领域内的一次文献进行鉴别、筛选、分析、归纳和加工整理等，使之有序化出版的文献。其主要功能是检索、控制一次文献，帮助人们较快地获取所需的信息，具有汇集性、工具性、综合性和交流性。

三次文献是根据二次文献提供的线索，选用大量一次文献的内容，经过筛选、分析、综合和浓缩而再度出版的文献，包括专题评述、年鉴、百科全书、词典、导读与文献服务目录、工具书目录等。

（5）网络信息收集。网络信息是指通过计算机网络发布、传递和存储的各种信息。收集网络信息的最终目标是给广大用户提供网络信息资源服务，整个过程经过网络信息搜索、整合、保存和服务四个过程。

网络信息搜索是基于网络信息收集系统自动完成的。网络信息搜索系统按照用户指定的信息需求或主题，调用各种搜索引擎进行网页搜索和数据挖掘，通过过滤等处理过程剔除无关信息，从而完成网络信息资源的"收集"；通过计算机自动搜索、重排等处理过程，剔除重复信息，再根据不同类别或主题自动进行信息的分类，从而完成网络信息的"整合"；分类整合后的网络信息采用元数据方案进行索引编目，并采用数据压缩及数据传输技术实现本地化的海量数据存储，从而完成网络信息的"保存"，当然其要通过网络及时更新；经过索引编目组织的网络信息正式发布后，即可通过检索为读者提供网络信息资源的"服务"。

（二）信息加工

信息加工是对收集来的信息进行去伪存真、去粗取精、由表及里、由此及彼的加工过程。它是在原始信息的基础上，生产出价值含量高、方便用户利用的二次信息的活动过程。这一过程将使信息增值。只有在对信息进行适当处理的基础上，才能产生新的、用以指导决策的有效信息或知识。

1. 信息加工的原则

（1）系统性。信息含有一定的要素，具有相应的组成结构。信息加工的系统性，就是按照一定的条理、顺序及信息要素的相关关系对信息实施加工。为了更好地使用信息，使其最大限度地发挥效能，应该通过信息资源加工过程使信息具有系统性。只有系统化的信息，才能使人发现其中隐藏的某些共性规律。

（2）标准性。就是按照相关标准对信息进行加工，即对信息进行加工时需要按照标准化要求进行操作，遵循国际国内相关标准。否则，该信息的利用价值就会大打折扣。

（3）准确性。加工以后的信息应具有准确性，只有做到准确性，才具有一定的使用价值。反之，会使信息使用者误入歧途，导致重大损失。

（4）可推广性。加工后的信息一定要便于推广、通俗易懂。只有让人能明白其内容的信息，才能被人们充分利用。

2. 信息加工的主要工作内容

（1）信息的筛选和判别。信息的筛选和判别是指对原始信息有无作用的筛检和挑选，或是对原始信息真伪的判断和鉴别。

（2）信息的分类和排序。信息的分类是指根据选定的分类表，对杂乱无章的原始信息进行分门别类。信息的排序是指在信息分类的基础上，将其按照一定规律前后排列成序。

（3）信息的计算和研究。信息的计算和研究是指对分类排序后的信息进行计算、分析、比较和研究，以便创造出更为系统、更为深刻、更具使用价值的新信息。

（4）信息的著录和标引。信息的著录是指按照一定的标准和格式，对原始信息的外表特征（如名称、来源、加工者等）和物质特征（如载体形式等）进行描述并记载下来。信息的标引是指对著录后的信息载体按照一定规律加注标识符号。

（5）信息的编目和组织。信息的编目和组织，是指按照一定的规则将著录和标引的结果另外编制成简明的目录，提供给信息需求者作为查找信息的工具。

（三）信息储存

信息储存是将获得的或加工后的信息保存起来，以备将来应用。信息储存不是一个孤立的环节，它贯穿于信息处理的全过程。

1. 信息存储的作用

主要表现在以下四个方面：

（1）便于查询检索。将加工处理后的信息资源存储起来，形成信息资源库，为用户从中检索所需信息提供了极大的便利。

（2）便于管理。将信息资源集中存储到信息资源库中，就可以采用先进的数据库管理技术定期对其中的内容进行更新和删除，剔除其中已经失效老化的信息。

（3）利于共享。将信息资源集中存储到信息资源库中，为用户共享使用其中的信息内容提供了便利，人们可以反复使用，提高了信息资源的利用率。

（4）延长寿命。信息资源存储还可以有效地延长信息资源的使用寿命，提高信息资源的使用效益。传统的信息资源存储技术主要是指纸张存储技术，现代信息资源存储技术主要包括缩微存储技术、声像存储技术、计算机存储技术以及光盘存储技术，它们具有存储容量大、密度高、成本低、存取迅速等优点，所以获得了广泛应用。各种存储技术各有优缺点，它们将在一定时期内共存，发挥各自的优势。

2. 信息储存介质

（1）纸质介质。

优点：存量大，体积小，便宜，永久保存性好，并有不易涂改性。存数字、文字和图像一样容易。

缺点：传送信息慢，检索起来不方便。

（2）计算机。

优点：存取速度极快，存储的数据量大。

（3）虚拟化技术存储。随着业务数据的大规模增长，存储虚拟化成为企业信息存储的发展趋势。它可以搭建共享的存储架构，实现数据的统一存储、管理和应用。使用虚拟存储技术可以实现存储管理的自动化与智能化，极大地提高存储使用率：虚拟化存储技术解决了存储空间浪费的问题，把系统中各个分散的存储空间整合起来，按需分配磁盘空间，客户几乎可以100%地使用磁盘容量，从而极大地提高了存储资源的利用率。同时，使用虚拟存储技术可以减少存储成本。

（四）信息传递

信息传递是指人们通过声音、文字或图像相互沟通消息。信息传递研究的是什么人向谁说什么，用什么方式说，通过什么途径说，达到什么目的。

信息的传递方式主要有口头传递、文书传递和电信传递三种：

（1）口头传递是一种直接而简便的信息传递方式，由于信息发出者与信息接收者距离较近，信息内容相对比较简单，没有必要采取文书传递或电信传递方式。口头传递多用于组织内部传递信息，具体形式有汇报式、传达式和开会式三种。这种传递方式速度快，但对信息接收者来说，信息较难储存。

（2）文书传递是传统的信息传递方式，至今仍然是传递信息的主要手段。这种方式既可以避免信息失真，又可以远距离多次传递，还便于利用和存储。文书传递的具体途径有普通邮寄、特快专递、机要通信等。

（3）电信传递就是以电为媒介的传递方式，信息通过电报、电话、广播、电视、传真、计算机互联网络和通信卫星快速地传递到世界各地、它是科学技术进步的产物。是目前最先进的传递手段，被广泛地运用于各个领域，在企业的信息传递中起着越来越重要的作用。

企业行政部门传递信息，要始终明确是为企业的领导决策提供依据和有效服务，要始终围绕决策活动进行。在决策的形成阶段，应该有预测性信息，作为决策的依据；在决策的执行阶段，应该有动态信息，及时反映实施进程、成效、问题等，以便修正决策；在完成某项工作、解决某个问题后，应该有反馈信息；为进一步提高决策水平，总结经验教训，应有专题信息或综合信息。

（五）信息分析

信息分析就是根据特定问题的需要，对大量相关信息进行深层次的思维加工和分析研究，形成有助于解决问题的新信息的过程。

1. 信息分析类型

根据企业运营管理的需要，可以将信息分析的类型分为以下四种：

（1）跟踪型信息分析。跟踪型信息分析是基础性工作，无论是企业决策还是企业运营管理，都需要进行信息分析，都需要进行基础信息和数据分析。没有基础数据和资料都难以开展工作。跟踪型分析又可分为技术跟踪型和政策跟踪型，常规的方法是信息收集和加工，建立文献型、事实型和数值型数据库作为常备工具，加上一定的定性分析。这种类型的信息分析可以掌握企业各个领域的发展趋势，从而做到发现问题、提出问题。

（2）比较型信息分析。比较是确定事物间相同点和不同点的方法，通过对各个事物内部矛盾的各个方面进行比较，就可以把握事物间的内在联系，认识事物的本质。比较型信息分析是企业运营管理广泛采用的方法，只有通过比较，才能认识事物间的差异，从而提出问题、确定目标、拟订方案并作出选择。比较可以是定性的，也可以是定量的，或者是定性和定量相结合的，可以根据企业运营的进程，对各种信息进行比较分析。

（3）预测型信息分析。企业战略管理和运营管理建立在预测基础上，这就必须对有关信息进行预测分析。预测型信息分析的范围非常广泛，大到为国家宏观战略决策进行长期预测，小到为企业经营活动提供短期市场预测。预测型信息分析的方法大致上可以分为定性预测和定量预测两大类。例如，对企业生产运营部门的产值、销售额、利润等进行预测，需要掌握一定数量的工作数据，可以采用数量预测方法，而对于那些政策性强、时间跨度大、定量数据缺乏的问题，则更多地需要依靠定性预测。

（4）评价型信息分析。企业运营管理经常要进行工作评价和运营结果即成效评价，就需要对相关信息进行评价分析。

评价型信息分析一般包括预设前提条件、选择评价对象、选定评价项目、确定评价函数、计算评价值、实施综合评价等步骤。

2. 信息分析方法

（1）信息联想法。联想本来是指由感知事物联想到另一事物的心理过程，这里是指在事物之间建立或发现相关关系的思维活动，其关键是准确把握事物之间的关系。常见的信息联想法有比较分析、逻辑分析、头脑风暴、触发词、强制联想、特性列举、偶然联想链、因果关系、相关分析、关联树和关联表、聚类分析、判别分析、路径分析、因子分析、主成分分析、引文分析等。

（2）信息综合法。综合是把研究对象各部分、各方面的因素有机联结和统一起来，从总体上进行考察和研究的一种思维方法。常见的信息综合法有归纳综合、图谱综合、兼容综合、扬弃综合、典型综合、背景分析、环境扫描、SWOT 分析、系统识别、数据掘挖等。

（3）信息预测法。预测是人们利用已掌握的知识和手段，预先推知和判断事物未来发展的活动。常见的信息预测法有逻辑推理、趋势外推、回归分析、时间序列、马尔可夫链、德尔菲法等。

（4）信息评估法。信息评估是在对大量相关信息进行分析与综合的基础上，经过优化选择和比较评价，形成能满足决策需要的信息的过程，包括综合评估、技术经济评价、实力水平比较、功能评价、成果评价、方案优选等形式。常见的评估方法有指标评分、层次分析、价值工程、成本—效益分析、可行性研究、投入产出分析、系统工程和运筹学方法等。

阅读专栏 15-1　企业数字化管理

数字化，是近几年越来越火爆的一个词语，今天，越来越多的企业向数字化迈进，希望通过信息技术改变现代商业，带来新的创新机会。

广义上的数字化，强调的是数字技术对商业的重塑，信息技术能力（更高级和流行的叫法应该是数字技术能力）不再只单纯地解决企业的降本增效问题，而应该成为赋能企业商业模式创新和突破的核心力量。数字技术如何赋能商业，除了技术本身，企业自身的组织形态、企业文化等都需要进行相应的调整，如此才能在企业内部产生自发性的创新驱动力量，促进技术驱动的变革发生。

海尔集团的企业信息化建设

海尔集团创立于 1984 年，之后持续稳定发展，目前已成为在海内外享有较高美誉的大型国际化企业集团。从 1984 年只生产冰箱发展到拥有白色家电、黑色家电、米色家电在内的 96 大门类 15100 多个规格的产品群，并出口到世界 160 多个国家和地区。2004 年 1 月，中国海尔入选世界最具影响力的 100 个品牌。2004 年，海尔全球营业额突破 1000 亿元。

海尔集团的企业信息化建设作为管理体系的支撑，对海尔的发展起到了非常重要的作用：业务流程再造后，海尔集团的管理模式已由原先各产品事业部相对独立自成一体的管理方式，转向以各大流本部为核心的集中式网状管理结构，而 IT 框架则和 OEC 一起成为新流程的两大基础平台。海尔集团目前实行的市场链流程体系，打破了原有的直线职能式的金字塔形结构，是实施信息化的基础。市场链流程就是通过信息化使企业与市场以最短的流程联结在一起，使流程不再被割裂，并使组织简化，向零管理层努力。流程的一头连着全球的供应链网络，另一头则连着全球的用户网络，中间是物流、商流和制造系统，这是主流程。原来的职能部门不再具有职能的功能，而变成了支持流程。在海尔内部，企业的流程再造关键是观念的再造，所以流程再造的基础首先是海尔文化，其次是计算机信息系统（信息化工作的具体体现）。

市场链流程最大的优势就在于，原来的劳动分工理论把企业内部流程割裂开来，形成许多孤立的、局部的流程，现在流程整合，海尔的流程变成了三条线，三条线连接起来之后像"S"形一样，最上面的叫定单信息流，也就是以定单信息流为中心，带动了物流、资金流的运作。

海尔集团 CEO 张瑞敏提出企业信息化是一个系统工程，并不仅是将企业内部的所有数据都用计算机来处理，而是一个将企业和市场紧紧联系在一起的信息系统工程。

海尔有一个关于企业发展的斜坡球体论，即把企业看作是放在斜坡上的一个球，这个球随时都会滑下来，但是作为一个企业，这个球应该越做越大。企业信息化的系统工程也可以用斜坡球体论来表示。原来很小的一个球体（企业）在很低的位置上，要把它提高上来，必须要有几个力。我们认为这个力包括四个方面。

第一个方面是基础。要使这个球不滑下来就需要一个止动力，也就是基础。这个基础，我们称为组织流程再造。这是整个系统中最重要的一点。

第二个方面是手段。就是计算机信息网络。先有基础，然后才能有手段。如果基础不变，那么这个计算机信息网络充其量只是一些打字机，就是把原来手工操作的部分改用计算机来操作。只有在改变组织流程的前提下，计算机信息网络手段才能有用。

第三个方面是中心。即定单信息流。一个企业所有的工作都是为了获取订单，或者说就是为了获取有价值的订单，如果我们所有的生产和工作都有了订单，是根据订单来进行制造、进行采购，那么这个企业就是有活力的。如果根本不知道订单在哪里，就变成了为库存采购，为库存制造，所以说订单信息流是整个系统工程的中心。

第四个方面是动力。这个动力应该是速度和创新，也可以说是一个压力。国际上对企业在不同阶段的主题进行了定义：20 世纪 80 年代是质量，就是全面质量管理；90 年代是流程再造；到了 21 世纪企业的主题就是速度，因为有了计算机信息网络。计算机信息网络可以作为企业发展的手段，但是同时又对企业提出了新的挑战，那就是速度要快。我们认为这个速度要达到电子商务所要求的速度。如果用户通过网络提出需求，谁能够最快地满足，谁就是赢家，否则就不可能获得市场。

所有这四个方面加起来的最终目的就是创世界名牌，这是整个信息化系统的目标。如果不能创世界名牌，不具备国际化的竞争力，信息化工程也就失去了方向，失去了意义。

信息化工作取得的良好效果，坚定了海尔集团继续加快信息化步伐的信心，同时加快了海尔国际化的步伐，让海尔在日益激烈的国际竞争中保持良好的战斗力，从而更坚定地向世界 500 强迈进。

资料来源：海尔集团：信息化助力创造世界名牌，百度文库，https://wenku.baidu.com/view/2711a2b42bf90242a8956bec0975f46527d3a7e8.html，2022 年 4 月。

阅读专栏 15-2 信息管理经历的阶段

一、数据管理

数据是用符号（如数码、字符等）对客观事物的记载，是对不相关的事实的测度，如企业发料单上的名称、数量、规格、单价、金额等。而信息来源于数据，以数据为素材或载体，是对数据加工处理的结果，是对数据的解释，是有一定含义、对社会实践（如管理）有意义的、相关的、有组织的数据。对领料单、工资单、水电费单等数据进行处理就可以得到产品成本的信息，由此可以预测成本，提高企业的经济效益。

数据管理在整个企业管理演变过程中的时间跨度较大，演变进化的幅度也较大，经历了手工处理、机械处理和电子处理三个阶段。手工处理是指信息管理作业完全依靠人力和手工劳动进行，主要解决的是文献资料这些静态的、具有较强累积性的数据的收集、整理和保存问题。电子计算机的诞生，给企业信息管理活动带来了崭新的工具，但是在它出现之前，企业就已经开始借用工具进行数据管理，如 1929 年出现的机械记账机。这种用机械力对数据进行的管理称为机械处理。电子处理是数据管理的第三个阶段，指用电子计算机代替人力进行数据管理，它分为数值处理和数据处理两个阶段。

二、系统管理

系统管理是指运用系统理论与方法，以电子计算机和现代通信技术为信息处理手段和传输工具，为企业各个层次、各个环节的运行提供系统性、综合性的实用信息服务的信息系统或人-机系统。它和在 EDPS 的基础上发展起来的管理信息系统（Management Information System，MIS），以及决策支持系统（Decision Support System-DSS）和办公自动化系统（Office Automation System，OAS）等均属于系统管理在企业中的具体应用。与数据管理相比，系统管理特别强调运用科学的、系统化的开发方法及高效率、低成本的系统结构和数据处理模式对数据进行深层次的开发利用，通过构建信息系统为企业生产经营过程的预测和控制服务，因此系统管理迎合了企业管理活动是各个环节相互依赖、相互制约的统一整体的客观需要，在企业管理中充分发挥了系统优化作用，使企业能够从整体目标出发，系统地、综合地处理各项管理信息，从而准确全面地掌握整个企业的生产经营活动。

三、资源管理

资源管理在系统管理的基础上发展起来，与系统管理的最大区别就在于对信息资源的战略认识和应用。凡是从战略决策需要出发，能够为企业创造竞争优势或抵消对手竞争优势的信息资源开发利用，无论是在企业内的具体部门，还是在企业外，都是它的活动领域。这相对系统管理所认为的 MIS 等就是保证如何向决策者提供及时、有效的信息，企业信息资源的作用仅限于决策支持的辅助作用来说，对信息资源的认识无疑上升到了一个新的高度，突出了信息资源在企业生产经营中所起的经济作用。因此，信息资源管理（IRM）确立了将信息资源作为经济资源、管理资源和竞争资源的新观念，强调信息资源在企业增强竞争实力、获得竞争优势方面的巨大经济作用，即信息资源的充分利用能够支持企业战略决策的实施。

四、环境管理

人是信息环境的核心，信息环境管理从本质上说就是对信息环境中的人——信息人的管理。通过影响信息人的信息行为，达到改善信息环境，促使信息环境健康发展的目的。将信息环境管理与信息系统管理、信息资源管理相比较，在由技术、信息与人构成的人—机系统中，信息系统管理紧紧围绕"技术"这个因素而展开，信息资源管理紧紧围绕"信息"这个因素而展开，而信息环境管理则紧紧围绕"人"这个因素而展开；信息系统管理对信息资源未能给予足够的重视，信息资源管理重视信息资源的开发利用，落脚点在"能不能够"和"如何充分地"开发利用上，信息环境管理也重视信息资源的开发利用，但落脚点在"善不善于"和"如何有效地"开发利用上。为了实现信息资源的合理开发与有效利用，信息环境管理完善并强化了人文管理，具体地说，就是运用信息政策、信息法规、信息伦理三大手段，通过规范信息行为、打击信息犯罪、保护信息产权、清除人为的信息交流障碍等方法，来解决企业管理中许多技术本身无法解决的信息问题。同时人文管理的实施还使包括企业管理者在内的信息人在企业信息环境中的主导性和能动性作用得到充分的发挥，从而更好地体现人-机系统的整合，达到提高企业开发利用信息资源的经济效益的目的。这些都弥补了以往只注重技术因素和经济因素的不足，促进了对信息资源的有效利用，增强了企业的竞争力。

五、知识管理

企业知识管理即对企业内部的知识进行组织和管理，包括两个方面内容：一是对显性知识的管理。这方面研究很早就开始了，如 20 世纪 70 年代美国麻省理工学院（MIT）的费根鲍姆就提出了以计算机知识处理技术为目标的知识工程（Knowledge Engineering，KE），在知识工程中，计算机对显性知识进行处理，知识表达、知识库系统、知识处理应用技术等均是这方面的研究成果。由于显性知识主要是显性信息的深加工产物，所以这方面的研究可以看作是信息管理的深化与发展。目前该研究还在继续深入进行中。二是对隐性知识的管理，这是知识管理对信息管理的超越。隐性知识主要是隐性信息的加工产物，而隐性信息在以往的企业管理中是尚未开发利用的"宝藏"。这样知识管理既对企业显性信息流加以开发利用，又对企业隐性信息流加以开发利用，相对信息管理而言，对信息流开发利用的深度与广度均达到一个新的层次。这无疑超越了信息管理的"天生"缺陷，极大地"解放"了企业的竞争力。因此从这个角度来讲，企业知识管理的提出可以说就是对企业隐性知识开发利用与管理的认识和强调。信息管理对创新能力没有特别的要求，以满足企业特定信息需求为目标，知识管理则以让企业运用集体的智慧，提高企业应变和创新能力，实施快速应变的战略为目标，这是知识管理对信息管理的另一超越所在。企业在实施知识管理时要设置知识主管（CKO），其地位居于首席执行官与信息主管之间，信息主管的工作重点在技术和显性信息开发方面，而知识管理的工作重点在创新和企业知识能力的挖掘方面。

六、智能管理

智能管理主要是在知识处理或者是知识工程的基础上，研究人脑的基本功能、人脑处理信息的规律和人类思维过程，使智能系统在实践中的应用能够像人脑那样具有推理、联想、学习等功能。这些尝试在企业中的应用被称为智能信息管理系统，它实际上是将运用了人工智能技术的 MIS、OAS、DSS，即智能化的 MIS、OAS、DSS（IMIS、IOAS、IDSS）在功能和技术上加以集成的结果。到目前为止，该智能处理系统还处在较低级的阶段，而且局限于将显性知识智能化方面，还没能将隐性知识智能化。未来的企业智能管理将不仅体现在显性知识智能化的进一步发展上，还体现在相对而言更为重要的隐性知识的智能化上，这依赖于未来思维科学研究的重大进展与突破。企业智能管理研究的深入有赖于计算机、思维科学、图书情报、认知科学、管理学、企业理论等研究领域专家学者的共同努力，有一点可以肯定，企业智能管理将是不断向前发展的，因为人脑在社会实践中也是不断向前进化的，而用电脑来逐步处理思维科学所揭示的大脑规律，正是智能管理研究的方向。

推荐阅读

1. 宋玉贤. 企业信息化管理［M］. 北京：北京大学出版社，2005.

2. 薛蓉. Y 集团信息化管理的优化研究［D］. 华东师范大学，2023.

3. 张少政. 大数据背景下制造企业内部控制研究——以 A 制造企业为例［D］. 河南农业大学，2023.

思考题

1. 信息要素与特点各有哪些？信息资源有哪些特性？

2. 信息管理在企业运营中有哪些重要作用？企业信息管理的职能与任务各包括哪些方面？

3. 企业数据化管理的内容有哪些，企业数据化管理有哪些特点？

4. 企业信息分类有哪些方面，企业信息管理工作实务流程是什么？

第十六章　企业项目化管理

学习目标

1. 了解项目管理内容与管理过程；
2. 熟悉项目管理方法类型；
3. 理解项目管理机构与项目计划管理的内容；
4. 掌握项目实施及控制与项目化管理组织建设；
5. 学会项目进度流程管理与项目成本管理的内容。

项目管理发展至今，应用范围不断扩大。现代企业经营管理也逐渐引入项目管理，实施企业项目化管理，即在明晰企业战略和实施策略的前提下，统一调配企业能力，采用面向目标和项目化实施的方式开展企业经营活动。

第一节　项目管理概述

一、企业项目管理内涵

（一）项目管理定义及内容

项目是特殊的将被完成的有限任务，它是一个组织为实现既定的目标，在一定的时间、人员及其他资源的约束条件下，所开展的满足一系列特定目标、有一定独特性的一次性活动。

项目管理就是以项目为对象的系统管理方法，通过一个临时性的、专门的柔性组织，对项目进行高效率的计划、组织、指导和控制，以实现项目全过程的动态管理和项目目标的综合协调与优化。

项目管理贯穿于项目的整个生命周期，对项目的整个过程进行管理。项目管理是运用既规律又经济的方法对项目进行高效率的计划、组织、指导和控制，并在时间、成本和技术效果上达到预定目标。

项目管理中，最重要的是质量、进度与成本三个要素：

质量管理是项目成功的保障，质量管理包含质量计划、质量保证与质量控制。

进度管理是保证项目能够按期完成的活动。在一种大的计划指导下，各参与建设的单位编制自己的分解计划，才能保证工程的顺利进行。

成本管理是保证项目在批准的预算范围内完成的活动，包括资源计划的编制、成本估算、成本预算与成本控制。

（二）项目管理内容

1. 项目范围管理

项目范围管理就是对项目整个生命周期所涉及的工作范围进行的管理和控制。项目组织要想成功完成一个项目，达到项目目标，必须开展一系列工作，这些必须开展的工作内容就构成了一个项目的工作范围。

2. 项目时间管理

项目时间管理是指在规定的时间内，制定出合理且经济的时间（进度）计划（包括多级管理的子计划），进而执行该时间计划。在执行该计划的过程中，需要经常检查实际进度是否符合计划要求。若出现偏差，就要及时找出原因，采取必要的补救措施或调整、修改原计划，直至项目完成。

3. 项目费用管理

项目费用管理主要是在批准的预算条件下确保项目保质按期完成，主要包括费用估计、费用预算、费用控制。

4. 项目质量管理

项目质量管理是指为达成项目质量目标所进行的指挥、协调和控制等活动，它包括质量计划、质量保证和质量控制三个过程。

5. 项目人力资源管理

项目人力资源管理是对项目的人力资源开展的有效规划、积极开发、合理配置、准确评估、适当激励等方面的工作。包括两个方面：一方面是对项目组织人力资源的外在因素，即量的方面的管理；另一方面是对项目组织人力资源的内在因素，即心理素质和行为等质的方面的管理。

6. 项目沟通管理

项目管理离不开有效的沟通，沟通管理就是对项目信息的管理，包括对信息传递的内容、方法和过程进行全面管理。

7. 项目风险管理

项目风险管理是指项目组织对可能遇到的风险进行规划、识别、评估、应对和监控的动态过程，是以科学的管理方法实现最大安全保障的实践活动。风险管理的任务就是管理项目面临的各种风险（具体指风险的发生概率和风险发生的潜在影响）。

8. 项目采购管理

项目采购管理是从项目组织外部获得完成项目所需的产品、服务或其他成果的过程，包括采购规划、招标投标、合同管理和合同收尾。

9. 项目综合管理

项目综合管理是为保证项目各项工作能够协调配合而展开的综合性、全局性的管理工作。组织根据项目动因，制定项目工作说明书，据此制定项目章程、项目管理计划。项目管理计划是管理与指导项目运行的依据，组织对项目运行中的工作绩效进行监控，并提出建议或变更请求，这些变更会改变项目管理计划，最终影响项目运行，经过不断的监控、变更循环，项目完成，进行项目相关收尾工作。

二、项目管理过程

任何项目都是由一系列项目阶段所构成的一个完整过程，而各个阶段又是由一系列具体活动所构成的具体工作过程。过程是指为了生成具体结果（可度量结果，如产品、成果或服务）而开展的相互联系的一系列行动和活动的组合。一个项目包括两种过程：一是项目的实现过程，是指人们为了获得项目的产出物而开展的各种业务活动所构成的整个过程，该过程是面向项目产品的过程，称为项目过程，一般由项目生命周期表示，并因应用领域不同而不同；二是项目的管理过程，是指在项目实现过程中，人们开展的项目计划、决策、组织、协调、沟通、激励和控制等方面的活动所构成的过程。一般不同项目的实现过程有着相同或相似的项目管理过程，在一个项目的生命周期中，项目管理过程和项目实现过程在时间上是相互交叉和重叠的，在作用上是相互制约和相互影响的。

一般来说，项目管理过程是由五个不同的项目管理的具体过程（或阶段/活动）构成的，这五个项目管理的具体过程构成了一个项目管理循环过程，具体过程如下：

（1）启动过程。启动过程又称开始过程，处于一个项目管理过程循环的首位。它所包含的管理活动是确定并核准项目或项目阶段，即定义一个项目或项目阶段的工作与活动，决策一个项目或项目阶段的开始与否，或决策是否将一个项目或项目阶段继续进行下去等。

（2）规划过程。规划过程又称计划过程，主要是确定和细化目标，并为实现项目目标和解决项目的问题规划必要的行动路线。它所包含的管理活动有拟定、编制和修订一个项目或项目阶段的工作目标、任务、管理计划、范围规划、进度计划、资源供应计划、费用计划、风险规划、质量规划以及采购规划等。

（3）执行过程。执行过程主要将人与其他资源相结合，具体实施项目管理计划。它所包含的管理活动有组织协调人力资源及其他资源，组织协调各项任务与工作，进行质量控制，进行采购，激励项目团队完成既定的各项计划，生成项目产出物等。

（4）监控过程。监控过程又称控制过程，主要是定期测量并监视绩效情况，发现偏离项目目标和项目管理计划之处，采取相应的纠正措施以保证项目目标实现。它所包含的管理活动有制定标准，监督和测量项目工作的实际情况，分析差异和问题，采取纠偏措施，整体变更控制，范围核实与控制，进度控制，费用控制，质量控制，团队管理，利益相关者管理，风险监控以及合同管理等。

（5）收尾过程。收尾过程又称结束过程，主要是正式验收项目产出物（产品、服务或成果），并有序地结束项目。它所包含的管理活动有设置项目验收内容或项目各阶段的移交与接受条件，完成项目或项目阶段成果的移交，项目收尾和合同收尾的核对，使项目或项目阶段顺利结束等。

在一个项目的实现过程中，即项目生命周期的任何阶段，都需要开展上述项目管理循环过程中的各项管理活动。因此，项目管理的五个具体过程是在项目阶段中不断循环进行的。

三、项目管理方法类型

项目管理方法是关于如何进行项目管理的方法，是可应用在大部分项目中的方法。项目管理方法主要有阶段化管理、量化管理和优化管理三种。

（一）阶段化管理

阶段化管理指的是根据工程项目的特点和发展阶段，可将项目管理分为若干个小的阶段。

1. 市场信息

市场信息方面包括信息采集、信息分析、工程项目立项及项目申请书的编写。

2. 申请书填写

项目申请书：若决定参加投标竞争，就需要完成一份项目申请书或投标书，一份完整的申请书一般包括三个部分的内容，即技术、管理、成本。如果是一份较复杂的申请书，这三个部分可能会形成三本独立的册子。

3. 申请书完成后

在项目申请书完成后，市场信息部门应密切关注该项目的进展情况，并通报有关部门特别是技术支持部门，使该部门能根据项目的最新情况调整项目申请书，以增大项目申请的可能性。

在项目确定之后，项目管理又可划分为项目准备阶段、项目实施阶段、竣工验收阶段及系统运行维护阶段等。各阶段的工作内容不同，其管理也应各异。

（二）量化管理

量化管理也很重要，公司的运作应尽可能数量化，做到责任清楚。在项目实施过程中，时常会碰到这种问题，客户认为前一阶段内的工作成果符合要求，而后一阶段的成果就存在严重的问题或产品通过退回重新加工才能使用等。那么这其中的问题出在哪里，责任该由谁负，责任又有多大呢？必须把各种目标、投入、成果等分类量化，比如用模块或子系统表达客户的需求，精确计算项目发展不同阶段所需的人工、物力、财力等。把各种量化指标存入数据库，就能为解决上述问题提供依据。每个阶段都有清晰的量化管理，也非常有利于整个项目进程的推进。

（三）优化管理

优化管理就是吸取项目每阶段的经验和教训，在全公司传播有益的知识。比如，前一阶段由于管理得好，工作顺利完成且并符合要求，就应该使这一阶段的管理经验和知识传播开来。后面阶段的工作为什么不成功，要分析具体的原因，以进一步优化项目管理。

第二节　项目管理组织及其运行机制

一、项目管理机构及其形式

项目能否顺利实施，受其所在组织的影响。项目组织的结构不同，对项目资源及运行效率的影响也不同。为了满足项目运作的需要，传统意义上的组织结构发生了一定的改变，于是就出现了职能式组织、项目式组织，以及融合职能式和项目式特点的矩阵式组织。

（一）职能式组织

职能式组织是一个层次化的结构，每个成员有明确的上级。比较适用于规模较小、偏重于纯技术的项目，如图 16-1 所示。

（二）项目式组织

项目式组织结构是从公司组织中分离出来的，一种单目标的垂直组织方式（见图 16-2）。适用于一个公司中包括很多项目或项目的规模比较大、技术较复杂时。

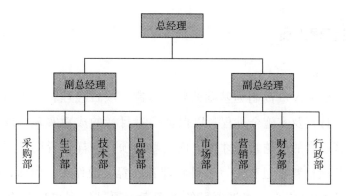

图 16-1 职能式组织结构

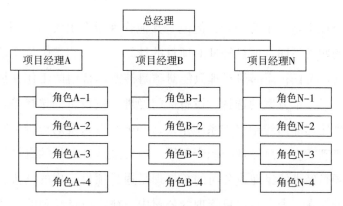

图 16-2 项目式组织结构

（三）矩阵式组织

矩阵式组织结构是在职能式组织的垂直层次上，叠加了项目式组织的水平结构（见图 16-3）。同前两种组织形式相比，矩阵式组织结构具有以下优点：目标明确，便于统一指挥；强化项目经理协调管理的权威性和项目经理对资源的控制；充分利用专家人才，有利于公司培养全面型人才；具有最有效的沟通和决策过程。

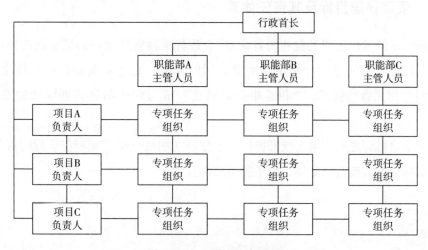

图 16-3 矩阵式组织结构

二、项目管理人员

（一）项目经理

项目管理是以个人负责制为基础的管理体制，项目经理就是项目的负责人，负责项目的组织、计划及实施全过程，以保证项目目标的成功实现。成功的项目无一不反映了项目管理者的卓越管理才能，而失败的项目同样也说明了项目管理者的重要性。在项目及项目管理过程中，项目管理者起着关键作用。因而，项目经理就是一个项目全面管理的核心。作为项目的管理者，项目经理也应具有管理者的角色特点。

虽然项目经理也是一个管理者，但他与其他管理者有很大的不同。首先，项目经理与部门经理的职责不同。项目经理对项目的计划、组织和实施负全部责任，对项目目标的实现负终极责任；而部门经理只能对项目涉及本部门的工作施加影响，如技术部门经理影响项目技术方案的选择、设备部门经理影响设备的选择等。因此，项目经理对项目的管理比起部门经理更加系统全面，必须具有系统的思维。其次，项目经理与项目经理的经理或公司总经理的职责不同。项目经理是项目的直接管理者，是一线的管理者；而项目经理的经理或公司的总经理是通过项目经理的选拔、使用和考核等间接管理项目的。在一个实施项目管理的公司中，往往项目经理的经理或公司的总经理也是从项目经理成长起来的。

（二）项目主管

项目主管是项目团队的关键成员，他与项目经理直接配合，制定项目目标，编制并维护项目预算表和进度表，根据进度安排分析项目的进展情况，并提出建议、采取行动以便加快进度。

三、项目管理目标及其责任体系

项目管理的目标是"利益相关者满意"。现代项目管理强调的是全面的项目管理，追求的不仅是项目的进度、费用及质量目标的完成，它还需要创造一种环境，以满足不同利益相关者的需求。"利益相关者满意"成为现代项目管理成功的唯一衡量标准。

公司是项目管理的决策、统筹机构。子公司（项目公司）是项目管理的责任主体。项目部是项目的实施责任主体，由子公司总部直管。

第三节　项目计划管理

一、项目计划管理内涵

项目计划管理是项目的主计划或称为总体计划，它确定了执行、监控和结束项目的方式和方法，包括项目执行的过程、项目生命周期、阶段划分等全局性内容。

二、项目计划管理的内容

（1）明确项目目标。

（2）建立项目组织。

（3）进行项目结构分解。

（4）制定里程碑计划。

（5）责任分配。

（6）确定工作关系及工作时间。

（7）编制网络计划。

（8）形成甘特图计划。

（9）编制资源计划，包括人力、材料、设备等，形成资源数据表、资源负荷图等资源计划图表。

（10）编制费用计划，包括费用估计、费用预算，形成费用数据表、费用负荷图、累计费用负荷图等费用计划图表。

（11）编制项目的其他计划，包括项目的质量计划、风险计划、采购计划和沟通计划等。

（12）组织计划实施。

（13）动态监控计划的实施过程。

（14）处理偏差。如果执行情况与计划一致，则继续执行；如果产生偏差，则进行引导或纠正。

通过上述循环往复、周而复始的计划与控制流程，项目最终完成，并使相关方都满意。

三、网络计划技术方法

网络计划技术是以网络图为基础的管理技术，已经成为项目进度计划的核心工具和方法。网络计划技术的优点是能直观地反映项目各工作之间的相互关系，使一个项目进度计划构成一个整体，从而为实现进度计划的定量分析奠定基础。对一个项目来说，要制定科学的进度计划，网络模型是必不可少的。网络计划技术的两个基本形式是关键路径法（Critical Path Method，CPM）与计划评审技术（Program Evaluation and Review Technique，PERT）。

（1）关键路径法（CPM）。关键路径法可以确定项目各工作最早、最迟开始和结束的时间，利用最早时间与最迟时间的差额可以分析每一个工作相对时间的紧迫程度及工作的重要程度。这种最早时间与最迟时间的差额称为时差，时差为零的工作通常称为关键工作。关键路径法的主要目的是确定项目中的关键工作和关键路径，以保证项目实施过程中能抓住重点工作和主要矛盾，从而使项目如期完成。

（2）计划评审技术（PERT）。计划评审技术是一种应用工作前后逻辑关系及不确定时间来表示的网络计划图，其基本形式与 CPM 网络计划基本相同，只是在工作持续时间方面与 CPM 有一定的区别。CPM 仅需要一个确定的工作时间，而 PERT 则需要三个估计的工作时间，即最乐观时间、最可能时间和最悲观时间，然后计算出工作的期望时间。

网络计划是在网络图的基础上加注工作的时间参数编制而成的进度计划。因此，网络计划主要由两大部分组成，即网络图和网络参数。网络图是由节点和箭线组成的用来表示工作关系的有向、有序的网状图形。按照节点和箭线表示的内容不同，网络图可以分为单代号网络图和双代号网络图。单代号网络图又可分为普通单代号网络图和搭接网络图。其中，搭接网络图主要是为了反映工作之间执行过程的相互重叠关系而引入的一种网络计划表达形式。而双代号网络图又可分为双代号时间坐标网络图和双代号非时间坐标网络图。网络参数主要是指根据网络图计算出的工作的各种时间参数，包括工作最早开始时间、工作最迟开始时间、工作最早结束时间、工作最迟结束时间及工作总时差等。

第四节 项目实施及控制

项目实施的过程是项目资源配置的过程，是组织、指挥、协调和控制的过程。项目实施过程中，要保证信息流、实物流和资金流的通畅，并保持"三流"的相互配合与协同。

一、项目资源配置

项目正式实施后，需要大量的资源，包括人力资源、财务资源和物质资源。这些资源在项目开始前已经做足了准备，项目实施过程中主要是有步骤、有计划地对这些资源进行有效配置，保证资源有效发挥作用。

二、指挥协调

项目涉及多方主体，项目管理团队需要协调好多方的行动，保持信息流、实物流和资金流通畅，按照计划协同行动，达到协调一致的效果。对于出现的不一致现象，要做好沟通和协调工作，保证按计划推进。

三、评估与激励

对团队成员进行有效激励，对每个成员进行精神激励和物质激励，发挥每个员工的主观能动性；对团队成员的工作绩效进行评估，缺乏绩效评估的组织是没有战斗力的组织。在项目实施过程中，如果能做到组织有力、指挥得当、协调有序，项目就会顺利进行。

四、控制与修正

项目管理的实施过程伴随着控制过程。在项目实施过程中，项目管理团队需要对项目进程、资金支付状况以及可能出现的风险进行全过程控制，及时发现问题并进行处理，对于出现的偏差，及时协调各方进行修正，保证按照计划执行。

过程控制主要是进度控制、成本控制和质量控制。过程控制的依据是进度计划、成本计划和质量计划。如果在执行过程中出现偏差，要及时采取措施纠偏，按计划执行，达到预定目标。成本、进度、质量的控制应该遵循"三全"控制原则。首先是全过程控制，从项目决策到每一个执行环节都要进行成本、进度、质量的控制。其次是全员控制，所有参与者都应该具有成本、进度、质量控制意识，并且主动地进行成本、进度、质量控制。最后是全面控制，整个项目围绕成本、进度、质量控制全面展开。

第五节　企业项目化管理实务

项目管理的组织形式为企业的发展提供了一种新的扩展形式，现代企业的生产与运作将更多地采用项目运作与管理的模式。资源具有稀缺性和有限性，每一个组织都需要合理筹划有效组织时间、物资、人员等有限资源，科学合理地确定任务、执行任务、完成任务。

项目化管理是指站在企业高层管理者角度对企业中各种各样的任务按照项目模式

进行管理。其主导思想是把任务当作项目进行管理，是一种以项目为中心的长期性组织管理方式。其核心是基于项目管理的组织管理体系。

企业把日常工作作为项目进行管理应注意以下方面：①企业高层管理者应当具有项目管理理念；②要把原来面向职能的管理模式逐步转化为面向任务的管理模式，创建企业项目化管理体系；③企业要鼓励员工积极参与到项目管理活动中，全员学习和支持项目化管理体系的创建，培养项目管理专门人才；④要依靠标准化、流程化的管理方式将知识与载体分离，将个人的知识和经验转化为企业的知识、经验和能力，普及与分享管理知识。

一、项目型企业

项目型企业根据企业战略将生产任务设定为项目，通过项目运营管理为客户提供产品或服务。企业运营与管理主要是通过确定项目、执行项目、完成项目，充分把握企业业务运作的整体状况。项目型企业主要具有以下特点：

（一）项目型企业主要集中于高新技术产业

主要以创造性的项目开发与经营为基础，主要集中在生物制药、现代制造业、现代农业以及金融、保险、证券、培训、咨询等服务业，当然也包括建筑行业以及公共基础设施建设领域。

（二）项目型企业的创新能力强

项目型企业只有保持较强的创新能力，不断推出新的产品和服务，才能引导需求与创造需求，才能更好地服务需求。项目型企业往往以项目团队的协作与创新为基础，形成独特的创新文化，并能够引领众多企业，推动产业发展。

（三）项目型企业的业务拓展能力强、成长性高

项目型企业能够及时捕捉商业机会，建立强大的业务网络，具有很强的业务拓展能力，项目的成功动作使企业以极高的速度成长。

（四）项目型企业的项目管理能力强

项目型企业发展的依据在于项目，项目选择的正确与否，以及项目管理水平的高低决定着企业的命运。该类企业注重项目管理模式的更新，注重项目管理与企业发展的辩证关系，项目与企业战略紧密相关，项目成功率较高。

（五）项目型企业的知识管理能力强

项目型企业能够不断积累项目经验，将个人的知识资本转化为组织的知识资本，通过有效的团体学习与全过程学习，形成企业强大的无形资产。项目型企业的生产经营活动不可能由单个人运用单一类型的知识来完成，而需要拥有不同类型知识的专家协同努力。这种协同努力不仅创造出个人知识，而且创造出不同于个人知识的公共知

识，即基于协作的知识。所以，项目型企业的知识资源具体包括员工个体原有的知识存量以及这种基于协作的新创造的个人知识和公共知识。这三类知识往往存在于组织成员的头脑中或组织语境中，而正是这种知识构成了企业在变化的竞争环境中持续获取竞争优势的基础。

对处于新商业环境中的项目型企业，良好的知识管理能力，可极大地降低企业关键人才流失所带来的经营管理风险，进行有效的知识创新、积累与扩散可持续保持企业的创新能力。

（六）企业文化在项目型企业中发挥重要作用

项目型企业最大的资本是知识型团队，而知识型团队最大的资本是知识型员工，知识型员工具有自主性、创造性与流动性的特点。诚信、进取、沟通、协作、服务、开放的企业文化对于企业增强凝聚力、应对各种挑战具有重要的作用。

二、企业项目化管理组织建设

（一）组建项目管理办公室

1. 项目管理办公室的组织机构

项目管理办公室是企业项目化管理的核心，在组织中起着极其重要的作用，要让项目管理办公室更加有效地支持企业项目化管理，就必须将其合理地融入企业的组织结构中。

项目管理办公室的组织结构如图 16-4 所示。

战略规划部：战略是企业的核心。一切项目应围绕战略展开，战略通过项目行动来执行。战略规划部通过不断查看外部环境的变化做出内部反应，是企业在动态竞争环境中生存的基础。

资源调度组：主要负责项目之间的资源调度和平衡，监控项目的资源使用情况。考虑到项目专员具备专业的项目管理知识，所以由项目专员专门负责资源调度和项目间的协调。

职能部门：职能部门是企业必须的，包括人事、财务、行政等部门。它们作为企业正常运作的血液和骨架，给项目的正常运作提供保障。

2. 项目管理办公室的主要职能

（1）信息管理。项目管理办公室需要对合同进行管理，包括对合同正本和合同各种附件、协议、补充的管理。一个大的合同不仅内容很多，而且不断变更，因此要妥善地进行正确地记录。现在保存合同的介质有三种：纸质、CD 和电子文档。首先，要保持合同介质的一致性，否则可能会引起争议。一个项目立项后或者签订合同后，一般会给各职能部门和相关领导通报关于此项目的信息，这在项目管理中通常叫作项目章

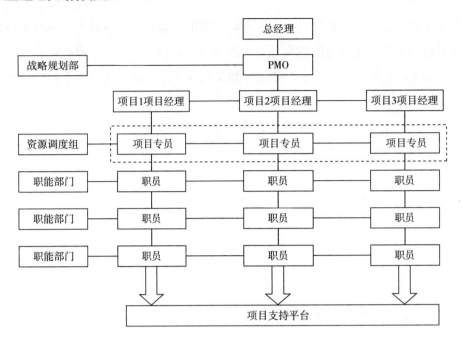

图 16-4　项目管理办公室的组织结构

程的发布。它包括项目的名称、来源、目标、项目团队的主要成员、合同号等。不同的组织和个人可能需要不同的信息，如领导层可能关注项目的目标和合同额；财务部门可能只关注项目用钱的日期和合同号等。其次，还需随时向各项目关系人通报项目的状况，包括项目计划、成本、质量、时间等，也包括产品的状态等。项目收款状态的报告，这个是大家都比较关心的问题，每周要向主要相关人员通报。

（2）项目的跟踪与预警。这是项目管理办公室最主要的职能之一。它包括项目计划的索取、跟踪以及跟踪结果的发布。项目立项之后，项目经理就会制定一份项目计划书，包括几项较重要的内容，即项目主要交付成果、项目重要阶段、预算成本、项目主要成员等。项目管理办公室要实时跟踪项目的执行情况。根据项目的紧急程度，制定变更计划，并进行定时的跟踪和检查。对于时间比较长的项目可能一个月检查一次，对于时间比较短的项目可能一周检查一次。检查的根据是项目经理、财务和客户提交的资料。

（3）项目的考核。项目是成功还是失败？是盈利还是亏损？亏损的原因是什么？是否该通过奖金的形式奖励团队成员？所有问题都需要数据来支持。项目管理办公室从各个部门中获取数据，对这些数据进行整理和分析，然后作出决定。

（4）内外协调。项目协调包括内部协调和外部协调。一个项目通常包括市场、技术、财务、人力资源、采购和质量等部门，协调它们之间的工作是项目管理办公室一项重要的任务。项目与外部的关系主要包括与客户的关系和与第三方合作者的关系，这些关系比较重要，处理不当可能会带来比较严重的后果。

（二）项目领导与团队建设

项目化管理是一种复合管理，要求管理者具有多种管理能力。项目化管理最根本的目的是在时间、技术、经费和性能一定的条件下，以尽可能高的效率完成预定目标，让所有企业相关方满意。正是因为复合管理将企业经营行为的方方面面都变成了利润中心，项目化管理的领导者"项目经理"不再是传统意义上的管理者，要增强团队的战斗力，需要更多地"激发与引导"，提升企业管理的执行力。

1. 项目领导：项目经理

项目领导，即项目经理的职责是确保全部工作已在预算范围内按时优质地完成，从而使客户满意。其基本职责是领导项目的计划、组织和控制工作，以实现项目目标。项目领导者统领协调各个团队成员的活动，使他们作为一个和谐的整体，适时完成各自的工作。

（1）项目经理的权利。

1）授权原则。第一，根据项目目标的要求授权。项目目标要求越高，项目越大，则授予项目经理的权力也应越大。

第二，根据项目风险程度授权。在风险较大的项目中，项目经理应该拥有较大的权限。只有这样，才能在不断变化的环境中果断地作出决策。相反，项目的风险程度较低，授予项目经理的权力也应适当减小。

第三，按项目合同的性质授权。每个项目的难度、质量要求都不一样，可以依照合同的约束力来赋予项目经理权利。项目要求较高、技术要求较复杂，应赋予项目经理较多的权利。特别是当项目合同中有成本约束时，要赋予项目经理足够的权利去灵活运用资金，使项目的实施不超出成本预算。

第四，按项目的性质授权。从项目的复杂程度和大小程度来看，大型复杂的工程项目则应授予项目经理较大的权限，项目较为简单，项目的目标较易实现，则无须授予项目经理过大的权限。

第五，根据项目经理的能力经验授权。不同的项目经理，其领导风格和管理经验显然是不同的。对于那些组织管理能力较强、管理经验颇为丰富的项目经理，为了充分发挥其创造性，则应授予其足够的权限；相反，对于那些领导水平一般、管理经验不甚丰富的项目经理，则应适当保留部分权限，以免其作出错误的决策导致项目失败。

2）项目经理的权利。项目经理担负着保证项目成功的重大责任，必须赋予他一定的权利，保证项目顺利实施。

第一，项目团队组建权。项目经理要组建一个制定决策、执行决策的机构，负责项目各阶段的工作。建立一支高效协调的项目团队是项目成功的关键因素。这包括专业技术人员的选拔、培训和调任；管理人员的配备；后勤人员的配备；团队成员的考核、激励、处分乃至辞退等。

第二，财务决策权。财务决策权具体包括分配权、费用控制权、资金融通与调配权利。项目领导决定项目团队成员的利益分配方式，包括计酬方式、分配方案等。项目管理者在财务制度允许的范围内拥有费用支出和报销权利，在资金没有到位的情况下拥有融通和调配资金的权利。

第三，项目实施控制权。项目实施的进度受内外部环境的影响可能无法与预期同步，这就要求项目经理根据总目标、内外部环境作出相应的决策，对整个项目进行有效的控制。

（2）项目经理的素质。项目在实施过程中始终面临着各种各样的问题，给项目经理带来巨大挑战，要求项目经理具备一定的素质和能力。

第一，品格素质要求。品格素质是项目领导的思想、品德等方面的特征在具体行动中的体现。项目经理必须要有良好的性格，善于与人沟通，要心胸开阔、容易与人相处，要有坚韧不拔的意志，处理问题冷静、不盲目等。同时，项目经理还要对社会的安全、文明、进步和经济发展负有道德责任。因此，项目经理必须要保证项目团队成员遵纪守法、坚决抵制和杜绝贪污等不法行为。

第二，知识素质要求。项目经理必须要有专业的管理知识、深厚的专业技术知识、广博的知识面。项目经理的主要职能是管理。现代管理科学和管理技术的发展对项目领导者的管理能力提出了更高的要求。一个合格的项目经理不仅要掌握项目管理理论、决策理论，还要掌握组织理论、行为科学、管理心理学等必要的控制技术。如果项目经理不懂技术，那么就无法决策，更难鉴别项目计划、技术方案的优劣，从而在解决重大技术决策问题时就没有自己的见解及发言权。

第三，能力素质要求。项目经理必须要有高超的领导能力，以便领导下属完成任务。在很多时候，项目经理必须对项目人员进行培训，通过培训使每个成员胜任项目工作，在项目结束时拥有比项目开始时更丰富的知识和更高的竞争能力，这就要求项目经理具有强大的培训能力。在项目过程中，项目经理需要与项目团队、客户、公司高层管理人员定期、及时沟通，以保证项目的顺利进行。项目经理还需要有良好的交际能力，能在特殊情况下更好地理解成员，了解成员的兴趣爱好，尽量避免引起反感。特别地，项目经理必须要有良好的处理压力能力、解决问题能力、处理冲突能力。项目一般都限制在一定时间内完成，且容易发生一些无法预知的事件，项目经理一定要顶住压力解决问题。

2. 团队建设

（1）团队授权。授权对企业项目化管理非常重要。企业项目化管理的主体是项目团队，团队授权就是授予团队一定的决策权以顺利完成组织分配的任务。团队授权本质上是组织、团队领导的决策权和职责下放的过程。在团队和成员个体能力增强的同时，其决策权和所负职责也将相应地扩大，而要确保这一切顺利地进行，必须使授权文化成为企业文化的一部分，必须共享组织和团队的信息和知识。

（2）建立培训体系。对项目团队成员进行培训的目的是提高团队成员的技能与觉悟，促进成员成长。团队所有的成员都可以成为培训对象。培训主要包括团队价值观的培训、业务技能培训、团队技能培训。团队价值观培训通过向成员灌输团队价值观来统一整个团队的思想；业务技能培训是为了提高成员的专业技能，使其更好地服务于团队；团队成员之间的差异是团队冲突的来源，应充分利用团队成员间的差异，对团队成员进行团队技能的培训，包括人际关系技能培训、团队会议技能培训、团队绩效评估等。另外，由于很多员工欠缺项目管理方面的知识，因此应定期组织项目化培训，在提高员工能力的同时也向员工灌输项目管理知识，进而推进企业项目化的进程。在培训的同时一定要进行培训考核，以督促团队成员的学习，端正学员的学习态度，完善整套培训体系，不然一切都只是流于表面，达不到培训的真正目的。

（3）加强团队文化建设。项目团队是由为了实现一种共同的项目目标而相互协作的若干个个体组成的正式群体，他们有共同的目标，相应的权利、义务与责任。团队文化建设涉及以下几个方面：

1）凝聚力文化。凝聚力是项目团队对其成员的吸引力以及团队成员之间的相互吸引力，包括"向心力"和"内部团结"。当这种吸引力达到一定强度，而且团队成员都具有共同的价值时，团队就会形成较高的凝聚力。增强团队凝聚力的关键是要鼓励有利于团队团结的行为，抑制不利于团队团结的行为，鼓励所有成员开诚布公地表达自己的想法，鼓励所有成员充分发挥自己的创新和冒险精神，勇于攻克项目难题。

2）速度文化。项目是在一定的时间内进行的。速度是项目成败的关键因素。团队项目的快速完成有利于提高客户的满意度。团队应该充分认识到速度的重要性，采取一定的措施使团队成员产生时间紧迫感。项目经理要向团队成员灌输团队意识，并采取一定的措施，使项目快速完成。

3）质量文化。在项目规模、时间、成本都已知的条件下，我们必须重视质量建设，培育质量文化。作为项目经理必须准确认识项目目标，明确项目范围，并制定出项目管理的质量标准和规范，然后通过相关措施把质量理念传达给项目成员，全面实行质量管理，成为一个有质量的团队。

4）授权文化。建立授权的组织文化，关键还是要全面地了解和认识授权的本质及其给组织所带来的变化。许多企业高层管理人员没有意识到授权实际上就是提倡分权，反对集权，所以要建立授权的文化氛围。建立授权文化，一是要更新管理人员的观念，大胆放权，舍得放权让团队成员自主解决遇到的问题。二是要真正做到团队授权，组织应该有一定的容错度和相应的指导系统，保证授权计划的顺利执行。三是灌输授权思想，让员工敢于接受权力的挑战和承担更多的职责。四是要在组织范围内尽可能实现知识和信息的共享，实现团队成果的利益共享，以提高团队成员的工作积极性和工作效率，同时提高员工能力。

三、项目进度流程管理

企业项目进度流程的控制路径如图 16-5 所示。

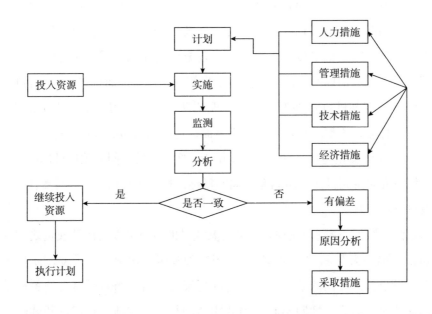

图 16-5　企业项目进度流程的控制路径

项目的进度控制是管理者结合项目计划对项目进度进行调整。

项目进度流程控制大体上包括五个步骤：

第一步，制定项目运行的计划，投入相应的资源，然后实施计划。

第二步，在计划实施的过程中对项目进行监控，并对项目的执行情况进行分析。

第三步，如果项目运行情况与计划情况基本相符，那么继续投入资源，仍然按原定计划进行；如果项目的运行情况与计划有偏差，就要分析原因。

第四步，找出偏差的原因后采取补救措施，包括管理措施、经济措施、技术措施、人力措施。管理措施是指管理层作出决策，指导项目的下个步骤；人力措施是指在项目运行过程中进行人员调整；经济措施是指采取经济手段进行补救；技术措施是指采取技术手段进行补救。

第五步，计划的重新调整制定，回到第一步，以后不断循环至项目结束。

（一）时间进度控制

1. 加强时间进度控制的信息化建设

加强信息网络硬件建设和各种信息传输网络建设，消除企业部门间及项目实施空间上的信息壁垒：建设企业数据库，为项目实施提供人才、资源和管理动态信息数据；应用项目管理信息软件，使项目经理与项目团队获得最新的信息，动态管理项目资源，分析项目信息，沟通项目状态，进行项目管理。

2. 加强计划和协调

在企业项目化管理中，计划、协调、进度之间是相辅相成的关系，简单地说计划就是将任务范围用进度和预算表示出来，它是所有管理活动开展的基础，反映了项目执行过程中各管理活动及内外部交付文件的相互关系。协调则是以良好的管理理念为前提，综合各方面的信息、经验、建议并与相关人员讨论问题所在及可能出现的结果的过程。进度则是计划和协调的结果。

（二）资源优化控制

企业资源包括三种：预定资源、使用中资源和闲置资源。预定资源是包括两个方面：①一个项目未完成时，资源就被分配到下个项目，一旦现在项目完成，就进入下一个项目。②接到项目后，根据预定资源来决定实行哪种实施方式。使用中资源就是项目正在使用的资源。闲置资源是指企业中未被使用的资源。资源优化控制就是在企业项目化管理中有效配置这三类资源，提高资源利用率。

1. 项目实施方式

项目实施方式有三种：①企业依靠组织自身的管理、业务和技术资源进行项目建设，包括项目的设计、实施和管理。②企业将项目的设计、实施和管理等主要工作承包给另外的企业、专业机构或组织，由该企业或专业机构负责项目的实施和管理，直至项目的交付。③企业基于对成本或者自身能力的考虑与其他企业组成伙伴，共同出资、出人一起负责项目的实施和管理。企业可以选择不同的项目实施方式，达到节约、优化利用企业资源的目标。

2. 资源优化流程

项目管理办公室资源调度组负责进行资源优化。资源调度组利用项目管理软件Project 进行资源优化。项目资源优化流程如图 16-6 所示。

资源优化流程如下：

第一步，根据企业战略，决定项目实施方式。

第二步，由资源调度组制定资源配置计划。

第三步，分配资源。把资源分配到具体的项目中。

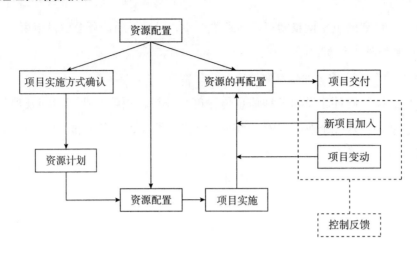

图 16-6　项目资源优化流程

第四步，项目实施。

第五步，控制反馈。项目具有动态性，一直在发生变化，有时需要根据新情况重新配置资源，以使项目顺利实施。

3. 资源优化调度具体方案

第一，项目经理和员工共同制定工作计划。当员工在项目中时，由项目经理给项目中员工分配任务，然后利用 Project 制定项目进度计划，具体指标包括项目开始时间、结束时间、完成任务所需工时等，同时标明是企业项目计划，完成后上传到 Project Server 上，员工可以查看并执行。当员工不在项目中时，项目经理自己制定任务计划，同样也要标明任务开始时间、结束时间，完成任务所需工时，并标明是个人计划，上传到 Project Server 上，让企业管理者看到员工最近动向。

第二，资源调度组进行资源控制和调整。由资源调度组分配资源，包括人力和物力。当资源调度组接到资源需求时，可以从 Project Server 上看到资源的配备状态。

调度员工。设定指标确定什么状态下的员工可以调度。可以用层次分析法对员工进行排序，得到可以最先调出的员工。建立如表 16-1 所示的员工状态表。

表 16-1　员工状态表

员工	工号	所在项目组	工作负载量	所在项目结束工期
员工 1	X_1	Y_1	Z_1	T_1
员工 2	X_2	Y_2	Z_2	T_2
⋮	X_i	Y_i	Z_i	T_i
员工 N	X_n	Y_n	Z_n	T_n

工号用来标识员工的工资水平，在调度的时候考虑调度成本的问题。如果同一件事情可以由两个人来做，那么选择工资较低者。此外，还要考虑员工所在项目组是否空闲，这个指标的权重赋值应该是所在项目组越重要赋值越低。工作负载量决定员工是否可以调度，如果员工的工作负载量不是很大，那么可以进行调度，其权重赋值情况跟所在项目组相同。所在项目结束工期用于查看员工所在的项目是否临近结束，如果是可以考虑提前调出员工。

调度物力资源。表 16-2 为物力资源状态表。

表 16-2　物力资源状态

资源名称	资源编号	所在项目组	工作负载量	所在项目结束工期
资源 1	X_1	Y_1	Z_1	T_1
资源 2	X_2	Y_2	Z_2	T_2
⋮	X_i	Y_i	Z_i	T_i
资源 N	X_n	Y_n	Z_n	T_n

资源编号即根据资源对项目的重要程度编号。由资源在项目中的负载和使用程度判断，资源负载和使用程度越高，则赋值越低，反之，则赋值越高。工作负载量是指可以调用的程度，负载量较大，可以调用的可能性就低，如果负载量不是很大，则可以进行调度。可以根据资源所在项目的结束工期，进行资源调度。

四、项目成本管理

企业实行项目化管理，成本管理事项和责任以项目为单位进行划分，成本管理是项目化管理的重中之重。项目成本管理是为了确保项目在批准的预算范围内完成项目而进行的各种努力。对项目来说，最重要的两个问题是完成项目需要多少时间？需要多大成本？

（一）项目成本管理流程

项目的成本管理是一个动态的过程，项目建设要以预算为基准，项目实施过程中的成本可能与预算不符，需要找出原因进行调整，然后更新项目实施计划。在项目实施过程中，项目成本管理是一个循环往复的过程，如图 16-7 所示。

第一步，项目成本预算。成本估算是在对项目的建设规模、技术方案、设备方案、运营方案和项目实施进度等进行研究的基础上估算项目的总投资。项目成本预算是对完成项目各项任务所需要的资源成本的估算。美国项目管理学会认为，有三种成本估算方法：①类比估算，是一种自上而下的估算形式，通常在项目建设初期或信息不足时进行。②参数估算，是一种建模统计技术，如回归分析和学习曲线。③自下而上估算，先对项目工作包进行详细的成本估算，然后通过工作分解结构将结果累加起来得出项目总成本，这种方法最为准确。

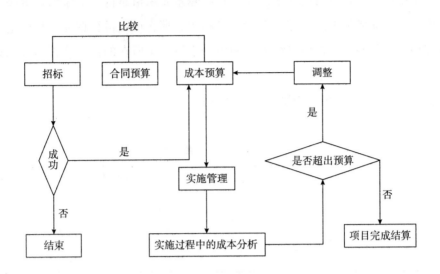

图 16-7　项目成本管理流程

第二步，实施管理。实施管理主要是进行项目的现金流分析。通过项目的财务现金流分析，计算项目的财务内部收益率、财务净现值、投资回收期等，从而对项目的决策做出判断。

第三步，项目实施过程中的成本分析。动态地对比成本预算，看成本是否超出预算，如果不超出，那么就正常运行项目，如果超出，则要对项目实施过程进行适当的调整。

第四步，重新预算。项目实施过程进行调整后，要重新作出预算，回到第一步。

（二）质量成本管理

质量成本主要包括预防成本、鉴定成本、内部缺陷成本、外部缺陷成本。适当增加预防成本可以减少鉴定成本、内部缺陷成本和外部缺陷成本。全面质量管理，是将质量管理贯穿项目建设全流程，实施全过程质量控制，项目乃至全企业的每一名员工都要承担质量责任。全面质量管理的宗旨是以最少的质量成本获得最优的产品质量，使错误的纠正成本递减，使项目总成本下降。全面质量管理能降低成本，对于质量成本较高的企业来说，全面质量管理是一个重要的成本降低动因。企业大力推行全面质量管理，树立强烈的质量意识，从生产的各个阶段着手提高产品质量、降低产品成本，能真正实现优质高效。

（三）资源成本管理

企业项目化管理，需要加强资源成本控制管理。

1. 加大进度控制的力度

项目的动态性，使成本也呈现动态变化。假设进度控制不力，导致项目延期甚至失败，后果不堪设想。加大项目进度控制力度也是节约成本的一种方式。

2. 提高管理人员素质

企业项目化管理，要求管理人员要有扎实的工作作风，以身作则，带动团队成员形成时间意识、成本意识。项目经理要抓检查、抓考核，提高管理人员的工作责任心。同时，管理人员要有过硬的管理水平、丰富的管理经验和扎实的理论基础，提高项目管理的职业化水平。

3. 提高员工的向心力

企业的每个员工都与企业的成本有着直接的联系，多个人的具体行动构成企业的行动，只有通过员工和企业的共同努力，做到同心协力，才能降低成本，实现项目运营目标。

4. 全面实施资源计划管理

企业在项目化管理过程中，要全面实施资源计划管理，优化配置企业资源，提高资源的转换效率。

推荐阅读

1. 马旭晨. 工商企业项目管理［M］. 北京：中国铁道出版社有限公司，2019.
2. 闫佳. 企业项目管理体系建设——基于 HIP 公司的案例研究［D］. 北京邮电大学，2015.

思考题

1. 项目管理内容有哪些？项目管理过程包括哪些？
2. 项目管理方法类型各包括哪些？
3. 项目管理机构有哪些？项目计划管理的内容有哪些？
4. 项目实施及控制包括哪些？项目化管理组织建设主要有哪些？
5. 项目进度流程管理包括哪些？项目成本管理有哪些？

第十七章 质量管理

学习目标

1. 了解质量管理的含义及质量管理活动环节；

2. 熟悉企业质量管理组织机构与工作体系；

3. 理解企业质量管理标准体系；

4. 掌握全面质量管理的内涵、原则与基本内容；

5. 学会企业质量管理主要方法和工具。

质量是企业的生存之本，是现代企业获得竞争优势的主要手段。没有质量，就没有顾客，也就没有效益，企业将无法生存。企业运营管理必须始终贯彻"质量第一"的思想，并将其落实到企业生产管理的整个过程中。对于企业来讲，追求质量已经成为一项没有终点的长跑运动，"质量第一"已经成为国际工商界的共同信念。质量竞争日趋激烈，质量管理在企业管理中的地位日趋重要。

第一节 质量管理概述

一、质量定义及含义

质量是社会生产、生活的一个永恒的话题。随着时代的发展、科学技术水平的提高和人类对客观事物认知的加深，质量被赋予了新的生命和使命。国际标准 ISO9000：2000 将"质量"定义为：一组固有特性满足要求的程度。

对于这个定义，可以这样来理解。

（1）关于质量的载体。既包括产品，也包括产品制造过程和服务过程或者它们的组合，如硬件、流程性材料、软件和服务等。所谓"质量"，既可以是零部件、计算机软件或服务等产品的质量，也可以是某项活动的质量或某个过程的质量，还可以指企业的信誉、体系的有效性等。

（2）关于质量定义中的固有特性。固有特性是事物本来就有的，它是通过产品、过程或体系设计和开发及其后之实现过程形成的属性。例如，物质特性（如机械、电气、化学或生物特性）、官感特性（如用嗅觉、触觉、味觉、视觉等感觉控测的特性）、行为特性（如礼貌、诚实、正直）、时间特性（如准时性、可靠性、可用性）、人体工效特性（如语言或生理特性、人身安全特性）、功能特性（如飞机最高速度）等。这些固有特性大多是可测量的。与固有特性相对应的是赋予的特性（如某一产品的价格），不是产品、体系或过程的固有特性。

（3）关于满足要求。就是应满足明示的（如明确规定的）、通常隐含的（如组织的惯例、一般习惯）或必须履行的（如法律法规、行业规则）的需要和期望。只有全面满足这些要求，才能认为产品和服务达到了质量要求。

阅读专栏 17-1　产品质量

一般来讲，产品质量是指国家的有关法规、质量标准以及合同规定的对产品适用、安全和其他特性的要求。

一、产品质量特性

人们用产品质量特性来说明产品质量。产品质量特性是指构成产品质量的一切外在的特征和内在的特性，所有这些外在特征和内在特性的总和构成产品的"适用性"，即产品在使用过程中满足顾客目标的程度。

一般工业产品的质量特性大体可分为以下七个方面：

（1）物质方面，如物理性能、化学成分等。

（2）操作运行方面，如操作是否方便，运转是否可靠、安全等。

（3）结构方面，如结构是否轻便，是否便于加工、维护保养和修理等。

（4）时间方面，如耐用性（使用寿命）、精度保持性、可靠性等。

（5）经济方面，如效率、制造成本、使用费用（油耗、电耗、煤耗）等。

（6）外观方面，如外形美观大方，包装质量等。

（7）心理、生理方面，如汽车座位的舒适程度，机器开动后的噪声大小等。

这些质量特性，区分了不同产品的不同用途，满足了人们的不同需要。人们就是根据工业产品的这些特性满足社会和人们需要的程度，来衡量工业产品质量的优劣的。

企业应特别关注产品满足社会生产和生活消费需要而具备的质量特性，它是产品使用价值的具体体现。产品质量包括产品内在质量和外观质量两个方面。

1. 产品内在质量

产品内在质量也称实物产品质量，是指企业生产的产品本身的质量，是产品的内在属性。主要包括性能、寿命、可靠性、安全性、经济性五个方面。

（1）产品性能。指产品满足用户要求的物理、化学或技术性能，如强度、化学成分、纯度、功率、转速等。

通常所说的产品性能，实际上是指产品的功能和质量两个方面。功能是竞争力的首要要素。用户购买某个产品，首先是购买它的功能。质量是指产品能实现其功能的程度和在使用期内功能的保持性，可以定义为"实现功能的程度和持久性的度量"。

（2）产品寿命。指产品在保持正常功能情况下的使用期限，如房屋的使用年限、电灯使用时数、家用电器的使用年限、闪光灯的闪光次数等。

产品寿命有两种含义，即使用寿命和市场寿命。产品使用寿命是指一件产品能使用多长时间；产品市场寿命则是指产品在市场上出现、兴盛至消失的市场生命周期。

（3）产品可靠性。根据国家标准的规定，产品的可靠性是指产品在规定的条件下、在规定的时间内完成规定的功能的能力。一般指产品在规定的时间内和规定的条件下使用，不发生故障的特性，如电视机使用无故障、钟表走时精确等。

（4）产品安全性。指避免产品可能对人身安全和人体健康、环境以及产品本身带来的危害，可分为人身安全、人体健康、环境安全和产品本身的安全。一般地，指产品在使用过程中对人身及环境的安全保障程度，如热水器的安全性、啤酒瓶的防爆性、电器产品的导电安全性等。

（5）产品经济性。指产品经济寿命周期内的总费用，如冰箱等家电产品的耗电量，汽车的耗油量等。

2. 产品外观质量

产品外观质量是指产品在外形方面满足消费者需要的能力，一般是指产品的造型、色调、光泽和图案等凭人的视觉和触觉感觉到的质量特性。

二、产品质量标准

产品的质量标准是根据产品生产的技术要求，将产品主要的内在质量和外观质量在数量上加以规定，即对一些主要的技术参数所做的统一规定。它是衡量产品质量高低的基本依据，也是企业生产产品的统一标准。我国采用的产品质量标准有：

（1）国际标准，是指某些国际组织，如国际标准化组织（ISO）、国际电工委员会（IEC）等规定的质量标准，也可以是某些有较大影响力的公司规定的并被国际组织所承认的质量标准。积极采用国际标准或国外先进标准是我国当前一项重要的技术经济政策。

（2）国家标准，是在全国范围内统一使用的产品质量标准，主要针对某些重要产品而制定。

（3）行业标准（部颁标准），是指在全国某一行业内统一使用的产品质量标准。

（4）企业标准，是企业自主制定，并经上级主管部门或标准局审批发布后使用的标准。一切正式批量生产的产品，凡是没有国家标准、部颁标准的，都必须制定企业标准。企业可以制定高于国家标准、部颁标准的产品质量标准，也可以直接采用国际标准、国外先进标准，但企业标准不得与国家标准、部颁标准相抵触。

把产品实际达到的质量水平与规定的质量标准进行比较，凡是符合或超过标准的产品称为合格品，不符合质量标准的称为不合格品。合格品中按其符合质量标准的程度不同，又分为一等品、二等品等。不合格品中包括次品和废品。

阅读专栏 17-2　工作质量

在质量管理过程中，"质量"的含义是广泛的，除了产品质量外，还包括工作质量。质量管理不仅要管好产品本身的质量，还要管好质量赖以产生和形成的工作质量，并以工作质量为重点。

工作质量涉及企业各个层次、各个部门、各个岗位工作的有效性。工作质量取决于企业员工的素质，包括员工的质量意识、责任心、业务水平等。企业决策层（以最高管理者为代表）的工作质量起主导作用，管理层和执行层的工作质量起保证和落实作用。对工作质量，可以通过建立健全工作程序、工作标准和一些直接或间接的定量化指标，使其有章可循，易于考核。实际上，工作质量一般难以定量，通常是通过产品质量以及不合格品率来间接反映和定量的。当全数检查质量指标时，有一部分质量指标就属于工作质量指标，如不合格品率、废品率等，另一部分质量指标属于产品质量指标，如优质品率、一级品率、寿命、可靠性指标等；在抽样验收的情况下，一批产品的不合格品率是判断这批产品是被接收还是会被拒收的依据。这时，不合格品率既反映工作质量又反映产品质量，同时还反映了被验收的这批产品总的质量状况。

工作质量与产品质量是既不相同又密切联系的两个概念。产品质量取决于工作质量，工作质量是产品质量的前提条件。产品质量是企业各部门、各环节工作质量的综合反映，因此，实施质量管理，既要搞好产品质量，又要搞好工作质量。而且，应该把重点放在工作质量上，通过保证和提高工作质量来保证产品质量。

二、质量管理定义及含义

ISO9000：2005 将质量管理定义为："指导和控制某组织与质量有关的彼此协调的

活动。"质量方面的指导和控制活动，通常包括制定质量方针和质量目标以及质量策划、质量计划、质量控制和质量改进等活动。

（一）质量方针

质量方针是由企业的最高管理者组织制定并颁布的有关质量管理的根本宗旨和方向，是一个企业建立质量管理体系，开展各项质量活动的根本准则，是企业各部门和全体人员执行质量职能以及开展质量管理活动所必须遵守和依从的行动纲领。不同的企业可以有不同的质量方针，但都必须具有明确的号召力。

企业的质量方针，一般由高度凝练的文字语言来表达，如某企业的质量方针为"科技领先、优质高效、顾客至上、遵信守约"，体现了企业对质量的根本认知以及质量管理的指导思想，便于理解和把握，能够渗透到企业每一个员工的思想深处，指导有关质量管理的活动。企业的质量方针要通过企业的质量管理职能和过程活动体现，一般包括对企业产品设计制造的质量要求、企业产品销售和售后服务的质量要求、对供应商的质量要求、对企业员工工作质量和质量教育培训的要求等。

（二）质量目标

质量目标是企业"在质量方面所追求的目的"。质量目标是企业质量管理最关键的考核指标，体现着企业的质量管理水平，没有科学合理的质量目标，企业的质量管理也将是杂乱无章的。

质量目标是组织在质量方面为满足要求和持续改进质量管理体系有效性方面的承诺和追求的目标，是衡量产品、服务和过程价值水平的目标。建立全面、系统的质量目标管理体系是质量管理的必经过程。

企业制定质量目标，应确保质量目标与质量方针保持一致，应充分考虑企业现状及未来的需求，考虑顾客和相关方的要求，对质量目标进行适宜性、充分性和有效性评审，使企业的质量目标具有前瞻性，使质量目标有充分的引导和管控作用。

质量目标可以依据部门、团队、过程或项目而分别制定。企业质量目标一经制定，就要考虑如何进行实施，我们需要对其进行层层展开，从而使质量目标纵到底横到边，千斤重担大家挑，人人肩上有指标。企业应将质量目标分解落实到各职能部门和各级人员身上，使质量目标更具操作性，各部门、各级人员只有明确了自己的质量目标，知道了努力的方向，明白了应该干什么、什么时候干、怎样去干、干到什么程度，才能够充分发挥作用，确保质量目标的完成。质量目标层层展开以后，各级目标的实现也就保证了企业总质量目标的实现。

（三）质量策划

质量策划是指对质量管理事项及其实施过程的设计与谋划，是质量方针和具体的质量管理活动之间的桥梁和纽带。

1. 质量策划的类型

一般地，质量策划包括以下类型：

（1）有关质量管理体系的策划。这类策划，由企业的最高管理者负责，根据质量方针设定质量目标，确定质量管理体系要素，分配质量职能等，企业建立质量管理体系或对其进行重大改进时，就需要进行这种质量策划。

（2）有关质量目标的策划。这类策划主要是按照企业质量管理体系的功能，在确定具体的质量目标和强化质量管理体系的某些功能时进行，使对某一时间段（如中长期、年度、临时性）的质量管理活动进行控制，或者需要对某一特殊的、重大的项目、产品、合同和临时的、阶段性的任务进行控制时，也需要进行这种质量策划，以调动各部门和员工的积极性，确保实现策划的质量目标。

（3）对质量过程的策划。这类策划主要是针对具体的项目、产品进行的质量策划，同样需要设定质量目标，但重点在于规定必要的过程。这种策划包括对产品生产全过程的策划，也包括对某一过程（如设计和开发、采购、过程运作）的策划，还包括对具体过程（如某一次设计评审、某一项检验验收过程）的策划。也就是说，有关过程的策划，是根据过程本身的特征（大小、范围、性质等）进行的。

2. 质量策划的内容

质量策划的主要内容包括：

（1）设定质量目标；

（2）确定达到目标的途径；

（3）确定相关的职责和权限；

（4）确定所需的资源；

（5）确定实现目标的方法和工具；

（6）确定项目的特殊需求。

（四）质量计划

质量计划是指"针对特定的产品、项目或合同规定专门的质量措施、资源和活动顺序的文件"。质量计划通常是在质量策划基础上形成的针对特定对象的文件，是"确定质量以及采用质量体系要素的目标和要求的活动"，是企业运营中具体质量活动的实施依据和指导文件。

一般地，一份质量计划书，包括以下具体内容：

（1）编制依据；

（2）项目概述；

（3）质量目标；

（4）组织机构；

（5）质量控制及管理组织协调的系统描述；

（6）必要的质量控制手段、施工过程、服务、检验和试验程序及与其相关的支持性文件；

（7）确定关键过程和特殊过程及作业指导书；

（8）与施工阶段相适应的检验、试验、测量、验证要求；

（9）更改和完善质量计划的程序；

（10）其他需要说明的问题。

（五）质量控制

质量控制是指为达到质量要求所采取的作业技术和活动。这就是说，质量控制是为了通过监控质量形成过程，消除质量环上所有阶段导致不合格或不满意效果的因素，以达到质量要求、获取经济效益，而采用的各种质量作业技术和活动。在企业领域，质量控制活动主要是企业内部的生产现场管理，它与有无合同无关，是指为保证质量而进行的技术和管理方面的活动。

质量控制的内容如下：

（1）明确质量控制范围。企业质量控制范围是产品形成所需的一系列专业技术作业过程和质量管理过程。对硬件类产品来说，专业技术过程是指产品实现所需的设计、工艺、制造、检验等；质量管理过程涉及管理职责、管理资源、测量分析以及各种评审活动等。对服务类产品而言，专业技术作业过程是指具体的服务过程。

（2）使所有生产管理过程和活动处于受控状态。质量控制应确保生产管理的过程和活动处于受控状态，并对它们进行监控，一旦发现问题应及时采取措施恢复受控状态，把质量波动控制在允许的范围内。

（3）严格执行规范。无论制造过程还是管理过程，都需要严格按照规范进行，保证其达到质量要求，及时发现和纠正质量偏差。

（六）质量改进

质量改进是指使质量水平在原有基础上有突破性提高的质量管理活动。企业的质量管理活动可以分为两类：一类是保持性的质量管理活动，表现为"质量控制"，将产品质量等维持在一定的水平上；另一类是突破现有质量水平的质量管理活动，就是"质量改进"。

相对于质量控制，质量改进的效果在于"突破"。质量控制的目的是维持某一特定的质量水平，控制系统的偶发性缺陷；而质量改进则是对某一特定的质量水平进行"突破性"的变革，使企业质量管理上一个层次，在更高层次上运营，在更高层次上控制。

1. 企业质量改进的对象选择

质量改进的对象包括产品（或服务）质量以及与它有关的工作质量，也就是通常所说的产品质量和工作质量两个方面。一般来说，应把影响企业质量目标实现的问题，作为质量改进的对象。企业选择质量改进的对象应重点考虑下列项目：

（1）市场上质量竞争最敏感的项目。企业应了解用户更关注产品的哪一方面，因为它往往会决定产品在市场竞争中的成败。例如，用户对台灯的选择，主要考虑其色彩和造型等因素，而对其耗电量往往考虑甚少，所以台灯质量改进项目主要是改善它的造型和色彩。

（2）产品质量指标达不到规定"标准"的项目。所谓规定"标准"是指合同或销售文件中所提出的标准。在国内市场，一般采用国内标准或部颁标准；在国际市场，一般采用国际标准，或者选用某一个先进工业国的标准。产品质量达不到这种标准，就难以在市场上立足。

（3）产品质量低于行业先进水平的项目。通用的各项标准只是产品质量的一般要求，有竞争力的企业一般执行具有更高水平的内部控制标准。因此，选择改进项目应在与先进企业的产品进行质量对比的基础上，将本企业质量水平低于行业先进水平的产品列入改进计划，制定改进措施提升其质量。

（4）处于成熟期至衰退期的产品。产品进入成熟期后，市场处于饱和状态，用户提出新的需求。在这一阶段必须对产品质量进行改进，以此延迟产品衰退期的到来，此类质量改进活动常与产品更新换代工作密切配合。

2. 企业实施质量改进的步骤

企业可以按下列步骤实施质量改进：

（1）论证改进的必要性。找出只采用质量控制手段还不能彻底解决的质量问题，论证必须进行质量改进才有可能提高产品或工作的质量。

（2）编制质量改进实施方案，确定改进的目标。针对质量改进问题，编制质量改进方案，确定质量改进的目标。

（3）成立质量改进组织。设立企业质量改进领导小组负责审查批准方案。其成员由企业负责人、相关科室和车间人员、用户代表、工人代表等组成。在问题所在单位部门设立质量改进实施小组，负责质量改进项目的具体实施。

（4）实施质量改进项目。

（5）评估验收质量改进项目，形成新的质量管理标准。

（6）依照新的质量要求控制质量。

阅读专栏 17-3　质量管理发展阶段

质量管理发展到今天，已成为一个企业在市场中立足的根本和发展的保证。了解质量管理发展史能够帮助我们对质量管理有更深刻清晰的认识，质量管理的发展与工业生产技术和管理科学的发展密切相关，大致经历了三个阶段。

第一阶段：质量检验阶段

20世纪前，产品质量主要依靠操作者本人的技艺水平和经验来保证，属于"操作者的质量管理"，生产者即为质量控制者。20世纪初，科学管理理论的产生，使质量管理的职能由操作者转移给工长，成为"工长的质量管理"，存在事后检验、全数检验和质量责任不清的弊端。之后再到"检验员的质量管理"，虽然检验和生产区分开，但还有事后检验和全数检验的弊端。

第二阶段：统计质量控制阶段

1924年，美国数理统计学家W. A. 休哈特提出控制和预防缺陷的概念，绘制出第一张控制图。与此同时，美国某研究所提出关于抽样检验的概念及其实施方案。该阶段出现了积极预防、抽样检验的概念和质量标准。20世纪30年代，开始强调统计管理技术的应用。1941~1942年美国公布了一批战时的质量管理标准。

第三阶段：全面质量管理阶段

20世纪50年代后，仅凭质量检验和运用统计方法已难以保证和提高产品质量，尤其是对那些质量必须百分之百符合要求的产品（如药品等）必须进行严格控制，否则就会产生严重不良后果。要想真正保证和提高产品质量，还必须考虑过程管理。20世纪60年代初，美国通用电气工程师费根堡姆和质量管理学家朱兰提出全面质量管理观念，标志着全面质量管理时代的到来。

第二节　企业质量管理的组织体系

一、企业质量管理组织机构

企业质量管理组织机构是指企业以保证和提高产品质量、工程质量和工作质量为目标，运用系统原理和方法，把各部门、各环节的质量管理机构组织起来，形成一个有明确目标、职责、互相协调、互相促进的质量管理网络。从管理层次和职能上可以划分为质量管理领导组织机构、质量管理职能机构和质量管理实施机构。

（一）企业质量管理领导组织机构

企业质量管理领导组织，称为质量管理领导小组或企业质量管理委员会，是以企业经理为首的企业质量管理的领导决策机构，组织领导整个企业的质量管理工作，其主要任务是：

（1）贯彻国家和政府法律法规，国际和国家、行业、地方的质量标准，研究决定质量管理方针、目标和行动计划；

（2）建立企业质量管理组织系统；

（3）审议企业质量管理制度和重要的质量标准；

（4）决定企业质量管理重大事项。

（二）企业质量管理职能机构

企业质量管理职能机构，是通过计划、组织、指挥、监督、调节等职能协助经理开展企业日常质量管理工作的职能管理机构。其主要职责和任务是：

（1）组织编制各项工作质量标准或制度，督促、检查各部门执行质量标准的情况，协调各方面的质量管理工作；

（2）收集、整理质量信息，掌握质量动态，向经理报告和反映质量状况；

（3）研究推广先进的质量控制方法；

（4）监督检查各质量管理组织的工作效率，及时提出改进意见；

（5）组织开展质量管理宣传教育，会同教育部门搞好各类人员的质量管理培训；

（6）组织指导群众性的质量管理小组活动，考核、审定质量管理小组工作成果。

（三）企业质量管理实施机构

企业质量管理实施机构，是指企业有关生产经营机构和组织部门建立的质量管理小组，是企业职工根据企业经营方针和目标，以提高质量为目的，运用科学的质量管理思想和方法，组织起来开展质量管理活动的群众性基层组织。它是发动企业职工积极参加质量管理的组织，是实行全员管理和民主管理的重要组成部分。

质量管理小组以车间、营业柜组和工作小组为单位，或跨部门进行组织，一般只需3～10人。质量管理小组长要有强烈的质量意识，热心质量管理活动，善于团结同志。质量管理小组要在本部门领导下和质量管理职能机构指导下开展质量管理活动。

根据工作性质和内容的不同，质量管理小组大致可以分为四种类型：

（1）现场型。主要由班组、工序、服务现场的职工组成，以稳定工序、改进产品质量、降低物质消耗、提高服务质量为目的。

（2）攻关型。一般由干部、工程技术人员和工人结合组成，以解决有一定难度的质量问题为目的。

（3）管理型。以管理人员为主组成，以提高工作质量、改善与解决管理中的问题、提高管理水平为目的。

（4）服务型。由从事服务性工作的职工组成，以提高服务质量，推动服务工作标准化、程序化、科学化，提高经济效益和社会效益为目的。

二、企业质量管理工作体系

（一）质量体系的策划与设计

该阶段主要是做好各种准备工作，包括教育培训，统一认识，组织落实，拟定计划；确定质量方针，制定质量目标；现状调查和分析；调整组织结构、配备资源等。

（二）质量体系文件的编制

质量体系文件的编制，从质量体系的建设角度讲，应强调以下几个问题：

（1）体系文件一般应在第一阶段工作完成后正式制定，必要时也可交叉进行。如果前期工作不做，直接编制体系文件就容易产生系统性、整体性不强，脱离实际等弊病。

（2）除质量手册需统一组织制定外，其他体系文件应按分工由归口职能部门分别制订，先提出草案，再组织审核，这样做有利于今后文件的执行。

（3）质量体系文件的编制应结合本单位的质量职能分配情况进行。按所选择的质量体系要求，开展各项质量活动（包括直接质量活动和间接质量活动），将质量职能分配落实到各职能部门。质量活动项目和职能分配可采用矩阵图的形式表达，质量职能矩阵图也可作为附件附于质量手册之后。

（4）为了使所编制的质量体系文件协调、统一，在编制前应制定"质量体系文件明细表"，将现行的质量手册（如果已编制）、企业标准、规章制度、管理办法以及记录表式收集在一起，与质量体系要素进行比较，从而确定新编、增编或修订质量体系文件项目。

（5）为了提高质量体系文件的编制效率，在文件编制过程中要关注文件层次间、文件与文件间的协调。尽管如此，编制一套完整的质量体系文件也要经过自上而下和自下而上的多次反复。

（6）编制质量体系文件的关键是讲求实效，不走形式。既要在总体上符合ISO9000族标准，又要在方法上和具体做法上符合本单位的实际。

（三）质量体系的试运行

质量体系文件编制完成后，质量体系将进入试运行阶段。其目的，是通过试运行，考察质量体系文件的有效性和协调性，针对暴露出的问题，采取改进措施和纠正措施，进一步完善质量体系文件。在质量体系试运行过程中，要重点抓好以下工作：

有针对性地宣贯质量体系文件，使全体职工认识到新建立或完善的质量体系是对过去质量体系的变革，是为了与国际标准接轨，要适应这种变革就必须认真学习、贯彻质量体系文件。

实践是检验真理的唯一标准。体系通过试运行必然会暴露一些问题，全体职工应将实践中出现的问题如实反映给有关部门，以便采取纠正措施。

加强信息管理，是体系试运行本身的需要，是保证试运行成功的关键。所有与质量活动有关的人员都应按体系文件要求，做好质量信息的收集、分析、传递、反馈、处理和归档等工作。

（四）质量体系的审核与评审

质量体系审核在体系建立的初始阶段往往更加重要。在这一阶段，质量体系审核的重点，主要是验证和确认体系文件的适用性和有效性。

质量体系审核与评审的内容一般包括：

（1）质量方针和质量目标是否可行；

（2）体系文件是否覆盖了所有质量活动，各文件之间的接口是否清楚；

（3）组织结构能否满足质量体系运行的需要，各部门、各岗位的质量职责是否明确；

（4）质量体系要素的选择是否合理；

（5）质量记录是否能起到见证作用；

（6）所有职工是否养成了按体系文件操作或工作的习惯，执行情况如何。

第三节　企业质量管理标准体系

一、国际质量管理标准体系

ISO9001 是 ISO9000 族标准所包含的一组质量管理体系核心标准。1994 年，国际标准化组织（ISO）正式提出 ISO9000 族标准的概念，即通过 ISO/TC176（国际标准化组织质量管理和质量保证技术委员会）统一制定的国际标准，是全世界通用的国际标准。

ISO9001 质量管理体系是对各企事业单位管理活动进行质量管理评估和注册登记的体系。企业或地方政府借助 ISO9001 质量管理体系的评估认证和持续监督，可以证明其质量管理是否符合体系要求。质量管理体系在发展过程中，不仅对系统论、控制论和信息论进行借鉴，同时具有很强的经济性、社会性和科学性，可以应用于各个领域和行业，具有非常广泛的适应性和针对性。

二、国家质量管理标准体系

我国将 ISO9000 族标准等同采用为国家标准，依据国家标准编号规定，统称为 GB/T19000 族标准。

ISO9000 族标准，是由国际标准化组织（ISO）质量管理和质量保证技术委员会（TC176）编制的国际标准。1986 年下半年 ISO 发布了 ISO9000 系列的第一个标准：术语标准（ISO8402）；1987 年起陆续发布了 ISO9000、ISO9001、ISO9002、ISO9003、ISO9004 等标准，被统称为"ISO9000 系列标准"。

经过国际标准化组织（ISO）1994 年、2000 年的两次改版，"ISO9000 系列标准"改称为"ISO9000 族标准"。

中国 1988 年 12 月正式发布了等效采用 ISO9000 系列标准的 GB/T103000《质量管理和质量保证》系列国家标准；1992 年 5 月发布了等同采用 ISO9000 系列标准的 GB/T19000 系列国家标准；1994 年、2000 年 12 月 28 日发布了等同采用 ISO9000 族标准的 GB/T19000 族标准，即 GB/T19000 族，这些标准包括：

（1）GB/T19000 表述质量管理体系基础知识并规定质量管理体系术语。

（2）GB/T19001 规定质量管理体系要求，用于组织证实其具有提供满足顾客要求和法规要求的产品的能力，目的在于提高顾客满意度。

（3）GB/T19004 为组织实现持续成功提供指南。该标准的目的是提高组织业绩及顾客和其他相关方的满意度。

（4）GB/T19011 提供管理体系审核指南。

国家质量管理标准体系的发布实施，对我国各类组织的质量管理起到了不可估量的重要作用。

三、行业和专业质量管理标准体系

无论是什么行业都离不开质量管理，任何行业都需要管理，管理与质量是分不开的，要想开展各项质量管理活动，必须建立相应的质量管理体系。行业的质量管理体系标准与 ISO9001：2008 是相容的，例如：汽车行业 ISO/TS16949：2009；食品行业 ISO22000；通信行业 TL9000；医药行业 ISO13485 等。

四、地方质量管理标准体系

地方政府的属性是提供公共服务，而质量管理是公共服务的重要基础。在经济全球化的形势下，地方政府之间的竞争与合作日趋激烈，不断提高服务质量是提高地方政府核心竞争力的重要手段。在此背景下，质量管理标准体系在地方政府部门的应用将更加广泛和深入。

政府质量管理，是指政府通过立法、行政等手段对服务质量进行引导、管理、监督和控制的活动。

五、企业质量管理标准体系

企业质量管理体系是企业内部建立的、保证产品质量或质量目标所必需的、系统的质量活动。企业根据自身特点选用若干体系要素加以组合，加强设计研制、生产、检验、销售、使用全过程的质量管理活动，并予以制度化、标准化，企业内部的工作要求和活动程序。在现代企业管理中，企业普遍采用 ISO9000 质量管理体系。

第四节　全面质量管理

一、全面质量管理的内涵

（一）全面质量管理（Total Quality Management，TQM）的定义

ISO9000 族标准将全面质量管理定义为：一个组织以质量为中心，以全员参与为基础，目的在于通过让顾客满意和本组织所有成员及社会受益而达到长期成功的管理途径。这一定义，反映了全面质量管理概念的最新发展，得到了质量管理界的广泛认可。

（二）全面质量管理的内涵

全面质量管理的内涵可以概括为"三全一多样"，即全员的质量管理、全过程的质量管理、全方位的质量管理和多方法的质量管理。

1. 全员的质量管理

全员的质量管理是企业全体人员参加的质量管理。人是影响质量管理最显著的因素，在以人为本，充分发挥人在质量管理过程中的主观能动性。因为全面质量管理不是质管部门和生产主管的专职，而是全体员工共同的责任，企业员工应共同努力，保证和提高产品质量。产品质量是企业全体员工工作质量的综合体现，这与员工的素质、技术水平、管理水平、领导水平等密切相关，任何一个环节、任何一个人的工作质量都会影响产品质量，所以全体人员要树立全面质量管理观念，加强全面质量管理教育和培训，明确每一个部门、每一个岗位的质量职责，让全体员工更加积极主动地参与到质量管理中。

2. 全过程的质量管理

所谓"全过程"，是指与产品质量产生、形成和实现有关的全过程。全过程的质量管理是对产品质量产生、形成和实现的全过程进行的管理，将产品的设计、制造、辅助生产、供应服务、销售直至使用的全过程全部纳入质量管理范畴。企业应严格控制产品生产的每一道工序、每一个环节，以预防为主，防检结合，保证每一道工序的

"零失误"，从而保证产品质量。全面质量管理下的顾客不仅指产品或服务的消费者，还将生产过程中下一道工序定义为上一道工序的"顾客"，所以每一个环节都是相互联系的，要对生产过程中的每一道工序都加强管理，从而保证全过程的质量。

3. 全方位的质量管理

全方位的质量管理对象包括工作质量、产品质量及有关的过程质量。要求企业所有部门都参与质量管理，共同围绕质量方针制定质量目标并有效落实，部门之间要共享质量信息，重视影响企业产品质量的所有因素，并对其进行控制，从而提高工作质量和产品质量。此外，要对产量、成本、生产效率和交货期等进行管理，预防和减少不合格产品，确保低消耗、低成本、按期交货和服务周到，满足顾客需求，使整个企业成为一个质量管理的整体。

4. 多方法的质量管理

多方法的质量管理即多种方法的质量管理。影响企业产品质量和服务质量的因素越来越多，既有物质的因素，也有人的因素；既有技术的因素，也有管理的因素；既有企业内部因素，也有企业外部因素。因此，需要区别不同的对象，采用多种方法，实施质量管理，解决质量问题。常用的质量管理方法包括因果图、排列图、直方图、控制图、散布图、分层图、调查表以及关联图、KJ法、系统图、矩阵图、矩阵数据分析法、PDPC法、矢线图等。随着现代技术和管理方法的不断创新发展，质量管理的方法和工具也被不断地创造出来。

阅读专栏 17-4 过程质量

一、什么是过程质量

过程质量是指过程满足明确和隐含需要的能力的特性之总和。既然过程的基本功能是将输入转化为输出，那么过程质量一方面可以通过构成过程的要素（如投入的资源）和相关活动满足明确和隐含需要的程度来考虑，另一方面也可以通过过程输出（如产品和劳务等有形或无形产品）的质量好坏来间接地反映。即：

(1) 过程必须是一种增值的转换。

(2) 每一过程与其他过程之间存在联系。

(3) 所有工作通过过程来完成。

二、过程质量的类别

过程质量，可分为开发设计过程质量、制造过程质量、使用过程质量与服务过程质量四个子过程的质量。

（1）开发过程质量。是指从市场调研开始，经过产品构思到完成产品设计为止的质量。开发过程质量是产品固有质量形成的决定性因素。

（2）制造过程质量。是指通过制造所形成的产品实体符合设计质量要求的程度。由于制造过程质量取决于制造过程中一系列工序的质量，所以又可称为工序质量。生产过程中，人、原材料、设备、制造方法、环境、检测六大因素在生产过程中同时对产品质量起控制作用，过程质量的好坏决定着产品质量的好坏。所以，产品质量管理的重点是在制造过程中及时预防和控制出现的不合格产品。

（3）使用过程质量。是指产品在使用过程中其固有质量的展现程度。它取决于使用环境与使用条件的合理性、使用的规范性、使用者的操作水平及日常的维护保养状况。

（4）服务过程质量。是指产品进入使用过程后，生产企业对用户服务要求的满足程度。提高服务过程质量是保证产品固有质量充分展现的重要环节，也是生产企业维护与提高其信誉以及收集质量信息的重要手段。在当今国际国内市场中，服务质量已成为决定市场竞争胜负的重要因素。

二、全面质量管理的原则

全面质量管理有八大原则：

（一）以顾客为中心

全面质量管理的第一个原则是以顾客为中心。在当今的经济活动中，任何一个组织都要依存于它们的顾客。组织或企业由于满足了顾客的需求，从而获得生存的动力和源泉。全面质量管理以顾客为中心，不断通过 PDCA 循环进行持续的质量改进来满足顾客的需求。顾客不仅包括消费者，还包括单位内部生产、服务活动所涉及的工序、岗位和个人。

（二）重视领导的作用

全面质量管理的第二个原则是重视领导的作用。领导作为企业质量方针、目标和战略规划的制定者，在生产经营中发挥重要作用。企业决策层必须重视质量管理，一个企业从总经理层到员工层，都必须参与到质量管理的活动中来，其中，最为重要的是企业的决策层必须对质量管理给予足够的重视。我国的质量管理法规定，质量部门必须由总经理直接领导。这样才能够使组织中的所有员工和资源都参与到全面质量管理中。

（三）全员积极参与

全员参与是全面质量管理思想的核心。企业发展不能只靠管理层，员工参与也至关重要。各级人员是企业组织之本，企业拥有能够胜任工作且积极参与的员工是提高企业价值创造能力的必要条件，员工的充分参与可为组织带来收益。人才是第一资源，只有全体人员充分参与，企业才能运作。全员参与原则的要点是要正确处理人员配备和人员激励问题。

（四）采用过程方法

全面质量管理的第四个原则是采用过程方法。必须将全面质量管理所涉及的相关资源和活动都作为一个过程来理解和管理。质量管理体系就是一套过程方法体系，以顾客满意为输出。

（五）系统管理

全面质量管理的第五个原则是系统管理。我们开展一项质量改进活动，首先需要确定目标，理解并统一管理一个由相互关联的过程所组成的体系。由于产品生产并不只是生产部门的事情，因而组织所有部门都参与到这项活动中来才能够最大限度地满足顾客的需求。

（六）持续改进

全面质量管理的第六个原则是持续改进。改进应是企业永恒的目标，持续改进是全面质量管理的重大原则，只有持续改进才能使质量水平得以保持并不断提高。正是确立持续改进的原则和思想，计算机和信息网络技术、人工智能技术等不断地被应用到质量管理中，新的质量管理方法和手段被不断创造出来。

（七）以事实为基础

以事实为基础是全面质量管理的第七个原则，就是要在充分分析数据和信息的基础上建立有效决策。全面质量管理必须以事实为依据，运用事实基础，对数据和信息进行合乎逻辑和直观的分析，才能产生期望的结果。

（八）关系管理

企业与供方相互联系、相互依存。加强企业联系，使企业与供方之间保持互利关系、实现优势互补，可增强企业和供方共同创造价值的能力，实现合作共赢。供方产品的好坏直接影响最终产品的质量，企业在采购材料时应充分对其进行分析，并要多方面沟通，帮助供方改进产品或原材料的质量，实现互利互惠，共同发展。由此，全面质量管理实际上已经渗透到供应商的管理中。

三、全面质量管理的基本内容

（一）设计、试制过程的质量管理

根据用户调查获得的质量信息制定质量目标，确保设计满足用户需要，具有一定的超前性。会同产品设计和市场营销部门的人员，根据相关资料，认真分析企业的技术与工艺条件，共同评议和审查产品设计质量，选择合理的设计方案。针对新产品试制过程中暴露出的问题，对产品设计进行必要的修正，确保其成功投产。

（二）产品制造过程的质量管理

主要围绕人、机器、原材料、方法、环境五项因素展开。不断改善和优化设计，加强工艺管理，以提高生产运营过程质量，从根本上确保产品质量。健全和完善工艺卡、工序卡等工艺文件，改善现场环境和秩序，严格规范现场管理。采用合适的检验方式，坚持自检、互检、专检相结合的原则。把好各工序的质量关，以保证生产按质量标准进行，防止不合格品转入下道工序。组织质量分析，掌握产品质量状况。

（三）制造辅助过程的质量管理

企业制造辅助过程主要包括物资供应、工具供应、设备维修等内容。这些工作的质量直接影响着制造过程的质量。因此，要高度重视这些辅助环节的工作质量，确保物资、工具设备的实体质量。

（四）营销和产品使用过程的质量管理

积极开展技术服务，包括编制产品说明书，设置技术咨询服务中心和站点；进行使用效果与使用要求调查，认真处理营销产品的质量问题等。

四、推行全面质量管理的步骤

步骤1：通过培训教育使企业员工牢固树立"质量第一"和"顾客第一"的思想，制造良好的企业文化氛围，采取切实行动，改变企业文化和管理形态。

步骤2：制定企业人、事、物及环境的各种标准，提高资源在企业运作过程中的有效性。

步骤3：推动全员参与，对全过程进行质量控制与管理。以人为本，调动各级人员的积极性，推动全员参与。只有全体员工充分参与，他们的才干才能为企业带来收益，才能够真正实现对企业全过程进行质量控制与管理，进而确保企业在推行全面质量管理的过程中采用系统化的方法进行管理。

步骤4：做好计量工作。计量工作包括测试、化验、分析、检测等，是确保技术标准得到贯彻执行的重要方法和手段。

步骤5：做好质量信息工作。企业应当根据自身的需要，建立相应的信息系统，并建立相应的数据库。

步骤6：建立质量责任制，设立专门的质量管理机构。全面质量管理要求企业员工自上而下地推行。从一把手开始，逐步向下实施。全面质量管理必须要获得企业一把手的支持与领导，否则难以长期推行。

阅读专栏 17-5　质量责任制

一、什么是质量责任制

质量责任制是指保证产品或服务质量的一种责任制度，是搞好质量管理的一项重要的基础工作。在质量责任制中，应明确规定企业每个人在质量工作上的责任、权限与物质利益。质量责任制一般有企业各级行政领导责任制，职能机构责任制以及车间、班组和个人责任制。

建立质量责任制是企业开展全面质量管理的基础，也是企业建立质量体系不可缺少的内容。应明确企业中的每一个部门、每一位职工的具体任务，应承担的责任，做到事事有人管、人人有专责、办事有标准、考核有依据。把同质量有关的各项工作同广大职工的积极性和责任心结合起来，形成一个严密的质量管理工作系统，一旦发现产品质量问题，可以迅速进行质量跟踪，明确质量责任，总结经验教训，更好地保证和提高产品质量。在企业内部形成一个严密有效的全面质量管理工作体系。

二、企业建立质量责任制应注意的问题

（1）必须明确质量责任制的实质是责、权、利三者的统一，切忌单纯偏重任何一个方面；

（2）要按照不同层次、不同对象、不同业务来制定针对各部门和各级各类人员的质量责任制度；

（3）规定的任务与责任要尽可能做到具体化、数据化，以便于考核；

（4）在制定企业的质量责任制时，要由粗到细，逐步完善；

（5）为了把质量责任制落到实处，企业必须制定相应的质量奖惩措施。

第五节　企业质量管理主要方法和工具

在企业质量管理的发展进程中，出现了许多质量管理的方法和工具，主要包括统计方法和非统计方法两大类，常用的质量管理方法有所谓的老七种工具和新七种工具。老七种工具包括因果图、排列图、直方图、控制图、散布图、分层图、调查表；新七

种工具是关联图、KJ 法、系统图、矩阵图、矩阵数据分析法、PDPC 法、矢线图。除了以上方法，新的质量管理方法不断被创造出来，得到广泛关注。例如，PDCA 循环、质量功能展开（QFD）、故障模式和影响分析（FMEA）、头脑风暴法（Brain Storming）、六西格玛管理法（6σ）、标杆管理（Benchmarking）、业务流程再造（BPR）等。这里介绍几种主要的质量管理方法。

一、PDCA 循环

PDCA 循环，又称戴明循环，也称为戴明轮（Deming Wheel）或持续改进螺旋（Continuous Improvement Spiral）。它是一个持续改进模型，包括持续改进与不断学习的四个循环反复的步骤，即计划（Plan）、执行（Do）、检查（Check）、处理（Act）（见图 17-1）。

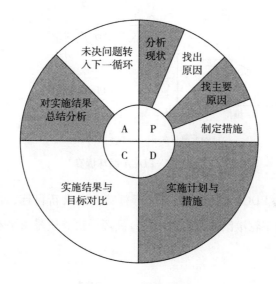

图 17-1 PDCA 循环

（一）PDCA 循环的四个阶段

（1）计划。针对质量问题，分析现状；找出存在问题产生的原因；找出问题产生的主要原因；制定措施计划。

（2）实施。就是实施计划与措施。可以从一个部门或单位开始试点；注重方法、过程；健全过程控制；阶段性总结自检。

（3）检查。就是把执行的结果与预设的目标进行对比，检查计划执行情况是否达到预期效果。

（4）处理。包括两个步骤：①巩固已取得的成果，把好的经验标准化，固化成制度；②对未解决、新发现的问题或者总结出好的改进措施，制定计划开始新的 PDCA 循环。

（二）PDCA 的特点

PDCA 循环有以下几个方面的特点：

（1）PDCA 循环按顺序进行，靠组织的力量推动，像车轮一样，周而复始，不断循环。

（2）企业每个科室、车间、工段、班组、每个人的工作，都有一个 PDCA 循环，一层一层地解决问题，而且大环套小环，一环扣一环，推动大循环（见图 17-2）。

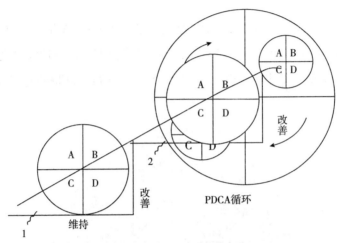

1表示原有水平　2表示新的水平

图 17-2　PDCA 循环提高

（3）每通过一次 PDCA 循环，都要进行总结，提出新目标，再进行第二次 PDCA 循环，使质量管理的车轮滚滚向前，PDCA 每循环一次，质量水平和管理水平就提高一步（见图 17-3）。

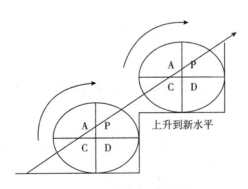

图 17-3　PDCA 循环上升

二、因果图

因果图，又称为鱼骨图，也称为"5 因素分析法"，包括的 5 个因素（4M1E）是：人（Man）、机（Machine）、物（Material）、法（Method）、环（Environment）。

　　一个质量问题的产生，往往不是一个因素影响的结果，而是多种因素综合作用的结果。因此，可以从质量问题出发，明确哪些是质量问题产生的最大原因，进而在大原因中寻找中原因、小原因和更小的原因，并检查和确定主要原因（见图17-4）。这就是因果图法的基本原理。

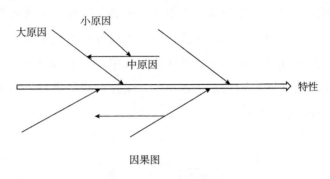

因果图

图 17-4　因果分析

（一）因果图法的内涵

　　因果分析图形象地表达了探讨问题的思维过程，利用它分析问题可以顺藤摸瓜、步步深入地找到问题产生的原因，即利用因果分析图可以找出质量问题产生的大原因，然后找到大原因背后的中原因，再从中原因中找到小原因，甚至更小的原因，最终查明主要的直接原因。这样，可以有条理地逐层分析，清楚地看到"原因—结果""手段—目标"的关系，使问题脉络完全清晰出来。

（二）因果图的应用及制作步骤

1. 分析问题原因/结构

（1）针对问题点，选择层别方法（如人机料法环测量等）；

（2）采取头脑风暴法分别找出各层别所有可能的原因（因素）；

（3）将找出的各要素归类、整理，明确其从属关系；

（4）分析选取重要因素；

（5）检查各要素的描述方法，确保语法简明、意思明确。

2. 因果图制作步骤

鱼骨图的做图过程一般包括以下几步：

（1）由问题的负责人召集与问题有关的人员组成一个工作组，该组成员必须对问题有一定了解。

（2）问题的负责人将拟找出原因的问题写在黑板或白纸右边的一个三角形的框内，并在其尾部引出一条水平直线，该线称为鱼脊。

（3）工作组成员在鱼脊上画出与鱼脊呈45°角的直线，并在其上标出引起问题的主要原因，这些呈45°角的直线称为大骨。

（4）对引起问题的原因进一步细化，画出中骨、小骨等，尽可能列出所有原因。

（5）对鱼骨图进行优化整理。

（6）根据鱼骨图进行讨论。完整的鱼骨图如图 17-5 所示，由于鱼骨图不以数值来表示，不处理问题，而是通过问题与原因的层次来表明关系，因此，能很好地描述定性问题。鱼骨图的实施要求工作组负责人有丰富的指导经验，负责人要尽可能为工作组成员创造友好、平等、宽松的讨论环境，使每个成员都能完全表达自己的意见，保证鱼骨图正确做出，即防止工作组成员将原因、现象、对策相混淆，保证鱼骨图层次清晰。负责人不对问题发表任何看法，也不能对工作组成员进行任何诱导。某公司连接器针下陷因果分析如图 17-6 所示。

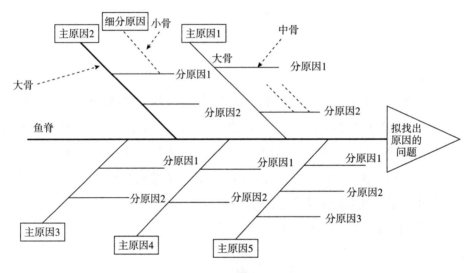

图 17-5　完整的因果图

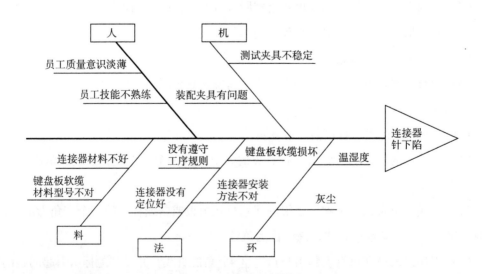

图 17-6　某公司连接器针下陷因果分析

三、排列图

(一) 排列图的概念

排列图法，又称主次因素分析法、帕累托（Pareto）图法，它是找出影响产品质量主要因素的一种简单而有效的图表方法。

质量问题是以质量损失的形式表现出来的，损失往往是由几种不合格因素共同引起的，而这几种不合格因素又是由少数原因引起的。因此，一旦明确了这些"关键的少数"，就可以消除这些不合格因素，避免由此引起的损失。排列图是根据"关键的少数和次要的多数"的原理而制作的，也就是将影响产品质量的众多影响因素按其影响质量的程度，用直方图形排列，从而找出主要因素。

排列图由两个纵坐标和一个横坐标，若干个直方形和一条折线构成。左侧纵坐标表示不合格品出现的频数（出现次数或金额等），右侧纵坐标表示不合格品出现的累计频率（用百分比表示），横坐标表示影响质量的各种因素，按影响大小排列，直方形高度表示相应因素的影响程度（即出现频率为多少），折线表示累计频率（也称帕累托曲线）。通常累计百分比将影响因素分为三类：小于 80% 为 A 类因素，是主要因素；80%~90% 为 B 类因素，是次要因素；大于 90% 小于等于 100% 为 C 类因素，是一般因素。由于 A 类因素导致的问题占所有问题的 80%，因此此类因素消除了，质量问题大部分也就得到了解决。

(二) 排列图的制作步骤

排列图的制作包括 9 个步骤，下面以某企业铸造车间铸件质量问题为例讲述排列图的制作步骤。

（1）调查并确定问题，收集有关数据。确定所要调查的问题是哪一类问题；确定问题调查的时间；确定哪些数据是必要的，并进行分类；确定收集数据的方法以及什么时间收集数据。

（2）设计数据记录表。表 17-1 是×公司铸造车间铸件不合格项目检查表。

表 17-1　××公司铸造车间铸件不合格项目检查

不合格项目类型	数量小计（件）
断裂	10
擦伤	42
污染	6
弯曲	104
裂纹	4

续表

不合格项目类型	数量小计（件）
砂眼	20
其他	14
合计	200

（3）将调查数据填入表中并合计。

（4）制作排列图数据表。表中列有各项不合格数据、累计不合格数、各项不合格所占百分比，以及累计百分比（见表17-2）。

表 17-2　××公司铸造车间质量管理排列图数据表

不合格项目类型	不合格数（件）	不合格累计数（件）	比率（%）	累计比率（%）
弯曲	104	104	52	52
擦伤	42	146	21	73
砂眼	20	166	10	83
断裂	10	176	5	88
污染	6	182	3	91
裂纹	4	186	2	93
其他	14	200	7	100
合计	200	—	100	—

（5）按从大到小的顺序，将数据填入表中。"其他"项的数据由许多数据很小的项目合并在一起，将其列在最后，并且不考虑"其他"项数据的大小。

（6）画两个纵轴和一个横轴，左边纵轴，标上件数（频数），最大刻度为总件数（总频数）；右边纵轴，标上比率（频率），最大为100%。左边总频数的刻度与右边总频率的刻度（100%）高度相等。在横轴上从大到小依次列出各项。

（7）按频数大小画出矩形图，矩形图的高度代表不合格项频数的大小。

（8）标出各项累计比率，然后描点，用实线连接，画累计数折线（帕累托曲线）。

（9）在图上记录有关必要事项，如排列图名称、数据、单位等。

根据以上步骤制成的排列图，如图17-7所示。从图中可以看出弯曲和擦伤是铸件质量的主要影响因素，占73%。

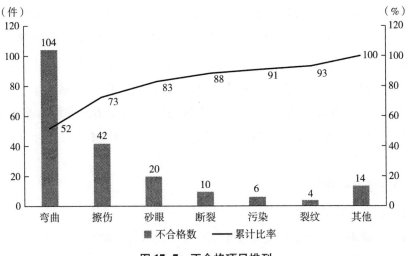

图 17-7 不合格项目排列

四、六西格玛（6σ）管理

六西格玛（6σ）是 1986 年由摩托罗拉公司的比尔·史密斯提出的品质管理概念，旨在生产过程中降低产品及流程的缺陷次数，防止产品变异，提升品质。西格玛（Σ，σ）是希腊字母，是统计学里的一个单位，表示与平均值的标准偏差，即数据的分散程度，6σ 即为"6 倍标准偏差"。如图 17-8 所示，其可用来衡量一批产品的质量特性总体上与目标值的偏离程度，可见，6σ 的产品质量波动明显比 3σ 要小得多。自 20 世纪 90 年代以来，六西格玛管理在总结全面质量管理成功经验的基础上，提炼了其中流程管理的技巧和最行之有效的方法，成为一种提高企业业绩与竞争力的管理模式。

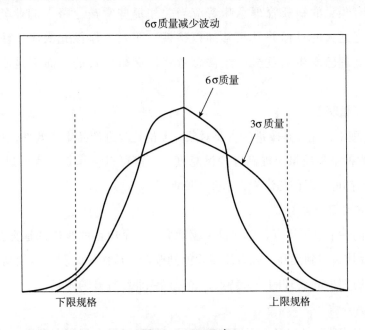

图 17-8 6σ 示意

在质量上，西格玛代表过程能力，6σ 表示每百万个产品的不良品率不大于 3.4，意味着每一百万件产品中最多有 3.4 件不合格，即合格率是 99.99966%。在企业流程中，6σ 是指每百万个机会当中缺陷率或失误率不大于 3.4，这些缺陷或失误涉及产品本身以及采购、研发、产品生产流程、包装、库存、运输、交货、维修、系统故障、服务、市场、人事、不可抗力等方面。度量 6σ 质量水平的指标有很多，常用的指标有单位缺陷率（DPU）、单位机会缺陷率（DPO）、百万机会缺陷率（DPMO）等。

（一）6σ 管理的内涵

1. 追求完美，直面挑战

6σ 为企业提供了一个近乎完美的努力方向，要求其直面挑战和困难，不畏挫折和失败，创造近乎完美的产品，提供近乎完美的服务，形成良好的企业质量文化，形成 6σ 的文化氛围，向产品质量和工作质量的一个个高峰攀登。

2. 以事实和数据驱动管理决策

6σ 管理是一种高度重视数据，依据数字、数据进行决策的管理方法，强调"用数据说话""依据数据进行决策"，要求企业收集数据进行集中统计分析，寻找影响企业关键指标的根本因素，同时把一些难以测量和评价的工作质量和过程质量，变得像产品质量一样可测量和用数据加以评价，从而有助于获得改进机会，制定相应的改善措施，达到消除或减少工作差错及产品缺陷的目的。

3. 有预见的积极管理

"积极"是指主动地在事情发生之前进行管理，而不是被动地处理那些令人忙乱的危机，有预见的积极管理意味着应当关注那些常被忽略了的业务运作，并养成习惯：确定远大的目标并且经常加以检视；明确工作优先次序；注重预防问题而不是疲于处理已发生的危机；经常思考我们做事的目的，而不是不加分析地维持现状。

4. 重视流程改进

在 6σ 管理中，流程是改进的主要对象。无论是改进产品生产效率，还是提高产品设计质量、改善服务质量、提高客户满意度等，都可以看作是流程改进。在 6σ 管理中，一切活动都可以看作是流程，都要不断改进。

5. 以项目为驱动力

6σ 管理的一个显著特点是以项目为驱动力，每个项目的改进都是突破性的。这种改进能使产品质量得到提高，或者使流程得到改造，从而使组织获得较高的经济收益。实现突破性改进是 6σ 管理的一大特点，也是组织业绩提升的源泉。

6. 无边界合作

6σ 管理强调消除部门及上下级间的障碍，促进组织内部横向和纵向的合作，理解用户的真正需求，构建真正支持团队合作的管理结构和环境，以使组织在遇到问题时，能够通过无边界合作，共同解决问题。

（二）6σ管理实施模型

1.6σ实施项目选择

选择项目是企业获得6σ成果的关键。选择6σ项目，应遵循先易后难的原则，确保第一个项目取得成功。实施6σ管理的项目选择考虑的重点是激发员工兴趣，引导员工参与，使其满怀激情和信心地参与6σ管理活动。

2.6σ项目实施模型

6σ管理有一套全面而系统的发现、分析、解决问题的方法和步骤，这就是DMAIC模型。其具体含义如下：

（1）第一阶段：D（Define），定义阶段。这是DMAIC的第一步，此阶段也是最重要的步骤，是6σ项目的开始，即定义，主要说明为什么要解决这个问题，决定6σ项目的方向。

（2）第二阶段：M（Measure），数据衡量阶段。这是DMAIC的第二步，此阶段主要是通过对数据的分析，筛选问题，同时对测量系统、过程能力及其他因素进行分析改进。

（3）第三阶段：A（Analysis），数据分析阶段。这是DMAIC的第三步，此阶段主要是分析流程中的影响因素，找出影响流程的关键因素。

（4）第四阶段，I（Improve），项目改进阶段。这是DMAIC的第四步，此阶段主要是制定改进方案，实施改进活动，验证改进的有效性。

（5）第五阶段，C（Control），项目控制阶段。这是DMAIC的第五步，此阶段主要是把改进阶段取得的成果保持下来，把相关的改变和创新文件化，并加以固化。

阅读专栏17-6　6σ管理人员的组织架构

6σ管理需要一套合理、高效的人员组织结构来保证改进活动顺利实施。

（一）6σ管理委员会

6σ管理委员会是企业实施6σ管理的最高领导机构。该委员会的成员主要是公司领导层，其主要职责是设立6σ管理初始阶段的各种职位；确定具体的改进项目及改进次序，分配资源；定期评估各项目的进展情况，并对其进行指导；当各项目小组遇到困难或障碍时，帮助他们排忧解难等。

成功的6σ管理有一个特点，就是企业领导者的全力支持。6σ管理的成功依赖于从上到下坚定不移的贯彻。企业领导者必须深入了解6σ管理对于企业获得收益以及达成项目目标的重要性，从而使他们对变革充满信心，并在企业内形成不断改进的变革氛围。

（二）执行负责人

6σ管理的执行负责人由副总裁以上的高层领导担任。这是一个至关重要的职位，只有具有较强的综合协调能力的人才能胜任。其具体职责是设定项目目标、明确项目发展方向；协调项目所需资源；处理各项目小组之间的冲突，加强项目小组之间的沟通等。

（三）黑带

黑带（Black Belt）来源于军事术语，指那些具有精湛技艺和本领的人。黑带是6σ变革的中坚力量。对黑带的认证通常由外部咨询公司联合公司内部有关部门来完成。黑带由企业内部选拔出来，在接受培训取得认证之后，被授予黑带称号，担任项目小组负责人，领导项目小组实施流程变革，同时负责培训绿带。黑带的候选人应该具备大学数学和定量分析方面的知识基础，具有较为丰富的工作经验。他们必须完成160小时的理论培训，由黑带大师一对一地进行项目训练和指导。经过培训的黑带应能够熟练操作计算机，至少掌握一项先进的统计学软件。那些成功实施6σ管理的公司，大约只有1%的员工被培训为黑带。

（四）黑带大师

这是6σ管理专家的最高级别，其一般是统计方面的专家，负责在6σ管理中提供技术指导。他们必须熟悉黑带掌握的所有知识，深刻理解那些以统计学方法为基础的管理理论和数学计算方法，能够确保黑带在实施应用过程中的正确性。统计学方面的培训必须由黑带大师来主持。黑带大师的人数很少，只有黑带的1/10。

（五）绿带

绿带（Green Belt）的工作是兼职的，他们经过培训后，将成为一些难度较小的项目小组的负责人，或成为其他项目小组的成员。绿带培训一般要结合6σ具体项目进行5天左右的课堂专业学习，包括项目管理、质量管理工具、质量控制工具、解决问题的方法和信息数据分析等方面的内容。一般情况下，由黑带负责确定绿带培训内容，并在培训之中和之后进行协助和监督。

6σ管理的人员组织结构如图17-9所示。

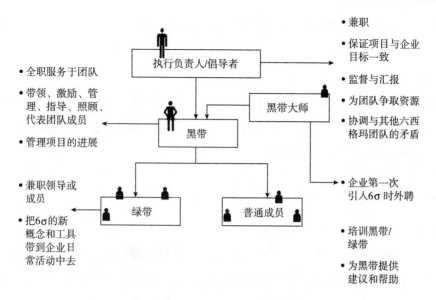

图 17-9　6σ 管理的人员组织结构

第六节　企业质量管理变革与创新

一、促进质量管理变革与创新的因素

促使质量管理变革的因素有很多，包括消费者的满意度、顾客价值期望和各种经济压力。

（一）消费者的满意度

通用公司做过一项调查，调查显示：如果全球市场中的一名消费者对某产品或服务的质量满意，其会告诉另外 6 个人，如果他/她不满意，则会告诉 22 个人。至于同行业内的业务来往，数据显示一名满意的公司买家，再次从同一供应商处购货的可能性，是从其他竞争对手处购货的 7~8 倍。这就是当今市场竞争中质量满意所蕴含的力量。当全球经济大潮的影响遍及国际企业时，显而易见，质量会成为世界贸易网络共同的商业语言，而且全球性的经济与社会力量，也从根本上改变了质量概念及质量管理方法。

（二）顾客价值期望

顾客购物时越来越注重质量。调查表明，每 10 个顾客中会有 9 人将质量作为他们挑选商品的主要标准。他们评判产品质量时，不仅依据产品整体的价值，而且会考虑提供产品的公司。这意味着产品本身和商业服务的质量尽管重要，但也只是顾客所期望得到的一揽子服务中的一部分，他们期望的还包括精准的记账和快捷的送货等。

（三）各种经济压力

促使质量变革的另一股力量是企业承受的经济压力。一方面，尽管公司已绞尽脑汁削减成本，但来自成本的压力依然不断上升；另一方面，市场变化对商品价格进行无情的打压。在提升产品质量的同时应提升整个公司的经营水准，优化产品设计、市场营销等各个方面，降低全流程的成本。

二、质量管理变革与创新的内容

（一）质量管理思想的创新

质量管理思想是质量管理的基础，它决定了质量管理的基本内容。我们从质量管理的管理目标、管理对象和范围以及管理的特点三个方面，探讨质量管理思想的创新。

在传统制造业中，企业只需保证最终出厂的产品符合使用要求，而现代制造业不仅要保证产品符合要求，还需要满足顾客、员工、所有者、供销方和社会的期望和需求。质量也不仅指对产品性能的要求，还包括设计质量、制造质量、使用质量等。

质量管理的范围也相应地延伸到包括产品设计和开发、原材料采购、加工制造、装配试用、包装贮存、销售使用、维修服务，甚至回收再生在内的产品寿命的全过程。同时，其所涉及的人员也不再局限于加工人员和检验人员，而是扩大到全企业的员工。质量体系运行的有效与否，在很大程度上取决于质量体系中人员的素质。故现代质量管理应注重人的因素，做到"尊重人才，以人为本"。

传统制造业专业单一、界限分明，信息技术的应用使制造业部门间的横向联系加强，生产过程中的工序相对集中，固定的生产节拍不复存在，生产模式并行化、柔性化。学科、专业界限逐渐淡化，设计、加工制造等与管理相互交叉融合为系统综合技术。质量管理作为现代企业管理活动的中心内容，与其他企业管理活动（如成本管理、库存管理、作业管理、交货期管理和人员管理等）的联系越来越紧密，有相互融合的趋势。消费市场瞬息万变，质量评定标准（顾客满意度）也是一个动态多变的尺度，以信息流为核心的质量管理，也就自然地成为一个需要不断调整、不断完善的持续改进过程。

（二）技术创新

没有创新，企业就没有竞争力。企业的创新活动包括技术创新和管理创新，在企业技术不断创新的条件下，"质量管理"不再局限于接近或达到既定的质量标准或质量水平，而是要进行全面的质量创新。

从世界范围看，传统的产品已趋向饱和，只有不断进行技术创新，开发出具有新颖的外观、绿色的设计、全新的功能的产品，才能满足人们不断提高的需求。这就是说，人们已不再满足产品质量在现有水平上的改良和改进，而是要有全新的产品、全新的功能、全新的设计、全新的概念和全新的服务。但技术创新带来的产品变革甚至是"改朝换代"的变化，并不能真正为市场所接受。新产品要被市场接受，还有一个过程，这个过程就是"质量创新"。质量创新就是让全新的产品质量标准化，更符合人们的需求和习惯，或通过全新服务等市场创新来引导需求，使新技术产品逐渐被人们所接受。企业进行质量创新，是为了使产品更好地满足顾客需求，为顾客提供更大的质量效益，从而也为自己赚取更多的利润。

（三）质量管理内涵创新

在经济全球化时代，质量已成为效率和进步的代名词，全面质量的概念得到大家的认可。全面质量的核心要求是顾客持续满意。这种满意型质量管理以顾客为中心，不仅要满足顾客对产品质量、价格、服务的要求，还要满足顾客个性化需求。企业不仅要主动满足顾客需求，甚至要超前考虑到顾客需求。

全面质量是从市场角度定义的，质量由顾客来评价。它强调了质量与成本的统一，强化了质量创新，强调了质量文化、质量道德。顾客的需求往往是用语言表达的，多个顾客也不可能发出一个声音。这就要求企业识别、评价顾客的需求，甚至发现并把握顾客潜在的、尚未提出的需求，然后用科学的方法排列、分析顾客各项需求的重要程度，把顾客需求融入产品特性中。

推荐阅读

1. 段用刚 . 全面质量管理（第四版）［M］. 北京：中国科学技术出版社，2018.
2. 蔡艺 . DC 企业质量目标体系的构建与应用研究［D］. 大连理工大学，2019.

思考题

1. 质量管理的含义是什么及质量管理活动有哪些？
2. 企业质量管理组织机构主要有哪些，企业质量管理工作体系包括哪些？
3. 企业质量管理标准体系包括哪些？
4. 全面质量管理的内涵、原则各是什么？全面质量管理的基本内容有哪些？
5. 企业质量管理主要方法和工具有哪些？

第十八章　成本管理

学习目标

1. 了解企业成本分类；

2. 熟悉企业成本管理的基本内容；

3. 学会企业成本管理方法；

4. 掌握成本控制的内容、原则，主要工作和程序；

5. 理解战略成本管理的思想、特征与实施。

成本管理是企业运营管理的中心内容。一个企业的成本管理水平如何，直接关系到企业的经济效益水平，直接影响企业的市场竞争力。企业的成果和成本是企业生产经营过程中两个不可分离的方面，企业生产经营形成企业的成果，同时也是企业成本的生产和积累过程，成果和成本将直接反映企业的经济效益水平。企业的成本管理，必须建立健全成本管理体系，采用科学的管理方法和手段，不断提升成本管理的现代化水平。职业经理人工作千头万绪，必须紧紧抓住成本管理这个企业管理的"牛鼻子"。

第一节　企业成本概述

一、企业成本定义

什么是成本，对企业经营管理者而言，可能耳熟能详，要抓好成本管理，就必须搞清楚什么是成本。

美国会计学会所属成本概念与标准委员会对成本的定义为："成本是指为达到特定目的而发生或应发生的价值牺牲，它可用货币单位加以衡量。"[①] 这就是说，成本是为了实现一定目的而支付的，或应支付的可用货币衡量的代价。这个定义所指范围较广，

---

① 许毅等．新成本管理大辞典［M］．北京：经济管理出版社，1994.

不仅指产品成本，还包括其他方面的成本。

对于企业而言，成本是在生产过程中发生的各种耗费或支出，而这种耗费或支出是相对于一定对象而言的，即归属于谁的耗费或支出。企业在生产经营过程中的每一阶段都会发生资金的耗费，将资金耗费划分到不同的对象上，从而构成各种不同的成本。

阅读专栏 18-1　财务成本和管理成本

在企业运营管理中，随着成本作用的扩展，成本概念也有了发展。除了财务成本以外，又提出了管理成本概念，形成了两大成本概念体系，即财务成本概念体系和管理成本概念体系。

财务成本是指按照国家规定的成本核算办法进行核算，并在企业财会账面上反映的成本，也叫账面成本。主要以产品为对象进行核算，核算方法和内容都由国家用统一会计制度的形式加以规定，企业不得自行改变。财务成本实际上是一种制度成本，由于不同时期，国家对产品成本有着不同的要求，因此，会计制度规定的产品成本的核算方法和内容，各个时期也不相同。我国过去就曾有过商业成本、全部成本和工厂成本的区别，现在统一改为制造成本，这些成本都属于产品成本，但它们的核算方法和内容都不相同。在国外，财务成本的核算方法和内容，都由注册会计师协会通过的公认会计原则来规范，或者由所得税法来统一规定。核算财务成本的目的主要是为了正确计算产品成本和利润、税金，并定期编制对外会计报表，着重于服务国家宏观经济管理的需要。财务成本的概念体系主要围绕产品成本来建立，它以产品为对象形成了各种不同的成本概念，反映了产品成本各种不同的内容。

根据现行制度，国家统一规定的成本开支范围包括：①为制造产品而耗用的各种原料材料和外购半成品；②燃料和动力；③生产工人的工资和按规定提取的职工福利基金；④固定资产折旧大修理费和中小修理费；⑤低值易耗品摊销费用；⑥停工费用；⑦废品损失；⑧管理费用，运输费用，材料产品盘盈、盘亏与毁损，利息收支差额；⑨产品包装费。

管理成本则是为了企业内部管理和经营决策的需要，在财务成本的基础上根据不同的要求，采用不同的方法加工换算后的成本，也叫决策成本，或分析成本。在核算方法和内容上，国家没有统一规定，可由企业根据需要自行决定，也不一定以产品为对象进行核算，目的是为了加强企业内部经营管理，着重于服务经济管理的需要。管理成本比较复杂，而且范围很广，按照管理目的和要求的不同，有不同的分类。管理成本的概念体系是以成本决策为中心形成的，它从决策的角度反映了各种成本的特点，从而为人们进行成本预测和决策提供依据。

具体来说，财务成本和管理成本有以下不同：

（1）成本主体不同。财务成本的主体是企业，企业的成本是全面的成本，即企业全部制造成本。企业在产品制造过程中的一切资金耗费都要计入财务成本。而管理成本的主体比较灵活，如责任成本，可以是一个企业或一个班组，也可以是一个职能科室或某一负责人。

（2）成本客体不同。财务成本的客体，即对象，主要是产品或劳务，一切都要围绕产品或劳务进行核算和管理。管理成本的客体，比较广泛，没有固定的对象。

（3）成本管理目的不同。财务成本主要是按照国家统一规定，计算产品成本和利润，目的在于正确处理企业和国家之间的盈利分配问题，并考核企业成本指标的执行情况。管理成本是服务于企业内部经营管理需要，为成本控制和决策提供依据，目的在于提高企业的经济效益。

（4）成本核算方法不同。财务成本的核算有一套完整的方法体系，由国家统一规定，企业不得任意改动，主要根据会计核算原理，采用会计核算方法。管理成本的核算方法没有统一规定，因时因地而异，比较灵活，除了采用会计核算方法以外，还较多地应用统计方法、技术经济分析方法和管理科学方面的方法，其依据主要是管理会计的理论。

（5）成本信息处理程序不同。财务成本的信息处理，是严格按照凭证、账簿、报表等会计程序进行的，要求账证、账账、账表和账实完全相符，数据计算非常精确，角分不差。管理成本的信息处理没有一定程序，资料来源除了会计资料以外，还有统计资料、技术经济资料等，数据计算可以采用近似值，较多地考虑重要性原则。

（6）成本核算时期不同。财务成本的核算时期，国家有统一要求，必须按月计算实际成本，按季、按年汇总，不得以估计成本或计划成本代替实际成本，在平时要连续、系统、全面地反映生产的耗费情况。管理成本的核算时期则无统一要求，视需要而定，可以按月、按季计算，也可以几个月或几年计算一次。计算依据可以是实际成本，也可以是预计成本，特别是在成本预测时，往往要采用一些预计数据。

二、企业成本分类

成本分类是指根据成本核算和成本管理的不同要求，将成本分成不同的类别。

（一）基于财务报告目的的成本类型划分

成本类型可以划分为制造成本和非制造成本。

1. 制造成本

制造成本亦称生产成本，是指生产活动的成本，即生产单位（如车间）在生产产品过程中所发生的各项费用，包括直接材料、直接人工和制造费用。制造是生产过程中各种资源利用情况的货币表示，是衡量企业技术和管理水平的重要指标。

按照生产成本计入方式的不同可分为：

（1）直接费用。直接费用是指企业在生产产品的过程中所发生的直接材料费用、直接人工费用和其他直接费用。

1）直接材料费用，是指企业在生产产品过程中所消耗的，直接用于产品生产，构成产品实体的原料、主要材料、外购半成品及有助于产品形成的辅助材料和其他材料费用。

2）直接人工费用，是指企业在生产产品过程中，直接参加产品生产的工人工资以及按生产工人工资总额和规定的比例计算提取的职工福利费等。

3）其他直接费用，是指企业发生的除直接材料费用和直接人工费用以外的，与生产产品有直接关系的费用。直接费用应当按照其实际发生数进行核算，按照成本计算对象进行归集，直接计入产品的生产成本。

（2）间接费用。间接费用是指应有生产成本负担的，不能直接计入各产品成本的有关费用。主要是指企业各生产部门为组织和管理生产而发生的各项间接费用，包括工资和福利费、折旧费、修理费、办公费、水电费、物料消耗费、劳动保护费以及其他制造费用。间接费用应当按一定的程序和方法进行分配，计入相关产品的生产成本。

2. 非制造成本

非制造成本（Non-manufacturing Cost）是指与产品制造过程无关，不必追溯到每个产品，而全部列为当期经营费用的各项支出，也称为期间费用（Period Expenses）。通常包括销售费用、管理费用和财务费用等。

销售费用指企业为获得订单和销售、交付产品所发生的必要支出。

管理费用指企业所有行政管理人员薪金、行政机构的办公费等。

财务费用指企业为进行资金筹集等理财活动而发生的各项费用。

（二）基于管理目的的成本分类

1. 固定成本

固定成本是指在一定期间和一定业务量范围内，其总额不受业务量变动的影响而保持固定不变的成本。固定成本通常可区分为约束性固定成本和酌量性固定成本。

约束性固定成本：为维持企业提供产品和服务的经营能力而必须开支的成本，如厂房和机器设备的折旧、财产税、房屋租金、管理人员的工资等。由于这类成本与维持企业的经营能力相关联，也称为经营能力成本（Capacity Cost）。这类成本的数额取决于生产经营的规模和质量，在很大程度上制约着企业正常的经营活动，一经确定，不能轻易改变，因而具有相当程度的约束性。要想降低约束性固定成本，只能从合理利用经营能力入手。

酌量性固定成本：也称为选择性固定成本或者可调整固定成本，是指管理者的决策可以改变其支出数额的固定成本。例如，广告费、职工教育培训费、技术开发费等。这些成本的支出是可以随企业经营方针的变化而变化的，基本特征是其绝对额的大小直接取决于企业管理者根据企业的经营状况而做出的判断。企业领导可以根据具体情况的变化，确定不同预算期的预算数。

2. 变动成本

变动成本是指在一定期间和一定业务量范围内，其总额随着业务量的变动而成正比例变动的成本。例如，直接材料费、产品包装费、按件计酬的工人薪金、推销佣金等，均属于变动成本。与固定成本形成鲜明对照的是，变动成本的总量与业务量成正比例变动关系，而单位业务量的变动成本则是一个定量。

根据变动成本发生的原因可将变动成本分为两类：一类是技术性变动成本，另一类是酌量性变动成本。

技术性变动成本：是指单位成本由技术因素决定而总成本随着消耗量的变动而成正比例变动的成本，消耗量由技术因素决定，企业管理者的决策无法改变其支出数额。通常表现为产品的直接物耗成本。

酌量性变动成本：是指可由企业管理者决策改变的变动成本。例如，按照销售收入的一定比例支付的销售佣金和技术转让费、采用计件工资制度时的单位计件工资等。

3. 混合成本

混合成本是指那些"混合"了固定成本和变动成本的成本。在现实经济生活中，许多成本项目并不单纯表现为固定成本性态或者变动成本性态，其发生额的高低虽然直接受业务量大小的影响，但不存在严格的比例关系。其实，企业的总成本就是一项混合成本，一项最大的混合成本。

（三）按与特定计算对象的关系分类

按与特定计算对象的关系，成本可分为直接成本和间接成本，此处的特定计算对象可以是产品、步骤、批别，也可以是项目、责任单位或作业。其分类结果主要用来确定特定计算对象的成本，满足对外财务报告及内部经营管理的需要。

1. 直接成本

直接成本是在成本发生时即可直接计入某一成本计算对象的成本，是一种可以直接追溯的成本。某项费用是否属于直接成本，取决于该项费用能否确认与某一成本计算对象直接有关和是否便于直接计入该成本计算对象。企业生产经营过程中的原材料消耗、备品配件费用、外购半成品费用、生产工人计件工资通常属于直接成本。

2. 间接成本

间接成本是不与生产过程直接发生关系、服务于生产过程的各项费用。是在成本发生时不能直接计入某一成本计算对象而需要按照某种标准在各成本计算对象之间分配的成本（如制造成本中的制造费用），车间管理人员的工资、车间房屋建筑物和机器设备的折旧、租赁费、修理费、机物料消耗、水电费、办公费等，通常属于间接成本。停工损失一般也属于间接成本。间接成本需要先按发生地点或用途加以归集，待月终（或一定时期节点）选择一定的分配方法进行分配后才计入有关成本计算对象，分配标准和分配方法的选择对于正确计算成本计算对象的成本十分重要。

例如，老王和老李一起去买服装，花了 100 元出租车费，老王买了一件 500 元的衬衫，老李买了一件 600 元的西服。此时，老王和老李买服装的支出属于直接成本，而出租车费属于间接成本。如果老王和老李平均负担出租车费，则老王购买的衬衫成本是 550 元，老李购买的西服成本是 650 元。

将成本分为直接生产成本与间接生产成本，便于采取不同的方法来降低产品成本。直接生产成本一般应通过改进生产工艺、降低消耗定额来降低。间接生产成本一般应通过加强费用的预算管理、降低各生产单位的费用总额来降低产品成本。

（四）基于决策的成本分类

1. 交易成本

从企业运营管理决策角度来讲，交易成本指达成一笔交易，或制定一项决策所要花费的成本，也指买卖过程或决策过程中所花费的全部时间和货币成本。包括传播信息、广告、与市场有关的运输以及谈判、协商、签约、合约执行监督等活动所花费的成本。总体而言，可将交易成本区分为以下几项：

搜寻成本：商品信息与交易对象信息的搜集。

信息成本：取得交易对象信息与和交易对象进行信息交换所需的成本。

议价成本：针对契约、价格、品质讨价还价的成本。

决策成本：进行相关决策与签订契约所需的内部成本。

监督交易进行的成本：监督交易对象是否依照契约内容进行交易的成本，如追踪产品、监督、验货等。

违约成本：违约时所需付出的事后成本。

2. 机会成本

在进行经营决策时，决策者只会从备选的方案中选出一个最优方案，而其他方案都会被放弃，被放弃的次优方案的可计量价值就是决策的机会成本。机会成本是指在资源稀缺的条件下，资源被用于某一方面就不能同时用于其他方面。也就是说，资源用于某一方面是以放弃了它用在别的方面为代价的。在决策中，企业选择了一个最满意的方案而放弃了次满意方案可能带来的收益。这部分收益应该由被选择的方案来补偿，如果得不偿失，说明被选择方案并不是最优的。所以，在决策中只有考虑决策的机会成本，才能全面地评价备选方案的经济效益，才能正确判断被选中方案是否是真正最优的。

3. 决策成本

决策成本指进行决策时需要考虑和运用的一些专项成本。决策成本不同于传统的成本概念，它是根据预测估算出来的、尚未发生的未来成本，是与决策有关的预计成本，通过预计成本同预计收入的对比，可以判明方案的优劣。

决策成本不同于一般传统的成本计算，它更多的是根据预测发生的费用来估算，并特别要求这种成本概念和内容与决策项目的相关性，决策的要求不同，决策成本的计算有很大的差异，其表现形式也是千差万别的。

进行经营决策主要以变动成本和固定成本为基础，也常常用到差别成本和边际成本等概念。在长期决策中，为了在相同时间价值基础上进行收支对比，决策成本一般要充分考虑资金的时间价值，并且要充分考虑机会成本和风险成本等。

在现代社会，决策成本在不断发展和延伸，是现代成本管理中最富生命力的部分。

第二节　企业成本管理概述

一、企业成本管理内涵

成本管理指企业对在生产经营过程中发生的费用，通过一系列方法进行预测、决策、核算、分析、控制、考核等科学管理工作。

成本管理的职能是认真执行财经纪律，严格控制费用开支范围和开支标准；通过预测、控制、分析和考核，挖掘企业降低成本的潜力，提高经济效益。

二、企业成本管理的基本内容

成本管理的基本内容包括成本预测、成本决策、成本计划、成本控制、成本核算、成本分析、成本考核等。

（一）成本预测

成本预测是指根据企业成本统计历史资料和市场调查预测，研究企业外部环境和内部因素对成本变化的影响，运用专门的方法，科学估算一定时间内的成本目标、成本水平，以及成本变化趋势。

1. 成本预测类型

按预测的期限分，成本预测可以分为长期预测和短期预测：

（1）长期预测指对一年以上期间进行的预测，如三年或五年；

（2）短期预测指一年以下的预测，如按月、按季或按年。

按预测内容分为两类：

（1）制定计划或方案阶段的成本预测；

（2）计划实施过程中的成本预测。

2. 如何实施成本预测

（1）根据企业总体目标提出初步的成本目标。

（2）初步预测在目前情况下可能达到的成本水平，找出与成本目标的差距。其中，初步预测就是不考虑任何特殊的降低成本的措施，按目前主客观条件的变化情况，预计未来时期成本可能达到的水平。

（3）考虑各种降低成本的方案，预计实施各种方案后成本可能达到的水平。

（4）选取最优成本方案，预计实施后的成本水平，正式确定成本目标。

3. 成本预测方法

（1）定量预测法。定量预测法是指根据历史资料以及成本与影响因素之间的数量关系，通过建立数学模型来推断未来成本的各种预测方法的统称。

（2）趋势预测法。趋势预测法是按时间顺序排列有关的历史成本资料，运用一定的数学模型和方法进行加工计算并预测的各类方法。趋势预测法包括简单平均法、平均法和指数平滑法等。

（3）因果预测法。因果预测法是根据成本与其相关因素之间的内在联系，建立数学模型并进行分析预测的各种方法。因果预测法包括本量利分析法、投入产出分析法、回归分析法等。

（4）定性预测法。定性预测法是预测者根据自身掌握的专业知识和积累的实际经验，运用逻辑思维方法对未来成本进行预计推断的方法的统称。

（二）成本决策

成本决策是按照既定的总目标，在充分收集成本信息的基础上，运用科学的决策理论和方法，从多种可行方案中选定一个最佳方案的过程。成本决策与成本预测紧密相连，它以成本预测为基础，是成本管理不可缺少的环节，它对于正确制定成本计划，促使企业降低成本，提高经济效益具有十分重要的意义。

成本决策涉及的内容较多，包括可行性研究中的成本决策和日常经营中的成本决策。由于前者以投入大量的资金为前提来研究项目的成本，因此这类成本决策与财务管理的关系更加紧密；后者以现有资源的充分利用为前提，以合理且最低的成本支出为标准，属于日常经营管理中的决策范畴，包括零部件自制或外购的决策、产品最优组合的决策、生产批量的决策等。

1. 成本决策的程序

成本决策一般可按以下基本程序进行：

（1）提出问题；

（2）确定决策目标；

（3）拟订方案；

（4）分析评价；

（5）优化选择；

（6）形成成本决策方案或成本计划。

2. 成本决策的方法

常用的成本决策方法有：

（1）总额分析法。总额分析法以利润为最终的评价指标，按照销售收入-变动成本-固定成本的模式计算利润，由此决定方案取舍。之所以称为总额分析法，是因为决策中涉及的收入和成本是指各方案的总收入和总成本，这里的总成本通常不考虑成本与决策的关系，不需要区分相关成本与无关成本。这种方法一般通过编制总额分析表进行决策。

（2）相关成本分析法。相关成本分析法是以相关成本为最终的评价指标，由相关成本决定方案取舍的一种决策方法。相关成本越小，说明企业的成本越低，因此决策时应选择相关成本最低的方案。

相关成本分析法适用于只涉及成本的方案决策，如果不同方案的收入相等，也可以视为此类问题的决策。这种方法可以通过编制相关成本分析表进行分析评价。

（3）边际分析法。边际分析法是微积分极值原理在成本决策中的应用，此法是依据微分求导结果进行分析评价的一种决策方法。主要用于成本最小化或利润最大化等问题的决策。基本程序包括：①建立数学模型；②对上述函数求导；③计算上述函数的二阶导数。

（三）成本计划

成本计划是在成本预测和成本决策的基础上，根据计划期的生产任务和利润目标，制定的计划期内有关生产经营的各种措施的消耗定额指标水平、各种控制消耗的保障措施、责任体系和考核的文件。制定成本计划是企业成本管理的一项重要内容。成本计划属于成本的事前管理，是企业生产经营管理的重要组成部分。成本计划一经决策机构批准，就具有了权威性，必须坚决贯彻、执行，不得随意改动。成本计划对于建立成本管理体制，控制成本和降低成本有重要意义。

1. 成本计划的作用

（1）成本计划是项目成本控制、分析和考核的可靠依据。成本计划是成本分析和成本考核的可靠依据，它充分反映了成本核算的客观要求和降低成本的目标。同时，通过成本分析和成本考核，企业能及时发现问题并采取改进措施，保证成本计划的顺利实施。

（2）成本计划是生产经营计划编制的基础。成本计划与进度计划、物料计划和利润计划等共同构成一个完整的项目计划系统。在这个系统中，成本计划为物料计划、利润计划等提供了详细的成本资料，同时成本计划的编制建立在进度计划和物料计划的基础上，项目计划各组成部分相互依存、共同发展。成本计划保证项目生产经营的有序进行。

（3）成本计划是深入开展成本管理的动力。成本计划明确了成本管理责任制，将成本计划指标细分到各部门，可激励各部门全体人员协作努力，因此成本计划管理可以有效调动人员参与成本管理的积极性，最大限度降低项目成本。

2. 成本计划的编制原则

企业编制成本计划需遵循的原则主要有如下几个方面：

（1）成本计划的编制，应以合理的技术经济定额为基础，并有具体的措施作保证。

（2）成本计划的编制，要严格遵守成本开支范围，注意成本计划与成本核算的一致性。

（3）成本计划的编制，必须同其他有关计划密切衔接，相互促进，保证企业经营目标的实现。

（4）成本计划的编制，要实行统一领导、分级管理的原则，尽量吸收计划执行者参与。

3. 成本计划的编制程序

（1）成立或确定成本计划编制组织。一般地，由三种成本计划编制组织方式：

1）企业总部直接编制成本计划。这种方法一般适用于小型企业或管理基础较差、实行一级核算的企业。首先根据原材料、燃料和动力成本项目的消耗定额和计划单价计算这些项目的计划金额；其次根据计划期产品工时定额和每小时生产工人工资计算直接人工项目，制造费用项目则由归口管理部门提出有关预算，经审核后修改；最后废品损失项目按照上期实际数额和计划期废品降低率计算。

2）分级编制成本计划。这种方法较为复杂，先由各车间编制本车间成本计划，然后由企业财务部门汇总。这种方法通常要经过以下程序：企业下达控制指标—企业各部门编制成本计划—汇总平衡（如果不能达到要求还要多次反复该程序）—编制成本计划。

3）企业总部和企业所属机构（分公司、分厂、车间）联合编制成本计划。这种方法下，由企业总部负责直接材料类项目的成本计划编制，企业所属机构负责本单位直接人工和制造费用项目的成本计划编制。上述的成本编制计划是在目标成本控制下，根据企业经营计划编制的。

（2）收集资料。收集和整理资料是成本计划的基础工作。要收集的资料主要有：

1）各项成本降低指标及有关的规定；

2）计划期企业的生产、物料供应等计划；

3）计划期各种直接材料、直接人工的消耗定额和工时定额；

4）材料计划价格、各部门费用预算以及劳动工资率；

5）上期产品成本资料；

6）费用开支标准及有关规定。

（3）预计和分析上一个计划期成本计划完成情况，确定生产和销售预算。

（4）成本指标的试算平衡。在对上期成本计划完成情况进行分析的基础上，考虑计划期各种因素的变化和增产节约的措施，进行反复测算，确定计划期的目标成本。成本指标的试算平衡要求计划指标综合平衡，如产品材料计划和物资供应计划、成本计划和资金计划的互相平衡。

（5）编制成本计划文件。

4. 成本计划的主要内容

成本计划的内容主要包括以下几个方面：

（1）生产费用预算。生产费用预算确定了企业在计划年度内的全部生产性费用，反映了各生产费用要素的数额和比例关系，是进行资金控制和日常成本控制的依据。

生产费用预算的项目分为两部分：前一部分为生产费用要素，包括外购材料费、动力费、工资、职工福利费、折旧费、租赁费等；后一部分为调整计算部分，最后归入产品生产成本。

（2）制造费用计划。制造费用中多数为固定成本，产量增长会使单位产品所负担的制造费用减少，从而降低单位产品成本。制造费用计划的项目有管理人员工资、福利费、办公费、水电费、取暖费、租赁费、机物料消耗、折旧费、修理费、低值易耗品摊销、劳动保护费等。

（3）单位产品成本计划。单位产品成本计划应分产品编制，每种产品编制一份计划，计划项目包括材料、工资、制造费用等，对可比产品还要计算产品成本降低额和降低率。

（4）产品成本计划。产品成本计划是产品单位成本计划的汇总，该计划的主要项目为可比产品和不可比产品，这两类项目下还包括单位成本、总成本、成本降低额和降低率项目。

除上述主要计划外，还要编制销售费用、管理费用、财务费用等计划。

做好成本计划工作，对于提高企业领导和职工降低成本的自觉性，克服盲目性，严格控制生产费用支出，挖掘企业降低成本的潜力，提高产品的经济效益有着重要的意义。

（四）成本控制

成本控制是企业根据一定时期预先建立的成本管理目标，在生产经营过程中对实际发生的费用和各种影响成本的因素与条件采取一系列预防和调节措施，以保证成本管理目标实现的管理行为（详见后文成本控制一节）。

（五）成本核算

1. 成本核算的含义

成本核算是通过对成本的确认、计量、记录、分配、计算等一系列活动，确定成本控制效果，其目的是为成本管理的各个环节提供准确的信息。只有通过成本核算，才能全面准确地把握企业生产经营管理的效果。

成本核算的实质是数据信息处理加工的转换过程，即将日常已发生的各种资金的耗费，按一定方法和程序，按照已经确定的成本核算对象或使用范围进行费用的归集和分配的过程。正确、及时地进行成本核算，对于企业增产节约和实现高产、优质、低消耗、多积累的目标具有重要意义。

成本核算由一系列具体的工作组成，每一项工作都在工作时间、地点、经办人员、所需材料、工作完成的具体要求等方面形成了一定的程序和标准，这正是职业经理人研究成本管理工作标准的出发点。

2. 企业成本核算内容

成本核算是成本管理的核心，其内容主要有：

（1）完整归集与核算成本计算对象的各种耗费；

（2）正确计算生产资料转移价值和应计入本期成本的费用额；

（3）科学确定成本计算的对象、项目、期间以及成本计算方法和费用分配方法，保证各种产品成本的核算准确、及时。

3. 企业成本核算程序

成本核算一般从审核各项支出、费用开始，然后归集各项生产费用要素，分配共同性生产费用，最后计算出完工产品总成本和单位成本。成本核算一般包括以下几个步骤：

（1）对各项支出、费用进行严格的审核和控制。对各项生产费用支出，应根据国家、上级主管部门和本企业的有关制度、规定进行严格审核，以便对不符合制度和规定的费用以及各种浪费损失等加以制止或追究经济责任。

（2）对各项费用要素进行归集和分配。1）确定成本计算对象和成本项目，开设产品成本明细账。企业的生产类型不同、对成本管理的要求不同，成本计算对象和成本项目也就有所不同，应根据企业的生产类型和对成本管理的要求，确定成本计算对象和成本项目，并根据确定的成本计算对象开设产品成本明细账。

2）进行要素费用的分配。对各项要素费用进行汇总，编制各种要素费用分配表，按其用途分配计入有关的生产成本明细账。对于能确认成本计算对象的直接费用，如直接材料费用、直接人工费用，应直接记入"生产成本——基本生产成本"账户及有关的产品成本明细账；对于不能确认对象的某一费用，则应按其发生的地点或用途进行归集分配，分别记入"制造费用""生产成本——辅助生产成本"和"废品损失"等综合费用账户。

（3）辅助生产费用的归集与分配。辅助生产费用的归集是通过设置和运用"生产成本——辅助生产成本"总账户及其所属明细账户进行的。辅助生产明细账户通常按费用项目设专栏，企业应根据有关凭证和各项费用分配表，在相应明细账户的有关成本项目栏内予以归集。如果是辅助生产车间相互提供劳务、作业，需根据"辅助生产费用分配表"将其他辅助生产车间分配转入的劳务作业成本记入有关明细账户的有关项内。

（4）制造费用的归集与分配。制造费用的归集是通过"制造费用"账户进行的，该账户应根据不同的车间、部门分别设置明细账，并按费用项目设专栏。制造费用发生时，记入该账户的借方及所属明细账户的有关费用项目内。月终，将归集的制造费用分配计入有关产品或劳务成本。在只生产一种产品的企业，制造费用可直接从"制造费用"账户的贷方转入"生产成本"账户的借方及其明细账的"制造费用"成本项目内。在生产多种产品的企业，制造费用应采用一定的标准在各种产品之间进行分配。常用的分配标准有：直接人工工时、直接人工工资、机器工时、直接材料费用或数量与直接费用和成本动因（作业成本法）等。

（5）损失性费用的归集与分配。损失性费用包括废品损失和停工损失。

废品损失是指由于产生废品而发生的废品报废损失和修复费用。废品的报废损失，是指不可修复的已耗成本扣除回收的残料价值后的损失；废品的修复费用，是指可修复废品在修复过程中的支出。

（6）完工产品与在产品之间费用的归集与分配。生产过程中所发生的各种生产费用，经过归集与分配，已经分别计入生产成本及其所属的明细账，如有期初在产品成本，将其与本期费用发生额相加，就是该产品的生产费用。如果某种产品期末无在产品，该产品的全部生产费用就是完工产品成本；如果某种产品全部未完工，则全部生产费用就是期末在产品成本；如果某种产品期末既有完工产品，又有在产品，则需将该产品的全部生产费用在完工产品和在产品之间进行分配。

（7）完工产品成本结转。企业产品生产过程中发生的各项生产费用，经过上述归集和分配后，即可计算出完工产品的实际总成本和单位成本。企业可根据各产品成本计算或基本生产明细账中提供的成本资料，结转完工产品成本，并区别不同情况进行有关的账务处理。结转完工入库产品的成本时，借记"库存商品"账，贷记"生产成本"账户；结转完工自制材料、工具、模具等的成本时，借记"原材料""低值易耗品"账户，贷记"生产成本"等账户。完工产品成本结转后，如果"生产成本"账户有借方余额，即为月末在产品成本。

4. 企业成本核算原则

根据现行会计准则的要求，成本核算应遵循下列八项原则：

（1）合法性原则。即计入成本的费用都必须符合法律、规章、制度等规定，不合规定的费用不能计入成本。

（2）可靠性原则。它包括真实性和可核实性。真实性是指所提供的成本信息与客观的经济事项相一致，不应掺假，或人为地提高、降低成本。可核实性指成本核算资料按一定的原则由不同的会计人员核算都能得到相同的结果。真实性和可核实性是为了保证成本核算信息的正确可靠。

（3）相关性原则。它包括成本信息的有用性和及时性。有用性是指成本核算要为管理当局提供有用的信息，为成本管理、预测、决策服务。及时性是强调信息取得的时间性，及时的信息反馈，有利于企业及时采取措施改进工作。过时的信息往往成为徒劳无用的资料。

（4）分期核算原则。企业为了取得一定期间所生产产品的成本，必须将接连不断的生产活动按一定阶段（如月、季、年）划分为各个时期，分别计算各期产品的成本。成本核算的分期，必须与会计分期相一致，这样便于利润的计算。

（5）权责发生制原则。应由本期成本负担的费用，不论是否已经支付，都要计入本期成本；不应由本期成本负担的费用（即已计入以前各期的成本或应由以后各期成本负担的费用），虽然在本期支付，也不应计入本期成本，以便正确提供各项成本信息。

（6）实际成本原则。生产所耗用的原材料、燃料、动力要按实际耗用数量的实际单位成本计算，完工产品成本的计算要按实际发生的成本计算。原材料、燃料、产成品的账户可按计划成本（或定额成本、标准成本）加、减成本差异，以调整到实际成本。

（7）一致性原则。成本核算所采用的方法，前后各期必须一致，以使各期的成本核算有统一的口径，前后连贯，互相可比。

（8）重要性原则。将对成本有重大影响的项目作为重点，力求精确，而对那些不太重要的琐碎项目，则可以从简处理。

5. 企业成本核算基本方法

（1）产品成本核算的品种法。成本核算的品种法，是按照产品品种计算产品成本的一种方法。品种法的特点是既不要求照产品批别计算成本，也不要求按照生产步骤计算成本，而只要求按照产品的品种计算成本。

品种法是最基本的成本核算方法。适用于大量大批的单步骤生产，如发电、采掘等生产。此外，辅助生产的供水、供气、供电等单步骤的大量生产，也采用品种法计算成本。

（2）产品成本核算的分批法。产品成本核算的分批法，是按照产品批别计算产品成本的一种方法。这种方法的特点是不按产品的生产步骤而只按产品的批别（分批不分步）计算成本。

分批法适用于小批生产和单件生产，如精密仪器、专用设备、重型机械和船舶的制造，某些特殊或精密铸件的熔铸，新产品的试制和机器设备的大中修理，以及辅助生产的工具模具制造等。

（3）产品成本核算的分步法。产品成本核算的分步法，是按照产品的生产步骤计算产品成本的方法。这种成本核算方法的特点是，不按产品的批别计算产品成本，而按产品的生产步骤计算产品成本。

分步法适用于大量大批的多步骤生产，如冶金、纺织、造纸，以及大量大批生产的机械制造等。

（4）产品成本核算的分类法。一些工业企业生产的产品品种、规格繁多，如果按照产品的品种、规格归集费用、计算成本，工作极为繁重。产品成本核算的分类法，比较适合在产品品种、规格繁多，但可以按照一定标准分类的情况下，为了简化计算工作而采用。

产品成本核算分类法的特点是，按照产品类别归集费用、计算成本；同一类产品内不同品种（或规格）产品的成本采用一定的分配方法分配确定。

分类法的适用范围：凡是产品的品种、规格繁多，又可以按照上述要求划分为若干类别的企业或车间，均可采用分类法计算成本。

（5）产品成本核算的定额法。在品种法、分批法、分步法和分类法下，生产费用的日常核算都是按照生产费用的实际发生额进行的，产品的实际成本也都是根据实际生产费用计算的。这样，生产费用和产品成本脱离定额的差异及其发生的原因，只有在月末时通过实际资料与定额资料的对比、分析，才能得到反映，而不能在费用发生的当时得到反映，因而不能更好地加强定额管理、成本控制，更有效地发挥成本核算对于节约生产费用、降低产品成本的作用。

产品成本核算的定额法，就是为了及时地反映和监督生产费用和产品成本脱离定额的差异，加强定额管理和成本控制而采用的一种成本核算方法。

（六）成本分析

1. 企业成本分析概念

成本分析主要是根据成本核算所提供的资料及其他有关资料，通过技术分析方法，对成本指标和目标成本的实际完成情况，成本计划和成本责任的落实情况，计划期的实际成本、责任成本，国内外同类产品成本的平均水平、最好水平进行比较分析，确定导致成本目标、计划执行差距的原因，以及可挖潜的空间。同时通过分析，把握成本变动规律，总结经验教训，寻求降低成本的途径。

2. 企业成本分析任务

（1）正确分析成本计划的完成情况，客观评价成本责任单位的工作业绩。成本计划完成情况，一般很难简单地根据成本核算资料直接得出可信的结论，而要在成本核算的基础上，通过系统、全面的分析，才能做出正确的评价。同时，通过成本分析企业还可以正确评价成本责任单位实施成本计划的成绩，弄清其主客观原因，为落实奖惩制度提供可靠依据，以调动各成本责任单位及职工提高成本效益的积极性和创造性。

（2）揭示成本差异原因，把握成本变动规律，逐步提高成本管理水平。由于成本是一个综合性较强的指标，因而在成本计划执行过程中必然要受到多方面因素的影响。因此，成本分析应运用科学手段与方法，揭示成本差异，查明和测定影响成本差异的因素及其影响程度，从而逐步认识和把握成本变动的特征和规律，以便采取措施，进一步提高企业的成本管理水平。

（3）寻找进一步降低成本的有效途径和方法，不断提高企业的利润水平。成本分析的根本目的是挖掘潜力，寻找进一步降低成本的途径和方法，促使企业以较少的劳动耗费生产出更多符合质量标准的产品，或以较少的支出得到更多更好的服务。因此，在成本分析中应积极、主动地找差距、查原因，总结经验，指出问题所在，以更好地推广先进经验，克服工作中的缺陷和薄弱环节，挖掘自身降低成本的潜力，不断提高企业的利润水平。

3. 企业成本分析内容

（1）一般成本分析的内容。一般成本分析主要包括以下的内容：

1）制造成本分析。产品生产的制造成本包括直接材料、直接人工和间接制造费用，是产品销售成本的主要组成部分。制造成本水平的高低直接影响企业的盈利能力。因此，加强对制造成本的分析，就抓住了企业成本分析的重点，对降低物料消耗、节约人工费用、提高经济效益有着至关重要的作用。制造成本分析可以从静态和动态两方面着手，静态分析就是根据成本核算资料，按成本构成项目分析各成本项目在产品总成本中所占的比重，以便找出成本管理和控制的重点；动态分析则是对制造成本增减变动情况及各成本因素变动对制造成本的影响的分析。

2）期间费用分析。期间费用是由当期损益全部负担的，如企业行政管理部门为组织和管理生产经营活动而发生的管理费用、企业筹集生产经营所需资金而发生的财务费用，以及为销售和提供劳务而发生的销售费用。在股份制企业，期间费用就是"销售费用"，相当于过去的"企业管理费"和"销售及其他费用"。《企业会计准则》规定，期间费用包括销售费用、管理费用和财务费用三部分。其共同特点是全部计入当期损益，不需要在已销商品和结存商品之间进行分摊。

（2）特殊成本分析。随着现代成本管理方法的创新和发展，成本分析的内容突破了传统成本分析的范畴。出现了许多针对某一成本管理方法或某类成本进行重点分析的特殊成本分析，如作业成本分析、标准成本分析、成本性态分析、研究开发成本费用分析等。

4. 企业成本分析原则

（1）必须遵守国家有关法律法规。遵守《中华人民共和国会计法》《企业会计准则》等法规。成本分析应该揭示那些不符合政策、违背财经纪律、不符合财务会计准则的事项，如把不应该列作成本开支的费用计入成本，或者把应该计入成本的费用列作其他方面的支出。

（2）必须坚持实事求是的精神。分析产品成本升降的原因，要从客观实际出发，得出客观的结论。不能凭主观臆想或将点滴、片面的情况作为分析的依据，不能把成本升高的主观原因推向客观。

（3）必须相互联系地看问题。成本是企业经济活动情况的综合反映，是多种因素影响的综合结果，必须联系经济活动的各个方面进行研究，才能真正揭示成本升降的原因。例如，质量的提高，往往使成本增加；但是质量提高，同时会使生产和销售量扩大，而生产和销售量的扩大又会导致成本降低。因此，不能简单地说，提高质量会使成本增加，只有把提高质量所增加的成本和扩大销售所降低的成本综合起来考虑，才能得出正确的结论。

（4）必须坚持辩证的方法。事物发展是不平衡的，企业产品总成本下降，并不等于所有产品的成本都下降，也不等于所有车间、部门的成本都下降，更不等于所有成本项目都下降。要善于用辩证的方法揭露矛盾，找出差距，在肯定成绩的同时发现新问题。

（5）必须抓住重点，找出关键。影响成本的因素很多，分析时不应该面面俱到，必须抓住重点，找出关键性问题，搞深搞透。只有把主要问题分析清楚了，才能提出恰当的改进措施，促使成本进一步降低。

（6）必须搞好调查研究，掌握实际情况。根据成本核算资料，用科学的方法进行分析，这是完全必要的。但是真正搞清问题，提出恰当的改进措施，仅凭数字资料是不够的，必须深入实际，有针对性地做一些调查研究，摸清实际情况，才能提高分析的质量。

5. 企业成本分析方法

（1）因素分析法。因素分析法是将某一综合指标分解为若干个相互联系的因素，按顺序分别计算和分析各因素影响程度的一种分析方法。

成本指标是一个综合性指标，它受到许多因素的影响。只有把成本指标分解为若干个构成因素，才能明确成本指标完成情况，同时克服对比分析法的不足，即能揭示产生差异的因素和各因素对成本的影响程度。

运用因素分析法时，首先要确定综合指标由哪几个因素构成，其次根据分析目的，选用适当的方法进行分析，测定各因素变动对企业成本的影响程度。

（2）比率分析法。比率分析法是通过计算和对比经济指标的比率进行数量分析的一种方法。采用这一方法，先要把对比的数值变成相对数，求出比率，然后再进行对比分析。

（3）趋势分析法。趋势分析法是通过进行连续若干期的相同指标对比，来揭示指标各期的增减变化，据以预测经济发展趋势的一种分析方法。

（4）对比分析法。对比分析法也称比较法，是通过对实际数与基数的对比来揭示实际数与基数之间的差异，借以了解经济活动的成绩和问题的一种分析方法。对比分析法的主要作用在于通过对比，揭露矛盾，发现问题，找出差距，分析原因，并为进一步降低成本指明方向。在实际工作中，工业企业分析各种成本报表一般都采用这种方法，因此，它是成本报表分析最基本的方法。

（5）相关分析法。企业各种经济指标之间存在着相互依存关系，一个指标变了，其他经济指标就会受到影响。例如，生产数量的变化必然会引起成本的变化，利用数学方法进行相关分析，就能找出经济指标之间规律性的联系。

（七）成本考核

成本考核是对成本责任主体的成本计划完成情况和成本管理责任的履行情况进行考核、评价，与目标成本和成本计划指标进行对标分析，并根据完成的数量和质量情况，实施奖惩兑现的成本管理措施，是企业成本管理的重要内容。

1. 成本考核和奖惩的对象

成本责任主体包括成本责任中心、成本责任部门、成本责任个人。

2. 成本考核内容

（1）成本岗位工作考核，对成本责任主体的工作内容、工作状况、工作方式、工作态度及其工作业绩实施综合评价；

（2）评价企业生产成本计划的完成情况；

（3）评价有关成本管理制度和财经纪律的执行情况；

（4）对责任单位和责任人实施奖励或处罚。

第三节 企业成本管理方法

一、目标成本法

目标成本法，是指企业以市场为导向，以目标售价和目标利润为基础确定产品的目标成本，从产品设计阶段开始，通过各部门、各环节乃至与供应商的通力合作，共同实现目标成本的成本管理方法。

（一）目标成本的含义

目标成本是经过调查研究、分析和技术测定而制定的用以评价实际成本，衡量工作效率的一种预计成本。目标成本不仅指产品成本，还包括管理成本、营销成本、研发成本、设计成本、客服成本、配送成本。它要求在事先规定目标时就考虑责任归属，并按责任归属收集和处理实际数据。

（二）实施目标成本管理的基本环节

1. 明确成本管理的责任主体

企业要明确各级成本责任主体，这是实施目标成本管理的基础和前提。首先是明确划分和建立各级责任中心，以区分各个部门的职能，然后将其成本管理责任和目标落实到各责任主体，为实施目标成本管理打下组织基础，提供组织保证。

2. 确定目标成本

遵循制定目标成本的原则，设计目标成本指标体系，确定目标成本指标。将目标成本指标同薪酬指标、经营管理指标紧密融合，有效衔接。

3. 分解目标成本

将目标成本指标按照成本责任主体的组织层次进行分解，将指标划归到具体的组织、岗位和个人，明确责任，使目标成本指标成为各级奋斗的目标。

4. 目标成本管理实施与控制

将目标成本管理体系和企业生产经营管理紧密融合，在企业生产经营管理过程中实施目标成本管理，加强目标成本管理控制，将成本发生水平控制在可控的波动幅度内。

5. 目标成本考核与奖惩

按成本目标责任周期（周、旬、月、季度、半年、年）对目标成本指标的完成情况进行考核，规定明确的奖惩办法，让各个责任中心、各个被考核人明确成本管理业绩与奖惩之间的关系，根据目标成本指标完成的水平，实施奖惩兑现，并提出明确的努力和改进提升的方向及新的指标水平。

案例 18-1　模拟市场核算，实行成本否决
——目标成本管理的邯钢经验

"模拟市场核算、实行成本否决"是邯郸钢铁集团有限责任公司（以下简称邯钢）的企业目标成本管理经验的高度概括。为企业实行目标成本管理提供了实践方法和典型经验。

一、目标成本的确立

确定目标成本包括以下步骤：

（1）在市场调查的基础上确定企业所要生产产品的市场价格

就是实施市场调查，掌握市场同类和相关产品的市场价格水平，并对未来的价格走势有一个基本准确的判断。邯钢在市场上销售的产品主要是钢铁制成品，包括建筑类钢材、工业用钢材等。如果是新开发的产品，要充分考虑根据市场的需求和消费者可能接受的价格确定市场价格。

（2）确定企业的目标利润

就是根据企业现时的生产经营管理方针和生产经营纲领、市场竞争力与资本增值要求以及上一年度利润水平来确定计划年度的利润目标。

（3）确定目标成本

目标成本＝产品市场价格−产品目标利润−产品应税金额

目标成本的确定，实质上是一个生产分析过程。市场分析是企业生产经营过程的发端。企业要确定目标成本，必须有充分的市场信息，必须有相关行业、竞争对手和相关替代品的信息。目标成本分析可以有效规避市场风险，减少生产的盲目性和无效生产。

确定目标成本，在于形成企业自身的成本竞争优势，在同行业中确立相对成本优势地位。

二、目标成本分解

目标成本确立以后，重要的是进行目标成本的分解。邯钢的方法是基于产品价值

链逆向分解，即沿着产品形成过程的反方向，确定每个价值形成过程的成本数量。

产品价值链是目标成本分解的基础，所不同的是产品的价值形成是按照价值链的顺序进行的，而目标成本的分解必须按价值链逆向进行，目标成本分解按照结果要求来决定过程行为，充分体现了市场和顾客导向的思想。

邯钢目标成本分解的原则是：

1. 普遍成本原则

邯钢认识到，不仅生产主流程发生直接成本，而且企业的辅助流程、管理流程都发生过程成本。其把生产调查、原料采购、原料仓储、动力提供、运输等辅助生产过程，管理工具、笔墨纸张、办公室清扫工具等管理事项全部纳入成本目标分解范围，规定相应的成本控制指标，重视间接的活动，用成本节约来挤效益、提高效益。

2. 普遍成本原则

无论是主流程还是辅助流程或管理流程，都必须坚持成本节约原则，都有成本指标，不能强调工作特点忽视成本原则，都要在成本节约的原则下开展工作。

3. 先进原则

基于国内外先进水平或本企业历史最好水平和目标成本的要求，确定成本水平。有了先进原则，就要明确挖掘潜力的目标和深度。要达到先进水平，还要看市场价格竞争要求，以此建立全企业的成本优势。

4. 实物成本和价值成本相结合原则

衡量一些分厂和流程的成本消耗有时候必须用实物成本指标，如吨钢能耗，但分解指标时，必须有价值指标，使操作者和管理者都明确实物成本节约的价值所在，在心中树立起价值观点。

5. 成本控制和降低数量明确原则

设立成本数量指标，尤其是明确成本的控制上限，操作和管理成本上限不得突破。不用含糊、界限和范围不清的词语表达指标和任务，以避免歧义。

目标成本的分解，是一个分析企业内部关系和能力的过程。目标成本的确定，很大程度上是企业分析外部环境的结果，目标分解是使企业内部与外部相适应的决策过程，同时也是贯彻民主决策与民主管理的过程。通过目标成本分解，把市场压力转变成管理者和操作者的动力，让职工群众知晓市场要求和工作的责任，共同参与决定自身的成本目标和工作指标，把外在的压力指标变成了职工内在的控制动力，真正做到了千斤重担大家挑，人人头上有指标，人人身上有压力，人人身上有动力。

三、建立责任体系、分解责任

邯钢的目标成本分解主要是根据企业产品价值链和生产工艺流程进行的，建立起成本控制的责任体系。

1. 明确成本降低和控制的内容和边界

企业生产经营和管理是由许多流程和活动组成的，每一项活动又是由管理者管理和操作的。虽然每一项活动都具有成本要素，但对于结果的影响，每一次成本活动的作用又是不同的，即有作用大的成本活动，又有作用小的成本活动。因此，不仅要确立成本活动的内容，还要确定成本活动的边界。邯钢确定成本活动的边界有两种基本方法：其一是按活动的技术要素决定，如果一项活动在技术上是不可分解的，活动的边界就由成本技术活动的完整性来界定；其二是按一个人或一群人或一个组织的能力来界定成本活动边界。在实践中，邯钢结合这两种方法，不仅确定了成本活动边界，还确定了成本责任边界。

2. 根据成本内容和边界来调整组织构成

根据成本内容和边界来调整组织构成就是要让责任和能力相匹配，调整组织构成，由能够完成成本指标的具有专门技能的组织机构来完成成本目标。

3. 将成本内容和边界转化为组织成员的工作内容和利益

邯钢把成本内容转化为工作内容，把成本责任落实到每一位工作者身上，把成本责任和利益统一到工作者身上，把利益分配到组织和个人身上，建立与成本一体的利益否决机制。职工利益和工作内容与成本控制水平相挂钩，完成目标成本指标，才能够取得相应水平的薪酬。

四、加强考核评价

（一）建立目标成本管理考核评价体系

邯钢根据目标成本指标和其他经济技术指标建立目标成本管理考核体系。

1. 在各级纵向组织建立考核体系

邯钢沿着公司（总厂）—分厂—车间—工段—班组—职工的方向，在每一层级建立考核机构，负责对下级组织的考核。每一层级组织内建立考核机构，进行自我考核。上级考核侧重执行结果的考核和评价，各级组织侧重执行过程的考核，是控制性的、经常性考核，负责向上级考核部门呈报本级组织的自我考核结果，同时接受上级组织的考核。职工实施自我考核，接受本组织的考核。

2. 根据业务联系建立专业考核体系

邯钢在建立目标成本管理纵向考核体系的同时，还建立了专业考核体系。具体是根据资源、财务、计划、薪酬、供应、销售等专业管理的需要，建立专业考核体系。其主要职能是，考核各生产经营组织之间的资源平衡状况，财务指标执行情况，生产能力协调情况，供应、生产和销售的衔接与平衡状况，计划完成情况等。在考核基础上，综合分析成本状况及其成本组成因素波动趋势。

3. 根据业务流程建立考核体系

邯钢在实行"模拟市场核算、实行成本否决"机制的过程中，在企业内部以市场价格为基础的内部市场机制、各生产经营组织之间的结算关系，构建了市场买卖关系以及考核和被考核的关系。上一流程的结算价格构成了下一流程的成本，二者之间构成了很强的约束和监督关系，上一流程的输出成本受到了下一流程是否接受的约束。由此，在各流程之间建立以成本为主要内容的考核机制，形成企业内部考核体系。这也是邯钢体系的主要特点，即自动考核机制。

（二）建立完善具体的考核制度和方法

邯钢实行的"模拟市场核算，实行成本否决"制度是建立在严格的考核基础之上的，其严格不是因为有原则性的规定，而是因为有具体详细的规定。

1. 完善考核制度

邯钢把考核的重点放在成本联系及其环节平衡方面，完善具体的考核制度，主要是加强横向监督，强化物料平衡，根据成本发生原理，坚持每月对大宗物料进行盘存，考核进料、消耗和库存是否平衡，如果不平衡，按平衡后的消耗成本核算，计发奖金。

2. 加强过程考核

加强过程管理，是落实考核的关键。邯钢强化了阶段成本管理和班组核算规范化、标准化。阶段成本管理就是让各分厂的每一个工段和工序都有完整的成本指标，进行比较完善的成本控制、核算和分析。

3. 加强综合考核

就是对各分厂和职能管理实施综合考核，做到账与账核对，账与物核对，账与人核对。

（三）严格执行成本否决，奖惩分明

成本否决是邯钢经验的基石。所谓成本否决，就是在经济技术指标中，成本指标具有否决权。邯钢把各单位（分厂、处室）和职工奖金的分配同所承担的成本责任相挂钩，即其他经济技术指标都完成了，如果成本指标没有完成，也不能发放奖金。由此，把成本同职工群众的切身利益联系起来。成本的不断降低，是企业利益之所在，也是职工利益之所在。

邯钢在执行成本否决的过程中，坚持"不迁就、不照顾、不讲客观"的"三不"原则。主要是对完不成成本指标的单位和职工个人的奖金发放实行否决，确立了成本在企业管理中的中心和权威地位。

"三不"原则是建立在市场竞争基础上的，具有很强的市场客观性不迁就，就是不能降低执行成本否决的标准，就是将已经产生的成本完全纳入成本考核范围，不能为了完成成本指标，而扣减成本支出，以取得奖金发放的依据。不照顾，就是其他经济技术指标的完成，不能抵补成本指标的未完成，也不能按其他经济技术指标的完成比例分配奖金。不讲客观，就是即使一些客观因素可能影响一些单位和职工个人成本指标的完成也不能因此打破成本否决的规矩，也必须否决当月的奖金发放。

资料来源：周景勤等．国有企业内部管理制度改革研究——以邯钢经验为例［M］．北京：企业管理出版社，2001.

二、标准成本法

标准成本法，是指企业以预先制定的标准成本为基础，通过比较标准成本与实际成本，计算和分析成本差异、揭示成本差异动因，进而实施成本控制、评价经济业绩的一种成本管理方法。

（一）标准成本类型

1. 理想标准成本

理想标准成本是在最优的生产条件下，利用现有规模和设备能达到的最低成本，是理论上的业绩标准、生产要素的理想价格和可能实现的最高生产能力的利用水平。理想的业绩标准是指生产过程中毫无技术浪费时的生产要素消耗量，最熟练的工人全力以赴工作、不存在废品损失和停工问题等条件下可能实现的最优业绩。最高生产能力的利用水平是指理论上可能达到的设备利用程度，只扣除不可避免的机器修理、改换品种、调整设备的时间，而不考虑产品销路不畅、生产技术故障造成的损失。这种标准是"工厂的极乐世界"，很难成为现实，即使出现也不可能持久。它的主要用途是提供一个完美无缺的目标，揭示成本下降的潜力和成本管理的努力方向，一般不能作为考核的依据。

2. 正常标准成本

正常标准成本是在效率良好的条件下，根据计划期可能产生的生产要素消耗量、预计价格和预计生产经营能力利用程度制定出的标准成本。其把难以避免的损耗和低效率等情况也计算在内，有一定的可行性。从数量上看，它大于理想标准成本，但又小于历史平均水平，实施以后实际成本可能是逆差，是要经过努力才能达到的一种标准，因而可以调动职工的积极性。

3. 现实标准成本

现实标准成本亦称可达到的标准成本，是在现有生产技术条件下进行有效经营的基础上，根据下一期最可能产生的各种生产要素的耗用量、预计价格和预计的生产经营能力利用程度而制定的标准成本。这种标准成本可以包含管理者认为短期内还不能完全避免的某些不应有的低效、失误和超量消耗。因其最切实可行，最接近实际成本，因此不仅可用于成本控制，也可以用于存货计价。这种标准成本最适于在经济形势变化无常的情况下使用。

（二）标准成本法的主要内容

标准成本法的主要内容包括标准成本的制定、成本差异的计算和分析、差异管理和问责制跟踪、成本差异的账务处理。

1. 标准成本的制定

标准成本的制定是采用标准成本法的前提和关键。一般情况下，企业可以采用正常标准成本进行核算，结合现实标准成本确定标准成本指标。标准成本是一个预算成本，作为成本计划的成本指标。

2. 成本差异的计算和分析

所谓成本差异是指一定时期生产一定数量的产品的实际成本与标准成本的差额。

企业在成本控制和成本管理中，要将实际成本同标准成本对标，看看成本指标完成的数量水平，对成本管理工作进行综合分析。

在差异分析中，可以把差异划分为可控差异和不可控差异。可控差异是指与主观努力程度相联系而形成的差异，又叫主观差异，是成本控制的重点所在。不可控差异是指与主观努力程度关系不大，主要受客观原因影响而形成的差异，又叫客观差异。客观差异又可以分为企业内部客观差异和企业外部客观差异。消除客观差异通常要对企业资源和企业组织结构，甚至企业形态和制度进行彻底的变革。

3. 差异管理和问责制跟踪

成本对标和成本差异计算与分析目的是改善企业成本管理水平。要将成本差异同企业管理紧密结合，进行有针对性的分析，找出可控差异，特别是逆差异即没有完成成本标准的差异产生的原因，提出改进措施。同时，要根据成本责任事项和责任人，进行追责奖惩。

4. 成本差异的账务处理

就是按照企业财务管理制度关于成本管理的规定，对成本差异进行财务调整处理。

三、变动成本法

变动成本法，是指企业以成本性态分析为前提，仅将生产过程中消耗的变动生产成本作为产品成本的构成内容，而将固定生产成本和非生产成本作为期间成本，直接由当期收益予以补偿的一种成本管理方法。

（一）变动成本法的应用步骤

（1）对企业成本进行成本形态划分。成本性态分析是将成本表述为产量的函数，分析它们之间的依存关系，按成本与产量之间的依存关系，可将成本划分为固定成本、变动成本和混合成本三大类。

（2）测算产品产量或单位产品控制成本。

根据企业年度总利润目标和产品市场价格，计算企业产品的生产量，或者根据企业年度产品生产量和产品市场价格，倒算每件产品的变动成本。

（3）根据产品产量和产品变动成本测算情况，编制企业生产计划和成本计划。

（4）根据生产计划和成本计划，进行责任分解，将成本控制计划落实到组织、岗位和个人。

（5）监督、考核和奖惩。根据产品生产制造成本发生过程，实施成本监控、考核、评价，对责任单位进行奖惩。

（二）变动成本法的特点

（1）产品制造直接成本显性化。通过成本性态分析，使产品制造直接成本显性化，便于将产品变动成本按照成本产生源头进行计算归集，使成本管理对象明晰化和确定化。

（2）产品责任成本明晰化。通过变动成本分析，可以明确什么过程、什么岗位、哪些人的工作和成果形成了成本，可以明确成本责任。

四、作业成本法

作业成本法认为，企业的全部经营活动是由一系列相互关联的作业组成的，企业每进行一项作业都要耗用一定的资源，而企业生产产品（包括提供的服务）需要通过一系列的作业来完成。因而，产品成本实际上就是企业为生产产品的作业所消耗资源的总和。于是，生产导致作业发生，作业耗用资源，从而导致成本发生。

（一）作业成本法是基于活动的成本管理

作业成本法的原理是把作业看成核心，关注生产运作过程，关注具体活动及相应的成本，将间接成本和辅助资源分配到作业中，累计形成作业成本，再根据不同的作业动因将其分配给各个产品，强化基于活动的运作成本管理，最终形成更为准确的产品成本。

（二）作业成本法的主要概念

1. 作业

"作业"是作业成本体系中最基础的概念，早在1941年，科勒就认为作业是一个企业单位在某个具体的工程项目中或者重要的经营活动中所做的贡献。霍恩格伦认为，作业其实就是一个具有特定目的的任务或者事项。汉森和莫文认为，作业是"组织内执行的工作的基本单位"。通过上述的概念分析，我们可以发现，"作业"实际上是一项有特定目的的工作和任务，它是连接资源消耗和最终产成品的桥梁。

2. 作业中心

若企业内部有大量的作业，单独分析这些作业势必会增加企业的工作量，降低企业工作的效率。所以企业需要对相似的作业进行整理，并归集到作业中心。因此可知，作业中心是具有类似特征，遵循类似规律的，能够达到相同目的的作业的集合。

3. 成本动因

成本动因这个概念最早出现在迈克尔·波特的《竞争优势》这一著作中，他认为消耗资源成为作业，再根据作业生产出能为企业带来价值的产品的经济活动，背后肯定有推动因素。这里的推动因素就是成本动因。成本划分给成本对象的依据就是成本动因。成本动因可以分为两种类型：第一种是资源动因，就是作业消耗各个资源的形式和根本原因，独立存在的资源按照一定的资源动因可被划分到特定的作业或者作业中心成本库中；第二种是作业动因，它是指每种资源耗费的原因，作业按照相同规律、相同发生原因被归集到作业中心之后，再按照其自身的成本价值，被划分到特定的产品服务中去的依据就是作业动因。

4. 成本动因分配率

成本动因分配率是单个成本动因的成本，因此这一指标的计算可以帮助我们分析每个作业中心成本动因的成本，便于横向比较分析，公司管理者根据计算出来的成本动因分配率，可了解各个作业的成本消耗情况，并采取针对性的控制措施。成本动因分配率的计算公式为：

成本动因分配率＝某项资源总耗费/成本动因量

（三）成本动因分析

企业实施作业成本管理法，首先要进行成本动因分析，找出"驱动"成本的东西，特别是最主要的成本动因。

成本动因是指决定成本发生的那些重要的活动或事项。它可以是一个事项、一项活动或作业。一般而言，成本动因支配着成本行动，决定着成本的产生，并可作为分配成本的标准。

（四）作业成本管理的实施步骤

企业在运用作业成本法进行成本管理的过程中，必须结合自身的实际情况来确定具体的实施步骤。一般地，可以把作业成本管理归纳为以下几步：

第一步，作业调研。掌握企业的经营过程并收集相关的作业信息，了解每个部门对成本的责任，以便于后续对作业成本管理体系的设计。

第二步，作业认定。认定作业可以通过绘制企业的生产流程图进行，也可以从现有的职能部门出发，对每个部门的作业进行认定，最后加以汇总。

第三步，成本归集。汇集和分析与各项作业相关的资源成本，并确定其成本动因。

第四步，建立成本库。按照同类的成本动因归集相关成本，从而建立不同的成本库。

第五步，设计模型。在充分了解企业的经营模式与成本构成的基础上，建立企业的作业成本核算模型。

第六步，应用软件。作业成本管理是建立在大量计算的基础上的，所以需要选择并开发作业成本实施工具系统。

第七步，运行分析。运行作业成本法并对其计算的结果进行分析解释，如引起成本偏差的原因等。

第八步，持续改进。对作业成本管理的过程进行分析，发现问题，开展相关的改进工作以实现增值作业。

作业成本法主要适用于作业类型较多且作业链较长，同一生产线生产多种产品，企业规模较大且管理层对产品成本的准确性要求较高，产品、顾客和生产过程多样化程度较高以及间接或辅助资源费用所占比重较大的企业。

（五）作业成本管理的特点

1. 作业成本管理有着更大的核算范围

传统的成本管理对成本的核算仅仅包括了材料、人工以及制造费用，没有将期间费用纳入核算范围。而作业成本管理将期间费用纳入了核算范围。这些费用在作业成本管理中被称为资源，指的就是企业在生产活动中所消耗的全部内容。

2. 作业成本管理提高了核算结果的准确性

传统成本管理法对间接费用的分配采取十分单一的分配标准，导致不同产品的间接费用分配标准相同，也就是不同产品的间接费用毫无区别。实践中就表现为企业平均分配所有产品的间接费用，忽视不同产品之间生产工艺和生产情况的差异，使计算出的成本不符合实际的资源消耗。所以，传统成本管理法很难得出准确的产品成本核算结果，无法反映产品生产的实际成本信息。作业成本管理则是采取以成本动因为分配标准的间接费用分配方法，从多元化的成本动因出发，除了合理分配作业资源之外，还结合作业间的不同性质，将资源消耗做具体的区分，准确、合理地进行了资源分配，解决了传统成本管理法在间接费用分配中的问题。企业的管理者也可以从资源消耗情况中获取更为准确详细的信息，进一步完善相关作业。

3. 作业成本管理有着更加强大的控制力

作业成本管理与传统成本管理的区别在于，其自身形成了一套系统的成本管理体系，更多地参与到了企业的成本管理中。作业成本管理的计算以作业为核心，严格区别不同作业间的资源消耗，使企业管理者可以对企业的生产工艺和流程进行更好的规划。进一步完善增值作业，可以提高企业的作业率；剔除企业的非增值作业，可以使企业减少不必要的资源消耗，提高资源利用率。确定增值作业和关键作业，可以引导企业管理者集中资源，将管理重心放在企业的增值作业和关键作业上，合理优化资源配置。划分不同的作业中心，将每个作业中心的责任落实到具体的责任人身上，哪一个作业中心出了问题，就对该作业中心的负责人进行责任追究，明确责任。在所有作业中心间建立竞争机制，给予作业成绩优异的作业中心一定程度的奖励，提高员工的工作积极性。

案例 18-2　HL 公司作业成本管理的实施

HL 公司是一家产品零部件制造类企业，隶属于一家集团公司。主要经营各种壳体类零件、滑阀式精密偶件、精密铝合金等构件的制造工作。公司拥有先进的精度加工设备，能够进行各种锻造、铸造、焊接操作，也有各种材料分析和检测器械，具备材料理化测试、表面处理、热处理等功能。

HL 公司包括财务部、人力资源部、物资采购部、设备技安部、综合管理部、项目管理部、技术质量部、生产制造部、动力分厂、热表分厂等部门。物资采购部、生产制造部等部门在产品生产过程中发挥了重要作用。其中，产品生产流转涉及的主要部门的职责如下：

财务部主要负责根据《企业会计准则》、集团财务管理制度及公司财务管理制度对生产经营过程中的各项成本、费用进行归集、核算、分析，并为公司管理层提供成本管理相关建议。

人力资源部主要负责编制和控制薪酬及社会保险等人工成本支出，准确对员工的考勤和现场工人工时进行记录，在提高出勤率和工时效率的同时，监控员工工资、绩效、补贴及津贴等的发放情况。

物资采购部主要负责按照 HL 公司采购管理办法、货币资金管理办法等制度规定，根据公司生产进度对各项原材料、工具等进行采购，向财务提出付款申请。

设备技安部主要负责在采购设备时做好询价及比价工作，对于功效相同的设备以最低的价格购买；在设备使用过程中，尽量保持设备完好并满足目前生产所需，提高设备利用率，尽量减少不必要的修理成本及维护保养费用。

生产制造部是公司产品生产最基础且最重要的生产部门，是公司生产计划的执行部门。拥有各类加工中心，车床、磨床等各型号机床 160 台，一线员工 158 人，主要负责滑阀、活塞、壳体等主要零部件的机械加工任务，加工零件约 900 项。同时，将简单的基础加工工序转至外协单位进行粗加工。在成本管理过程中，生产制造部主要负责编制生产定额和控制外部加工费用，制定并落实生产计划，提高工时利用率，缩短生产周期，保证按计划完成任务，且控制在制品的占用。

技术质量部主要对产品的生产提供技术指导及建议，对产品生产各环节进行质量控制，同时对产成品合格与否进行检测及判定。

项目管理部主要负责沟通联系客户，确定合作项目，争取更多销售订单，按照客户要求包装并发货。产品报关出口及到期回款等。

一、原有成本管理状况

（一）编制年度成本管理预算，上报计划

HL 公司每年 11 月中旬，结合当年经济运行及指标完成情况、公司近五年的经营规划，梳理下一年度的订单任务，编制下一年度的经营指标、投资、融资等预算，经总经理办公会审核通过后报送集团审核批准。

（二）承接集团成本工程指标，明确成本管理指标控制计划

HL 公司每年承接集团 30 余项成本工程指标，突出向深层次、细末节、规范化推进指标，着眼于科研生产关键业务环节，针对设计、采购、生产、质量、售后、资金、人工等重要成本方面，明确了成本管理指标控制计划。

（三）成本核算沿用传统工时定额分摊法

HL 公司成本核算实行公司和分厂（生产制造部）二级核算制度。

HL 公司成本核算的基本要求：

（1）成本核算组织部门设在财务部。

（2）实行定额管理，制定各种材料、零组件、内部劳务、工装等成本核算、内部结算标准。

（3）生产制造部按照财务管理考核办法上报"分厂会计报表"，编报的会计报表必须及时、准确、完整、清晰并符合格式要求，经填表人、单位负责人签字盖章后，方可报出。

（4）HL 公司产品成本核算方式。HL 公司产品成本核算中，直接费用包括人工费、材料费、机械使用费等费用；间接费用包括修理费、水电费、折旧费等费用。其中：

1）生产制造部发生的原材料消耗、废品损失、专用费用直接计入有关产品成本，生产工人的工资、燃料动力费、制造费用按定额工时比例法在当期完工产品及在产品成本中进行分配。

2）期末在产品的核算按实际清点的在制品数额确定定额工时、定额材料费，按当期实际小时费用率保留工资和制造费用。

3）根据当期期末在制品产品成本确定本期完工产品成本。

本期完工产品成本＝期初在制品成本＋本期投入产品成本－期末在制品成本。公司人员薪酬耗费＝岗位 1 人员个数×岗位 1 工资＋岗位 2 人员个数×岗位 2 工资＋⋯＋岗位 n 人员个数×岗位 n 工资。公司厂房折旧费按照平均每个月建筑物使用功能的多少，选择以建筑面积进行分摊。设备折旧费、设备维修费、燃料动力费、机物料消耗、外部加工费等日常消耗费用以每月平均发生额为依据，各成本动因的分摊率通常采用成本库费用与成本库作业动因总量的比例来表示。结合这一比例，可对各个作业库中每日消耗的作业量加以分配，作业成本运用成本动因分摊率和作业动因量的乘积表示。获得数据后，对作业量进行汇总，就能够得到每种生产产品的日常损耗分配。

（四）严格生产、质量及管理目标成本过程管控

1. 生产（含采购、售后）成本管控方面

（1）推进目标成本管理应用。针对已定价或调价的产品，开展成本数据梳理，形成基于 BOM 结构的目标成本数据库，为推进基于产品的成本管控和集团成本数据库建设提供支撑。

（2）深化 AEOS 中的"C 管理"。着眼生产车间和班组，深化生产现场成本控制工作和质量成本统计核算细则的落实，积极总结经验，并向集团申报 SQCDP 可视化管理的"C"看板应用标杆实践案例。

（3）推进主要产品修理技术研究，按照同质同价的承诺要求，形成主要产品的大修成本改进技术方案。同时，开展检修目标成本测算，形成目标成本数据库，为内部成本控制和产品定价提供依据。

（4）针对集团下达的修理、外部加工、机物料消耗、燃料动力等十余项生产环节指标，进行指标分解，要求各生产线落实各指标，并在每季度末进行指标统计、分析与考核。

2. 质量成本管控方面

（1）通过工艺技术攻关课题对工艺技术难点进行分析并提出攻关方案。

（2）针对合格率低或者损失价值高的产品，组织各生产线形成损失产品清单，选取价值不少于清单损失价值 50％ 的产品设立废品损失改进项目，从而进行废品损失压降。

3. 管理成本管控方面

（1）公司严格按照预算申报及集团下达的管理费用中的业务招待费、会议费、办公费、公务车辆购置及运营费、出国人员经费、修理费、差旅费及管理费用总额进行管理成本管控。公司每季度对以上各项指标进行统计、差异分析，对于确实需要发生的大额管理事项进行事前审批及备案。

（2）公司每年至少完成 1 项成本专项监督检查项目，对成本管理规范性、完整性、集团下达的各指标完成率等进行检查，及时监督、发现并整改相关问题，巩固成本管理成果，提升成本管理有效性。

（五）解决目标成本差异，提升管理效果

针对成本差异，HL 公司制定了成本差异分析例会条例，要求财务部门每个月召集公司的生产管理人员、采购人员、研究开发人员等相关工作人员举行一次分析成本差异的会议。从数量和价格两个方面来研究材料、人工等费用出现差别的原因，并要求对此负责的公司部门加以说明，之后制定改进计划，其内容通常包括负责人员、监控人员、需要改善的事宜、预计完成的时间。比如，直接人工数量差异通常是由产品制造过程的时间消耗和工艺流程导致的。这种由员工效率造成的差异，应该由设计方和生产方共同负责，了解出现差异的原因，并制定相关的改善方法。除此之外，财务部门对所有的整改措施要进行监督，在下一个月的成本差异会议中阐述改进措施实施情况以及取得的成果。

（六）建立成本管理责任考评体系，强化监督考核

进行成本管理，就要进行成本的责任考评工作。HL 公司已经逐渐构建了产品的成本考核体系，这一考核工作主要由财务部来完成，要求财务部每个月对成本进行核算，开展考核。

成本管理责任考评的程序如下：

首先，制定并适度修改责任成本预算，并结合已经设定的生产量、消耗定额和成本水平等内容，采用弹性预算的方式制定各负责部门的预定责任成本，作为考核和管理的根据。

其次，明确成本考核因素，比如目标成本的节约数额、节约比例等。

最后，结合各个责任部门的成本考核因素，分析各个因素的作用，对各责任部门的成本管理工作进行科学、有效的评价。

考核相关办法、制度的制定，需要遵循公平、公正、准确、可追溯、以数据为核心点、及时总结经验等原则。

在进行考核工作时，想要让考核工作更加系统和有效，就需要关注销售收入和成本因素之间的关联，并将这两个方面内容结合起来进行考核。财务核算人员完成各个部门实际的成本考核报表后交给成本科室，成本科室研究分析各部门实际成本和标准成本之间的差别，采用"责、权、利"等原则来实施考核。通常以部门为一个主体，对超额完成的部门实施奖励，对于未完成的部门进行处罚。同时，财务部门结合考核状况分析成本差异，探究出现差异的根本原因，要求对应的责任主体部门进行改进，并结合市场环境和成本计划的实施情况优化考核因素，确保公司的年度计划能够顺利

实施。

2018 年 12 月的考评结果显示：综合管理部的考评得分最高，其次是人力资源部，最差的是生产制造部。经过公司开会讨论，分别给予前两名的部门人均 500 元和人均 300 元的奖励，对于生产制造部，扣除每人 100 元的工资。

二、HL 公司目前成本管理存在的问题

通过调查分析，HL 公司成本管理存在以下几个方面的问题：

1. 成本预测依赖历史数据，间接费用分配标准单一

HL 公司的成本预测是基于上一年度的成本管理水平进行的，现行的成本核算方式仍然将单一的工时作为分配标准对间接费用进行划分。采用的是传统成本管理与目标成本管理结合的成本管理方式，成本预算主要依赖历史财务数据进行。HL 公司产品数量、种类多，且间接费用占比较大，以传统的工时分摊法进行成本预算缺乏准确性。随着信息化管理水平的提高，H 公司的间接费用在总成本中的占比达 58%。倘若仅以单一的分配标准分摊日益增长的间接费用必然会导致成本预测数据准确性的缺失，成本预测准确性降低。

2. 成本数据统计不准确，成本核算粗放

在 HL 公司中，人力资源部的职能主要是制定、实施工资标准以及统计薪酬；物资采购部的职能是采购、管理、清点公司的材料、工具等；生产制造部的调度人员的主要职责是对现场的设备进行分配以及整理统计等。目前公司的成本数据统计模式是，首先由技术人员对车间工作量进行初步统计，其次由工段长统一对人员的出勤情况进行记录，最后由物资采购部到车间对材料设备的使用情况进行核算，与此同时调度人员对机械台班使用现状进行了解。经营部门的员工结合工段长和技术员收集的数据，计算材料费、人工费、管理支出等，并和财务人员的统计信息相比较。在现场，因为技术人员不够，相关数据收集不及时，无法完成报表的上传，就会导致成本计算不准确，出现物料浪费情况，无法进行改进。

HL 公司生产的产品种类多，盈利能力是公司重要的财务内容，因此公司的财务数据需要做到真实准确。但公司所使用的传统产品成本核算方式不能够有效体现产品成本之间的差异性，产品成本信息真实性较差，没有办法为公司提供可靠的决策，还很有可能造成产品利润损失。

3. 公司成本管理意识模糊

公司一些职员不太重视成本管理，认为成本管控只需要公司内部来完成，是部门的责任。员工个体没有成本控制的意识，认为这是部门领导的责任，没有开展成本控制的动力和压力。

公司很多部门和员工认为成本管理主要由财务部负责，和自身没有关联，没有对成本进行管理的思想和意识，只关注项目进度、质量、产品销售方面的管理控制，这使产品各个流程中的成本控制未得到足够的重视。

4. 公司成本管理职责划分不清晰

经过相关问卷调查发现，88%的人员认为 HL 公司成本管理与成本决策之间的联系不紧密。当前制造业企业成本管理的主体部门通常是财务部。在公司的经营活动中，高层管理者对成本管理的重视和参与程度通常都比较低。在 HL 公司中流行这样一种观念，即成本管理仅仅是财务部一个部门的事情，任何成本偏差均由财务部门进行相应的账务处理及分析说明，分厂员工只负责生产，完全不参与任何成本管理工作。

5. 成本管理激励体制不健全

经过相关问卷调查发现，75%的人员认为 HL 公司的考核机制和激励机制不完善。目前 HL 公司未能建立满足自身状况的考核激励制度，也没有对应的奖惩规范。这导致职工进行成本管理的主动性不高，没有节约成本的意识，在实际成本和预算成本相差比较大时，相关负责人员之间存在责任推诿现象。

三、HL 公司作业成本管理的实施

（一）确定资源动因，建立资源库

HL 公司是传统制造型企业，动力燃料、生产机械、消耗原料和其他资源等都可以算作该公司制造流程基本的消耗资源，基于这些消耗资源可构造 HL 公司的资源库（见表 18-1）。

（1）消耗原料库：包括芯片元件、预制器件、原材、其他辅助物资等。

（2）员工消耗库：包括公司员工的基本工资、交通补贴、保险、降温费、分红、花费补贴以及提成等不同资源。

（3）生产机械库：包括生产基地、生产机械，进行测试的实验设备和实验室，日常办公中的办公机械和消耗物资。

（4）燃料动力库：包括日常生产生活中需要用到的燃料、热能、清洁能源、水电等物资。

（5）其他资源库：其余没有归纳在以上物资里的资源，这些物资也为日常生产研发提供了保障，比如职工公寓、就餐点、上下班交通车等。

这个资源库基本包括了产品生产研发中用到的人力、物力资源，单个资源库也涵盖了众多物资动态因子。

表 18-1　资源动因

资源库	影响因素
消耗原料库	耗材品质、元器件数量、预制器件量、辅助耗材数目
员工消耗库	职工数量、职工岗位、业务方式
生产机械库	生产厂房、占地面积、机械数目、机械修理次数
燃料动力库	用电数目、用水数目、燃气数量、燃油数量
其他资源库	职工数量、大巴使用次数、大巴修理次数

（二）分析作业动因，建立作业中心

进行作业中心拆分，需要分辨不同作业中心的资源消耗因素。针对产品在作业链的生产过程中的分析就可以成为作业动因的分析，对资源的走向进行分析，找到因为资源因素变化带来的成本变化理由，并对带来资源变动的理由进行分析。作业动因的筛选不能只考虑保障成本的精准，还要保障计算过程的简便操作。表 18-2 列出了作业中心的资源消耗因素。

表 18-2　作业中心资源消耗因素

作业中心	资源消耗因素
需求分析中心	员工工资、厂房耗损、水、电、通信
产品研发中心	员工工资、厂房耗损、机械损坏折旧、水、电、通信
物资采购中心	员工工资、厂房耗损、运输机械、水、电、通信
生产控制中心	员工工资、厂房耗损、生产机械折旧、水、电、通信
验收质检中心	员工工资、厂房耗损、生产机械折旧、水、电、通信
运输存储中心	员工工资、厂房耗损、运输机械、水、电、通信
综合管理中心	员工工资、厂房耗损、生产机械、水、电、燃气、通信
售后管理中心	员工工资、厂房耗损、水、电、通信

（1）需求分析中心：该中心主要的作业是与客户沟通协调，进行客户需求调研，并提供相应的客户服务，因此服务次数是该中心的成本动因。

（2）产品研发中心：产品研发前期，需要准备各项基础材料，因此选择出具材料的份数作为该阶段的成本动因；研发设计阶段，设计人员进行研发设计，因此选择人工工时作为该阶段的成本动因。

（3）物资采购中心：根据物资采购需求订单进行各项物资及材料采购、领用，因此选择订单数作为成本动因；而每一批物资验收前均需要进行质量检验，因此选择检验次数作为成本动因。

（4）生产控制中心：根据零件加工工序及工艺的不同，分别选择加工工序及机器工时作为成本动因。

（5）验收质检中心：主要进行产品相关试验，选择试验工时或次数作为成本动因。

（6）运输存储中心：选择产品包装、入库及运输管理的人工工时作为成本动因。

（7）综合管理中心：主要提供燃料、动力等支持，以消耗量为成本动因。

（8）售后管理中心：选择售后管理的人工工时作为成本动因。

表 18-3 列出了各作业中心的作业动因。

表 18-3 作业中心及作业动因

作业中心	作业类别	影响因子
需求分析中心	前期作业需求分析	需求统计次数
产品研发中心	概念作业分析	材料份数
	科研作业设计	人工工时
	生产作业准备	人工工时
物资采购中心	资源购买作业	订单数
	资源管理作业	人工工时
	资源提供作业	订单数
生产控制中心	金属铸造作业	机器工时
	钣金剪裁作业	加工工序
	组装调配作业	人工工时
验收质检中心	性质检验作业	质检次数
	科研阶段试验作业	试验工时
	质检验收作业	试验工时
运输存储中心	存储管理作业	人工耗时
综合管理中心	燃料、动力等支持保障作业	消耗量
售后管理中心	售后管理作业	人工工时

要对不同作业中心的影响因素再次进行挑选，将更具特征的最能体现其作业特点的因素归纳为作业中心主要的影响因素（见表 18-4）。

表 18-4 作业中心主要的影响因素

序号	作业中心	影响因素
1	需求分析中心	服务数量
2	产品研发中心	人工工时
3	物资采购中心	订单数
4	生产控制中心	机器工时
5	验收质检中心	试验工时

序号	作业中心	影响因素
6	运输存储中心	人工工时
7	综合管理中心	消耗量
8	售后管理中心	人工工时

（三）实施作业成本管理的具体措施

1. 成立作业成本管理专家小组，提升成本核算的精准性

成立由财务部、综合管理部、人力资源部、项目管理部、物资采购部、设备技安部、技术质量部、生产制造部等部门的领导及人员所组成的作业成本管理专家小组，由公司的领导层对该小组进行领导，梳理改善已有成本管理制度，制定作业成本管理执行细则，细化作业成本管理制度。

（1）建立并完善作业成本预算管理体系，整体设计成本管控方案。转变目前事后成本管控的状态，识别增值与非增值作业，结合全面预算管理，设置作业成本预算管理目标，提前规划作业成本管理重点环节及方案，以作业成本预算管理为导向，不断优化作业成本管理各环节工作。

1）准确预测产品生产各环节的作业成本，合理分配计入各项产品。在前期成本管理经验的基础上，对产品的研发、生产、销售等环节充分进行调研，预测产品生产各环节的作业成本，并分配计入各项产品。

2）抽取产品生产重要环节进行重点作业成本管控。基于产品生产环节明确作业成本管理重点，重点管控对成本影响较大的环节，对于对成本影响较小的环节进行基本管控。

3）定期对作业成本预算完成情况进行分析，不断完善作业成本管理预算方案。每季度对作业成本预算完成情况进行分析，并组织召开专门的作业成本预算管理会议，对预算中出现的问题进行讨论，完成整改督办，并对作业成本管理预算方案进行优化和改进。

（2）加强产品设计作业成本管理，从源头控制成本。对产品设计方案进行分析，对研发设计的产品的盈利能力进行充分分析，对产品生产与否进行取舍，从源头管控产品成本。

（3）细化产品生产作业分析，合理分配间接成本。对于产品制造环节中的直接材料成本可根据材料的使用记录来计算，对外部加工、工资、燃料动力、厂房折旧、设备折旧等间接费用，采用作业成本法完成分析工作，并明确其中的分配比例。

2. 完善并执行成本管理责任制

（1）制定并签订成本管理责任书。集团公司对成本管控指标进行作业成本管理指标任务分解，并与各部门责任人签订成本管理责任书，明确作业成本管理责任。各部门领导应亲自策划、亲自审批，将作业成本管理成效纳入领导班子年度述职、基层班

子年度考核中，将"业务谁主管、成本谁负责"的责任机制落实到位。

（2）加强阶段性检查。为保证成本管理工作落到实处，组织各部门进行阶段性作业成本管理工作总结，通过"指标风险管控评估""阶段性管理分析会""问题指标分析研讨"等形式开展作业成本管理过程管控，对作业成本管理过程开展情况、指标完成情况及差异处理情况进行检查和总结。

（3）实施专项作业成本管理。选取重点产品，从设计源头出发，着眼产品全生命周期压降成本费用；充分发挥领导干部带头作用，在新产品上全力推动作业成本管理；聚焦生产、质量、人工等成本主要构成因素，落实集团专项成本管控计划，推进生产现场"C"管理落实落细，牵引单位经营管理水平"质"的飞跃。

3. 优化作业成本管理流程

判断流程是否需要优化的三项指标是：第一，该作业是否有必要做；第二，该作业实施后是否可以增值；第三，该作业是否合理。

如果在生产某个产品的时候有一项作业不能够增值，那么就需要管理人员来衡量其是否有继续生产的必要性，假如没有，从节约成本的前提出发，就应该消除这项作业。如果在生产某个产品的时候有一项作业不能够增值但却有必要性时，该作业就应该继续进行。如果某项作业能够增值，该作业也应该继续进行。最后应该分析作业的合理性，通过对合理性的分析将浪费资源的环节找出来进行优化修正，这样就能节约成本。

（1）生产准备作业是不增值的作业，但它却是必要的作业。需要从源头开始修订准备作业计划，如果其涉及的人力和物力成本过大，就可以判断这项作业的合理性需要提高，应尽可能优化准备成本来源，使信息准确快速地传递到生产管理和实施系统，以达到提高企业的效率、降低成本的目的。

（2）生产产品的原料在进入公司时需要检验，这项作业也是不增值的作业，但它也是有必要的。需要规范采购的流程，从源头保证供货商提供的原材料是合格的。这就要求采购应做到以下几点：①认真审核供应商的供货资格。②在进行采购时规范验收货物。③对于不合格的供货商给予必要的惩罚，严重时可以取消合作。另外，在原材料进入公司的时候也可以采取抽样的方式进行检验，以节约成本。

（3）手工装配作业是增值的但却不是合理的作业。公司有一部分比较老旧的设备，一些精细的工作仍然需要工作人员手工完成。HL公司是一家以研发为重点的国有制造型企业，其出现设备老旧的情况是不合理的。所以，为了提高企业的生产效率，就需要购买新的技术设备来更换之前的老旧设备。从短期来看，这一举措需要很多的资金，但从长远来看，这对企业的发展是有利的。应通过更新设备，优化作业流程。

（4）仓库库管作业是不增值的但是必要的，不过有不合理现象存在。HL公司目前需要凭相关的单据来领取和发放物料。其流程是有关的负责人审批物料领取单，仓库在收到物料领取单并发放物料后再将其转给财务部，财务部进行账务处理。这种流程会导致工作效率低下，并且很难保证工作的质量。因此，企业应当加强对合同的管理，推进生产的进度，将接受生产订单、生产产品、交付产品衔接起来，这样就能有效减少产品的仓库保管时间和空间。如果能够将信息化运用到仓库保管的作业中来，就可以提高其效率，减少仓库的保管费用达到节约成本的目的，提升仓库作业的合理性。

（5）维修设备作业是不增值的但是必要的，也存在不合理性。HL公司的老旧设备较多，故障发生的频率较高，设备的维护成本较高。特别是某些大型的生产设备，需要请国外的专家来维修。所以，HL公司需要加快更新设备设施，在提高生产效率的同时，节约设备维修费用，助力企业的长期发展。

4. 加强作业成本管理机制建设

（1）完善考核和激励机制。在开展作业成本管理的过程中，要实时了解管理的情况，出现问题及时改进，确保公司能够完成预定的目标。在管理完成后，要针对完成后的效果分部门、人员开展考核，基于一定的标准进行精神和物质奖励，以便于提升人员的积极性。

（2）加强作业成本培训，树立作业成本管理理念。根据作业划分，对全员进行作业成本管理培训。在公司内部，质量管理部和人力资源部要合作，建立科学的培训教育计划，使工作人员在培训后形成作业成本管理思想、意识，结合自身的专业技能和知识，全身心地投入到作业成本管理的工作中。同时，开展作业成本管理示范产品、成本管理先进班组等创建活动；调动一线技术、生产人员积极参与到设计成本改进、工艺攻关课题中去。

（3）实施作业成本管理信息化建设，探索新成本管理模式。收集、整合信息化资源，统一规划并运用信息化技术进行作业成本管理，可提高工作效率。信息化手段为作业成本管理奠定了坚实的基础，为其提供了有效的工具。

资料来源：李菊. HL公司作业成本管理案例分析［D］. 中国财政科学研究院，2019.

第四节　成本控制

一、成本控制概述

（一）成本控制的含义

从企业的运营管理过程来看，需要有效控制企业经营管理成本、提高企业整体管理水平，提高企业的市场竞争力。从长远来看，科学合理的企业成本控制工作，有助于企业形成长效、健康的发展模式。

所谓成本控制，是指企业根据一定时期预先建立的成本管理目标，在生产耗费发生以前和企业生产经营成本发生过程中，对各种影响成本发生的因素和条件采取一系列预防和调节措施，以保证成本管理目标实现的管理行为。

成本控制的过程是运用系统工程的原理对企业在生产经营过程中发生的各种耗费进行计算、调节和监督的过程，同时也是一个发现薄弱环节，挖掘企业内部潜力，寻找一切可能降低成本途径的过程。科学地组织实施成本控制，可以促进企业改善经营管理，优化经营机制，全面提高企业素质，使企业在市场竞争的环境下生存、发展和壮大。

（二）成本控制的内容

可以从企业成本形成过程和成本费用分类两个角度考察企业成本控制的内容。

1. 按成本形成过程划分

（1）产品投产前的控制。这部分控制主要是在产品设计阶段进行成本控制。产品设计是否先进合理，往往会影响甚至决定着产品成本的高低，设计不合理，就会造成先天性的成本过高。设计阶段的产品成本，一般通过目标成本来控制，即要按照目标成本的要求，对产品设计、加工工艺、材料、外购件等进行技术经济分析和价值分析，优化设计方案，在保证产品质量的前提下，优化成本方案，制定出各项合理的消耗定额作为成本控制标准。这项控制工作属于事前控制，对成本的影响最大，决定了成本将会怎样发生，基本上决定了产品的成本水平。

（2）制造过程中的控制。制造过程是成本实际形成的主要阶段。绝大部分的成本支出在这里发生，包括原材料消耗、人工消耗、能源动力消耗、各种辅料的消耗、工序间物料运输费用、车间以及其他管理部门的费用支出。投产前的成本控制方案、控制措施能否在制造过程中贯彻实施，大部分的控制目标能否实现和这阶段的控制活动紧密相关。该过程是成本控制的主要过程。

（3）流通过程中的控制。包括产品包装、厂外运输、广告促销、销售机构开支和售后服务等费用。现在企业都在提升产品营销和客户服务的地位，为客户提供增值服务，必须加强对产品流通过程的成本费用控制。

2. 按成本费用划分

（1）原材料成本控制。制造业中的原材料费用在总成本中占有很大比重，一般在60%以上，高的可达90%，是成本控制的主要对象。影响原材料成本的因素有采购、库存、生产消耗、回收利用等，所以控制活动可从采购、库存管理和消耗三个环节着手。

（2）工资费用控制。工资费用在总成本中占有一定的比重，增加工资又被认为是不可逆转的。减少单位产品中工资的比重，对于降低成本有重要意义。控制工资成本的关键在于提高劳动生产率，它与劳动定额、工时消耗、工时利用率、工作效率、工人出勤率等因素有关。

（3）制造费用控制。制造费用开支项目很多，主要包括折旧费、修理费、辅助生产费用、车间管理人员工资等。各个项目的内容和性质不同，其控制方法也不完全相同。一般地，实行费用预算控制，即企业将费用预算指标分配到各个部门、车间、班组，按预算对费用支出进行控制。

（4）企业管理费控制。企业管理费指管理和组织生产所发生的各项费用，开支项目众多，包括公司经费、工会经费、职工教育经费、劳动保险费、待业保险费、董事会费、咨询费、审计费、诉讼费、排污费、绿化费、税金、土地使用费、土地损失补偿费、技术转让费、技术开发费、无形资产摊销、开办费摊销、业务招待费、坏账损失、存货盘亏、毁损和报废（减盘盈）损失，以及其他管理费用，是成本控制中不可忽视的内容。

（三）成本控制的原则

企业实施成本控制，必须准确把握以下五个原则：

1. 市场竞争原则

就是要把市场竞争的压力传递到企业内部，根据国内外企业成本消耗水平和本企业市场竞争的需要，确定本企业成本控制目标，并将其竞争压力所形成的成本信息，有效传递到企业内部，让企业每个部门、每个环节和每个员工都能直接感受到来自市场竞争的压力，变压力为提升企业成本控制水平的动力。

2. 全面控制原则

成本发生在企业生产经营与管理的全过程，从产品设计、生产制造，到销售和售后服务，都有费用消耗和支出，都形成成本。这就要求，必须将成本控制与成本发生的全过程、每一个工作岗位的内容和每一个工作岗位上的人紧密结合，落实成本控制项目、成本控制目标和成本控制责任，即全面成本控制原则。

3. 工作和成本控制共生一体原则

企业生产经营与管理，既产出产品和工作成果，也产出成本。控制成本，要贯彻工作和成本控制共生一体原则，就是要把成本控制目标具体化为能够度量、分析的指标体系，并将其落实到每一项工作中，既完成工作内容指标，也完成成本控制指标，使成本控制与工作实施及其工作成果一体共生，完成工作内容，也达成成本控制。

4. 控制标准明确原则

要实施成本控制，最重要的就是要建立起成本控制标准。企业要根据成本控制目标，根据成本控制种类和控制内容，建立成本控制标准体系，可把成本控制标准划分为底限标准、中限标准和上限标准。底限标准是成本控制必须完成的标准；上限标准是经过挖掘潜力，积极努力，力争达到的控制标准；中限标准一般为大部分工作岗位经过努力可以完成的控制标准。控制标准明确，就是要明确成本控制的底限、中限和上限标准，对成本控制进行指引。

5. 价值最大化原则

企业生产经营与管理不仅生产价值，也生产成本，要根据价值最大化原则，不断优化企业经营全过程，让企业生产经营管理的各种要素，包括人、财、物及信息和流程都能得到最佳配置，让有限的资源得到有效利用，产出最大的价值，同时使产生价值的成本得到最优的控制。

二、成本控制的主要工作和程序

企业成本控制的主要工作和程序包括以下几个方面：

（一）明确成本控制主体

成本控制主体从企业组织结构的层面来看，大体包括以下三种：

决策主体：是决定企业成本发生方式和整体目标的高层管理者，他们负责对企业有关成本控制的方案进行选择决断。

组织主体：是根据成本决策组织、协调整个企业的成本控制，落实具体实施步骤、职责分工和控制要求，处理成本控制信息、考核成本控制结果的主体。

执行主体：是对各部门、环节、阶段、岗位发生的成本实施控制的主体。凡是涉及成本、费用发生的环节和方面，都有执行层面的控制主体。成本控制的执行主体与企业职能部门的设置、职责分工、层级划分、岗位设置、管理体制等相关。总体来讲，成本控制执行主体主要包括控制生产要素规模的相关部门及人员。由于生产要素是企业产品成本、期间费用及其他各项耗费发生的基础，因此这类主体对成本控制的效果产生决定性影响。

（二）选择成本控制方法和手段

要根据成本控制主体的地位和职能，结合企业控制成本的目标和现实情况，选择成本控制的方法和手段。在实际成本控制工作中，通常综合运用多种成本管理方法和手段的综合运用。

（三）制订成本控制标准

成本控制标准是对各项费用开支和各种资源消耗规定的数量界限，是进行成本费用开支控制的依据。成本控制标准是成本控制的准绳，体现了企业成本控制的水平，包括费用开支预算、各种费用支出限额、各种资源消耗定额以及产品和零部件的目标成本等。

（四）对成本形成过程实施监控

对成本形成过程实施监控是指把成本发生的实际情况与成本费用控制标准对标，及时发现发生的偏差。实施监控的主要措施是对影响成本发生的条件进行检查监督，使各项成本指标控制在成本控制标准之内。要使成本控制同生产作业控制紧密结合、融为一体，实施材料费用的日常成本控制、劳动工资费用的日常成本控制、管理费用的日常成本控制，做到对生产经营管理的成果和成本一起监控，既要产出成果，更要管住成本。

（五）纠正偏差

就是要查明成本发生的实际情况超出成本控制标准的原因，讨论并制定纠正偏差的措施和方法，消除偏差。如果发现成本控制标准有重大错误，应当对控制标准进行修订。

（六）加强成本控制的基础工作

要有效进行成本控制，做好以下基础工作非常重要。

1. 建立健全成本控制责任制度

企业必须明确各级生产经营机构（企业总部、各级企业所辖生产经营单位、车间、班组）和各职能归口管理部门（如财会、生产、技术、销售、供应、设备、动力等）成本控制的权限与责任，建立健全成本控制责任制度。要将成本计划所设置的各项经济指标，按性质和内容层层分解，逐级落实到相应机构，实行分级归口控制。形成一个上下左右、纵横交错、人人负责的成本控制体系。同时，将激励制度纳入成本控制责任制度，对完成成本控制指标和目标的予以物质和精神激励，对没有完成成本控制指标和目标的，要进行惩戒，并提出改善的具体要求和期限。

2. 实施严格的费用支出审批机制

企业要建立严格的费用支出审批制度，并严格落实，做到一切支出都有预算依据，都有预算支出的审批流程和执行流程，做到支出有据，支出可控。

3. 加强成本发生实际情况管理工作

做到对成本发生实际情况的监控收集、记录、传递、汇总和整理工作。企业各级成本控制主体要做到对成本发生情况心中有数，对发生成本的记录和整理必须准确、及时、齐全，监控监督手续要齐全，数据传递路线要规范畅通，对数据的核算要做到业务核算、统计核算和会计核算相统一。

4. 组织成本控制管理的技术经济攻关活动

各种降低成本的技术经济攻关活动，是实施成本控制的基础性工作，企业要鼓励员工积极参与技术经济攻关活动，进行成本控制。

第五节 战略成本管理

一、战略成本管理内涵

(一) 战略成本管理的含义

战略成本管理主要是从战略的视角来分析影响成本的因素,从战略的高度根据企业内外部环境的变化对更广泛意义上的成本实施管理,是从提高企业竞争优势的视角实施的成本管理。

战略成本管理是成本管理与战略管理有机结合的产物,是传统成本管理对竞争环境变化所作出的一种适应性变革。就是以战略的眼光从成本的源头识别成本驱动因素,对价值链进行成本管理,即运用成本数据和信息,为战略管理的每一个关键步骤提供战略性成本信息,以利于企业竞争优势的形成和核心竞争力的创造。

(二) 战略成本管理的思想

战略成本管理思想可以概括为以下几个方面:

1. 成本的源流管理思想

战略成本管理认为,成本管理要从成本发生的源流着手,成本管理的重点内容应该是成本发生的源流,成本管理措施的着力点也应该是成本发生的源流。设计战略成本管理措施要针对成本发生的源流进行。

成本发生的源流包括时间源流、空间源流和业务源流。从成本发生的角度来看,成本发生的基础条件是企业可利用的经济资源的性质及其相互之间的联系方式,包括劳动资料的技术性能、劳动对象的质量标准、劳动者的素质和技能、产品的技术标准、企业组织结构、企业职能分工、企业管理制度以及企业文化和外部协作关系等。这些因素的性质及其相互之间的联系方式构成了成本发生的基础条件。改变成本发生的基础条件是成本不断降低的源泉,反映了成本管理的源流管理思想,同时也是现代管理"不断改进"思想在成本领域的综合体现。改变成本发生的基础条件可以从根本上改变公司成本结构,改变企业参与竞争的基础条件。

企业存在两种成本结构:①尚未使成本最低化的成本结构;②已经使成本最低化的成本结构。因此降低成本可通过两种方式实现:对于第一种成本结构,成本降低以现有条件为前提,在既定的经济规模、技术条件、质量标准条件下,通过降低消耗,提高劳动生产率来实现。这是日常成本管理的重点内容。对于第二种成本结构,在既定条件下,成本改善有一个极限幅度,在这个幅度内,成本改善可能会达到收益递减点，最后使降低成本变得异常艰难。在这种情况下，进一步的成本改善有赖于新的技术和新的观念，以改变成本发生的基础条件，即改变成本发生的源流条件。这是成本持续降低的潜力所在，更具有战略性，是战略成本管理的重点。

2. 与企业战略相匹配思想

战略成本管理的属性决定了成本管理领域所采取的战略措施、所采用的管理方法要与企业的基本战略相匹配，要与企业的发展阶段相适应，要与产品的生命周期相匹配，同时所采取的各种战略措施之间要协调配合。战略成本管理要以企业战略为核心展开，企业发展的战略有多种，不同的战略对成本和成本管理有不同的要求。采用成本领先战略的企业，战略的重心是成本，企业战略主要体现为战略成本管理，两者趋于一致。采用差异化发展战略和目标聚集战略的企业，以如何实现差异化发展和目标聚集为核心，战略成本管理要有助于差异化发展和目标聚集，不应以成本为理由阻碍差异化发展和目标聚集。企业的发展阶段不同，其目标和战略重点也不同，所要求的管理战略也不同，成本管理措施的选择要与企业的发展阶段相适应。成本是多种成本动因共同作用的结果，不同的战略措施对成本动因的影响各不相同，有可能引起成本发生反向变动，为了避免战略措施之间的冲突，所采取的各种管理战略措施之间要协调配合。

3. 成本管理与业务活动一体化融入思想

成本管理中存在一个十分突出的问题，即成本管理措施如何融入具体的业务过程和管理过程，使成本管理措施顺利实施，使成本管理方法真正发挥作用。

成本自身的特征和成本管理的特点要求将成本管理的方法措施融入管理过程与业务活动中。成本是企业经营活动的结果。影响成本的各项因素，是成本变化的动因，分散在各部门、各生产经营环节。实施成本管理必须要控制企业的整个生产经营过程，因为这个过程同时也是成本的发生过程。但是，按照企业的职能分工，生产经营过程由相应的职能部门进行管理，分属不同的经营管理系统，成本管理不能直接干预生产经营活动。这种矛盾造成了成本管理的两难困境，也就是成本管理对企业各项活动实施控制的必要和无能为力之间的矛盾。在这种困境下，如何实施成本管理，如何使成本管理的方法措施发挥作用是成本管理无法回避的问题。战略成本管理方法措施的融入思想实质上就是针对这一矛盾提出的。有效的成本管理方法措施是那些融入各部门的业务管理和业务活动过程中的方法措施，只有将成本管理的理念、方法、规章制度融入各部门的业务管理和业务过程中，进入企业各成员的头脑中，才有可能变成真正有效的成本管理措施，成本管理的方法才能发挥作用。

4. 培养员工的成本意识的思想

战略成本管理认为，人的活动在成本发生的各个阶段都占据主导地位。人的素质、技能是企业成本非常重要的影响因素。其中，对企业成本影响最大的是职工的成本意识与降低成本的主动性。战略成本管理注重培养企业全体员工的成本意识，形成成本是可以控制的，成本管理需要大家共同参与的思想，并在工作中时刻注意节约成本。职工良好的成本意识是成本管理的必要条件。成本意识的普遍建立有赖于企业领导的提倡、强有力的制度约束、管理人员的以身作则和职工素质的普遍提高，需要利益机制、约束机制和监督机制相配合。

二、战略成本管理的特征

战略成本管理的首要任务是关注成本战略空间、过程、业绩，可表述为"不同战略选择下如何组织成本管理"，即将成本信息贯穿于战略管理整个循环过程中，通过对企业成本结构、成本行为的全面了解、控制与改善，寻求长久的竞争优势。分析比较传统成本管理和战略成本管理，可以总结出战略成本管理的特点：

（1）外向性特征。战略成本管理重视外部环境的影响，注重行业的价值链、竞争对手的价值链分析，把企业成本管理问题放在整个市场环境中予以全面考虑，使企业获得的外部资源成本最低。其将成本管理的外延向前延伸到采购环节，甚至研究开发与设计环节，向后还必须考虑售后服务环节。既重视与上游供货商的联系，也重视与下游客户和经销商的联系，把企业成本管理纳入整个市场环境中予以全面考察。

（2）竞争性特征。战略成本管理将成本管理的重点放在发展企业可持续竞争优势上，从企业竞争优势的培育、维持和提高这一角度出发，关注企业的成本行为对企业竞争地位和竞争优势的影响，帮助决策者选择最佳的战略方案，并辅以对应的成本管理战略，从而促进战略管理目标的尽快实现。

（3）全面性特征。战略成本管理需要多方面的战略性成本信息。具体地说，就是战略成本管理不仅要收集企业内部生产经营管理方面的日常成本资料，而且要了解与分析政府部门、金融机构、产业政策、法律规范、供应商、客户以及竞争对手等方面对企业未来成本行为的约束；不仅需要反映货币性的成本信息，还需要反映顾客满意度等非货币性成本信息；不仅要关注历史的实际成本资料，还要关注预测的、模拟未来的和即时的成本信息。

（4）动态系统特征。一方面，战略成本管理是一种动态管理，成本管理系统必须能够适应企业特定阶段的战略管理要求，并且能及时做出调整。另一方面，战略成本管理本身也具有"过程"属性，无论是在企业不同的发展阶段还是在不同的生产过程中，都是"追溯上游并延伸下游作整体包容式的经济化调整"。以上两个方面决定了战略成本管理具有动态性。

（5）长期性特征。战略成本管理把企业经营管理中的短期目标转为长期目标，超越了一个会计期间的界限，分析较长时间企业竞争地位的变化，争取较长时期的竞争地位，立足于长远的战略目标。

三、战略成本管理的实施

战略成本管理的实施，就是企业战略性成本动因的分析和管理。战略成本动因可以划分为结构性成本动因和执行性成本动因。这些成本动因对企业的影响具有全局性和长远性。

企业战略的成本动因如图 18-1 所示。

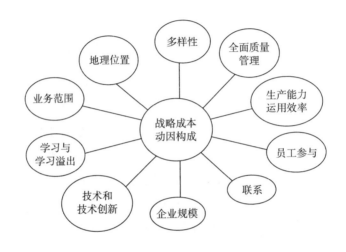

图 18-1 企业战略的成本动因

企业战略成本结构性成本动因包括企业规模、业务范围、多样性、学习与学习溢出、地理位置、技术和技术创新。执行性成本动因包括员工参与、全面质量管理、联系、生产能力运用效率。

（一）结构性成本动因管理

1. 控制企业规模

企业规模是企业主要的结构性成本动因，其大小直接影响企业成本的高低。企业必须控制企业规模，控制规模不仅是企业战略管理问题，更是企业战略成本管理的核心问题。

企业规模指在生产、研究开发和市场开发方面注入的投资额的大小，实际上就是企业的产量。规模有企业投资规模和业务活动规模之分。企业的规模会导致规模经济效应，规模经济可以提高企业经营活动的效率，让企业能够进行更大范围的活动，进而影响企业成本，同时，企业规模的扩大也使企业分摊运行成本的能力得到了提升，在达到规模不经济之前扩大规模形成递增的规模效益，可以降低成本，但过了临界点以后，扩大规模，则单位成本上升。

就企业投资规模的控制而言，核心问题就是选择一个适度的投资规模。

一般来说，企业获得适度规模应满足以下三个基本条件：第一，企业规模应与主要资源的存在条件相一致，企业规模应建立在拥有资源和获得资源成本合理化的基础之上。如果企业获得资源的成本超过规模扩大带来的效益，就会导致规模成本过高，企业规模效益不能分摊规模扩大带来的成本，企业就不应该扩大规模。第二，企业的规模应与企业经理人员即经营管理者的管理能力相适应。现代企业的控制者和经营者应具备生产技术知识、现代企业管理知识、人才与用人之道等知识，这是现代企业控制者和经营者的基本素质要求。如果企业规模扩大到一定限度，企业经营管理者不能成功地运用资产和生产要素获得最大价值时，也就是企业的控制者和经营者的知识、才能发挥到极致以后，企业的成本、费用就会增加，资产就会减少或不能增值，效率就会下降，效益就会滑坡。这时应另选任控制者或经营者，或调整企业规模。第三，企业规模应与成本、费用相适应。企业产品的成本、费用是交易价格的核心，是使用价值的价值耗费。如果企业规模的扩大使内部生产要素集聚的费用大于企业之间进行市场交易取得生产要素的费用支出，那么就说明企业的扩大可能存在过度现象，应对现有规模进行调整。除此之外，企业规模还受其他诸多因素的影响，如科技进步、企业内部层级管理水平、职工个体和整体素质等。

企业试图以规模经济为主要成本动因取得竞争优势时，必须注意和防范规模不经济的影响。具体防范方法包括：①对市场进行充分分析。如果扩充的市场规模足以容纳规模扩张带来的产量扩充，则规模经济是有效的。反之，市场无法容纳就会带来产品滞销，造成表面成本降低，而实际利润下降的局面。②关注竞争对手的行为。如果竞争对手也通过规模经济来建立成本优势，那么就有可能导致行业内生产能力过剩，进一步加剧行业内的竞争，从而无法实现规模经济效应。③注意不要采用相互矛盾的方式抵消规模扩大所带来的优势。例如，产品品种的增加和业务种类的扩展，会将企业总的市场规模分割成几个相互独立的、小的市场规模，从而抵消或降低规模优势。

2. 确定合理的业务范围

企业战略成本管理，要求合理确定企业的生产经营业务范围。所谓确定合理的生产经营业务范围是指合理确定企业生产经营业务的纵向整合程度，纵向整合是从本企业的业务领域出发，向行业价值链的两端延伸，直至原材料提供和面向普通消费者销售产品。垂直整合程度会对成本产生影响。

业务范围纵向整合可以对成本造成正反两方面的影响。企业应基于纵向整合对成本的作用机理，联系企业实际情况决定价值活动的整合控制策略。

企业从战略成本控制角度实施业务范围合理化整合，必须把握内部优势和外部市场环境两个基本条件适度整合的原则。

（1）外部市场环境。一是纵向整合对市场环境要求较高。纵向整合使企业规模急剧扩张，需要有足够的市场容量供企业发展。准确地预测和判断市场有利于纵向整合的顺利实施，并可形成最佳经济规模。二是要认真调查和筛选纵向整合对象。纵向整合就是要取得互补性资源，带来企业需要的原材料、技术、技能和进入新市场的机会等，如果选择的对象在其产业内不具备企业所需要的优势，纵向整合不仅不能突破生产经营瓶颈，反而会使企业背上沉重的包袱。选择整合对象应考虑生产经营链间产能是否匹配，以保持整合后供需平衡。如果不能保证这种平衡关系，可能会大大削弱原有企业的核心能力。选择纵向整合对象要尽可能进行低成本扩张。企业家要用敏锐的眼光挖掘具有某些优势但暂时困难的企业，以最小的投入达到最大的效果。

（2）内部优势。企业主业在市场占有率、技术、管理等都已经在该行业中占据了有利地位，具有了一定的竞争优势，资金和人力资源较为充足。只有主业经营良好、收入稳定和基础扎实。整合的业务领域对目前的主业有较大的影响。一种情况是供应商数量，较少且议价能力较强，导致企业抵御风险的能力不足；另一种情况是下游业务的利润较高，而且与企业原有经营领域有足够的关联性。在这两种情况下，通过纵向整合可以共同利用已有的材料、设备、技术、信息和人才等产生协同效应，把市场交易转化为内部交易，从而减少交易成本。

（3）适度整合。所谓适度整合，就是纵向整合要考虑企业自身的整合消化能力，既不能盲目，也不能过度。过度整合会使企业在多个环节投入资源，干扰经营核心，从而不能保持原有的竞争优势。过度整合和盲目整合还会导致企业规模庞大，管理难度加大和负担加重，成本上升，可能陷入整合陷阱。

企业纵向整合可以采取投资自建、兼并收购、联合投资、有限整合等方式实施。

3. 适度多样性

多样性或复杂性是指企业为客户提供的服务或产品的类型的多少。多样性以满足顾客需求为出发点，它的出现源于顾客的多样化需求。企业为满足顾客的需求，就必须使自己的产品具有多样性。多样化经营是增加企业策略弹性，在竞争中取得成本优势的有效方式之一。多样性一般通过范围经济影响企业成本。[①]

（1）生产成本优势。主要是表现为分摊固定成本、降低变动成本。分摊固定成本主要表现为分摊固定资产的折旧费用，从而降低单位产品的固定成本；降低变动成本主要表现在降低采购成本、提高资源利用率等方面。

（2）差异化优势。差异化是指企业提供产品的多样性，包括产品的质量、功能、

---

① 范围经济指企业生产两种或者两种以上的产品的总成本低于这些产品中每种产品分别由一家企业来生产所需成本的总和。

外观、品种、规格等，这种多样性能使消费者认同该产品并将之区别于其他企业提供的类似产品。范围经济形成的差异化优势特别明显，差异化满足了顾客"多样化、个性化、差别化"的需求，是企业寻求范围经济的出发点和追求的目标。

（3）市场营销优势。多样性通过范围经济形成的成本优势和差异化优势，体现了企业在产品品质和价格方面的竞争能力。企业基于已经形成的优势，利用原有的渠道可以销售多种产品，为新产品开拓市场，较易被消费者接受，同时也对跟进者形成巨大的进入障碍。

（4）技术创新优势。首先，多样性通过范围经济优势使企业管理层对新产品、新工艺的开发更加重视；其次，范围经济利益可以驱动企业形成科技创新的良性循环，持续的创新活动将使企业在应用新材料、采用新工艺、培养创新团队、加强市场调研等方面获得突破，最终将形成企业强大的核心竞争优势。

（5）抵御风险的优势。范围经济使企业在成本、差异化、市场营销和技术创新等方面获得竞争优势，实际上是增加了企业抵御风险的能力。同时，范围经济还强化了企业的"新陈代谢"和互补性。

当然，多样化可能也会分散企业的资源或管理能力，导致规模不经济。企业在进行多样化经营时，应尽可能避免多样化劣势和风险，提高多样化对战略成本的优化能力。

4. 加强学习与控制学习溢出

学习与学习溢出又称生产经验，指熟练程度的积累，即企业是否有生产产品或提供服务的经验，或者进行了多长时间的生产和服务。企业进入某一产业后，随着时间的推移，企业会在生产决策、组织调度等方面，学习和掌握很多降低成本的经验。这种学习活动所带来的直接结果是企业产品的单位成本下降，这就是学习知识效应或经验曲线效应①。这种效应既可以使企业通过学习获得降低成本的经验，也同时因企业自身知识在整个产业内的溢出，又使企业丧失成本优势的持久性。

企业可以运用学习曲线，实施战略成本控制。第一，利用学习曲线，制定企业竞争策略和成本计划，在学习成本最低的基础上设定成本水平，充分利用技术和管理来降低成本。第二，充分利用学习曲线对人力资源开发的推动作用，提高学习效率，降低培训成本和学习成本，使企业生产经营管理同企业技术和管理的最佳效率协调。第三，利用学习曲线效益构建市场竞争屏障，提高竞争对手的竞争成本，以有效防止竞争者进入自己的市场进行恶性竞争。

要加强标杆学习，向标杆企业和竞争对手学习，对竞争对手的价值链进行分析，了解竞争对手的产品性能，对标市场中的标杆企业，评价本企业的产品、服务或工艺

---

① 经验曲线效应是指当某一产品的累计生产量增加时单位成本趋于下降的现象。

质量，以便发现差距并加以改进，采用先进的技术、管理手段来降低成本。

5. 地理位置和企业布局的控制

地理位置指企业所处的地理位置和外部环境等。它通过工资水平、税负、交通、基础设施、人才和人文环境等对企业的竞争地位和成本造成一定影响。企业布局是指企业内部各部门之间的相对位置，也是影响企业成本的一个关键因素。

当地理位置不利于企业供产销时，企业可以通过改变地理位置来获得成本优势。企业利用地理位置这一结构性成本动因改善其成本地位主要是通过重新选择各种生产经营活动的地址来实现的。

企业选址和布局重点要考虑的因素包括：①劳动力资源状况。劳动力资源状况直接影响企业的人力资源成本。一般而言，劳动力成本所占份额相对较高且对工人的技术要求较低的企业，通常选择劳动力资源丰富、劳动力成本低的国家或地区进行投资，如制鞋、服装和一些电子产品等劳动力资源导向型企业。②原材料、能源和动力供应条件。选址关系到企业能否获得价格相对低廉的原材料、能源和动力，从而相对降低生产成本。对于资源导向型企业而言，靠近资源产地是其选址时考虑的主要因素。任何企业的选址都必须考虑煤、电、气、水等能源动力的供应问题。③交通运输条件。交通运输条件影响企业的运输成本，开办企业应尽量选择在靠近铁路、公路、海港或其他交通运输条件较好的地区。④社区情况。主要指企业所在地能够给员工提供的生活条件状况。企业的选址会影响职工的生活，为了稳定职工队伍，应该选择职工生活比较方便的地区。企业所在地区的生活配套设施如住房、交通、商场、学校、医院、娱乐设施等比较齐全，可以减少企业自身的投资支出，提高员工的工作效率。⑤当地政府的政策情况。为了促进地方经济发展，有些地区采取鼓励投资者在当地投资建厂的政策，设立制造工业区及各种经济开发区，低价出租或出售土地、厂房、仓库，在税收、资本等方面提供优惠。设立专门的制造工业区有利于信息在制造企业之间迅速传播，相互刺激发展。⑥气候条件。企业选址还要考虑所选位置的气候条件，因为温度、湿度、气压、风向等因素会对某些产品的生产和储存带来影响。⑦环境保护。生产产品可能会形成一些对环境造成危害的工业废物。因此，选址应尽可能避免对环境造成伤害，并且要便于进行排污处理。

6. 控制技术和技术创新成本

技术的范围较广，涉及企业价值链每一环节中运用的各种技术。从成本角度来说，借助先进的技术手段对企业的产品设计、生产流程、管理方式等方面进行功能再造，可以有效降低成本，并使这种降低呈现连动的态势。技术对成本的影响主要通过两个途径实现，一方面它可以独立于其他成本动因作用于成本，另一方面它还可通过改变或影响其他成本动因间接地影响成本。技术和技术创新可以同时达到成本降低和竞争能力提高两个效果。

技术和技术创新成本控制，要适应企业生产经营与企业战略发展需要，建立与企业规模相适应的技术创新体系。第一，企业发展技术投资体系，主要根据企业的发展战略和规划，从事长远性的研究和综合、关键、重大技术及新产品的开发，以增强企业的技术储备、发展后劲和形成新的经济增长点。第二，生产经营技术开发体系，主要根据市场信息和用户要求，从事新产品开发和老产品改进以及通用生产技术的研发。第三，生产技术应用服务体系，主要根据降低成本和提高质量的要求进行工艺设计和生产装备开发。

技术和技术创新成本动因控制，要注重两个问题：一是技术的选择问题，即企业采用何种技术。鉴于技术开发与应用成本较高、技术更新迅速、开发技术被淘汰的风险较大，企业在选择能获得持久性成本优势的技术创新时，其成本应与取得的利益保持平衡。二是对技术领先战略和技术追随战略的选择，应视条件而定。若此项技术竞争对手无法仿效或企业创新的速度能超过竞争对手模仿的速度，则技术领先能够持久，企业可以采取技术领先战略。否则，应放弃技术领先战略。

（二）执行成本动因管理

1. 让员工成为成本管理的执行主体

企业的竞争活力和发展潜力来源于人。在企业生产经营过程中，对其他要素的管理必须通过对人的管理才能实现。因此，员工的参与程度、积极性、向心力和责任感等对企业成本有重要影响。如果企业人人参与成本管理，而且对成本管理有很强的责任意识，就能降低成本。反之，企业很可能陷入成本竞争劣势。因此，建立企业有效的用人机制，以确保全员参与成本管理，是战略成本管理得以贯彻执行的前提和保证。

（1）培养员工成本管理意识。战略成本管理必须充分考虑人的因素对成本管理的影响，即员工的素质、技能、责任感对成本的影响。只有员工具备了良好的成本意识，其才会有降低成本的主动性，才能使成本控制的各项措施、方法和要求顺利地贯彻、执行和应用。因此，职工良好的成本意识是成本控制的必要条件。要让员工树立成本管理理念，即认同成本是可以控制的，成本控制需要大家共同参与，并在工作中时刻注意节约成本，以降低成本为己任。

（2）建立并完善员工参与成本管理制度。企业实施质量成本管理，必须建立相应的制度，用制度促进和保障员工参与成本管理，形成员工执行成本管理制度的激励机制、约束机制和监督机制。

（3）形成员工参与成本管理的成本文化。追求成本领先的企业必须形成成本文化，培养员工成本节约和成本控制的自觉性和主动性，使员工人人讲成本，事事算成本，时刻想成本，塑造出一种注重细节，精打细算，讲究节俭，严格管理，以成本为中心的企业文化。

2. 加强全面质量管理，形成质量成本平衡

质量与成本之间存在着密切的关系。质量水平越高，成本越低。企业推行全面质量管理，能够减少整个生产过程的无效劳动和材料消耗，降低生产成本，生产出顾客满意的产品，增强企业竞争能力，实现优质、高产、低耗、盈利，提高企业的经济效益。从宏观角度来看，还可以节约资源，减少浪费，增加社会财富，为全社会带来效益。因此，企业必须正确认识质量和成本的关系，加强全面质量管理，从而实现质量成本最低、产品质量最优。

3. 价价值链成本细化

价值链成本细化主要是从提升企业产品或服务的增值能力出发，通过对从原材料采购到产品被送到消费者手中整个过程中所有作业环节的相关成本进行数据分析，寻找其中包含的基本价值链，基于对竞争对手的分析来优化改善，提高价值链的整体效率。价值链根据范围，可分为内部价值链和外部价值链两部分（见图18-2），两者相辅相成，形成企业的价值链系统。

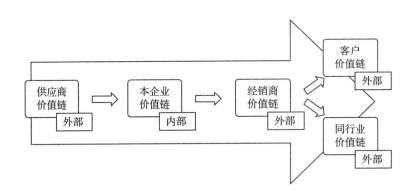

图18-2　企业价值链

（1）外部价值链。影响成本的不仅是内部因素，企业与供应商、消费者之间的关系都会对成本产生影响。对传统价值链两端进行延伸，联结上游和下游以及竞争对手，形成了企业的外部价值链。对供应商和消费者的联结性分析，是基于企业外部的垂直价值链进行的。在经营过程中，无论是供应商还是客户，都与企业进行着价值博弈。

分析供应商价值链，借助谈判、合作、优品替代等战略行动可以降低企业成本；分析客户端价值链，通过优化分销战略、消除阶段成本也可以进一步优化成本。因此，不仅是要了解上游供应商需求，建立良好的合作关系，也要调研下游客户需要，对产品进行优化升级，只有做好了稳固上游、维护下游，理解自身价值活动对上下游的适应程度，才能协调内外部联系，协调企业前向和后向整合，达到成本管理策略优化的

目的。

在市场环境下，对竞争对手的分析也显得尤为重要。不同的竞争对手具有不同的特点，企业需要通过研究竞争对手研发、生产、营销等价值活动，归纳总结对方的优势，明确自身的优势与短板，从而针对性调整自身的成本管理策略，以增强企业获取竞争优势的能力，占据有利的竞争地位，强化获利能力。

（2）内部价值链。企业的研发、采购、生产、销售等不同环节共同构成了内部价值链（见图18-3）。在该链条中，技术研发作为企业成本管理的源头，要求企业必须对市场需求具有较高的敏锐度，采购过程联结上游供应商，是企业内外价值链的交点，生产关系到最终产成品的完成，销售联结了下游消费者，同样是企业内外价值链的交汇处。

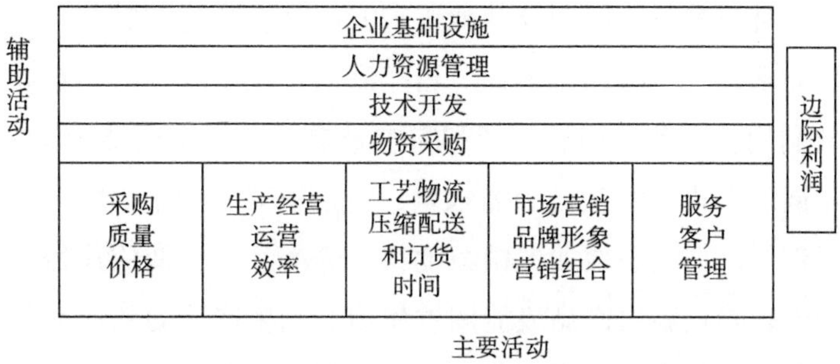

图 18-3　企业内部价值链

在企业的经营过程中，并非是每一项经营作业都可以为企业带来价值，在有限的资源条件下，企业需要根据作业优先级，合理配置有限资源，尽量减少甚至消除非增值作业，将资源更多倾斜至重要的增值作业上去，从而达到增值优化，发挥成本优势。

价值链不是一些独立生产经营活动的集合，而是一系列相互依赖的活动的集合。价值链的联系指价值活动之间的联结关系。企业价值活动之间的联系有两类：一类是企业内部价值链的联系；另一类是企业与供应商和购买商之间的联系。这些联系为降低相互联系着的活动成本创造了机会。因为一项价值活动的成本常常受到其他活动的影响。如果能够以协调与合作的方式来开展价值活动，就可以降低成本。

4. 提高生产能力运用效率

提高生产能力运用效率，是企业战略成本管理的重要内容。企业生产能力运用，主要指企业的产能利用率，它通过固定成本影响成本。当一项价值活动与大量固定成本相联系时，活动的成本就会受到产能利用率的影响。产能利用率的提高可以扩大产量，使单位产品负担的折旧和其他固定费用降低，产品的单位固定成本下降，形成规模经济。如果企业的资本密集程度很高或者固定成本占总成本的比重很大，生产能力运用效率这一成本动因的作用就更明显。

提高企业生产能力运用效率的途径主要有：

（1）努力开拓市场。企业生产能力运用效率受多种因素的影响，既包括一些企业能够控制的因素如市场营销、产品选择等，也包括一些企业自身难以控制的因素，例如环境条件和竞争对手的行为。加大市场营销力度，努力开拓市场，是企业提高生产能力运用效率的主要策略。

（2）提高生产柔性。提高生产柔性的途径有很多，提高员工的业务能力、与其他经营单位共享某些资源等。例如，丰田公司只要对一条生产线稍加改动就能生产出多种不同型号的汽车，丰田的员工多为"多面手"，能胜任以上工作间迅速调派。

（3）均衡生产和需求，减少需求波动。生产能力运用效率的高低，不仅受企业竞争地位的影响，而且与季节、周期及其他供求波动有着紧密的联系。对于许多企业来讲，产品的市场需求具有一定的季节性。当产品销售处于淡季时，企业的生产能力往往难以得到高效利用。因此，均衡生产和需求是提高现有生产能力运用效率的关键。企业可以运用不同的方式均衡生产和需求量，包括季节差别定价、与顾客合作、开展市场营销活动。例如，在淡季增加促销力度和开辟产品淡季使用途径、利用该产品线生产销售受季节性影响较弱的产品或能间歇使用过剩生产能力的产品、选择需求更为稳定的客户并与其建立持久的合作关系或选择需求季节性或周期性相互冲销的客户、在需求高峰期让出市场份额而在需求低落期重新夺回、将市场需求波动较大的细分市场留给竞争对手。

推荐阅读

1. 周景勤等 . 国有企业内部管理制度改革研究——以邯钢经验为例 ［M］. 北京：企业管理出版社，2001.

2. 金莹 . A 公司的作业标准成本管理研究 ［D］. 哈尔滨商业大学，2020.

3. 智子微 . 成本结构对企业绩效的影响研究 ［D］. 山西财经大学，2023.

思考题

1. 企业成本分类主要有哪些？

2. 企业成本管理的基本内容包括哪些？

3. 企业成本管理方法有哪些？

4. 成本控制的内容和原则是什么？成本控制主要工作和程序各有哪些？

5. 战略成本管理的思想和特征各包括哪些？战略成本管理实施哪些要求？

第十九章　安全生产管理

学习目标

1. 了解现代安全生产管理的特点；

2. 熟悉安全生产管理原理；

3. 把握企业安全生产责任制；

4. 了解企业安全生产教育培训的种类与形式；

5. 学会安全生产检查的内容与种类、方法与实施；

6. 掌握生产现场安全管理的内容与措施；

7. 熟悉企业安全文化的体现形式与建设模式；

8. 把握企业安全生产管理创新的内容。

人们希望企业的生产经营按照一定的秩序，有条不紊地进行，但生产的过程充满着矛盾。在加工物质、生产产品及产品销售的过程中，存在着影响或危及生产和人活动的因素，即不安全因素。例如，石油加工、钢铁冶炼都需要高温高压，但高温高压对生产设备提出了一定的要求，同时对生产过程、生产环境及作业者构成了威胁。为了防范、控制这些不安全因素，于是就产生了安全生产管理或安全管理。安全成为人们生产和活动的基本需求之一。

第一节　安全生产管理概述

一、企业安全生产管理定义及含义

（一）企业安全生产定义及含义

安全是人们生产或活动环境与过程的状态体现，既和人们所处的客观状态有关，也和人们的活动方式有关，人的活动既可以增加安全因素，也可以增加不安全即危险因素。万事万物都存在着危险因素，只不过危险因素有大有小、有轻有重罢了。有的危险因素导致事故的可能性很小，有的则很大；有的引发的事故后果非常严重，有的则非常轻微，甚至可以忽略。人们常用危险程度来衡量安全性，并把危险程度划分为高、中、低三个档次。发生事故可能性大且后果严重的为高危险程度；一般情况为中等危险程度；发生事故可能性小并且后果不严重者为低危险程度。当人们生产或活动的状态处于高危险程度时，人们是不能接受的，是危险的；处于中等危险程度和低危险程度时，人们往往可以接受，并认为处于安全状态；中等以上危险程度称为危险程度，中等及其以下危险程度称为安全程度。

企业安全生产是指在企业生产活动中，通过人、机、物料、环境的和谐运作，使生产过程中潜在的各种事故风险和危害因素始终处于有效控制状态，切实保护劳动者的生命安全和身体健康。

（二）企业安全生产管理定义及含义

所谓安全生产管理，就是以确保企业生产安全运行为目标，利用计划、组织、指挥、协调、控制等管理机能，对与企业生产或人们的活动有关的来自自然界、生产或活动过程、各种生产设施和人的活动的各种危险因素，进行预测、防范、评估、调控，使不安全状态和行为降到最低，最大限度地避免人员伤亡事故或财产损失，保障职工的生命和健康，提高工作效率和企业经济效益的过程。

安全生产管理的中心任务是，保护生产经营活动中人的安全与健康，保护财产不受损失，保证生产经营和组织活动顺利进行。

（三）传统安全生产管理及其缺陷

传统安全生产管理主要关注工作系统的运行过程，多采用事后分析和修正的模式，其主要特点如下：

1. 安全管理处于附属地位

传统的安全管理是从属于生产的，即以生产为中心的安全管理。虽然也强调安全的重要性，但往往缺乏安全的效应和效益观念，许多安全管理设施与生产设施不配套，有的甚至没有安全设施就投入生产运行。在管理中，只看到生产的效益，看不到安全的效益。

2. 事后处理追踪

主要是在事故发生后吸取教训，进行安全反思，防止事故重复发生，多强调"亡羊补牢"。其效应是在短时间内引起领导和职工的"痛定思痛"，采取严厉的处理措施，但效应不能持久，会出现安全事故不断发生的问题。

3. 凭经验和感性感情分析和处理生产中的各类安全问题

往往不能由表及里地深入分析，因此不容易发现潜在隐患的危险性并予以防范，缺少预见性。

4. 定性分析多，科学定量的分析少

传统安全生产管理往往采用"安全"或"不安全"进行定性的描述，缺少定量的危险性评价，容易造成所有问题"一视同仁"，缺少数量描述，难以实现重点管理。

二、现代安全生产管理的特点

现代安全生产管理是在传统安全生产管理的基础上发展起来的。它应用现代科学技术、管理方法、组织和个体行为理论分析生产系统和人们活动中的各种不安全因素，进行定性、定量的安全性和可靠性评价，进而采取有效措施，保障生产的正常进行。

综合起来，现代安全生产管理有以下主要特点：

（1）强调安全对生产的基础作用。安全是人们生产和活动的基本需求，不仅是生产和活动的保障手段，而且成为生产和活动的目的。从这个意义上讲，生产是从属于安全的，没有安全，生产就失去了意义。因此，现代安全生产管理强调生产对于安全的从属性，没有安全的生产是不能进行的。

（2）强调"以人为本"，更加注重人的因素。现代安全生产管理强调生产是为了人，人在生产中具有主体性和主导性。现代安全生产管理强调群众基础，强调安全文化，强调安全教育和培训，使安全成为生产中人的主动要求，激发人主动采取安全保障措施，减少了人的行为对安全的威胁。

（3）强调安全的首要性，即明确的安全目标导向，使安全第一成为生产的指导方针。传统安全生产管理虽然也强调安全第一，但是从保障生产的角度出发的。现代安全生产管理强调安全第一，不是从生产的角度出发，而是从人对生产的需求角度出发，赋予安全第一新的内涵。

（4）注重事前和过程控制。相对于传统安全生产管理的事后追踪和检讨，现代安全生产管理更强调未雨绸缪、防患于未然，通过预防措施，加强生产过程和人活动过程的安全保障。一旦发生安全事故，抢救和处理措施即时有效启动，可使事故得到有效的控制，最大化地减少事故损失。

（5）强调重点危险源的管理。重点危险源管理是现代安全生产管理的重要特点。在对重点危险源的评价、评估、确认、监控和重大事故防范方面，现代安全生产管理建立起了规范有效的程序和机制，可确保重点危险源处于安全控制状态中。

（6）采用现代信息和技术手段。现代信息和技术手段的运用，是现代安全生产管理的重要标志，对于贯彻积极预防的方针，分析、预测、监控生产系统和人行为中的不安全因素，变事后处理为事前预防、预报和过程中的跟踪、预警和预报，具有重大的安全生产管理机制创新和技术实现意义，实现了安全生产的动态管理。

（7）强调安全生产管理的系统性、全面性、重点性和预防性。现代安全生产管理，要求传统的纵向单因素管理转变为影响事件发生的综合性多因素管理，传统的静态管理转变为动态管理，传统的被动、辅助、滞后的管理转变为现代的主动、主体、超前的预防管理，传统的外迫性管理转变为内在激励性管理，从而实现安全生产管理的系统性、全面性、重点性和预防性。

第二节　安全生产管理原理

安全生产管理原理是从安全生产管理的共性出发，对生产管理中安全工作的内容进行科学分析、综合、抽象与概括所得出的安全生产管理规律。

一、系统原理

安全生产管理是一个系统，具有系统的特点。系统具备整体性、相关性、目的性、层次性、综合性和环境适应性六个特征。系统论的基本思想包括目的性、层次性、整体性等。整体效应是系统论最重要的观点。

系统的目的性，是指每一个系统通常只能有一个目的，否则，人、财、物、时间、信息等方面就会相互干扰，降低管理效率。

系统的层次性，是指任何一个系统都有一定的层次结构，并分解为一系列的分系统。系统的各层次之间应该职责分明。一般而言，上一层次系统有两个任务：一是根据系统的功能目标向下一层次发出指令信息，最后考核指令执行的结果；二是解决下一层次各子系统之间的不协调。这样可以避免管理层次的混乱，充分发挥指挥的功能。

系统的整体性，是指具有独立功能的各系统和要素之间，要逻辑地统一和协调于系统的整体之中。一个系统总是由许多单元或子系统组成。一般而言，如果每个单元或子系统的性能都是好的，则整体的性能也会比较理想。但是，若单元或子系统都力争自己的效益最佳，则不一定能保证系统整体的效益最佳。系统论强调整体的性能，但并不抹杀单元的性能。

系统的整体性特点，告诉我们在安全生产管理中要有全局观点，从整体目标出发，使局部协调一致，这是管理的首要职责，也是管理要实现的目标。

在安全生产管理中应用系统方法，有其显著的特点：

（1）从整体上考察和解决安全生产问题。系统方法要求从整体出发看待事物。从整体出发看待安全生产问题，就是从安全整体及影响安全的因素之间相互依赖、相互制约的关系出发，揭示安全生产的规律，把握安全生产的整体效应，而不是孤立地看待某一个安全生产因素，是要追求安全生产管理问题的系统化。

（2）综合考察和解决安全生产管理问题。综合方法是系统考核和解决安全生产管理问题最基本的方法，要求综合考察安全系统的要素、构成、发展变化等方面，以全面解决安全生产问题。

（3）细致定量地分析和考察安全生产管理问题。系统方法运用各种定量分析方法和模型对安全生产问题进行分析，更加具体和精确，甚至可以运用模拟实际场景等方法进行实际演练，从而使安全生产管理更加有效，对安全生存预测分析具有指导意义。

系统方法在安全生产管理中的运用主要表现在以下方面：

（1）规划和设计安全生产管理组织系统。明确组织的整体功能和各级组织的职能及其相互之间的关系，即责任、权利和功能，可使各个主体基于整体功能履行自己的职责，提高整个组织的功能。

（2）建立强有力的安全生产管理指挥系统。安全生产涉及方方面面，必须具有强有力的指挥系统，才能发挥整体优势。系统方法强调整体功能和整体效率，符合安全生产管理建立强有力的指挥系统的要求。特别是跨地区、跨行政隶属关系、跨行业的安全生产指挥系统，必须运用系统的方法，才能使安全生产指挥系统充分发挥作用。

（3）实现安全生产管理功能的集成。我国安全生产管理的监督主体多、执法主体多、行政管理层面多、横向联系制衡多，必须运用系统方法进行集成，才能确保安全生产管理的整体功能。因此，运用系统方法进行集成十分必要。

（4）现代安全技术手段的开发。现代安全生产管理需要现代科学技术作为支撑。运用系统方法，可以实现技术的系统集成，为安全生产提供技术保障，特别是要运用现代信息手段和网络技术，实现安全生产的系统化管理。

二、科学决策原理

从计划建厂到关闭生产，一个企业的生存周期可分为六个阶段：设计、建造、试产、生产、维护和改造、解体和拆毁，其中每一阶段都涉及安全决策。在设计、建造和试产阶段，安全决策的主要任务是选择、研制和实现安全标准及安全指标；在生产、维护和改造、解体和拆毁阶段，安全决策在于维持和尽可能提高安全的水准。建造阶段和生产阶段一样，安全决策的目的都是要体现安全原则，实现安全指标。

（一）安全生产决策需要解决的问题

安全生产决策主要分为三个层次：一是执行层，涉及危害物的识别以及对危害物的消除、减少和控制方法的选择和执行。二是计划、组织和处理层，主要任务是把抽象的原则变成具体的任务分工并实施，相当于许多质量系统的改进回路。三是管理层，主要涉及安全管理的基本原则。当组织认为目前的计划和要采取的基本方法能达到可接受的业绩时，则启动这一层次的工作。其主要是监督安全管理系统，并针对外部环境的变化而对此进行持续改善或维持。安全生产决策三个层次都涉及六个基本问题：

（1）某部门或公司等可接受的安全水平或标准是什么？

（2）以什么准则来评价安全水平？

（3）目前的安全水平如何？

（4）为什么可接受的安全水平和所观察到的（实际）水平之间存在偏差？

（5）应采取什么手段来纠正偏差并保持符合规定的安全水平？

（6）怎样实施这些纠正性的行动？

（二）安全生产决策解决问题的步骤和方法

安全生产决策是为了解决安全问题，解决问题的程序如下：

（1）调查。即查出问题之所在，要了解谁、在什么地方、在什么样的问题上出了偏差。

（2）确认事实。调查和确认事实都属于发现问题的范畴，是同一个阶段中的两个步骤。

（3）查明原因。即着眼于能证明事实的证据，这是解决问题的第一步。这里重点是对管理上存在的问题加以分析。

（4）原因评价。对造成事故的众多原因进行分析、排序和评价。

（5）研究对策。按问题的轻重缓急决定解决问题的顺序，研究解决问题的对策和途径。

（6）实施对策。按照既定的程序和日期组织人力、物力实施有针对性的措施和办法。

（7）检查评定。即在观察措施实施效果的同时，还要评定措施的完善程度，对不合理之处，在检查评定之后要加以纠正。

三、目标管理原理

（一）安全生产目标管理的内容和特点

安全生产目标管理是企业目标管理的重要组成部分，一般是指在一定时期内（通常为一年），根据企业经营管理的总目标，从上到下确定安全工作目标，并为达到这一目标制定一系列的对策措施，开展一系列的组织、协调、指导、激励和控制活动。

为了有效地实行安全生产目标管理，必须深刻理解它的内容，把握它的特点：

第一，安全生产目标管理是重视人，激励人，充分调动人的主观能动性的活动。实行安全生产目标管理，目的是依靠目标的激励作用化消极被动的接受任务为积极主动的追求目标，从而激发人们的创造精神，大大增强安全管理工作的效能。

第二，安全生产目标管理是系统的、动态的管理。安全生产目标管理的"目标"，不仅是激励的手段，而且是管理的目的。安全生产目标管理的最终目的是实现系统（如一个企业）整体安全的最优化，即安全的最佳整体效应。这一最佳整体效应具体体现在系统的整体安全目标上。因此，安全生产目标管理的所有活动都是围绕着实现系统的安全生产目标进行的，并随之变化而变化。

（二）安全生产目标管理的意义

安全生产目标管理将从不同方面、不同角度推动安全管理工作的全面展开，有利于一切现代安全管理方法的推广和应用；有利于从根本上调动各级领导和广大职工搞好安全生产的积极性；有利于提升职工的素质，提高企业安全管理水平；有利于贯彻落实安全生产责任制，促进各部门围绕安全目标管理，协调配合，推动安全目标的实现。

（三）安全生产目标管理的实施

安全生产目标管理包括安全生产目标的制定、安全生产目标的实施和成果的考核与评价三个方面，彼此紧密衔接，构成一个管理周期。

1. 安全生产目标的制定

制定目标是安全生产目标管理的第一步，也是安全生产目标管理的关键环节。通过制定企业总体的安全目标，以全面反映生产安全工作在各个方面上的要求。具体目标的设定要明确具体指标和保证措施两部分内容。

安全目标是企业中全体员工在计划期内完成的职业安全健康的工作成果，具体指标如下：

（1）重大事故次数，包括死亡事故、重伤事故、重大设备事故、重大火灾事故、急性中毒事故等；

（2）死亡人数指标；

（3）伤害频率或伤害严重率；

（4）事故造成的经济损失，如工作日损失天数、工伤治疗费、死亡抚恤费等；

（5）职业安全健康措施计划完成率、隐患整改率、设施完好率；

（6）全员安全教育率、特种作业人员培训率等。

保证措施包括多个方面的措施。

大致有：

（1）安全教育措施，包括教育的内容、时间安排、参加人员规模、宣传教育场地；

（2）全检查措施，包括检查内容、时间安排、责任人、检查结果的处理等；

（3）危险因素的控制和整改，即对危险因素和危险点采取有效的技术和管理措施进行控制和整改，并制定整改期限和完成率；

（4）安全评比，即定期组织安全评比，评出先进班组；

（5）严格安全控制点的管理，力求做到制度无漏洞、检查无差错、设备无故障、人员无违章。

企业安全生产目标设定的依据主要有：国家的安全生产方针、政策；企业安全生产的中长期规划；工伤事故和职业病统计数据；企业长远规划和安全工作的现状；企业的经济技术条件以及国际同行业的标准等。

2. 安全生产目标的实施

安全生产目标管理比较常见的实施经验有权力下放，监督检查和信息交流，特别是通过编制安全目标实施计划表和实行自我管理和自我控制是被实践证明了的行之有效的方法。

3. 成果的考核与评价

成果的考核是安全生产目标管理的最后一个阶段。其基本原则有自我评价与上级评定相结合；重视成果与综合评定相结合。成果考核可以采用打分法，首先确定各目标项目的得分比重，其次给各目标项目打分，最后进行综合评价。在综合评价的基础上，可以根据预先制定的奖惩办法进行奖励和惩罚，使先进受到鼓励、落后受到鞭策。

四、预防与控制原理

安全生产管理应以预防为主，通过有效的管理和技术手段，减少和防止人的不安全行为和物的不安全状态，从而使事故发生的概率降到最低。

（一）安全控制

安全控制是企业安全生产的根本，要遵循如下原则：

（1）闭环控制原则：要求安全管理讲求目的性和效果性，要有评价；

（2）分层控制原则：管理和技术设计要讲阶梯性和协调性；

（3）分级控制原则：管理和控制要有主次，要单项解决的原则；

（4）动态控制原则：无论技术上还是管理上要有自组织、自适应的功能；

（5）等同原则：无论是从人的角度还是从物的角度都必须使控制因素的功能大于和高于被控制因素的功能；

（6）反馈原则：计划或系统要有自检、评价、修正的功能。

（二）预防事故的能量控制理论及依据

管理控制在安全管理中的重要体现就是形成了预防事故的能量控制理论。事故的本质含义是"能量的不正常转移"，这一定义是预防事故的能量控制理论的立论依据。所谓预防事故的能量控制理论是指从能量不正常作用的规律出发，把握事故的本质规律，以对预防事故提供有效指导。

预防事故的本质是能量的有效控制，可通过对系统能量的消除、限值、疏导、屏蔽、隔离、转移、距离控制、时间控制、局部弱化、局部强化、系统闭锁等技术措施来控制能量的不正常转移。

能量转移理论，从事故的本质作用出发，为我们有效地预防事故提供了一个基本的原理和思路。

（三）重点检查与个别指导相结合

在安全管理过程中，要想有效发挥过程控制的作用，预防重大安全事故的发生，就要对严格控制各个环节。同时，关键步骤、要害部门，要坚持重点检查与个别指导相结合。

五、强制性原理

强制性原理即采取强制管理的手段控制人的意愿和行动，使个人的活动、行为等受到安全管理要求的约束，从而实现有效的安全管理。

强制性原理要求企业安全生产管理遵循以下原则：

（一）安全第一原则

安全第一就是要求在进行生产和其他活动的时候把安全工作放在一切工作的首要位置。当生产和其他工作与安全发生矛盾时，要以安全为主，生产和其他工作要服从安全，这就是安全第一原则。

贯彻安全第一原则，就是要求一切经济部门和生产企业的领导者要高度重视安全，把安全工作当作头等大事来抓，要把保证安全作为完成各项任务、做好各项工作的前提条件。在计划、布置、开展各项工作时首先想到安全，预先采取措施，防止事故发生。该原则强调，必须把安全生产作为衡量企业工作好坏的一项基本内容，作为一项有"否决权"的指标，不安全不准进行生产。

（二）监督原则

在安全工作中，为了使安全生产法律法规得到落实，必须明确安全生产监督职责，对企业生产中的守法和执法情况进行监督，这就是安全管理的监督原则。

安全管理具有较明显的强制性，只要求执行系统自动贯彻实施安全法规，而缺乏强有力的监督系统去监督执行，则法规的作用是难以发挥的。随着社会主义市场经济的发展，企业成为自主经营、自负盈亏的独立法人，国家与企业、企业经营者与职工之间的利益差别，在安全管理方面也会有所体现。它表现为生产与安全、效益与安全、局部效益与社会效益、眼前利益与长远利益的矛盾。企业经营者往往关注质量、利润、产量等，而忽视职工的安全与健康。在这种情况下，必须建立专门的监督机构，配备合格的监督人员，赋予其一定的权力，督促企业经营者加强安全管理，保证安全管理工作落到实处。

从我国目前的情况看，安全监督可分为三个层次：

第一，国家监督（或监察），即国家职业安全监督（或监察，下同）。这是指国家授权专门的行政机关，以国家名义并运用国家权力对各级经济、生产管理部门和企事业单位执行安全法规的情况进行的监督和检查。

第二，企业监督。这是指由企业经营者直接领导、指挥企业安技部门，对企业生产、经营等各部门的安全状况和法规、制度执行情况进行的监督和检查。

第三，群众监督。这是指广大职工群众通过各级工会和职工代表大会等自己的组织，对企业各级管理部门贯彻执行安全法规，改善劳动条件等情况进行的监督。

上述三个层次的安全监督，性质不同，地位不同，所起的作用也不同。它们相辅相成，构成了一个有机的监督体系。

第三节　企业安全生产责任制

一、企业是安全生产管理的主体

现代生产是在复杂的技术系统和社会关系中进行的，涉及众多社会组织和个人，包括政府和社团组织，但企业作为基本的生产经营组织，其生产的主体地位并没有改变。

企业生产必须在安全的条件和环境下进行，生产必须安全，安全成为企业生产的基本需求。

对于企业的安全生产，政府、社区等社会各个方面负有各自的责任，但企业作为生产经营主体，对安全生产负有第一位的责任，企业是安全生产管理的主体。

现代安全生产管理，首要的是落实企业安全生产主体地位，主要表现在以下方面：①企业是落实党的安全生产方针政策和国家安全生产法律法规的主体。党的安全生产方针政策和国家安全生产法律法规在宏观上确定了安全生产的指导思想和大政方针，必须依靠企业才能落到实处，即落实到企业生产经营过程中，任何其他组织和个人都无法替代企业实施落实行为。因此，企业是落实党的安全生产方针政策和国家安全生产法律法规的主体。②企业生产经营必须在有效的安全技术条件和管理保障下进行。企业生产经营需要基于一定的物质条件和技术设备，对物质和原材料进行加工转换，企业必须作为主体，保证生产的安全性，以维护生产人员人身和财产的安全。③企业是安全生产管理制度和操作规程的制定主体。企业作为安全生产主体，必然也必须制定安全生产管理制度和生产工艺操作规程，作为企业安全生产规则，在企业内贯彻执行。④企业是安全生产管理制度和生产工艺操作规程的执行和检查主体。企业必须采取措施，使安全生产管理制度和生产工艺操作规程在企业内得到贯彻执行，并实施检查，实行奖惩。⑤企业必须承担由于本身管理不善或失职所导致的安全事故损失。⑥企业法人代表是企业安全生产第一责任人，必须采取有效的领导方法，领导安全生产管理，承担安全生产领导职责，负有相应的行政、经济和法律责任。

二、强化企业安全生产管理主体责任地位

（一）企业安全生产责任

"企业负责"是国家安全生产管理的重要内容。作为一个具有法人资格的生产企业，应负的安全责任有：

（1）行政责任。企业法人代表是安全生产的第一责任人；管理生产的各级领导和职能部门负有相应的安全行政责任；企业的安全生产推行"人人有责"的原则等。

（2）技术责任。企业的生产技术要落实到位、达标；推行"三同时"原则等。

（3）管理责任。在安全人员配备、组织机构设置、计划的落实等方面要管理到位；推行管理的"五同时"原则等。

（二）健全安全生产管理组织机构

企业应建立强有力的安全生产管理组织体系。成立安全生产委员会，以统筹协调企业的安全生产工作。设置安全管理部门，负责企业的日常安全管理。按国家规定要求，聘用和配备安全主任，负责日常安全工作的组织和实施。在此基础上，在二级单位（车间、部门）建立安全生产领导小组，设专、兼职安全员，确保安全工作的贯彻施行。在三级单位（班组）设置兼职安全员，推动基层班组安全工作的具体落实和开展。同时明确企业各级领导和全体员工的安全生产责任，确保国家有关安全工作的法律法规、劳动安全要求在企业内的贯彻执行。这样，从上而下形成三级安全管理网络体系，使安全管理横向到边、纵向到底、条块结合、全面开展。

（三）合理配备安全管理人员

《中华人民共和国安全生产法》对企业安全生产机构和人员设置做出了规定，虽然各企业生产的产品不同、生产特点不同、管理方法有差异，但有一点是共同的，那就是企业必须有专门的机构和人员负责安全生产。

专职安全管理人员的配备比例可根据企业的性质来决定，一般可按职工总数的2‰~5‰的比例配备专职安全管理人员。危险性大的企业，可适当增加安全管理人员的

数目。

下面以化工企业为例来说明企业安全管理人员的配备比例，其他企业可以作为参考。

1. 企业安全管理人员基本配备数

（1）5000人以上的企业，不低于2‰。

（2）3000人以上、5000人以下的企业，企业安全管理人员的比例为2‰~3‰。

（3）2000人以上、3000人以下的企业，企业安全管理人员的比例为3‰~4‰。

（4）1000人以上、2000人以下的企业，企业安全管理人员的比例为4‰~5‰。

（5）1000人以下的企业，不得少于3人。

2. 安全管理干部构成

（1）安全管理机构。设正、副职领导各1名，下设安全技术部门、劳动保护部门、宣传教育部门、现场检查部门、气体防护站。

（2）安全技术部门。配备工艺、设备、电气、仪表工程技术人员3~4名，配备事故管理人员1名，配备安措管理人员1名。

（3）劳动保护部门。配备劳动保护管理人员2~3名。

（4）宣传教育部门。配备宣传教育管理人员2~3名。

（5）现场检查部门。配备现场监督检查人员3~4名。

（6）气体防护站。配备站长兼气体防护技术员1名，气体防护员12~14名，司机3~4名，面具修理兼再生工1名。

以上是针对大型化工企业而言的。若是小型企业，应根据自身实际情况，参照大型企业的管理职能酌情减少人员配备。

3. 对人员素质的要求

（1）管理机构的正、副领导，必须具有工程师以上职称（包括工程师），必须熟悉企业的生产工艺、产品性能，熟悉国家有关安全生产的政策法规，并且具有一定的组织、协调、指挥能力。

（2）专职安全技术人员，必须具有助理工程师以上职称（包括助理工程师），必须熟悉企业的生产工艺、产品性能和国家相关的安全生产规程、规范、标准、制度，必须熟悉自己所从事专业的安全知识和安全技能。

（3）现场安全监督检查人员，必须具有高中以上文化，具有技术员以上职称，拥有丰富的生产经验，并熟悉生产现场，熟知重大危险源的管理措施等。

（4）气体防护员，应是具有高中以上文化、18~35岁的男职工，身体健康，熟悉化工企业各种有毒有害气体的性能、防护办法等。

三、落实安全生产责任制

（一）安全生产责任制的概念

安全生产责任制是生产单位岗位责任制的组成部分，是企业最基本的安全制度，是安全规章制度的核心。安全生产责任制的实质是"安全生产，人人有责"。安全生产责任制的核心是切实加强安全生产领导，建立起以政府、部门、企业主要领导为第一责任人的责任制。安全生产责任制要贯彻"预防为主"的原则。安全生产责任制强调企业各级生产领导在安全生产方面要"对上级负责，对职工负责，对自己负责"。

（二）企业安全生产责任制的落实

企业落实安全生产责任制，需要从以下四个方面着手：

（1）建立安全生产责任制体系，即建立起经营者、管理者、技术人员及全体员工的安全生产责任制体系。

（2）树立"安全第一"的思想，要有专门的人员与机构来保障安全生产责任制的落实，制定安全生产的管理制度。

（3）在以法人代表为核心的责任体系下，通过检查、监督、奖惩等制度方法保证安全生产责任制得到落实。

（4）明确企业一把手（企业法人代表、厂长、经理）是安全减灾的第一责任人；管生产必须管安全；全面综合管理，不同职能机构有特定的安全职责。如一个企业，要落实安全责任制度，需要明确各级领导和职能部门具体的安全责任，并通过检查、监督、考评、奖惩等实际工作将其落到实处。

（三）建立健全行之有效的安全生产责任体系

（1）建立安全生产责任体系，明确各级安全责任。实行安全生产责任制，做到层层有责任，人人有职责。一是按照"横向到边，纵向到底"的原则，建立责任体系。实行一级抓一级，层层抓落实。二是按照"谁主管、谁负责"的原则，建立领导体系。明确各单位行政一把手（法人代表、厂长、经理）为本企业安全生产的第一责任人；各单位的基层单位和职能部门负责人为本单位、部门安全生产的第一责任人。职工在自己的工作职责范围内，对安全生产负责。

（2）层层签订安全责任书，认真执行"一岗一责制"。以签订责任书的形式将安全生产责任分解落实到基层单位和部门，基层单位、部门再以责任书形式落实到班组；班组落实到岗位和职工个人，真正做到一岗一责，建立强有力的安全责任体系。

四、责任人

安全生产责任制是生产经营单位安全生产规章制度的核心，是生产经营单位行政岗位责任制和经济责任制度的重要组成部分，也是最基本的职业安全健康管理制度。安全生产责任制是按照职业安全健康工作方针"安全第一，预防为主"和"管生产的同时必须管安全"的原则，明确规定各级负责人员、各职能部门及其工作人员和各岗位生产工人在职业安全健康方面应做的事情和应负的责任的一种制度。

生产经营单位的安全生产责任制的核心是实现安全生产的"五同时"，就是在计划、布置、监察、总结、评比生产工作的同时，计划、布置、检查、总结、评比安全工作。其内容大体可分为两个方面：一是纵向方面各级人员的安全生产责任制；二是横向方面各职能部门的安全生产责任制。

安全生产是关系生产经营单位全员、全层次、全过程的大事，因此，生产经营单位必须建立安全生产责任制把"安全生产，人人有责"在制度上固定下来，从而增强各级管理人员的责任心，使安全管理纵向到底、横向到边、责任明确、协调配合，把安全工作真正落到实处。

建立生产经营单位安全生产责任制，需要达到如下要求：①建立的安全生产责任制必须符合国家安全生产法律法规和政策、方针的要求，并适时修订；②建立的安全生产责任制要与生产经营单位的管理体制协调一致；③安全生产责任制要根据本单位、部门、班组、岗位的实际情况建立，具有可操作性，防止形式主义；④安全生产责任制要有专门的人员与机构来落实；⑤建立安全生产责任的监督、检查制度，特别要注意发挥职工群众的监督作用，以保证安全生产责任制真正得到落实。

生产经营单位各级人员的安全生产责任如下：

（1）生产经营单位主要负责人。生产经营单位的主要负责人是本单位安全生产的第一责任者，对安全生产工作全面负责。其职责为：①建立健全本单位安全生产责任制；②组织制定本单位安全生产规章制度和操作规程；③保证本单位安全生产的有效实施；④督促、检查本单位的安全生产工作，及时消除生产安全事故隐患；⑤组织制定并实施本单位的生产安全事故应急救援预案；⑥及时、如实报告生产安全事故。

（2）生产经营单位其他负责人。生产经营单位其他负责人在各自职责范围内，协助主要负责人搞好安全生产工作。

（3）生产经营单位职能管理机构负责人及其工作人员。职能管理机构负责人按照本机构的职责，组织有关工作人员做好安全生产责任制的落实，对本机构职责范围内的安全生产工作负责；职能机构工作人员在本人职责范围内做好安全生产工作。

（4）班组长。班组安全生产是搞好安全生产工作的关键，班组长全面负责本班组的安全生产，是安全生产法律法规和规章制度的直接执行者。贯彻执行本单位的安全生产规定和要求，督促本班组的工人遵守安全生产规章制度和安全操作规程，做到不违章指挥、不违章作业，遵守劳动纪律。

（5）岗位工人。岗位工人对本岗位的安全生产负直接责任。要接受安全生产教育和培训，遵守安全生产规章和安全操作规程，不违章作业，遵守劳动纪律。特种作业人员必须接受专门的培训，考试合格取得操作资格证书，方可上岗作业。

五、安全生产责任分配

（一）企业各级领导的责任

企业安全生产责任制的核心是实现安全生产的"五同时"。企业领导在管理生产的同时，必须负责安全管理工作。在计划、布置、检查、总结、评比生产的同时，计划、布置、检查、总结、评比安全工作。安全工作必须由行政一把手负责，厂、车间、班、工段、小组的各级一把手都要负第一位责任。各级的副职根据各自分管业务工作范围负相应的责任。他们的任务是贯彻执行国家有关安全生产的法令、制度和保护管辖范围内的职工的安全和健康。如果造成了事故，那就要视事故后果的严重程度和失职程度，由行政以至司法机关追究法律责任。

1. 法人代表（厂长、经理）的安全生产职责

法人代表是企业安全生产的第一责任者，对本单位的安全生产负总的责任。既要支持分管安全工作的副职开展工作，又要督促分管其他工作的副职做好分管范围内的安全工作。法人代表（厂长、经理）的安全生产职责如下：

（1）贯彻执行国家安全生产方针、政策、法规和标准，审定、颁发本单位的安全生产管理制度，提出本单位安全生产目标并组织实施，定期或不定期召开会议，研究、部署安全生产工作。

（2）牢固树立安全第一的思想，在计划、布置、检查、总结、评比生产的同时，计划、布置、检查、总结、评比安全工作，保证职工安全、健康。

（3）审定本单位改善劳动条件的规划和年度安全技术措施计划，及时消除重大隐患，对本单位无力排除的重大隐患，应按规定权限向上级有关部门报告。

（4）在安排和审批生产建设计划时，将安全技术措施纳入计划，按规定提取和使用劳动保护措施经费，明确建设新的项目（包括挖潜、革新、改造项目）时，遵守和执行安全卫生设施与主体工程同时设计、同时施工和同时验收投产的"三同时"规定。

（5）组织对重大伤亡事故的调查分析，按"三不放过"，即事故原因分析不清不放过、事故责任者和群众没有受到教育不放过、没有制定出防范措施不放过的原则严肃处理，并对所发生的伤亡事故调查、登记、统计和报告的正确性、及时性负责。

（6）组织有关部门对职工进行安全技术培训和考核。坚持新工人入厂后的厂、车间、班组三级安全教育和特种作业人员持证上岗作业。

（7）组织开展安全生产竞赛、评比活动，对安全生产的先进集体和先进个人予以

表彰或奖励。

（8）接到劳动行政部门发出的劳动保护监察指令书后，在限期内妥善解决问题。

（9）有权拒绝和停止执行上级违反安全生产法规、政策的指令，并及时提出不能执行的理由和意见。

（10）主持召开安全生产例会，定期向职工代表大会报告安全生产工作情况，认真听取意见和建议，接受职工群众监督。

（11）搞好女工的特殊保护工作，抓好职工个人防护用品的使用管理。

2. 分管生产、安全工作的副职领导人员的安全生产职责

（1）协助法人代表（厂长、经理）做好本单位安全工作，对分管范围内的安全工作负直接领导责任，支持安全技术部门开展工作。

（2）组织干部学习安全生产法规、标准及有关文件，结合本单位安全生产情况，制订安全生产的具体方案，并组织实施。

（3）协助法人代表（厂长、经理）召开安全生产例会，负责组织贯彻落实例会决定的事项，主持召开生产调度会，同时布置安全生产各有关事项。

（4）主持编制、审查年度安全技术措施计划，并组织实施。

（5）组织车间和有关部门定期开展专业性安全检查、季节性安全检查、安全操作检查，对重大隐患，组织有关人员到现场研究解决，或按规定权限向上级有关部门报告，在上报的同时，应制定可靠的临时安全措施。

（6）主持制定安全生产管理制度和安全技术操作规程，并组织实施，定期检查执行情况，负责推广安全生产先进经验。

（7）发生重伤及死亡事故后，应迅速查看现场，及时准确地向上级报告，同时主持事故调查，确定事故责任，提出对事故责任者的处理意见。

3. 分管其他工作的副职领导人员的安全生产职责

分管计划、财务、设备、福利等工作的副职领导人员应对分管范围内的劳动保护工作负直接领导责任。

（1）督促所管辖部门的负责人落实安全生产职责。

（2）主持分管部门会议，研究、解决安全生产方面存在的问题。

（3）参加分管部门重伤及死亡事故的调查处理。

4. 总工程师（副总工程师）的安全生产职责

总工程师负责具体领导本单位的安全技术工作，对本单位的安全生产负技术领导责任。副总工程师在总工程师领导下，对其分管工作范围内的安全生产工作负责。

（1）贯彻上级有关安全生产的方针、政策、法令和规章制度，负责组织制定本单位安全技术规程并认真贯彻执行。

（2）定期主持召开车间、科室领导干部会议，分析本单位的安全生产形势，研究解决安全技术问题。

（3）在采用新技术、新工艺时，研究和采取安全防护措施。

（4）设计、制造新的生产设备，制定符合要求的安全防护措施，遵循新建工程项目安全措施与主体工程同时设计、同时施工、同时验收投产的原则，把好设计审查和竣工验收关。

（5）督促技术部门对新产品、新材料的使用、储存、运输等环节提出安全技术要求，组织有关部门研究解决生产过程中出现的安全技术问题。

（6）定期布置和检查安技部门的工作，协助厂长组织安全大检查，对检查中发现的重大隐患，制定整改计划，组织有关部门实施。

（7）参加重大事故调查，并做出技术方面的鉴定。

（8）对职工进行经常性的安全技术教育。

（9）有权拒绝执行上级安排的严重危及安全生产的指令和意见。

5. 车间主任（分厂厂长、分支经营机构主要负责人）的安全生产职责

车间主任负责领导和组织本车间的安全工作。

（1）在本单位生产过程中，具体贯彻执行国家安全生产方针、政策、法令和本单位的规章制度，切实贯彻安全生产"五同时"，对本车间职工在生产中的安全健康全面负责。

（2）在总工程师领导下，制定各工种安全操作规程，检查安全规章制度的执行情况，保证工艺、技术和工具设备等符合安全要求。

（3）在进行生产、施工作业前，制定作业规程、操作规程，并经常检查执行情况。

（4）组织制定临时任务和大、中、小修的安全措施，经主管部门审查后执行，并负责现场指挥。

（5）经常检查车间内生产建筑物、设备、工具和安全设施，组织整理工作场所，及时排除隐患，发现危及人身安全的紧急情况，立即下令停止作业，撤出人员。

（6）经常对职工进行劳动纪律、规章制度和安全知识、操作技术教育，对新工人、新调换工种人员在其上岗工作之前进行安全教育。

（7）发生重伤、死亡事故，立即报告法人代表（厂长、经理），组织抢救，保护现场，参加事故调查，对轻伤事故，负责查清原因和制定整改措施。

（8）召开安全生产例会，及时解决提出的问题，或按规定权限向有关领导和部门报告，组织班组安全活动，支持车间安全员工作。

（9）做好女工的特殊保护工作。

（10）教育职工正确使用个人劳动保护用品。

6. 工段长的安全生产职责

（1）认真执行上级有关安全、卫生的各项规定，对本工段工人的安全、健康负责。

（2）做好生产每个环节的安全工作，保证在安全的条件下生产。

（3）组织工人学习安全操作规程，检查执行情况。对严格遵守安全规章制度、避免事故者，提出奖励意见；对违章蛮干造成事故者，提出惩罚意见。

（4）领导本工段班组开展安全活动，经常对工人进行安全生产教育，推广安全生产经验。

（5）发生重伤、死亡事故后，保护现场，立即上报，积极组织抢救，参加事故调查，提出防范措施。

（6）监督检查工人正确使用个体防护用品。

7. 班组长的安全生产职责

（1）认真执行有关安全生产的各项规定，遵守安全操作规程，对本班组工人在生产中的安全和健康负责。

（2）根据生产任务、生产环境和工人思想状况开展安全工作。对新调入的工人进行岗位安全教育，并在其熟悉工作前指定专人负责其安全。

（3）组织本班组工人学习安全生产规程，检查执行情况，教育工人在任何情况下不违章蛮干。发现违章作业，立即制止。

（4）经常进行安全检查，发现问题及时解决。对不能根本解决的问题，要采取临时控制措施，并及时上报。

（5）认真执行交接班制度。遇有不安全问题，在未排除之前或责任未分清之前不交接。

（6）发生工伤事故，要保护现场，立即上报，详细记录，并组织全班组工人认真分析，吸取教训，提出防范措施。

（7）对安全工作中的好人好事及时表扬。

（二）各业务部门的安全生产管理职责

企业单位中的生产、技术、设计、供销、运输、教育、卫生、基建、机动、情报、科研、质量检查、劳动工资、环保、人事组织、宣传、外办、企业管理、财务等有关专职机构，都应在各自工作业务范围内落实安全生产的要求。

1. 安全技术部门的安全生产职责

安全技术部门是企业领导在安全生产工作方面的助手，负责组织、推动和检查督促本企业安全生产工作的开展。

（1）监督检查本企业贯彻执行安全生产政策、法规、制度和开展安全工作的情况，定期研究分析伤亡事故、职业危害趋势和重大事故隐患，提出改进安全工作的意见。

（2）制定本企业安全生产目标管理计划和安全生产目标值，安全生产目标值包括千人重伤率、千人死亡率、尘毒合格率、噪声合格率等。

（3）了解现场安全情况，定期进行安全生产检查，提出整改意见，督促有关部门及时解决不安全问题，有权制止违章指挥、违章作业。

（4）督促有关部门制定和贯彻安全技术规程和安全管理制度，检查各级干部、工程技术人员和工人对安全技术规程的熟悉情况。

（5）参与审查和汇总安全技术措施计划，监督检查安全技术措施经费的使用和安全措施项目完成情况。

（6）参加审查新建、改建、扩建工程的设计、工程验收和试运转工作，发现不符合安全规定的问题有权要求解决，有权提请安全监察机构和主管部门制止其施工和生产。

（7）组织安全生产竞赛，总结、推广安全生产经验，树立安全生产典型。

（8）组织三级安全教育和职工安全教育，配合安全监察机构进行特种作业人员的安全技术培训、考核、发证工作。

（9）制定年、季、月安全工作计划，并负责贯彻实施。

（10）负责伤亡事故统计、分析，参加事故调查，对造成伤亡事故的责任者提出处理意见。

（11）督促有关部门做好女职工的劳动保护工作，对防护用品的质量和使用情况进行监督检查。

（12）组织开展科学研究，总结、推广安全生产科研成果和先进经验。

（13）在业务上接受地方劳动行政部门和上级安全机构的指导，在向行政领导报告工作的同时，向当地安全生产监察部门和上级安全机构如实反映情况。

2. 生产部门的安全生产职责

（1）组织生产调度人员学习安全生产法规和安全生产管理制度。召开生产调度会，组织经济活动分析，同时研究安全生产问题解决方案。

（2）编制生产计划的同时，编制安全技术措施计划。在实施、检查生产计划时，应同时实施、检查安全技术措施计划完成情况。

（3）安排生产任务时，要考虑生产设备的承受能力，有节奏地均衡生产，控制加班加点。

（4）做好企业领导交办的安全生产工作。

3. 技术部门的安全生产职责

（1）负责安全技术措施的设计。

（2）在推广新技术、新材料、新工艺时，考虑可能出现的不安全因素和尘毒、物理因素危害等问题；在组织试验过程中，制定安全操作规程；在正式投入生产前，做出安全技术鉴定。

（3）在产品设计、工艺布置、工艺规程制定、工艺装备设计时，严格执行有关的安全标准，充分考虑操作人员的安全和健康。

（4）负责编制、审查安全技术规程、作业规程和操作规程，并监督检查实施情况。

（5）承担劳动安全科研任务，提供安全技术信息、资料，审查和采纳安全生产技术方面的合理化建议。

（6）协同有关部门加强对职工的技术教育与考核，推广安全技术方面的先进经验。

（7）参加重大伤亡事故的调查分析，从技术方面找出事故原因并提出防范措施。

4. 设备动力部门的安全生产职责

设备动力部门是企业领导在设备安全运行工作方面的参谋和助手，对本企业设备安全运行负有具体的指导、检查责任。

（1）负责本企业各种设备的管理，加强设备检查和定期保养，使之保持良好状态。

（2）制定有关设备维修、保养的安全管理制度及安全操作规程，并负责贯彻实施。

（3）执行上级部门有关自制、改造设备的规定，对自制和改造设备的安全性能负责。

（4）确保机器设备的安全防护装置齐全、灵敏、有效，凡安装、改装、修理、搬迁机器设备时，安全防护装置完整有效，方可移交运行。

（5）负责安全技术措施项目所需设备的制造和安装，对列入固定资产的设备，按固定设备进行管理。

（6）参与重大伤亡事故的调查、分析，提出因设备缺陷或故障而造成事故的鉴定意见。

5. 劳动工资部门的安全生产职责

（1）把安全技术作为对职工考核的内容之一，列入职工上岗、转正、定级、评奖、晋升的考核条件。工资和奖金分配方案的制定，参考安全生产方面的要求。

（2）做好特种作业人员的选拔及人员调动工作。

（3）参与重大伤亡事故调查，参加因工丧失劳动能力的人员的医务鉴定工作。

（4）关心职工身体健康，注意劳逸结合，严格审批加班加点。

（5）组织新录用职工进行体格检查；通知安全技术部门教育新职工，经"三级"安全教育后，方可分配上岗。

（三）生产操作工人的安全生产职责

生产操作工人必须履行以下安全生产职责：

（1）遵守劳动纪律，执行安全规章制度和安全操作规程，听从指挥，抵制违章作业。

（2）保证本岗位工作地点和设备、工具的安全、整洁，不随便拆除安全防护装置，不使用自己不该使用的机械和设备，正确使用保护用品。

（3）学习安全知识，提高操作技术水平，积极开展技术革新，改善作业环境。

（4）及时反映、处理不安全问题，积极参加事故抢救工作。

（5）有权拒绝接受违章指挥，并对上级单位和领导人忽视工人安全、健康的错误决定和行为提出控告。

（6）相互监督，制止违章作业等不安全行为。

第四节　企业安全生产教育培训

一、安全生产教育培训的种类

（一）按教育培训内容划分

根据教育培训内容，安全生产教育培训可以划分为：

（1）安全生产管理法律、法规、方针、政策培训。

（2）安全生产知识和技能培训。

（3）"五新"安全教育。企业在采用新工艺、新技术、新材料或者使用新设备、新产品时，应对从业人员进行专门的安全教育和培训。

（4）专题安全生产培训。例如，消防培训、专用设备使用技术培训等。

（二）按培训对象划分

按培训对象，安全生产教育培训可以划分为：

1. 企业新职工培训

企业新职工（包括新调入各种正式员工和临时工）上岗前必须进行三级安全教育，即入厂安全教育、车间安全教育和班组安全教育。三级教育时间不少于 40 小时。

入厂安全教育的内容包括职业安全卫生法律法规、通用安全技术知识、企业职业安全卫生规章制度、本单位安全生产的状况和特殊性以及劳动纪律等。入厂安全教育一般由主管厂长（矿长或经理）负责，安全技术部门负责实施。

车间安全教育包括本车间职业安全卫生状况和规章制度，主要危害因素及安全注意事项，预防工伤事故和职业病的措施，典型的事故案例及事故应急处理措施等内容。车间安全教育由车间主任或安全技术人员负责。

班组安全教育包括岗位安全操作规程，岗位间工作衔接配合的安全卫生事项，典型事故案例，劳动防护用品的性能及其正确使用方法等内容。

企业新职工应按规定通过三级安全教育并经考核合格后方可上岗。企业职工调整工作岗位或离岗一年以上重新上岗时，必须进行相应的车间或班组安全教育。

2. 特殊工种作业人员的安全教育培训

特殊工种作业是指在劳动过程中容易发生伤亡事故，对操作者本人、他人及周围设施的安全有重大危害的作业；直接从事特殊工种作业的人员称为特殊工种作业人员。特殊工种作业包括：电工作业；金属焊接切割作业；起重机械作业；企业内机动车辆驾驶；登高架设作业；锅炉作业；压力容器作业；制冷作业；爆破作业；矿山通风、排水、安全检查、提升运输、采掘、救护作业；危险物品作业（危险化学品、民用爆炸品、放射性物品）等。

直接从事特殊工种作业的人员必须经过专门的安全知识与安全操作技能培训，经过考核取得特殊工种作业资格证书，方可上岗作业。取得合格证者每两年复审一次，未按期复审或复审不合格者，其操作证自动失效。

3. 企业的法人代表（董事长、厂长、经理）的安全教育

企业的法人代表必须经过安全教育且考核合格取得安全管理资格证书才可任职。其安全教育包括国家有关职业安全卫生的方针、政策、法律、法规及有关规章制度，工伤保险法律法规，安全生产管理职责、企业安全卫生管理知识，有关事故案例及事故应急处理措施等内容。安全教育时间不得少于40学时。

4. 企业安全技术人员的安全教育

企业安全技术人员必须经过安全教育，且考核合格取得任职技术证书才可任职。其安全教育包括国家有关职业安全卫生的方针、政策、法律法规和安全卫生标准，企业安全生产管理制度、安全技术、安全文化、工伤保险法律法规，职业卫生知识，职工伤亡事故统计和事故调查处理程序，有关事故案例及事故应急处理措施等内容。安全教育时间不得少于120学时。

5. 其他管理负责人、专业技术人员的安全教育

安全教育包括职业安全卫生法律法规及本部门、本岗位安全卫生职责，安全技术、职业卫生和安全文化知识，有关事故案例及事故应急处理措施等。安全教育时间不得少于24小时。

6. 企业操作人员的培训

对企业操作人员主要进行安全生产知识和岗位安全操作规程的培训。

二、安全生产教育培训的形式

目前，安全教育培训的形式主要有以下七类：

（1）组织专门的安全教育培训班（包括脱产、半脱产和利用业余时间进行培训，开展安全生产的职业培训教育等）。

（2）各级负责人员和安全生产管理人员进行现场安全宣传教育，督促安全法规制度的贯彻执行。

（3）召开安全工作例会，进行安全工作总结和安排。

（4）施工和检修前进行安全技术措施交底。

（5）班前班后交代安全注意事项，讲评安全生产情况。

（6）组织安全生产技术知识讲座、竞赛。

（7）召开生产安全事故分析会，分析事故发生的原因、责任、教训等，进行实例教育。

第五节 安全生产检查

安全生产检查是安全生产管理工作的重要内容，是安全生产管理工作中运用群众路线发现不安全状态和不安全行为的有效途径，是消除事故隐患、落实整改措施、防止伤亡事故发生、改善劳动条件的重要手段。

一、安全生产检查的目的

（一）及时发现和纠正不安全行为

人的操作有很大的自由性，常受心理因素和生理因素影响，尤其是繁重、单调重复的作业，员工最易违反规定，按照省力、简便、快速的办法操作，即使是危险作业，受侥幸思想的影响也会自由操作。安全生产检查就是要通过监督、调查、了解、查证，及早发现不安全行为，并通过提醒、说服、劝告、批评、警告，甚至处分、调离等方式，消除不安全行为，提高工艺操作的可靠性。

（二）及时发现不安全状态，改善劳动条件，提高安全程度

设备由于腐蚀、老化、磨损、龟裂等原因，易发生故障；作业环境的温度、湿度等也因时而异；建筑物、设施的损坏、渗漏、倾斜，物料变化等也会产生各种各样的问题。安全生产检查就是要及时发现或采取临时辅助措施排除隐患，对于危害程度较重的劳动条件，提出改造计划，并督促其落实。

（三）及时发现和弥补管理缺陷

计划管理、生产管理、技术管理和安全管理等的不足都会影响安全生产。安全生产检查就是要直接查找或通过具体问题发现管理缺陷，并及时纠正弥补。

（四）发现潜在危险，预设防范措施

按照事故逻辑思维，观察、研究、分析是否会发生重大事故，发生重大事故的条件，可能波及的范围以及造成的损失和伤亡，制定防范措施和应急对策。这是从系统、全局出发的安全生产检查，具有重要的宏观指导意义。

（五）及时发现并推广安全先进经验

安全生产检查不仅能检查问题，还可以通过实地调查研究、比较分析，发现安全生产典型，推广先进经验，以点带面，开创安全工作新局面。

（六）结合实际，宣传贯彻安全生产方针政策和法规制度

安全生产检查的过程就是宣传、讲解、运用安全生产方针、政策、法规、制度的过程，由于结合实际，较易深入人心，收到实效。

二、安全生产检查的内容

安全生产检查的内容，主要是查思想、查管理、查隐患、查整改、查事故处理。

（一）查思想

查思想主要是对照党和国家有关安全生产的方针、政策及文件，检查企业领导和职工群众对安全工作的认识。例如，企业领导是否真正做到了关心职工的安全，把职工的安全健康放在第一位；是否贯彻了各项安全生产法规以及安全生产方针，对安全生产的认识是否正确；企业领导有无违章指挥；职工群众是否人人关心安全生产，在生产中是否有不安全行为和不安全操作；国家的安全生产方针和有关政策、法令是否真正得到了贯彻执行。

（二）查管理

安全生产检查也是对企业安全管理的检查。主要检查企业是否建立了安全生产管理体系并正常工作；领导是否把安全生产工作摆在重要位置；企业主要负责人及生产负责人是否负责安全生产工作；在计划、布置、检查、总结、评比生产的同时，是否都包含有安全的内容，即"五同时"的要求是否得到落实；企业各职能部门在各自业务范围内是否对安全生产负责；安全专职机构是否健全；工人群众是否参与安全生产的管理活动；改善劳动条件的安全技术措施计划是否按年度编制和执行；安全技术措施经费是否按规定提取和使用；新建、扩建、改建和引进工程项目是否与安全卫生设施同时设计、同时施工、同时投产使用，即"三同时"的要求是否得到落实。此外，还要检查企业的安全教育制度，新工人入厂的"三级教育"制度，特殊工种作业人员、调换工种工人、外来务工人员的培训教育制度，各工种操作规程和岗位责任制的落实情况。

（三）查隐患

安全生产检查主要通过现场检查，查出事故隐患，即深入生产现场，检查企业的

劳动条件、生产设备以及相应的安全卫生设施是否符合安全要求。例如，是否有安全出口，安全出口是否通畅；机器防护装置配备和有效情况，电气安全设施的安全性能；车间或坑内通风照明情况；预防粉尘有毒有害气体或蒸气的危害的防护措施情况；特种设备的安全运行情况；易燃易爆物质及剧毒物质的贮存、运输和使用情况；个体防护用品的使用及标准是否符合有关规定。

（四）查整改

检查企业有没有问题整改的责任人或责任部门；隐患是否得到了整改；如果没有整改，为什么没有整改；是否采取了有效的防范措施；是否制订了事故发生后的应急预案等。

（五）查事故处理

检查企业对伤亡事故是否进行了及时报告、认真调查、严肃处理；是不是按"四不放过"的要求处理事故；有没有采取有效措施，防止类似事故重复发生。

在安全生产检查工作中，各企业可根据自身的情况和季节特点，做到每次检查有所侧重，突出重点，以收到较好的效果。

三、安全生产检查的种类

（一）按安全检查的时间标准划分

1. 日常检查

日常检查是以职工为主体的检查形式，是职工结合生产实际接受安全教育的好机会。日常检查主要是各基层班组长或安全检查员督促本班组成员做好班前准备工作和检查离班前的交接收整工作，认真执行安全制度和岗位责任制度，遵守操作规程。各级主管人员应在各自业务范围内，经常深入现场，进行安全检查，发现不安全问题，及时督促有关部门解决。

2. 定期检查

定期检查一般包括周检查、月检查、季度检查、年度大检查和节日前检查。周检查由各部门负责人深入班组，对设备保养、器材放置、设备运行和交换班记录的记载等进行检查，并了解是否存在不安全因素、隐患。月检查是由安全管理委员会负责组织，主要目的是对安全工作进行全面检查以便能发现问题，研究解决安全管理上存在的问题，把整改具体措施落实到部门、具体人；召开班（组）长会议，总结讲评安全管理工作，进行安全教育。季度检查是基于本季度的气候、环境情况，有重点性地检查生产。春季检查以防雷、防静电、防解冻跑漏、防建筑物倒塌为重点；夏季检查以防暑降温、防台风、防汛为重点；秋季检查以防火、防冻、保温为重点；冬季检查以防火、防爆、防毒为重点。季度检查还可以同节日检查相结合进行，如与元旦、春节等重大节日的安全保卫工作结合起来，在节日前进行，检查目的和要求同月检查，不过要着重落实节假日的防火、值班、巡逻的组织安排工作。年度大检查是一年一度的自上而下的安全评比大检查。节日前检查是节日前对安全、保卫、消防、生产准备、备用设备等进行检查，以保证节日期间的安全。

3. 不定期检查

不定期检查是指不在规定时间内，检查前不通知受检单位或部门而进行的检查。

不定期检查一般由上级部门组织进行，带有突击性，可以发现受检单位或部门安全生产的持续性程度，以弥补定期检查的不足。不定期检查主要作为主管部门对下属单位或部门进行抽查的方式。

（二）按照检查的对象和性质划分

1. 专业性检查

专业性安全检查一般分为专业安全检查和专题安全调查两种，是对某一项危险性大的安全专业和某一个安全生产薄弱环节进行专门检查和专题单项调查。

专业安全检查或专题安全调查是不定期的，是根据上级部门的要求、安全工作的安排和生产中暴露出来的问题，本着预测预防的目的而确定，因而有较强的针对性和专业要求，可检查难度较大的内容，发现问题后又可集中研究整改对策。专业性安全检查是以安全人员为主，吸收与调查内容有关的技术和管理人员进行。

2. 重点检查

安全检查应本着突出重点的原则，对于危险性大、易发事故、事故危害大的生产系统、部位、装置、设备等应加强检查。一般应重点检查：易造成重大损失的易燃易爆危险物品、剧毒品、锅炉、压力容器、冶炼设备、电气设备、冲压机械和本企业易发生火灾、爆炸等事故的设备、场所及其作业人员；造成职业病的尘毒点；直接管理危险点和有害点的部门及其负责人。

3. 强制检查

强制检查主要是对国家法律法规规定或根据生产需要必须实施强制检查的项目进行强制检查。

四、安全生产检查的方法

（一）检查标准

上级已制定有标准的，执行上级标准。还没有制定统一行业标准的，就应根据有关规范、规定，制定本单位的"企业标准"，做到检查考核和安全评价有衡量准则，有科学依据。

（二）检查手段

尽量采用测检工具，以实测实量代替经验性的目测、估算，用数据说话，某些机器设备的安全保险装置还应进行动作试验，检查其灵敏、可靠程度。检查中如发现有危及人身安全的即发性事故隐患，应立即停止作业，迅速采取措施排除险情。

（三）查记录

每次安全检查都应认真、详细地做好记录，特别是测检数字，这是安全评价的依据。同时还应将每次检查各单项设施、机械设备的结果分别记入单项安全台账，目的是根据每次记录的情况对其进行安全动态分析，强化安全管理。

（四）安全检查表法（SCL）

安全检查表（SCL）是为了系统地找出系统中的不安全因素，应事先对系统进行剖析，列出各层次的不安全因素，确定检查项目。把检查项目按系统组成顺序编制成表，以便进行检查或评审，这种表就叫作安全检查表。运用检查表实施检查就是安全检查表法。

安全检查表是进行安全检查，发现和查明各种危险和隐患、监督各项安全规章制度的实施，及时发现事故隐患并制止违章行为的一个有力工具。安全检查表具有全面性、直观性、广泛性、灵活性等特征。为使检查工作更加规范，将个人行为对检查结果的影响降到最小，就应采用安全检查表法。

安全检查表分为设计审查、施工验收用的安全检查表；厂（矿、公司）级用安全检查表；车间用安全检查表；专门机构、专门人员用的安全检查表；生产工序或岗位安全检查表；事故预测和分析安全检查表。

安全检查表应列举需查明的所有会导致事故的不安全因素。每个检查表均应注明检查时间、检查者、直接负责人等，以便分清责任。安全检查表的设计应做到系统、全面，检查项目应明确。

（五）安全评价

检查后，安全检查人员要根据检查记录认真、全面地进行系统分析，进行定性定量的安全评价，明确哪些项目已达标，哪些项目需要完善，存在哪些隐患，及时提出整改要求，下达隐患整改通知书。

（六）隐患整改

这是安全检查工作的重要环节。隐患整改工作包括隐患登记、整改、复查、销案。隐患应逐条登记，写明隐患的部位、严重程度和可能造成的后果及查出隐患的日期。有关单位、部门必须及时按"三定"（即定措施、定人、定时间）要求，落实整改。负责整改的单位、人员完成整改工作后要及时向安全部门汇报。安全部门及有关部门应派人进行复查，符合安全要求后销案。

五、安全生产检查的实施

安全生产检查可以分为企业外部安全生产检查和企业内部安全生产检查。

（一）外部检查

企业外部检查主要是政府安全监督部门、企业主管部门和行业安全监督管理部门对企业进行的安全监督检查，主要是检查企业是否贯彻落实了国家有关安全生产的制度、方针、政策，以及企业内部的重大危险源，督促企业落实安全生产管理各项措施等。主要是阶段性检查、定期检查和专业检查等。

（二）内部检查

企业内部检查主要是为了保障企业生产经营的安全性而实施的安全检查，具有经常性。企业内部检查是企业实施安全生产管理的基础。在这里，我们重点论述企业内部安全生产管理检查的实施。

1. 企业领导（法人代表、经理、厂长等）巡视检查和重点抽查

企业主要领导是企业安全生产第一责任人，每年要对所属厂矿进行定期和不定期的安全巡视检查和重点抽查。厂矿企业领导者每年至少应有两次由安全管理者或安全工程师陪同到车间、工厂，对安全卫生状态、设备的维护等进行全面的检查了解。一般每年1月、7月各一次，也可以每月一次。

2. 特别巡视检查

根据企业具体情况，由安全委员会成员进行全面的安全巡视检查。这种检查是根据制定的检查表进行的，涉及安全管理、安全技术、安全防护各个方面，每年年终进行一次。

3. 管理者检查

管理者每月进行多次巡视检查，以了解掌握作业现场的变化情况，以便及时研究对策。目前已成为经常性的巡视检查。

4. 车间主任检查

车间主任每周进行一次巡视检查，对重大危险源或最危险点进行检查。

5. 安全担当者（安全员）检查

对所负责的场所进行日常巡视检查和指导纠正工作。

6. 班长安全检查

每班作业前，班长要对当班人员的精神状态、情绪进行询问检查，并对当班作业区域内及周围的危险点、重点危险源进行巡视检查。

7. 作业检查

作业人员在作业前对岗位及周围进行安全检查，并互相检查劳动防护用品的穿戴是否符合要求。作业中互相关照，注意相互提醒等。

8. 安全点检

安全点检是指作业者在作业前对操作的设备及其环境的检查。主要检查的内容有

温度、湿度、氧气量、易燃气体浓度、机器操作条件、工具材料堆放情况、楼梯扶手和栏杆的缺陷、可能坠落的物体等。安全点检通常是根据安全检查内容（点检表）逐一进行检查。

根据安全点检的频率，安全点检可分为：

（1）每日安全点检。作业开始时进行，根据需要决定每日点检次数，外观判断。

（2）每周安全点检。对于不可能每天发生异常的地方，每周进行检查或根据特定需要进行。

（3）每月安全点检。

（4）定期安全点检（半年一次）。

（5）每年定期安全点检。

（三）安全检查组织

为了搞好安全生产检查，发挥监督作用，必须有一个开展检查工作的组织。检查组织大体可分为两类：

一是检查规模和范围比较大的，要划分若干专业组或按区域分成片组，主要领导和主管领导亲自组织，抽调各专业职能部门的负责人或技术人员参加，分组分片深入现场，干群结合，进行检查。还可以组织各单位成立检查组，在自检的基础上进行互检。这种大规模的检查以各级安全生产委员会统一组织为宜。

二是检查规模不大，内容比较单一的，可成立一个检查组。这种由企业、车间或班组开展的安全检查，一般由一名领导组织，技术、安全和工会等有关人员参加，进行细致的、具体的、深入的检查整改。这样做，人员精干，检查得深，发现隐患多整改快，解决问题及时，效果好。

第六节　生产现场安全管理

一、生产过程中的安全管理

生产过程中的安全管理可以概括为对人的安全管理和对物的安全管理。

对人的安全管理包括：①制定安全操作规程及作业标准，规范人的行为，让人员安全而高效地进行操作；②为了使人员自觉地遵守安全操作规程及作业标准，必须经常不断地对人员进行教育和培训。

对物的安全管理包括：①确保生产设备的设计、制造、安装符合有关技术规范和安全规程的要求，必要的安全防护装置齐全、可靠；②经常进行检查和维修保养，使设备处于完好状态，防止磨损、老化、腐蚀等原因降低设备的安全性；③消除生产作业场所中的不安全因素，创造安全的生产作业条件。

（一）作业标准化

人的不安全行为产生的原因如下：①不知道正确的操作方法；②虽然知道正确的操作方法，但为了快速完成工作而省略了一些必要的步骤；③按自己的习惯操作。为了减少人的不安全行为，必须以作业标准来规范人的行为。

作业标准与安全操作规程不同。安全操作规程只规定了人们应该做什么和不该做什么；作业标准则具体规定了应该怎样做，怎样做得更好。按照作业标准操作，就能安全、省力、高效、优质地完成生产任务。

为了推广标准化作业，科学、合理地制定作业标准非常重要。应该由工程技术人员、工人共同研究、反复实践后确定作业标准。

科学、合理的作业标准，至少应满足下述要求：①应该明确规定操作步骤、程序。例如，关于人力搬运作业，不是简单地规定"运搬过程中不要把东西掉了"，而是具体地规定怎样搬、搬到什么地方。②不应给操作者增加精神负担。例如，对操作者的技能熟练程度或注意力的要求不能过高，操作尽可能简单化、专业化、尽量减少使用夹具或工具的次数、采用自动送料装置等。③符合现场实际情况。由于生产实际情况千变万化，通用的作业标准往往很难获得效果，所以具体的作业标准应具有针对性。

在制定作业标准时，首先应把作业分解为单元动作，对各单元逐一设计，然后将其相互衔接。一般地，制定作业标准要考虑到人员身体的运动，作业场地的布置，以及使用的设备、工具等符合人机学要求。

（1）人员身体的运动要求：①避免不自然的姿势或身体重心经常上、下移动；②动作符合自然节奏并具有连贯性；③运动方向不要急剧变化；④动作自由不受限制；⑤可以不用手和眼时尽量不用手和眼；⑥两手有目的地动作，并且两手的动作尽可能小；⑦尽量借助物的力量。

（2）作业场地布置要求：①工具、材料放在取用方便的位置；②把机械的操作部分安排在人员正常作业范围之内；③用人力移动物体时，尽量做水平移动；④移动物体时，尽量用重力；⑤椅子、作业台高度适宜；⑥照明、通风换气要合理。

（3）使用的设备、工具要求：①尽可能使用工具、夹具，代替徒手操作；②尽可能使用专用工具；③把操作杆、手把设置在人员不移动身体就能操作的地方；④需要用力操作的手把，与手的接触面积要尽量大。

在制定作业标准时，要明确一些动作要点，强调违背这些动作要点就不安全，就不能生产出高质量产品，就不能高效率地完成生产任务。

制定作业标准后，要对职工进行教育和培训，让职工认识到习惯作业不科学、不安全，自觉地按作业标准进行生产操作。只进行一次教育和培训是不行的，要经常监督、检查、反复教育、反复训练。国内许多企业通过开展群众性的安全活动来推广标准化作业，取得了较好的效果。

（二）合理布置作业现场

在生产作业现场，除了机器设备的不安全状态外，生产所用的原料、材料、半成品、产品、工具和边角废料等，如果放置不当（位置不当、放置方法不当）也会构成物的不安全状态。例如，日本1977年制造业发生的约9万起事故中，约15.3%是由于物的放置不当引起的，约0.7%是由作业环境方面的问题引起的。

我国的一些企业推行"定置管理""定位管理"。其中的物定置，根据"要用的东西随手可得，不用的东西随手可丢"的原则，把不同类型、不同用途和不同性质的物品放在指定的位置或区域，可使人员做到忙而不乱。危险品定存量，即规定易燃易爆或有毒有害物品的存放量，避免和严禁超量存放。为加强定置管理，许多企业还绘制了定置管理图。

在布置作业现场时，应该注意如下问题：①设备布置与工艺流程应该一致。这样，可以避免不必要的搬运作业，避免在过道或地面上堆放大量的原材料或半成品。②设置通道、出入口和紧急出口，并保持其畅通无阻。通道两侧应画上白线或设置围栏以示区别。通道尽量取直，避免弯角，平时要经常打扫，清除油污、灰尘。③明确规定原材料、半成品堆放地点，危险物品用多少领多少，并妥善保管。④放置物品时把重物放在地上，轻物可以放在架子上。⑤立体堆放的原材料、半成品不要堆积过高，堆积高度不得超过底边宽度的3倍。

（三）安全点检

安全点检是安全检查的一种，其检查的重点对象是作业现场中的物，其目的在于发现物的不安全状态，以便及早采取措施消除物的不安全状态。

设备、工具等随着使用时间的增加会磨损、腐蚀、老化，甚至发生故障。因此，每隔一定时间要进行检查，及时发现并排除异常状况。然而比单纯的维持设备机能更重要的是，通过安全点检探讨设备、操作方法本身是否还有改进的余地。

由于安全点检是检查作业现场的设备、工具等是否存在不安全状态，所以安全点检应由最熟悉作业现场情况的人员进行。操作者在每日作业开始之前，应该对自己使用的设备、工具、安全装置及防护用品等进行检查。班组长、车间主任、安全员应该经常对自己负责范围内的作业场所、设备、工具、安全装置及防护用品等进行检查。企业领导、职能部门应该定期对全厂的设备、工具、作业条件进行检查。

安全点检是日常生产作业的一部分，应该经常进行。但是，根据被检查对象的具体情况，安全点检的时间间隔是不同的，有些设备或设备的某些部分的性能几乎不随时间变化，或者虽有变化但对安全生产没有重要影响，点检间隔时间可以长些；反之，对安全生产影响重大的设备，应该每天作业前进行一次点检。安全点检时间要预先定好，然后按计划认真执行。

为了避免安全点检受人的主观因素的影响，应该规定安全点检的标准，以客观地衡量被检查对象是否存在问题。例如，美国的化工企业中设有安全点检标准委员会，定期研究点检标准，使其水平不断提高，跟上生产技术进步的步伐。

为了保证安全点检的效果，应该掌握有关被检查对象的知识，了解设备运转过程中哪个部分会发生什么问题，哪个地方容易出故障，使安全点检真正抓到点子上。安全点检过程中，安全管理人员要针对某一点的情况，听取有关人员的反映，必要时应该利用仪器、仪表测定参数，经过听、看、测，做出正确的判断。为了防止漏检项目，可以事前制定安全检查表，然后按照安全检查表上列出的项目进行检查。使用安全检查表时，应避免事无巨细地把所有项目等同起来，忽略对重点项目的检查，在实际工作中应该注意。

在安全点检中发现的问题要立即解决，不能马上解决的，也要做出计划，按期解决。否则，安全点检就失去了意义。

（四）合理选择和穿用作业服装

作业服装的作用，在于根据寒暑变化调节体温，保证人员健康以及防止人体受到外界危险因素的伤害。现实工作中，由于作业服装选择或穿用不正确而导致伤害事故的情况也屡见不鲜。例如，袖口肥大的工作服被机器挂住而使人员受伤使人员被勒死等。一般地，满足安全要求的作业服装的选择及穿用应该符合下列各项：

一是工作服应该紧身、轻便。肥大的工作服容易被机械运动部分挂住或绞住，夹克式服装较安全。工作服应该没有口袋、或有一两个小口袋，不要有没用的褶、带等。

二是工作服绽线、破损的地方要立即缝好。

三是工作服要经常清洗。若工作服弄上油或易燃性溶剂要立即清洗，以免发生燃烧。

四是操纵机械时，应该戴上工作帽把头发完全罩住，以免头发被绞入机器引起伤害。

五是在工作场所严禁赤脚，穿拖鞋、凉鞋、草鞋等，以免扎脚、砸脚、烫脚。在装卸作业中，70%的事故是由于脚站立不稳，使身体失去平衡引起的。在有可能滑倒的地面上工作时，应该穿防滑鞋（靴）。为了避免掉落的物体把脚砸伤，应该穿护趾安全鞋。一般地，适合作业穿用的鞋应该具备下述性能：①物体掉落在脚上时能保护脚部不受伤害；②在光滑地面上行走时不打滑；③踩在尖锐物体上能防止扎脚；④轻便；⑤不妨碍操作。

六是禁止半裸作业。在炎热的夏季或高温作业的条件下，有些工人光膀子、穿短裤作业，使大部身体暴露出来，很容易被烫伤。

七是禁止把容易燃烧、爆炸的东西，尖锐的东西放在工作服口袋里，以免伤害自身和他人。

八是禁止机械作业时戴领带、围巾，或把毛巾系在脖子上、挂在腰间。

九是禁止戴手套操作机械回转部分。

十是正确使用防护用品。生产作业应根据具体的内容使用一定的防护用品，如安全帽、安全带等。在作业时一定要正确使用防护用品，如戴安全帽时要系好帽带，防止坠落时安全帽脱落，起不到保护作用；安全带的一端要按规定挂在牢固的地方等。

二、生产现场安全管理的具体措施

一是生产现场安全管理的关键在车间，基础在班组。为强化现场安全管理，应着眼于车间领导和班组长（含班组安全员）的先期现场管理培训，培训内容包括现场安全管理的目的、意义、步骤、要领、方法，避免在现场管理中走弯路，出现事倍功半的现象。

二是生产现场安全管理既应有固有的模式，又要考虑不同现场不同作业的特点；既要有一定的框架，但又要赋予其不同的内容。不同的现场，其管理侧重点也不同。

三是要逐步建立起一套全面完整的检查、考核、评比体系，运用经济杠杆，兑现奖惩。

四是生产现场安全管理要有明确的目标值和递进要求，从基础工作开始向高层次发展，在目标值的规定上，可以以各单位安全生产标准化创建标准为主要指标，各单位现场安全管理目标值的高低应作为绩效管理考核的重要依据，同时坚持安全生产的一票否决权。

五是开展强化安全生产现场管理的各项活动。发动全体员工自查不安全因素，认真开展每周一次的班组安全生产活动日，及时总结一周的安全生产工作，肯定成绩，找出差距，提出措施，不断改进。严格执行班前会制度和交接班制度，针对当天（当班）作业内容，预测可能出现的不安全因素，提出预防事故的明确要求，也可以利用班前会开展每日学习一条安全规程的活动，逐步实现"我要安全""我会安全"。以车间为单位，坚持不懈地开展安全教育，包括安全技能教育和安全态度教育，特别是要抓好职工安全态度教育，提高职工安全生产的自觉性。强化现场安全管理应以贯彻安全生产的"五同时"为主线，开展车间和班组安全生产活动，要以实施班组内有效的安全检查和安全监督为主要内容，形成一人自保、两人互保、班组联保的扎实有效的安全生产新局面。

六是生产现场安全管理要充分运用人机工程，抓好软硬件配套。现场安全管理要抓好人这一生产现场中最活跃的因素。通过安全教育、安全培训、安全奖惩等一系列途径，提高职工的安全意识和安全素质，达到人人遵守章纪并主动制止他人违章，严格控制人的不安全行为；对于机、物等硬件，要通过安全检查、日常巡视、设备维护管理与大修、改造，及时发现隐患，及时整改，认真排除物的不安全状态。生产现场安全管理应加强包括除尘设备在内的安全生产设施的管护，为现场员工创造一个较好的工作环境；要使生产现场具有畅通的通道、醒目的安全标志和充足的照明，尽可能减少非人意愿的操作失误，逐步完善现场色彩管理，形成条理清晰、色彩分明的生产秩序。

第七节　企业安全文化建设

一、企业安全文化的概念

企业安全文化，是指企业员工在预防事故、抵御灾害、创造安全文明的工作环境的实践过程中所形成的物质和精神财富的总和，如员工的安全价值观、安全行为、安全活动、安全规章制度、安全技术、防护器物等，包含心态安全文化、行为安全文化、制度安全文化和物态安全文化四个层次。

企业安全文化就是要把企业执行层和全体员工的理想信念、价值取向、道德品行、行为准则引导到企业价值观上，形成企业特有的思想成果和精神力量，成为企业发展的凝聚力和推动力。

安全文化的核心是人或以人为本。安全文化既是管理文化也是生存文化，它反映了企业职工对安全与健康的共同追求。其落脚点是保证安全生产、防止各类事故，尤其是杜绝重大恶性事故，创造优美舒适的工作环境。安全文化将实现企业生产价值与实现人的生命价值和统一，保护人的身心健康，尊重人对生命的渴望，作为全体职工共同的行为准则。

二、企业安全文化的体现形式

企业的安全文化体现在以下几个方面：第一，本企业在安全方面的一般和特殊要求，安全方面的科学技术水平及其在生产中的应用情况；第二，整个企业形成对安全生产的共识，创造人人重视安全生产的环境氛围；第三，企业安全生产的管理水平，包括安全生产的法律法规执行情况、安全规章制度和各种技术标准的制定与执行情况；

第四，全体员工对一般安全生产知识的了解和对安全技术的掌握程度，每一位员工应熟悉自己所从事工作及其相关领域的安全知识和技术。在实践中，文化是以文学、艺术作品及群众性的文艺活动为载体的。因此，文艺形式是安全文化的一种重要表现形式，让职工在歌舞、笑声中轻松地接受安全生产宣传教育。如果我们忽视了这一点，"安全文化"也就失去了一定的基础，这就要求我们正确把握"文化"的概念，因此。"安全文化"不仅是对安全生产各个方面的综合反映，更强调提高全民的安全意识，即通过各种有效的手段，在全社会营造出人人重视安全的氛围，从而使安全成为社会生活活动的重要组成部分。

三、企业安全文化建设模式

（一）安全物质文化的建设

安全物质文化是企业安全生产的物态或硬件部分，主要体现在科学技术的应用方面，科学技术包括生产工艺的科学技术及安全的科学技术。具体涉及生产的工具、设备、设施、材料、燃料、仪器、物化环境，以及安全工程设施、设备、装置、检测手段、防火及应急手段、安全信息手段等物质条件。

安全物质文化的建设，是指通过采用先进、高效的生产工艺技术，安全性高的生产设备，灵敏、可靠的安全预警、预报和防护系统，快捷的事故应急系统，现代化的安全检验及环境监控系统，先进的人、机、环境信息管理技术，完善的标准及规程等来规范人的行为，从而减少事故的发生。

（二）安全制度文化的建设

安全制度文化是企业安全生产的运作保障机制，是软环境文化。安全制度文化的建设包括落实企业责任对国家法规的认识和理解、自身安全制度和标准体系的建设等方面。责任制的落实包括：法人代表、主管领导、各职能部门及其负责人、各级（车间、班级等）机构及负责人的安全生产职责。企业自身的安全制度和标准体系的建设包括：各种岗位和工程的安全制度和规范，安全检查、检验制度；安全学习及培训制度；安全训练（操作、防火、自救等）制度；安全教育及宣传制度；事故调查与处理制度、劳动保护和女工保护制度等一系列的制度建设，这些制度和标准起着规范人们安全行为的作用。

（三）安全精神文化的建设

安全精神文化是包括价值观、准则、信念、意识、态度、社会知觉、士气、认识论等思想、观点的上层建筑，是个体和团体行为、活动的理论基础。精神文化的建设就是要建立起安全第一的哲学观念；预防为主，安全为天的意识；安全维系职工的生命、健康与幸福的伦理观念；安全既有经济效益，又有社会效益的价值观念；安全科学与技术也是生产力的科学观念；安全系统是控制系统，生产系统是被（安全）控制系统的辩证观念。领导要建立安全为了生产、生产必须安全的认识；形成全面安全管理的意识，"三同时""五同时"的意识，安全经济保障与信息流的意识；安全责任制与事故超前预防的意识等。职工要建立安全生产人人有责的意识；遵章光荣、违章可耻的意识；珍惜生命、修养自我的意识；自律、自爱、自护、自救的意识；保护自己、爱护他人的意识；事故源于"三违"与失误的认识；消除隐患、事事警觉的意识；遵照科学、规范行为的科学意识；学习技术、提高技能的意识等。

（四）安全行为文化的建设

安全行为文化是企业安全文化的动态部分。安全行为文化的建设包括领导安全行为的建设和职工及家属安全行为的建设。领导安全行为的建设是指改善领导对安全工作的态度；提高领导对现场指挥的能力；改善领导对安全经费的态度，对安全专职人员的态度；改善其在"五同时"方面的表现；改善其在责任制范围内的工作表现；学习安全规程、知识；提高领导在事故发生时的行动及指挥能力等。职工安全行为的建设包括对职工进行三级教育、特殊教育、日常教育、安全宣传、班组建设等使职工遵章守纪，提高职工的操作技能，减少职工的行为失误，改善职工工作态度等。职工家属的安全行为建设指企业要关心职工的家庭生活，及时解决职工生活中遇到的困难，使职工安心工作，减少不安全行为等。

企业安全文化的核心问题是人的问题。企业安全文化建设主要围绕物质文化建设、制度文化建设、精神文化建设、行为文化建设四个方面展开，其实质就是规范企业广大职工的安全行为，从而使职工将实现职业安全与健康作为共同的价值观念，保证安全生产，防止各类事故，尤其是杜绝重大恶性事故的发生。

四、企业安全文化活动

（一）安全教育活动

企业的安全教育活动包括新入厂人员的三级安全教育、特种作业人员安全教育及其他安全教育等。

（二）安全科技活动

安全科技活动包括技术及工艺的本质安全化，标准化车间、班组和岗位建设；应急预案；应急演习；三治（尘、毒、烟）工程；三点（事故多发点、危险点、危害点）控制；隐患整治；"绿色岗位"建设等。

（三）安全管理活动

安全管理活动包括全面安全管理；"四全"安全管理；"三群对策"；"三责任"制；系统管理；无隐患管理；"定置"管理；"5S"活动等。

（四）安全宣传活动

标志建设；传统的宣传活动；现代的宣传活动。

（五）安全检查活动

安全检查活动包括人因安全性检查、物态安全性检查、四查工程、安全管理效能检查、岗位责任检查等。

五、企业安全文化建设手段

（一）"三个第一"

活动内容：第一个文件是安全文号、第一个大会是安全大会、第一项工作是安全一号文件的宣传月活动。

活动方式：会议、组织员工学习、广播电视宣传、考试。

活动目标：突出安全、抓好安全、为全年的安全工作开好头。

接受人员：企业全员。

组织人员：党政负责人；宣传部门、公关部门和安全部门。

（二）"三个一"工程

活动内容：车间一套挂图；厂区一幅图标；每周一场录像。

活动方式：宣传挂图、标志实物建设；在企业闭路电视上组织收看安全录像片。

活动目标：增长知识；强化意识。

参加人员：全体员工。

组织人员：安全部门、宣传部门。

（三）标志建设

活动内容：禁止标志、警告标志、指令标志。

活动方式：实物建设。

活动目的：警示、强化意识。

接受人员：职工。

组织人员：安全与宣传部门专业人员。

（四）宣传墙报

活动内容：安全知识、事故教训等。

活动方式：实物建设。

活动目的：增加知识。

接受人员：企业全员。

组织人员：安全和宣传部门专业人员。

（五）三级教育

教育内容：厂级、车间、岗位（班组）安全常识、法规、操作规程及操作技能等。

教育方式：课堂学习；实际演练；参观与访问；测试与考核。

教育目的：懂得安全知识；掌握基本技能；建立安全意识。

教育对象：新工人、换岗工人。

组织部门：企业安全专业部门；车间和班组负责人。

关键点：内容和效果。

（六）特殊教育

教育内容：特殊工种、岗位、部门必须进行的安全知识和规程教育。

教育方式：学习、演练、考核。

教育目的：培养细化意识、掌握知识和技能。

教育对象：从事特殊工种人员。

组织部门：车间、安全技术部门。

关键点：持证上岗，定期复训。

（七）全员教育

教育内容：安全知识、事故案例、政策规程。

教育方式：组织学习研讨、广播电教。

教育目的：增强观念、扩展知识、提高素质。

教育对象：全员。

组织部门：安全技术各级机构。

关键点：适时、生动、有效。

（八）家属教育

教育内容：厂情、工种和岗位知识。

教育方式：座谈、家访。

教育目的：创造协调的家庭生活背景。

教育对象：结合岗位确定。

组织部门：安全技术部门、工会。

关键点：寓教于乐。

（九）班组读报活动

教育内容：选择与自己安全生产相关的读报内容，如事故案例分析、政策法规等。

教育方式：班组安全活动会。

教育目的：提高认识，增加知识，强化意识。

教育对象：班组成员。

组织部门：班组长或班组安全员。

关键点：持之以恒，内容丰富。

（十）决策者教育

教育内容：政策、法规、管理知识。

教育方式：学习、报告、座谈。

教育目的：强化意识、提高决策和管理素质。

教育对象：各级领导及生产管理人员。

组织部门：企业负责人；安全专业部门。

关键点：针对性与实用性。

除上述活动外，还可组织开展安全知识竞赛、安全在我心中演讲比赛、安全专场晚会、安全生产周（月）活动、百日安全竞赛、三不伤害活动、班组安全建设"小家"活动、开办安全警告会、安全汇报会、安全庆功会、安全人生祝贺活动等。

第八节　企业安全生产管理创新

安全生产是一切工作的重中之重，没有安全做保障，一切工作都无从谈起。各级管理人员一定要把安全放在首要位置。安全管理工作对于促进安全生产，消除事故隐患，减少人员伤亡，维护社会稳定，起着积极的促进作用。为此，安全生产管理工作的创新势在必行。

一、责任制落实创新

认真落实各级人员安全生产责任制，特别是安全第一责任人。为了能够落实好安全生产责任制，首先必须对各级各类人员及各部门在安全生产工作中的责、权、利进行明确界定；其次通过与各级各类人员、各单位层层签订安全生产责任书，逐级落实安全生产责任，并按责任和要求追究责任。

完善安全保证体系和安全监察体系，使之充分发挥作用，必须做到：一是认真落实安全生产行政一把手负责制。各单位、各部门的主要负责人对安全生产负总责，要严格履行法律赋予的安全生产职责，一丝不苟地抓好安全生产工作。二是坚持齐抓共管的工作责任制，各单位和各部门要各司其职，各负其责，密切配合，共同做好安全生产工作。三是落实基层一线班组和重要岗位的安全生产责任制，把安全生产责任落实到每一个单位、基层班组和每个岗位，健全安全生产管理责任体系。四是严格执行安全生产责任追究制，解决责任落实不到位的问题，保障安全生产工作措施的落实。

二、安全培训创新

加强安全技术教育、培训工作，提高人员素质。安全培训既要注重各级人员理论知识的提高，又要注重加强各级人员的实际操作能力，培训要分层次、抓重点、分级培训、统一管理，尤其是加强对生产一线及新工人的安全生产知识教育培训；加强对重点岗位工人和特殊工种作业人员的安全培训，确保持证上岗率达100%；积极开展安全生产管理人员的业务培训，进一步提高安全生产管理人员的政治和业务素质。同时，结合自身实际，组织进行现场消防等技能表演，提高职工应对和处置突发事件的能力。

三、安全宣传创新

大力宣传党中央、国务院的安全生产工作方针，对人民财产高度负责，进一步提高职工对安全生产重要性的认识，牢固树立"安全第一"的思想；坚持"小题大做、安全无小事"原则，对安全隐患一抓到底；教育各级管理人员和广大职工正确处理安全与生产、安全与效益、安全与改革、安全与发展的关系，真正把安全教育摆到重要位置，通过多种形式的宣传教育逐步形成"人人讲安全，事事讲安全，时时讲安全"的氛围，切实把安全生产作为"天字号"大事抓紧抓好。

四、安全管理机制创新

创新安全管理机制，具体工作中要做到"三个创新"：一是监管手段创新。加强安全管理人员培训，颁发安全监管资格证，强化源头管理。同时，充分发挥安全生产领导小组的桥梁和纽带作用，加大安全生产法律、法规的宣传力度，提高单位依法从事安全生产的意识。二是激励约束机制创新。不断完善"事故查处制度"等，调动各级安全生产责任人做好安全生产工作的自觉性和主动性。同时，对安全生产工作成绩突出的单位和个人进行奖励。三是监督方式创新。积极探索新形势下安全监管工作的新思路、新做法，强化对安全生产工作的监督，通过舆论监督和群众监督，促进安全生产工作上层次。

此外，要开展安全生产理论研讨和管理创新，针对安全生产工作中出现的新情况、新问题，转变观念，努力在管理手段办法和措施上进行创新，充分运用现代化的新技术、新手段，特别是网络信息技术，使安全生产工作更加科学化、规范化，增加安全生产工作科技含量。严格安全管理，创新安全管理，做到超前防范，才能真正实现安全生产，保持安全生产形势长期稳定，开创安全生产工作的新局面。

推荐阅读

1. 罗云. 落实企业安全生产主体责任（第二版）[M]. 北京：应急管理出版社，2018.

2. 郭要洁. ZW企业安全生产双重预防体系的优化研究[D]. 河南工业大学，2023.

思考题

1. 现代安全生产管理的特点有哪些？

2. 安全生产管理原理有哪些？

3. 企业安全生产责任制有哪些？

4. 企业安全生产教育培训包括哪些？

5. 安全生产检查的内容与种类有哪些，安全生产检查的方法与实施包括哪些？

6. 生产现场安全管理的内容与措施各是什么？

7. 企业安全文化建设的形式与模式主要有哪些？

8. 企业安全生产管理创新主要有哪些？

参考文献

［1］全国干部培训教材编审指导委员会. 工商管理概论［M］. 北京：人民出版社，2002.

［2］陈平. 方针管理模式［M］. 武汉：武汉大学出版社，2021.

［3］宋锦洲. 决策管理：概念、模式与实例［M］. 上海：东华大学出版社，2014.

［4］许天长. 企业生命解码［M］. 武汉：武汉大学出版社，2019.

［5］余兴安. 人力资源服务概论［M］. 北京：中国人事出版社，2015.

［6］张秀玉. 企业战略管理（第三版）［M］. 北京：北京大学出版社，2011.

［7］伍双双. 人力资源开发与管理［M］. 北京：北京大学出版社，2010.

［8］赵国忠. 财务报告分析（第三版）［M］. 北京：北京大学出版社，2004.

［9］宋玉贤. 企业信息化管理［M］. 北京：北京大学出版社，2005.

［10］薛蓉. Y集团信息化管理的优化研究［D］. 华东师范大学，2023.

［11］约翰·哈里森等. 资源与运营管理（第四版·下册）［M］. 天向互运动教育中心，编译. 北京：国家开发大学出版社，清华大学出版社，2021.

［12］黄辉. ASO公司资源整合与发展战略研究［D］. 东南大学，2018.

［13］周景勤. 营销与策划［M］. 北京：北京大学出版社，2006.

［14］保罗·特罗特. 创新管理与新产品开发（第五版）［M］. 陈劲，译. 北京：清华大学出版社，2015.

［15］詹姆斯·P. 沃麦克，丹尼尔·T. 琼斯. 精益思想［M］. 沈希瑾，译. 北京：机械工业出版社，2008.

［16］张青山，马军，徐伟，乔芳丽. 现代运营管理方法［M］. 北京：电子工业出版社，2015.

［17］孙科柳，石强. 运营管理的55个关键细节［M］. 北京：中国电力出版社，2012.

［18］许可. Z公司生产运营管理优化研究［D］. 广西师范大学，2023.

［19］埃里克·施密特，乔纳森·罗森伯格，艾伦·伊格尔，重新定义公司：谷歌是如何运营的［M］．靳婷婷，译．北京：中信出版集团，2015．

［20］柳荣．采购与供应链管理：采购成本控制与供应商管理实务［M］．北京：人民邮电出版社，2018．

［21］彼得·海因斯，理查德·拉明，丹尼尔·琼斯，等．价值流管理：供应链战略与优化［M］．施昌奎，凌宁，译．北京：经济管理出版社，2009．

［22］马旭晨．工商企业项目管理［M］．北京：中国铁道出版社有限公司，2019．

［23］闫佳．企业项目管理体系建设——基于HIP公司的案例研究［D］．北京邮电大学，2015．

［24］段用刚．全面质量管理（第四版）［M］．北京：中国科学技术出版社，2018．

［25］丁荣贵，孙涛．项目组织与团队（第三版）［M］．北京：机械工业出版社，2019．

［26］刘俊勇，韩向东．精细化成本管理［M］．北京：经济管理出版社，2009．

［27］金莹．A公司的作业标准成本管理研究［D］．哈尔滨商业大学，2020．

［28］智子微．成本结构对企业绩效的影响研究［D］．山西财经大学，2023．

［29］佐藤嘉彦．降低成本的新利器［M］．陈青，译．厦门：厦门大学出版社，2002．

［30］田鹏．活学活用丰田生产方式［M］．北京：中国财政经济出版社，2009．

［31］温德诚．精细化管理实践手册［M］．北京：新华出版社，2009．

［32］李泽尧．管理的体系：TBC利润倍增计划［M］．广州：广东经济出版社，2016．

［33］孙少雄．如何推行5S［M］．厦门：厦门大学出版社，2001．

［34］薛松．可口可乐法则：世界饮料航母的30个成功秘诀［M］．北京：华夏出版社，2003．

［35］王光伟．细化执行与模板［M］．北京：人民邮电出版社，2009．

［36］娄萌．职业经理管理训练一本通［M］．广州：广东省出版集团，广东经济出版社，2014．

［37］刘俊勇，孙薇．企业业绩评价与激励机制［M］．北京：中信出版社，2007．

［38］马建，黄丽华．企业过程创新概念与应用［M］．香港：生活·读书·新知三联书店（香港）有限公司，1998．

［39］詹姆斯·A.奈特．基于价值的经营［M］．郑迎旭，崔惠玲，李光宗，译．昆明：云南人民出版社，2002．

［40］罗云．落实企业安全生产主体责任（第二版）［M］．北京：应急管理出版社，2018.

［41］郭要洁．ZW 企业安全生产双重预防体系的优化研究［D］．河南工业大学，2023.